法と社会を考える人のために

深さ　広さ　ウイット

長尾龍一
IN
信山社叢書

刊行中

石川九楊装幀　四六判上製カバー
本体価格2,400円〜4,200円

信 山 社

〒113-0033　東京都文京区本郷6-2-9-102
TEL 03-3818-1019　FAX 03-3818-0344

既刊・好評発売中

法学ことはじめ　本体価格 2,400円

主要目次
1　法学入門／2　法学ことはじめ／3　「法学嫌い」考／4　「坊ちゃん法学」考／5　人間性と法／6　法的言語と日常言語／7　カリキュラム逆行の薦め／8　日本と法／9　明治法学史の非喜劇／10　日本における西洋法継受の意味／11　日本社会と法

法哲学批判　本体価格 3,900円

主要目次
一　法哲学
1　法哲学／2　未来の法哲学
二　人間と法
1　正義論義スケッチ／2　良心について／3　ロバート・ノージックと「人生の意味」／4　内面の自由
三　生と死
1　現代文明と「死」／2　近代思想における死と永生／3　生命と倫理
四　日本法哲学論
1　煩悩としての正義／2　日本法哲学についてのコメント／3　碧海先生と弟子たち
付録　駆け出し期のあれこれ　1　法哲学的近代法論／2　日本法哲学史／3　法哲学講義

争う神々　本体価格 2,900円

主要目次
1　「神々の争い」について／2　神々の闘争と共存／3　「神々の争い」の行方／4　輪廻と解脱の社会学／5　日本における経営のエートス／6　書評　上山安敏「ヴェーバーとその社会」／7　書評　佐野誠「ヴェーバーとナチズムの間」／8　カール・シュミットとドイツ／9　カール・シュミットのヨーロッパ像／10　ドイツ民主党の衰亡と遺産／11　民主主義論とミヘルス／12　レオ・シュトラウス伝覚え書き／13　シュトラウスのウェーバー批判／14　シュトラウスのフロイト論／15　アリストテレスと現代

西洋思想家のアジア　本体価格 2,900円

主要目次
一　序説
1　西洋的伝統──その普遍性と限界
二　西洋思想家のアジア
2　グロティウスとアジア／3　スピノザと出島のオランダ人たち／4　ライプニッツと中国

三　明治・大正を見た人々
5　小泉八雲の法哲学／6　蓬莱の島にて／7　鹿鳴館のあだ花のなかで／8　青年経済学者の明治日本／9　ドイツ哲学者の祇園体験
四　アメリカ知識人と昭和の危機
10　ジョン・ガンサーと軍国日本／11　オーウェン・ラティモアと「魔女狩り」／12　歴史としての太平洋問題調査会

純粋雑学　本体価格 2,900円

主要目次
一　純粋雑学
1　研究と偶然／2　漢文・お経・英語教育／3　五十音拡充論／4　英会話下手の再評価／5　ワードゲームの中のアメリカ／6　ドイツ人の苗字／7　「二〇〇一年宇宙の旅」／8　ウィーンのホームズ／9　しごとの周辺／10　思想としての別役劇／11　外国研究覚え書き
二　駒場の四十年
　A　駆け出しのころ
12　仰ぎ見た先生方／13　最後の貴族主義者／14　学問と政治——ストライキ問題雑感／15　「居直り」について／16　ある学生課長の生涯
　B　教師生活雑感
17　試験地獄／18　大学私見／19　留学生を迎える／20　真夏に師走　寄付集め／21　聴かせる権利の法哲学／22　学内行政の法哲学
　C　相関社会科学の周辺
23　学僧たち／24　相撲取りと大学教授／25　世紀末の社会科学／26　相関社会科学に関する九項／27　「相関社会科学」創刊にあたって／28　相関社会科学の現状と展望／29　相関社会科学の試み／30　経済学について／31　ドイツ産業の体質／32　教養学科の四十年・あとがき／33　教養学科案内
　D　駒場図書館とともに
34　教養学部図書館の歴史・現状・展望／35　図書館の「すごさ」／36　読書と図書館／37　教養学部図書館の四十年／38　「二十一世紀の図書館」見学記／39　一高・駒場・図書館／40　新山春子さんを送る
三　私事あれこれ
41　北一輝の誤謬／42　父の「在満最後の日記」／43　晩年の孔子／44　迷子になった話／45　私が孤児であったなら／46　ヤルタとポツダムと私／47　私の学生時代／48　受験時代／49　「星離去」考／50　私の哲学入門／51　最高齢の合格者／52　飼犬リキ／53　運命との和解／54　私の死生観

されど、アメリカ　本体価格 2,700円

主要目次
一　アメリカ滞在記
1　アメリカの法廷体験記／2　アメリカ東と西／3　エマソンのことなど／4　ユダヤ人と黒人と現代アメリカ／5　日記——滞米2週間
二　アメリカと極東
1　ある感傷の終り／2　ある復讐の物語／3　アメリカ思想と湾岸戦争／4　「アメリカの世紀」は幕切れ近く

最新刊

古代中国思想ノート　本体価格 2,400円

主要目次
第1章　孔子ノート
第2章　孟子ノート
第3章　老荘思想ノート
第1節　隠者／第2節　「老子」／第3節　荘子
第4章　荀子ノート
第5章　墨家ノート
第6章　韓非子ノート
附録　江戸思想ノート
1　江戸思想における政治と知性／2　国学について──真淵、宣長及びその後
巻末　あとがき

ケルゼン研究Ⅰ　本体価格 4,200円

主要目次
Ⅰ　伝記の周辺
Ⅱ　法理論における真理と価値
序論／第1編　「法の純粋理論」の哲学的基礎／第2編　「法の純粋理論」の体系と構造
Ⅲ　哲学と法学
Ⅳ　ケルゼンとシュミット
巻末　あとがき／索引

歴史重箱隅つつき　本体価格 2,800円

主要目次
Ⅰ　歩行と思索
Ⅱ　温故諷新
Ⅲ　歴史重箱隅つつき
Ⅳ　政治観察メモ
Ⅴ　雑事雑感
巻末　あとがき／索引

続刊　**オーウェン・ラティモア伝**

〒113-0033 東京都文京区本郷6-2-9-102　**信山社**　TEL03-3818-1019 FAX03-3818-0344

林屋 礼二
小野寺規夫
編集代表

民事訴訟法辞典

信山社

目　次

はしがき
編者・執筆者一覧
凡　例
項目索引
本　文
書式資料利用のしおり
書　式

装幀　アトリエ風

はしがき

　法律の概説書などを読んでいくときに，簡単にひける用語辞典が手もとにあると，大変便利である。とくに，民事手続法のように専門的な用語がでてくるものでは，その必要が強く感じられる。ところが，今日，そうした簡便な民事手続法辞典が見当らない。

　そこで，こうした不便を埋めるために，この度，「民事訴訟法辞典」を編集することとなった。ここでの「民事訴訟法」ということばは広い意味で用いられており，本辞典は，ほんらいの民事訴訟法のほか，民事執行法・民事保全法，そして，破産法・会社更生法などの用語も収めている。

　この辞典の執筆は，主として実務家にお願いしている。したがって，ここでは，民事手続についての実務的な観点からの解説もなされており，これは，本辞典の一つの特色でもある。また，本辞典では，巻末に民事訴訟法に関する重要な書式類も収録してあるので，これらも適宜参照しながら，読者が各項目の実際的な意味を把握されるようになれば幸いである。ご多忙のなかを本辞典のためにご協力くださった執筆者各位に心より御礼を申し上げる。

　さらに，執筆項目間の調整という面倒な仕事を引き受けてくださった編集委員の川谷昭氏，井上五郎氏，小野寺忍氏に深く御礼を申し上げたい。また，本辞典の企画から刊行までにわたって積極的にリードされた信山社の村岡侖衛氏の熱意にも謝意を表したい。

　なお，「民事再生法」が平成11年12月の臨時国会で急遽成立したことにともない，本辞典でも，たとえば，「和議法」の項目は「民事再生法」という項目をリファーできるようにして，読者の利用の便をはかることとした。そして，この点については，東京地方裁判所民事第20部（破産部）の総括裁判官であられる園尾隆司部長判事のご協力を得たことを付け加えておきたい。忙しい公務の間をぬってご教示いただいたことに感謝し，厚く御礼申し上げる。

　平成11年12月

林屋　礼二
小野寺規夫

編者・執筆者一覧

編集代表

林屋 礼二
東北大学名誉教授

小野寺 規夫
山梨学院大学教授・前東京高等裁判所判事

編集委員

渡邉 昭
弁護士・前東京高等裁判所判事

川谷 昭
元裁判所書記官研修所教官

井上 五郎
元裁判所書記官研修所教官

小野寺 忍
山梨学院大学教授

執筆者
[五十音順，所属は原則として原稿執筆時]

青木 晋
福岡地方裁判所判事

江見 弘武
東京高等裁判所判事

鬼澤 友直
司法研修所教官

青山 邦夫
岐阜地方裁判所判事

大島 明
東京地方裁判所判事

小田島 靖人
鹿児島地方・家庭裁判所判事補

浅田 秀俊
東京地方・家庭裁判所八王子支部判事補

大島 道代
東京家庭・地方裁判所八王子支部判事補

小沼 充
東京簡易裁判所判事

池田 亮一
横浜地方裁判所判事

大嶋 洋志
横浜地方裁判所小田原支部判事補

小野 剛
千葉地方裁判所松戸支部判事

石井 彦壽
盛岡地方・家庭裁判所長

大谷 禎男
金融再生委員会事務局次長

小野寺 忍
山梨学院大学教授

井上 五郎
元裁判所書記官研修所教官

大野 和明
新潟地方裁判所判事

小野寺 規夫
山梨学院大学教授・弁護士

伊藤 敏孝
千葉地方裁判所判事補

大山 貞雄
元徳島地方・家庭裁判所長

笠巻 孝嗣
弁護士[東京弁護士会所属]

衣斐 瑞穂
東京地方裁判所判事補

大山 涼一郎
大牟田簡易裁判所判事

上岡 哲生
東京地方裁判所判事補

今岡 毅
東京簡易裁判所判事

岡 健太郎
東京家庭裁判所判事

上條 醇
山梨学院大学教授

上杉 満
十日町簡易裁判所兼六日町簡易裁判所判事

岡田 洋佑
東京簡易裁判所判事

金井 康雄
東京地方裁判所判事

内山 孝一
福岡地方裁判所判事補

岡 光民雄
横浜地方裁判所判事

神山 隆一
福岡地方裁判所判事

編者・執筆者一覧

川谷　昭
元裁判所書記官研修所教官

菅家忠生
法務省民事局付検事

菊地絵理
東京地方・家庭裁判所八王子支部判事補

菊池浩也
福岡地方裁判所判事補

岸　日出夫
釧路地方裁判所北見支部長

木村愛一郎
東京簡易裁判所判事

小池信行
法務省大臣官房審議官

小林　崇
仙台高等裁判所判事

近藤壽邦
横浜地方裁判所判事

近藤裕之
仙台法務局訟務部付検事

齋藤利夫
松本簡易裁判所判事

坂本慶一
東京地方裁判所判事

佐野　信
那覇家庭・地方裁判所判事補

宍戸　充
東京高等裁判所判事

柴崎哲夫
福島地方裁判所相馬支部判事

柴谷　晃
弁護士［第一東京弁護士会所属］

清水　毅
弁護士［山梨県弁護士会所属］

杉浦徳宏
東京地方裁判所判事補

杉山正明
東京地方・家庭裁判所八王子支部判事補

瀬川卓男
東京地方裁判所判事補

高山崇彦
東京地方裁判所判事補

武田義徳
東京地方裁判所判事補

田中寿生
東京地方裁判所判事

棚澤高志
福岡地方裁判所判事補

中島　肇
東京地方裁判所判事

中田昭孝
大阪地方裁判所判事

中西健市
甲府地方裁判所民事首席書記官

中野哲弘
横浜地方裁判所判事

流矢大士
弁護士［東京弁護士会所属］

西村英樹
横浜地方裁判所小田原支部判事補

野村明弘
東京地方裁判所判事

林屋礼二
東北大学名誉教授

平元義孝
東京簡易裁判所判事

廣田民生
東京高等裁判所判事

細野なおみ
福岡地方裁判所判事補

前田英子
東京地方裁判所判事補

前田昌宏
熊本地方裁判所人吉支部判事

松井　修
東京地方裁判所判事補

松井芳明
甲府地方裁判所判事補

松岡千帆
名古屋地方裁判所判事補

松野勝徳
熊本地方裁判所書記官

松原里美
浦和地方裁判所川越支部判事補

真邊朋子
東京地方裁判所判事補

三村憲吾
大阪地方裁判所判事補

三輪和雄
司法研修所教官

村瀬憲士
静岡地方・家庭裁判所判事補

宮尾成明
東京地方裁判所総括主任書記官

宮本正行
弁護士［東京弁護士会所属］

森岡孝介
大阪地方裁判所判事

山口幸雄
福岡地方裁判所判事

芳田圭一
古河簡易裁判所判事

渡邉　昭
弁護士・前東京高等裁判所判事

凡　例

1　収録項目

　本辞典に収録した項目は，民事訴訟法のほか，民事執行法，民事保全法，破産法，会社更生法，民事再生法など，民事訴訟法を学ぶ上で必要な項目を参照項目を含め1475項目である。

2　解説の基準日

　本辞典の解説の基準日を2000年1月1日とし，1999年12月22日制定公布された民事再生法関係の項目も取り入れて最新の内容にするように努めた。また，現在改正作業が進行している破産法等については，関連する項目において言及した。なお，和議法（大正11法72）は，民事再生法（平成11法225）により廃止されたが，学習上必要な範囲において項目を設けるとともに，廃止された趣旨がわかるように項目名の肩にダガー記号（†）を付した。

3　収録書式

　民事手続を学習する上で必要と考えられる書式を選んで巻末に収録した。現在，これらの書式は従来の縦書きから横書きへの移行作業が進められており，本辞典においては将来的なことを考慮して横書きとして収録した。

　また，書式に関連する項目には，巻末に書式が掲載されている趣旨を示すために項目名の肩にアステリ記号（*）を付した。

4　使用漢字・仮名遣い等

　常用漢字・新仮名遣いを原則としたが，誤解のない範囲で短縮した表記を採用した場合がある。難読漢字には括弧書きで読み仮名を示した。

　句読点は，「，」「。」を用いた。並列して掲げる場合には「・」を用いて列挙したが，修飾の関係で誤解を生ずる余地のある場合は「，」を用いている。

5　関連する事項等

　関連する事項で別項目で解説するのが適切と思われるものについては，解説末に矢印記号（⇒）とともにその項目名を掲げ，当該項目へ解説を譲った。

6　その他

　民事訴訟法は平成8年法律109号により新法が制定され平成10年1月1日より施行されており，本文の解説中では，改正前との対比で，「新民事訴訟法」，「新しい民事訴訟法」等と表記し，必要に応じて「平成8年法律109号」と示すようにしている。また平成8年法律109号以前のものを旧法として表記したが，数多い改正法のいずれかを特定するため適宜，制定年・法律番号

を付した。
7 略　語

解説文中での，法令名，判決年月日の表示は，原則として，省略せず表示したが，カッコ内に示す場合には，以下のような略称を用いた。また条数のうしろに記した「前」は「前段」，「後」は「後段」，「本」は「本文」，「但」は「ただし書」を各々示している。

法令判例略記一覧

遺失　　遺失物法（明治32法87）
意匠　　意匠法（昭和34法125）
恩給　　恩給法（大正12法48）
外事弁護　　外国弁護士による法律事務の取扱いに関する特別措置法（昭和61法66）
会社更生　　会社更生法（昭和27法172）
海難審判　　海難審判法（昭和22法135）
家審　　家事審判法（昭和22法152）
家審規　　家事審判規則（昭和22最高裁規15）
下民　　下級裁判所民事裁判例集
簡保　　簡易生命保険法（昭和24法68）
企業担保　　企業担保法（昭和33法106）
区分所有　　建物の区分所有等に関する法律（昭和37法69）
刑　　刑法（明治40法45）
刑訴　　刑事訴訟法（昭和23法131）
刑訴規　　刑事訴訟法規則（昭和23最高裁規32）
刑補　　刑事補償法（昭和25法1）
憲　　日本国憲法（昭和21）
健保　　健康保険法（大正11法70）
小　　小切手法（昭和8法57）
公害補償　　公害健康被害の補償等に関する法律（昭和48法111）
鉱業　　鉱業法（昭和25法289）
公催仲裁　　公示催告手続及ビ仲裁手続ニ関スル法律（明治23法29）
公証　　公証人法（明治41法53）
公選　　公職選挙法（昭和25法100）

工抵　　工場抵当法（明治38法54）
鉱抵　　鉱業抵当法（明治38法55）
厚年　　厚生年金保険法（昭和29法115）
高民集　　高等裁判所民事判例集
国年　　国民年金法（昭和34法141）
国賠　　国家賠償法（昭和22法125）
国会　　国会法（昭和22法79）
国企労　　国営企業労働関係法（昭和23法257）
国健保　　国民健康保険法（昭和33法192）
国公　　国家公務員法（昭和22法120）
国公共済　　国家公務員共済組合法（昭和33法128）
国公災　　国家公務員災害補償法（昭和26法191）
雇保　　雇用保険法（昭和49法116）
裁　　裁判所法（昭和22法59）
最高裁規　　最高裁判所規則
裁時　　裁判所時報
裁事規　　最高裁判所裁判事務処理規則（昭和22最高裁規6）
自治　　地方自治法（昭和22法67）
執行官　　執行官法（昭和41法111）
児手　　児童手当法（昭和46法73）
自賠　　自動車損害賠償保障法（昭和30法97）
児福　　児童福祉法（昭和22法164）
児扶手　　児童扶養手当法（昭和36法238）
借地借家　　借地借家法（平成3法90）

宗法	宗教法人法（昭和26法126）
少	少年法（昭和23法168）
商	商法（明治32法48）
障害福祉	身体障害者福祉法（昭和24法283）
商特	株式会社の監査等に関する商法の特例に関する法律（昭和49法22）
商標	商標法（昭和34法127）
新案	実用新案法（昭和34法123）
人訴	人事訴訟手続法（明治31法13）
信託	信託法（大正11法62）
生活保護	生活保護法（昭和25法144）
製造物	製造物責任法（平成6法85）
税徴	国税徴収法（昭和34法147）
宅建業	宅地建物取引業法（昭和27法176）
地公共済	地方公務員等共済組合法（昭和37法152）
地公労	地方公営企業労働関係法（昭和27法289）
調委規	民事調停委員及び家事調停委員規則（昭和49最高裁規5）
著作	著作権法（昭和45法48）
手	手形法（昭和7法20）
抵証	抵当証券法（昭和6法15）
鉄営	鉄道営業法（明治33法65）
特定調停	特定債務等の調整の促進のための特定調停に関する法律（平成11法158）
特許	特許法（昭和34法121）
独禁	私的独占の禁止及び公正取引の確保に関する法律（昭和22法54）
農災	農業災害補償法（昭和22法185）
破	破産法（大正11法71）
判時	判例時報
判事補	地方裁判所における審理に判事補の参与を認める規則（昭和47最高裁規8）
判タ	判例タイムズ
非訟	非訟事件手続法（明治31法14）
不正競争	不正競争防止法（平成5法47）
不登	不動産登記法（明治32法24）
弁護	弁護士法（昭和24法205）
法学	法学（東北大学法学会）
法廷秩序	法廷等の秩序維持に関する法律（昭和27法286）
法務大臣権限	国の利害に関係のある訴訟についての法務大臣の権限等に関する法律（昭和22法194）
保険	保険業法（平成7法105）
母子保健	母子保健法（昭和40法141）
民施	民法施行法（明治31法11）
民事再生	民事再生法（平成11法225）
民執	民事執行法（昭和54法4）
民執規	民事執行規則（昭和54最高裁規5）
民集	大審院（最高裁判所）民事判例集
民訴	民事訴訟法（平成8法109）
民訴規	民事訴訟規則（平成8最高裁規5）
民訴費	民事訴訟費用等に関する法律（昭和46法40）
民調	民事調停法（昭和26法222）
民調規	民事調停規則（昭和26最高裁規8）
民保	民事保全法（平成元法91）
民保規	民事保全規則（平成2最高裁規3）
民録	大審院民事判決録
有	有限会社法（昭和13法74）
郵便	郵便法（昭和22法165）
労基	労働基準法（昭和22法49）
労組	労働組合法（昭和24法174）
労災	労働者災害補償保険法（昭和22法50）
労調	労働関係調整法（昭和21法25）
老人保健	老人保健法（昭和57法80）
和	和議法（大正11法72，平成11年法225により廃止）

表記例
　民訴370②但＝民事訴訟法370条2項ただし書
　民執16①②③・18＝民事執行法16条1項2号3号・18条

最判昭56・3・20民集35・2・219＝最高裁判所昭和56年3月20日判決最高裁判所民事判例集35巻2号219頁

項目索引

あ 行

アクチオ ………………………………… 1
言渡し ⇨ 「判決の言渡し」
言渡期日 ………………………………… 1
異議 ……………………………………… 1
違憲抗告 ⇨ 「特別抗告」
違憲上告 ⇨ 「特別上告」
違憲上訴 ⇨ 「特別上訴」
違式の裁判 ……………………………… 2
意思表示を求める債権の執行 ………… 2
移審の効力 ……………………………… 2
移送 ……………………………………… 2
一応の推定 ……………………………… 3
一事不再理 ……………………………… 3
一部請求 ………………………………… 4
一部判決 ⇨ 「全部判決・一部判決」
一括売却 ………………………………… 4
一件記録 ………………………………… 4
一般公開・当事者公開 ………………… 5
一般執行 ⇨ 「個別執行・一般執行」
一般の取戻権 …………………………… 5
一般破産主義 ⇨ 「商人破産主義・一般破産主義」
一般優先債権 …………………………… 5
一方審尋主義 ⇨ 「双方審尋主義・一方審尋主義」
移転主義 ⇨ 「引受主義」
移付命令 ………………………………… 5
違法執行・不当執行 …………………… 5
違法収集証拠 …………………………… 6
医療過誤訴訟 …………………………… 6
イン・カメラ審理手続 ………………… 7
受継 ⇨ 「訴訟手続の受継（じゅけい）」
内整理 ⇨ 「私的整理」
訴え ……………………………………… 7
訴えなければ裁判なし ………………… 8
訴えの却下 ……………………………… 8
訴えの客観的併合 ……………………… 8
訴えの交換的変更 ……………………… 8
訴えの主観的追加的併合 ……………… 9
訴えの主観的併合 ……………………… 9
訴えの主観的予備的併合 ……………… 9
訴えの追加的変更 ……………………… 10
訴えの提起 ……………………………… 10
訴えの取下げ …………………………… 11
訴えの取下げの擬制 …………………… 12
訴えの取下げの合意 …………………… 13
訴えの併合 ……………………………… 13
訴えの変更 ……………………………… 13
訴えの利益 ……………………………… 14
疫学的証明 ……………………………… 15
応訴管轄 ………………………………… 15
応訴強制 ………………………………… 15
公の競売（けいばい） ………………… 16
乙号証 ⇨ 「甲号証・乙号証・丙号証」
乙類審判事件 ⇨ 「家事審判」
親子関係存否確認の訴え ……………… 16

か 行

買受人 …………………………… 17
買受申出人 ……………………… 17
外国仲裁判断 …………………… 17
外国判決の執行 ………………… 17
外国判決の承認 ………………… 18
外国法事務弁護士 ……………… 18
開始後債権 ……………………… 19
会社更生手続 …………………… 19
会社更生法 ……………………… 20
会社整理手続 …………………… 20
会社訴訟 ………………………… 20
回避 ……………………………… 21
下級裁判所 ……………………… 21
確定遮断の効力 ………………… 21
確定判決 ………………………… 22
確定判決の効力 ………………… 22
確定判決の不当取得 …………… 23
確定判決の騙取 (へんしゅ) ⇒ 「確定判決の不当取得」
確定力 …………………………… 23
確認訴訟 ⇒ 「確認の訴え」
確認の訴え ……………………… 24
確認の利益 ……………………… 24
確認判決 ………………………… 25
隔離尋問 ⇒ 「証人尋問」「個別尋問」
過去の法律関係の確認 ………… 25
家事審判 ………………………… 25
家事審判官 ……………………… 26
家事審判法 ……………………… 26
家事相談 ………………………… 26
家事調停 ………………………… 27
家事調停委員 …………………… 27
過剰執行 ………………………… 27
過怠破産罪 ……………………… 28
家庭裁判所 ……………………… 28
家庭裁判所調査官 ……………… 28
仮定的抗弁 ⇒ 「仮定的主張・仮定的抗弁」
仮定的主張・仮定的抗弁 ……… 28
仮定的相殺の抗弁 ……………… 29
家庭に関する事件 ……………… 29
株主総会決議取消訴訟 ………… 29
株主総会決議不存在確認訴訟 … 29
株主総会決議無効確認訴訟 …… 30
株主総会の決議を争う訴訟 …… 30
株主代表訴訟 …………………… 30
仮差押え ………………………… 31
仮差押解放金 …………………… 31
仮差押えの執行 ………………… 31
仮差押えの取消し ……………… 32
仮差押えの要件 ………………… 32
仮差押命令 ……………………… 32
仮執行 …………………………… 32
仮執行宣言* ……………………… 33
仮執行免脱の宣言 ……………… 33
仮処分 …………………………… 34
仮処分解放金 …………………… 34
仮処分の執行 …………………… 35
仮処分の取消し ………………… 35
仮処分の本案化 ………………… 35
仮処分の要件 …………………… 36
仮処分命令 ……………………… 36
仮の処分 ………………………… 36
仮の地位を定める仮処分 ……… 36
為替訴訟 ………………………… 37
簡易再生 ………………………… 37
簡易裁判所 ……………………… 37
簡易裁判所判事 ………………… 38
簡易執行 ………………………… 38
換価 ……………………………… 38
勧解 ……………………………… 38
管轄 ……………………………… 39
管轄区域 ………………………… 39
管轄権 …………………………… 39
管轄権の調査 …………………… 40
管轄違い ………………………… 40
管轄違いの抗弁 ………………… 40
管轄の合意 ……………………… 40
管轄の恒定 ……………………… 41
管轄の指定 ……………………… 41

換価命令 ……………………………… 41	起訴前の和解 ……………………… 48
関係人集会 …………………………… 41	起訴命令 …………………………… 48
監査委員 ……………………………… 41	既判力 ……………………………… 48
管財人 ………………………………… 42	既判力の拡張 ……………………… 49
間接強制 ……………………………… 42	既判力の客観的範囲 ……………… 50
間接事実 ⇨ 「主要事実・間接事実」	既判力の時間的限界 ……………… 50
間接主義 ⇨ 「直接審理主義・間接審理主義」	既判力の失権効 ⇨ 「既判力の遮断効」
間接証拠 ⇨ 「直接証拠・間接証拠」	既判力の遮断効 …………………… 51
間接審理主義 ⇨ 「直接審理主義・間接審理主義」	既判力の主観的範囲 ……………… 51
	既判力の人的限界 ⇨ 「既判力の主観的範囲」
間接反証 ⇨ 「直接反証・間接反証」	既判力の双面性 …………………… 51
間接否認 ⇨ 「直接否認・間接否認」	既判力の範囲 ……………………… 52
鑑定 …………………………………… 43	既判力の標準時 …………………… 52
鑑定義務 ……………………………… 43	既判力の物的限界 ⇨ 「既判力の客観的範囲」
鑑定証人 ……………………………… 43	
鑑定人 ………………………………… 43	忌避 ………………………………… 52
監督委員 ……………………………… 43	忌避原因 …………………………… 52
監督員 ………………………………… 43	忌避権の濫用 ……………………… 53
管理命令 ……………………………… 44	義務履行地の裁判籍 ……………… 53
関連裁判籍・独立裁判籍 …………… 44	却下 ………………………………… 53
関連破産 ⇨ 「牽連(けんれん)破産」	客観的証明責任 ⇨ 「主観的証明責任・客観的証明責任」
期間 …………………………………… 44	休止 ⇨ 「訴訟手続の休止」
期間入札 ⇨ 「期日入札・期間入札」	休止満了 …………………………… 53
期間の伸縮 …………………………… 44	旧訴訟物理論 ……………………… 54
危機否認 ……………………………… 45	給付訴訟 ⇨ 「給付の訴え」
棄却 …………………………………… 45	給付の訴え ………………………… 54
期日 …………………………………… 45	給付判決 …………………………… 54
期日外釈明 …………………………… 46	旧民事訴訟法 ……………………… 55
期日入札・期間入札 ………………… 46	求問権 ……………………………… 55
期日の延期 …………………………… 46	共益債権(会社更生法) …………… 55
期日の懈怠(かいたい) ……………… 46	共益債権(民事再生法) …………… 55
期日の指定 …………………………… 47	境界確定訴訟 ⇨ 「境界(けいかい)確定訴訟」
期日の続行 …………………………… 47	
期日の変更 …………………………… 47	強行規定・任意規定 ……………… 55
期日の呼出し ………………………… 47	共助 ⇨ 「司法共助」
擬制自白 ……………………………… 47	強制管理 …………………………… 56
擬制的取下げ ⇨ 「訴えの取下げの擬制」	強制競売(けいばい) ……………… 57
	行政事件 …………………………… 57
規則制定権 …………………………… 48	行政事件訴訟 ……………………… 57
覊束力(きそくりょく) ⇨ 「判決の覊束力」	

行政事件訴訟法 …………………… 58	形式的競売（けいばい） …………… 69
強制執行 …………………………… 58	形式的証拠力・実質的証拠力 ……… 70
強制執行開始の要件 ……………… 59	形式的証明力 ⇒ 「形式的証拠力・実質的証拠力」
強制執行権 ………………………… 59	
強制執行請求権 …………………… 60	形式的当事者概念・実体的当事者概念 ……………………………… 70
強制執行の停止 …………………… 60	
強制執行の取消し ………………… 60	形成訴訟 ⇒ 「形成の訴え」
強制執行法 ………………………… 61	形成の訴え ………………………… 70
行政訴訟 …………………………… 61	形成判決 …………………………… 71
強制調停 …………………………… 61	形成力 ……………………………… 71
強制履行 …………………………… 62	係争物 ……………………………… 71
強制和議 …………………………… 62	係争物に関する仮処分 …………… 71
供託 ………………………………… 62	継続審理主義 ……………………… 72
共同原告 …………………………… 63	競売（けいばい） ………………… 72
共同差押え ………………………… 63	競売（けいばい）法 ……………… 72
共同訴訟 …………………………… 63	競落（けいらく） ………………… 72
共同訴訟参加 ……………………… 63	欠席手続 …………………………… 73
共同訴訟的補助参加 ……………… 64	欠席判決・対席判決 ……………… 73
共同訴訟人 ………………………… 64	決定 ………………………………… 73
共同訴訟人独立の原則 …………… 64	決定手続 ⇒ 「判決手続・決定手続」
共同の利益 ………………………… 65	結末判決 …………………………… 74
共同被告 …………………………… 65	原因判決 …………………………… 74
競売 ⇒ 「けいばい」	厳格な証明・自由な証明 ………… 74
共有物分割の訴え ………………… 65	現況調査 …………………………… 74
共有不動産に関する訴訟 ………… 66	原告・被告 ………………………… 75
許可抗告制度 ……………………… 66	現在の給付の訴え ………………… 75
挙証責任 ⇒ 「証明責任」	原裁判所 …………………………… 75
挙証責任の転換 ⇒ 「証明責任の転換」	検証 ………………………………… 75
挙証責任の分配 ⇒ 「証明責任の分配」	検証受忍義務 ……………………… 75
記録添付 …………………………… 67	検証物 ……………………………… 75
金銭執行 …………………………… 67	検真 ………………………………… 76
金銭納付命令 ……………………… 67	原審 ………………………………… 76
具体的訴権説 ⇒ 「訴権学説」	現代型訴訟 ………………………… 76
国の指定代理人 …………………… 67	顕著な事実 ………………………… 76
クラス・アクション ……………… 68	原判決 ……………………………… 77
訓示規定 ⇒ 「効力規定・訓示規定」	原本・正本 ………………………… 77
群団優先主義 ……………………… 68	現有財団 ⇒ 「破産財団」
境界（けいかい）確定訴訟 ……… 68	権利供託・義務供託 ……………… 77
経験則 ……………………………… 69	権利抗弁 ⇒ 「事実抗弁・権利抗弁」
形式的確定力 ……………………… 69	権利執行 …………………………… 77
形式的形成訴訟 …………………… 69	権利自白 …………………………… 78

権利主張参加 ⇨「独立当事者参加」	
権利の推定・事実の推定 …………… 78	
権利保護請求権 …………………… 78	
権利保護請求権説 ⇨「訴権学説」	
権利保護説 ⇨「民事訴訟制度の目的」	
権利保護の資格・権利保護の利益 … 78	
権利保護の必要 ⇨「権利保護の資格・権利保護の利益」	
権利保護要件 ⇨「権利保護請求権」	
牽連（けんれん）裁判籍 ⇨「関連裁判籍・独立裁判籍」	
牽連（けんれん）破産 …………………… 79	
故意否認 …………………………… 79	
合意管轄 …………………………… 79	
行為期間・猶予期間 ……………… 79	
合一確定 …………………………… 79	
合一確定共同訴訟 ⇨「必要的共同訴訟」	
合意に相当する審判 ……………… 80	
公開（審理）主義 …………………… 80	
合議制 ⇨「単独制・合議制」	
攻撃防御方法 ……………………… 80	
攻撃防御方法の却下 ……………… 81	
甲号証・乙号証・丙号証 ………… 81	
抗告 ………………………………… 81	
抗告期間 …………………………… 82	
抗告状 ……………………………… 82	
抗告審手続 ………………………… 82	
抗告理由書提出強制 ……………… 82	
交互尋問 …………………………… 83	
交叉（こうさ）尋問 ⇨「交互尋問」	
公示催告 …………………………… 83	
公示催告手続 ……………………… 83	
公示送達 …………………………… 83	
公証人 ……………………………… 84	
更新権 ……………………………… 84	
更生管財人 ………………………… 84	
更生計画 …………………………… 84	
更生計画案 ………………………… 85	
更正決定 ⇨「判決の更正」	
更正権 ……………………………… 85	
更生債権 …………………………… 85
更生裁判所 ………………………… 86
公正証書 …………………………… 86
更生担保権 ………………………… 86
更生手続 ⇨「会社更生手続」
更生手続開始決定 ………………… 86
更生手続の終結 …………………… 87
更生の見込み ……………………… 87
控訴 ………………………………… 87
控訴院 ……………………………… 88
控訴期間 ⇨「上訴期間」
控訴棄却 …………………………… 88
控訴却下 …………………………… 88
控訴権 ……………………………… 88
控訴権の放棄 ⇨「上訴権の放棄」
控訴権の濫用 ⇨「上訴権の濫用」
控訴状 ……………………………… 89
控訴審 ……………………………… 89
控訴審手続 ………………………… 89
控訴提起の効力 ⇨「上訴提起の効力」
控訴人・被控訴人 ………………… 90
控訴の取下げ ⇨「上訴の取下げ」
控訴の不可分 ⇨「上訴不可分の原則」
控訴の利益 ⇨「上訴の利益」
控訴理由書提出強制 ……………… 90
控訴をしない旨の合意 ⇨「不控訴の合意」「不上訴の合意」
公知の事実 ………………………… 91
高等裁判所 ………………………… 91
口頭主義・書面主義 ……………… 91
口頭の起訴 ………………………… 92
口頭弁論 …………………………… 92
口頭弁論期日 ……………………… 92
口頭弁論調書 ……………………… 93
口頭弁論の一体性 ………………… 93
口頭弁論の更新 ⇨「弁論の更新」
口頭弁論の指揮 ⇨「弁論の指揮」
口頭弁論の終結 ⇨「弁論の終結」
口頭弁論の準備 ⇨「弁論の準備」
口頭弁論の全趣旨 ⇨「弁論の全趣旨」
交付送達 …………………………… 93

公文書・私文書 …………… 94
抗弁 ………………………… 94
公法的訴権説 ⇒ 「訴権学説」
効力規定・訓示規定 ………… 94
甲類審判事件 ⇒ 「家事審判」
小切手訴訟 ⇒ 「手形訴訟・小切手訴訟」
小切手判決 ⇒ 「手形判決・小切手判決」
国際裁判管轄権 ……………… 95
国際裁判管轄の合意 ………… 95
国際司法共助 ………………… 96
国際倒産法 …………………… 96
国際破産法 …………………… 96
国際民事訴訟法 ……………… 97
故障の申立て ………………… 97
固定主義・膨脹主義 ………… 98
個別執行・一般執行 ………… 98
個別尋問 ……………………… 98
固有期間・職務期間 ………… 99
固有必要的共同訴訟 ………… 99

さ 行

再競売 (けいばい) …………… 100
債権確定訴訟 ⇒ 「破産債権確定訴訟」
債権執行 ……………………… 100
債権者・債務者 ……………… 101
債権者集会 …………………… 101
債権者代位訴訟 ……………… 101
債権その他の財産権に対する執行 ⇒ 「債権執行」
債権調査期日 ………………… 102
債権表 ………………………… 102
最高価買受申出人 …………… 103
再抗告 ………………………… 103
最高裁判所 …………………… 103
最高裁判所規則 ……………… 103
最高裁判所判事 ……………… 104
再抗弁・再々抗弁 …………… 104
最後配当 ……………………… 104
再々抗弁 ⇒ 「再抗弁・再々抗弁」

財産権執行 …………………… 104
財産権上の訴え・非財産権上の訴え
……………………………… 104
再施破産 ……………………… 105
再主尋問 ⇒ 「交互尋問」
最初の抗告・再抗告 ………… 105
再審 …………………………… 106
再審期間 ……………………… 106
再審抗告 ……………………… 106
再審事由 ……………………… 106
再審手続 ……………………… 107
再審の訴え …………………… 107
再生管財人 …………………… 108
再生計画 ……………………… 108
再生計画案 …………………… 108
再生計画の認可 ……………… 108
再生債権 ……………………… 109
再生裁判所 …………………… 109
再生債務者 …………………… 109
再生債務者財産 ……………… 109
再生担保権 …………………… 109
再生手続開始決定 …………… 109
再生手続開始の条件 ………… 110
再生の見込み ………………… 110
再訴の禁止 …………………… 110
財団債権 ……………………… 110
裁定期間 ⇒ 「法定期間・裁定期間」
在廷証人 ……………………… 111
最低売却価額 ………………… 111
裁定和解条項 ………………… 111
再度の考案 …………………… 111
再売却 ………………………… 112
裁判 …………………………… 112
裁判外の和解 ………………… 112
裁判外紛争処理制度 ………… 113
裁判書 (さいばんがき) ……… 113
裁判官 ………………………… 113
裁判官会議 …………………… 114
裁判官訴追委員会 …………… 114
裁判官弾劾裁判所 …………… 114
裁判官の交代 ………………… 114

項目索引

裁判官の私知 … 115	参加 ⇒ 「訴訟参加」
裁判権 … 115	参加承継・引受承継 … 125
裁判書 ⇒ 「さいばんがき」	参加的効力 … 125
裁判所 … 115	参加人・被参加人 … 126
裁判上の相殺 … 115	三者執行 ⇒ 「第三者執行」
裁判上の和解 … 115	三審制 … 126
裁判所構成法 … 116	残部判決 ⇒ 「結末判決」
裁判所書記官 … 116	三面訴訟 … 126
裁判所職員 … 116	参与員 … 126
裁判所速記官 … 116	私鑑定 … 126
裁判所調査官 … 116	時機に後れた攻撃防御方法 … 127
裁判所に顕著な事実 … 116	識別説 … 127
裁判所法 … 117	事件 … 127
裁判所傍聴規則 … 117	試験訴訟 … 127
裁判籍 … 117	事件の呼上げ … 128
裁判長 … 117	自己使用文書 … 128
裁判の確定 … 118	事後審制 … 128
裁判の公開 ⇒ 「公開（審理）主義」	事後（破産）廃止 … 128
裁判の脱漏 … 118	自己破産 … 128
裁判の評決 … 118	事実 … 129
裁判の無効 … 118	事実記載説 ⇒ 「理由記載説」
裁判費用 … 119	事実抗弁・権利抗弁 … 129
裁判を受ける権利 … 119	事実上の主張・法律上の主張 ⇒ 「事実上の陳述・法律上の陳述」
債務拘留 … 119	
債務者 ⇒ 「債権者・債務者」	事実上の推定 … 129
債務超過 … 120	事実上の陳述・法律上の陳述 … 130
債務不存在確認訴訟 … 120	事実審・法律審 … 130
債務名義 … 120	事実認定 … 130
裁量上告制度 ⇒ 「上告受理申立制度」	事実の推定 ⇒ 「権利の推定・事実の推定」
詐害防止参加 ⇒ 「独立当事者参加」	
詐欺破産罪 … 121	事実問題・法律問題 … 130
作為・不作為債権の執行 … 121	死者に対する訴え … 131
差置送達 … 122	次順位買受申出人 … 131
差押え … 122	事情届 … 131
差押禁止財産 … 122	事情変更による保全取消し … 131
差押えの禁止 … 123	示談 … 132
差押命令 … 123	執行異議 … 132
差止め … 123	執行開始要件 … 132
差止請求訴訟 … 123	執行官 … 133
差止めを命ずる仮処分 … 124	執行官法 … 133
差戻し … 124	執行機関 … 133

項目索引

執行供託	134
執行契約	134
執行行為 ⇨ 「執行処分」	
執行行為の否認	134
執行抗告	135
執行債権	135
執行債権者・執行債務者	135
執行裁判所	136
執行債務者 ⇨ 「執行債権者・執行債務者」	
執行受諾文言	136
執行障害	136
執行証書	136
執行処分	137
執行請求権 ⇨ 「強制執行請求権」	
執行正本	137
執行停止文書	137
執行停止命令	138
執行取消文書	138
執行に対する救済	138
執行の停止・取消し	139
執行の方法に関する異議	139
執行判決	139
執行費用	139
執行文*	140
執行文付与等に関する異議	140
執行文付与に対する異議の訴え	141
執行文付与の訴え	141
執行妨害	141
執行名義 ⇨ 「債務名義」	
執行吏	142
執行力	142
執行力ある債務名義の正本 ⇨ 「執行正本」	
執行力ある請求権 ⇨ 「執行債権」	
執行力の主観的範囲	142
実質的確定力 ⇨ 「既判力」	
実質的証拠力 ⇨ 「形式的証拠力・実質的証拠力」	
実質的証明力 ⇨ 「形式的証拠力・実質的証拠力」	
実体的確定力 ⇨ 「既判力」	
実体的当事者概念 ⇨ 「形式的当事者概念・実体的当事者概念」	
執達吏	143
指定管轄	143
私的整理	143
自白	144
自白契約	144
自白の撤回	144
自発的自白 ⇨ 「先行的自白」	
支払停止	145
支払督促*	145
支払不能	145
支払命令	145
自判	146
事物管轄	146
私文書 ⇨ 「公文書・私文書」	
司法	146
司法委員	146
私法維持説 ⇨ 「民事訴訟制度の目的」	
司法過程	147
司法共助	147
司法行政	148
司法権	148
司法研修所	148
司法権の独立	149
司法権の優位	149
司法行為請求権説 ⇨ 「訴権学説」	
司法試験	149
司法修習生	149
司法審査権の限界	149
私法的訴権説 ⇨ 「訴権学説」	
氏名冒用訴訟	150
借地非訟事件	151
釈明義務 ⇨ 「釈明権・釈明義務」	
釈明権・釈明義務	151
釈明処分	152
遮断効 ⇨ 「既判力の遮断効」	
終局判決	152
自由財産	152
従参加 ⇨ 「補助参加」	

項目索引

自由序列主義 ⇒ 「法定序列主義・自由序列主義」
終審 ………………………………… 153
自由心証主義・法定証拠主義 …… 153
従たる当事者 ⇒ 「補助参加人」
集中証拠調べ ……………………… 153
集中審理主義・併行審理主義 …… 154
自由な証明 ⇒ 「厳格な証明・自由な証明」
重複起訴の禁止 ⇒ 「二重起訴の禁止」
重複差押え ⇒ 「二重差押え」
重要な間接事実 …………………… 154
主観的証明責任・客観的証明責任 155
主観的追加的併合 ………………… 155
主観的予備的併合 ………………… 155
受継 ⇒ 「訴訟手続の受継（じゅけい）」
授権決定 …………………………… 156
取効的訴訟行為・与効的訴訟行為 156
主参加の訴え ……………………… 156
主尋問・反対尋問 ………………… 156
受訴裁判所 ………………………… 157
受託裁判官 ………………………… 157
主張 ………………………………… 157
主張共通の原則 …………………… 157
主張責任 …………………………… 158
主張責任の分配 …………………… 158
主文 ………………………………… 158
受命裁判官 ………………………… 159
主要事実・間接事実 ……………… 159
準抗告 ……………………………… 160
準再審 ⇒ 「再審抗告」
準当事者 …………………………… 160
準備書面 …………………………… 160
準備的口頭弁論 …………………… 161
準備手続 …………………………… 161
準文書 ……………………………… 162
準別除権 …………………………… 162
少額裁判所 ………………………… 162
少額訴訟手続* ……………………… 162
消極的確認の訴え ………………… 163
承継執行文 ………………………… 163
証言 ………………………………… 164
証言拒絶権 ………………………… 164
証拠 ………………………………… 164
証拠開示 …………………………… 165
証拠価値 ⇒ 「証拠力」
証拠共通の原則 …………………… 165
上告（制度）……………………… 165
上告期間 ⇒ 「上訴期間」
上告棄却 …………………………… 166
上告却下 …………………………… 166
上告受理申立制度 ………………… 166
上告受理申立通知書 ……………… 167
上告状 ……………………………… 167
上告状却下 ………………………… 167
上告審 ……………………………… 167
上告審手続 ………………………… 168
上告提起通知書 …………………… 169
上告提起の効力 ⇒ 「上訴提起の効力」
上告人・被上告人 ………………… 169
上告の制限 ………………………… 169
上告の取下げ ⇒ 「上訴の取下げ」
上告理由 …………………………… 169
上告理由書 ………………………… 170
証拠契約 …………………………… 170
証拠結合主義・証拠分離主義 …… 170
証拠決定 …………………………… 170
証拠原因 …………………………… 171
証拠抗弁 …………………………… 171
証拠裁判主義 ……………………… 171
証拠調べ …………………………… 171
証拠調調書 ………………………… 172
証拠調べの嘱託 …………………… 172
証拠資料 …………………………… 172
証拠制限契約 ……………………… 172
証拠提出責任 ……………………… 173
証拠能力 …………………………… 173
証拠分離主義 ⇒ 「証拠結合主義・証拠分離主義」
証拠方法 …………………………… 173
証拠保全 …………………………… 173
証拠申出 …………………………… 174

項目索引

証拠力 …… 174	将来の給付の訴え …… 186
照査手続 …… 174	嘱託鑑定 …… 186
商事仲裁 …… 174	職分管轄 …… 186
商事非訟事件 …… 175	職務期間 ⇒ 「固有期間・職務期間」
消除主義 …… 175	職務上の当事者 …… 187
証書真否確認の訴え …… 175	除権判決 …… 187
証書訴訟 …… 176	書証 …… 187
少数意見 …… 176	除斥 …… 187
上訴 …… 176	除斥原因 …… 188
上訴期間 …… 177	職権主義・当事者主義 …… 188
上訴権 …… 177	職権証拠調べ …… 188
上訴権の放棄 …… 177	職権進行主義・当事者進行主義 …… 189
上訴権の濫用 …… 177	職権審理主義 …… 189
上訴裁判所 …… 177	職権送達主義・当事者送達主義 …… 189
上訴制限 …… 178	職権探知主義 …… 189
上訴提起の効力 …… 178	職権調査 …… 190
上訴の取下げ …… 178	職権調査事項 …… 190
上訴の要件 …… 178	職権調停 …… 190
上訴の利益 …… 179	処分禁止の仮処分 …… 191
上訴不可分の原則 …… 179	処分権主義 …… 191
譲渡命令 …… 179	処分証書・報告証書 …… 192
証人 …… 180	書面主義 ⇒ 「口頭主義・書面主義」
証人義務 …… 180	書面による準備手続 …… 192
証人尋問 …… 181	信義則 ⇒ 「民事訴訟における信義則」
証人能力 …… 181	真偽不明 …… 192
証人の書面尋問 …… 181	審級 …… 193
商人破産主義・一般破産主義 …… 182	審級管轄 …… 193
小破産 …… 182	審級代理 …… 193
消費者訴訟 …… 182	審級の利益 …… 193
消費者破産 …… 182	新競売 (けいばい) …… 194
小法廷 ⇒ 「大法廷・小法廷」	進行協議期日 …… 194
譲歩の取消し …… 183	親子関係存否確認の訴え ⇒ 「おやこかんけい……」
証明 ⇒ 「証明・疎明」	
証明責任 …… 183	人事訴訟 …… 194
証明責任の転換 …… 184	人事訴訟手続法 …… 195
証明責任の分配 …… 184	真実義務 …… 195
証明・疎明 …… 185	心証 …… 195
証明妨害 …… 185	人証・物証 …… 196
証明力 ⇒ 「証拠力」	審尋 …… 196
消滅主義 ⇒ 「消除主義」	新訴訟物理論 …… 196
剰余主義 …… 185	人的裁判籍・物的裁判籍 …… 196

項目索引

人的執行・物的執行	197
新破産	197
審判	197
審判の対象	197
審問請求権	198
審理の現状に基づく判決	198
審理不尽	198
随時提出主義・同時提出主義	198
推定	199
請求（訴訟上の）	199
請求異議の訴え	200
請求棄却 ⇒「請求認容・請求棄却」	
請求原因 ⇒「請求の原因」	
請求原因事実	200
請求認容・請求棄却	201
請求の拡張・請求の減縮	201
請求の基礎	201
請求の客観的併合 ⇒「訴えの客観的併合」	
請求の原因*	202
請求の減縮 ⇒「請求の拡張・請求の減縮」	
請求の趣旨*	203
請求の同一性	203
請求の認諾	204
請求の併合	204
請求の放棄	205
制限控訴主義 ⇒「続審制」	
制限付自白	205
成功報酬	205
製造物責任訴訟	205
正当な当事者	206
正本 ⇒「原本・正本」	
整理委員†	207
責任財産	207
責問権	207
積極的確認の訴え・消極的確認の訴え	208
積極的否認 ⇒「理由付否認」	
絶対的上告理由	208
競り売り（せりうり）	208
先決問題	209
先行的自白	209
前審関与	209
宣誓	209
宣誓義務	210
宣誓供述書	210
宣誓認証私署証書	210
専属管轄・任意管轄	210
専属的管轄合意	211
選択管轄	211
選択的併合	211
選定者	212
選定当事者	212
船舶執行	212
全部判決・一部判決	213
占有移転禁止の仮処分	213
増価競売	213
相殺権（破産手続）	214
相殺権（民事再生法）	214
相殺の抗弁	215
争訟	215
創設の訴え ⇒「形成の訴え」	
創設判決 ⇒「形成判決」	
相続財産の破産	215
相続人の破産	215
相対的上告理由	216
送達	216
送達受取人	216
送達証書	217
送達報告書 ⇒「送達証書」	
争点	217
争点効	217
争点整理手続	217
双方審尋主義・一方審尋主義	218
双方の訴え	218
訴額 ⇒「訴訟物の価額」	
即時確定の利益 ⇒「確認の利益」	
即時抗告・通常抗告	218
続審制	218
訴権	219
訴権学説	219

項目索引

訴権否定論 …………………… 219
訴権論 ⇒ 「訴権学説」
訴訟 …………………………… 219
訴状* ………………………… 219
訴訟委任 ……………………… 220
訴状却下命令 ………………… 220
訴訟救助 ⇒ 「訴訟上の救助」
訴訟記録 ……………………… 220
訴訟経済 ……………………… 220
訴訟係属 ……………………… 220
訴訟契約 ……………………… 221
訴訟行為 ……………………… 221
訴訟行為の懈怠（かいたい） ……… 222
訴訟行為の瑕疵（かし） ………… 222
訴訟行為の追完 ……………… 222
訴訟行為の撤回 ……………… 223
訴訟行為の附款 ……………… 223
訴訟告知 ……………………… 223
訴訟参加 ……………………… 223
訴訟指揮権 …………………… 224
訴訟事件 ……………………… 224
訴訟事件の非訟化 …………… 224
訴訟実施権 ⇒ 「訴訟追行権」
訴訟終了宣言 ………………… 225
訴訟障害 ……………………… 225
訴訟承継 ……………………… 225
訴訟承継主義・当事者恒定主義 … 225
訴訟上の救助 ………………… 226
訴訟上の形成権の行使 ……… 226
訴訟上の抗弁・本案の抗弁 …… 226
訴訟上の請求 ⇒ 「請求（訴訟上の）」
訴訟上の相殺 ⇒ 「相殺の抗弁」
訴訟上の代理人 ……………… 227
訴訟上の担保 ………………… 227
訴訟上の保証 ⇒ 「訴訟上の担保」
訴訟上の申立て ⇒ 「本案の申立て・訴訟上の申立て」
訴訟上の和解 ………………… 227
訴訟資料 ……………………… 228
訴状審査権 …………………… 228
訴訟信託 ……………………… 228

訴訟成立要件 ………………… 228
訴訟訴訟 ⇒ 「付随訴訟」
訴訟代位 ⇒ 「第三者の訴訟担当」
訴訟代理権 …………………… 228
訴訟代理人 …………………… 229
訴訟脱退 ……………………… 229
訴訟担当 ⇒ 「第三者の訴訟担当」
訴訟中の訴え ………………… 230
訴訟追行権 …………………… 230
訴訟手続の休止 ……………… 230
訴訟手続の受継（じゅけい） ……… 230
訴訟手続の続行命令 ………… 231
訴訟手続の中止 ……………… 231
訴訟手続の中断 ……………… 232
訴訟手続の停止 ……………… 232
訴訟当事者 ⇒ 「当事者」
訴訟に関する合意 ⇒ 「訴訟契約」
訴訟の移送 ⇒ 「移送」
訴訟能力 ……………………… 232
訴状の記載事項* ……………… 233
訴訟の客体 ⇒ 「審判の対象」
訴状の点検 …………………… 233
訴訟の引受け ⇒ 「参加承継・引受承継」
訴訟の目的 ⇒ 「審判の対象」
訴訟判決 ⇒ 「本案判決・訴訟判決」
訴訟引込みの理論 …………… 234
訴訟費用 ……………………… 234
訴訟費用額の確定手続 ……… 235
訴訟費用の担保 ……………… 235
訴訟費用の負担 ……………… 235
訴訟物 ………………………… 236
訴訟物の価額 ………………… 236
訴訟物の譲渡 ………………… 236
訴訟物理論 …………………… 236
訴訟法 ………………………… 237
訴訟法規の種類 ……………… 237
訴訟法上の形成訴訟 ………… 238
訴訟法律関係・訴訟法律状態 …… 238
訴訟法律状態 ⇒ 「訴訟法律関係・訴訟法律状態」

訴状補正命令 ⇒ 「補正命令」
訴訟無能力者 ………………………… 238
訴訟要件 ……………………………… 239
即決和解 ⇒ 「起訴前の和解」
続行期日 ……………………………… 239
続行命令 ⇒ 「訴訟手続の続行命令」
疎明 ⇒ 「証明・疎明」
損害額の認定 ………………………… 240

た 行

第一審 ………………………………… 241
大規模訴訟 …………………………… 241
代行裁判官 …………………………… 241
対抗要件の否認 ……………………… 242
第三者異議の訴え …………………… 242
第三者執行 …………………………… 242
第三者の訴訟担当 …………………… 243
第三者の訴訟追行権 ⇒「第三者の訴訟担当」
第三者の訴訟引込み ⇒「訴訟引込みの理論」
第三審 ⇒ 「上告審」
対質 (たいしつ) ……………………… 243
代償的執行 ⇒ 「本来的執行・代償的執行」
代償的取戻権 ………………………… 244
対審 …………………………………… 244
大審院 ………………………………… 244
大審院判決録 ………………………… 244
大審院判例集 ………………………… 245
対人執行 ⇒ 「人的執行・物的執行」
対世効 ⇒ 「判決の対世的効力」
対席判決 ⇒ 「欠席判決・対席判決」
代替執行 ……………………………… 245
第二審 ⇒ 「控訴審」
第二破産 ……………………………… 245
滞納処分と強制執行 ………………… 245
対物執行 ⇒ 「人的執行・物的執行」
大法廷・小法廷 ……………………… 246
代理委員 (会社更生法) ……………… 246
代理委員 (民事再生法) ……………… 246

多数当事者訴訟 ……………………… 246
建物収去土地明渡執行 ……………… 247
断行の仮処分 ………………………… 247
単純共同訴訟 ⇒ 「通常共同訴訟」
単純否認 ⇒ 「直接否認・間接否認」
単純併合 ……………………………… 247
団体訴訟 ……………………………… 248
単独裁判官 …………………………… 248
単独制・合議制 ……………………… 248
担保権の実行としての競売 ………… 248
地方裁判所 …………………………… 249
中間確認の訴え ……………………… 249
中間期間 ⇒ 「行為期間・猶予期間」
中間の争い …………………………… 250
中間配当 ……………………………… 250
中間判決 ……………………………… 250
仲裁 …………………………………… 250
仲裁鑑定契約 ………………………… 251
仲裁契約 ……………………………… 251
仲裁手続 ……………………………… 251
仲裁人 ………………………………… 252
仲裁判断 ……………………………… 252
抽象的訴権説 ⇒ 「訴権学説」
超過差押え …………………………… 252
調査委員 (会社更生法) ……………… 253
調査委員 (民事再生法) ……………… 253
調書 …………………………………… 253
調書決定 ……………………………… 253
調書判決 ……………………………… 254
調停 …………………………………… 254
調停委員 ……………………………… 254
調停委員会 …………………………… 255
調停前置主義 ………………………… 255
調停調書 ……………………………… 255
調停に代わる裁判 …………………… 256
徴憑 (徴表) (ちょうひょう) ⇒ 「主要事実・間接事実」
重複起訴の禁止 ⇒ 「二重起訴の禁止」
重複差押え ⇒ 「二重差押え」
跳躍上告 ⇒ 「飛越 (とびこし) 上告」
直接強制 ……………………………… 256

直接事実 ⇒ 「主要事実・間接事実」	倒産 ………………………………… 268
直接主義 ⇒ 「直接審理主義・間接審理主義」	動産執行 ………………………… 268
	倒産（処理）手続 ……………… 269
直接証拠・間接証拠 …………… 256	倒産法 …………………………… 269
直接審理主義・間接審理主義 … 257	当事者 …………………………… 270
直接反証・間接反証 …………… 257	当事者権 ………………………… 271
直接否認・間接否認 …………… 258	当事者公開 ⇒ 「一般公開・当事者公開」
直送 ……………………………… 258	
陳述 ……………………………… 258	当事者恒定主義 ⇒ 「訴訟承継主義・当事者恒定主義」
陳述禁止の裁判 ………………… 258	
陳述書 …………………………… 258	当事者参加 ……………………… 271
陳述の擬制 ……………………… 259	当事者主義 ⇒ 「職権主義・当事者主義」
追加判決 ………………………… 259	
追完 ⇒ 「訴訟行為の追完」	当事者照会 ……………………… 272
追認 ……………………………… 259	当事者進行主義 ⇒ 「職権進行主義・当事者進行主義」
通事 ……………………………… 259	
通常期間 ⇒ 「不変期間・通常期間」	当事者尋問 ……………………… 272
通常共同訴訟 …………………… 259	当事者送達主義 ⇒ 「職権送達主義・当事者送達主義」
通常抗告 ⇒ 「即時抗告・通常抗告」	
通常訴訟手続・特別訴訟手続 … 260	当事者対等の原則 ⇒ 「双方審尋主義・一方審尋主義」
出会送達 ………………………… 260	
定期金賠償判決変更の訴え …… 260	当事者適格 ……………………… 273
ディスカヴァリー ……………… 261	当事者能力 ……………………… 273
廷吏 ……………………………… 261	当事者の確定 …………………… 274
手形支払の否認 ………………… 261	当事者の欠席 …………………… 274
手形訴訟・小切手訴訟 ………… 262	当事者の変更 …………………… 275
手形判決*・小切手判決 ………… 263	当事者費用 ……………………… 276
適時提出主義 …………………… 263	当事者平等の原則 ⇒ 「双方審尋主義・一方審尋主義」
手続権の保障 …………………… 263	
手続の過誤・判断の過誤 ……… 264	同時審判申出訴訟 ……………… 276
手続保障論 ……………………… 264	同時提出主義・随時提出主義 … 276
テレビ会議システム …………… 265	同時（破産）廃止 ……………… 277
電子情報処理 …………………… 265	当然承継 ………………………… 277
転得者に対する否認 …………… 265	答弁書* ………………………… 278
転付命令 ………………………… 266	特殊民事保全 …………………… 278
伝聞証拠 ………………………… 266	督促手続 ………………………… 279
電話会議システム ……………… 267	特定調停 ………………………… 279
同意再生 ………………………… 268	特別抗告 ………………………… 280
同一認識説 ⇒ 「識別説」	特別裁判籍 ⇒ 「普通裁判籍・特別裁判籍」
同意（破産）廃止 ……………… 268	
登記の否認 ⇒ 「対抗要件の否認」	特別事情による保全取消し …… 280

項目索引

特別授権事項 ………………… 280
特別上告 ……………………… 280
特別上訴 ……………………… 281
特別訴訟手続 ………………… 281
特別代理人 …………………… 281
特別の取戻権 ………………… 282
特別売却 ……………………… 282
特別売却条件 ………………… 282
特別破棄 ……………………… 282
独立裁判籍 ⇒ 「関連裁判籍・独立裁判籍」
独立参加 ⇒ 「独立当事者参加」
独立した攻撃防御方法 ……… 282
独立当事者参加 ……………… 283
独立附帯控訴 ………………… 284
土地管轄 ……………………… 284
飛越(とびこし)上告 ………… 285
飛越(とびこし)上告の合意 … 285
取消移送 ……………………… 285
取消差戻し …………………… 285
取消自判 ……………………… 286
取下げの合意 ………………… 286
取立訴訟 ……………………… 286
取立命令 ……………………… 286
取戻権(破産法) ……………… 286
取戻権(民事再生法) ………… 287

な 行

内整理 ⇒ 「私的整理」
馴合(なれあい)訴訟 ………… 288
二重開始決定 ………………… 288
二重起訴の禁止 ……………… 288
二重差押え …………………… 289
二重差押えの禁止 …………… 289
二当事者対立主義 …………… 289
日本弁護士連合会 …………… 290
日本法律扶助協会 …………… 290
入札 …………………………… 290
任意管轄 ⇒ 「専属管轄・任意管轄」
任意規定 ⇒ 「強行規定・任意規定」
任意競売(けいばい) ………… 291

任意執行 ……………………… 291
任意訴訟の禁止 ……………… 291
任意的口頭弁論 ⇒ 「必要的口頭弁論・任意的口頭弁論」
任意的差戻し ⇒ 「必要的差戻し・任意的差戻し」
任意的訴訟担当 ……………… 291
任意的当事者変更 …………… 292
任意売却 ……………………… 292
認諾 ⇒ 「請求の認諾」
認諾調書 ……………………… 292

は 行

売却 …………………………… 294
売却許可決定 ………………… 294
売却決定期日 ………………… 294
売却条件 ……………………… 294
売却手続 ……………………… 294
売却不許可事由 ……………… 295
売却命令 ……………………… 295
賠償的取戻権 ⇒ 「代償的取戻権」
陪席裁判官 …………………… 295
配当(破産法) ………………… 295
配当(民事執行法) …………… 296
配当異議の訴え ……………… 296
配当期日 ……………………… 296
配当財団 ⇒ 「破産財団」
配当裁判所 …………………… 296
配当手続(破産法) …………… 296
配当手続(民事執行法) ……… 296
配当の実施(破産法) ………… 297
配当の実施(民事執行法) …… 297
配当表 ………………………… 297
配当表に対する異議 ………… 297
配当要求 ……………………… 298
破棄 …………………………… 298
破棄差戻し・破棄移送 ……… 298
破棄自判・破棄判決 ………… 298
破産 …………………………… 299
破産解止(かいし) ⇒ 破産手続の解止
破産管財人 …………………… 299

項目索引

破産原因	299
破産債権	300
破産債権確定訴訟	301
破産債権者集会	301
破産債権の調査	301
破産財団	302
破産裁判所	302
破産者	303
破産終結決定	303
破産障害	303
破産宣告	303
破産宣告手続	304
破産手続	305
破産手続の開始（かいし）	306
破産能力	306
破産の取消し	306
破産の申立て	306
破産廃止	307
破産犯罪	307
破産法	307
破産免責 ⇨ 「免責」	
破産申立権者	308
破産予防の和議†	308
発問権 ⇨ 「釈明権・釈明義務」	
判決*	308
判決書（はんけつがき）	308
判決確定証明書	309
判決原本・判決正本	309
判決主文*	309
判決正本 ⇨ 「判決原本・判決正本」	
判決手続・決定手続	310
判決の言渡し	310
判決の確定	310
判決の羈束力（きそくりょく）	311
判決の更正	311
判決の効力	311
判決の個数	312
判決の自己拘束力 ⇨ 「判決の羈束力（きそくりょく）」	
判決の事実的効力	312
判決の失権的効力	313
判決の自縛性 ⇨ 「判決の羈束力（きそくりょく）」	
判決の対世的効力	313
判決の脱漏	313
判決の反射効	314
判決の付随的効力	314
判決の不存在 ⇨ 「非判決」	
判決の変更	314
判決の法律要件的効力	314
判決の無効	315
判決理由	315
判事	315
判事補	316
反射的効力 ⇨ 「判決の反射効」	
反証 ⇨ 「本証・反証」	
反訴	316
反対尋問 ⇨ 「主尋問・反対尋問」	
判断の遺脱	316
判断の過誤 ⇨ 「手続の過誤・判断の過誤」	
飛越上告 ⇨ 「とびこしじょうこく」	
引受参加 ⇨ 「参加承継・引受承継」	
引受主義	317
引受承継 ⇨ 「参加承継・引受承継」	
引換給付判決	317
引渡・明渡執行	317
引渡命令 ⇨ 「不動産引渡命令」	
非金銭執行	318
被控訴人 ⇨ 「控訴人・被控訴人」	
被告 ⇨ 「原告・被告」	
非財産権上の訴え ⇨ 「財産権上の訴え・非財産権上の訴え」	
被参加人 ⇨ 「参加人・被参加人」	
被上告人 ⇨ 「上告人・被上告人」	
非訟事件	318
非訟事件手続法	319
必要的共同訴訟	319
必要的口頭弁論・任意的口頭弁論	320
必要的差戻し・任意的差戻し	321
否認	321
否認権（破産法）	321

否認権（民事再生法） …………… 322	不当提訴 ………………………… 331
否認の登記 ……………………… 322	不当判決 ………………………… 331
非判決 …………………………… 323	不熱心訴訟追行 ………………… 332
被保全権利 ……………………… 323	不服の申立て …………………… 332
飛躍上告 ⇒ 「飛越（とびこし）上告」	不変期間・通常期間 …………… 332
評決 ……………………………… 323	不法行為地の裁判籍 …………… 332
表見証明 ………………………… 324	不要証事実 ⇒ 「要証事実・不要証事実」
平等主義・優先主義 …………… 324	
封印 ……………………………… 324	不利益変更禁止の原則 ………… 333
付加期間 ………………………… 325	文書 ……………………………… 333
不起訴の合意 …………………… 325	文書送付嘱託 …………………… 333
武器平等の原則 ⇒ 「双方審尋主義・一方審尋主義」	文書提出義務 …………………… 334
	文書提出命令 …………………… 334
覆審制 …………………………… 325	文書特定手続 …………………… 335
不控訴の合意 …………………… 325	文書の形式的証拠力 ⇒ 「形式的証拠力・実質的証拠力」
不告不理の原則 ………………… 326	
不作為債権の執行 ⇒ 「作為・不作為債権の執行」	文書の実質的証拠力 ⇒ 「形式的証拠力・実質的証拠力」
不上訴の合意 …………………… 326	文書の証拠力 …………………… 335
付随訴訟 ………………………… 326	文書の真否 ……………………… 335
附帯抗告 ………………………… 327	文書の成立の真正 ……………… 335
附帯控訴 ⇒ 「附帯上訴」	紛争解決説 ⇒ 「民事訴訟制度の目的」
附帯上告 ⇒ 「附帯上訴」	丙号証 ⇒ 「甲号証・乙号証・丙号証」
附帯上訴 ………………………… 327	併行審理主義 ⇒ 「集中審理主義・併行審理主義」
附帯請求 ………………………… 327	
負担消滅主義 ⇒ 「消除主義」「引受主義」	併合請求の裁判籍 ……………… 336
	併合の訴え ……………………… 336
不知の陳述 ……………………… 328	別除権（破産法） ……………… 336
普通抗告 ⇒ 「即時抗告・通常抗告」	別除権（民事再生法） ………… 337
普通裁判籍・特別裁判籍 ……… 328	別訴禁止主義 …………………… 337
復権 ……………………………… 328	便宜訴訟の禁止 ⇒ 「任意訴訟の禁止」
物件明細書 ……………………… 329	変更判決 ⇒ 「判決の変更」
物証 ⇒ 「人証・物証」	
物的裁判籍 ⇒ 「人的裁判籍・物的裁判籍」	弁護士 …………………………… 338
	弁護士会 ………………………… 338
物的執行 ⇒ 「人的執行・物的執行」	弁護士強制主義 ………………… 338
物的証拠 ⇒ 「人証・物証」	弁護士代理の原則 ……………… 339
不動産執行 ……………………… 329	弁護士付添命令 ………………… 339
不動産所在地の裁判籍 ………… 330	弁護士費用 ……………………… 339
不動産引渡命令 ………………… 330	弁護士法 ………………………… 339
不当執行 ⇒ 「違法執行・不当執行」	弁済禁止の仮処分 ……………… 340
	片面的独立当事者参加 ………… 340

弁論	340
弁論権	340
弁論兼和解	341
弁論主義	341
弁論準備手続	342
弁論の一体性 ⇨ 「口頭弁論の一体制」	
弁論能力	342
弁論の延期	342
弁論の禁止	343
弁論の更新	343
弁論の更新権 ⇨ 「更新権」	
弁論の再開	343
弁論の指揮	343
弁論の終結	343
弁論の準備	344
弁論の制限	344
弁論の全趣旨	344
弁論の続行	344
弁論の分離	344
弁論の併合	344
包括執行 ⇨ 「個別執行・一般執行」	
放棄 ⇨ 「請求の放棄」	
放棄調書	345
報告証書 ⇨ 「処分証書・報告証書」	
法人格否認と民事訴訟	345
法人の内部紛争	345
法曹一元	346
妨訴抗弁	347
膨脹主義 ⇨ 「固定主義・膨脹主義」	
法定管轄	347
法定期間・裁定期間	347
法廷警察権	347
法定財団	348
法定証拠主義 ⇨ 「自由心証主義・法定証拠主義」	
法定序列主義・自由序列主義	348
法定訴訟担当	348
法定代理人	349
法定売却条件・特別売却条件	349
法律上の主張 ⇨ 「事実上の陳述・法律上の陳述」	
法律上の推定	349
法律上の争訟	350
法律上の陳述 ⇨ 「事実上の陳述・法律上の陳述」	
法律審 ⇨ 「事実審・法律審」	
法律扶助	350
法律問題 ⇨ 「事実問題・法律問題」	
法律要件的効力	350
法令違反	350
法令上の訴訟代理人	351
補佐人	351
補充裁判官	351
補充尋問	351
補充送達	352
補充判決 ⇨ 「追加判決」	
補償主義 ⇨ 「剰余主義」	
保証提供による保全取消し	352
補助参加	352
補助参加人	353
補助参加の利益	353
補助事実	354
補正命令	354
保全異議	354
保全管理人	355
保全抗告	355
保全執行	355
保全執行裁判所	356
保全執行手続	356
保全執行の停止・取消し	356
保全処分	356
保全すべき権利 ⇨ 「被保全権利」	
保全訴訟	356
保全取消し	357
保全の必要性	357
保全名義	357
保全命令	357
保全命令手続	358
本案	358
本案訴訟	359
本案の訴えの不提起による保全取消し ⇨ 「本案不起訴による保全取消し」	

本案の抗弁 ⇒ 「訴訟上の抗弁・本案の抗弁」	
本案の申立て・訴訟上の申立て … 359	
本案判決請求権説 ⇒ 「訴権学説」	
本案判決・訴訟判決 ………………… 359	
本案不起訴による保全取消し …… 359	
本差押え ……………………………… 360	
本執行 ………………………………… 360	
本質的口頭弁論 ……………………… 360	
本旨弁済の否認 ……………………… 360	
本証・反証 …………………………… 361	
本訴 …………………………………… 361	
本人尋問 ⇒ 「当事者尋問」	
本人訴訟主義 ………………………… 361	
本来的執行・代償的執行 ………… 361	

ま 行

満足 …………………………………… 362	
満足的仮処分 ………………………… 362	
民事拘留 ⇒ 「債務拘留」	
民事再生手続 ………………………… 362	
民事再生法 …………………………… 362	
民事裁判 ……………………………… 363	
民事裁判権 …………………………… 363	
民事事件 ……………………………… 363	
民事執行 ……………………………… 363	
民事執行規則 ………………………… 364	
民事執行手続 ………………………… 364	
民事執行法 …………………………… 364	
民事訴訟 ……………………………… 364	
民事訴訟規則 ………………………… 365	
民事訴訟制度の目的 ………………… 365	
民事訴訟手続 ………………………… 366	
民事訴訟における信義則 ………… 366	
民事訴訟費用等に関する法律 …… 367	
民事訴訟法 …………………………… 367	
民事調停 ……………………………… 367	
民事調停委員 ………………………… 368	
民事調停法 …………………………… 368	
民事非訟事件 ………………………… 368	
民事保全 ……………………………… 368	

民事保全手続 ………………………… 369	
民事保全法 …………………………… 369	
無益な差押え ………………………… 369	
無償否認 ……………………………… 370	
無名義債権 ⇒ 「有名義債権・無名義債権」	
命令 …………………………………… 370	
免責 …………………………………… 370	
免責許可決定 ………………………… 371	
免責主義・懲戒主義 ………………… 371	
申立て ………………………………… 372	
申出 …………………………………… 372	
模索的証明 …………………………… 372	

や 行

唯一の証拠方法 ……………………… 373	
優先主義 ⇒ 「平等主義・優先主義」	
優先的更生債権 ……………………… 373	
優先的再生債権 ……………………… 373	
優先的破産債権 ……………………… 373	
優先弁済請求の訴え ………………… 374	
有体動産執行 ………………………… 374	
誘導尋問 ……………………………… 374	
郵便に付する送達 …………………… 374	
郵便による送達 ……………………… 374	
有名義債権・無名義債権 ………… 375	
猶予期間 ⇒ 「行為期間・猶予期間」	
要件事実 ……………………………… 375	
幼児の引渡し ………………………… 375	
要証事実・不要証事実 …………… 376	
余剰主義 ⇒ 「剰余主義」	
呼出し ………………………………… 376	
呼出状 ………………………………… 376	
予備的抗弁 …………………………… 376	
予備的主張 …………………………… 376	
予備的相殺の抗弁 …………………… 377	
予備的反訴 …………………………… 377	
予備的併合 …………………………… 377	
予備的申立て ………………………… 378	

ら・わ 行

履行確保 …………………………… 379
立証 ………………………………… 379
立証事項 …………………………… 379
立証責任 ⇒ 「証明責任」
立証責任の転換 ⇒ 「証明責任の転換」
立証責任の分配 ⇒ 「証明責任の分配」
立証の必要 ………………………… 379
理由記載説 ………………………… 380
理由齟齬（そご） ⇒ 「理由不備・理由齟齬」
理由付否認 ………………………… 380
理由不備・理由齟齬（そご） ……… 380
類似必要的共同訴訟 ……………… 380
劣後的更生債権 …………………… 381
劣後的再生債権 …………………… 381
劣後的破産債権 …………………… 381
連合部 ……………………………… 382
和諧（わかい） …………………… 382
和解 ………………………………… 382
和解兼弁論 ………………………… 382
和解受諾書面 ……………………… 382
和解調書 …………………………… 383
和解の試み ………………………… 383
和議† ……………………………… 383
和議開始決定† …………………… 384
和議原因† ………………………… 384
和議条件† ………………………… 384
和議手続† ………………………… 384
和議認可決定† …………………… 385
和議の提供† ……………………… 385
和議の取消し† …………………… 385
和議法† …………………………… 386

あ行

アクチオ

ローマ法上の訴訟・訴権を意味する。ローマ法においてはアクチオ一般が存在したのではなく、個々のアクチオが、それぞれの訴えの原因により個別化され、かつ固有の名称をもって存在した。実体的利益はこの個別的アクチオと結びついてのみ保護された。ローマ法は、このようなアクチオの集積からなるアクチオ法体系であった。しかし、近代における実体法と訴訟法の分化は、ローマ法的なアクチオの観念を許さないようになり、アクチオの概念も、訴訟を提起し裁判を受けうるという抽象的・形式的な訴権と、裁判によって現実に主張される具体的・実質的な訴権としての請求権とに分裂したといわれる。　　　　　　　　[齋藤]

言渡し　⇒「判決の言渡し」

言渡期日

判決を告知する期日のことをいう。裁判のうち決定・命令は、相当と認める方法によって告知すれば足りるが(民訴119)、判決は、口頭弁論期日で言い渡すことを要する(民訴250)。言渡期日は口頭弁論終結の日から2月以内でなければならない(民訴251①)。言渡期日は、口頭弁論終結の日に告知するか、又はあらかじめ裁判所書記官が当事者に通知する(民訴規156)。期日を指定しないで判決を言い渡したときは、判決成立手続の違法(民訴306)になる。ただし、最終口頭弁論期日(又は延期された判決言渡期日)に出頭しなかった当事者に対しては、判決言渡期日の呼出状を送達しないで言い渡しても違法とはならない(最判昭56・3・20民集35・2・219)。当事者の一方又は双方が出頭しないときでも言い渡すことができる(民訴251②)。　　　　　　　　[齋藤]

異議

いろいろな意味があり、一義的に定義しにくいが、一応、裁判機関・書記官・執行機関・当事者・訴訟関係人などの行為・処分・裁判などに対する当事者の不服申立てということができる。異議は上訴と異なり、上級裁判所以外の裁判所に対して行われる。異議には以下のようなものがある。

補助参加についての異議(民訴44)、書記官の処分に対する異議(民訴121)、弁論の指揮及び釈明権の行使に対する異議(民訴150)、調書の記載に対する異議(民訴160②)、証人尋問の順序の変更に対する異議(民訴202③)、受命裁判官・受託裁判官の裁判に対する異議(民訴329①)、手形・小切手判決に対する異議(民訴357)、少額訴訟判決に対する異議(民訴378)、支払督促に対する異議(民訴386②・393)、執行異議(民執11)、執行文の付与等に関する異議の申立て(民執32①)、執行文付与に対する異議の訴え(民執34①)、請求異議の訴え(民執35①)、第三者異議の訴え(民執38①)、配当異議の申出(民執89①)、配当異議の訴え(民執90①)、保全異議(民保26)などがあげられる。

異議の効果としては、裁判機関・書記官・執行機関・当事者・訴訟関係人などの行為の不許・変更、行為の結果の排除及び行為の効力の制限・消滅などがある。異議は、訴えによらなければならないものや書面性(例えば民訴規217、民保規1③)が法定されているもののほかは方式

の定めがないので，書面又は口頭でできる。　　　　　　　　　　　　　　　［齋藤］

違憲抗告　⇨　「特別抗告」

違憲上告　⇨　「特別上告」

違憲上訴　⇨　「特別上訴」

違式の裁判

形式を違えた裁判のことである。裁判には，判決・決定・命令の3つの形式があり，どのような場合にどのような形式の裁判をすべきかが訴訟法によって定められているのに，その定めに違反した裁判をいう。例えば，判決で裁判しなければならない事項につき決定・命令の形式で裁判したり，あるいはその逆の場合である。違式の裁判に対する上訴は，現になされた裁判の形式（すなわち誤った形式）によるものとされている。民事訴訟法328条2項が，誤って決定又は命令の形式でなされた裁判について抗告ができるとしているのは，決定・命令については常に抗告ができるとは限らないため，本来の形式として判決がなされていれば上訴ができたのに，決定・命令で裁判がなされたために，上訴の途が閉ざされてしまうことがありうることを考慮して定められたものと解される。　　　　［齋藤］

意思表示を求める債権の執行

権利実現のためには，債務者の意思表示を要し，かつ債務者に意思表示義務があるにもかかわらずそれをしない場合，意思表示を命ずる裁判所の判決・和解調書等によって債務者の意思表示がなされたものとして扱うことである（民414②但）。原則として判決の確定時，調書の作成時点に意思表示がなされたものと擬制する（民執173①）が，意思表示が条件又は引換給付にかかっているものについては，条件成就や反対給付の証明に基づいて，執行文が付与された時に意思表示がなされたものとみなされる（民執173①但②）。　　　　　　　　　　　　［齋藤］

移審の効力

上訴（控訴・上告・抗告）の提起によって，訴訟事件が原裁判所を離れて上訴裁判所に係属することをいい，上訴によって生ずるこの効果を移審の効力という。確定遮断の効力と並んで上訴の申立てによって生ずる基本的な効果の1つである。移審の効力は，原裁判所において上訴の適法性及び上訴状（控訴状・上告状・抗告状）の審査がなされた後，控訴却下の決定（民訴287），上告却下の決定（民訴316）又は上告状却下の命令（民訴314②・288・289②）などがあった場合を除き，原裁判所から上訴裁判所へ事件が送付された時点（民訴規174・197・205）で生ずる。もっとも，移審の効力は，上訴の提起によって生じ，原審裁判所は上訴裁判所の権限を代行するとの見解もある。原裁判の一部に対して上訴が提起されても，移審の効力は全部に及ぶ。　　　　　［齋藤］

移送

ある裁判所にいったん係属した訴訟を，決定等の裁判によって他の裁判所に移すことをいう。再提起による手間や費用がかかることの訴訟経済的な理由と訴訟提起についての実体法（時効中断等）上の不利益を避けるための制度である。第一審における移送として以下①ないし⑭がある。

①事件の全部又は一部が自らの事物管轄・土地管轄に属さないと認めるときは，申立て又は職権で移送する（民訴16①）。ただし，地方裁判所はその管轄内の簡易裁判所の事物管轄に属する訴えを，相当

と認めれば、専属管轄を除き移送しないことができる（民訴16②）。ⅱ管轄裁判所が複数存在するときに、訴訟の著しい遅滞を避け、又は当事者間の衡平を図るため必要があると認めるときは、申立て又は職権で移送する（民訴17）。その当否は、当事者及び証人の住所、検証物の所在地その他の事情を考慮して決められる。ⅲ簡易裁判所は、相当と認めるときは、申立て又は職権で地方裁判所に移送できる（民訴18）。ⅳ第一審裁判所は、当事者の申立て及び相手方の同意あるときは、申立てに係る裁判所に移送しなければならない（民訴19①）。また簡易裁判所における不動産に関する訴訟につき、被告の申立てがあれば、地方裁判所に移送しなければならない（民訴19②）。

ⅱないしⅳは、専属管轄(当事者が民事訴訟法11条の規定により合意で定めた専属的合意管轄は除く)に属する場合には適用されない（民訴20）。以上のほか、簡易裁判所の訴訟中に地方裁判所の管轄に属する反訴の提起があった場合（民訴274）、上告裁判所が原判決を破棄して原審級に差し戻すに当たって、原裁判所に代えてこれと同等の他の裁判所に移送する場合（民訴325）、高等裁判所が上告裁判所として受理した事件を、最高裁判所の定める事由があるときに最高裁判所に移送する場合（民訴324）がある。移送決定及び却下決定に対しては即時抗告ができる（民訴21）。移送の裁判が確定したときは、移送を受けた裁判所は、更に他の裁判所に移送することはできず（民訴22②）、初めから移送を受けた裁判所に係属していたとみなされる（民訴22③）。

［齋藤］

一応の推定

高度の蓋然性（がいぜんせい）をもつ経験則に基づく事実上の推定をいう。ある客観的事態から、一定の構成要件を認定する間接証明の一種である。例えば、ひろい範囲で地面が一様に濡（ぬ）れていることから雨が降ったことを推認したり、自動車が歩道に乗り上げて子供を轢（ひ）いたということから運転者の故意・過失を推認したりすることである。判例・学説により形成された理論であり、その法的意味内容・適用範囲などになお多くの争いがある。一般に推定とは、ある事実から他の事実を推認することをいい、そのうち自由心証主義の一作用として、間接事実に経験則を適用して他の間接事実又は主要事実を推認することを事実上の推定という。一応の推定を、学説の多くは事実上の推定の1つとしている。一応の推定がよく利用されるのは、不法行為訴訟においてである。故意・過失あるいは因果関係の立証は、しばしばきわめて困難である。そこで、この困難を救済するため、裁判官が高度の蓋然性をもつ経験則を用いて事実上の推定をするときには、立証を軽減して前提事実の証明さえあれば、相手方からその推定を妨げる具体的・特定的な特段の事情の立証（いわゆる間接反証）がないかぎり、当該法律要件事実が存在するものとして判決の基礎とされる。もっとも、実際に立証が軽減されているのか、いかなる意味の立証軽減になっているかについては見解の対立がある。

［齋藤］

一事不再理

一事不再理とは、確定判決があると、勝訴・敗訴いかんにかかわらず、同一事件の訴権が消滅し、再訴は常に不適法なものとして取り上げられないということである。

刑事裁判は、過去の行為に対する刑罰効果の有無の判断であり、有罪・無罪の実体判決又は免訴の判決が確定すると、

一事不再理により同一事件について再び公訴の提起があったときは、審理を行わずに免訴の判決をする（憲39、刑訴337①）。しかし、民事訴訟法上では確定判決に一事不再理の効果はない。

民事確定判決の訴訟物（権利又は法律関係）に対する効力（既判力）は、前の判決と抵触する判断を許さないという効果であるが、その基準は口頭弁論終結時のものであって、その後に当該権利又は法律関係の消滅・変更等変動が生じる可能性があるから、再訴自体が不適法となるわけではない。新しい状態が生じていなければ、請求に関する正当な利益を欠くか又は請求の理由がないことになるだけである。既判力は一事不再理の理念の現れであると説明されることがあるが、この場合でも既判力の効果の内容に差異を認めるわけではない。もっとも、判決確定後、新しい状態が生じていなくても特に必要がある場合（例：時効中断のためとか、判決原本滅失のため執行力のある正本の交付が受けられない場合等、他に方法がない場合）には再度の訴えが認められ、勝訴の判決を得ることができる。　　　　［井上］

一部請求

債権が可分であるとき、その一部のみを訴求することができる（多くは金銭債権である。例：100万円の債権のうち30万円）。この場合勝訴の判決を得たとしても、判決の事実摘示及び理由から100万円の債権の存在が推認できるが、その既判力は、30万円についてのみ及ぶのであって残額（70万円）には及ばない（最判昭37・8・10民集16・8・1720）。100万円の債権の一部であることを明示して訴求した場合には、残額（70万円）について別訴で訴求することができるが、前訴で一部請求であることを明示しなかった場合には、後訴において前訴が一部請求であったことを主張することは許されない（前掲最判、最判昭32・6・7民集11・6・948）。

金銭債権の一部請求であることを明示した訴訟で原告敗訴の判決があった場合、その訴訟ではおのずから債権全部について発生・消滅等の事実全部について審理し、その結果判決したものであるから、原告が後訴で残額を請求することは、実質的には前訴で認められなかった請求や主張を蒸し返すものであるから、特段の事情のない限り信義則に反して許されない。後訴は不適法として却下されることになる（最判平10・6・12民集52・4・1147）。

一部請求であることが明示された訴訟において、過失相殺する場合とか、一部弁済の抗弁が認められる場合に、どのような計算方法を採るべきかは、問題がある。　　　　　　　　　　　　　　［井上］

一部判決　⇒「全部判決・一部判決」

一括売却

強制競売又は担保権の実行としての競売における原則である個別売却に対するものである。土地とその上の建物とか隣接する2つの土地のように、相互の利用上同一の買受人に買い受けさせることが相当と認めるときは、執行裁判所は売却条件として一括売却を定めることができる（民執61）。数個の不動産を包括して1個の最低売却価額を付して売却するが、各不動産ごとに売却代金の額を定める必要があるときは、各不動産の最低売却価額で案分する（民執86②）。動産の競売においても一括売却が認められている（民執規113）。　　　　　　　　　　［井上］

一件記録

この語は、旧刑事訴訟法（大正11法75）の下で使われていたが、民事訴訟の実務

で使われることはほとんどない。特定事件においてその訴訟記録を「本件記録」と呼ぶことがある。訴訟記録には，特に重要であり明確化を要する訴訟行為について書面の提出又は作成を要求されているもの（訴状・準備書面・調書・判決等）のほか，審理を進めるのに必要な書類（送達関係，証拠関係，当事者能力・訴訟能力等に関するもの）も綴（つづ）られる。その事件の手続中，弁論主義に支配されない部分（管轄・期日指定・送達等）に関し判断を要する場合に，本件記録により判断することも許される。⇒「訴訟記録」
[井上]

一般公開・当事者公開

訴訟の審理の過程（弁論及び裁判）を不特定多数人に公開することを一般公開といい，公衆公開ともいう。憲法では裁判の対審及び判決は，公開法廷で行うことを定めている（憲82）。民事訴訟では口頭弁論について一般公開がされ，これに反したときは，絶対的上告理由となる（民訴312②⑤）。訴訟記録の閲覧も一般公開される（民訴91①）。当事者及び関係人に限り公開が認められる当事者公開に対する概念である。⇒「公開（審理）主義」
[井上]

一般執行 ⇒ 「個別執行・一般執行」

一般の取戻権

破産法（及び会社更生法）上の概念で，破産者（更生会社）が破産宣告前（更生開始決定前）から自己に属さない財産を占有・管理していたため，破産宣告（更生開始決定）により破産管財人（更生管財人）の管理に服している財産について，第三者がその返還・引渡しあるいはその財産に対する管財人の支配の排除を求める権利をいう（破87，会社更生62）。実体私法上の権利を破産法（会社更生法）上もそのまま尊重したものである。その権利の行使は，管財人に対し通常の方法によってすればよい。⇒「取戻権」「特別の取戻権」
[井上]

一般破産主義 ⇒ 「商人破産主義・一般破産主義」

一般優先債権

一般先取特権その他一般の優先権がある債権（共益債権を除く）で，再生手続によることなく随時弁済する債権をいう（民事再生122）。　[小野寺（忍）]

一方審尋主義 ⇒ 「双方審尋主義・一方審尋主義」

移転主義 ⇒ 「引受主義」

移付命令

差し押さえた債権（被差押債権）の執行処分（換価方法）としての転付命令（民執159）と譲渡命令（民執161）の総称である。差押債権者はいずれかの方法を選択して執行裁判所に申し立てることができる。このほか差押債権者は，取立権（民執155・157）を行使することを選択することもできる。⇒「転付命令」「譲渡命令」
[井上]

違法執行・不当執行

違法執行とは，民事執行において，その執行方法が執行法規に違反し，違法と評価される執行又は執行処分をいう。一方，不当執行とは，執行力のある債務名義の正本に基づいて適法になされた執行が，債務名義に表示された請求権が実体的に消滅しているのに債権者がたまたま手許（てもと）にある債務名義を利用して敢えて執行したり，第三者の所有物件に

対して執行するような場合をいう。

違法執行に対する救済は、執行手続内における方法として、執行異議（執行裁判所の執行処分で執行抗告のできないもの、執行官の執行処分及びその遅滞に対するもの（民執11））と執行抗告（執行手続に関する裁判に対して特別の定めがある場合にできるもの（民執10））とがある。執行手続における救済とは別個に、違法執行により損害を受けた者は、国に対し損害賠償を求めることができる（国賠1①）。また、債権者が違法執行となることについて知り又は知ることができたのに（故意又は過失）敢（あ）えて執行申立てしたような場合には債権者に対しても不法行為として損害賠償を求めることができる（民709）。

不当執行に対する救済は、執行手続内においてそれを除去する方法として請求異議の訴え（民執35）、第三者異議の訴え（民執38）がある。また、債権者に対し不当執行により得た不当な利益の返還請求（民703）を、更に債権者に故意又は過失があれば損害賠償の請求をすることもできる（民709）。なお、仮執行宣言付判決に基づき被告が給付したが、上訴審で本案判決が変更された結果、仮執行が失効（民訴260①）したときは、被告の申立てにより給付したものの返還及び仮執行により又はこれを免れるために被告が受けた損害の賠償を原告に命ずるが（民訴260②）、これも結果的な不当執行に対する救済の方法である。　　　　　　　　　　　〔井上〕

違法収集証拠

盗写した日記や盗聴録音テープのように取得過程や使用方法について実体法上の違法がある証拠をいう。このような証拠方法の証拠能力を認めることができるかが問題とされる。この点、⒤実体法上の違法は訴訟法上の違法を帰結するとする証拠能力否定説、及び、ⅱ実体法上の問題と訴訟法上の問題とは別個に考えるべきであり、その訴訟法上の評価は自由心証主義の範囲内で考えればよいとする証拠能力肯定説もあるが、ⅲ一律に取り扱わず、著しく反社会的な手段を用いて収集された証拠方法については、民事訴訟手続の公正に対する信用が害されないよう例外的に証拠能力を否定し、違法性が上記程度に至らない場合には、なお証拠能力を認める証拠能力限定否定説が有力である。　　　　　　　　　　〔柴谷〕

医療過誤訴訟

診療にあたって、医師の判断ミスや治療ミスにより、肉体的障害等の被害を被った患者並びに近親者から、医療機関や国などを相手になされる損害賠償請求訴訟をいう。

医療サイドの専門性や密室性のため、医療機関側の過失や因果関係を証明することは困難を極め、責任追及は曖昧（あいまい）なまま不本意ながらも和解等で原告側がおれることも多い。

けれども、近時問題となっているメチシリン耐性黄色ブドウ球菌（MRSA）感染などの院内感染や、高度医療の発展に伴い、医療過誤訴訟は増加の一途をたどっている。

そこで、被害者側に比べ医療機関側が圧倒的に優位な立場にあることに鑑（かんが）み、両者間の不均衡を是正し、被害者の救済を図るべく、⒤カルテ等医療機関側が所持する文書などに対し、文書提出命令（民訴220〜225、民訴規140〜141）や証拠保全（民訴234〜242、民訴規152〜154）の運用により、密室性・証拠の偏在を是正したり、ⅱその専門的知識の欠如を補うべく鑑定（民訴212〜218、民訴規129〜136）を利用したり、ⅲ因果関係の立証の困難性を解消すべく、いわゆる疫学

的証明の手法並びに間接反証の理論を用いるなど，手続面からの救済のための方策が用いられている。　　　　　　　［柴谷］

イン・カメラ審理手続

イン・カメラ審理手続は，民事訴訟法220条4号所定の一般文書又は同法229条1項所定の対照用文書について提出命令の申立てがあった場合に，この申立てに対する許否の判断をするために，受訴裁判所がその所持者に対しその文書を提示させて，その記載内容を確認し，それが民事訴訟法220条4号イからハまでに掲げる文書のいずれかに該当するかどうかの審理を行う訴訟手続である（民訴223③・229②）。

この手続は，新民事訴訟法（平成8法109）が文書提出義務を一般義務化したことに伴って新設されたものであり，裁判所だけが文書を見ることができるという点で，アメリカの情報公開法に定める「イン・カメラ・インスペクション」と呼ばれている手続と共通点があることからこのように呼ばれている。この手続で提示された文書は，裁判所において一時保管することができる（民訴規141）が，何人もその文書の開示を求めることはできない（民訴223③後）。⇒「文書提出命令」
　　　　　　　　　　　　　　　　［川谷］

受継　⇒　「訴訟手続の受継（じゅけい）」

内整理　⇒　「私的整理」

訴え

原告の裁判所に対して判決を求める旨の申立てを訴えという。

訴えの提起は，訴状という書面を管轄裁判所に提出して行う（民訴133①。ただし，簡易裁判所に提起する訴えについては口頭の方法によることも許される（民訴271・273））。訴えにおいては当事者及び訴訟上の請求（訴訟物）を特定しなければならず，請求の特定は，訴状中の請求の趣旨及び原因の欄に表示して行う（民訴133②，民訴規53）。

訴えが提起されると，訴訟手続が開始され，裁判所にはこれに応答する義務が発生する。訴えには各種の訴訟要件が定められており，この要件を欠く訴えは，却下される（民訴140・141。訴状の適法要件を欠くときには訴状の却下（民訴137）），訴えが適法であれば裁判所は口頭弁論期日を開いて原告の請求の当否について審理し，本案判決をする（民訴243）。また，適法な訴えの提起には時効の中断（民訴147，民147①）その他実体法上の効果が生ずる（民189②，手70③，小51②）。

訴えはその観点の差異に応じて種々に分類される。まず，訴訟上の請求の内容・性質によって確認の訴え，給付の訴え，形成の訴えの3種に分けられるとするのが一般的であるが，最近では以上の3種のほかに，第4の類型として，救済の訴え又は命令訴訟を加えて分類すべきであるとし，訴訟法上の形成訴訟などは救済の訴えとして区別する見解や民事執行法上の各種の訴え（例えば，請求異議の訴え（民執35））は命令訴訟として区別すべきであるという見解も現れた。また，訴え提起の態様によって単一の訴えと併合の訴えとに分けられ，さらに，訴え提起の時期によって独立の訴えと訴訟係属中の訴えとに区別できる。訴訟係属中の訴えには訴えの変更申立て（民訴143），反訴（民訴146），当事者参加の申出（民訴47）など特別の名称が付されているので，単に「訴え」というときは新たに訴訟手続を開始させる独立の訴えだけを指す場合が多い。

訴え提起前の和解の申立て（民訴275），支払督促の申立て（民訴395）が訴

えを提起したものとみなされて判決手続が開始される場合がある（民訴275②・395）。　　　　　　　　　　　　　［川谷］

訴えなければ裁判なし

訴えが提起されないのに裁判所が職権で訴訟手続を開始することができないし，訴えによって審判を求められた事項（訴訟物）の範囲内でしか裁判をすることができない（民訴246参照。処分権主義）という原則を表す法諺(ほうげん)である。民事訴訟の対象が元来当事者の自由処分に任せられている私法上の権利ないし法律関係であるからである。⇒「不告不理の原則」　　　　　　　　　　　　　［川谷］

訴えの却下

訴訟要件が欠けている場合に，原告の請求の当否について判断しないまま，終局判決又は決定をもって訴えを却下することをいい，この裁判によって第一審訴訟手続は終了する。訴え却下の判決は，その欠缺(けんけつ)が補正できない場合や命じられた補正をしない場合には，口頭弁論を経ないでこれをすることもできる（民訴140）。期日呼出費用を予納しないことを理由とする訴えの却下は決定の形式でする(民訴141)。なお，訴状の適法要件を欠くときや訴状の送達ができないときには，訴状審査段階に限り，裁判長が命令をもって訴状自体を却下することができる（民訴137・138）。　　　　　［川谷］

訴えの客観的併合

1人の原告から1人の被告に対する複数の請求について，単一の訴状をもって提起される訴えをいう。訴え提起の当初からの併合請求だけでなく，訴訟係属中になされる訴えの追加的変更の申立て（民訴143）などや弁論の併合（民訴152）によっても請求の併合が生ずるが，これらを含めて請求の客観的併合ともいう。併合の態様としては，単純併合・予備的併合・選択的併合の3種に区別される。客観的併合請求の訴えを提起するには，各請求がいずれも同種の訴訟手続によって審判されるものであること（民訴136），法律上併合が禁止されていないこと，他の裁判所の専属管轄に属する請求が含まれていないこと（民訴7・13）などの要件を備えていなければならない。しかし，各請求相互間における関連性は要求されていないので，何らの関連性のない複数の請求についても客観的併合は認められる。併合請求は，弁論が分離されない限り単一の訴訟手続で審判される。⇒「請求の併合」　　　　　　　　　［川谷］

訴えの交換的変更

訴訟係属中に同一当事者間において，原告が従来申し立てていた請求を撤回して新しい別個の請求に変更することをいい，訴え（請求）の変更（民訴143）の一種である。しかし，この交換的変更について判例は，追加的変更と旧訴の取下げ又は旧請求の放棄（そのいずれであるかは原告の意思による）との結合形態にすぎないとして，独自の訴え変更の類型とすることを認めない。交換的変更をするには，⒤請求の基礎に変更がないこと，ⅱ著しく訴訟手続を遅滞させないこと，ⅲ事実審の弁論終結前であること（以上，民訴143①）など訴え変更の一般的要件を備えているほか，ⅳ新請求が他の裁判所の専属管轄に属しないこと，ⅴ旧請求の撤回について訴え取下げの要件（民訴261②）を満たすことを要する。したがって旧請求の撤回(取下げ)について被告の同意を要する場合であるのに，その同意を拒絶されたときには，旧請求撤回（取下げ）の効力が生じないので，交換的変更の申立てであっても，追加的変更の場合と同

様に，新旧の両請求について審判されることになる。交換的変更申立ての方式は，請求の趣旨を変更するときには書面でしなければならない（民訴143②）が，請求原因の変更にとどまるときには書面性は要求されていない。なお，変更前の訴訟資料は新請求の判断資料として当然に利用できる。　　　　　　　　　　　[川谷]

訴えの主観的追加的併合

訴訟係属中その訴訟に，第三者が任意に当事者として加入し，又は従来の当事者が第三者に対する訴えを追加する併合形態であって，民事訴訟法に明文の規定のあるものを除いたものを，訴訟実務上訴えの主観的追加的併合と呼んでいる。したがって独立当事者参加（民訴47），参加承継（民訴49・51），引受承継（民訴50・51），共同訴訟参加（民訴52）などは除かれることとなる。このような任意的当事者の変更が許されるかどうかについては明文の規定がないところから見解が分かれている。学説はこれを許容すべきであるとし，その要件の定立に種々工夫を試みているが，許されないとするのが最高裁判所の判例（最判昭62・7・17民集41・5・1402）である。ところで，この併合形態によらなくても，第三者に係る訴えを別個独立の訴えとして提起したうえ，両事件の弁論を併合する（民訴152）方法により同一の目的を達成することができる。　　　　　　　　　　　[川谷]

訴えの主観的併合

原告もしくは被告の一方又は双方を複数の当事者として提起される訴えを，訴えの主観的併合という。当初は当事者を単数とする訴訟であっても，弁論の併合（民訴152）や当事者死亡により共同相続が開始した場合も複数の当事者となる場合があり，これらを含めて共同訴訟ともいう。逆に共同訴訟として係属中であっても，共同訴訟人においてそのうちの1人を当事者として選定したときには共同訴訟形態は消滅する（民訴30②）。共同訴訟は，通常共同訴訟（民訴38・39）と必要的共同訴訟（民訴40）に分けられ，更に必要的共同訴訟は固有必要的共同訴訟と類似必要的共同訴訟に区別される。主観的併合請求の訴えを提起するには，民事訴訟法38条所定の要件を満たすほか，他の裁判所の専属管轄に属する請求が含まれていないことを要する。⇒「共同訴訟」　　　　　　　　　　　[川谷]

訴えの主観的予備的併合

共同原告の各請求又は共同被告に対する各請求が実体法上両立しえない法律関係にある場合（例えば，共同被告Aを民法99条の本人として，共同被告Bを同法117条の無権代理人としてそれぞれ契約上の履行請求をする場合）に，原告が審判に順位をつけ，後順位の請求（Bに対する請求）については先順位の請求（Aに対する請求）が認容されない場合に限り，審判を求める旨申し立てて提起する後順位の訴え部分をいうものと理解されている。したがって，裁判所は先順位の請求（主位的請求）を全部認容するときには後順位の請求（予備的請求）については審判しなくてもよいこととなる。このような併合形態については，これを許すべきであるとする学説もあるが，最高裁判所の判例（最判昭43・3・8民集22・3・551）は否定しているから，予備的請求に係る訴え部分は却下されることとなる。実体法上両立しえない請求であっても，審判に順位をつけずに，単純併合の形で共同訴訟の訴えを提起することは許されており，このような共同訴訟について，原告の申出があれば弁論及び裁判の分離を禁止する規定（民訴41，民訴規19）が新民事訴訟法（平

成8法109)に設けられ,同時審判が保障されたために,共同訴訟における証拠共通の原則により判断の矛盾抵触を避けることができるようになったので,主観的予備的併合形態の訴訟実務上の有用性は著しく減少したものといえよう。

[川谷]

訴えの追加的変更

訴訟係属中に同一当事者間において,原告が従来の請求を維持しながら別個の請求を追加することをいい,訴え(請求)の変更(民訴143)の一種である。したがって,ⅰ請求の基礎に変更がないこと,ⅱ著しく訴訟手続を遅滞させないこと,ⅲ事実審の弁論終結前であること(以上,民訴143①)など訴え変更の一般的要件を備えているほか,追加請求が他の裁判所の専属管轄に属しないものであることを要する。この追加的変更により訴え(請求)の客観的併合を生ずる。その方式については,請求の趣旨を変更するときには書面でしなければならない(民訴143②)が,請求原因の変更にとどまるときには書面性は要求されていない。 [川谷]

訴えの提起

原告の裁判所に対する判決要求の申立行為をいう。訴えは独立の訴えと,訴訟係属中の訴えとに分けることができる。

独立の訴えについて,ⅰ管轄裁判所に訴状という書面を提出してしなければならない(民訴133①)。提出方法については,何らの制限がないから訴状を持参又は郵送することも認められる。簡易裁判所に対する訴えについては口頭で提起することも許される(民訴271・273)。この場合には原告が裁判所書記官の面前で訴状に記載すべき事項を陳述し,これに基づいて書記官が訴え提起調書を作成する(民訴規1②)。ⅱ訴状には,当事者(及び法定代理人又は代表者)を表示し(民訴133②①・37),請求の趣旨及び原因を記載して訴訟上の請求(訴訟物)を特定しなければならない(民訴133②②,民訴規53①)。これらの事項を訴状の必要的記載事項といい,不備・欠点があるときには補正命令手続を経てもなお補正されなければ裁判長により訴状が却下されることとなる(民訴137)。この点で必要的記載事項は任意的記載事項と異なる。さらに,訴状には,請求を理由づける事実(主要事実),この事実に関連する事実(間接事実)及び証拠方法をも記載しなければならない(民訴規53①②)。これらの記載を要求する趣旨は早期に主張立証関係を明らかにして充実した審理を行うことができるようにするためであり,これら任意的記載事項も訴状の請求の原因欄に記載するのが訴訟実務の慣行である。なお,訴状など裁判所に提出すべき書面一般の記載事項及び方式については民事訴訟規則2条1項に定められている。ⅲ訴状には,被告の数に応じた数の副本(民訴規58①参照)及び書証(又は写し(民訴規55))などを添付しなければならない。ⅳ訴えを提起するには手数料を要する(民訴費3①別表1)。その納付は収入印紙を訴状に貼(は)る方法による(民訴費8)。ⅴ裁判所が訴状を受領すると,事件係において,これを点検し,所定の受付手続を経て訴訟記録を編成したうえ,あらかじめ定められている裁判事務分配の定め(下級裁判所事務処理規則6)に従って部に記録を配布して,事件を分配する。部においても,その部があらかじめ定めている基準に従って事件を各裁判官に分配する。なお,簡易裁判所にあっては事件係が事件を,直接各裁判官に分配する(下級裁判所事務処理規則8)。ⅵ訴えの提起により,訴訟手続開始の効力が生ずるし,時効中断など実体法上の効果も生ずる(民

147)。

訴訟係属中の新訴についてはそれぞれの類型に応じて特別の規定が設けられている。例えば反訴については訴状に関する規定が準用され（民訴146②,民訴規59），訴えの変更申立てについては請求（請求の趣旨）に変更を生ずる場合に限り書面性が要求され（民訴143②），当事者参加の申出については書面性が要求されている（民訴47②）。訴訟中の新訴は従前の訴訟事件と当然に併合され1個の訴訟手続として審理されることとなる。したがって，これに関する書面は従前の訴訟記録に合綴（がってつ）される。

訴えを提起したものとみなされる場合のある申立てとして，訴え提起前の和解の申立て，支払督促の申立てがある（民訴275・395）。　　　　　　　　　　［川谷］

訴えの取下げ

原告が訴訟係属中の裁判所に対して，その提起した訴えの全部又は一部を撤回する行為をいう。訴えを提起するか否かは原告の自由意思に任されているのと同様に，いったん提起した訴えも自由に取り下げることができる。訴訟における処分権主義の現れの1つである。

訴えの取下げは，終局判決が確定するまで可能である（民訴261①）から，訴訟が控訴審・上告審に係属中でも許される。その方式は原則として書面でしなければならないが，口頭弁論期日・弁論準備手続期日・和解期日では口頭ですることも許される（民訴261③）。訴えの取下げについては，特別授権を要する場合がある（民訴32②1・55②2）。

訴えの取下げが効力を生ずるためには，ⅰ取り下げた時期が本案について，被告の準備書面提出後，弁論準備手続期日での申述後，又は口頭弁論期日での弁論後であれば被告の同意を要する（民訴261②）。同意の方式については定めがないので，書面・口頭のいずれでもよい。この同意を要する場合には，裁判所書記官は訴え取下書副本（民訴規162①参照）又は取下げ陳述の記載のある期日調書謄本（被告がその期日に出頭したときを除く）を送達しなければならない（民訴261④,民訴規162①）。被告が裁判所に対して異議を述べると，訴えの取下げはその効力が生じなかったことに確定して，訴訟手続は続行されることになる。被告が上記送達を受けた日（又は取下げ陳述の期日に出頭した場合にはその日）から2週間以内に異議を述べなかったときには同意したものとみなされることになる（民訴261⑤）。ⅱ訴えの取下げが上記手続段階より前になされた場合には，取下書の提出又は期日での陳述により直ちにその効力を生ずる。この場合には，裁判所書記官はその旨を相当と認める方法で被告に通知しなければならない（民訴規162②）。

取下げ・同意・異議の撤回はいずれも許されない。したがって，取下げ後に原告が取下げの撤回をしても無効であるから，被告が取下げに同意し又は同意したものとみなされることにより取下げの効力が生ずることとなる。他方，被告が異議を述べれば直ちに取下げはなかったことに確定するから，後に異議を撤回し改めて取下げに同意しても取下げの効力を生じさせることはできない。

請求の数量的減縮については，判例は訴えの一部取下げであるとする。学説中には，1個の請求のうち，残部分と区別できる標識（例えば弁済期が異なるなど）がなければ，一部請求でもその既判力は全部に及ぶという立場を前提として，減縮された請求部分は請求の放棄（民訴266）に当たるとする見解がある。

その効果としては，ⅰ取り下げられた訴え（又は訴え部分）の限度で訴訟係属は

当初に遡(さかのぼ)って消滅し(民訴262①),判決をしないまま訴訟手続は終了する。訴えを取り下げても,原則として再び同一の訴えを提起することは許されるが,本案の終局判決後の取下げであれば再訴が禁止されている(民訴262②)。訴えの取下げによりその限度で訴訟は係属しなかったこととなるから,攻撃防御方法の提出の効果や判決なども失効する。しかし,訴えが提起されて訴訟行為や証言がなされたという過去の出来事としての客観的事実の存在は否定することができないから,訴訟記録中の証人調書などを,他の訴訟事件の書証として利用することはできる。なお,訴えの一部取下げの場合でも取り下げられた請求部分の訴訟資料は,残存する訴訟の資料としてそのまま利用できる。ⅱ実体法上の効果については,時効中断の効果は遡及(そきゅう)消滅する(民149)が,履行の催告(民153参照)としての効果は消滅せずに訴え取下時まで継続していたものとして取り扱われる。訴訟行為の方式でなされた催告・解除・取消し・相殺など私法上の行為の効力は,争いはあるが,予備的主張としてなされた場合を除き消滅しないものと解する。

取下げ・同意の意思表示に瑕疵(かし)があったとしても,訴訟行為には民法の規定は適用されず,その無効・取消しの主張は許されないとし,詐欺・強迫などの刑事上罰すべき他人の行為により取下げ・同意がなされた場合にだけ民事訴訟法338条1項5号(再審事由)の規定を類推してその効力を否定できるとするのが通説・判例である。取下げ・同意の効力について当事者間に争いがあるときには,当事者からの期日指定の申立てにより口頭弁論を開いて審理したうえ,取下げ・同意を有効と認めれば,訴訟は訴え取下げにより終了した旨の訴訟判決を言い渡す。逆に無効と認めれば審理を続行すればよいが,この場合中間判決(民訴245)又は本案の終局判決の理由中でその旨を明らかにする。

訴訟外における訴え取下げの合意については,その法的性質・効力をめぐって争いがあるが,判例は,この合意が認められれば権利保護の利益を失ったものとして訴えを却下すべきであると判示している。当事者双方が期日に欠席等した場合に訴えを取り下げたものとみなされる場合がある(民訴263)。⇒「訴訟行為の撤回」
[川谷]

訴えの取下げの擬制

当事者双方に訴訟追行の意欲がないものと認められる一定の場合に,訴え取下げの場合と同一の効果を生じさせることにより,判決をしないまま訴訟手続を終了させる制度である。

取下げが擬制されるための要件は,次のいずれかに該当する場合である(民訴263)。ⅰ口頭弁論期日に当事者双方が出頭せず,又は弁論をしないで退廷した場合で,当事者の少なくとも一方から1月以内に期日指定の申立てがなかったとき,ⅱ上記ⅰの不出頭又は退廷の事態が連続して2回繰り返されたとき,ⅲ弁論準備手続期日に当事者双方が出頭せず,又は申述をしないで退席した場合で,当事者の少なくとも一方から1月以内に期日指定の申立てがなかったとき,ⅳ上記ⅲの不出頭又は退席の事態が連続して2回繰り返されたとき。

上記各期日は,適式な指定・呼出しがなされたものであることを要する。したがって,簡易呼出しの方法によった場合には,その当事者から期日請書(民訴94②但)が提出されている場合を除いて,この効果を生じさせることができない(民訴94②本)。また,弁論又は申述をしない理

由は問わないから、退廷命令（裁71②）又は陳述禁止（民訴155）による場合もこの効果が生ずる。

当事者双方が口頭弁論期日に出頭しなかった場合でも、裁判所は、直ちに弁論を終結したり、職権で新期日を指定したりすることもできる（民訴244）。この場合には、この不出頭を原因として訴え取下擬制の効果を生じさせることはできない。

訴訟事件を職権で調停に付した場合で、調停が成立し、調停に代わる決定又は家事審判が確定したときには、訴えの取下げがあったものとみなされる（民調20②、家審19②）。　　　　　　　　　［川谷］

訴えの取下げの合意

訴訟係属中、訴訟外で当事者が訴え取下げの合意をすることがある。現在ではこの合意の適法性については争いがないが、その法的性質・効力の点で見解が分かれている。通説・判例は、この合意によって原告には訴えの取下げ義務が発生するとし、原告がこの義務を履行しなかった場合には、被告において訴訟上でこの合意の存在を主張・立証し、裁判所が認めれば、その訴えは権利保護の利益を欠き、訴訟要件の欠缺（けんけつ）を理由として訴え却下の判決をすべきものとする。この見解は私法契約説と呼ばれている。この見解に対して訴訟契約説の立場からは、この合意により直接に訴訟係属消滅という訴訟上の効果が生ずるとし、当事者がこの合意を訴訟上主張すれば、裁判所は確認の意味で、訴え取下げの合意により訴訟は終了した旨の訴訟判決をすべきであるという。⇒「訴訟契約」
　　　　　　　　　　　　　　　［川谷］

訴えの併合

請求の併合（訴えの客観的併合。民訴136）と共同訴訟（訴えの主観的併合。民訴38）の総称である。訴えの併合により複数の請求（訴訟物）が1つの訴訟手続で審理裁判されることとなるが、そのうちのある請求について弁論を分離（民訴152）すれば別個の訴訟手続に分かれる。また、各別の請求がそれぞれ別個の訴訟手続で審理されてきたものであっても、弁論を併合（民訴152）すれば訴えの併合となって、その後は1つの訴訟手続で審理裁判されることとなる。⇒「請求の併合」「共同訴訟」
　　　　　　　　　　　　　　　［川谷］

訴えの変更

訴訟係属中に、原告が同一被告との関係で求めている判決の類型を変更し、又は請求（訴訟物）の同一性や範囲を変更することをいい、請求の変更とも呼ばれている。当事者の変更（任意的当事者の変更）は訴えの変更ではない。

訴訟物の同一性については新旧両説によってその判断基準が異なるから、旧説によれば訴えの変更となる場合でも、新説によれば攻撃方法の変更にすぎないとして訴えの変更にならないと解することになる場合があり、特に給付請求にはその例が多い。次に請求の数量的変更については、それが拡張される場合は訴えの変更になるとし、減縮する場合は訴えの一部の取下げであって訴えの変更にならない、とするのが判例・通説である。

訴えの変更の態様は、訴えの追加的変更と交換的変更に区別され、さらに追加的変更は、従来の請求との関係によって、単純併合・選択的併合・予備的併合に分けられる。判例は、交換的変更は追加的変更と従来の訴えの取下げ又は請求の放棄（取下げか放棄かは原告の意思による）との結合形態であるとして、独自の変更類型ではないという。

訴えの変更が許されるためには以下のすべての要件を満たしていなければなら

ない。ⓘ請求の基礎に変更がないこと。請求の基礎という概念については，いろいろな説明がなされているが，いずれの見解によってもその適用の結果には差異が生じないといえよう。請求の基礎に変更がないとはいえない場合でも，被告の同意又は被告が新請求について異議なく弁論をすればこの瑕疵（かし）は治癒される。ⓘⓘ著しく訴訟手続を遅滞させないこと。ⓘⓘⓘ事実審の口頭弁論終結前であること（以上，民訴143①）。ⓘⓥ新請求が他の専属管轄に属しないこと。ⓥ交換的変更の場合で，訴えの取下げについて被告の同意を要する段階（民訴261②本）での変更申立てであればこの同意（又は同意したものとみなされる場合を含む。民訴261⑤）があること。新請求について被告が異議なく応訴すれば黙示の同意があったものとして取り扱われる。

訴えの変更により請求の趣旨に変更を生ずるときには書面性が要求されている（民訴143②）が，請求原因の変更にとどまるときには書面性は要求されていない。この書面の副本は被告に送達される（民訴143③。なお，民訴規40）。

訴え変更の要件を欠くときには，申立て又は職権で変更を許さない旨の決定をする（民訴143④）。この決定に対しては独立して不服を申し立てることはできないが，原告は本案の控訴審において争うことができる（民訴283）。変更を許すときには，そのまま審理を続行し新請求についても判断する。訴え変更前に収集された訴訟資料はそのまま新請求の資料として利用できる。⇒「訴訟中の訴え」

[川谷]

訴えの利益

訴訟上の請求の当否について本案判決をするために必要とされる利益をいい，訴訟要件の1つであり，それが欠けると，その訴えは判決をもって却下されることとなる。訴えの利益を，ⓘ権利保護の資格（請求適格とも呼ばれている），ⓘⓘ権利保護の利益ないし必要性，ⓘⓘⓘ当事者適格の3つに分けて検討するのが一般であるが，ここではⓘとⓘⓘについて説明し，ⓘⓘⓘは「当事者適格」の項を参照のこと。

訴えの利益は，給付・確認・形成の各種の訴えに共通する一般的要件と，それぞれの訴えの類型に応じて特有な要件とがある。

訴えの利益に関する共通の要件は，ⓘ具体的な権利ないし法律関係の存否に関する主張であること。したがって，事実の存否の争いは原則として審判の対象とすることはできないし，抽象的な法令の解釈の当否も対象とすることはできない。しかし，これらの争いのうち，法律上の争訟（裁3①）に該当しないものは，司法権の範囲に属しないものとして訴えを却下すべきであって，訴えの利益の問題ではないという見解もある。ⓘⓘ訴え以外の法律上の救済手段が設けられていないこと。例えば，訴訟費用の償還請求については，訴訟費用額確定手続（民訴71・73）によるべきであって，訴え提起の方法によることは許されない。ⓘⓘⓘ原告がすでに勝訴の確定判決などを得ていないこと。例外として，再度訴えの提起を必要とする法律上の利益がある場合，例えば訴えを提起しなければ時効中断の措置をとることができないときには訴えの利益がある（この場合で，給付判決を得ているときに，再度提起できる訴えは確認の訴えに限定されるか，給付の訴えも許されるかについては争いがある）。ⓘⓥ訴えの提起が権利濫用に該当しないこと。ⓥ訴えの提起が禁止されていないこと。例えば二重起訴の禁止（民訴142），再訴禁止（民訴262②）などに触れる場合である。この場合には，訴え却下の結論自体には争いがないが，

その理由については、訴え却下はこれらの禁止規定を根拠とすべきであって、訴えの利益の問題ではないと主張する見解がある。ⅵ訴訟制度を利用しないという特約のないこと（通説）。例えば、不起訴の合意や仲裁契約がある場合には訴えの利益を欠くとするのが通説であるが、訴え却下は端的に合意の効力を理由とすべきであって、訴えの利益の問題ではないと主張する見解もある。

訴えの利益に関する特有の要件については、ⅰ現在の給付を求める訴えはそれだけで訴えの利益が認められる。将来の給付を求める訴えはあらかじめ給付判決を得ておく必要性が認められる場合に限られる（民訴135）。ⅱ確認の訴えの対象は現在の権利ないし法律関係の存否に限られる。したがって事実（例えば法律行為）の有効・無効や過去の権利ないし法律関係の存否の確認は許されないのが原則である（例外、民訴134）。なお、法律行為の無効確認であっても、遺言無効確認や裁判上の和解の無効確認（民執39①②参照）などについては確認の利益が認められることに争いがない。ⅲ形成の訴えは、その根拠条文（例えば民395）の存在により訴えの利益が認められる。⇒「確認の利益」「訴訟要件」　　　　　　　　　［川谷］

疫学的証明

原因不明の疾患の集団的発生に対して必要な防疫を講ずる前提として、その原因を追求し、その原因と仮定した因子と疾患の発生との間の因果関係の蓋然性(がいぜんせい)を証明するという疫学における手法を民事裁判における因果関係の証明の際にも用いるというものである。多くの医療過誤訴訟の判例において、この手法が採用されている。

疫学的証明の手法によれば、例えば、サリドマイド禍訴訟において、「サリドマイドが奇形児を作るという因果の基本構造が説明できれば足り、どんな化学構造の物質が染色体のどの側鎖をどのように変化させるかという点に関する自然科学的な解明は不要」として、サリドマイド摂取と奇形児誕生の因果関係の証明の程度が軽減されることとなる。　　［柴谷］

応訴管轄

原告が管轄違いの裁判所に訴えを提起しても、被告が管轄違いの抗弁を提出せず応訴すれば、他の裁判所の専属管轄に属さない限りその裁判所に管轄権を認める制度である（民訴12）。

専属管轄を除けば、法定管轄は主として当事者間の公平や訴訟追行の便宜を考慮して定められているから、被告が上記便宜を自ら放棄する場合には、合意管轄と同様に扱ってよいので認められている。

ただし、応訴管轄はその訴訟限りで認められるにすぎないから、訴えの取下げ又は却下後の再訴には、この効果は及ばない。　　　　　　　　　　　　　［柴谷］

応訴強制

原告が訴えを提起するには、特定の者を被告としなければならない（民訴133②①参照）。原告によって相手方として訴えられた被告は、訴訟物たる権利関係の存否に関する原告の主張について理由がないと判断される場合（例えば、貸金契約上の借主が被告であるとしてその支払を求める訴えが提起されたが、真実の借主は被告ではなく、第三者であった場合）でも、これに応訴して原告の主張を争わなければ、その訴えが訴訟要件を満たしている限り、敗訴の判決を受けることとなる（民訴159参照）し、被告となることを拒絶することもできない。このように敗訴の危険を避けるために被告は応訴することを余儀なくされる。この応訴を余儀なくさ

れる被告の負担（又は責任）を応訴強制という。しかしながら、被告が敗訴判決を受けてもよいと判断したときには応訴活動をしなくてもよいから、被告には応訴の負担はあるが、応訴活動の義務はないといえる。現行民事訴訟法上、応訴が強制されていることは、訴えの利益など訴訟要件の判断に当たって考慮すべき事情の１つとされている。　　　　　　［川谷］

公の競売（けいばい）

裁判所が私法上の金銭債権の弁済に充てるために、民事執行法等の規定に従って債務者等の財産を強制的に売却する競売手続（又は売却すること）のほか、税務署及び都税事務所等の行政機関が租税等公法上の金銭債権徴収のために、国税徴収法・地方税法等の規定に従って納税義務者の財産を強制的に売却する公売手続（又は売却すること）をいうものと一般に理解されている。民事執行法では、債務名義に基づく不動産の売却手続を強制競売といい、担保権の実行としての売却手続を競売という。さらに、民法（民258②）等の規定による換価のための売却手続は、講学上、形式的競売と呼ばれている。
　　　　　　　　　　　　　　　［川谷］

乙号証　⇒　「甲号証・乙号証・丙号証」

乙類審判事件　⇒　「家事審判」

親子関係存否確認の訴え

父子又は母子という親子関係の存在又は不存在の確認を求める訴えをいう。この訴えは、人事訴訟手続法所定の親子関係事件として列挙されている訴えに含まれないが、人事訴訟事件の一種として取り扱われているものである。それは、親子関係が基本的な身分関係であるため、その画一的な確定を図る必要上、職権探知主義の採用、判決に対世的効力が認められるなど、同法を類推適用して処理するのが相当であるからである。ⅰこの訴えの利益は、親（父又は母）子という法律的地位の存否について争いがある場合、又は争いがなくても、戸籍の記載が真実と異なる場合で真実に合致させる必要があるときに認められる。ⅱ当事者適格については、争われている親（戸籍上又は真実の父もしくは母）と子（戸籍上又は真実のそれ）に認められることは当然として、第三者にも訴えの利益が肯定される限り認められるし、被告とすべき者全員が死亡している場合であれば検察官を被告として訴えることができる（人訴32②・2③）。具体的な訴えにおいて関与すべき当事者については、確認請求の内容、誰が原告となるか、被告とすべき者が生存しているか死亡しているか、などによって様々な組合せが考えられる。ⅲこの訴えによる確定判決は対世的効力を有する。なお、親子関係の存否は、財産権上の紛争など他の訴訟の先決問題として争いになった場合には、この判決を得なくても、その主張をすることができる。ⅳ親子関係の存否の確定を図る方法としては、訴えのほか、家庭裁判所に家事調停の申立てをしてその審判を得る方法もある（家審23②・25③）。　　　　　　［川谷］

か 行

買受人

民事執行法上の買受人とは，執行裁判所の確定した売却許可決定により買受人とされた者（民執69・78参照），又は動産執行の場合では執行官により買受けを許す旨の告知を受けた者をいう（民執規116①）。買受人には代金を納付する義務があり（民執78①，民執規118①），この納付義務を履行しなかったときは，売却許可決定又は買受許可告知は当然に失効する（民執80①，民執規118⑦参照）。買受人の所有権取得時期は代金を支払った時である（民執79）。買受人は，代金納付後は買受不動産（不動産に対する強制競売の手続による船舶などを含む（民執121））の引渡命令を得ることができ（民執83），また納付前であっても，一定の場合にその価格及び引渡しを保全するための保全処分を得ることができる（民執77）。　　　　［川谷］

買受申出人

不動産・動産などの差押物件を売却する民事執行手続において，執行官に対し，入札書を差し出し，保証を提供するなど法定の手続に従って，これらの物件を買い受ける旨の申出をした者を買受申出人という（民執66・112・188等）。入札・競り売りの方法による売却手続において最高額の買受申出をした者は，最高価買受申出人とされ，売却不許可事由（民執71）がなければ，執行裁判所の確定した売却許可決定（民執69。ただし，民執122①の動産執行にあっては執行官の売却許可告知（民執規116①））により買受人となる。さらに次順位買受申出人の制度がある（民執67）。また，特別売却（民執規51）の方法によるときは買受申出人にその売却が許される。なお，最高価買受申出人などは，一定の場合に買受不動産の価格及び引渡しを保全するための保全処分を得ることができる（民執77）。　　　　［川谷］

外国仲裁判断

外国において外国法により行われた仲裁手続に基づく仲裁判断をいう。

わが国の法律上（公示催告手続及ビ仲裁手続ニ関スル法律（明治23法29））は外国仲裁判断の効力に関する規定はなく，それ故に，ⅰ当事者間の和解契約と同一の私法上の効力しか認められないと解する立場と，ⅱ内国仲裁判断と同様に解する立場とに分かれる。ただし，「外国仲裁判断の承認及び執行に関する条約（いわゆるニューヨーク条約）」に加入している関係から，その締約国の領域内で行われた仲裁判断は同条約の規定により効力が認められる点では争いはない。　　　　［柴谷］

外国判決の執行

外国判決を債務名義として執行を行うものである。わが国では，外国判決の承認制度により承認を受けただけでは，債務名義とはならず，承認制度とは別に対審構造を採る執行判決を得なければならないとされている（民執22・24）。そこで，外国判決の承認と執行判決の関係が問題となる。

承認制度につき，外国の訴訟法上有する効力をそのまま認めるものとする通説の立場からするときには，承認の要件具備を執行機関だけで調査するとしたならば執行当事者の手続保障に疑念が残るため，確認的に執行判決の制度を法が採用したに過ぎず，執行判決により初めて執行力が付与されるわけではないとする。

これに対し，承認制度によって付与されるのは既判力に過ぎず，執行力まで当然に付与されるわけではないと解する立場からは，執行判決によって初めて執行力が付与されると考えることになる。ただ，執行判決が，単なる確認的なものか形成的効力を有するものかの対立はあるものの，承認があくまで当該事案に関する外国における訴訟法的・実体法的な司法判断を尊重する点にあることから，いずれの立場に立とうとも，執行判決をなすにあたっては，外国において一度なされた司法的判断を蒸し返す，いわゆる実質的再審査を行ってはならない（民執24②参照）という点については争いはない。⇒「執行判決」　　　　　　　　　　　［柴谷］

外国判決の承認

外国判決に対し判決国において認められる訴訟法上の効力をそのまま日本において認めることをいう。

民事上の紛争については，国家間の裁判権の分掌上，一国の裁判権に専属させなければならないものもあるが，そうではないものは，同一事件に関し国際的な司法判断の相互矛盾を回避し，跛行(はこう)的法律関係の発生を予防しながら国際協調の道を選択することが妥当である。そこで，所定の手続と要件のもとに外国判決に対して判決効を付与するという承認制度が認められている。

わが国の承認制度はドイツ民事訴訟法の流れを汲(く)み，一定の要件を充たす限り何らの特別の手続を要せずに効力を認める自動的承認の制度を採用しているが，ドイツ民事訴訟法が国内での効力を原則として認めているのに対し，手続保障などの点で外国判決に対する疑義がなお存することから，わが国の民事訴訟法は，原則として日本国内での効力を認めず，ⅰ法令又は条約により外国裁判所の裁判権が認められること，ⅱ敗訴の被告が訴訟の開始に必要な呼出しもしくは命令の送達（公示送達その他これに類する送達を除く）を受けたこと又はこれを受けなかったが応訴したこと，ⅲ判決の内容及び訴訟手続が日本における公の秩序又は善良の風俗に反しないこと，ⅳ相互の保障があることという要件を備えた場合に限り例外的に有効とする形式を採っている（民訴118）。

なお，同条が明示するとおり，承認の対象たる外国判決は確定判決に限るとするのが通説である。また，未承認国家・政府の判決でもよいかという点については見解が分かれている。　　　　［柴谷］

外国法事務弁護士

外国人が自国の弁護士資格を持っているときに，その外国弁護士という資格に基づいて，新たな試験や選考を受けることなく日本で事務所を開設し，業務を行えるようにして欲しいという諸外国からの要望に基づき，「外国弁護士による法律事務の取扱いに関する特別措置法」（昭和61法66）により，日本において一定の法律事務を取り扱うことが認められた外国弁護士をいう。

ただし，外国法事務弁護士は，ⅰ原則として，外国弁護士としての資格を得た外国法（外事弁護3①）並びに一定の要件を充たす上記外国法以外の法律（外事弁護5の2）についての法律事務だけを行うことができるという職務範囲に関する制約が課されており，その制約を潜脱することを防止すべく，ⅱ日本の弁護士を雇用してはならないし（外事弁護49①），ⅲ法の認める特定共同事業（外事弁護49の2）以外については，日本の弁護士と法律事務について共同の事業を営んだり，日本の弁護士が法律事務を行って得た報酬などの収益の分配を受けてはならない

開始後債権

再生手続開始後の原因に基づいて生じた財産上の請求権（共益債権・一般優先債権・再生債権を除く）を開始後債権という（民事再生123）。開始後債権は，再生手続が開始されたときから再生計画で定められた弁済期間が満了する時までの間は（この期間満了前に再生計画に基づく弁済が完了した場合・再生計画が取り消された場合など，この期間については例外がある），弁済をすることも弁済を受けることも，その他これを消滅させる行為（免除を除く）をすることもできない（民事再生123②）。また，この期間内は，再生債務者の財産に対する強制執行等もすることができない（民事再生123③）。

[小野寺（忍）]

会社更生手続

会社更生手続とは，窮境にあるが再建の見込みのある株式会社について，利害関係人の利害を調整しつつ，企業の維持更生を図ることを目的とする手続であって，法的倒産手続の一種である。

手続開始原因は破産原因よりも緩和されており，会社は申立権を有し，一定額の債権者・一定割合の株主も破産原因事実の生ずるおそれがある場合に限り申立権を有する（会社更生30）。手続開始の申立てがあると，裁判所は，破産手続等の中止，会社の業務・財産に関する保全処分などを命ずることができる（会社更生37・39①・40・42。なお調査委員については会社更生101参照）。裁判所は申立ての理由があると認めれば更生手続開始の決定をし，同時に，管財人を選任し，更生債権・更生担保権の届出期間，その調査期日，第1回の関係人集会期日を定める（会社更生45・46）。開始決定があると，会社の経営・財産の管理処分権は管財人に専属することとなり（会社更生53），代表取締役はこれらの権限を失う。更生債権・更生担保権は，届出・調査・確定の手続を経て更生計画によってのみ弁済を受けられる（会社更生112・123③）。例外は会社更生112の2）。租税債権も破産の場合と異なり原則として更生手続に服する（会社更生67・122）。共益債権（会社更生208・119等）は更生手続によらないで随時弁済される（会社更生209）。更生計画は管財人が立案して裁判所に提出する（会社更生189。なお会社更生190参照）。更生計画の内容について規定がある（会社更生211～231）。更生計画案は，第2回関係人集会において審理され（会社更生192），第3回関係人集会において決議される（会社更生200）。更生計画案が可決されるためには，更生債権者・更生担保権者・株主の各組に分かれて決議し（会社更生204），それぞれ法定の多数決要件を満たさなければならない（会社更生205）。更生計画案が可決されると，裁判所は要件を満たしているものと判断すれば認可することができ（会社更生233。なお，会社更生234），この認可により更生計画として効力を生ずる（会社更生236。なお，その効力について241・242等）。認可された更生計画の遂行は管財人の職務である（会社更生247）。

更生計画が遂行されたか又は遂行されることが確実と認められるようになったときは，裁判所は更生手続終結の決定をする（会社更生272）。なお，廃止決定により更生手続を終了させることができる場合があり（会社更生273・274・277），また，更生手続を破産・再生手続に移行させることができる場合がある（会社更生23・27）。

[川谷]

会社更生法

会社更生法(昭和27法172)は,窮境にあるが再建の見込みのある株式会社について,債権者・株主その他の利害関係人の利害を調整しつつ,その事業の維持更生を図ることを目的とする法律である(会社更生1)。この法律は,アメリカ法を母法として制定されたもので,いわゆる再建型の倒産処理手続が定められており,その適用範囲については,日本国内にある財産についてのみ効力を有し(属地主義。会社更生4①),在外資産に及ばない。また,外国会社であっても,日本国内に相当の資産を有する株式会社であればこの手続の対象となり得る(会社更生3,商485ノ2)。⇒「倒産(処理)手続」

[川谷]

会社整理手続

会社整理手続とは,株式会社が支払不能もしくは債務超過に陥るおそれのあるとき,又はこのような事実がある疑いのあるときに,裁判所の監督のもとになされる会社の維持更生を目的とする手続であって,法的倒産処理手続の一種である。

整理手続は,上記の経済状態にある株式会社について,取締役・監査役・一定の少数株主・一定額の債権者の申立て,又は職権により,裁判所が決定をもってこれを命ずることによって開始される(商381)。その結果,破産等の申立てができないようになり,これらの手続は当然に中止され又は失効する(商382②③。なお商384参照)。整理開始決定がなされたときは,取締役は会社財産の管理処分権を失うわけではない(ただし管理人選任の場合を除く(商398②))が,裁判所は,必要があれば会社の業務の制限,財産の保全処分,検査役による検査,会社の業務・財産に関して監督員による監督,管理人による管理などを命ずることができる(商386①・388・397・398)。更に整理開始決定前であっても,破産手続等の中止や一定の保全処分などを命ずることができる(商383①・386②)。裁判所は,整理開始決定後は整理等の計画の立案・実行を命ずることもできる(商386①④。なお,商398②・391参照)。しかし,会社更生手続の場合と異なり,会社債権者の譲歩を強制できないため,債権者全員が譲歩しない限り整理案を強行することができず,もし整理の見込みがなければ,裁判所は,職権をもって破産宣告をしなければならない(商402)。

整理が結了し,又は整理の必要がなくなったときは,一定の者の申立てにより裁判所が整理終結の決定をする(商399)。なお整理手続を破産手続に移行させる場合がある(商402)。⇒「倒産(処理)手続」

[川谷]

会社訴訟

会社が設立されて事実上活動を開始すると,会社の内外に多数の法律関係を生じさせるため,会社の設立・組織・機関などをめぐる紛争については,その団体的法律関係を早期に安定させ,かつ画一的に確定させることが要請される。そこで商法は,一定の者に限定して,訴えの方法によってのみ無効・取消しの主張を許すこととし,その出訴期間を定め,弁論・裁判の併合を命じ,原告勝訴判決に対世効を与えるとともに,遡及効(そきゅうこう)を否定するなど特別の措置を講じている。ここでは上記の紛争に関する訴訟を会社訴訟として,株式会社に関する主な訴えについて略述する。

会社設立無効の訴え(商428。なお商特25)・合併無効の訴え(商415。なお商特25)・新株発行無効の訴え(商280の15〜17。なお商特25)などは上記の措置がすべて講じられている。株主総会決議取

消しの訴え（商247・248。なお商特25）については，判決の遡及効の点を除いて上記の措置が講じられている。なお，株主総会決議無効・不存在確認の訴え（商252）については，弁論・裁判の併合，判決の対世効のみが定められているにすぎない。したがって，無効・不存在は他の訴訟における攻撃防御方法として主張することも許されることとなる。資本減少無効の訴え（商380。なお商特25）は，判決の遡及効が否定されているほかは上記の措置が講じられている。したがって，無効確認の判決は，一般原則により遡及効が認められることとなる。

株主が会社に代わって提起できる訴えとして，取締役の違法行為の差止請求の訴え（商272），取締役の責任追及の訴え（株主代表訴訟。商267～268ノ3），取締役解任の訴え（商257③）などがある。

[川谷]

回避

具体的事件について裁判官又は裁判所書記官が自ら除斥又は忌避の原因があることを認めて，その事件の職務執行を避ける制度である（民訴規12・13）。制度の趣旨は除斥・忌避と同様に裁判の公正を担保することにあるが，回避は裁判官らが自発的に職務執行から離れる点で除斥・忌避と異なる。回避するためには，司法行政上の監督権のある裁判所（裁80。ただし簡易裁判所の書記官にあっては所属簡易裁判所の司法行政事務を掌理する裁判官）の許可を得なければならない（民訴規12・13）。⇨「除斥」「忌避」

[川谷]

下級裁判所

裁判所法上は，最高裁判所以外の裁判所を総称して下級裁判所という（憲76，裁3編参照）。訴訟実務上は，上位の裁判所（例えば高等裁判所）からみた場合の，より下位の裁判所（例えば地方裁判所）を下級裁判所と呼び，逆に下位の裁判所からみた場合の，より上位の裁判所を上級裁判所と呼ぶことがある。

裁判所法上の下級裁判所は，高等裁判所・地方裁判所・家庭裁判所及び簡易裁判所の4種であり，各裁判所の名称及び所在地は，「下級裁判所の設立及び管轄区域に関する法律」1条・別表に定められており，その数は，高等裁判所が8，地方裁判所及び家庭裁判所が各50，簡易裁判所が438である。その組織及び権限等は裁判所法3編及びその他の法律に定められており，民事訴訟事件について説明すれば，民事第一審事件を担当するのは地方裁判所（裁24①）及び簡易裁判所（裁33①①）であり，簡易裁判所判決に対する控訴事件は地方裁判所（裁24③），上告事件は高等裁判所の担当とされ（裁16③），地方裁判所判決に対する控訴事件は高等裁判所の担当（裁16①）とされている。

[川谷]

確定遮断の効力

判決は，通常の不服申立方法による取消し・変更の可能性がなくなった時点で確定する。通常の不服申立方法は，通常の手続による判決であれば上訴（民訴281・311・318）であり，特別の手続による手形判決等であれば異議申立て（民訴357・367②・378）である。これらの判決は，上訴権・異議権の放棄などがあった場合を除き，上訴期間・異議申立期間など不服申立期間を徒過することによって通常の不服申立てをすることができないから，これら不服申立期間の満了時に確定することとなる（民訴116①）。しかし，この不服申立期間内に上訴ないし異議の申立てがあればその対象とされた判決は，なお取消し・変更の可能性があるので，

不服申立期間が経過しても確定しないものとされている（民訴116②）。これを上訴・異議申立てによる判決確定遮断の効力（又は判決確定防止の効力）という。

この確定遮断効が生ずることによって判決は、未確定の状態におかれたままとなるので、執行力（ただし、仮執行の宣言付きの場合を除く）や形成力も発生しない。この確定遮断効は、上訴不可分ないし異議不可分の原則により1個の判決の全部について生ずるが、通常共同訴訟の場合には、共同訴訟人独立の原則（民訴39）により各共同訴訟人の部分ごとに別個の判決として取り扱われるから、例えば、一部の者が上訴し、他の者が上訴しなかったときには、上訴者の上訴による遮断効は他の上訴しなかった者の部分には及ばないこととなる。⇒「上訴提起の効力」「異議」　　　　　　　　　　[川谷]

確定判決

終局判決で、通常の不服申立てができない状態に達したものをいう。

通常の不服申立方法は、通常の手続による判決であれば上訴（民訴281・311・318）であり、特別の手続による手形判決等であれば異議申立て（民訴357・367②・378）である。この上訴ないし異議申立てがなければ、それぞれ法定の不服申立期間の満了時に確定する（民訴116①）。上訴・異議の申立があっても、それが取り下げられたり、不適法として却下の裁判がなされて確定したりしたときには、上訴がなかったことになるから、不服申立期間満了時に遡（さかのぼ）って確定する。なお、控訴権の放棄（民訴284）又は不控訴の合意（ただし、民訴281①但の場合を除く）があった場合にはその確定時期が異なる。

1個の判決は全体について同時に確定するのが原則である。しかし、1個の判決が、通常共同訴訟においてなされたものであるときには、共同訴訟人独立の原則（民訴39）により各共同訴訟人の部分ごとに別個の判決として取り扱われるから、例えば、一部の者が上訴し、他の者が上訴しなかったときには、上訴しない者の部分だけが独立して不服申立期間満了時に確定することとなる。また、通常の不服申立てができない判決は、その言渡しと同時に確定する。少額異議判決（民訴規231、民訴380①）及び上告審の判決がそれである。

当事者等は、裁判所書記官に対して判決確定証明書の交付を請求できる（民訴規48）。

すべての確定判決には既判力があり（民訴114）、確定した給付判決には執行力（民執22①）、確定した形成判決には形成力がある。確定判決と同一の効力を有するものとして、裁判上の和解、請求の放棄、請求の認諾がある（民訴267）。

[川谷]

確定判決の効力

終局判決は、確定すると種々の効力をもつに至る。その効力は、本来的効力・付随的効力・争点効などに大別できる。

本来的効力は、訴訟制度自体により予定されている効力で、既判力・執行力・形成力がそれである。

既判力はすべての確定判決に与えられた効力である。確定判決に示された訴訟物たる権利関係についての判断が当事者間の法律関係を律する規準となるから、既判力の及ぶ当事者間の後訴において同一事項が問題となった場合には、当事者はこれと矛盾する主張をすることができず、裁判所もまたこれに抵触する判断をすることができない、という拘束力が生ずる。この確定判決の判断に与えられた拘束力が既判力である。

執行力は給付判決に与えられた効力である（民執22①）。なお、仮執行宣言付きの判決であれば未確定の状態でも執行力がある（民執22②）。給付判決により、それに表示された給付請求権者及びその承継人等（民訴23①③）は、強制執行手続によって、判決主文に掲げられた給付請求権を強制的に実現することができる。この給付請求権を強制執行の方法によって実現できる効力が執行力である。

形成力は形成判決に与えられた効力である。形成判決の確定によって、その内容どおりに、新たな法律関係を発生させたり、従来の法律関係を変更・消滅させたりする効力が生ずる。この法律関係を変動させる効力が形成力である。

確定判決の存在により付随的に生ずる効果については、訴訟法上は参加的効力（民訴46）を生じさせ、さらに実体法上も時効の再進行（民157②）、時効期間の延長（民174ノ2）などの効果を生じさせる。

争点効・反射効については、明文の規定はないが、これをも認めるべきであると主張する学説がある。しかし、判例は否定しており、未だ実定法上承認されたものとはいえない。　　　　　　　［川谷］

確定判決の不当取得

当事者が不正な手段を用いて相手方の訴訟関与を妨げ、又は虚偽の主張をし、偽造文書を証拠として提出するなどして裁判所を欺き、自己に有利な確定判決を取得することを確定判決の不当取得といい、確定判決の騙取（へんしゅ）とも呼ばれている。このような確定判決に対して相手方がその判決の当然無効を主張し、又はこのような当事者の行為を不法行為として損害賠償を請求できるかについては争いがある。多数説は、このような判決であっても、相手方においてまず上訴の追完（民訴97）又は再審の訴え（民訴338）によって確定判決の取消しを図るべきで、当然に無視することはできないとし、その理由として、判決の当然無効を認めることは既判力の制度を動揺させることになるし、また、不法行為であるというのは確定判決が誤りであると主張するに帰し、既判力に抵触し許されないはずであるという。判例（最判昭44・7・8民集23・8・1407）は、当事者が相手方の権利を害する意図のもとに、相手方の訴訟関与を妨げ、あるいは虚偽の事実を主張して裁判所を欺罔（ぎもう）するなどの不正行為をして、真実に反する確定判決を取得し、執行した事案について、不法行為が成立すると判示した。　　　　　　　　［川谷］

確定判決の騙取（へんしゅ）　⇒「確定判決の不当取得」

確定力

判決は、訴訟手続上、裁判所が職権で変更できる（民訴256）し、当事者からの通常の不服申立てによって取消ししたり、変更したりすることができる。通常の不服申立方法は、通常の手続による判決であれば上訴（民訴281・311・318）であり、特別の手続による手形判決等であれば異議申立て（民訴357・367②・378）である。この通常の不服申立方法による取消し・変更の可能性がなくなった時点で判決は確定する。また、通常の不服申立ての許されない判決（民訴380①、上告審判決）は言渡しと同時に確定する。この確定判決の不可取消変更性を、判決の効力とみて形式的確定力といい、この形式的確定力を前提として生ずる既判力を実質的確定力ともいう。⇒「既判力」
　　　　　　　　　　　　　　　　［川谷］

確認訴訟　⇒「確認の訴え」

確認の訴え

特定の権利ないしは法律関係の存在又は不存在を主張して、その存否を確認する判決を求める訴えをいう。権利関係の存在の確認（例えば所有権の確認）を求める訴えを積極的確認の訴えといい、権利関係の不存在の確認（例えば債務不存在の確認）を求める訴えを消極的確認の訴えという。

確認の対象は、原則として特定の具体的な現在の権利関係に限られる。抽象的な法律問題の確認は許されない。法律上の争訟（裁3）に該当しないからである。法律行為など単なる事実の確認も原則として許されない。例外として、法律関係を証する書面（例えば遺言書）の成立の真否の確認を求めることは法律上許される（民訴134）。また、法律行為の効力の確認や過去の法律関係の確認も原則として許されない。例外として、裁判上の和解の無効確認については、現在では法律上も許される（民執40・39①②参照）といえるし、遺言の無効確認については許されることに争いがない。

確認の訴えは、原告の権利関係について現に危険又は不安が存し、それを除去解消させるために確定判決を得ることが必要・適切であると認められる場合に限って許される。一般には被告が原告の権利関係を争っており、そのため原告の法的地位に危険・不安が生じている場合がその典型例であるが、被告が争っていない場合でも、例えば時効中断のためとか、登記簿など公簿の記載の誤りを訂正するために確認判決を必要とするときには、確認の利益が認められるから確認の訴えが許される。次に、その権利関係について給付の訴えが可能であれば原則として確認の利益を欠くといえるから許されない。また、積極的確認を選択できるときには消極的確認の訴えを提起することは原則として許されない。

確認判決に示された権利関係の存否の判断には既判力が生ずる。したがって、既判力の及ぶ当事者間の後訴において同一の権利関係が争点となった場合には、当事者はこれに反する主張をすることは許されず、裁判所もまたこれと矛盾する判断をすることができないこととなる。

［川谷］

確認の利益

確認の訴えにおいては、確認の対象が形式的には無限定であることから、確認訴訟制度の目的に照らして一定の制約を加える必要がある。この制約を確認の訴えにおける固有の訴訟要件として取り上げ、確認の対象に関する要件、即時確定の利益、当事者適格の3つに分類して、前2者を広義の確認の利益と呼び、即時確定の利益を狭義の確認の利益と呼ぶのが一般的である。なお、確認の利益は確認の訴えの利益と呼ばれることもある。

確認の対象は、原則として特定の具体的な現在の権利又は法律関係（法律状態）に限られる。ⓘ抽象的な法律問題の確認は許されない。法律上の争訟（裁3）に該当しないからである。ⓘⓘ法律行為など単なる事実の確認も許されない。例外として、法律関係を証する書面（例えば遺言書）の成立の真否の確認は法律上許される（民訴134）。ⓘⓘⓘ法律行為の効力の確認や過去の法律関係の確認も許されないのが原則である。裁判上の和解の無効確認については、判例・学説ともに民事執行法施行前から許されるとしてきたし、同法施行後は同法が和解無効を宣言する確定判決の正本を執行取消文書に加えた（民執40・39①②）ことから現在では法律上認められるようになったとする学説が現れた。また、遺言の無効確認については、確認の利益があるとすることに争いがな

い（最判昭47・2・15民集26・1・30）。

確認の訴えは、原告の権利関係について現に危険又は不安が存し、それを除去解消させるために確認判決を得ることが必要・適切であると認められる場合に限って許される。これを即時確定の利益という。この利益の有無については、方法選択の適否と即時解決の必要性という2つの観点から検討するのが一般的である。⒤積極的確認によることが可能であれば消極的確認の利益は認められないのが原則であり、また、原告の権利関係について給付の訴えが可能であれば確認の利益は認められないのが原則である。ⅱ即時解決の必要性については、被告が原告の権利関係を争っており、そのため原告の法的地位に危険・不安が生じている場合がその典型例であるが、被告が争っていない場合でも、例えば時効中断のためとか、登記簿など公簿の記載の誤りを訂正するために確定判決を必要とするときには確認の利益が認められる。⇒「訴訟要件」　　　　　　　　　　［川谷］

確認判決

確認の訴えにおける請求認容の本案判決を確認判決という。各種の訴えにおける請求棄却の判決も実質的には確認判決である。給付の訴えにおける請求棄却の判決は訴訟物である実体法上の給付請求権の不存在を確定し、形成の訴えにおける請求棄却の判決も訴訟物である個々の形成権（形成原因）の不存在を確定し、また、確認の訴えにおける請求棄却の判決も訴訟物である実体法上の権利ないし法律関係の不存在（積極的確認請求の場合）もしくは存在（消極的確認請求の場合）を確定する効力を有するからである。確認判決の効力としては、既判力が生ずるだけであって、執行力や形成力はない。したがって、確認訴訟の特色は権利ないし法律関係の公権的確定だけで紛争の解決を図る制度であるといえる。その既判力は、判決主文に表示される権利ないし法律関係の存否の判断について生じ（民訴114①）、その基準時は事実審の口頭弁論終結時である（民執35②参照）から、権利関係の存在を認める確認判決は口頭弁論終結時にその権利関係が存在することを、逆にこれを否定する判決は口頭弁論終結時に不存在であることを確定する判決である。
　　　　　　　　　　　　　　　　［川谷］

隔離尋問　⇒「証人尋問」「個別尋問」

過去の法律関係の確認

訴訟上の請求は、給付の訴え・確認の訴え・形成の訴えの3つに分類されるが、確認の訴えは、請求内容が現在の権利又は法律関係の存否に関するものに限って適法とされており（例外：証書の真否確認（民訴134））、過去の法律関係の確認の請求は許されない。何故、許されないのかということであるが、民事訴訟の目的は現在の紛争解決にあるが、過去の法律関係の確認は現在の紛争解決に役立たないからである。確認の訴えの目的は権利又は法律関係の存否を判決で確定しこれによって現在の原告の法的地位の不安定さを解消することにあるが、例えば、過去の一定時点において原告が特定の物件の所有権を有していたことの確認をしてみても、それは現在の所有権に関する紛争解決とは無縁である。よって、過去の法律関係の確認の訴えは不適法な訴えとして却下されることになっている。⇒「確認の利益」　　　　　　　　　　［今岡］

家事審判

家庭裁判所は、家事事件についていわゆる裁判をするのであるが、この裁判手続を家事審判、その裁判書（さいばんがき）

のことを「審判」という。この審判をするための手続は、家事審判法及び同規則に基づいてなされるが、基本的手続については非訟事件手続法が準用されている（家審7）。

何が家事審判の対象となるかについては家事審判法9条で規定している。そこでは争訟性の少ないものを甲類、争訟性の多いものを乙類と2つに分類し、甲類については審判手続のみ、乙類については審判手続と調停手続の両方の手続で処理することができることになっている。

甲類事件としては、成年被後見人・被保佐人宣告とその取消し、不在者の財産管理人の選任やこれに関する事項、失踪（しっそう）宣告及びその取消し、成年後見人・未成年後見人の選任及びその取消し、特別代理人の選任及びその取消し、遺言執行者の選任・解任・辞任許可等が代表的な事件であり、戸籍法・精神保健法等特別法で家庭裁判所の許可を要する事項とされている事項があり、これらも家事審判の対象となる。乙類事件としては、夫婦間の協力扶助に関する処分、婚姻費用分担に関する処分、財産分与、親権者の指定・変更、扶養に関する処分、遺産分割等がその代表的事件である。

審理方法であるが、甲類事件は、家事審判官が自ら関係人を審問したり、家庭裁判所調査官に調査させて資料を収集し、また参与員を立ち会わせ又はその意見を聴いて審判する。乙類事件中、離婚事件等人事訴訟手続法所定事件にあっては調停前置主義が採用されていることが大きな特色である。すなわち、当事者が訴えの提起をしても受訴裁判所は家事審判法18条により職権で調停に付さなければならず、調停が成立すれば申立てが取り下げされたものとみなされる。また、乙類事項については、いきなり審判の申立てをしても、家庭裁判所は職権で調停に付することができることになっており（家審11）、調停が成立しないときは、甲類事件と同様審判がなされる。　　　　[今岡]

家事審判官

各家庭裁判所は、相応な員数の判事・判事補で構成されているが（裁31の2）、このうち、家事審判法に定める審判事件及び調停事件を担当する裁判官のことを家事審判官という。家事審判官は単独（1人）で家事事件を処理するが、事件処理をするとき（裁判をするとき）は、裁判官という名称を用いず、家事審判官という名称を用いる（家審2）。　　　　[今岡]

家事審判法

新憲法の施行に際し、憲法の精神に合わない家督相続等の旧来の家族制度に関する民法の規定が改正となったが、これに適合させた手続法として、昭和22年法律152号によって成立し、昭和23年1月1日から施行されて現在に至る法律の名称である。この法律で規定する重要事項は、家事審判及び家事調停の対象となる事件を定めたこと及びこれらの審判・調停の効力等について定めたほか、家事審判にあっては民間人である参与員の立会いと意見聴取に基づいて審判すること、家事調停にあっては民間人である家事調停委員を加えた調停委員会で調停をすることを定めたことである。⇒「家事審判」「家事調停」「参与員」「家事調停委員」

[今岡]

家事相談

家庭に関する事件について相談することあるいは相談を受けることを家事相談というが、一般用語であって法律用語ではない。弁護士会や行政機関等がサービスの一環として各種法律相談会を開催することがあるが、そこでの相談内容に関

する分類用語として用いられることもある。また、家庭裁判所の事件受付窓口では、家事事件の申立てに際し、家事審判や家事調停の手続教示をすることがあるが、これを家事相談ということもある。
[今岡]

家事調停

家事調停は、家庭に関する権利又は法律関係について、家事審判官と家事調停委員2名以上によって構成される調停委員会(家審22)によって、当事者に対し説得・提案等をし、その結果当事者間に合意を成立させることにより、紛争を自主的に解決させる手続である(裁31の3①Ⅰ)。

家事調停については家事審判法に調停手続が定められているが(家審3章)、この手続を家事調停という。家庭に関する事件とは、ⅰ婚姻・養子縁組・親子関係等の人事に関する訴訟事件、ⅱ家庭や親族間に存する紛争事件、ⅲ婚姻費用分担・親族の扶養・遺産分割等、家事審判法9条中の乙類に関する事件をいう(家審17)。家事調停は申立人が家事調停申立書を裁判所に提出することによって始まり(人事訴訟裁判所及び乙類審判からの付調停の決定は申立てと同視される)、調停委員会もしくは家事審判官1人が調停を行う。調停が成立すると調停調書が作成されるが、成立した調停調書は確定した判決と同一の効力があり(家審21)、金銭等の給付を定める条項により強制執行をすることができる。家庭に関する事件について訴訟を提起しようとする場合は、原則としてまず家事調停の申立てをし、調停不成立の場合でなければ訴訟を提起できない(家審18)。これを調停前置主義という。調停が成立しない場合は、前記乙類事件については家事審判手続に移行するが、その他の事件はそれで終了する。ただ、その後2週間以内に訴訟を提起した場合は、時効等の関係で調停申立時に訴訟提起があったものと擬制される(家審25・26)。
[今岡]

家事調停委員

家事調停事件の処理に関与する非常勤の裁判所職員であって、年齢40年以上70年未満の弁護士や専門知識・豊富な経験を有する者で人格識見の高い民間人の中から最高裁判所が任命し、任期は2年である(家審22の2①、調委規1)。職務内容は、調停委員会の調停に関与するほか、家事審判官の命により、他の調停事件について専門知識・経験に基づく意見を述べたり、嘱託事件について関係人の意見聴取をする(家審22の2①)。
[今岡]

過剰執行

強制執行又は担保権実行としての競売において、数個の目的物のうち一部の目的物の換価代金のみで各債権者への配当及び執行費用の全部を賄うことができる場合において、数個の目的物全部の差押命令を発し(競売開始決定を含む)、これに基づいて換価することを過剰執行という。債権の満足を得るという執行の目的以上の差押えをし及び換価をすることは、債務者の財産を不当に差押え及び換価したことになるので、動産の場合は民事執行法128条、民事執行規則116条、債権の場合は民事執行法146条2項で、過剰差押え及び換価は禁止されており、不動産の場合は、民事執行法73条で超過売却となる見込みのときは、一部の不動産について売却許可決定の留保が定められている。過剰執行は数個の目的物の場合の問題であるが、例えば10万円の債務名義で1000万円相当の一筆の不動産を差押え及び換価することはどうかという問題がある。過剰執行禁止の立法趣旨から、他に適当

な目的物がある限り，差押えは認められない。　　　　　　　　　　　　［今岡］

過怠破産罪

破産法上，破産債権者の財産上の利益を侵害する犯罪として，詐欺破産罪（破374）と過怠破産罪（破375）の2つがある。過怠破産罪は，浪費・賭博（とばく）等により著しく財産を減少させたり，過大な債務を負担したりする債務者の行為を処罰するもので，その主体は債務者に限られ，第三者はこの罪の主体となり得ない。破産法375条各号に該当する行為をなした者は，破産宣告が確定したときは（処罰条件），5年以下の懲役又は30万円以下の罰金に処せられる。⇨「詐欺破産罪」　　　　　　　　　　　　　　　　［今岡］

家庭裁判所

裁判所法に基づいて設置された下級裁判所の一種で，家事審判法に定める家庭に関する事件の審判と調停及び少年法で定める少年の保護審判事件と少年法37条に定める罪に係る刑事第一審の裁判権を有する。各都府県に1つと北海道に4つ（合計50）設置されている（裁判所法1編3章参照）。

家庭裁判所では，原則として，1人の裁判官が非公開で裁判をする。家庭に関する事件は家庭の平和と健全な親族共同生活の維持を目的とし，少年保護事件は少年の健全な育成を期しているので，これらの目的達成のため，訴訟の場合と異なり，特に非公開とされている（家審7条，非訟13，少22）。　［今岡］

家庭裁判所調査官

家庭裁判所に配置された裁判官以外の裁判所職員の一種で，少年事件や家事審判及び家事調停事件の事件処理に必要な事項について，裁判官の命令により各種の調査等を担当する者の官職名である（裁61の2）。最高裁判所は，年1回，家庭裁判所調査官補採用Ⅰ種試験を実施し，約40名を採用している。採用試験合格者は2年間，家庭裁判所調査官研修所で研修を受けた後家庭裁判所調査官となる。受験資格は短期大学卒業以上で一定の年齢制限がある。試験内容は，教養科目の他教育学・心理学・社会学等の専門科目についてである。　　　　　［今岡］

仮定的抗弁　⇨「仮定的主張・仮定的抗弁」

仮定的主張・仮定的抗弁

民事訴訟においては，当事者は権利の発生・障害・消滅に関する要件事実（法律的事実）を裁判所に対して主張するのであるが，これら主張が複数ある場合，それに判断順序の希望をつけて裁判所に要望することがある。主位的主張・仮定的主張がこれにあたり，仮定的主張は主位的主張と併せてなされるところに特色がある。すなわち，主位的主張は，権利の発生・障害・消滅に関して，まずその主張から判断して欲しいという要望であり，仮定的主張は主位的主張が認められない場合に判断して欲しいという要望である。例えば，所有権確認請求事件において，原告は，所有権取得原因として，まず売買によって所有権を取得したと主張し（これが主位的主張），売買が認められない場合には贈与によっても所有権を取得した（これが仮定的主張）と主張するのである。民事訴訟法上，判断順序の要望はすることはできず，この要望は事実上のものに過ぎない。したがって，裁判所はこの要望に拘束されず，仮定的主張から判断してもよい。ただ，請求を認容する場合は仮定的主張のみを認めて認容の裁判をすることができるが，請求を棄却す

る場合には全部の主張について判断しなければならないことに注意すべきである。仮定的主張のことを予備的主張ということがある。

仮定的抗弁とは，原告の請求を妨げる主張（権利の障害・消滅の主張，これを抗弁という）が複数ある場合に，先ず主位的抗弁（例えば弁済により債権は消滅した）について先に判断し，主位的抗弁が認められない場合には仮定的抗弁（例えば消滅時効の完成により債権は消滅した）について判断して欲しいと，その判断順序について，裁判所に要望している抗弁のことである。これについても裁判所はこの要望に拘束されず，どの主張から判断してもよいこと，仮定的主張の場合と同じである。⇒「仮定的相殺の抗弁」

[今岡]

仮定的相殺の抗弁

仮定的相殺の抗弁とは，仮定的抗弁という意味と相殺の抗弁という意味を併せ持つ用語であるが，民事訴訟法上は相殺の抗弁と同一の意味を持つ。仮定的抗弁については「仮定的主張・仮定的抗弁」の項を，相殺の抗弁についてはその項を参照されたい。民事訴訟法上，相殺の抗弁を認容することは相殺認容額の限度でその抗弁主張者が敗訴したことを意味する。他の抗弁が認容される場合は，再抗弁が認容されない限り，その抗弁主張者が勝訴することになるので，裁判所は相殺の抗弁を最後に判断するのである。この最後に判断するということが，仮定的主張という意味と実質的に同じく最後に判断するという順序をつけていることになるわけである。したがって，相殺の抗弁は常に仮定的抗弁であり，主位的相殺の抗弁というものは存在しない。

[今岡]

家庭に関する事件

家庭裁判所の有する権限として「家事審判法で定める家庭に関する事件」があるが，「家庭に関する事件」という事件名や法律用語はない。一般用語として用いられるが，内容的には，人事訴訟法所定の事件及び家庭裁判所が取り扱う家事審判事件，家事調停事件の総称と解してよい。⇒「家事審判」「家事調停」

[今岡]

株主総会決議取消訴訟

株主総会の決議取消の訴えを提起できるのは，⒤総会の招集手続又は決議の方法が法令・定款に違反し，又は著しく不公正な場合，ⅱ決議の内容が定款に違反する場合，ⅲ特別利害関係人（株主）が議決権を行使したため著しく不当な決議がなされた場合である（商247①）。この訴えは決議の日から3か月内に提起することを要し（商248①），原告適格者は株主・取締役・清算人・監査役であり（商247①・430②。なお商特25），被告適格者は会社に限られると解するのが判例・通説である。裁判所は，手続的瑕疵（かし）が認められるときでも一定の要件のもとにその裁量により請求を棄却できる（商251）。決議の取消しを命じた判決は第三者に対しても効力を有する（商247②・109①）。⇒「会社訴訟」

[川谷]

株主総会決議不存在確認訴訟

株主総会の決議が法律上又は事実上存在しないことを理由として提起される訴訟であり，その性質については確認訴訟と解するのが判例・通説である。この訴えの利益は，総会の決議が不存在であるにもかかわらず，有効な決議の存在を疑わせるような外観（例えば，決議があったかのような内容虚偽の総会議事録に基づいてなされた役員変更の登記）が存在する

場合に認められる。決議不存在確認訴訟の手続については、株主総会決議無効確認訴訟の場合と同様である（商252）。⇒「会社訴訟」　　　　　　　　［川谷］

株主総会決議無効確認訴訟

株主総会の決議の内容が法令に違反する場合には、その決議は当然に無効である（商252）。この無効について、商法はその主張方法・提訴権者・提訴期間を制限する規定を設けていないので、一般原則に従い、利害関係人は、必ずしも訴えの方法によらなくても（形成訴訟説は訴えの方法によるべきであるとする）、また、いつでもその無効を主張することができるし、必要があれば総会の決議無効確認の訴えを提起することもできる。この訴えの原告適格は、会社内部の者が有することは当然として、異論はあるが、会社外の第三者も確認の訴えの利益が認められる限りこれを有するものと考える。他方被告適格については会社に限られる（判例・通説）。総会の無効を確認する判決は第三者に対しても効力が及ぶ（商252・109①）。⇒「会社訴訟」　　　　　　　［川谷］

株主総会の決議を争う訴訟

株主総会の決議が法律上又は事実上存在しない場合や、決議が成立した場合でもその成立過程・内容に瑕疵（かし）があるときは決議の効力をそのまま認めるわけにはいかない。しかし、これを一般原則に委ねることは、会社における法律関係の画一的確定の要請及び瑕疵の主張の可及的制限の必要性からみて妥当でない。そこで株主総会の決議を争う訴訟について、商法は、瑕疵の態様に応じて、決議取消・決議無効・決議不存在の3つを規定し（商247・252）、原告勝訴判決の対世効、管轄、審理などに関し特別の訴訟手続を定めている（商247②・109・88・105③）。なお、濫訴防止のため原告株主には、担保の供与を命じられることがある（商249・252）。⇒「会社訴訟」　［川谷］

株主代表訴訟

取締役（又は監査役など）が会社に対して責任を負う場合に、個々の株主が会社に代わってその責任を追及するために起こす訴訟（商267・280など）を株主代表訴訟という。ここでは取締役の責任を追及する場合を取り上げて略述する。

代表訴訟によって追及できる取締役の責任は、任務違反等を理由とする損害賠償責任（商266）、資本充実に関する責任（商192など）が含まれるほか、取締役が会社に対して負担する一切の債務も含まれると解するのが多数説である。訴えを提起できる者は6か月前から引き続き株式を有する株主であり、被告は取締役である。この訴えを提起するには、原則として、まず会社（代表者は監査役（商275ノ4後）。なお商特25）に対し書面をもって訴えの提起を請求し、会社が30日以内にこれに応じなかったことを要する。訴え提起の手数料は8200円であり（商267④、民訴費4②・3）、管轄は会社の本店所在地の地方裁判所に専属する（商268①）。代表訴訟は代位訴訟の一種であるから、判決の効力は会社にも及ぶこととなる（民訴115①②、民執23①②）。勝訴した原告株主は、訴訟追行上必要な支出費用（弁護士報酬を含む）のうち、被告取締役の負担とされた訴訟費用（民訴61、民訴費2）を除いた残額の範囲内で相当な額の支払を会社に請求できる（商268ノ2①）。代表訴訟については、馴合（なれあい）訴訟防止のため他の株主や会社にも、訴訟参加（商268②、民訴52）や一定の要件のもとに再審の訴え（商268ノ3、民訴338）が認められている。なお、敗訴した原告株主には、悪意があったときに限り会社に対して損害

賠償の責任がある（商268ノ2②）。

[川谷]

仮差押え

仮差押えとは、金銭請求の民事訴訟において、その訴訟の原告が勝訴した場合の金銭債権という権利を確実に実現できるようにするため、債権者の危険の予防・除去の目的で、暫定的に債務者の換価できる財産を差し押さえる手続の総称であり、仮とはこの暫定性を意味する（広義には仮差押命令の発付手続とその執行手続を意味するが、狭義には仮差押命令の発付手続もしくはその命令を意味する）。

差押えは、債務者の財産処分権を剥奪（はくだつ）して差し押さえた財産を強制的に換価することを目的とする民事執行法によって認められた手続であるが（広義・狭義については前記かっこ内と同じ）、仮差押えは、民事訴訟の本案の権利を保全するために、民事保全法によって認められた債務者の財産処分権を剥奪する手続の1つであり、差押えと仮差押えとの違いは、差押えは債務者の財産を売却して金銭に換価するが、仮差押えは債務者の財産処分権の剥奪のみで換価の手続をしないところにある。

仮差押えの手続は、保全命令発付手続と保全執行に分けられる。保全命令発付手続は、「仮差押命令」という名称の債務者の財産処分権の剥奪を認める裁判所の決定の発布であり（民保20）、仮差押えの申立てがあると、裁判所は被保全権利の存否と仮差押えの必要性について判断をし、被保全権利不存在の場合の債務者の損害賠償請求権行使の場合に備えて原則として一定の担保を立てさせた上、仮差押命令を発付する。保全執行については「仮差押えの執行」の項を参照。

[今岡]

仮差押解放金

仮差押えの目的は、金銭債権の将来の強制執行のために予め債務者の財産を確保しておくことにあり、その確保が供託金という形で確保されておれば債権者になんら不満はない。そこで、この債権者の満足と、債務者を保護し、不必要な執行を避けることを目的とした制度が仮差押解放金の供託という制度であり、供託すべき金員もしくは供託した金員のことを仮差押解放金という（民保22）。

仮差押命令の主文には、特定の何々を仮に差し押さえるということの他に、「債務者が前記債権額（債権額はいくらと既に記載されている）を供託するときは、この決定の執行の停止又はその執行処分の取消しを求めることができる」と記載されているが、この前記債権額というのが仮差押解放金のことである。債務者が仮差押解放金を供託したときは、通常は仮差押えの執行は取り消されることになるが、仮差押えという裁判そのものが取り消されるわけではない。また、この供託金は仮差押えの目的物とはなるが、債権者平等の原則により、この金員について差押債権者に優先権があるわけではない。

[今岡]

仮差押えの執行

仮差押命令の発付については「仮差押え」の項参照。仮差押えの執行は、仮差押命令の正本に基いて実施する（民保43①）。

仮差押えの執行の執行機関は、執行裁判所又は執行官であり、その執行方法は、不動産については仮差押えの登記をする方法（登記は裁判所書記官がその嘱託をし、登記後に債務者に仮差押命令の正本を送達する。以下登記・登録について同じ）又は強制管理の方法（民保47）、船舶・航空機については仮差押えの登記をする方

法又は執行官に航行に必要な船舶国籍証書等を取り上げさせて執行裁判所に提出させる方法（民保48，民保規33・34），動産については執行官が保管するという方法又は例外として価格の減少を来すものについては換価処分をする方法（民保49），自動車については仮差押えの登録をする方法又は執行官に取り上げて保管を命ずる方法（民保規35），債権については執行裁判所が第三債務者に対し債務者への弁済を禁止する命令を発する方法（民保50）で行う。これらの執行行為をすることによって仮差押えの執行は終了し，前記例外を除き，換価処分には至らない。

仮差押えの執行は，仮差押命令が債務者に送達される前に執行することができるが，債権者に送達された日から2週間を経過したときは緊急性がないことになるのですることができない（民保43②③）。　　　　　　　　　　　　［今岡］

仮差押えの取消し

通常は仮差押命令の取消しを宣言する裁判のことをいうが，広義ではその執行の取消しまでを含めて仮差押えの取消しということがある（民保2章4節参照）。保全裁判所が仮差押命令の取消しをする場合としては，ⅰ起訴命令期間内に起訴がない場合（民保37①〜③），ⅱ保全の必要性が消滅するなどの事情変更がある場合（民保38①），ⅲ保全異議により保全裁判所が取消しを宣言した場合（民保27①）である。また，ⅳ債権者が仮差押えの執行後に仮差押えの申立てを取り下げた場合に，その執行取消しのためになされることもある。　　　　　　　　　　　［今岡］

仮差押えの要件

仮差押えは，金銭債権を有する債権者が債務者の財産を仮に差し押えて将来の強制執行を保全する手続であり，被保全権利及び保全の必要性の存在が仮差押えの要件である。被保全権利は，金銭債権，すなわち金銭の支払を目的とする債権であることを要し，非金銭債権が金銭債権に換わったもの（例えば損害賠償請求権等）を含むが，金銭債権に換えることができる請求権自体は被保全権利とはならない（民保20①）。条件付又は期限付のものでもよい（民保20②）。保全の必要性とは，債務者の財産の現状を維持しておかないと，後日，強制執行をすることができなくなるおそれがあること又は強制執行をするのに著しい困難を生ずるおそれがあることである（民保20①）。［宍戸］

仮差押命令

仮差押命令とは，仮差押えの申立てを認容し，仮差押えを命ずる裁判をいう。仮差押命令を発する裁判所は，本案の管轄裁判所又は仮差押えの目的物の所在地を管轄する地方裁判所である（民保12①・⑥）。本案の管轄裁判所とは，本案の係属する裁判所又は将来係属すべき裁判所である。仮差押命令を発する裁判は，すべて決定手続によりなされる（民保3，民訴87）。仮差押命令は，金銭債権の執行保全を目的として発令されるものであり（民保20①），仮差押えの目的物を特定してなすのが原則である（民保21）。また，仮差押えの執行停止・取消しを得るための仮差押解放金額が定められる（民保22①）。仮差押命令が発せられると，命令の正本に基づいて執行手続が実施される（民保43）。　　　　　　　　　　　　［宍戸］

仮執行

債務名義が仮執行宣言付判決（民訴259①）又は仮執行宣言付支払督促（民訴391①）である場合の強制執行を仮執行という（民執22②④）。確定判決やその他の債務名義（民執22①⑤〜⑦等）に基づく強

制執行（本執行）と区別される。仮執行は、未だ確定していない裁判等に基づく強制執行であるが、執行の最終段階、すなわち請求権に満足を与える段階まで行われる点で確定判決やその他の債務名義に基づく強制執行と変わりない。仮執行は、判決がまだ未確定で上訴審等において取り消される可能性がある時期にその強制執行を許すものであることから、仮執行の宣言を付することができるのは、原状回復が容易である財産権上の請求で、かつ裁判所が迅速な権利実現の必要性を認めた場合に限り、申立て又は職権をもって判決主文中になすことができる（民訴259①②）。なお、手形金・小切手金債権については、仮執行宣言の必要性が高いので、職権で、かつ担保を立てないで仮執行の宣言をしなければならない（民訴259②）。また少額訴訟（民訴6編）においては、職権で担保を立て又は立てないで仮執行の宣言をしなければならない（民訴376①）。債務名義である仮執行宣言付判決等が上訴裁判所等によって変更されると、変更された限度で仮執行宣言の効果も遡（さかのぼ）って失われ、仮執行によって取得した財産を債務者に返還し、また、仮執行によって生じた損害を債務者に賠償しなければならない（民訴260①②）。　　　　　　　　　　［宍戸］

仮執行宣言*

仮執行宣言とは、終局判決等が確定する前に、その判決等に執行力を付与する形成的裁判（支払督促の場合は書記官の処分）である。判決に付する場合（民訴259①）と、支払督促に付する場合（民訴391①）とがある。仮執行宣言は、判決がまだ未確定で上訴審において取り消される可能性がある時期にその強制執行を許すものであることから、仮執行の宣言を付することができるのは、原状回復が容易である財産権上の請求に関する裁判に限られる。判決に付する場合、裁判所は、必要があると認めるときにのみ、申立てにより又は職権で、担保を立て又は立てないで、これを付することができる（民訴259①）。手形金・小切手金債権については、仮執行宣言の必要性が高いので、職権で、かつ担保を立てないで仮執行の宣言をしなければならない（民訴259②）。また少額訴訟（民訴6編）においては、職権で担保を立て又は立てないで仮執行の宣言をしなければならない（民訴376①）。仮執行宣言は、判決の言渡しと同時に効力を生じさせ、強制執行により権利の実現を図ることができる（民執22②④）。仮執行宣言は広義の執行力を生じさせるので、形成判決・確認判決についても仮執行の宣言を付することができるが、実務上、形成判決・確認判決に仮執行の宣言を付することはほとんどない。なお、執行文付与に対する異議の訴え・請求異議の訴え・第三者異議の訴えにおいて、強制執行の停止等を命じ、あるいは既にした仮の処分に関しこれを取り消し、変更し、認可する判決には、職権で必ず仮執行の宣言を付さなければならない（民執37①・38④）。　　　　　　　　　　　［宍戸］

仮執行免脱の宣言

判決に仮執行宣言を付する場合に、仮執行を受ける者の申立てにより又は職権で、担保を立てて仮執行を免れることができる旨を宣言することを仮執行免脱の宣言という（民訴259③）。仮執行免脱宣言は、仮執行宣言を付すると同時に、主文にこれを掲げることを要する（民訴259④）。仮執行免脱宣言を得た者が定められた強制執行を免れるための担保を供した場合、その担保を供したことを証する文書（供託証明書等）を提出すれば、仮執行宣言による執行力が消滅し、強制執行は

停止されるとともに、これ以上執行手続を続行する理由はなくなるので、執行裁判所又は執行官は、既にした執行処分をも取り消さなければならない（民執39①⑤・40①）。　　　　　　　　［宍戸］

仮処分

仮処分とは、特定の給付を目的とする請求権の執行保全を目的とし、又は、紛争のある権利関係について現在の危険や不安を除去することを目的として処分を命じる裁判をいう（民保1）。前者を係争物に関する仮処分といい、後者を仮の地位を定める仮処分という。仮処分は、仮差押えとともに「民事保全」という語で総称される手続の1つである。民事保全のうち、仮差押えは、金銭債権の執行の保全を目的とするのに対し、係争物に関する仮処分は、金銭債権以外の特定の給付を目的とする請求権の執行の保全を目的とする点で相違している。一方、仮の地位を定める仮処分は、将来の執行保全を目的とせず、紛争のある権利関係について現在の危険や不安を除去することを目的とする点で、仮差押えや係争物に関する仮処分と相違している。係争物に関する仮処分では、処分禁止の仮処分や占有移転禁止の仮処分などがその典型的なものである。一方、仮の地位を定める仮処分では、通行妨害禁止の仮処分、建築禁止の仮処分、抵当権実行禁止の仮処分等、その保全すべき権利関係が多種多様であることに応じ、様々な類型が存在する。

仮処分は、債権者の仮処分命令の申立てに始まって保全裁判所が仮処分命令を発するまでの手続と、その仮処分命令を債務名義として行う仮処分の執行の手続を含む。仮処分命令事件の管轄は、本案の管轄裁判所又は係争物の所在地を管轄する地方裁判所に専属する（民保12①・

6）。裁判はすべて決定手続によってなされる（民保3、民訴87）。命令を発する場合は、保全すべき権利又は権利関係及び保全の必要性の疎明が必要である（民保13）。仮の地位を定める仮処分は、原則として、口頭弁論又は債務者が立ち会うことができる審尋の期日を経なければ、仮処分命令を発することはできない（民保23④）。仮処分命令が発せられると、その正本に基づいて執行手続が実施される。執行文は原則として不要である（民保43①）。仮処分の執行は、執行機関である執行裁判所又は執行官に対する申立てにより行われる（民保2②）。

仮処分命令が発せられた場合、不服申立ての方法として、仮差押命令と同様に、保全異議（民保26以下）および保全取消し（民保37以下）の手続があるほか、仮処分命令に固有なものとして、特別の事情による保全取消しの手続がある（民保39）。
　　　　　　　　　　　　　　　　　［宍戸］

仮処分解放金

仮処分の執行の停止又は取消しを得るために債務者が供託すべき金銭又はその額をいう（民保25①）。仮処分解放金を定めるための要件は、保全すべき権利に関する仮処分、すなわち係争物に関する仮処分であることと、金銭の支払を受けることをもってその行使の目的を達することができるものであることである。裁判所は、仮処分解放金を定めるにあたって、必ず、債権者から仮処分解放金を定めるか否か、額の算定の根拠などといった意見を聴かなければならない。仮処分解放金の供託は、仮処分命令を発した裁判所又は保全執行裁判所の所在地を管轄する地方裁判所の管轄区域内の供託所にしなければならない（民保25②）。債務者が仮処分解放金を供託したことを証明したときは、保全執行裁判所は仮処分の執行を

取り消さなければならない（民保57）。
[宍戸]

仮処分の執行

保全裁判所から発せられた仮処分命令に基づきその内容を実現する執行行為を仮処分の執行という。執行機関である執行裁判所又は執行官に対する申立てにより行われる（民保2②）。執行は、仮処分命令の正本に基づいて実施され、執行文は原則として不要である（民保43①）。ただし、仮処分命令に表示された当事者以外の者に対し、又はその者のためにする執行は、執行文の付された仮処分命令の正本に基づいて実施しなければならない（民保43①但）。不動産の登記請求権を保全するための処分禁止の仮処分の執行（民保53）、不動産に関する権利以外の権利についての登記又は登録請求権を保全するための処分禁止の仮処分の執行（民保54）、建物収去土地明渡請求権を保全するための建物の処分禁止の仮処分の執行（民保55）、法人の代表者の職務執行停止の仮処分等の登記の嘱託（民保56）については民事保全法に具体的規定が設けられており、その他の仮処分の執行は、仮差押えの執行又は強制執行の例によるものとされている（民保52①）。仮差押えの執行の例によるとされるのは、動産及び処分の制限に登記・登録を要件としない債権その他の財産権を対象とする処分禁止の仮処分等である。強制執行の例によるのは、金員の仮払いを命ずる仮処分、不動産の明渡しを命ずる断行仮処分などといった物の給付その他の作為又は不作為を命ずる仮処分である。物の給付その他の作為又は不作為を命ずる仮処分の執行は、仮処分命令が債務名義とみなされる（民保52②）。
[宍戸]

仮処分の取消し

通常、仮処分の取消しという場合、仮処分命令の取消しを指すが、ときには仮処分の執行の取消しを含ませることもある。仮処分命令の取消しは、異議申立て（民保26・32）、起訴命令の不遵守（民保37）、事情変更（民保38）、特別の事情（民保39）がある場合に行われる。異議申立ては、仮処分命令発令の要件が存在しなかったことを理由として仮処分命令の取消しを求めるものであるのに対し、起訴命令の不遵守、事情変更、特別の事情による仮処分の取消しは、仮処分命令の存在を前提とし、その後、その効力を消滅させる原因となる事由が存在することを理由として、仮処分命令の取消しを求めるものである。なお、仮処分の執行の取消しは、執行手続で既になされた仮処分の執行処分を除去するものである（民執39・40）。
[宍戸]

仮処分の本案化

仮処分手続が本案訴訟の代用となったり、その審理が本案訴訟と同様に慎重になされて長期化したりしている現象を仮処分の本案化という。仮処分は、本案訴訟により権利関係が確定して争訟が最終的に解決するまでの暫定的措置であり、疎明に基づく迅速な審理判断が求められるべき制度であるが、一方で、執行されると本案判決と同様の満足的措置が得られるため、長期化しがちな本案訴訟（例えば労働仮処分事件、公害事件、特許事件等）の代わりに仮処分で速やかに紛争を優位に進めようとすることがある。しかし、裁判所の審理が慎重となり、当事者間で本案訴訟と同様の攻撃防御が行われることが少なくないため、迅速性が失われる傾向があり、民事保全の迅速性の面から問題視されている。
[宍戸]

仮処分の要件

仮処分の要件は，被保全権利と保全の必要の存在である。係争物に関する仮処分においては，被保全権利は，金銭債権以外の特定の給付を目的とする請求権であり，保全の必要とは，係争中の特定の物又は権利の現状の変更によって将来債権者が勝訴の判決に基づく執行を不能又は著しく困難になる危険があることである（民保23①）。仮の地位を定める仮処分においては，被保全権利は，当事者間に存在する権利関係についての争いが未だ確定判決によって解決されていない状態にあることであり，保全の必要とは，そのような権利関係の争いのために債権者が現在被っている著しい損害又は急迫の危険を避けるために，暫定的な措置として，ある権利関係ないし地位を形成・維持させなければならない状況があることである（民保23②）。　　　　　　　　［宍戸］

仮処分命令

仮処分命令とは仮処分の申立てを認容する裁判をいう。係争物に関する仮処分命令と本案の権利関係につき仮の地位を定める仮処分命令とに大別される（民保1）。前者は，特定の給付を目的とする請求権の執行保全を目的として処分を命じる裁判であり（処分禁止の仮処分や占有移転禁止の仮処分など），後者は，紛争のある権利関係について現在の危険や不安を除去することを目的として処分を命じる裁判である（通行妨害禁止の仮処分，建築禁止の仮処分，抵当権実行禁止の仮処分，地位保全の仮処分など）。仮処分命令事件の管轄は，本案の管轄裁判所又は係争物の所在地を管轄する地方裁判所に専属する（民保12①・6）。審理の充実化・迅速化をめざして裁判はすべて決定手続によって行われる（民保3，民訴87）。裁判所は，保全すべき権利が金銭の支払を受けることをもってその行使の目的を達することができるものに限り，債権者の意見を聴いて，仮処分の執行の停止又は取消しを得るための仮処分解放金を定めることができる（民保25）。債務者が仮処分解放金を供託すると仮処分の執行は取り消される（民保57）。仮処分の執行は，民事保全法が特に定めるもののほか，仮差押えの執行又は強制執行の例によるものとされ，物の給付その他の作為又は不作為を命ずる仮処分の執行は，仮処分命令が債務名義とみなされる（民保52）。仮処分命令に対する不服申立ての方法として，保全異議（民保26以下），保全取消し（民保37以下）の手続がある。　　　　［宍戸］

仮の処分

各種の民事手続において，終局的な処分がなされるまでの暫定的な処置として裁判所が命ずる処分で，民事保全法上の本来の仮処分でないものを，本来の仮処分と区別する意味で特に「仮の処分」ということがある。例えば，特別上告，再審，仮執行宣言付判決に対する上訴，仮執行宣言付支払督促に対する異議等に付随して，申立てにより，所定の要件のもとで，一時的・暫定的な措置として執行停止等の処分を命ずることができる（民訴398）。執行文の付与に対する異議の申立て，執行文付与に対する異議の訴え，第三者異議の訴え等に係る執行停止等の暫定的裁判等（民執32②・36①・38④），破産宣告前の財団の保全処分（破155），仮登記の仮処分（不登32・33）等も同様である。　　　　　　　　　　　　　　［宍戸］

仮の地位を定める仮処分

仮の地位を定める仮処分とは，権利関係に争いがあることによって生ずる現在の危険や不安を取り除くために本案判決確定までの間の暫定的な処置として，あ

る権利関係ないし地位を定めておく裁判手続である（民保23②）。現在の危険や不安を取り除くことを目的としている点で、将来の執行保全という目的を有する係争物に関する仮処分と相違する。仮の地位を定める仮処分には、不作為命令型、作為命令型、仮払命令型、地位保全型等様々な類型がある。さらに、被保全権利の実現と同一であるような状態を形成することを目的とする満足的仮処分がある。

被保全権利は、当事者間に存する権利関係についての争いが、いまだ確定判決によって解決されていない状態にあることであり、保全の必要とは、そのような権利関係の争いのために債権者が現在被っている著しい損害又は急迫の危険を避けるために、暫定的な措置として、ある権利関係ないし地位を形成・維持させなければならない状況があることである。

この仮処分は債務者に与える影響が大きいので、保全の必要性を判断するにあたっては、仮処分が認められた場合に債務者が被る損害についても考慮しなければならず、他の仮処分に比べてより強く高度な保全の必要性が存在しなければならないと解されている。裁判所は、原則として、口頭弁論又は債務者が立ち会うことができる審尋の期日を経なければ、仮処分命令を発することができない（民保23④）。　　　　　　　　　　　[宍戸]

為替訴訟

為替訴訟は、大正15年改正前の旧民事訴訟法（明治23法29）5編に証書訴訟の一種として、手形・小切手に基づく請求を審理裁判するために設けられ（494以下）、容易かつ短期間での解決をはかるため、特別裁判籍を定め、応訴期間・呼出期間を短縮するなど特別の措置が講じられていた。大正15年の改正で証書訴訟とともに廃止されたが、その後、手形・小切手に基づく訴訟を迅速に処理し、かつその判決の執行力を強化することによって、所持人が速やかに権利の実現をできるようにすることを目的として、昭和39年「民事訴訟法の一部を改正する法律」（昭和39法135）により手形訴訟・小切手訴訟として復活し、現行の民事訴訟法（平8法109）5編（民訴350以下）に引き継がれている。なお、この手形訴訟のことを為替訴訟ということもある。　　[宍戸]

簡易再生

民事再生手続では、一定の債権者を民事再生手続外に置くこととしている。このことは裁判所の簡易再生の決定により行われる（民事再生200）。具体的には、債権届出期間の経過後、一般調査期間の開始前において、再生債務者（管財人が選任されている場合は管財人）の申立てがあった場合である。この場合、再生債務者等の申立ては、届出再生債権者の総債権について裁判所が評価した額の5分の3以上にあたる債権を有する届出再生債権者が、書面により、再生債務者等が提出した再生計画案について同意し、かつ、再生債権の調査及び確定の手続を経ないことについての同意があることを要する。簡易再生決定により、一般調査期間に関する決定は、その効力を失う（民事再生201）。　　　　　　　　　[小野寺（忍）]

簡易裁判所

簡易裁判所は、裁判所法の定める最下級の裁判所であり（裁2）、訴額が90万円までの民事訴訟、罰金以下の刑に当たる罪、選択刑として罰金が定められている罪等に関する刑事訴訟について第一審の裁判権を有し（裁33①）、その他法律で定められた一定の事項、例えば督促手続・民事保全手続・民事調停・証拠保全手続等について権限をもつ（裁34、民訴383、

民保12，民調3・24・26，民訴235)。簡易裁判所は，民事事件では，比較的少額・軽微な事件について，簡易な手続で迅速に処理するものとされ，昭和23年の旧民事訴訟法改正以来，簡易裁判所の訴訟手続に関する特則が置かれていたが，現行の民事訴訟法では，更に少額訴訟制度を新設し(民訴6編368以下)，市民間の少額の紛争を簡易・迅速に解決することをめざしている。　　　　　　　　　[宍戸]

簡易裁判所判事

簡易裁判所判事とは，簡易裁判所に配置される裁判官の官名である(裁5・32)。高等裁判所長官もしくは判事の職にあった者，又は3年以上判事補，検察官，弁護士，裁判所調査官等，別に法律で定める大学の法律学の教授又は助教授の職にあった者から任命するのが原則である(裁44)。しかし，このような資格のない者でも，多年司法事務にたずさわり，その他簡易裁判所判事の職務に必要な学識経験のある者について，特に，簡易裁判所判事選考委員会の選考を経て任用する途が開かれている(裁45)。簡易裁判所判事は，簡易裁判所の事件(裁33・34)及び司法行政事務(裁37)を取り扱う。

[宍戸]

簡易執行

執行証書に基づく強制執行を簡易執行ということがある。執行証書は，公証人が作成した公正証書で，債務者が直ちに強制執行に服する旨の陳述が記載されているものである(民執22⑤)。一定の要件をみたした公正証書を作成すれば直ちに債務名義となり，公証人から執行文の付与を受けることで，訴訟その他の裁判上の手続を経ることなく，直ちに執行できるという簡便さがあり，債権者は，この執行証書さえ得ておけば，安心して債務者に信用を供与することができ，取引促進の機能をもっている。反面，債権者は，その優位な立場を悪用して，執行証書の作成にあたって，債務者に苛酷(かこく)な条件を押しつけたり，あらかじめ債務者から白紙委任状をとり，この委任状に基づいて自己に都合のよい代理人を選任し，その代理人との間に苛酷な内容の執行証書を作成したりするという弊害もある。

[宍戸]

換価

金銭債権の満足を目的とするいわゆる金銭執行において，債務者の財産を差し押さえた後の，差押物を金銭に換える処分行為を換価という。換価の方法は，差し押さえられた財産の種類によって様々である。差押物を売却して対価を取るというのが最も一般的な換価の方法であり，広く，不動産・準不動産・動産及び債権その他の財産権に採用されている(民執64・161・167)。不動産等については，目的財産を強制管理して収益をあげる方法も認められている(民執93以下・161)。債権等について，差押債権者が債務者に代わり取り立てる方法(民執155)，差押債権者に転付する方法(民執159)，支払に代えてこれを差押債権者に譲渡する方法(民執161)もある。　　　　　　　　　　　[宍戸]

勧解

勧解は，明治の初めに府県裁判所支庁が設けられると同時に，各支庁において民事事件を解決するために設けられた調停制度の一種である。訴訟の申立てがあると，裁判所は，金額のいかんを問わず，当事者双方を呼び出して示談解決を勧告するというものであった。明治14年に設けられた治安裁判所においても引き続き勧解が行われて，相当な成果をおさめた。明治17年には勧解略則及び司法卿(しほう

きょう）内達勧解略則施行心得を制定して，各治安裁判所に勧解掛2名を置くこととし，1名は現任裁判官をもってあて，他は地方の徳望者中から任命することとし，民事事件の勧解にあたらせていた。大正15年改正前の旧民事訴訟法（明治23法29）の施行と同時に廃止され，和解制度に引き継がれた。　　　　　　　　［宍戸］

管轄

わが国において裁判権を行使する裁判所は，最高裁判所と，下級裁判所たる高等裁判所・地方裁判所・家庭裁判所及び簡易裁判所とがあり（憲76①，裁1・2），下級裁判所は地域的に多数併置されている。このように種類が異なり，多数ある裁判所間における裁判権行使の分掌の範囲を管轄という。管轄は裁判所間での事件の分担を定めるものであり，同一裁判所内での事件分担，すなわち裁判官間，合議体間での分担，支部間での分担等とは区別される。主な管轄の分類は次のとおりである。

ⅰ職分管轄・事物管轄・土地管轄は，事件分掌の標準の相違による区分である。職分管轄は種々の裁判作用をどの裁判所の職分とするかによる定め，事物管轄は第一審訴訟事件を同一管轄区域内の地方裁判所と簡易裁判所のいずれに担当させるかの定め，土地管轄は同種の職分を，所在地の異なる同種の裁判所間（通常は第一審裁判所間）でそのいずれに分掌させるかの定めである。ⅱ法定管轄・指定管轄・合意管轄・応訴管轄は，管轄を生じる原因が法律の規定，上級裁判所の指定（民訴10），当事者の合意（民訴11），被告の応訴（民訴12）のいずれに基づくかによる区分である。ⅲ任意管轄・専属管轄は，管轄の定めの強行性の有無による区分である。専属管轄となるのは，職分管轄及び法令が特に専属とする旨定めた事物管轄又は土地管轄である（民訴13）。ⅳ選択管轄・優先管轄とは，同一事件につき管轄が競合する場合を選択管轄といい，競合する管轄のうち，当事者の選択によって特定された裁判所のみにその後の管轄を認める場合を優先管轄という。
　　　　　　　　　　　　　　［宍戸］

管轄区域

各裁判所が裁判権行使のために割り当てられた地域のことを管轄区域という。裁判所は，原則として管轄区域内においてだけその職権を行使することができる。管轄区域は，裁判所の土地管轄を定める標準となるものであり，「下級裁判所の設立及び管轄区域に関する法律」（昭和22法63）に定められている。全国の土地は，同種の裁判所間では並列的に，異種の裁判所間では重畳的に管轄区域として法定されている。ただし，地方裁判所と家庭裁判所とは管轄区域が共通とされている。なお，行政機関も，その権限行使のために割り当てられた地域的範囲を管轄区域という。　　　　　　　　　　［宍戸］

管轄権

ある特定の裁判所からみて，裁判権を行使できる権限の範囲を管轄権という。その裁判所が管轄権を有するかどうかは，訴えの提起の時を基準として定める（民訴15）。裁判所は管轄権がなければ裁判権を行使することができないから，管轄権を有することは，本案判決をなすにあたっての前提要件すなわち訴訟要件の1つである。管轄権の有無は，裁判所が職権で調査しなければならない事項であり，平成8年改正前の旧民事訴訟法下では，被告から管轄違いの申立てがなされても，これは裁判所の職権発動を促すものにすぎないと解されていたが，現行の民事訴訟法は，管轄違いによる移送の申立権を

認めた（民訴16①）。裁判所は，管轄に関する事項について，職権で証拠調べをすることができるものとされている（民訴14）。その裁判所が管轄権を有しないとなれば，決定をもって管轄裁判所に移送する（民訴16）。

管轄権の調査

管轄の有無についての裁判所の調査を管轄権の調査という。管轄の存在は裁判所が本案判決をなすための訴訟要件の1つであるから，その存在に疑いがあるときには，裁判所は，職権でこれを調査しなければならない。管轄に関する事項については，職権で証拠調べをすることができるものとされている（民訴14）。任意管轄の場合には，当事者が変更できるものであるから，当事者間で争いがなければ，そのまま管轄を認定して差し支えないとするのが多数説であり，専属管轄違背を理由とするものでない管轄違いの抗弁は，職権調査事項に属しないとするのが判例である（大判大5・10・18民録22・1916）。調査の結果，管轄を有しないことが明らかになれば，裁判所は訴訟を管轄裁判所に移送する（民訴16①）。　　　　［宍戸］

管轄違い

訴えの提起があった裁判所がその事件について管轄を有しないことを管轄違いという。管轄の有無は裁判所が職権で調査しなければならない事項である（民訴14）。平成8年改正前の旧民事訴訟法下では被告から管轄違いの申立てがなされても，これは裁判所の職権発動を促すものにすぎないと解されていたが，現行の民事訴訟法は管轄違いによる移送の申立権を認めた（民訴16①）。裁判所が，その管轄に属しないと認めるときは，管轄権を有する裁判所にその事件を移送する（民訴16①）。専属管轄に属しない簡易裁判所管轄の事件について，相当と認めるときは，地方裁判所が申立て又は職権で自ら審理及び裁判をすることができる（民訴16②）。なお，管轄違いの疑いがあっても，任意管轄の場合で，応訴管轄の可能性があれば，一応口頭弁論を開くのが通例である。　　　　［宍戸］

管轄違いの抗弁

訴えを受理した裁判所が，事件についての事物管轄又は土地管轄を有しないとの被告の主張である。管轄の存在は，訴訟要件であるから，被告からの主張がなくとも，裁判所は，職権でその有無を調査すべき義務がある。管轄違いの場合でも，任意管轄の違背の場合には，被告がその主張を行わず，受訴裁判所において本案に関する弁論又は申述をすると応訴管轄(民訴12)が生じ，それ以後管轄違いの抗弁を主張することはできなくなる。また上訴審では，任意管轄の違背は主張できない（民訴299・312②③）。これに対し，専属管轄の違背の場合には，上訴審でその主張を行うことができるが（民訴299但・312②③），判決確定後は再審で争うことはできない。　　　　［宮本］

管轄の合意

民事訴訟において，法定の管轄とは異なる管轄を定める当事者の合意をいう。この合意によって定められる管轄を，合意管轄という（民訴11）。任意管轄は，当事者の便宜と公平を考慮して定められているため，当事者双方が合意すれば，法定の管轄と異なる管轄を定めることが認められている。管轄の合意は，法定の管轄の変更という訴訟法上の効果を生じる訴訟行為の一種である。合意の要件としては，①第一審裁判所の管轄に関し，専属管轄の定めのない場合であること，ⅱ一定の法律関係に基づく訴えに関するも

のであること，ⅲ合意を書面で行うことが必要となる。

合意管轄の定め方としては，法定の管轄に管轄裁判所を追加する付加的合意管轄と，特定の裁判所だけを管轄裁判所としその他の裁判所の管轄を排除する専属的合意管轄とがある。平成8年改正前の旧民事訴訟法下では，専属的合意管轄を定めた場合には，訴訟の著しい遅滞を避けるために移送をすることはできないというのが多数説及び下級審判例であったが（旧民訴31），新法（平成8法109）では，訴訟の遅滞を避ける等のための移送の場合（民訴17），簡易裁判所の裁量移送の場合（民訴18），当事者の申立て及び相手方の同意等による必要的移送の場合（民訴19）に移送を認める規定を置いている（民訴20）。なお，専属的合意管轄を定めたにもかかわらず，原告が管轄外の裁判所に訴えを提起した場合には，合意管轄裁判所に移送される（民訴16）。
［宮本］

管轄の恒定

管轄の有無は，起訴の時（通常は，原告が訴状を裁判所に提出した時（民訴133①））を基準にして判断する（民訴15）。訴訟中に目的物の価格が変動したり，被告が管轄区域外に移動するなどの事態が生じても，起訴時に存した管轄は消滅せず，そのまま固定されることによって，手続の安定が確保される。このように起訴時に存した管轄が固定されることを管轄の恒定という（「管轄の固定」ともいう）。
［宮本］

管轄の指定

管轄裁判所が法律上又は事実上裁判権を行うことができない場合，又は裁判所の管轄区域が明確でないために管轄裁判所が定まらない場合に，当事者の申立てにより，関係する裁判所に共通の直近上級裁判所が，裁判により管轄裁判所を定めることをいう（民訴10）。この指定の決定に対しては，不服申立ては許されないが（民訴10③），指定申立てを却下する決定に対しては，抗告できる（民訴328①）。
［宮本］

換価命令

債権執行の場合に，被差押債権が，条件付・期限付の債権であるか，又は反対給付に係る債権である等の理由により取立てが困難である場合に，差押債権者の申立てにより執行裁判所が，通常の方法によらないで換価することを命ずる決定をいう（民執161）。換価命令には，譲渡命令・売却命令・管理命令，その他相当な方法による換価を命ずる命令がある（民執161①）。
［宮本］

関係人集会

会社更生手続において，裁判所が招集・指揮する届出をした更生債権者・更生担保権者及び株主の集会である。関係人集会は原則として，管財人から更生手続開始に至った事情や会社の業務財産に関する事項等に関する報告を受ける第1回集会（会社更生46②），更生計画案審理のための集会（会社更生192），更生計画案決議のための集会（会社更生200）の3回に限られる。なお，関係人集会における議決権は，更生債権者及び更生担保権者はその額に応じ，株主は持株数に応じて行使するが（会社更生170①），更生計画案の決議の際は，同順位の関係人ごとに組に分かれて行う（会社更生159・204・205）。
［宮本］

監査委員

破産手続において，管財人の職務執行を監督し，補助することを職務とする破

産法上の機関である。監査委員を置くか否かについては，第1回債権者集会で決議して定めるが，後にこれを変更することも可能である（破170）。実務上は，監査委員が置かれる例は少ない。監査委員は3人以上とし，債権者集会で選任されるが，破産裁判所の認可を必要とする（破171）。なお，債権者集会は何時でも，裁判所は重要な事由がある場合に利害関係人の申立てがあれば，監査委員を解任することができる（破174）。商法上の特別清算手続においても，監査委員の制度が設けられている（商444）。なお，民事再生法（平成11法225）においては，再生手続機関として，監督委員・調査委員・管財人・保全管理人の制度（民事再生54〜83）が設けられた。　　　　　　　　　　　　［宮本］

管財人

本人に代わり財産管理を行う者の総称であり，そのうち破産手続において，破産裁判所より破産宣告と同時に選任され（破142），破産財団の管理処分等を行う権限を有する者を破産管財人（破185），会社更生手続において，更生手続開始決定と同時に裁判所から選任され（会社更生46），更生会社の事業の経営及び財産の管理処分を行う権限を有する者（会社更生53）を更生管財人という。民事再生手続においても再生債務者が法人である場合には管財人が選任されることがあり（民事再生64），再生管財人の職務・権限等について民事再生法に規定がある（民事再生66・67・73・78等。なお民事再生2②参照）。　　　　　　　　　　　　［宮本］

間接強制

債務者に対して，不履行の場合には一定の不利益を課することを命じることにより心理的に圧迫を加えて，債務者自身の作為又は不作為を強制する強制執行の一種である（民執172）。債務者の意思を抑圧することになるため慎重を期する必要から，直接強制又は代替執行という他の強制執行によっては債務の内容を実現できない場合，つまり非代替的作為債務及び不作為債務についてのみ用いることが許される。さらに，非代替的作為債務のうちでも，債務者の意思に反して履行を強制することが文化観念に反する場合（夫婦の同居義務），債務者の自由意思に反して履行を強制しても債務の本来的な実現が期待できない場合（高名な画家に絵を描かせる権利），債務者の意思のみでは債務の履行が不可能か著しく困難な場合などには，間接強制は認められない。

執行裁判所は，債権者の間接強制命令の申立てを認容する場合，義務不履行により債権者が被る損害の程度，義務の内容，債務者の資力等の諸事情を考慮して，債務者に対して，遅延の期間に応じて，又は相当と認める一定の期間内に履行しないときは直ちに，債務者の履行を確保するのに相当と認める一定の金額を債権者に支払うべきことを命ずる（民執172）。なお，執行裁判所が間接強制を命ずる裁判を行うには，債務者を審尋しなければならず（民執172③），この裁判に対しては執行抗告が認められる（民執172⑤）。　　　　　　　　　　　　［宮本］

間接事実 ⇨ 「主要事実・間接事実」

間接主義 ⇨ 「直接審理主義・間接審理主義」

間接証拠 ⇨ 「直接証拠・間接証拠」

間接審理主義 ⇨ 「直接審理主義・間接審理主義」

間接反証 ⇨ 「直接反証・間接反証」

間接否認 ⇒ 「直接否認・間接否認」

鑑定

民事訴訟法上，裁判官の知識・経験・判断能力等を補充するために特別の学識経験のある者からその有する専門的知識又は知識を利用した判断を報告させる証拠調べである。鑑定の証拠方法は，鑑定人である。鑑定人は，証人とは異なり通常は代替性があるので，忌避の制度が認められているが(民訴214)，不出頭の場合には勾引（こういん）は認められない（民訴216但・194）。鑑定の手続は，証人の場合に準じるが(民訴216)，鑑定結果は一般に鑑定書と呼ばれる書面で報告される。なお，鑑定結果の証拠価値をいかに評価するかについては，裁判官の自由心証に委ねられる。　　　　　　　　　　　[宮本]

鑑定義務

わが国の裁判権に服し，かつ鑑定に必要な特別の学識経験のある者や鑑定の嘱託を受けた官庁・公署・法人に対して課せられる一般的義務をいう（民訴212・217）。裁判所から指定された鑑定人が，鑑定を拒絶すると，正当な事由がない限り，過料・罰金等の制裁が科せられる（民訴216・192・193）。　　　　[宮本]

鑑定証人

特別の学識経験を有するために知り得た過去の具体的事実について，裁判所から証人として尋問される第三者をいう（民訴217）。被害者を診断した医師に，被害の状況・原因等を尋問する場合の医師がこの例にあたる。特別の学識経験を有する点で鑑定人に類似するためこの名称が与えられているが，自ら経験した具体的事実を供述する点で証人の一種である。したがって，鑑定人には認められている忌避の制度は認められず，不出頭の場合には勾引（こういん）も認められる（民訴194）。　　　　　　　　　　　　　[宮本]

鑑定人

民事訴訟法上，鑑定の手続により取調べを受けて裁判所に意見を供述する第三者をいう。特別の学識経験により知り得た法規，経験法則の存否・内容，又はこれらを具体的に適用した判断結果を，裁判所に対して報告するように命じられた裁判所の指定に基づき選任された第三者をいう。　　　　　　　　　　　　　[宮本]

監督委員

民事再生法に基づく再生手続開始の申立てがあった場合において，必要に応じて，裁判所の監督命令で選任される者をいい，法人も監督委員となることが認められる（民事再生54）。監督委員の監督は裁判所が行う（民事再生57①）。

監督委員は，再生債務者を後見的に監督し，否認行為があれば否認権を行使する（民事再生56）。監督委員は，再生債務者に対して，業務及び財産の状況について報告を求め帳簿類等を検査することができる。監督委員は，裁判所から命じられた事項を裁判所に報告する義務がある（民事再生56②・59）。　　[小野寺(規)]

監督員

会社更生手続において，手続開始前に利害関係人の申立て又は職権により裁判所が出す監督命令により選任され（会社更生39），会社が裁判所の指定する行為を行うについて同意を与える権限を有し（会社更生42），会社の取締役の行動を監視する。監督員を選任したときは，裁判所はその旨を公告し（会社更生39⑤），その旨の登記を会社の本店及び支店の所在地の登記所に嘱託しなければならない（会社更生18の2①）。商法の会社整理手

続においては，手続開始の前後を問わず裁判所の監督命令により選任され（商397），整理会社の業務執行及び財産管理を監督し，裁判所が指定する行為を行うについて取締役に同意を与える権限を有する。　　　　　　　　　　　　　［宮本］

管理命令

債権執行の場合に，管理人を選任して，債権の管理を行うことを命ずる執行裁判所の決定である。管理命令は，債務者及び第三債務者に送達される必要があるが，期限付の債権であっても弁済期が到来したものとして配当に加入できることなどその他の点では不動産の強制管理の手続に準じた規定がなされている（民執161⑥）。管理人の権限等については，強制管理人に関する規定が準用されている。
　　　　　　　　　　　　　　　　［宮本］

関連裁判籍・独立裁判籍

一定の事件についてのみ裁判籍が認められる特別裁判籍は，さらに他の事件との関連において認められる関連裁判籍と他の事件とは無関係に認められる独立裁判籍とに分けられる。独立裁判籍には，義務履行地・不法行為地・不動産所在地の裁判籍（民訴5），特許権等に関する訴えの裁判籍（民訴6）などがある。関連裁判籍に関する規定（民訴7）は，客観的併合の場合に適用されることは問題ないが，主観的併合の場合には，訴訟の目的である権利又は義務が数人に共通であるとき，又は同一の事実上又は法律上の原因に基づくときに限られる（民訴38前）。
　　　　　　　　　　　　　　　　［宮本］

関連破産　⇨　「牽連（けんれん）破産」

期間

一定の時間の継続に訴訟法上の意義を付与する場合にその継続した時間を期間という。期間は，期間を定める目的から行為期間と猶予期間に分類され，期間の長さを定める方法から法定期間と裁定期間とに分類される。一定の訴訟行為をなすべき期間として定められるのが行為期間であり（民訴137①・285等），この期間内に当該訴訟行為がなされないと失権等の効果を生じるのに対して，猶予期間（「中間期間」ともいう）は，訴訟関係人の利益保護のために一定の行為をなす準備等のために与えられる期間である（民訴112①②）。法定期間は，法律により期間の長さが定められており，これはさらに裁判所が期間を伸縮することのできない不変期間（民訴96①等）とそれ以外の通常期間とに分かれ，裁定期間は裁判所等によりその長さが定められるものをいう（民訴34①等）。不変期間以外の法定期間は，裁判所が職権で伸縮することができる（民訴96①）。不変期間は原則として伸縮することは認められないが，遠隔地に住居所を有する者の便宜を考慮して，裁判所が付加期間を定めることができ（民訴96②），この場合には付加期間も含めて不変期間となる。民事訴訟法上の期間も，民法の期間に関する規定に従い計算されるが（民訴95①），法定期間は法定の事由が生じた時から期間が進行するのに対し，裁定期間は裁判で始期が定められた時はその時から，定められなかった時は裁判が効力を生じた時から進行する（民訴95②）。　　　　　　　　　　　　［宮本］

期間入札　⇨　「期日入札・期間入札」

期間の伸縮

期間を伸長したり，短縮することである。

裁判所は，原則として，法定の期間又はその定めた期間を伸長したり短縮した

りすることができる（民訴96）。期間は，当事者その他の訴訟関係人が特定の訴訟行為をしたり，あるいは，期日における訴訟行為の準備をするための時間であるから，もしその長さが個々の具体的な事情により不適当であるならば，裁判所が，職権で，法定期間であると裁定期間であるとを問わず，自由に伸長又は短縮しうるものとするのが妥当であるからである。

なお，不変期間については，伸縮は許されない。この場合は，訴訟の迅速かつ明確な処理のために，その長さを一定にしておく必要があるからである。

［流矢］

危機否認

破産の危険が表面化した時期（支払の停止又は破産の申立て）になってから破産者がした一定の行為（担保の供与，債務の消滅に関する行為及びその他破産債権者を害する行為）を否認することをいう。破産者の支払停止や破産申立ては，破産者の財産状態の危機を示す現象と認められ，破産者の主観的な悪意がなくても，このような危機状態になされた特定の債権者に対する担保の供与や債務消滅に関する行為その他破産債権者を害する行為は客観的に偏頗（へんぱ）な行為であるとみられ，破産者の悪意の立証をまたず，詐害意思あるものと推定されることから，規定されたものである。

危機否認の類型としては，⒤本旨弁済否認（破72②），ⅱ親族等を相手方とする本旨弁済否認（破72③），ⅲ不本旨弁済否認（破72④）の3つがある。本旨弁済否認は，破産者の義務に属する行為の否認であり，履行を受けた債権者にとっては，本来正当な権利の実現行為に他ならないので，管財人の側で行為時に受益者が支払停止又は破産申立てについて悪意であることを立証することが必要である。親族等を相手方とする本旨弁済否認は，相手方が破産者の親族同居者であるときは，これらの者は破産者の財産状態を知っているのが普通であるので，証明責任が転換され，支払停止又は破産申立てについて善意であったことを受益者が立証する必要がある。不本旨弁済否認（破72④）は，本来破産者が義務を負わない行為をしたことを否認するものであるから，この場合も受益者が，その行為の当時支払停止，破産の申立て又はその30日内でなかったこと及び破産債権者を詐害する点について善意であることを立証する必要がある。

［流矢］

棄却

裁判所に対する申立てを理由なしとしてしりぞける裁判をいう。

申立て自体は適法であり，申立ての内容の当否に踏み込んで判断した上で，これを理由なしと判断している裁判であり，申立て自体が不適法であるとして，申立ての内容の当否を判断しないまま申立てをしりぞける「却下」の裁判とは異なる。なお，棄却の裁判に対し，申立てを認める裁判のことを「認容」の裁判という。

請求棄却判決及び請求認容判決は，本案判決であり，訴え却下判決は訴訟判決である。

［流矢］

期日

訴訟関係人（裁判所・当事者・証人等）が一定の場所に集合して，相互に訴訟行為をなすために定められる時間をいう。訴訟手続を進めるためには，原則として，訴訟関係人が集合することが必要であり，そのためには，集合場所及び集合時間を定めなければならず，また，期日を定めることによって，訴訟関係人はこれをめざして訴訟行為の準備を整えることになる。それ故，訴訟の円滑かつ迅速な進行

を図るために、期日の制度が設けられているのである。　　　　　　　　　［流矢］

期日外釈明

口頭弁論の期日外に、裁判長又は陪席裁判官が釈明権を行使することである（民訴149①）。口頭弁論の期日における審理を充実したものにするためには、当事者が充実した準備をすることが不可欠であり、そのためには、裁判所が当事者の主張立証に不明確又は不十分な点があると認めたときには、次の期日を待つまでもなく、なるべく早期に釈明を求める方が望ましいので認められた制度である。なお、口頭弁論の期日外において、攻撃又は防御の方法に重要な変更を生じ得る事項について釈明をした場合には、その内容を相手方に通知しなければならず（民訴149④）、裁判所書記官は、その内容を訴訟記録上明らかにしなければならない（民訴規63②）。　　　　　　［流矢］

期日入札・期間入札

強制競売及び不動産競売において売却をするために行われる入札には、期日入札と期間入札がある。期日入札とは、入札期日において買受希望者に所定の時間内に入札書を執行官に差し出す方法により入札させ、引き続き開札を行い最高価買受申出人及び次順位買受申出人をその場で決める方法である（民執規34～45）。期間入札とは、入札期間を定め、その期間内に執行官が入札書を受け付け、別に指定された開札期日に執行官が開札を行い、最高価買受申出人及び次順位買受申出人を決める方法である（民執規34・46～49）。　　　　　　　　　　［流矢］

期日の延期

期日が開始した後に、弁論に入ることなくこれを他の期日に譲って終了することをいう。訴訟関係人全員が出席したが、準備不足で実質的な弁論に入らなかった場合等に「期日の延期」として扱われる。期日を開始しているという点において、期日が開始する前にその指定を取り消し、これに代えて別の期日を指定する「期日の変更」と異なり、弁論に入っていないという点において、期日が開始し、目的たる事項に入ったが、その期日だけでは終了しないために、これを次回に継続させることにして終了する「期日の続行」と異なる。なお、「期日の変更」と異なり、期日を延期するについては、条文上はなんらの制限はない。ただし、訴訟の促進に害があるので制限的に許されると解する立場もある。　　　　　　　［流矢］

期日の懈怠　(かいたい)

当事者が指定された期日に出頭しないこと、又は出頭しても必要な行為をしないことをいう。最初の弁論期日において、当事者の一方が期日の懈怠をしたときは、裁判所はその者が提出した訴状又は答弁書その他の準備書面を陳述したものとみなし（これを「陳述擬制」又は「擬制陳述」という）、出頭した相手方に弁論をさせることができる（民訴158）。弁論続行期日に当事者の一方が期日の懈怠をしたときは、欠席者の擬制陳述は行わず（例外として民訴277）、欠席者の従前の弁論と、出席者の現実の弁論により審理を進める。当事者双方が期日の懈怠をしたときは、その期日は終了せざるを得ない。この場合に、当事者は1か月以内に新期日の指定の申立てをしないと、訴えの取下げがあったものとみなされる（民訴263）。なお、裁判所は、当事者の双方又は一方が期日の懈怠をした場合に、審理の現状及び当事者の訴訟追行の状況を考慮して相当と認めるときは、終局判決をすることができる（民訴244本）。　　　　　　　　　［流矢］

期日の指定

裁判機関が期日を定める行為をいう。期日は，申立てにより又は職権で，裁判長が指定する（民訴93①）。職権進行主義の原則の現れである。

期日は，訴訟関係人による準備や出頭する都合などを考慮して指定され，訴訟関係人は，その指定された期日に一定の場所に集合して，相互に訴訟行為を行うことになる。なお，期日は，やむを得ない場合に限り，日曜日その他の一般の休日に指定することができる（民訴93②）。

[流矢]

期日の続行

期日が開始し，目的たる事項に入ったが，その期日だけでは終了しないために，これを次回に継続させることにして終了することである。

期日を開始しているという点において，期日が開始する前にその指定を取り消し，これに代えて別の期日を指定する「期日の変更」と異なり，弁論に入っているという点において，期日が開始した後に，弁論に入ることなくこれを他の期日に譲って終了する「期日の延期」と異なる。

なお，「期日の変更」と異なり，期日を続行するについては，なんらの制限はない。

[流矢]

期日の変更

期日が開始する前にその指定を取り消し，これに代えて別の期日を指定することをいう。期日が開始する前にその指定を取り消すという点で，期日が開始した後に弁論に入ることなくこれを他の期日に譲る「期日の延期」と異なり，期日における弁論に入った上でそれが終了しないためにこれを次回に継続する「期日の続行」と異なる。

期日の変更は，申立て又は職権によって行われる（民訴93①）。口頭弁論及び弁論準備手続の期日の変更は，顕著な事由がある場合に限り許される（民訴93③本）。ただし，最初の期日の変更は，当事者の合意があれば許される（民訴93③但）。また，弁論準備手続を経た口頭弁論の期日の変更は，やむを得ない事由がある場合でなければ，許すことができない（民訴93④）

[流矢]

期日の呼出し

期日が指定された場合に，当事者その他の期日に出頭すべき訴訟関係人にこれを告知し，その期日に出頭することを要求する裁判所の行為をいう。呼出しは期日開始の要件であり，裁判所は期日を開くためには，期日を指定したうえで，呼出しの手続をとる必要がある。

期日の呼出しは，常に裁判所が職権をもって行う。期日の呼出しは，呼出状の送達，当該事件について出頭した者に対する期日の告知その他相当と認める方法によって行う（民訴94①）。　　　[流矢]

擬制自白

当事者が口頭弁論において相手方の主張した事実を争うことを明らかにしないことにより，又は期日に欠席したことにより，その事実を自白したものとみなされることをいう（民訴159）。明示的な自白でないにせよ，当事者の態度から争いがないものと認められる以上，自白と同様に扱っても不都合はないからである。擬制自白が成立するためには，当事者が口頭弁論において相手方の主張事実を明らかに争わないことが必要であるが，弁論の全趣旨により，その事実を争ったものと認めるべきときは，擬制自白は成立しない（民訴159①但）。　　　[流矢]

擬制的取下げ ⇒「訴えの取下げの擬制」

規則制定権

最高裁判所が，訴訟に関する手続，弁護士・裁判所の内部規律及び司法事務処理に関する事項につき規則を制定することのできる権限をいう（憲77①）。なお，検察官は，最高裁判所の定める規則に従わなければならない（憲77②）。また，最高裁判所は，下級裁判所に関する規則を定める権限を下級裁判所に委任することができる（憲77③）。この規則制定権は，裁判所の専門性を尊重し，かつ裁判所の独立性を配慮して，裁判所に認められた権限である。ただし，この規則と法律が抵触した場合には，法律が規則に優位するとの見解が通説的見解である。

［流矢］

羈束力（きそくりょく）⇒「判決の羈束力」

起訴前の和解

訴訟の係属前に簡易裁判所においてなされる和解をいう。「即決和解」ともいう。

訴訟係属中になされる「訴訟上の和解」は，訴訟の終了を目的としてなされるものであるのに対し，起訴前の和解は，訴訟を予防することを目的とするものである。「起訴前の和解」及び「訴訟上の和解」をあわせて「裁判上の和解」と呼び，訴訟外でなされる私法上の和解たる「裁判外の和解」と区別される。

起訴前の和解をする場合は，当事者は，請求の趣旨及び原因並びに争いの実情を表示して，相手方の普通裁判籍の所在地を管轄する簡易裁判所に和解の申立てをする（民訴275①）。この場合，万一和解が調わない場合は，和解の期日に出頭した当事者双方の申立てがあるときは，裁判所は，直ちに訴訟の弁論を命ずる。この場合においては，和解の申立てをした者は，その申立てをした時に，訴えを提起したものとみなし，和解の費用は，訴訟費用の一部とされる（民訴275②）。

起訴前の和解も訴訟上の和解と同様，裁判所において裁判官の面前においてされるものであり，法的性質・要件・効果等について特に異なるところはない。ただし，方式に関しては，和解条項案の書面による受諾の制度（民訴264）及び裁判所等が定める和解条項の制度（民訴265）の適用はない（民訴275④）。これは，起訴前の和解は通常1回の期日において決着がつくことが予定されているので，これらの規定を適用するのが相当でないからである。

［流矢］

起訴命令

民事保全の手続において，保全命令（仮差押え又は仮処分）を発した裁判所が，債務者の申立てにより，債権者に対し，相当と認める一定の期間内に，本案の訴えを提起することを命ずる決定をいう（民保37①）。債権者が起訴命令に従わなかった場合は，債務者の申立てにより，保全命令の発令裁判所は，当該保全命令を取り消す旨の決定をする（民保37③）。保全命令は暫定的な措置であり，債権者が保全命令を得ておきながら本案訴訟の提起を怠るときは，権利関係の浮動状態が継続し，債務者はいつまでも不安定な状態に置かれることになる。そこで債務者をこの様な状態から脱却させる手段として起訴命令の制度が設けられているのである。

［流矢］

既判力

確定した終局判決の内容である判断の通用性のことをいう。実体的確定力とも

いう。

　民事訴訟は、国家機関たる裁判所による公権的法律判断によって、当事者間の紛争を解決することを目的とするものであるから、終局判決が確定した以上は、当事者もその判断内容に拘束され、これに反して同一事項を争うことができなくなると共に(不可争)、国家も自ら与えた解決を尊重するのが当然であるから、同一事項が再び訴訟上問題となった場合は、裁判所も前の確定判決の内容に反する判断をすることは許されない(不可反)。既判力は紛争の蒸し返しを防ぎ、終局判決の法的安定性をはかるために認められているものである。

　既判力は、前訴で確定した権利関係が後訴で再び問題となったときに作用するものであり、ⓘ前訴と後訴の訴訟物が同一の場合は、敗訴者からの訴え提起の場合は、前訴判決の基準時前の事由は排斥され、基準時以後に生じた事由の主張が認められなければ請求棄却の判決を受ける。勝訴者からの訴え提起の場合は、訴えの利益なしとして後訴は却下される。ⓘⓘ前訴の訴訟物が後訴請求の先決問題となる場合は、先決問題についての既判力ある判断を前提とし、さらに後訴請求の固有の争点を審理して判決がなされる。ⓘⓘⓘ後訴請求が前訴判決と矛盾関係に立つ場合は、後訴請求は前訴判決によって確定された権利関係と矛盾対立する主張として排斥され、基準時以降の事由を審理して判決がなされる。

　既判力の本質をどのように解するかについて、ⓘ実体法説(確定判決により実体法上の権利・法律関係の変更を生じ、それ故判断内容の通用性を生じるとする説)、ⓘⓘ訴訟法説(公権的判断の統一の要請から生じ、後訴裁判所に対して矛盾判断を禁ずる訴訟法上の効力とする説)、ⓘⓘⓘ権利実在化説(判決前の仮象たる権利が判決によって実在化され、その権利の基準が判断内容の通用性を生じるとする説)、ⓘⱽ新訴訟法説(一事不再理の理念を強調し、既判力の消極的作用こそが本質的なものであるとする説)等の対立がある。

　これらの既判力の本質論だけでは、当事者が既判力による拘束を受ける根拠を十分に説明することができなかった。そこで、その根拠をどこに求めるかが問題とされ(既判力根拠論)、ⓘ法的安定説(判決された権利関係の安定に求め、既判力を訴訟制度に不可欠なものであるとする説)、ⓘⓘ二元説(法的安定の要求と手続保障を前提とする自己責任の両者が既判力を正当化する根拠であるとする説)、ⓘⓘⓘ手続保障説(判決は、手続保障を与えられた当事者の自己責任の結果であるから既判力による制限を甘受しなければならないとする説)の対立がある。　　　　[流矢]

既判力の拡張

　既判力を当事者以外の第三者に及ぼすことをいう。

　通常の訴訟は対立する当事者間の紛争を解決すればよいので既判力は当事者間だけに生ずるのが原則である(民訴115①①)。これを判決の相対的効力の原則という。しかしながら、この原則をすべての場合に維持すると、身分関係や団体の法律関係については、同一の権利関係につき矛盾した判決の生じる可能性があり、かえって法律生活の混乱と不安定をきたすおそれがある。そこで、それらの権利又は法律関係に関与し利害関係を有する一定範囲の第三者又は一般第三者にも既判力を拡張して、権利関係の画一的な確定をはかっていることがある。

　拡張される場合として、ⓘ破産債権確定訴訟の判決は、配当関係を画一化する必要から、破産債権者全員に対して効力が生ずるとされ(破250)、ⓘⓘ婚姻関係・養

子縁組・親子関係の存否及びその解消に関する判決は、第三者との法律関係を安定させる必要から、一般第三者に対して効力を及ぼすとされ（人訴18①・26・32）、ⅲ会社関係の訴訟においては、訴訟当事者間の個別的相対的解決では、それをめぐる法律関係を混乱させ、不安定とすることがあるので、認容判決が第三者に既判力を及ぼす場合が多い（商109①・136③・142・247②・252・380③・428③、有75①）。　　　　　　　　［流矢］

既判力の客観的範囲

既判力が判決のどの部分に生じるかということであり、既判力は、判決主文に包含されるものに限り生じ、判決理由中に示された判断については生じないのが原則である（民訴114①）。当事者は、訴訟物たる権利関係の存否についての判断を求めて訴えを提起したものであるから、この点の判断に既判力を認めれば、当事者の要求に答え、当面の紛争を解決するのに必要にして十分だからである。また、前提問題は、結論を得るための手段として主張したものにすぎないから、この点にまで既判力を認めてしまうと、当事者の意図を超え、不意打ちの結果を招くことになるから、判決理由中の判断に既判力を生じさせることは妥当ではないのである。

ただし、判決主文の文言は訴訟物についての判断が結論的に示されるだけで、極めて簡潔であるから、どんな事項につき判断されているかは、判決中の事実の摘示及び理由の記載を参酌して内容を明確にする必要がある。

判決理由中の判断には、既判力が生じないのが原則であるから、例えば、売買代金請求事件において請求棄却の判決がなされた場合、それが売買契約の不成立を理由とするものであっても、売買契約の不成立の点には既判力は生じない。同様に、所有権確認請求事件において、請求認容の判決がなされた場合、所有権取得の原因には既判力は生じない。

例外的に、相殺のために主張した請求の成立又は不成立の判断は、相殺をもって対抗した額について既判力を有する（民訴114②）。これは、相殺が訴求債権と無関係の反対債権をともに対当額で消滅させる効果を有するものであるため、もし相殺の抗弁についての判断に既判力を認めないと、せっかく原告の請求の存否について紛争を解決したのに、被告の反対債権の存否の紛争に移し換えられ、前の確定判決が無意味になってしまうので、これを防止し、一度相殺の抗弁として主張済みの反対債権について二重に利用することを禁止するためである。［流矢］

既判力の時間的限界

既判力の標準となる時のことであり、既判力ある判断がどの時点における法的効果の判断として効力を有するのかの問題である。そして、事実審（第一審及び第二審）の口頭弁論終結時が既判力の時間的限界である（民執35②参照）。確定判決の内容である私法上の権利関係は、時間の経過とともに発生・変更・消滅する可能性があり（私法の発展的性格）、既判力ある判決の判断は、どの時点における法的効果の判断であるかが問題とされなければならないのである。そして、当事者は事実審の口頭弁論終結時まで事実関係の資料を提出することができ、終局判決もそれまでに提出された資料を基礎としてなされるから、この時点における権利関係の存否の判断に既判力が生じるとされるのである。　　　　　　　　　［流矢］

既判力の失権効　⇒「既判力の遮断効」

既判力の遮断効

当事者が後訴において既判力ある前訴判決の判断を争うために、既判力の標準時以前に存した事由に基づく主張や抗弁を提出することが許されなくなることをいい、既判力の失権効ともいう。これは、既判力ある判断について法的安定性を確保するためであり、このようにして既判力ある判断を争うことを禁止しているのである。それ故、遮断効が生じることについては、前訴において、この事由を提出しなかったことに過失があったかどうかを問わない。取消権や解除権については、標準時後にそれを行使して権利者の権利の消滅を主張することは許されないが、相殺権については標準時後であっても許され、遮断効は及ばないとされる。これは、相殺の場合は、訴訟物である受働債権の瑕疵（かし）によるのではなく、それとは別個の自己の債権の処分であるから、その主張の時期は相殺権者に任されていると解すべきだからである。

[流矢]

既判力の主観的範囲

既判力の効力を受ける者の範囲のことであり、既判力は対立する当事者間に生ずるのが原則である（民訴115①①）。民事訴訟の判決は、当事者間の私的利益をめぐる紛争を解決するためになされるものであるから、その効果も当事者間を相対的に拘束すれば足りる。また、弁論主義・処分権主義のもとでは、自己の利益のために訴訟追行をした当事者は、その結果を甘受すべきであり（自己責任の原則）、訴訟に関与する機会を与えられなかった第三者に対して、既判力を及ぼすことは、その者の利益を不当に害し、その者から裁判を受ける権利を奪うことになるので原則として許されないのである。民事訴訟においては、紛争は当事者間で相対的に解決されればよいのであり、判決の効力においても相対性が原則とされるのである。

例外的に、当事者間にのみ既判力を及ぼしても紛争解決の実効性がはかれない場合であり、かつ、第三者に既判力を及ぼしても不当と認められない場合は、既判力の拡張を認めてもよい。その場合として、ⅰ当事者が他人のために原告又は被告となった場合（第三者による訴訟担当の場合）の他人（この場合、その他人は、自分で訴訟をしたのと同視されるのであるから、既判力を及ぼしてもよいとされるのである（民訴115①②））、ⅱ口頭弁論終結後の承継人（この場合は、敗訴当事者が、その訴訟物たる権利関係又はこれについての法的地位を第三者に処分することによって、当事者間の訴訟の結果が無駄になるので、訴訟による紛争解決の実効性を確保するためである（民訴115①③））、ⅲ当事者等のために請求の目的物を所持する者（この場合は、所持者の固有の実体的利益を害するおそれはなく、裁判を受ける権利を侵すこともないからである（民訴115①④））等がある。

[流矢]

既判力の人的限界　⇒　「既判力の主観的範囲」

既判力の双面性

既判力ある判断が、その及ぶ者の相互間では、その利益にも不利益にも作用することをいう。既判力は、同一紛争の蒸し返しを防ぐためのものであるから、その効果は、訴訟で勝った当事者の利益に働くのが通常であるが、その者の不利益にも作用する。このような既判力の性質を既判力の双面性と呼ぶ。例えば、家屋の所有権確認請求訴訟で勝訴した原告は、その後相手方からの家屋収去土地明渡請求に対して、その家屋は自分が所有者で

はないと主張することは許されない。

[小野寺(忍)]

既判力の範囲

裁判が確定した場合、その判決における請求に関する判断は、いつの時点における判断として通用力をもつものか（時間的限界）、判決中のどの判断に通用力が与えられるのか（客観的範囲）、そして誰と誰との間に通用力が生じるのか（主観的範囲）という3つの視点から限界づけることができる。このことは、同一の事項が、その後に訴訟上問題とされても、当事者はこれに反する主張をすることはできず、裁判所もこれと抵触する裁判ができないということである。したがって、確定した終局判決の既判力は、その効力の及ぶ範囲が人的にも、また対象の面でも、さらには時間的にも限定される。

[小野寺(忍)]

既判力の標準時

民事訴訟では裁判の判断対象となる権利義務関係が時間的に変動する可能性がある。そのため、権利義務関係のどの時点における権利存否の判断であるのかということにより、その判断の通用力である既判力の及ぶ時点が決まる。その時点を既判力の標準時（又は基準時）といい、終局判決の場合は、口頭弁論終結時（民訴253①④。判決書記載の終結日）である。つまり、判決はこの標準時における権利義務関係の存否について判断を下したことになるため、標準時における権利義務関係の存否のみが既判力により確定されることになる。したがって、同一訴訟物に関する主張であってもこの標準時後に生じた事由についてまでは既判力が及ぶことはない。このことは、民事執行法において確定判決に対する請求異議の訴えについて、その請求異議事由は口頭弁論終結後に発生したものに限る（民執35②）としていることから当然の前提とされている。また、終局判決以外の既判力を有する裁判については、裁判上の和解や民事調停の場合はそれぞれの調書成立時が既判力の標準時となる。

[小野寺(忍)]

既判力の物的限界 ⇒「既判力の客観的範囲」

忌避

具体的事件において、裁判官について裁判の公正を妨げるような事情（忌避原因）がある場合に、当事者の申立てにより、裁判によってその裁判官を職務執行から排除する制度（民訴24・25）をいう。具体例としては、裁判官が当事者の一方と親友であった場合、事件について経済的な特別の利害を有する場合、事件について鑑定をしたことがある場合などが挙げられるが、忌避原因が法定されていない点や当事者からの忌避申立による裁判を要する点で除斥とは異なる。忌避は、民事訴訟法上、裁判官のほか裁判所書記官・鑑定人・通訳人について認められている（民訴27・214・154②）。

[小野寺(忍)]

忌避原因

裁判官と事件との特殊な関係から、当事者が不公平な裁判がなされるおそれがあるとの不信の念を抱くに足る客観的・抽象的事情のことである。具体的には、裁判官が当事者の一方の婚約者であるとか内縁関係にあるという場合、事件の勝敗に経済的な特別の利害関係を有している場合、過去に当事者の一方に対して助言を与えていた場合などが裁判の公正を妨げるべき事情に該当する。以上に対して、具体的事件と関係のない事由、例えば裁判官の行状・健康・信念・能力など

裁判官としての適格性に関する一般的事情は忌避の対象外である。また，裁判官の訴訟指揮に対する不満は，民事訴訟法が定める不服申立方法（民訴150・283）によるべきこととなるから，忌避原因とはならない。　　　　　　　　［小野寺(忍)］

忌避権の濫用

忌避の申立てがあったときは，その申立てについての裁判の確定まで訴訟手続を停止しなければならない（民訴26）という効果を持つことから，裁判官の訴訟手続中の訴訟指揮に対する主観的な不満を理由とする忌避申立て，そもそもが忌避原因にはあたらない事由を理由とする忌避申立て，裁判の引き延ばしを図っての忌避申立てなどが現れ，忌避権の濫用が問題となる。これは，忌避原因を「裁判の公正を妨げるべき事情があるとき」と抽象的な表現で規定したことに起因する。忌避権の濫用を防止する方策として種々の見解が提案されているが，実務上は，刑事訴訟法24条に規定する「忌避申立ての簡易却下」の類推適用が定着している。忌避申立ての簡易却下とは，「訴訟を遅延させる目的のみでされたことの明らかな忌避の申立て」について，当該裁判官は自ら又はその裁判官も関与してその申立てを却下することができる制度をいう（東京高決昭39・1・16下民集15・1・4）。　　　　　　　　［小野寺(忍)］

義務履行地の裁判籍

特定の訴訟事件について認められた裁判籍で，その事件についてだけ認められる独立裁判籍の例であり，普通裁判籍と競合して認められる。義務履行地の裁判籍については，実務上，持参債務の原則（民484，商516）があることから，原告となる債権者の住所や営業所の所在地にも原則的に管轄が生じてしまうことが残された問題となっている。　［小野寺(忍)］

却下

民事訴訟法上，裁判所に対する申立てが不適法であることを理由として，申立ての内容について判断することなく退ける裁判をいう。裁判所に対する申立てを理由なしとして退ける棄却とは裁判の性質において異なる。

却下の裁判には，訴えが訴訟要件を具備しない場合又は上訴要件に欠缺(けんけつ)ある場合に，訴え又は上訴を不適法として訴訟を打ち切る訴訟判決（門前払い判決）のほか，訴状・控訴状・上告状の却下（民訴137・288・313），不適法な訴えの却下（民訴140），決定による訴えの却下（民訴141），訴訟受継の申立ての却下（民訴128①），時機に後れた攻撃防御方法の却下（民訴157），支払督促の申立ての却下（民訴385），支払督促に対する異議申立ての却下（民訴394・396），執行判決を求める訴えの却下（民執24）などがある。

　　　　　　　　［小野寺(忍)］

客観的証明責任　⇒　「主観的証明責任・客観的証明責任」

休止　⇒　「訴訟手続の休止」

休止満了

民事訴訟法典制定当初の規定においては，口頭弁論期日に当事者双方が欠席すると訴訟手続は休止し，その後さらに1年間放置すると訴えの取下げがあったものとみなされた。このことを休止満了と呼んでいた。大正15年改正前の旧民事訴訟法では，訴訟の運営に関して職権進行主義を徹底するため休止の制度は廃止されたが，現行法でも当事者双方が口頭弁論等の期日に欠席又は申述をしないで退廷・退席した後1か月以内に期日指定の

申立てをしない場合及び2回連続して口頭弁論等の期日に欠席又は申述をしないで退廷・退席した場合に訴えの取下げを擬制している（民訴263）。実務においては，この手続擬制のことを休止満了と呼んでいる。　　　　　　　　　　［小野寺(忍)］

旧訴訟物理論

原告の被告に対する一定の権利関係の主張で，訴えによりその当否について裁判所の審判が求められたものを訴訟上の請求といい，この請求の内容である権利関係自体を審判の対象という意味で訴訟物という。訴訟物論争は主として給付訴訟の訴訟物について行われた。ある訴訟の訴訟物がいかなるものかは，訴状に記載される請求の趣旨及び請求の原因によって明らかにされる。旧訴訟物理論によれば，訴訟にいくつの請求が含まれているか，又は，ある訴訟の請求と他の訴訟の請求とが同じかどうかを決定する基準について，その内容である実体法上の権利・請求権・形成権の単一性・同一性に求めることができるとする。例えば，同じ物の引渡しを求める訴えでも，所有権を主張する場合と賃貸借の終了を主張する場合とでは，請求が別個となり，同時に主張すれば請求の併合（民訴136）となり，一方から他方へ変更すれば訴えの変更（民訴143）となり，一方の訴訟係属中に他方について別訴を提起しても二重起訴（民訴142）とはならない。実務の多くは旧訴訟物理論で運営されている。⇒「訴訟物理論」「新訴訟物理論」
　　　　　　　　　　［小野寺(忍)］

給付訴訟　⇒　「給付の訴え」

給付の訴え

原告が被告に対し報酬の支払とか土地の明渡しというような何らかの作為請求あるいは不作為請求を実体法上の特定の給付請求権に基づいてする訴えのことをいう。訴えの3類型の1つで，もっとも古典的な類型といわれる。この訴えを認容する判決が給付判決であり，給付判決は原告の被告に対する給付請求権の存在を確認する既判力と執行力を併せ持つ。この訴えには，口頭弁論終結時にすでに履行期の到来した給付請求権を主張する現在の給付の訴えと，将来に履行期の到来する給付請求権をあらかじめ主張する将来の給付の訴えがある。前者は原則として，当然に給付の訴えの利益が認められるが，後者では「あらかじめその請求をする必要」（民訴135）という特別の訴えの利益が要求される。⇒「現在の給付の訴え」「将来の給付の訴え」
　　　　　　　　　　［小野寺(忍)］

給付判決

給付の訴えに対して請求を認容する旨の判決で，原告が主張した被告の給付義務が存在することを宣言するものである。これは，給付判決が確定し，又は仮執行の宣言が付せられると執行力を生じ，被告が任意にこの給付義務を履行しないときは，これを債務名義として強制執行をすることができる。

給付判決は既判力と執行力を有するが，これらの効力の相互関係については2つの考え方がある。その1つは，給付判決の効力は，第1次的に被告の給付義務の確定を内容とする既判力であり，既判力をもって確定された内容を執行機関が尊重して執行する職責を負う関係を給付判決の効力という視点から表現したのが執行力であるとする。他の考え方は，給付判決は，強制執行を開始する要件を作り出すために，国家が被告に対して給付命令を出すものであって，執行力を給付判決の中心的機能であるとし，既判力は執

行力を創出するための前提にすぎないとする。前者の考えは，確認訴訟が全ての訴えの基本であるという思想に基礎づけられたもので，給付判決を求める給付訴訟も，義務の確定を目的とした確認訴訟の一種ということになる。後者の考えは，確認訴訟に見られない給付訴訟に特有の強制執行との結びつきを強調するものといえる。給付の訴えにおいては，実体法上の請求権の属性を既判力により確定することは第1次的な関心事ではないとする。この考え方を給付訴訟の訴訟物の把握に反映させた理論が新訴訟物理論である。　　　　　　　　　　　[小野寺(忍)]

旧民事訴訟法

民事訴訟法典は明治23年に制定され，その後数度にわたり改正が繰り返されてきた。とくに判決手続に関する部分は大正15年に全面的に改正され，さらに強制執行に関する部分は昭和54年に民事執行法として新たに単独法として制定され，同様に保全処分に関する部分は平成元年に民事保全法として制定され，制定以来，改正されずに残っていたのは公示催告手続・仲裁手続に関する部分だけとなっていた。平成8年になって現代文による市民にわかりやすい法典として全面的に改正・改編された新民事訴訟法（平成8法109）が公布され，平成10年1月1日より施行されたことに伴い，大正15年の大改正以後，新民事訴訟法成立までの諸規定を旧民事訴訟法と呼ぶ。　　[小野寺(忍)]

求問権

当事者の一方が相手方当事者の陳述の趣旨を明確するために，裁判長に対し必要な質問を発してもらうことのできる権能のことをいい（民訴149③），求釈明ともいう。本来，当事者の陳述の趣旨を問いただす権能は釈明権として裁判所に属するため（民訴149①②），当事者は直接相手方に質問することはできないが，当事者が訴訟の進行に応じて裁判官に対し釈明権の発動を促すことができる。

[小野寺(忍)]

共益債権（会社更生法）

会社更生手続において，関係人の共同の利益のためのものとして，手続によらずに随時，優先弁済される請求権をいう（会社更生208～210の2）。これは，破産法上の財団債権に対応する債権である。

[小野寺(忍)]

共益債権（民事再生法）

再生手続によらないで，再生債権に先立って，随時弁済する債権をいう（民事再生121）。具体的には，再生債権者の共同の利益のためにする裁判上の費用請求権，再生手続開始後の再生債務者の業務・生活・財産の管理・財産の処分に関する費用請求権，再生手続が終了する前の再生計画の遂行に関する費用請求権，再生債権者（代理委員・代理人）ないし監督委員（調査委員・管財人・管財人代理・保全管理人）のために支払うべき費用・報酬・報償金の請求権，再生債務者財産に関して再生債務者等が再生手続開始後にした資金の借入れその他の行為によって生じた請求権，再生手続開始後に生じた再生債務者に対する事務管理・不当利得返還請求権及び再生債務者のためのやむを得ない支出に要した費用請求権である（民事再生119）。　　　　　　　　　[小野寺(忍)]

境界確定訴訟 ⇒ 「境界（けいかい）確定訴訟」

強行規定・任意規定

訴訟法規の種類のうち，効力規定を再分類したものである。強行規定は，公益

的な要求が強く，訴訟制度全体の根本を維持していくために必ず遵守されなければならない規定であり，裁判所や当事者の意思・態度によっても動かし得ないものである。したがって，裁判所は職権でこれを適用しなければならず，これに違反した訴訟行為は常に無効とされる。これには，例えば裁判所の構成，裁判官の除斥，専属管轄，当事者能力，訴訟能力，不変期間に関する規定が該当する。任意規定は，当事者の意思・態度によって，その規定の適用がゆるめられるもので，主として当事者の訴訟追行上の便宜と利益の保護を目的とする内容の規定である。ただ，訴訟法上，当事者が合意によって全面的に訴訟手続を変えることは禁じられており，任意規定と異なる合意をなす事由があるのは，法律上認められる場合に限定される。例えば，管轄の合意(民訴11)や不控訴の合意（民訴281）のように明らかに法律で定められている場合に限られる。したがって，訴訟法上重要なのは，むしろ訴訟法にだけ存在する任意規定として，その違背があっても，これによって不利益を受ける当事者が異議を述べない限り，その規定の違背を問題にしなくてすむという趣旨の規定である。この規定に違背した場合でも，当事者には異議権の放棄が許され，また，遅滞なく異議権を行使しないとその権利を失うことになっているから（民訴90），裁判所は当事者からの異議があった場合に限って，その規定の違背を問題にすれば足りる。これに属するものとしては，当事者の訴訟行為の方式，裁判所が行う期日の呼出し（民訴94），証拠調べの方式（民訴180〜189），訴訟手続の中断又は中止（民訴124〜132）中の行為に関する規定がある。　　　　　　　　　　　　［小野寺(忍)］

強制管理

金銭の支払を目的とする債権についての強制執行のうち，不動産に対する執行の一方法である（民執43①）。強制競売が，債務者所有不動産の交換価値に着目し，その換価代金から債権の満足を受けようとするのに対し，強制管理は，第三者に賃貸されている建物の場合など，当該不動産の収益性に着目し，収益からの配当をもって債権の満足を図ろうとするもので（民執93以下），収益執行とも呼ばれる。強制管理に適する場合として，換価が困難な物件，高層マンション等収取賃料の合計額が大きく収益性が高い物件，優先する担保物権が付着しているために強制競売における配当が期待できない物件などが挙げられるが，強制競売との併用も可能であり，近時この併合利用が次第に増加しつつある。なお，制度的には，仮差押えの執行として利用することも可能であるが（民保47④），鉄道財団等の特殊抵当権を除き，担保権実行への準用はない。執行裁判所は，執行力ある債務名義正本を有する債権者からなされた申立てが適法であると判断した場合，強制管理開始決定をして当該不動産を差し押さえ（民執93①），同時に管理人を選任する（民執94①）。これにより，債務者は収益に関する処分権限を奪われ，代わって管理人が管理及び収益の収取・換価権限を取得するので，債務者に対して給付義務を負っていた第三者は，以後管理人に賃料等を支払うこととなる。収取された収益ないしその換価代金から手続費用及び租税等を控除した金銭を配当原資として，配当受領資格のある申立債権者・配当要求債権者に配当され（民執107・109），仮差押債権者のためにその配当額は供託される（民執108）。　　　　　　　　　　　　［岸］

共助　⇨「司法共助」

強制競売 (けいばい)

金銭の支払を目的とする債権についての強制執行のうち，不動産（民執43①）・船舶（民執112）・登録航空機（民執規84）・登録自動車（民執規86）等に対する執行の方法をいう。債務者所有財産の交換価値に着目し，その換価代金から債権の満足を受けようとする強制執行である。金銭債権のための不動産に対する強制執行として共通する強制管理が，債務者の所有権を喪失させずその収益権能を奪うことにその本質があるのに対し，強制競売は，終局的に債務者の所有権を奪って目的物件を換価するところにその本質があり（その点から元本執行とも呼ばれる），債務者が所有権を喪失するまでの間使用収益権能を保有する点で強制管理と異なる。強制競売の対象のほとんどは不動産である。まず，適式の申立があると，執行裁判所は，強制競売開始決定をして目的不動産を差し押さえる（民執45）。次いで，換価の前提段階としてその準備に移るが，一方で，執行官による現況調査（民執57），評価人による評価（民執58）を踏まえて，物件に関する占有関係及び権利関係を把握して最低売却価額を決定し（民執60），他方，配当要求の終期を決定して（民執49），債務者に対する債権者及びその債権額を把握する。その後，物件明細書等の物件情報を一般人の閲覧に供する（民執62）などした上売却を実施するが，その方法は主に期間入札による（民執64，民執規34）。最高価買受申出人が決まると売却期日を開き（民執69），売却不許可事由（民執71）がなければその者に売却許可決定がなされ，代金が納付された時点で買受人に所有権が移転する（民執79）。売却代金から手続費用を控除した金員を原資として配当が実施され（民執84），手続が終了する。　　　　　　［岸］

行政事件

刑事事件及び民事事件と対立する概念で，行政法規の適用に関する訴訟事件をいう。民事事件との区別は，行政裁判制度を採用する大陸法系の国家にあっては，裁判管轄の分配上殊に重要であるが，行政事件も司法裁判所の管轄に属させることとしたわが国の法制度の下では，裁判管轄という意味での重要性は失われた。しかし，民事事件の審理においては民事訴訟法が，行政事件に関する訴訟の審理においては行政事件訴訟法がそれぞれ適用されるので，訴訟手続及び審理方法という点で，両者を明確に区別する必要がある。　　　　　　　　　　　　　　　　［岸］

行政事件訴訟

形式的には，行政事件訴訟法2条で定義された抗告訴訟・当事者訴訟・民衆訴訟及び機関訴訟の4種の訴訟をいうが，実質的には，通常裁判所が行政事件に関し正式の訴訟手続によって行う裁判をいう。略して行政訴訟と呼ばれることが多い。

その中心的内容をなす抗告訴訟は，行政庁の公権力の行使に関する不服の訴訟と定義されており（行訴3①），公権力の行使又は不行使によって生じた違法状態の除去を目的とするものである。取消訴訟（行政庁の処分又は裁決の取消しを求める訴え（行訴3②③）），無効等確認訴訟（行政庁の処分又は裁決の不存在ないし無効の確認を求める訴え（行訴3④））及び不作為の違法確認訴訟（行政庁が法令に基づく申請に対し相当の期間に何らかの処分又は裁決をしなければならないのにこれをしないことについての違法確認の訴え（行訴3⑤））の3種類が法定されているが，このほかにも法定抗告訴訟に分類できない形態の抗告訴訟（無名抗告訴訟）が許されるかどうかが議論されている。

無名抗告訴訟としてその成否が論じられている形態として，義務づけ訴訟・作為義務確認訴訟などがある。

当事者訴訟は，同法4条にその定義規定が置かれており，当事者間の法律関係を確認し又は形成する処分又は裁決に関する訴訟で法令の規定によりその法律関係の当事者の一方を被告とするもの（形式的当事者訴訟。例えば，土地収用法133条に基づく訴訟など）及び公法上の法律関係に関する訴訟（実質的当事者訴訟。例えば，公務員たる地位確認の訴えなど）をいう。

民衆訴訟は，国又は地方公共団体の機関の法規に適合しない行為の是正を求める訴訟で，選挙人たる資格その他自己の法律上の利益にかかわらない資格で提起するものをいう（行訴5）。この訴訟は，本来的には法律上の争訟としての性格を有しないので，特にこれを認める法律の規定がある場合に限って提起することができる（行訴42。例えば，選挙の効力に関する訴訟）。

機関訴訟は，国又は地方公共団体の機関相互間における権限の存否又はその行使に関する紛争についての訴訟であり（行訴6。例えば，地方公共団体の議会と長との間の訴訟），民衆訴訟とともに許容された客観訴訟であって，主観訴訟を中心とする現行法体系の例外をなす。

行政事件訴訟法が制定されてから，同法が行政事件訴訟の基本法ないし一般法であり，その審理・判決等手続の全般にわたって適用されるが，同法の定めがない事項については民事訴訟法の規定が適宜補充的に適用される（行訴7）。

［岸］

行政事件訴訟法

昭和37年法律139号として制定・施行された行政事件訴訟に関する基本法をいう。行政裁判所が廃止された現憲法の下では，行政事件の裁判も司法裁判所の管轄に属するところとなったが（憲76），現憲法施行当初は行政事件訴訟に関する手続法がなく，「民事訴訟法の応急的措置に関する法律」，行政事件訴訟特例法によってまかなわれていたものの，基本的に民事訴訟法に定める手続により審理判断することが適切ではなく，解釈・運用上の疑義も多かったことから，行政事件訴訟の基本的手続を定める本法が制定されることとなった。ただ，手続のすべてを網羅的に規定したものではないので，性質に反しない限り民事訴訟法による補充を予定している（行訴7）。

［岸］

強制執行

執行機関（執行裁判所又は執行官）が国家権力を用いて債権者のために債務名義に表示された給付請求権を強制的に実現する制度と手続をいう。現行法秩序の下では，債権者の自力救済が原則として禁止されているから，権利の終局的満足は執行権という国家権力の発動によってのみ可能となる。その際，権利を満足させる手続は迅速に行われなければならないが，他方，債務者の権利保護に対する配慮も不可欠であることから，強制執行に着手する前に，債権者が債務者に対して給付請求権を有することを慎重な手続において確定しておく必要がある。そこで，法は，給付請求権の存否・内容・範囲を確定しこれを明らかにする機関と，確定された権利を速やかに実現する機関とを分離し，前者の作成に係る強制執行に適する権利を表示した一定の文書が後者（執行機関）に提出された場合にのみ強制執行手続が開始されるという仕組みをとった。この執行開始のために不可欠な文書のことを債務名義という。債務名義は，民事執行法22条所定の確定判決

（①），仮執行宣言付判決（②），抗告によらなければ不服申立てができない裁判（③），仮執行宣言付支払督促（④），訴訟費用等の額を定める書記官の処分・執行費用等の額を定める確定した書記官の処分（④の２），執行証書（⑤），確定した執行判決のある外国裁判所の判決又は仲裁判断（⑥）及び確定判決と同一の効力を有するもの（⑦）である。また，強制執行を実施するためには，4号の文書及び確定し又は仮執行の宣言を付した少額訴訟判決（民執25）を除き，執行文の付与された各文書の債務名義の正本を提出することが必要である。強制執行（民執２章）を分類すると，まず，債務名義に表示された給付請求権が一定額の金銭の支払を目的とする債権の場合（金銭執行。２節）とそれ以外の請求権の実現を目的とする場合（非金銭執行。３節）とに分けることができる。金銭執行は，最終的に債務者の所有物を換価・配当することをその本質とし，さらに，執行の対象物により，不動産執行（民執43以下）・船舶執行（民執112以下）・動産執行（民執122以下）・債権執行（民執143以下）・その他の財産権の執行（民執167）に分類される（民執規により，これに航空機・自動車・建設機械・電話加入権及び預託株券等が追加される）。非金銭執行は，執行の態様に応じて，直接強制（民執168～170）・代替執行（民執171）・間接強制（民執172）・意思表示執行（民執173）に分類される。以上の民事執行に対して，行政法上の義務の不履行に対して，行政権の主体が，将来に向かってその実力によって義務を履行させ，又は義務の履行があったのと同様の状態を実現する場合（行政代執行，滞納処分制度など）があり，これは行政上の強制執行といわれる。　　　　　　　　　　　　［岸］

強制執行開始の要件

強制執行は，債権者の申立てにより（民執２），執行文の付与された債務名義（確定判決・仮執行宣言付判決等）の各正本又は仮執行宣言付支払督促，確定しもしくは仮執行宣言付少額訴訟判決の正本によって実施される（民執22・25）。強制執行が開始されるためには，債務名義の正本又は謄本，あるいは確定することにより債務名義となるべき判決等の正本又は謄本が，あらかじめ又は同時に債務者に送達されていることを要する（民執29前）。なお，権利行使が条件の成就に係っている場合及び承継があった場合は，原則として条件成就・承継の事実が文書によって証明されたときに執行文が付与されるが，この場合には，上記証明文書の謄本も，あらかじめ又は同時に債務者に送達されていなければならない（民執29後）。債務名義に表示された請求が確定期限の到来に係っている場合は，期限が到来した後でなければ開始することはできない（民執30①）。債務名義が担保を立てることを強制執行実施の条件としている場合は，申立債権者は立担保の事実を文書によって証明しなければならない（民執30②）。債務者の給付が，債権者の反対給付と引換えにすべきものである場合及び他の給付について強制執行の目的不達成のときの代替給付である場合，債権者は，反対給付又はその履行の提供の事実，他の給付についての強制執行の目的不達成の事実を証明しなければならない（民執31）。以上の積極的要件のほかに，執行障害事由である債務者の破産・会社更生等の消極的要件が存在しないことも必要である。　　　　　　　　　　　　［岸］

強制執行権

国が強制執行を遂行する権能をいう。執行力ある債務名義を有する債権者の私

法上の実体的請求権を最終的に満足させるために、国は強制執行という国家作用を行うが、強制執行を遂行していく過程では、占有者の占有を排除したり、債務者の所有権を奪って換価したり、債務者その他の利害関係人に対して拘束を加え、受忍・服従を要求し、あるいはその抵抗を排除することが必要であり、これらを具体的に行いうる権限の総体が強制執行権である。自力救済が禁止される法秩序の下では、強制執行権は国が独占しており、国の統治権（民事司法権）に属している。強制執行権の行使を求めうる権利が私人のもつ強制執行請求権であって、強制執行権とは峻別（しゅんべつ）されなければならない。なお、強制執行だけではなく、担保権実行などの場合も含めて広く民事執行の場面を前提として、執行権と称する場合がある。　　　　　　　　[岸]

強制執行請求権

私人が国家に対して強制執行権の発動を求めうる権利のことをいう。より具体的には、債権者が執行機関に対し執行力のある債務名義の正本に基づいて当該債務名義の表示する権利の強制的実現を求めうる権利をいう。わが国では自力救済が認められておらず、私人が自己の権利を最終的に満足させようとする場合、強制執行の権限主体である国にその助力を求めることを要し、ここに強制執行請求権という観念を認める余地が生ずる。強制執行請求権は、私人が民事執行制度を利用することのできる国に対する公権であって、債権者の債務者に対する私法上の給付請求権（実体的権利）とは明確に区別される。債務名義だけを前提とするか、執行される実体的請求権の存在をも前提とするかで、見解の対立がある。なお、担保権実行の場合をも含めた民事執行を念頭において、執行請求権と総称する場合がある。　　　　　　　　[岸]

強制執行の停止

執行機関が強制執行手続を将来に向かって開始又は続行できなくなることをいう。強制執行が開始されると、執行機関は、債務名義の執行力が存在しているものとして当該手続を続行していくが、債務者保護のためには、一定の事由が生じた場合には、執行手続を一時中止し、あるいは取り消す必要があり、手続を一時中止する場合を強制執行の停止というが（狭義）、既にされた執行処分を取り消す場合（強制執行の取消し）をも含めて停止ということもある（広義）。執行機関は、執行力が現存しているか、従前の手続が適法であったかなどを判断する機関ではないので、債務者が強制執行の停止を命ずる裁判書（さいばんがき）等一定の文書を執行機関に提出したときに限り、強制執行を停止することとした。法の認める強制執行停止のための文書（執行停止文書）は、民事執行法39条1項所定の裁判の取消し又は執行不許の裁判等（①）、和解等の無効宣言判決（②）、仮執行宣言付判決等における訴え取下げを証する調書の正本等（③）、不執行又は強制執行の取下げを記載した和解調書等の正本（④）、免脱担保の立担保証明文書（⑤）、強制執行の停止及び執行処分の取消命令を記載した裁判の正本（⑥）、強制執行の一時停止命令（⑦）、弁済受領・猶予文書（⑧）である。なお、8号文書のうち、弁済受領文書については4週間（民執39②）、弁済猶予文書については2回に限り通算6か月（民執39③）に停止期間が制限されている。　　　　　　　　[岸]

強制執行の取消し

執行機関が既になされた強制執行をその手続の当初に遡（さかのぼ）って解除する

ことをいう。執行機関は、債務名義の効力が現在もあり、従前の手続が有効になされたものとして、当該執行手続を続行しているが、手続を続行することが相当でない一定の事由が生じた場合には、手続を一時中止する（強制執行の停止）のみならず、さらにそれまでになされた執行処分の効力を否定する必要があるが、執行機関は取消事由の存否を判断するに適しないので、民事執行法は、強制執行の取消しを命ずる一定の文書（執行取消文書）を債務者が執行機関に提出したときに限り、執行手続を取り消すものとした（民執39①・40①）。執行取消文書は、同法39条1項所定の裁判の取消し又は執行不許の裁判等（①）、和解等の無効宣言判決（②）、仮執行宣言付判決等における訴え取下げを証する調書の正本等（③）、不執行又は強制執行の取下げを記載した和解調書等の正本（④）、免脱担保の立担保証明文書（⑤）、強制執行の停止及び執行処分の取消命令を記載した裁判の正本（⑥）である。執行取消文書が提出されると、執行機関は、手続を停止した上、既にした執行処分を取り消さなければならず、この取消処分は直ちに効力を生じるので、取消処分に対する執行抗告はできないものとされている（民執40②）。　　　［岸］

強制執行法

強制執行に関する法ないしその法源をいう。現在の民事執行法が制定される以前は、昭和54年改正前の旧民事訴訟法6編が強制執行に関する規定を設けており、この部分を指して強制執行法と称していたが、従前の民事訴訟法6編及び競売法を統合して、昭和54年法律4号として民事執行法が制定され、それ以降は、狭義においては同法の強制執行に関する部分を、広義においては同法全体及び民事執行規則を指すこととなった。新しい強制執行法である民事執行法においては、執行手続の迅速化、債権者の権利行使の実効性確保、売却手続の合理化、買受人の保護などの点において改善がされている。
　　　［岸］

行政訴訟

本来的な意味は、行政法規の正当な適用を確保するため、行政法上の争訟につき、行政権を担当する国家機関の内部に設置された行政裁判所において、正式な訴訟手続によって審理判断される裁判手続のことをいう。このような行政訴訟を認める行政裁判制度は、歴史的に見ると、三権分立思想に基づき、行政権を司法権からの干渉から免れさせる目的で、大陸法系の諸国で採用された。わが国においても、旧憲法においては、行政裁判制度を採用し行政裁判所の設置を規定しており（旧憲61）、通常の民事訴訟に比して、行政訴訟を提起しうる事項（行政訴訟事項）の限定、出訴期間の制限、職権審理主義などの特色を有していた。現憲法下では、行政裁判制度は廃止され、司法一元制が採用された結果、行政事件に関する裁判も、民事事件及び刑事事件に関する裁判と同様、司法裁判所が管轄することとなった。したがって、わが国の法制度上は、本来的な意味での行政訴訟は姿を消してしまったため、用語としての機能は失われている。現在では、行政事件訴訟のことを省略して行政訴訟と呼ぶことが多くなっており、むしろ行政事件訴訟を指す第二義的な用法の通有性の方が高いといってよい。　　　［岸］

強制調停

調停手続の開始（職権調停）、調停案の作成（調停に代わる裁判（民調17）等）など、民事紛争解決のための調停手続において、当事者の意思にかかわらずに促進

する性質を含むものをいう。調停は、そもそもその手続を利用するかどうか、調停案を受諾するかどうかについて、当事者の自由意思を尊重するところにその本質がある手続であるが、法は、紛争の早期解決・合理的解決の見地から、裁判所が後見的に介入し、当事者に手続を強制しうる場面を認め、調停制度の実効性を担保している。労働関係調整法において、労働争議が当事者間で解決をみない場合、労使自治の原則の例外として、第三者的機関が職権で調停を開始する制度（労調18、国企労27、地公労14）を指す場合もある。　　　　　　　　　　　　［岸］

強制履行

債務不履行の場合において、債務の本来的内容を債務者の意思にかかわらず強制的に実現することをいい、損害賠償と対比される概念である。執行すべき債権が本来的な給付請求権である場合の強制執行で、直接強制・間接強制・代替執行・意思表示義務の執行の4つの方法がある（民414）。与える債務については直接強制（民414①本、民執43～170）、作為・不作為のなす債務のうち、代替的なものについては代替執行（民414②③、民執171）、非代替的なものについては間接強制（民執172）による。意思表示義務については意思表示に代わる判決（民414②但、民執173）による。　　　　　　　　　　［岸］

強制和議

破産手続において、破産者と破産債権者とが相互に譲歩し、破産債権について配当に代わる弁済方法を定めることによって、破産財団を破産手続に基づいて清算することによらないで破産を終結させる制度をいう。破産財団を換価し債権者に配当する破産手続が、多大な時間と費用を要する割には配当額の点で債権者にメリットが少ない上、当該破産者にとっても営業が継続できなくなるなど社会経済上の打撃が大きいことから、かかる不利益と弊害を防止しつつ早期に破産手続を終結させる途を認める趣旨で採用されたものである（破9章）。強制和議は、破産者による提供（和議条件の申出（破294））、債権者集会、破産裁判所の認可の3段階を経て完了する。債権者集会においては、債権者全員の一致がなくても、相当多数の債権者の賛成により成立し、その決議が同意しなかった少数の債権者をも拘束する点で、強制的な性格を有する。強制和議は、再建への途が至難であるとの事前の見通しを前提に、債務者財産の解体・清算という破産手続としていったん進行していたものを、途中で再建型の手続に移行させるものであるから、実際上これを実現することは極めて困難であって、ほとんど利用されていないのが実情である。　　　　　　　　［岸］

供託

ある財産を国家機関である供託所に提出してその管理に委ね、供託所を通じて当該財産を一定の者に受領させることによって、一定の法律上の目的を達成しようとすることをいう。供託物の受入れ管理については民法上の寄託と同じ性質であるが、供託所が供託事務処理のため当事者に対してする行為は行政処分の性質をもつ。供託には、債務を消滅させるためにする弁済供託（民494～498、商585～587）、債権担保のためにする担保供託（民367③・461②、民訴75・76・259・400等）、民事執行の目的である金銭又は換価代金を当事者に交付するための執行供託（民執91・108・141・156等）、単なる保管のための保管供託（民367・394・578等）、その他特殊な目的のためになされる特殊供託（例えば、公職選挙立候補者の供託（公

選92))などがある。　　　　　　［岸］

共同原告

原告複数の共同訴訟における原告のことをいう。当初から共同原告として1つの訴えを提起する場合と，訴訟係属中に他の原告が参加したり，別個の訴訟手続が併合されるなどして後発的に共同原告となる場合がある。合一確定の要請が働かない通常共同訴訟の共同原告にあっては，訴訟行為をするについて相互に制約を受けないが，合一確定の要請が働く必要的共同訴訟の共同原告にあっては，訴訟資料及び訴訟進行の統一を図ることが必要となるため，種々の制約を受ける(民訴40)。　　　　　　　　　　　　［岸］

共同差押え

強制競売又は担保権の実行などにおいて，複数の債権者による共同の申立てに基づいて1個の差押命令を発し，債務者の財産を差し押さえることをいう。差押えの目的となる債務者の財産の種類については制限がないので，不動産・動産・債権その他譲渡性のある財産権すべてに許容される。共同差押えがなされた後の執行手続は，個別に差押えがなされた場合と変わりはないが，各債権者の固有の事情により進行が区々となる場合もあり得る。配当については，後発的に執行が競合した場合と同様に処理されることとなる。　　　　　　　　　　　　　　［岸］

共同訴訟

1個の訴訟手続の当事者の一方又は双方の側に数人の者がついている訴訟形態をいう。同じ側につく数人の当事者を共同訴訟人という。共同訴訟が発生する原因として，数人の原告が共同して1つの訴えを提起し，又は数人の被告に対して1つの訴えを提起する場合（訴えの主観的併合），訴訟中に当事者の地位を数人の訴訟承継人が承継する場合，訴訟係属中に第三者が原告又は被告として参加してくる場合（共同訴訟参加（民訴52)），別異に追行されている複数の訴訟手続について裁判所が弁論を併合した場合（民訴152①）などがある。共同訴訟が認められるためには，共同訴訟人の請求又は共同訴訟人に対する請求の間に一定の共通性・関連性のあることが必要であり（民訴38前），更に，これらの共通性・関連性がなくても，訴訟物たる権利義務が同種であって事実上及び法律上同種の発生原因に基づくときも認められる（民訴38後）。共同訴訟は，各共同訴訟人につき判決が区々となっても差し支えない場合である通常共同訴訟と，各共同訴訟人ごとに判決が区々となることが許されず合一確定の要請が働く必要的共同訴訟に分類される。さらに，必要的共同訴訟は，共同訴訟とすることが強制されるわけではないが，共同訴訟とされた以上は合一確定が要請される類似必要的共同訴訟と，共同訴訟とすることが法律上強制される固有必要的共同訴訟とに分けられる。合一確定の要請のない通常共同訴訟にあっては，各共同訴訟人は，他の共同訴訟人に掣肘(せいちゅう)されることなく訴訟を追行できるが（共同訴訟人独立の原則（民訴39)），必要的共同訴訟にあっては，訴訟追行上連合関係にあるので一定の制約を受ける（民訴40)。　　　　　　　　［岸］

共同訴訟参加

係属中の訴訟手続に第三者が原告又は被告の共同訴訟人として参加することをいう（民訴52)。参加しようとする第三者と当事者の一方との間で合一確定をする必要がある場合，すなわち当該訴訟の判決の効力が参加人と相手方との間に及ぶ場合にのみ認められる。換言すれば，後

発的に類似必要的共同訴訟が発生する場合ということができる。この参加は，別訴の提起に相当するものであるから，参加人自身がその請求について当事者適格を有することが必要である。参加人に当事者適格がない場合は，共同訴訟的補助参加又は補助参加するしかない。共同訴訟参加の代表的な例として，1人の株主が提起した株主総会決議取消しの訴えに，他の株主が原告の共同訴訟人として参加する場合などが挙げられる。共同訴訟参加の申出は，補助参加の場合に準じて，いずれの側に参加するのかを明らかにし，被参加人が求めている判決と同じ内容の判決を求める趣旨を掲げて行う。第三者が被告の側に参加する場合，自ら原告に対する請求を掲げる必要があるのか，端的に原告の請求棄却を求めればよいのかについては争いがある。なお，控訴審以降においても参加が許されるかどうかにつき見解の対立があるが，第三者自ら参加する場合であって，その審級の利益を考慮する必要がないから，相手方の裁判を受ける権利が実質的に保障されていると認められる限りは許されてよかろう。

［岸］

共同訴訟的補助参加

明文の規定はないが，解釈論上一般に認められている補助参加の形態であり，既存の訴訟手続における当事者間の判決の効力が第三者に及ぶ場合，その第三者が補助参加することをいう。被参加人と相手方との間の判決の効力が参加人に不利益に及ぶ場合があり得るので，通常の補助参加の場合に比べ，より手厚い手続的保障を認める必要から，必要的共同訴訟人に準じた地位を与えることとした（最判昭40・6・24民集19・4・1001参照）。したがって，被参加人の訴訟行為と抵触するような行為であっても有効になし得るので，被参加人が上訴権を放棄したり，上訴を取り下げたりした場合であっても，参加人は独立して上訴を追行できるものと解されている。共同訴訟的補助参加が認められるのは，ある株主が株主総会決議取消しの訴えを提起した場合に別の株主が被告の会社側に訴訟参加する場合，又は提訴期間を徒過した後に原告の株主側に訴訟参加する場合（この場合，参加人には当事者適格がないから，共同訴訟参加はできない），遺言執行者を当事者として係属している訴訟に，相続人が遺言執行者の側に訴訟参加する場合などである。

［岸］

共同訴訟人

共同訴訟における同じ側の当事者のことをいう。原告が複数の場合の共同原告と，被告が複数の場合の共同被告とがある。共同訴訟の種類に応じて，共同訴訟人の訴訟追行の方法に差があり，通常共同訴訟にあっては共同訴訟人独立の原則が働くが（民訴39），必要的共同訴訟にあっては合一確定の要請があるため，種々の制約が伴う（民訴40）。ただし，通常共同訴訟においても，自由心証主義の下では，共同訴訟人の1人が提出した証拠又はこれに対して提出された証拠は，他の共同訴訟人にも共通の事実認定の資料となる（証拠共通の原則）。 ［岸］

共同訴訟人独立の原則

通常共同訴訟にあっては，合一確定の要請がないから，各共同訴訟人は，他の共同訴訟人に掣肘（せいちゅう）されることなくそれぞれ自由独立に相手方当事者に対する訴訟行為をすることができる建前をいう（民訴39）。例えば，各自独立に，請求の放棄・認諾，和解，訴えの取下げ，上訴，自白などができるし，その効果も相手方との関係にしか生じない。共同訴

訟人の1人について中断・中止の事由が生じても，他の者には影響を及ぼさない。これは，通常共同訴訟が，元来，別個に判断されても差し支えない複数の請求がたまたま1つの訴訟手続にまとめられているにすぎない訴訟形態であって，法律上裁判の統一の保障がない場面であるから，紛争の統一的解決に資するための規制を設けるよりも，訴訟追行における各共同訴訟人の自主性を尊重しようとしたのである。通常共同訴訟においても，証拠共通の原則は妥当するから，統一的な心証形成が図られ，適切な訴訟指揮と相俟(ま)って，事実上判断が区々となることは避けられるが，本人訴訟などの場合には不自然に跛行的(はこうてき)な訴訟状態が形成されるおそれもある。そのような事態を回避するために，独立原則は他からの制約を受けないで積極的な訴訟追行行為をなしうるという点にその目的・意義があるのであって，独立の訴訟追行権を行使しなかった場合は独立原則の適用外であるとするなど，主張レベルにおける形式的な独立原則を修正する種々の解釈論的試みがなされている。　　　［岸］

共同の利益

共同訴訟人が多数の場合における手続の円滑な進行，送達事務の合理化，訴訟費用の軽減などを目的として認められた選定当事者制度（民訴30）を利用しうるための要件のことである。多数者の中から選定当事者を選定し，この者を全員の総代的な訴訟当事者として訴訟を追行させるには，母体となる多数者の間に共同の利益がある場合でなければならない。共同の利益の意義に関しては解釈上争いがあるが，判例は，多数者相互間で共同訴訟人となりうる関係を有し，かつ，主要な攻撃防御方法を共通にすることと解している（大判昭15・4・9民集19・695参照）。　　　［岸］

共同被告

訴訟の目的である権利又は義務が数人について共通であるとき，又は同一の事実上及び法律上の原因に基づくときは，その数人を共同被告として訴えることができる（主観的併合（民訴38））。通常の共同訴訟においては，共同被告の1人に対する訴訟行為及び共同被告の1人に生じた事項は，他の被告に影響を及ぼさない（民訴39）。必要的共同訴訟においては，共同被告の1人の訴訟行為は，全員の利益にのみ効力を生じ，共同被告の1人に対する訴訟行為は，全員に対して効力を生じ，1人に中断・中止の原因があると，全員について，中断又は中止が生じる（民訴40①～③）。共同被告は，独立当事者参加，訴訟承継，弁論の併合によっても生じる。　　　［江見］

競売 ⇒ 「けいばい」

共有物分割の訴え

共有物の分割について共有者間に協議が調わない場合に分割を求めて提起する訴訟（民258①）のことをいう。本質的に権利義務の存否を確定するものでなく，分割方法を定めるもので，性質は非訟事件に属するが，形式的形成訴訟の一種とされる。本来の形成訴訟と異なる点は，この訴訟においては，裁判所が分割をする上での法律上の基準（形成要件）が定められておらず，裁判所は，当事者の申立てに拘束されることなく（処分権主義は及ばない），合目的的な裁量によって分割方法を定めることを要する点である。この訴えは，共有者全員について画一的に処理すべき要請が強いもので，分割を請求する共有者（ら）が他の共有者全員を被告として提起する必要がある固有必要的

共有訴訟と解されている（大判大12・12・17民集2・684）。分割の裁判は，現物分割を原則とするが，物の性質上現物分割ができないか，又はそれにより著しく価値を減ずるおそれがある場合，共有物を競売して代金を分割する（民258②）。

[江見]

共有不動産に関する訴訟

共有不動産に関する訴訟には，固有必要的共同訴訟（判決が共同訴訟人間について法律上区々別々となってはならない性質の共同訴訟）とされるものとそうでないものがある。

共有者相互の間で争われる訴訟について見ると，共有物分割の訴え，共有不動産について共有関係が存するかどうかを巡る訴え（共有者たる人の範囲に争いがある場合）は，いずれも，固有必要的共同訴訟に当たると解され，共有者相互の持分が争いとなる場合は，これに当たらないと解されている。

共有者の共有者以外の者に対する訴訟中，共有不動産について，全体としての共有関係の確認及び移転登記手続の各請求は固有必要的共同訴訟に当たり，共有持分権の確認，妨害排除，引渡し又は返還，登記抹消手続の各請求はこれに当たらないと解されている。

共有者に対する訴訟中，所有権確認請求については，固有必要的共同訴訟に当たるとする判例（遺産の共同相続人に対する例（大判昭6・12・6法学1・535））と，当たらないとする判例（家屋台帳上の共有名義人に対する例（最判昭34・7・3民集13・7・898））があり，共同相続人に対する賃借権確認請求はこれに当たらないとする判例（最判昭45・5・22民集24・5・415）がある。また，判例上，抹消登記手続請求は固有必要的共同訴訟に当たり（最判昭38・3・12民集17・2・310），契約上の義務の履行として所有権移転登記手続を求める訴訟（最判昭36・12・15民集15・11・2865），農地についての知事に対する許可申請手続請求訴訟（最判昭38・10・1民集17・9・1106），土地所有権に基づく建物収去土地明渡請求訴訟（最判昭43・3・15民集22・3・607）はこれに当たらない。

境界（けいかい）確定請求訴訟は，共有者全員が訴え，又は訴えられることを要する固有必要的共同訴訟に当たる。

[江見]

許可抗告制度

高等裁判所がした決定及び命令については，憲法違反を理由とする特別抗告（平成8年改正前の旧民訴419ノ2，民訴336）の外，高等裁判所の許可を得て，最高裁判所に対して抗告することができる（民訴337）。高等裁判所は，最高裁判所の判例と相反する判断がある場合その他の法令の解釈に関する重要な事項を含むと認められる場合，抗告を許可しなければならない（民訴337②）。抗告の許可は，地方裁判所でされたとすれば抗告することができるような決定等に限られ，再抗告に対する決定，抗告の許可を求める決定に対して求めることはできず（民訴337①），憲法違反を理由とすることもできない（民訴337③。特別抗告によればよい）。

[江見]

挙証責任 ⇨ 「証明責任」

挙証責任の転換 ⇨ 「証明責任の転換」

挙証責任の分配 ⇨ 「証明責任の分配」

記録添付

昭和54年改正前の旧民事訴訟法645条2項は，不動産の二重差押えを禁止し，既に競売開始決定がされた不動産に重ねて強制競売の申立てがされた場合，後の申立書を先の執行記録に添付し，競売開始決定がされたと同様の効果を生じさせていた。記録添付は，先の競売手続が進行している場合，後の競売申立人のために配当要求の効力を生じさせ，先の競売手続が取り消されたり一時停止される場合等には，後の競売申立人にとって利益の存する限り，同人のために競売手続を進めさせる効力を有した。後の競売申立人のために競売開始の効力が生じる場合において，差押えの効力は，記録添付の時に生じ，先の競売申立人による競売開始決定の時ではない。現行の民事執行法では二重差押えを認めた（民執47）。

[江見]

金銭執行

金銭執行とは，金銭の支払を目的とする債権の実現のためにされる強制執行をいい，それを目的としない執行(非金銭執行)と区別して用いられる。担保権の実行手続も，債務名義がない外は，金銭債権の実現を目的とする点では同じで，金銭執行の手続が広く準用されている（民執188・189・192等）。

金銭執行は，金銭債権の満足に充てるため，執行機関が債務者の責任財産を差し押さえて処分を制限した上，強制的に換価して代金を交付又は配当し，債権を責任財産とするときは，債権者が自ら取り立てる（民執155）。強制換価の手続は，対象となる財産ごとに民事執行法及び同規則に定めがある外，登録された航空機又は自動車，登記された建設機械，預託株券等については，他の法律及びその委任に基づく民事執行規則に定められている。

非金銭執行は，債権の内容に応じて多様で，⒤直接強制によるもの（例：不動産・動産の引渡し・明渡し（民執168）），ⅱ代替執行によるもの（例：⒤以外の作為又は不作為を目的とする債権で代替執行に適するもの（民執171）），ⅲ間接強制によるもの(前同様の債権で代替執行に適しないもの（民執172）)，ⅳ債務名義の確定又は成立，執行文の付与の外，格別の執行手続を要しないもの（意思表示を目的とする請求権（民執173））の4種類がある。

[江見]

金銭納付命令

上訴権濫用に対する制裁として，上訴棄却の判決の際，当該上訴が訴訟の完結を遅延させる目的のみでされたと認められる場合，主文において，上訴状に貼付(ちょうふ)した印紙額の10倍以下の額の金銭の納付を命ずる裁判がされる（民訴303・313・331）。金銭納付の裁判とも言われ，上訴人は，国庫に対し，金銭を支払う義務を負い，執行は，過料の裁判と同一に取り扱われる（民訴303⑤）。

金銭納付の裁判は，本案の内容を変更する判決がされたときは，当然に効力を失い，また，上告審は，上告棄却の判決をする場合においても，金銭納付命令部分のみを変更することができる（民訴303③④）。

[江見]

具体的訴権説 ⇒ 「訴権学説」

国の指定代理人

国を当事者又は参加人とする訴訟については，法務大臣が国を代表し(法務大臣権限1)，法務大臣は，所部の職員でその指定するものに訴訟を行わせ（法務大臣権限2①），行政庁の所管し，又は監督する事務に関する上記訴訟については，当

該行政庁の職員を指定することもできる（法務大臣権限2②）。行政庁を当事者又は参加人とする訴訟については，当該行政庁がその所部の職員で指定する者に訴訟を行わせることもできる（法務大臣権限5①）が，法務大臣も，所部の職員を指定して当該訴訟を行わせることができる（法務大臣権限6）。これらの指定を受けて訴訟を担当する者が指定代理人である。

[江見]

クラス・アクション

法律上又は事実上の利益を共通にする多数の者の1人又は数人が上記利益を共通にする者全員を代表して訴え，又は訴えられることを許容する仕組みで，英米法の下で認められてきた制度である。上記利益を共通にする者を1つの集団（クラス）と観念し，代表者により，集団単位で訴訟（アクション）を提起し，又は提起されることを容認するものであるが，訴訟の提起もしくは応訴についての集団に属する者の意思の合致，又は集団に属する者の代表者に対する授権のいずれをも要しない点において，わが国の選定当事者とは異なる。

どのような場合にクラス・アクションが認められるかの詳細は，米国連邦民事訴訟規則23条に定められているが，確定の可能な集団（和解により解決した例もあるようであるが，「特定のたばこ製造会社のたばこ購買者」による訴訟が認められていた）があること，及び代表者もその一員であることを要すると解されている。

クラス・アクションは，費用を償うにも足りないなどの事情から，訴訟による実現が見送られることの多い利益についても，この訴訟方法の利用により実現を求められる利益が全体としては巨額となることを通じて訴訟による実現が可能となり，ひいては，損害賠償請求訴訟の例におけるように，被告に対する違法行為を抑制する機能を持つと指摘されている。

[江見]

訓示規定　⇒「効力規定・訓示規定」

群団優先主義

同一債務者に対する金銭執行が競合する場合，先に差押えをした債権者に優先的に配当する制度を優先（配当）主義，優先権を認めず，執行に参加した他の債権者とを平等に扱い，債権額に按分（あんぶん）して配当する制度を平等（配当）主義と呼び，前者はドイツ法・オーストリア法に源があり，後者はフランス法に源がある。両者の折衷的な方法として，執行開始後一定の時期までに配当要求をした債権者を1つの群とし，その中では平等主義により配当し，後に執行に着手した債権者よりは優先的に扱うのを群団優先主義と呼び，スイス法に源がある。

民事執行法は，旧法（昭和54年改正前の民事訴訟法強制執行編）と同様，群団優先主義を採用し，配当要求期間（旧法と異なり，円滑な執行を妨げない範囲で配当要求すべき時期が定められている）内に配当要求した債権者は平等に扱われる。

[江見]

境界（けいかい）確定訴訟

経界確定訴訟とも書く。隣接する土地の境界を定めることを目的とする訴訟をいう。訴えの性質について，確認訴訟（客観的には定まっている境界を確定し，宣言する機能を有する訴訟であるとする），形成訴訟（判決によって境界を形成することを求める訴訟であるとする），形式的形成訴訟（実質は非訟事件であるが，形式上民事訴訟として扱われる訴訟であるとする）の3説があるが，最後の説が有力とされている。境界確定訴訟においては，原告

は具体的な境界線を主張することを要しないし，裁判所は，原告の主張に拘束されることもなく，原告の主張と異なる判断をしても弁論主義違反の問題を生じない。被告も，請求棄却を求めることはできないが，具体的な境界を主張する必要はないし，具体的な境界を主張する場合でも，反訴を提起する必要はない。裁判所は，訴訟資料が足りないなどのため，客観的な境界を知り得ないときでも，原告の請求を棄却することはできず，境界に争いがある限り，境界を定めなければならないのであり，そのような場合，両者の土地占有の境界が判明するのであれば，これをもって所有地の境界とすることや，それも不明な場合，争いのある範囲を配分する方法により境界を定めることも許されると解されている。

境界確定訴訟を提起することができるのは，隣接する土地の所有者のみであるか，又は賃借権者もしくは他物権者も提起することができるかどうかについては，争いがある。　　　　　　　　　　［江見］

経験則

実験則とも呼ばれ，日常の経験から導かれる世上一般に認められている事実の判断に関する法則の総称をいう。自然科学上の法則から，生活上生じる事柄についての経験的知識に至るまでの広いものを含むが，経験的知識といっても，特定の人のそれではなく，個人差を除いた一般的なものを指す。裁判の前提となる事実は，証拠に経験則を当てはめて確定することが必要であり，証拠の評価は裁判官の自由心証に委ねられているが，経験則に合致するものであることを要する。経験則のうち，専門的な分野に属する，裁判官の知り得ない事柄に関することは，鑑定により，生じた事柄に専門的な経験則を当てはめた結果を知り，裁判の資料とすることになる。

経験則は，事実の問題ではなく，自白や擬制自白の対象とはならず，証拠を評価するについて裁判所がよりどころとした経験則の有無及びその内容は，法律問題として上訴審の判断の対象となる。
　　　　　　　　　　　　　　［江見］

形式的確定力

訴訟手続内において，裁判が上訴等の通常の不服申立てによって取り消される可能性のない（通常の上訴の手段が尽きた）状態に至ったことをいい，実質的確定力（既判力）と区別して用いられる。裁判が形式的確定力を取得した後でも，再審，高等裁判所が上告審としてした判決に対する特別上告，更には上訴期間を徒過した後の追完等により裁判が取り消されることはありうる。　　　　　　　［江見］

形式的形成訴訟

内容は非訟事件であるが，沿革的又は政策的理由から，形成訴訟として処理される訴訟をいう。形成要件が法律に定められておらず，法律を適用して判断を下すという裁判の性質より，裁判所のする行政処分の実質を有し，当事者間の紛争を訴訟手続及び判決の形式を借りて判断するという意味で，「形式的」形成訴訟と言われる。共有物分割の訴え（民258），境界確定訴訟，父を定める訴え（民773）が典型例である。　　　　　　　　　［江見］

形式的競売（けいばい）

民法・商法その他の法律の規定による換価のための競売（民執195）を意味し，債権者の金銭的満足のために債務者の財産を売却する強制執行としてされる競売と区別して呼ばれる。物を換価する必要がある場合にされる点は，強制執行と同様であるが，公正を期するため，法律の

規定により、国家機関が行うことと定められている競売である。具体例としては、共有物分割のための競売（民258②），限定承認等の場合の相続財産の競売（民932），遺産分割や財産分与の審判による遺産の競売（家審15の4），区分所有者の権利の競売（区分所有59），端株の処理のための競売（商217①等）等がある。
　　　　　　　　　　　　　　　　［江見］

形式的証拠力・実質的証拠力

文書が証拠として事実認定の基礎とすることができるためには、当該文書が作成名義人とされた者によって作成されたと確定されること、換言すれば、文書が作成者の意思に基づいて作成されたと確定されることが必要で、これが形式的証拠力（又は形式的証明力）の問題である。形式的証拠力の認められる証拠が事実の認定にどのように役立つかは、実質的証拠力（又は実質的証明力）の問題で、裁判官の自由心証に委ねられる。公文書は、一般に高度の実質的証拠力が認められると言ってよく、私文書のうち、成立の真正な処分証書は、作成名義人の意思能力が欠けていたり、意思の欠缺（けんけつ）があったりしない限り、記載された法律行為を認定するための実質的証拠力は高いと言いうるものの、報告文書は、成立の真正なものであっても、実質的証拠力は常に高いとはいえず、内容による。
　　　　　　　　　　　　　　　　［江見］

形式的証明力　⇒「形式的証拠力・実質的証拠力」

形式的当事者概念・実体的当事者概念

実体法上権利能力を認められる自然人（一定の場合、胎児を含む）・法人は、当然に訴訟当事者能力を認められる（実質的当事者能力者）のに対し、実体法上権利能力を認められず、権利・義務の主体となり得ないところの法人でない団体であっても一定の経済的活動や社会的活動をしている場合には訴訟法上の必要から、権利能力のある団体と同様に扱われ、訴訟当事者能力を認められる場合がある。権利能力とかかわりなく、訴訟上の必要から認められることから、形式的当事者能力と呼ばれるが、民事訴訟法上は、格別、区別の意義はない。　　　　　　　［江見］

形成訴訟　⇒「形成の訴え」

形成の訴え

既存の法律関係の変更又は新たな法律関係の発生の要件が存在すると主張し、その変更を宣言する判決を求める訴えのことをいう。例えば、離婚の訴え（民770）は、「離婚原因」があると主張して「原告と被告とを離婚する」という法律関係の変動(形成)を宣言する判決を求めるものであるから形成の訴えである。形成の訴えは、確認の訴え・給付の訴えと並ぶ訴訟の3類型の1つである。形成の訴えには、私法上の権利関係の形成を目的とする私法上の形成の訴え（例えば、離婚・離縁の訴え、会社設立無効の訴え、株主総会決議取消しの訴え）と訴訟法上の法律効果の変動を目的とする訴訟法上の形成の訴え（例えば、再審の訴え、仲裁判断取消しの訴え）の別がある。

私法上の権利関係の変動は、通常は意思表示その他の法律要件事実に基づいて当然生じ、権利変動があったかどうかが不明である場合には、訴訟において、紛争のあるごとに個別的・相対的に解決される。しかし、身分関係や社団関係などで、多数の関係人の間で明確かつ一律に定めないとその法律関係に混乱を生じるような場合、権利変動の要件の存否を直接の目的とし、判決によるその存在の確

定を待って初めてその変動が生ずるものとする一方、それまでは何人もその変動を主張できないこととする必要がある。こうした類型の訴訟が認められるに至ったのはこのような場合の法律関係を規律する必要からである。　　　　［鬼澤］

形成判決

既存の法律関係の変更又は新たな法律関係の創設を宣言する判決のことをいう。確認判決・給付判決と並ぶ判決の3類型の1つである。通常は、形成の訴えにおいて裁判所が原告の主張する形成原因の存在を認め、その判決主文において法律関係の変動を宣言する原告の請求認容の判決をいう。例えば、離婚を宣言したり、株主総会の決議の取消しを宣言する判決などである。形成判決が確定したときに、そこに宣言された法律関係の変動が生じるが、形成判決がもつこのような効果を形成力という。　　　　［鬼澤］

形成力

形成判決が確定した場合に法律状態の変動を生じさせる効力のことをいう。例えば、離婚訴訟において「原告と被告とを離婚する」と宣言する判決は、その判決が確定した段階で、原告と被告の離婚という法律状態の変動が生じるが、こうした法律状態の変動を生じさせる形成判決の効力が形成力である。創設力ともいう。形成の対象となる法律状態は、判決の内容により実体法上のものであることも訴訟法上のものであることもある。形成力は、既判力や執行力と異なり、一般第三者にも及ぶのが原則である（対世効）。これは、そもそも形成の訴えが、身分関係や社団関係などで、多数の関係人の間で明確かつ一律に定めないとその法律関係に混乱を生じるような場合、権利変動の要件の存否を直接の目的とし、判決によるその存在の確定を待って初めてその変動が生ずるものとする一方、それまでは何人もその変動を主張できないこととする必要があることから認められてきたことに由来する。しかし、形成力が本来的に対世効があるのか、実定法上の規定に基づくのかについては争いがある。
　　　　［鬼澤］

係争物

訴訟上の請求として相手方に対して主張する権利関係又はその権利関係の対象となっている物件そのもののことをいう。例えば、自動車の引渡請求訴訟における自動車それ自体などである。民事訴訟手続において、訴訟の係属中に係争物が譲渡された場合、新たな譲受人が当然に訴訟の当事者となるのではなく、新たな紛争の主体となった者から訴訟参加の申出（民訴49・51前）をするか又は相手方当事者が訴訟引受けの申立てをすること（民訴50・51後）により、訴訟手続が承継される。このほか、特定物の給付請求権を保全するために行われる保全手続も、「係争物に関する仮処分」と呼ばれている。
　　　　［鬼澤］

係争物に関する仮処分

係争物に関する仮処分とは、特定物についての給付請求権を保全するための仮処分をいう（民保23①）。例えば、家屋の賃借人が目的物を第三者に占有させたりして明渡しの強制執行を妨害する可能性が高い場合に家屋の明渡請求権を保全するための不動産の占有移転禁止の仮処分、買い受けた土地について売主がこれを第三者に譲渡するおそれがある場合に当該土地の移転登記請求権を保全するための不動産に対する処分禁止の仮処分などである。将来の強制執行の保全を目的とする点で仮差押（民保20①）と共通するが、

仮差押が金銭債権の執行保全を目的とするのに対し、係争物に関する仮処分は特定物に関する給付請求権の執行保全を目的としている点で異なる。また、同じ仮処分でも、仮の地位を定める仮処分(民保23②)は、争いがあることから現に生じている著しい損害や急迫の危険を避けることを目的とするものであって、将来の執行保全を目的とするものではない点で、係争物に関する仮処分と異なる。

係争物に関する仮処分においても、他の保全処分と同様、被保全権利と保全の必要が要件となる。係争物に関する仮処分の被保全権利は特定の係争物に関するものであることを必要とするが、その請求が期限付・条件付のものであってもよい(民保23③・20②)。係争物に関する仮処分の保全の必要性とは、現状の変更により、将来債権者が勝訴の確定判決に基づく強制執行によって権利を実行することができず、又はそれをするについて著しい困難が生じることをいう。現状の変更には、賃借人が借家を壊して店舗に変更するような客観的変更の場合と、賃借家屋の占有を第三者に移転するような主観的変更の場合が含まれる。　　[鬼澤]

継続審理主義

訴訟の審理を集中して継続的に行う方式をいい、集中審理主義ともいう。新鮮な印象に基づく適正な裁判が期待でき、訴訟促進のためにも望ましいとされる。民事訴訟法は、「証人及び当事者本人の尋問は、できる限り、争点及び証拠の整理が終了した後に集中して行わなければならない」(民訴182)として継続審理主義を採用することを明らかにしている。従前の民事訴訟の審理は、いわゆる五月雨(さみだれ)式審理として、争点等の整理と証人及び当事者本人等の人証の証拠調べが併行して継続的に行われてきたことが少なくなく、このような審理方式が訴訟遅延を招く大きな原因となっていると指摘されてきた。新民事訴訟法(平成8法109)は、争点整理を早期に集中して行い、争点を絞った無駄のない証拠調べを実施することによって、審理の充実と迅速化を図ることを基本的な考え方としている。
　　[鬼澤]

競売 (けいばい)

広義では多数人のうちから口頭で買受けの申出をさせ最高の価額を申し出た者に売るという方法でする売買一般を意味する。競り売りともいう。入札による売買が書面によるのと異なる。狭義では、民法・商法などで換価権又は換価義務を認められた者が、執行官又は裁判所に申し立てて開始する公の売却手続、すなわち担保権実行としての競売及び形式競売だけを指すこともある。この意味での競売は任意競売と呼ばれることがある。旧法下においては、昭和54年改正前の旧民事訴訟法(強制執行編)による強制競売と競売法(明治31法15。昭和54年法4により廃止)による競売(任意競売)とに区別されていたが、民事執行法により一本化された。　　[鬼澤]

競売 (けいばい) 法

担保権実行のための競売といわゆる形式的競売の手続を定めていた法律(明治31法15)である。民事執行法(昭和54法4)により廃止され、これに統合された。民事執行法施行前は、旧民事訴訟法(昭和54法4による改正前のもの)による強制競売と競売法による競売(任意競売)の2本立てで行われていた。　　[鬼澤]

競落 (けいらく)

競売において最高価の競買人が買受人となり競売物件を取得することをいった。

昭和54年の改正前の民事訴訟法及び同年に廃止された競売法では,「競落」という用語が用いられていたが,民事執行法下では「売却」と称されるようになった。
[鬼澤]

欠席手続

民事訴訟の口頭弁論期日に一方の当事者が欠席した場合の手続のことである。期日における弁論は口頭で行われることを原則としている(民訴87)。しかし,当事者の一方が期日に勝手に欠席した場合にも口頭主義を貫くと,期日が無駄になり,出席当事者は,出頭に要した無駄な費用や時間を負担しなければならなくなり,不公平であるし,訴訟経済上も好ましくない。そこで,民事訴訟法は,原告又は被告が最初にすべき口頭弁論の期日に出頭せず,又は出頭したが本案の弁論をしないときは,裁判所は,その者が提出した訴状又は答弁書その他の準備書面に記載した事項を陳述したものとみなし,出頭した相手方に弁論をさせることができるものとした(民訴158)。 [鬼澤]

欠席判決・対席判決

実務上,被告が適式の呼出しを受けたのに口頭弁論期日に出頭せず,答弁書その他の準備書面を提出しないときに,原告主張の事実を自白したものとみなして(民訴159)下される判決を欠席判決といい,原告・被告双方が出頭の上双方の主張を聞いた上で下される判決を対席判決という。

これに対し,講学上「欠席判決」とは,最初の期日たると続行期日たるを問わず,当事者の一方が口頭弁論期日に欠席した場合に,出頭した当事者の申立てに基づいて直ちに言い渡される欠席者に不利な判決のことをいい,その審理の段階の如何(いかん)を問わず,「欠席」という事実のみに基づいて下される判決である点に特色がある。欠席手続におけるこのような建前を「欠席判決主義」という。

欠席判決主義は,大正15年改正前の旧々民事訴訟法においては採用されていたが,欠席判決に対して同一審級への不服申立て(故障の申立て)が可能で,これを繰り返すことにより訴訟遅延の原因となったので,大正15年の改正により廃止された。これに対し,旧民事訴訟法及び現行民事訴訟法では,上記のとおり欠席者の陳述の擬制はするものの,弁論を終結するか否かはその段階における審理の状況によるものとされ,欠席者の陳述擬制以外はすべて欠席者が出席していると同様の取扱いをするので「対席判決主義」と称されている。 [鬼澤]

決定

民事訴訟法上,判決以外の訴訟指揮ないし付随的な事項の解決のため,又は迅速処理を要する事項について,裁判所が行う裁判のことをいう。民事訴訟法上の裁判には,判決・決定・命令の3種類があるが,判決は訴訟を完結する場合(終局判決)か又は中間的なものであっても判決のもつ厳格性を利用して手続を整理する場合(中間判決)に用いられる。そして,これ以外の裁判が,決定と命令であるが,両者の違いは,決定が裁判所のする裁判であるのに反し,命令は個々の裁判官(裁判長・受命裁判官・受託裁判官)のする裁判である点にある。ただし,法律上,「命令」という名称が与えられていても裁判の性質としては決定で行われなければならない場合もある(例えば,保全命令(民保2①)など)。

判決は,原則として口頭弁論に基づいてなすことを要し(民訴87),その告知は,原則として判決書(はんけつがき)を作りそれに基づき言い渡すという形式が要

求される（民訴252。例外は民訴254・370②）。これに対し、決定・命令については口頭弁論を開くかどうかは任意的であり（民訴87①但）、相当と認める方法で告知すれば足りるし（民訴119）、裁判書（さいばんがき）を作ることなく調書の記載で代用できることがある（民訴規67①⑥）。

[鬼澤]

決定手続 ⇒「判決手続・決定手続」

結末判決

金銭・代替物の給付請求や数個の請求が併合されている民事訴訟事件において、その一部についてなされる終局判決を一部判決というが、一部判決がされた後になお裁判所に係属している請求の残部について行われる終局判決を結末判決（残部判決）という。結末判決は最初の紛争から見れば一部判決であるが、一部判決後の残部請求からみれば全部判決である。

[鬼澤]

原因判決

請求権の存否自体と数額の両方について争いがある訴訟において、数額の点を度外視して、請求権の存在自体を肯定する場合に、請求権の存在を確認する趣旨で「請求の原因は理由がある」と判示する確認判決をいう。中間判決の一種である（民訴245）。数額の点だけを除いて被告に債務があるかどうかを確定し、審理に区切りをつけて効率的に進めることが目的である。原因判決がなされると、裁判所は自らなした原因判決に拘束され、これを基礎として終局判決をしなければならなくなる。

[鬼澤]

厳格な証明・自由な証明

法定の証拠調手続（民訴179以下）によって行う証明を厳格な証明といい、必ずしもこれに拘束されず、適宜の証拠により適宜の証拠調手続により行う証明を自由な証明という。いずれも訴訟上の証明である以上、確信の程度には差はないし、一応確からしいとの推測で足りる疎明とは異なる。

法定の証拠調手続は、各種の宣誓義務（民訴201）、交互尋問（民訴202）などにより証拠の信憑（しんぴょう）性が手続上保障され、当事者の立会権や準備の機会（民訴規102・107・137など）も配慮されているから、紛争の核心部分である訴訟物たる権利関係の基礎事実の認定には、こうした法定の証拠調手続による厳格な証明を要する。他方、あらゆる事実認定に厳格な証明を要求することは手続の迅速性を害する。したがって、訴訟物たる権利関係の基礎事実以外の事実（例えば訴訟要件の調査）については、自由な証明でよいとする見解が一般的である。

[鬼澤]

現況調査

不動産の強制執行手続において、執行裁判所が、執行官に命じて行わせる差押不動産の形状、占有関係等の調査（民執57①）をいう。不動産の適正な換価を行うため、民事執行法は、執行官に強制権限の行使を認めた現況調査の制度を設け、差押不動産の現状と権利関係の確認を行うこととした。執行官は、現況調査に当っては目的不動産に立ち入ることができ（民執57②）、立ち入るために必要ならば閉鎖した戸を開くため相当な方法を用いることができる（民執57③）。調査に際し、抵抗を受ける場合には、必要な威力を用い、また、警察上の援助を求めることができる（民執6①）。現況調査の結果は、執行裁判所に対して書面で報告され（民執規29）、現況調査報告書の写しは、一般の閲覧に供するため、執行裁判所に備え置かれる（民執規31②）。

[鬼澤]

原告・被告

民事訴訟の第一審手続において、自ら能動的に裁判所に訴えを提起して裁判を求めた者を原告といい、逆に訴えられた者を被告という。刑事訴訟においては、検察官から訴えられた者を「被告人」と呼んでいるので、民事訴訟における「被告」と区別しておく必要がある。民事訴訟の控訴審・上告審ではそれぞれ、控訴人・被控訴人、上告人・被上告人と呼ばれている。手続の主体としての当事者の概念は形式的なものであって、訴訟の目的である権利の権利者が常に原告となるとは限らない。例えば、貸金請求訴訟においては権利者が原告となるが、債務不存在確認請求訴訟においては逆に義務者が原告となる。　　　　　　　　［鬼澤］

現在の給付の訴え

給付訴訟のうち、既に履行期が到来している給付請求権が主張されている訴えをいう。これに対し、未だ履行期の到来していない給付請求権が請求の内容となっている訴えを将来の給付の訴えという（民訴135）。将来の給付の訴えは、あらかじめその請求をする必要がある場合に限り提起することができるが、現在の給付の訴えの場合は、特別に訴えの利益が問題とされることはない。　　　［鬼澤］

原裁判所

民事訴訟法・同規則の法文上は、上告審から見て不服の対象となった判決をした裁判所（民訴314等）をいい、原裁判所がした判決を原判決という（民訴321等）。これに対し、控訴審から見て不服の対象となった判決をした裁判所を第一審裁判所（民訴286等）といい、第一審裁判所がした判決を第一審判決という（民訴305等）。しかし、訴訟実務上は、上告審・控訴審、さらに抗告審を問わず一括して上級審から見て不服申立ての対象となった裁判を行った裁判所を原裁判所といい、原裁判所が行った判決を原判決という。

［鬼澤］

検証

裁判官が、物・場所又は人について、その存在や状態等を五官の作用により認識して証拠資料を得る証拠調べ（民訴232）のことをいう。例えば、製造物責任訴訟において、欠陥製品であると主張された物の形状について検証を行ったり、境界（けいかい）確定訴訟において裁判所が現地に臨み、境界付近の状況について検証を行うなどである。検証手続は基本的には書証に関する規定が準用される。

［鬼澤］

検証受忍義務

検証の目的物を所持する相手方又は第三者が裁判所の行う検証手続に協力すべき義務をいう。検証協力義務ともいう。検証の目的物を所持している相手方又は第三者が検証のために目的物を裁判所へ提出すべき義務を「検証物提示義務」といい、検証の目的物を移動することが困難な場合に、その所在場所で検証を行うことを受忍すべき義務を（狭義の）「検証受忍義務」という。正当の事由がある場合を除いて、こうした義務に反して、検証を拒んだ場合には、当事者は事実認定に際して不利益を受け、また第三者は過料の制裁を受ける（民訴232②）。

［鬼澤］

検証物

裁判官が、物・場所又は人について、その存在や状態等を五官の作用により認識して証拠資料を得る証拠調べ（民訴232）を検証というが、その検証の対象を検証物という。文書でも、その記載内容

を証拠にするのではなく，その紙質・筆跡・印影等を証拠にする場合は，検証物となる。人も，その供述内容である人の思想を証拠にする場合は人証であるが，その身体容貌(ようほう)を問題にする場合は検証物となる。　　　　　　　　［鬼澤］

検真

書証の証拠調手続において，文書の成立の真否について争いがある場合に，これを確定するための手続をいう。書証は，文書の作成者の意思や認識などの意味内容を証拠資料に用いる証拠調べであるから，まず，挙証者が作成者であると主張する作成名義人によってその文書が実際に作成されたということを立証する必要がある(民訴228①)。相手方が書証の成立を否認する場合には，挙証者が筆跡や印影の対照などの方法によりその書証の成立を立証しなければならない。旧法(平成8法109による改正前の民事訴訟法)の実務においては，書証として提出された文書のすべてについて個別に「認める」「不知」「否認する」といった形で相手方の成立の認否を確認していたが，新法(平成8法109により制定された民事訴訟法)においては，特に成立に争いのあるものについてのみ，文書の成立の否認についてその理由を明らかにさせる取扱いとなった(民訴規145)。　　　　　　　　［鬼澤］

原審

第一審裁判所の終局判決に対する控訴審裁判所への不服申立て及び控訴審裁判所の判決に対する上告審裁判所への不服申立てをしたとき，その控訴審裁判所から見た第一審裁判所，上告審裁判所から見た控訴審裁判所の裁判又は裁判所をいう。　　　　　　　　［小野寺(規)］

現代型訴訟

現代社会が生み出した従来の訴訟とは異なる新しい訴訟類型をいう。例えば，公害訴訟・消費者訴訟・医療過誤訴訟などがそれである。

民事訴訟としての社会の紛争は，その内容からみると，ⅰ金銭の支払をめぐる金銭事件，ⅱ土地に関する土地事件，さらにⅲ建物に関する建物事件のいわゆる財産関係事件と，家族関係事件としてのⅰ婚姻事件，ⅱ親子事件，ⅲ養子縁組事件などに大別できる。しかし，民事訴訟事件の全体からは，その大半は財産関係事件であり，家族関係事件はごく僅(わず)かである。第2次世界大戦後の社会の疲弊からの立ち直るとともに，経済の高度成長のもとでの生活レベルの向上に伴う生活環境の変化とそれらの経済社会の発展の反面において，種々の公害や製造物責任による賠償責任の追及，権利意識の強化にともなう医療過誤による損害賠償請求事件等の不法行為に基づく紛争事件の増加がみられようになった。また，他方では，損害の発生を未然に防止するための手段として，不法行為の差止請求事件へと発展した。これが現代型訴訟である。この現代型訴訟の特徴として，訴訟におけるⅰ被害者の立証責任の軽減，ⅱ間接反証の理論，ⅲ文書提出義務に関する特質等を考慮する傾向がみられる。
　　　　　　　　［小野寺(規)］

顕著な事実

裁判所に真実であることが明白な事実をいう。公知の事実と狭義の顕著な事実として裁判所に職務上顕著な事実とに分類される。訴訟上は，証拠による証明は不要とされる(民訴179)。判決すべき裁判所の裁判官が知っている事実で，裁判官としての職務の遂行上当然に知ることのできた事実である。必ずしも一般に知れ

原判決

民事訴訟法・同規則の法文上は，上告審から見て不服の対象とされる判決を原判決という（民訴321等）。これに対し，控訴審から見て不服の対象とされた判決は第一審判決という（民訴305等）。しかし，実務上は，上告審・控訴審を問わず，不服の対象とされた判決を一括して原判決という。なお，抗告審手続においては，不服の対象とされた裁判（決定・命令）を原裁判という（民訴333等）。しかし，実務上は，不服の対象とされた裁判，つまり，裁判・決定・命令を一括して原裁判ということもある。　　　　　　　［小野寺(規)］

原本・正本

原本は，一定の内容を示すために，確定的なものとして最初に作った文書であり，写し・抄録・改訂・翻訳などする前のもとの文書のことをいう。

正本は，転写又は副本の原本をいい，また，判決の原本に基づいて裁判所書記官が作成した文書で，訴訟法上原本と同一の効力を有する文書のことをいう。

民事訴訟法上で，証拠調べの対象として文書があり，その書証の原本・正本・認証謄本として提出される（民訴規143）。　　　　　　　　　［小野寺(規)］

現有財団　⇨　「破産財団」

権利供託・義務供託

民事執行法156条によると，債権に対する強制執行において，差押えを受けた第三債務者が債務を免れるためにする供託（執行供託）につき，差押債権者が1人の場合でも，差押えに係る金銭債権の全額に相当する金銭を供託して債務を免れることができることとしている。この場合，第三債務者が，権利として供託できる場合を権利供託といい，債権者が競合するときは，一般的に第三債務者は供託義務を負うと定めている（民執156②）。債権者が競合すれば，第三債務者には当然に供託義務が発生するのであって，旧法（昭和54年改正前の民事訴訟法中の強制執行編）時のような債権者の供託要求は供託義務発生の要件とされていない。したがって，債権者が競合した場合に，そのうちの1人の差押債権者に支払っても，弁済の効果は生じないこととなる。

［小野寺(規)］

権利抗弁　⇨　「事実抗弁・権利抗弁」

権利執行

民事執行では，債権その他のさまざまな形態の財産権について，それを的確に捕捉（ほそく）して金銭化の実効あるようにすることを目的としている。そこでの債権その他の無形の財産権に対する強制執行及び担保執行のことを総称して権利執行という。民事執行法は，これを金銭債権・物の引渡請求権に対する債権執行（民執143～166・193）と，その他の債権や無体財産権等に対する執行＝各種財産権執行（民執167・193）を区別して規定している。権利執行の対象は，物ではなく，すべて法的判断によってのみその存在を覚知しうる観念形象である。権利執行の対象たる債権・請求権には，執行債務者に給付すべき第三債務者ないしそれに準ずる第三者の存在が予定されている。

債権執行の対象となるのは，金銭債権及び動産・準不動産の引渡請求権である。各種財産権執行の対象は，債権執行の対象とならない債権（賃借権・使用借権），不動産・準不動産・債権以外の権利（電話加入権，特許権・実用新案権等の無体財産

権，合名会社の社員権等の持分，預託株券等持分，クラブ会員権等）である。
[小野寺(規)]

権利自白

自白とは，相手方の主張する自分に不利益な事実を争わない旨の意思を表明する弁論としての陳述をいう。そこで，一般に相手方の主張する自己に不利な権利又は法律関係を認める陳述を権利自白という。原告が主張する訴訟物である権利又は法律関係の前提をなす権利関係や法律効果を被告が認める旨の陳述をも権利自白という。その効果については争いがある。
[小野寺(規)]

権利主張参加 ⇨ 「独立当事者参加」

権利の推定・事実の推定

法律が，「ある事実A（前提事実）があるときは，Bの権利があるものと推定する」と規定している場合（民250），裁判所は，Aの事実が認められるかぎりBの権利の成立を認めなければならない。このように，法律の規定の適用の形で行われる権利推定を法律上の権利の推定と呼ぶ。同様に，「ある事実A（前提事実）があるときは，ある事実B（推定事実）があると推定する」と規定している場合（民186・619・629・772①，商20②，手20②，破53②・58等），裁判所はAの事実が認められる限り，Bの事実の存在を認定して判決の基礎としなければならない。このように法律の規定の適用の形で行われる事実推定を法律上の事実の推定と呼ぶ。この2つの推定を総称して法律上の推定という。これらの推定規定は，当事者間の公平の観点から，当事者についての主張・立証責任の負担を軽減させることを目的としている。
[小野寺(規)]

権利保護請求権

民事訴訟制度の目的について，訴権論としては，国家が一方的に自力救済を禁じたことの代償として，私人の権利が侵害されたり危殆（きたい）に瀕（ひん）したとき，その救済を求めるため，自分に有利な勝訴判決を求めることができるとする考え方である。権利保護請求権は，訴権が原告にないときには被告にあるものとみられ，この当事者のいずれかにあるとする見解であり，裁判所に対する権利として認められた訴訟法上の権利のことをいう。
[小野寺(規)]

権利保護請求権説 ⇨ 「訴権学説」

権利保護説 ⇨ 「民事訴訟制度の目的」

権利保護の資格・権利保護の利益

民事訴訟法理論の1つである権利保護説では，勝訴判決の要件として，当事者が訴訟追行権（当事者適格）をもつことと訴訟物が判決によって確定されるに適するものであること（権利保護の資格），原告がその訴訟物について判決を求める具体的な法律的利益をもつこと（権利保護の必要又は利益）が必要であることをいい，広義の訴えの利益の発現態様で，訴訟上の要件の1つである。
[小野寺(規)]

権利保護の必要 ⇨ 「権利保護の資格・権利保護の利益」

権利保護要件 ⇨ 「権利保護請求権」

牽連（けんれん）裁判籍 ⇨ 「関連裁判籍・独立裁判籍」

牽連 (けんれん) 破産

破産を避けるためにいったん開始された強制和議・整理・会社更生・民事再生手続が失敗し、これに牽連して開始される破産手続のことをいう。この語は、再施破産（破335）、新破産（破344）を含めて使用される場合がある。これに関する条文は、商法402条・455条、会社更生法23条から26条、民事再生法16条に規定されている。　　　　　　　　　　[小野寺(規)]

故意否認

破産法72条1号に基づく行為を否認することを故意否認という。破産者の詐害行為と偏頗(へんぱ)行為を否定し、いったん責任財産から失われた財産を破産財団に回復し、破産債権者に対する公平な配当を可能にするために認められたのが否認権の制度である。故意否認は、破産者が破産債権者を害することを知ってなした行為を否認することであり、否認理由を破産者の詐害意思におく否認であり、その趣旨は、民法上の債権者取消権と同じである。

他に、危機否認（破72②〜④）、無償否認（破72⑤）の類型がある。

[小野寺(規)]

合意管轄

当事者間の合意によって生じる法定管轄と異なった民事訴訟法11条に規定された管轄をいう。

管轄の合意は、法定の管轄と異なる管轄の定めをすることを内容とする当事者間の合意である。直接訴訟法上の効果の発生を目的とする点で、訴訟法上の合意である。その内容は、第一審の管轄裁判所を定めるもので、一定の法律関係に基づく訴訟についてされるものに限る。合意の方式は、書面によることが必要とされる（民訴11②）。合意の時期は、特に制限はない。その効力は、直接にその内容をなす管轄の変更が生じる。管轄の定め方としては、法定管轄のほかに管轄裁判所を追加する競合的管轄（付加的合意）と、特定の裁判所の管轄だけを認め他の裁判所の管轄を排除する専属的合意とがある。いずれを定めたのか明示されていなければ、合意の解釈によることとなる。

[小野寺(規)]

行為期間・猶予期間

期間とは、ある時点からある時点まで継続した時の区分であり、行為期間とは、民事訴訟において、訴訟手続の迅速・明確化をはかるために、一定の行為をその間にさせようとする趣旨の期間のことをいう。猶予期間とは、中間期間ともいうが、当事者その他の関係人に、ある行為をするかしないかを考慮させ、又はその行為の機会を保障するために、次の段階に進むには一定の時間を置かなければならないという趣旨で設けられた期間（民訴112）をいう。行為期間のうち、当事者の行為について定められるものを、本来の（又は固有の）期間という。例えば、補正期間（民訴34①・59・137①）、担保提供期間（民訴75⑤）、準備書面提出期間（民訴162・176②・170①⑥）、上訴期間（民訴285・313・332）、再審期間（民訴342）などをいう。　　　　　　　　　　[小野寺(規)]

合一確定

民事訴訟法40条は、必要的共同訴訟として、訴訟の目的である権利又は法律関係についての判決の内容が、各共同訴訟人について区々別々になってはならない性質の訴訟と規定している必要的共同訴訟において、共同訴訟人全員について一挙一律に紛争の解決をはかることが要請される訴訟法上の効果として求められることを合一確定という。　[小野寺(規)]

合一確定共同訴訟 ⇒ 「必要的共同訴訟」

合意に相当する審判

家事審判法23条に規定する審判をいう。「23条審判」ともいう。婚姻又は養子縁組の無効・取消し，協議上の離婚又は離縁の無効・取消し，認知，認知の無効・取消し，民法773条の規定により父を定めること，嫡出子の否認，身分関係の存否の確定に関する事件の調停委員会の調停において，当事者間に合意が成立し，無効・取消しの原因の有無について争いがない場合，家庭裁判所は，必要な事項を調査した上，当該調停委員会を組織する家事調停委員の意見を聴き，正当と認めるときは，当該合意に相当する審判をすることができる。これらの事件は，第三者の利害がからみ，本来当事者の任意処分は許されず，訴訟事件として処理されるべきものであるが，調停委員会の調停において当事者間に合意が成立した場合には，必ずしも訴訟手続による必要はないので，一定の要件の下で家庭裁判所が審判で処理できるとした。合意に相当する審判に対しては，当事者が審判の告知を受けた日から2週間以内に異議の申立てをすることができ，この場合は審判は効力を失うが，その期間内に異議の申立てがなければ，審判は確定判決と同一の効力を有し（家審25），対世的効力・失権的効力を有すると解されている。　　　　　[松井]

公開（審理）主義

訴訟の審理・裁判を誰もが傍聴できる原則をいう。これに対して，審理の傍聴を許さない主義を密行主義という。裁判の公正を図るとともに，司法に対する国民の信頼を得ようとするもので，近代の法治国家における司法の根本原則の1つである。

憲法は，82条1項で裁判の対審及び判決は公開法廷で行うと規定し，公開主義の原則を採用している。これは，民事訴訟においては，訴訟手続における口頭弁論と判決言渡しの手続において公開が要請されるものと解されている。弁論準備手続，口頭弁論を行わない決定手続等は公開されないし，調停手続や非訟事件の手続は非公開が原則である（民訴規10，家審規6，非訟13）。訴訟記録の閲覧も公開主義の一内容である（民訴91）。

裁判所が裁判官の全員一致で口頭弁論の公開が公序良俗に反するおそれがあると決した場合は，公開を停止することができる（憲82②）。ただし，基本的人権の保障が問題となる事件では公開の停止は許されない（憲82②但）。

公開主義の規定に対する違反は，絶対的上告理由となる（民訴312②⑤）。
　　　　　[松井]

合議制 ⇒ 「単独制・合議制」

攻撃防御方法

当事者が自己の申立てを基礎付けるために提出する法律上・事実上の主張，相手方の主張に対する認否，証拠の申出・援用，それに対する認否，証拠抗弁等の一切の訴訟資料（民訴45・63・156・157・161・245等）をいう。このうち，原告が自己の本案の申立て（攻撃）を基礎付けるために提出する一切の訴訟資料を攻撃方法といい，被告がその反対申立て（防御）を基礎付けるために提出する一切の訴訟資料を防御方法という。なお，訴え，訴えの変更，反訴，中間確認の訴え，控訴，上告，抗告等は，それ自体が本案の申立てであり，攻撃防御方法ではない。

攻撃防御方法の提出時期に関して，旧法（平成8法109による改正前民事訴訟法）は口頭弁論の終結に至るまでいつでも提

出することができることを原則とする随時提出主義を採用していたが（旧民訴137）、当事者が攻撃防御方法を小刻みに提出し、審理を長期化させる原因の1つとなっていた。そこで、新法（平成8法109により制定された民事訴訟法）では、充実した無駄のない審理を実現するため、攻撃防御方法は訴訟の進行に応じ適切な時期に提出しなければならないという適時提出主義が採用された（民訴156）。

攻撃防御方法のうち、所有権確認訴訟における売買・相続、貸金請求訴訟における弁済・消滅時効等のように、他の攻撃防御方法と切り離し、独立して審理・判断できるものを、特に独立した攻撃防御方法という（民訴245）。　　［松井］

攻撃防御方法の却下

当事者が故意又は重大な過失により時機に後れて提出した攻撃防御方法は、これを審理すると訴訟の完結を遅延させることとなると認められる場合は、裁判所が申立てにより又は職権で却下することができる（民訴157①）。

また、趣旨が明瞭でない攻撃防御方法について、当事者が必要な釈明をせず、又は釈明をすべき期日に出頭しない場合も、同様の手続により却下することができる（民訴157②）。

「時機に後れた」とは、実際に提出されたよりも前に提出することができたはずであり、しかも提出すべき機会があったことをいう。新法（平成8法109により制定された民事訴訟法）は攻撃防御方法の提出時期につき適時提出主義を採用したが（民訴156）、「適切な時期」を経過した後に提出された攻撃防御方法が直ちに時機に後れた攻撃防御方法に該当するものではない。

時機に後れたかどうかの判断は、一審・二審を通じて行う。　　　［松井］

甲号証・乙号証・丙号証

当事者が民事訴訟において提出した書証について、誰が提出したのかをわかりやすくするために慣習上用いられている符号である。通常、原告が提出した書証を甲号証、被告が提出した書証を乙号証とし、提出された順に甲第1号証、甲第2号証……のように符号を付ける。当事者が複数の場合や参加人がある場合には、各自が提出する書証を分かりやすくするため、丙号証、丁号証……の符号を用いる。　　　　　　　　　　［松井］

抗告

民事訴訟における判決以外の裁判である決定・命令に対する上訴をいう。訴訟手続の本体は判決手続によって審理され、その終局判決に対しては控訴・上告が許されており、終局判決前の中間的裁判は終局判決とともに上級審の判断を受けるのが原則である（民訴283）。しかし、手続の進行や審理中に派生する事項のすべてを上級審の判断に委ねることにすると、手続が複雑になり、訴訟経済にも反することになる。また、事件が判決まで至らない場合（裁判長の訴状却下命令等）、判決後に裁判がされる場合（担保取消決定等）、当事者以外の第三者に対し裁判がされる場合（証人に対する過料の決定等）には、判決に対する控訴・上告では対処できない。そこで、簡易迅速な不服申立方法として抗告制度が設けられた。

抗告はすべての決定・命令に対して許されるのではなく、ⅰ口頭弁論を経ないで訴訟手続に関する申立てを却下した決定・命令（民訴328①）、ⅱ違式の決定・命令（民訴328②）、ⅲ法が特に明文で即時抗告を認めている場合にのみ許される。これに対して、ⅰ不服申立てが禁止されている裁判、ⅱ最高裁判所・高等裁判所の裁判、ⅲ受命裁判官・受託裁判官の裁判

に対しては，抗告は許されない。

抗告には，通常抗告と即時抗告がある。前者は提起の期間に制限がないが，後者は裁判の告知を受けた日から1週間内に提起しなければならない（民訴332）。

抗告裁判所がした決定に対する抗告を再抗告という（民訴330）。⇒「特別抗告」「許可抗告制度」「執行抗告」「保全抗告」
［松井］

抗告期間

抗告には通常抗告と即時抗告があるが，両者は抗告を提起すべき期間に差異がある。通常抗告は，抗告期間は定められておらず，取消しを求める利益（抗告の利益）がある限りいつでも提起できる。これに対して，即時抗告は，裁判の告知を受けた日から1週間内にしなければならない（民訴332）。なお，他の法律では1週間以上の即時抗告期間を設けているものもあり，例えば，破産法(112)，会社更生法(11)，民事再生法(9)，民事調停法(21)，家事審判法(14)，民事保全法(19①)では2週間とされている。　［松井］

抗告状

抗告をするため原裁判所に提出することを要する書面（民訴331本・286①）をいう。旧法（平成8法109による改正前民事訴訟法）では抗告の提起は書面によるほか，口頭ですることも認められていたが，新法（平成8法109により制定された民事訴訟法）では抗告状を提出することによってしなければならないと改正された。記載事項その他の取扱いに関しては，控訴状・上告状の規定が準用される（民訴331）。
［松井］

抗告審手続

抗告審における手続には，その性質に反しない限り控訴の規定が準用される（民訴331本）。抗告の提起は，抗告状を原裁判所に提出してする（民訴331本・286①）。即時抗告は執行停止の効力を有する（民訴334①）。通常抗告には当然には執行停止の効力はないが，抗告裁判所又は原裁判をした裁判所・裁判官が抗告審の決定があるまで執行停止その他必要な処分を命ずることができる（民訴334②）。原裁判をした裁判所又は裁判長は，抗告を理由があると認めるときはその裁判を更正しなければならない（民訴333）。これを再度の考案による更正という。更正があるとその限度で抗告は目的を達し，手続は終了する。これに対し，抗告を理由がないと認めるときは，原裁判所は意見を付して事件を抗告裁判所に送付する（民訴規206）。抗告審の審理は決定手続であるから，口頭弁論を開くかどうかは任意的である（民訴87①但）。口頭弁論を開かない場合は，抗告人その他の利害関係人を審尋することができる（民訴335）。審理の結果，抗告が不適法なときは却下され，適法であるが理由がないときは棄却される。抗告に理由があると認められるときは，差戻し又は自判となる。　［松井］

抗告理由書提出強制

再抗告・特別抗告及び許可抗告においては，上告及び上告審の訴訟手続に関する規定が準用され，原裁判所に抗告理由書を提出することが強制される（民訴331・336③・337⑥・315）。抗告理由書の提出期間は，抗告を提起した当事者が抗告提起通知書（許可抗告においては抗告許可申立通知書）の送達を受けた日から14日である（民訴規210）。理由書を期間内に原裁判所に提出しない場合，原裁判所の決定で再抗告・特別抗告は却下されるし，許可抗告は不許可とされる（民訴316①②の準用）。⇒「上告理由書」　［松井］

交互尋問

証人尋問の方式の1つであり，まず，その証人を証人申請した当事者による主尋問，次に相手方による反対尋問，更に証人申請した当事者による再主尋問，相手方による再反対尋問……というように，両当事者が交互に尋問する方式をいい，交叉（こうさ）尋問ともいう。

わが民事訴訟では，昭和23年の民事訴訟法改正により，英米法にならいこの方式が採用された。主尋問から再主尋問までは当事者の権利であるが，再反対尋問以降は裁判長の許可を要する。裁判長は当事者の尋問終了後自ら尋問することができるほか（補充尋問），必要があると認めるときは，いつでも尋問をすることができる（介入尋問）し，当事者の尋問を許すことができる。また，適当と認めるときは，当事者の意見を聴いて尋問の順序を変更することができる。陪席裁判官は，裁判長に告げて尋問することができる（民訴202，民訴規113）。裁判長は，証人を尋問することができるほか，当事者の尋問が民事訴訟規則114条1項に規定する事項以外の事項に関するものであって相当でないと認めるときや，当事者の質問が誘導になるとき，既にした質問と重複するとき等，同規則115条2項に違反するときは，申立てにより又は職権でこれを制限することができる（民訴規114②・115③）。

証人尋問の方式は，当事者尋問・鑑定にも準用されている（民訴210・216，民訴規127・134）。　　　　　　　　　［松井］

交叉（こうさ）尋問　⇨　「交互尋問」

公示催告

登記義務者の行方不明（不登142），証券の喪失（民施57，商230・341の14②・518，抵証40），失踪（しっそう）（家審規39）等法律の定める一定の場合に，当事者の申立てに基づき，裁判所が未知不分明の利害関係人に対して公告の方法により失権の警告を付して権利等の届出を催告し，定められた期間内に届出がない場合には除権判決又は失踪宣告をする手続である（公催仲裁764～785，家審規38以下）。
　　　　　　　　　　　　　　　　［松井］

公示催告手続

公示催告は，簡易裁判所に対する申立てに基づき，公告を裁判所の掲示板に掲示するとともに，官報又は公報に掲載して行う（公催仲裁764②・765・766）。公示催告期間は，証券の無効宣言の場合であれば6か月以上，その他の場合であれば2か月以上である（公催仲裁783・767）。公示催告期間内に権利の届出がない場合には申立てにより除権判決がなされるが，申立ての理由として主張する権利を争う旨の届出があったときは，その権利についての裁判が確定するまで公示催告手続が中止されるか，又は届け出られた権利を留保して除権判決がなされる（公催仲裁770）。

商法又は特別法に定められた証券の無効宣言のための公示催告手続については，特別の規定がある（公催仲裁777以下）。
　　　　　　　　　　　　　　　　［松井］

公示送達

裁判所書記官が送達書類を保管し，いつでも名あて人に交付する旨の書面を裁判所の掲示場に掲示することによって行う送達方法（民訴111）をいう。当事者の住所・居所その他送達をすべき場所が不明な場合や，外国における送達について嘱託送達ができない場合等に最後の手段として行われる。

公示送達は，申立て又は裁判所の命令により裁判所書記官が行う（民訴110①

②)。旧法(平成8法109による改正前民事訴訟法)では裁判長の許可が必要であったが(旧民訴178①),新法(平成8法109により制定された民事訴訟法)ではこれを不要とした。同一当事者に対する2回目以降の公示送達は,民事訴訟法110条1項4号の場合を除き職権でする(民訴110③)。公示送達は,掲示を始めた日から2週間を経過することによって効力を生ずるが,同一当事者に対する2回目以降の公示送達は掲示を始めた日の翌日に効力を生ずる(民訴112①)。外国においてすべき送達についてした公示送達にあっては,この期間は6週間である(民訴112②)。なお,送達書類に,相手方に対する意思表示をする旨の記載があるときには,公示による意思表示到達という民法上の効力も生ずる(民訴113,民97ノ2)。

[松井]

公証人

当事者その他の関係人の嘱託により法律行為その他私権に関する事実について公正証書を作成し,私署証書に認証を与え,また,商法167条ないしその準用規定により定款に認証を与える権限を有する公務員(公証1)をいう。

公証人は法務大臣が任命し(公証11),法務局又は地方法務局に所属する(公証10①)。

公証人の任免・資格・権限等は公証人法に規定されている。

[松井]

更新権

当事者が控訴審において第一審で提出しなかった訴訟資料を新たに提出できる権能をいう。更新権の有無は,控訴審の構造と関連する。理念的には,覆審制によれば更新権は無制限に認められ,事後審制によれば原則として否定されることになる。わが民事訴訟法は続審制を採用しており,控訴審においては,第一審での訴訟資料を基礎としながら新たな資料も追加して第一審判決の当否を審査する。しかしながら,控訴審において新たな訴訟資料を無制限に提出できるものとすると,当事者が第一審において攻撃防御を尽くさず,訴訟の完結の遅延を招くことになるので,新法(平成8法109)では,裁判長は当事者の意見を聴いて訴訟資料を提出すべき期間を定めることができるとするとともに,その期間経過後に訴訟資料を提出する当事者は,裁判所に対して期間内に提出できなかった理由を説明しなければならないとした(民訴301)。

[松井]

更生管財人

会社更生手続において,会社財産の管理,会社事業の経営,更生計画の立案等を行う機関をいう。破産手続における破産管財人に相当する。管財人は,更生手続開始決定と同時に裁判所が選任する(会社更生46)。1人に限らず数人でもよく,信託会社・銀行等の法人を選任することもできる(会社更生95①)。管財人は,裁判所の監督に属し(会社更生98の3①),裁判所の定める報酬を受けることができる(会社更生285①)。更生手続中は,会社の事業の経営,財産の管理・処分をする権利は管財人に専属し(会社更生53),また,会社の財産関係の訴えについては管財人が当事者適格をもつ(会社更生96①)。管財人は更生計画案を作成して裁判所に提出しなければならず(会社更生189①),更生計画認可の決定があったときは,すみやかに計画を遂行しなければならない(会社更生247①)。

[松井]

更生計画

会社更生手続における会社再建のための計画をいう。ⅰ旧債務の処理,ⅱ資本

構成の変更，⑬会社の今後の経営方針の基本の明示の3つの役割をもっている。更生債権者・更生担保権者又は株主の権利を変更する条項，共益債権の弁済に関する条項，債務の弁済資金の調達に関する条項，資本の減少や新株の発行に関する条項等からなる（会社更生211）。計画内容は，公正・衡平・平等で，遂行可能でなければならない。更生計画が認可されると，管財人はすみやかに計画を遂行しなければならない（会社更生247①）。計画により計画遂行の権限が取締役に付与されることがあり，この場合は管財人がこれを監督する（会社更生247②）。計画は変更されることもある（会社更生271）。

　計画が遂行されたとき，又は遂行されることが確実と認められるときは，裁判所は更生手続終結決定をする（会社更生272①）。　　　　　　　　　　　　［松井］

更生計画案

　会社更生手続における更生計画の案をいう。管財人は更生計画案を作成して裁判所に提出しなければならない（会社更生189①）。会社，届出をした更生債権者・更生担保権者，株主も更生計画案を作成して裁判所に提出することができる（会社更生190①）。更生計画案の提出があると，裁判所は関係人集会を招集し，関係人から更生計画案についての意見を聞かなければならない（会社更生192・193）。裁判所は，労働組合の意見を聞き（会社更生195），会社の事業を所管する行政庁等の意見を求めることもできる（会社更生194）。裁判所は，更生計画案の修正を要すると認めた場合は，提出者に対し修正を命ずることができる（会社更生197）。続いて裁判所は，決議のための関係人集会を招集する（会社更生200）。法定の多数決によって更生計画案の可決後（会社更生205），裁判所の認可の決定により，更生計画は効力を生じる（会社更生236）。
　　　　　　　　　　　　　　　　［松井］

更正決定　⇒　「判決の更正」

更正権

　当事者本人が訴訟代理人のした事実に関する陳述を取り消し，又は更正（変更・修正の意）できる権限（民訴57）をいう。訴訟代理人が権限内でした行為は本人がしたと同一の効力を生じるが，本人が代理人とともに出廷して直ちに更正権を行使した場合は効力を生じない。代理人よりも本人のほうが事実をよく知っているという考慮に基づく。更正できるのは事実に関する陳述のみである。

　また，補佐人の陳述についても，当事者又は法定代理人は更正する権限を有する（民訴60③）。補佐人の陳述に関する更正権は事実上の陳述に限らず，法律上の陳述にも及ぶ。　　　　　　　　［松井］

更生債権

　会社更生手続において，更生会社に対し更生手続開始前の原因に基づいて生じた財産上の請求権をいう（会社更生102。例外もある）。破産手続における破産債権に相当する。一般の更生債権のほか，これより優先的に扱われる優先的更生債権（会社更生159①②・228①②）及び劣後する劣後的更生債権（会社更生121・159①④・228①④）がある。

　更生債権は，原則として更生手続によらなければ弁済を受けられない（会社更生112）。会社財産に対する強制執行等も禁止される（会社更生67）。更生債権者は，その有する更生債権をもって更生手続に参加することができる（会社更生113①）。更生手続に参加するためには，権利を裁判所に届け出なければならない（会社更生125）。これにより更生債権者は関

係人集会に参加し，更生計画案の審理・決議に加わり，議決権を行使し（会社更生113②），計画に従って弁済を受けることができる。　　　　　　　　　　［松井］

更生裁判所

会社更生事件において，手続の開始から終結に至るまで更生手続を主宰する裁判所をいう。広義では，この意味での更生裁判所が属する官署としての裁判所をいう。更生事件は，会社の本店（外国に本店があるときは，日本における主たる営業所）の所在地を管轄する地方裁判所に専属する（会社更生6）。更生裁判所は，手続の開始，更生管財人の選任（会社更生46）・監督（会社更生98の3①），更生計画の認可（会社更生232以下），手続の終結（会社更生272）・廃止（会社更生273以下）等について権限を有する。また，発起人・取締役等の責任に基づく損害賠償請求権の査定に対する異議の訴え（会社更生75），否認の訴え（会社更生82），更生債権・更生担保権確定訴訟（会社更生148）について専属管轄権を有する。　［松井］

公正証書

広い意味では，公務員がその権限内で適式に作成したすべての証書を指す（民施5⑤，刑157）が，通常は公証人（裁判官・検察官・法務局長などを勤めた法律専門家の中から法務大臣が任命）が作成した公文書で，当事者その他の関係人の嘱託によって法律行為その他私権に関する事実について，公証人が聴取・目撃等をした内容を証書としたものをいう。その作成手続は，公証人法・同法施行規則に規定されている。公証人は法令違背事項，無効・取消しうべき法律行為については，証書の作成ができない。適式・適法に作成された公正証書は，強い証拠力を有するばかりでなく，金銭等の支払を約束し債務者が強制執行に服することを予め認諾しているときは，直ちに強制執行をすることができる。遺言を公正証書でしていれば，家庭裁判所の検認手続を要しないで遺言の内容が実現できる。［大山］

更生担保権

更生債権（更生会社に対し更生手続開始前の原因に基づいて生じた財産上の請求権）又は更生手続開始前の原因に基づいて生じた会社以外の者に対する財産上の請求権（会社は物上保証人）で，更生手続開始当時，会社財産の上に存在する特別の先取特権・抵当権・質権又は商法による留置権で担保された範囲のものをいう（会社更生123）。更生担保権であるためには，届出を必要とし，これを懈怠（かいたい）すると失権し，計画認可後に更生手続廃止決定があっても復活しない。更生担保権者は，当該更生担保権が対抗要件を具備している限りは，一般の更生債権者に比べて有利な取扱いを受けるが，更生担保権として任意に弁済を受けることも競売手続を実行するなど個別の権利行使は禁じられ，更生手続に従って弁済を受ける以外にない。更生計画で考慮されるのは，適法に届出のあった更生担保権に限られることになる。　　　　［大山］

更生手続　⇒　「会社更生手続」

更生手続開始決定

更生手続は，窮境にあるが再建の見込みのある株式会社について，債権者・株主その他の利害関係人の利害を調整しつつ，当該事業の更生を図ることを目的とし，その手続は，更生手続開始の申立てにより始まる。

申立ては，事業継続に著しい支障をきたすことなく弁済期にある債務を弁済することができないときには会社自身から，

会社に破産原因たる事実が生じるおそれがあるときには、会社のほか資本の10分の1以上にあたる債権を有する債権者又は発行済株式の10分の1以上の株式を有する株主から、本店所在地を管轄する地方裁判所に申立てできる。申立てを受けた地方裁判所は、開始原因の存在及び更生の見込みがないとき等の申立棄却事由の不存在につき審査し、申立てが適法で前記棄却事由がなければ更生手続の開始を決定する。同時に管財人も選任され、会社の経営並びに財産の管理・処分権は更生管財人に専属することになる。

[大山]

更生手続の終結

更生計画が遂行されたとき（更生計画に定める更生債権・更生担保権の弁済が完了したとき）又は計画が遂行されることが確実であると認められるに至ったとき（上記弁済が計画どおりに行われており、その後の弁済も確実視され、現段階では裁判所の監督が不必要と認められるとき）、裁判所が更生手続終結の決定をすることにより更生手続は終了する（会社更生272①）。この決定は管財人の申立て又は職権によりなされるが、前者がほとんどである。終結決定に対しては即時抗告ができないから、決定時に更生手続は終了し、更生管財人の任務も終了する。同時に更生会社は裁判所の監督を離れ、通常の会社に復帰することになる。　　　[大山]

更生の見込み

会社更生手続による企業再建の見込みをいう。企業の再建とは、具体的には債務超過など不健全な資産・負債の状況が改善され、失われた支払能力を回復して債務の弁済が可能になるとともに、主な倒産原因が除かれて企業として自立可能な状態に戻ることである。更生の見込みは、更生手続の開始や廃止の当否を判断するに際し、最初に検討されねばならない。検討要素としては、会社の資産・債務の状況、会社の人的物的状態、競争力、将来性などであるが、これらに照らし更生の見込みがないときは、裁判所は更生手続開始の申立てを棄却しなければならない（会社更生38⑤）。また、更生計画認可の決定前に更生の見込みがないことが明らかになったときは、更生手続廃止決定をしなければならない（会社更生273の2）。更生の見込みは、更生手続の成否を左右する重要な役割を果たすものといえる。

[大山]

控訴

第一審裁判所の終局判決に対する不服申立てとして、その取消し・変更を求めて控訴裁判所になされる上訴をいう（民訴281）。地裁がなした判決に対しては高裁に、簡裁がなした判決に対しては地裁に申し立てる。手形・小切手訴訟や少額訴訟の終局判決に対しては控訴が禁止されており（民訴356・377）、いずれも同一審級に対してなす異議申立てのみ認められている。また、高裁が第一審としてなす選挙無効訴訟や東京高裁を専属管轄とする独占禁止法関連事件並びに高等海難審判庁の海難審判等の審決取消等事件に対する不服申立ては最高裁に対してなされるが、この場合、上訴審が第二審となるけれども、性質は上告申立てであり、控訴申立てではない。

控訴の申立ては、必ず控訴状を第一審裁判所に提出してしなければならない（民訴286①）。第一審判決に対する不服申立てという上訴の開始点であり、重要な訴訟行為であるから、簡易裁判所への訴え提起が口頭でも許される（民訴271）のと性質を異にする。また、2週間の控訴期間内に控訴が提起されること、不控訴

の合意が存在しないことが適法な控訴の要件となる。

控訴申立てにより，当該事件の第一審判決の確定が遮断され，かつ事件全部が第一審を離れて控訴審に移行することになる。

第一審の終局判決に不服を有する者は，控訴の利益がある。不服の有無は，申立てと判決との比較によって決まり，申立ての全部又は一部が排斥された場合は，不服があることになる。なお，訴訟費用の裁判については，独立して控訴はできない（民訴282）。　　　　　　［大山］

控訴院

戦前の裁判所構成法（明治23年2月10日公布法律6号，同年11月1日施行）時代に，第二審の合議裁判所（5人構成）として，東京・大阪・名古屋・広島・長崎・宮城・函館（はこだて）に設置されたが，函館は大正10年12月に札幌控訴院と改称され，札幌に移転した。控訴院は，地方裁判所の第一審判決に対する控訴，区裁判所の判決に対する控訴についてなした地方裁判所の判決に対する上告及び地方裁判所の決定・命令に対する抗告について裁判権を有したが，東京控訴院は，皇族に対する民事訴訟の第一・二審をも管轄した。なお，戦争の逼迫（ひっぱく）に伴い，昭和20年8月に高松控訴院が設立されるとともに，長崎控訴院が福岡に移転された。現在の高等裁判所にあたるが，支部は設置されていなかった。［大山］

控訴期間　⇒　「上訴期間」

控訴棄却

控訴裁判所が第一審判決の当否を審査した結果，これを相当とする場合に，控訴人の不服申立てを排斥し，第一審判決を維持する判決のことをいう。控訴裁判所は，手続に違法がなく，判決の結論と理由が相当であれば不服は理由がないとして控訴棄却するが，そのほか，第一審判決がその理由によれば不当である場合でも，他の理由により正当であれば，控訴棄却の判決をする（民訴302②）。

控訴棄却の判決が確定すると，第一審判決もその範囲で確定する。第一審判決が本案判決であれば，控訴棄却の判決確定により，第一審判決は維持され，その内容が確定力及び執行力を生ずる。

［大山］

控訴却下

控訴の要件が欠けているとき，控訴を不適法とする裁判をいう。民事訴訟法（平成8法109）では控訴状の提出先が第一審裁判所に限定されたため，控訴が不適法でその不備を補正することができないことが明らかなときは，第一審裁判所が決定で控訴を却下する（民訴287①）。この決定に対しては，即時抗告ができる（民訴287②）。訴えが不適法でその不備を補正することができない場合の却下（民訴140）と類似規定であるが，訴えの却下は判決による必要があるのに対し，この控訴却下は決定でできる点が異なる。なお，控訴裁判所に訴訟記録が送付された後に，控訴が不適法でその不備を補正し得ないときは，控訴裁判所は口頭弁論を経ないで，判決で控訴を却下できる（民訴290）ほか，控訴状の記載不備や送達不能，手数料・送達費用の不納付の場合に補正を命じ，補正されなかったときは，裁判長は控訴状を却下（命令）できる（民訴288・289・137）。　　　　　　［大山］

控訴権

控訴権は，第一審の原告・被告のうちで第一審判決に対して不服を有する者について生じる。不服があるかどうかは，

申立て（請求の趣旨）と判決（主文）との比較によって決められる。即ち、原告の請求の全部又は一部が排斥された場合は、不服があることになるし、請求の全部を認容された原告には不服はないのに対し、被告には不服があることになる。このように、控訴を提起して第一審判決に対する不服の当否につき、控訴裁判所の判決を求めることができる地位を控訴人の利益ないし権能としてみたものが控訴権（控訴の利益）であり、控訴の適法要件となっている。不控訴の合意（民訴281）がある場合や控訴権を放棄（民訴284）した場合は、控訴権は存在しない。ただし、控訴提起後、控訴権の放棄をしても控訴は当然に消滅しないから、控訴の取下げとともにしなければならない（民訴規173②）。　　　　　　　　　　　　［大山］

控訴権の放棄 ⇨「上訴権の放棄」

控訴権の濫用 ⇨「上訴権の濫用」

控訴状

控訴は、第一審判決に対し不服を有する当事者が控訴期間内（判決書又は調書判決の送達を受けてから2週間）に控訴状という書面を第一審裁判所に提出して行う。旧法（平成8法109による改正前民事訴訟法）では控訴状は第一審裁判所又は控訴裁判所に提出することとされていたが、新しい民事訴訟手続では第一審裁判所に限られることとなった。控訴状には、当事者及び法定代理人のほか、原判決とこれに対する控訴である旨を表示する（民訴286）。不服の主張の範囲や理由の記載は任意的であり、原判決の取消し又は変更を求める事由の具体的な記載がないときは、控訴人は控訴提起後50日以内に、これらを記載した書面を控訴裁判所に提出することが義務づけられている（民訴規182）。なお、控訴状には通常、訴状に貼付（ちょうふ）すべき印紙額の1・5倍の印紙を貼（は）らなければならない（民訴費3①・別表第1②）。　　　　　［大山］

控訴審

控訴の申立てによって第一審の訴訟事件は控訴裁判所に移り、ここで控訴審の審理手続が開始される。控訴は、地方裁判所及び簡易裁判所の第一審の終局判決に対し、その取消し・変更を上訴審に求める不服申立てであるが、上訴審の一種である第二審のことを控訴審という。現行の民事訴訟法における控訴審の構造は、事実審で続審であるから、必ず口頭弁論を開いて審理し、第一審を土台にして続行される。ただ、第一審判決に対する控訴人の不服申立てに基づくから、不服の主張の当否を審判するのが目的であり、その限度で再審理をすることになる。
　　　　　　　　　　　　　　　　　［大山］

控訴審手続

第一審判決に対し、控訴が提起されたときは、第一審判決で判断された請求の全部について、不可分的に判決の確定が遮断され、事件は控訴審に移審して第二審での審理が始まる。控訴審の審理対象は、事実面及び法律面であるが、続審であるから第一審の訴訟手続の規定を準用（民訴297）して、第一審の続行形態をとる。なお被控訴人は、控訴に伴い附帯控訴の申立てが可能となる。

控訴審は、第一審判決に対する不服申立ての当否の審判を目的とするため、口頭弁論期日に控訴人は、第一審判決に対する不服申立ての範囲を明らかにした控訴状に基づき控訴の趣旨を陳述する。ついで被控訴人が答弁書に基づいて控訴の趣旨に対する答弁（控訴棄却又は控訴却下）をする。そのうえ、双方又は出頭した

一方が第一審における口頭弁論の結果を陳述(民訴296)する。これにより、第一審でなされた弁論及び証拠調べの結果、並びに準備手続の効力なども控訴審において効力を有することになる(民訴298①)。

控訴審が審判できるのは、当事者が第一審判決に対し、不服を申し立ててその変更を求める範囲に限られる(民訴296・304)。もっとも、控訴不可分の原則により、事件全体が控訴審に移審しているから、控訴人は、不服申立ての範囲を弁論終結まで何時でもこれを拡張又は縮小できる。

控訴審では、第一審判決の当否を審判するのに必要な限度で、第一審原告の権利主張の当否についても審理がなされる。実務上多くの場合、控訴理由書が提出されているが、控訴状に不服申立て理由の具体的な記載がないときは、控訴人は控訴提起後50日以内に、これらを記載した書面の提出が義務づけられている(民訴規182)。また、裁判長は被控訴人に対し、相当の期間を定めて控訴人主張の不服申立事由に対する反論を記載した書面の提出を命じることができる(民訴規183)。これらの提出によって控訴審における争点を早期に明らかにし、それに絞った充実した審理が期待できるからである。

控訴審の審理において、第一審で提出済の攻撃防御方法は、原審口頭弁論の結果陳述により、控訴審で利用できるほか、新たな攻撃防御方法も提出が可能である(民訴297・156)。ただ、新たな攻撃防御方法の提出等をする当事者に対しては、裁判所がその提出期間を定めることができるうえ、これに後れた当事者は、裁判所に対し説明義務を負う(民訴301)。

控訴審は、以上のような手続に従って審理を進め、裁判をするに熟したと判断したときには、口頭弁論を終結したうえ、不服を申し立てられた範囲内で終局判決をすることになる。　　　　　[大山]

控訴提起の効力 ⇒ 「上訴提起の効力」

控訴人・被控訴人

控訴審における当事者を控訴人・被控訴人という。前者は、第一審判決に対して不服の申立て(控訴)をした者であり、後者は、その相手方である。両者はいずれも当事者として、控訴状に記載が義務づけられている(民訴286②)。裁判では、裁判所が当事者から提出された事実と証拠に基づいて事実関係を確定し、法規を適用して当事者いずれの主張が正当であるかを判断するが、私人間の権利義務に関する紛争の解決を目的とするため、対立抗争する双方の存在が前提となっている。原則として、対立当事者の一方が相手方に対し、申立てを提起し、両者に対して判決がなされる形をとる。ただ、訴訟の当事者は、訴訟手続(審級)を異にすることにより、その呼称を異にし、第一審では原告・被告と呼ばれ、上告審では上告人・被上告人と呼ばれている。

[大山]

控訴の取下げ ⇒ 「上訴の取下げ」

控訴の不可分 ⇒ 「上訴不可分の原則」

控訴の利益 ⇒ 「上訴の利益」

控訴理由書提出強制

従前、控訴裁判所は、控訴人に対し控訴理由書の提出を求め、これに応じて控訴理由書が出されていた。控訴理由書の性格は、通常の準備書面であり、旧法(平成8法109による改正前民事訴訟法)当時

は法的に提出義務があるとはいえなかった。新しい民事訴訟手続では、控訴状に第一審判決の取消し又は変更を求める事由(不服の理由)の具体的記載がないときは、控訴人は控訴提起後、50日以内に、これらを記載した書面を控訴裁判所に提出しなければならないとされた(民訴規182)。これにより控訴審でも争点を早期に明らかにし、充実した審理を図ろうとしている。なお、上告理由書の場合と異なり、この書面の提出がなかったり、50日を経過した後に提出されても、それ自体を理由に控訴却下になるわけではない。控訴の迅速・適正な処理は、裁判所の訴訟指揮と当事者の訴訟倫理に委ねられているといえる。　　　　　　　　[大山]

控訴をしない旨の合意　⇒　「不控訴の合意」「不上訴の合意」

公知の事実

通常の知識経験を有する一般人が信じて疑わない程度に知られていることをいう。歴史的に有名な事件、天災、戦争、一般に行われている習慣等がこれに属する。事実が一般に知られ、かつその内容を確認することが比較的容易で、その真実性が保障されていれば足りる。民事訴訟法179条にいう「顕著な事実」には、公知の事実と裁判所に顕著な事実を含み、いずれも証拠により証明されることを要しない。もっとも、公知か否かの判断は事実問題であり、公知性に争いがあれば争うことができる。その場合、裁判所がこれを認定することになる。　　[大山]

高等裁判所

憲法76条にいう下級裁判所の1つで、裁判所法により設置されている下級裁判所(高等裁判所・地方裁判所・家庭裁判所・簡易裁判所)のうちの最上位のものをいう。東京・大阪・名古屋・広島・福岡・仙台・札幌(さっぽろ)・高松の8都市に置かれているほか支部が設けられている。

ⅰ地方裁判所を第一審とする民事・刑事事件の判決、家庭裁判所の判決(少年37①等)、簡易裁判所を第一審とする刑事事件の判決に対する控訴審として、ⅱ地方裁判所の民事・刑事の事件(令状事件等)の決定及び命令、家庭裁判所の家事関係事件、少年保護事件の審判等の決定及び命令に対する抗告審として、ⅲ簡易裁判所を第一審とする民事事件判決の上告審として、ⅳ例外として第一審とされた刑法の内乱罪(刑77〜79)、事案の性質上特に統一的に処理されるのを相当とするため法律で特に定める訴訟(公選203、独禁85、海難審判53①、自治151の2③、裁判官分限法3①等)を、3名(特別事件は5名)の裁判官で構成する合議体で裁判を担当する。　　　　　　　　　　　　　[廣田]

口頭主義・書面主義

訴訟の審理の方式で、弁論及び証拠調べ等の訴訟行為を口頭ですることを必要とするのが口頭主義であり、書面でする必要があるとするのが書面主義である。口頭主義の特徴は、裁判所は、当事者の真意の把握がしやすいこと、不明確な点について直ちに釈明できるので争点の整理がしやすいこと、合議制の審理に適すること等公開主義の要請に適するが、当事者の主張等の聴取、記録化につき正確性を確保することが困難であって訴訟資料の誤りのない提出、その結果の整理、記憶に不便である等の欠点がある。書面主義の特徴は、口頭主義のほぼ反対であるが、上訴での審理については書面主義の方が訴訟資料の同一性の観点からは優れている。民事訴訟における判決手続では口頭弁論主義の原則が採られているが、裁判の基礎をなす明確・正確性の要請が

ある訴え提起，訴えの変更，上訴の提起等は書面主義が採られている（民訴133・143・286・314・331。例外は民訴271）。ただし，口頭弁論では，書面での準備が要求されている。破産・執行等の決定・命令手続（民事保全手続では任意的口頭弁論）は書面主義であり，審尋の方法として口頭による陳述の方式の用いられることがあるに過ぎない。

刑事手続も，判決は口頭弁論に基づかなければならない（刑訴43①）。証拠書類の取調べは法廷での朗読又は要旨の口頭での告知が必要とされている。決定・命令では口頭弁論を経る必要はない。ただし，手続の明確性等の要請から起訴，弁護人選任，上訴権の放棄等は書面主義が採られている。また，簡易裁判所の民事手続では，本人尋問・証人尋問等ついて，書面主義と口頭主義の併用を認め，口頭尋問に代えて本人や証人の供述書の提出を求めることができる特則がある（民訴278）。　　　　　　　　　　　　［廣田］

口頭の起訴

訴えの提起は，書面である訴状を裁判所に提出してしなければならないし，訴状には請求原因等の必要的記載事項が定められている（民訴133）。しかし，簡易裁判所における特則として，民事事件の判決手続についても，簡易な手続による迅速な紛争解決（民訴270）のために，手続上の負担の軽減を図るため，訴えは口頭で提起することができ（民訴271），請求の原因の記載に代えて紛争の要点を明らかにすれば足りる（民訴272）とされている。これを口頭の起訴という。その手続は，原告が簡易裁判所に出頭して，裁判所書記官の面前で当事者の氏名，請求の趣旨・原因等を陳述し，同書記官が，申立調書を作成（民訴規1②）するというものである。　　　　　　　　　　　　［廣田］

口頭弁論

受訴裁判所が定めた期日に，当事者双方が対立した形でその審理のために，口頭で本案の申立て及び攻撃防御方法の提出その他の陳述をすることである（民訴87）。広義には，当事者双方の上記訴訟行為と結合してなされる裁判所の訴訟指揮，証拠調べ及び判決の言渡し，書記官の調書作成等の行為を含めた，審理の方式ないし手続を意味する。裁判のために口頭弁論手続によることが法律上要請される場合が必要的口頭弁論であり，裁判所の裁量で口頭弁論を開く場合が任意的口頭弁論である。判決手続は前者であって口頭弁論に顕出されたものだけが訴訟資料になる。決定手続（民事保全手続等）は後者である。口頭弁論は，裁判長の訴訟指揮により，公平・円滑に能率的に進められる。当事者双方が出席して開かれるのが原則であるが，当事者の一方が適法な呼出しを受けて出席の機会を与えられたにもかかわらず欠席した場合には，自ら権利を放棄したものとして，出席者のみで弁論をすることができる。当事者は，事前に準備書面等の書面の提出をしていても，定められた口頭弁論期日に出席して口頭でその記載事実等を主張する必要がある。ただし，地方裁判所では最初になすべき期日に限り（民訴158），簡易裁判所ではいつでも（民訴277），欠席した一方当事者が提出した訴状・準備書面等についてはこれを陳述したものと擬制して，手続を進行させることができる。書証等については，当事者が口頭弁論期日に出頭して原本を提出しなければならない。
　　　　　　　　　　　　［廣田］

口頭弁論期日

期日とは，裁判所・当事者その他の訴訟関係人が会合して，訴訟に関する行為をするために定められた時間をいい，そ

の目的が口頭弁論であるときが口頭弁論期日である。裁判長が期日の指定（民訴139）をし、主宰する（民訴148）。法廷で事件の呼上げによって開始される（民訴規62）。裁判所が争点及び証拠の整理のために必要があるとしたときに開かれるのが準備的口頭弁論期日（民訴164）である。それは口頭弁論期日に変わりはないが、その終了後に新たな攻撃防御方法を提出する当事者は、相手方が求めるときは、その終了前に提出できなかった理由を説明する義務がある（民訴167）。

［廣田］

口頭弁論調書

民事訴訟において、裁判所書記官によって口頭弁論の期日ごとに作成される調書である（民訴160）。口頭弁論調書の記載は、事件や当事者や開廷日時等の形式的記載事項（民訴規66）のほか、弁論の要領と証人、当事者本人の陳述等その期日で行われた訴訟上重要な事実である実質的記載事項（民訴規67）がある。そして、調書が存在する限り、口頭弁論の方式に関する事項は、手続上の争いを防止するため、法定証拠である口頭弁論調書の記載によってのみ証明でき、それについて他の証拠方法でこれを証明したり、反証を挙げて争うことはできない（民訴160③）。調書の記載について当事者その他の利害関係人は異議が述べられる。その異議があったきは、書記官はその旨を記載しなければならない（民訴160②）。刑事訴訟では、口頭弁論調書に相当するものを公判調書という。　　　　　　　［廣田］

口頭弁論の一体性

口頭弁論は、当事者間に事実の争いがあるときは争点の整理がされ、証拠調べが必要な範囲でなされた結果、訴訟が裁判をするに熟したときに終結されるのが原則（民訴243①。例外は民訴244）である。この口頭弁論が、一期日で終了しないときは、次回期日の指定がされて続行されるが、従前の弁論は繰り返す必要はなく、次の弁論が積み重ねられる。この口頭弁論の終結までに実施された全体が一体のものとして判決の基礎となり、これを口頭弁論の一体性という。どの口頭弁論期日でも、法的な裁判資料としては同一の価値があるが、当事者は、口頭弁論の終結までの適時（民訴156）に攻撃防御方法を提出しなければならない。

［廣田］

口頭弁論の更新 ⇒ 「弁論の更新」

口頭弁論の指揮 ⇒ 「弁論の指揮」

口頭弁論の終結 ⇒ 「弁論の終結」

口頭弁論の準備 ⇒ 「弁論の準備」

口頭弁論の全趣旨 ⇒ 「弁論の全趣旨」

交付送達

送達とは、訴訟の当事者その他の利害関係人に対して、訴訟上の書類を法定の方式により送り届けることで、無方式の通知方法である告知等よりも厳格な手続である。送達は、職権で、送達を受けるべき者に送達すべき書類をその住所地等で交付してする交付送達が原則である（民訴101）。送達は、郵便の業務に従事する職員又は執行官が送達実施機関（民訴99）としてなされるが、郵便でするのが通常である。また、当事者が裁判所に出頭したときは裁判所書記官が送達することができる（民訴100）。送達方法には、他に出会送達（民訴105）、補充及び差置きの各送達（民訴106）の他、前記送達方法では

送達できない場合の書留郵便に付する送達（民訴107），行方不明等により送達すべき場所が判らない場合の公示送達（民訴110）がある。　　　　　　　　　　［廣田］

公文書・私文書

文書とは，作成者の意思や認識を文字その他の記号により表現したものが有体物（普通は紙）に保存されているものである。文書のうち，公務員がその権限に基づいて職務上作成したものが公文書であり，それ以外のものを私文書という。文書を証拠として提出する場合には，作成者を明かにしなければならない（民訴規137）し，これが証拠として使用されるためには文書の作成者が認定されなければならない（民訴228①）が，その文書がその方式及び趣旨により公務員が職務上作成したものと認めるべきときは，真正に成立した公文書と推定される（民訴228②）。したがって，文書の真正の立証の関係で文書が公文書であるか否かは重要である。　　　　　　　　　　　　　［廣田］

抗弁

民事訴訟において，相手方の申立てや主張の排斥を求めるために，相手方主張の事実と別個の事実を主張することを抗弁と総称する。訴訟行為の効力に関する訴訟法上の抗弁と実体法上の法律効果に関する実体法上の抗弁に分けられる。相手方の主張等を単に否定するだけでなく，相手方の主張する請求原因事実と理論上両立する事実を別個に主張する点で，否認や反証と異なる。

訴訟法上の抗弁のうち，ⅰ本案前の抗弁は妨訴抗弁ともいわれるもので，訴えについての訴訟要件の欠缺（けんけつ），管轄違い，仲裁契約，不起訴契約の存在，訴訟費用の担保の不提供等の訴訟障害事由を主張して，訴えの却下・移送等を求めるものであるが，訴訟障害事由は相手方の主張がない限り考慮する必要はないが，その他は主張がなくても職権で判断すべき事項である。ⅱ他は，証拠抗弁と呼ばれるもので，相手方の証拠申請ないしその取調べ結果に基づいて，証拠能力や関連性等の欠缺を主張して却下を求め，ないしは証拠としての信用性に対する主張であって，裁判所の職権事項に対する意見である。

実体法上の抗弁とは，相手方の請求の全部又は一部についてその理由を失わせ又は失わせるために，ⅰ相手方主張の請求原因から発生する法律効果の発生を妨げ（錯誤・虚偽表示等），ⅱ一度発生した法律効果を消滅させ又は排除させ（弁済・取消し・解除・相殺等），ⅲ発生すべき法律効果を延期させ（期限の猶予等），ⅳ条件（同時履行等）にかからせるため，その要件事実を主張することである。前記ⅰⅱは消滅的抗弁，ⅲを延期的抗弁という。またその抗弁の要件事実自体の主張があれば裁判所が抗弁とすることができるものを事実抗弁といい，それに加えてそれによる権利等の適用を求める意思表示を裁判所に対してすることを必要（時効の援用，同時履行の抗弁権の主張，相殺の意思表示等）とするものを権利抗弁という。抗弁に対する判断には既判力はないが，相殺の抗弁は，訴訟物を異にする別個の反対債権の存否を実質的に審理するのでその判断にも既判力（民訴114②）がある。　　　　　　　　　　　　［廣田］

公法的訴権説　⇒「訴権学説」

効力規定・訓示規定

効力規定とは，これに違背した場合にその行為の効力に影響のある規定であり，訓示規定とは，その遵守は要求されるが，それに違背してもその行為の効力に影響

を及ぼさない規定である。効力規定のうち，公益性等の観点から当事者の意思によって当該規定と異なる効果を生じさせることはできないのが強行規定であって，強行規定に違反する行為等は無効である。これに対して，当事者がこれと異なる意思を表示しないときだけに適用されるのが任意規定である。　　　　　　　［廣田］

甲類審判事件　⇨　「家事審判」

小切手訴訟　⇨　「手形訴訟・小切手訴訟」

小切手判決　⇨　「手形判決・小切手判決」

国際裁判管轄権

裁判権とは，司法権の一権能であって各国家が具有する国家主権の一態様であるから，渉外事件について，誰に対するいかなる事件をどの国の裁判所が裁判する権利があるかという裁判機能の分担は，国際法上の原則に基づいて決定される。これを国際裁判管轄権の問題という。しかしながら，現在は若干の条約と外交上の原則（主権免除）は別としてこれに関する普遍的超国家的原則は存在せず，各国は，渉外的私法関係等の安全保障からそれぞれの国内法の形式で存在しているに過ぎない。それは，国家主義的見地による内国利益保護の立場に重点をおいて，これを国家主権の司法管轄と観念して国際法上の対人主権及び領土主権に関する原則を基準とするものもあるが，国際主義ないし世界主義的立場に立って，国際訴訟制度の存在を認め，民事事件については私法的国際通商の訴訟面における安全保障という目的に沿ってこれを定めようとする立場が最近における通説となっている。わが国には，個々の各法条に定められた管轄の規定の他には国際的管轄権に関する直接的規定はないので，これが欠けているときには上述した通説の原則によって各種の国内訴訟法上の土地管轄の規定と，法令の規定等を考慮してこれが決定されるべきである。なお，国際裁判管轄権については，外国判決のわが国での承認・執行（民訴118）に当たって当該判決国がその事件につき管轄権を有していたか否かを判断することが必要であって，これを間接的一般管轄権の問題といい，前記直接的一般的管轄権と同様の原則が適用されるべきであろうが，実際には必ずしも一致していない。
　　　　　　　［廣田］

国際裁判管轄の合意

渉外関係の契約に基づく権利関係は，契約中に国際的裁判管轄についての合意がなされることが多い。上記合意の方式を含むその成立・効力は，わが国の国際民事訴訟（明文はないので民事訴訟法・法例等の各条文を参考にして条理による）によるべきである。そのためその合意は，特定の法律関係について生じた，又は生じるべき紛争に関するものに特定されていることが必要であり，その方式も程度の差はあるにしても，書面による必要があるというのが通説である。この合意は専属的管轄の合意としてされるのが通常である。それを外国の裁判所と定めるときは，日本の裁判権を排除する合意になるが，このときも当該事件が日本の専属管轄に属さず，かつ，指定された管轄国でその合意を承認することを条件として認められる。これに違背した訴え提起に対しては，妨訴抗弁として管轄合意を主張することができるが，裁判所は移送はできないので，訴え却下の裁判をすることになる。
　　　　　　　［廣田］

国際司法共助

民事・刑事の司法事務に関して外国の司法機関及び捜査機関との間で相互的補助・協力をすることである。取決めがある外国との間での訴訟書類の送達と証拠調べの実施については,「外国裁判所ノ嘱託ニ因ル共助法(明治38年法63)」が制定されている。民事関係の相互協力の取決めとしては,①2国間の取決めのほか,⑪民事訴訟手続に関する条約(昭和45条約6号),民事又は商事に関する裁判上及び裁判外の文書の外国における送達及び告知に関する条約(同7号)があり,その手続は,2国間の取決めの場合はその取決めにより,上記各条約に基づく場合は,前記各条約の実施のために制定された各条約に基づく「民事訴訟手続に関する条約等の実施に伴う民事訴訟手続の特例等に関する法律」に従ってされる。刑事手続では,わが国から外国への書類の送達や証拠調べの実施は,多国間条約がないので2国間取決めによるのみである。しかし,外国からのそれは,2国間取決めの他,前記共助法によって行われている。捜査関係では,アメリカ合衆国との間の犯罪人引渡しに関する条約とその国内法としての「逃亡犯罪人引渡法」があり,捜査機関相互の捜査協力については,「国際捜査共助法」がある。⇒「司法共助」
[廣田]

国際倒産法

渉外的要素を含む破産・民事再生・会社更生・会社整理等の倒産事件の処理に関する法規の全体を視野に入れた概念であって,わが国における渉外的諸問題のほか,外国破産等の倒産に関するわが国での効力等の問題もある。国際倒産における内外国人の倒産法上の地位は,国際的には国籍を問わず内外国人とも同一の地位を有することを認める無条件平等主義が主流になっている。この原則は倒産手続上外国人又は外国法人が債権者であると債務者であるとを問わず破産法等の上で内外国人を同一に取り扱うことを意味する。わが国においては,倒産法のうちでは最新の法律である会社更生法・民事再生法は無条件内外国人平等主義(会社更生3,民事再生3)であるのに対し,破産法(2)民事再生法(19)は相互的平等主義であって,種々の問題が生じている。破産法も,会社更生法等に近い解釈がされるように努力されている。国際倒産法は,手続法以外に実体法にも多く含まれているので,これらは準拠法決定の一般原則による。
[廣田]

国際破産法

一国での破産宣告の効力が他国に及ぶのか,又はその効力の及ぶ範囲の問題である。立法主義としては,破産宣告の効力が外国にも及び,在外財産も破産財団を構成し一人一破産とする普及主義と,破産宣告の効力は内国のみに限定され,同一人について国を異にして複数の破産手続が併立することもある属地主義,動産は普及主義を,不動産は属地主義を採るもの等の種々の形式の折衷主義がある。普及主義が理論的ではあるが,各国の破産の要件・効果の法制度に差異がある現状ではその実行は困難である。わが国では,破産(破3)は,内国所在の財産のみについて簡易迅速に破産手続の進行・完結をはかれる利益があるために属地主義がとられている。その破産財団のうちの債権については,民事訴訟法によりわが国の裁判所で請求ができる債権は,日本にあるものと看做(みな)されている(破3③)。外国での破産宣告は日本国内の財産に効力はなく(破3②),執行判決の可能性も認められない。外国人及び外国法人は,わが国の破産の手続において権利

を主張することができるか否かについては、一般的にはその本国法において日本人又は日本法人がこれらと同一の地位をあてられていることを条件として、日本人又は日本法人と同一の地位を有するという法定相互的平等主義がとられているので、その本国法で日本人を不利に差別していないことが証明されることがその権利行使の条件となる。　　　　［廣田］

国際民事訴訟法

渉外的性質をもつ民事訴訟事件の手続的事項に適用される法規範の総称をいう。訴訟はその行われる地を支配している訴訟法規(法廷地法)により処理されることが原則である。そのため、国際民事訴訟法の基本的性質は国内法であり、手続が日本国内で行われる限り日本の手続法に従うこととなるが、手続法が外国法の適用を予定している場合(例えば、外国人の訴訟能力(民訴28・33、法例3))や明確な規定を欠き条約・国際慣習法や条理による解釈に委ねられている事項もある。

主な内容としては、外国人及び外国法人の訴訟上の地位及び待遇、外国判決の承認及び執行についての規定等を含むほか、国際裁判管轄、国際的訴訟競合、国際的司法共助等が問題となっている。

国際裁判管轄は、渉外的民事紛争において関係国いずれが管轄権を行使すべきかの問題であり、外国国家に対する管轄権の免除を除いて国際法は確立されておらず、わが国の民事訴訟法も明確な規定をおいていない。従来の学説は、民事訴訟法の土地管轄がある限り裁判権があるとしたが(逆推知説)、今日では国際裁判管轄を国際的規模での土地管轄の配分の問題と考えて裁判の適正・公平・迅速等を総合的に勘案して決定する見解(管轄配分説)が有力である。

国際的訴訟競合(国際二重起訴)は、一国で提起された訴訟と内容的に同一の訴訟が他国でも提起された場合の問題であり、国内の民事訴訟法と同様に被告の応訴の煩、訴訟経済、矛盾判決の防止のため、民事訴訟法142条の類推等の方法により何らかの規制が必要とされているが、外国での訴訟の帰趨(きすう)やその判決の承認・執行等の点で問題がある。

国際的司法共助は、民事及び刑事手続に関する各国司法機関相互の国際協力のことであり、民事手続の場合、訴訟書類の送達と証拠調べが行われている。共助の実施方法については、日本と外国との2国間での取決め、国際条約(ヘーグ民訴手続条約〔昭和45条約6号民事訴訟手続に関する条約〕、ヘーグ送達告知条約〔昭和45条約7号民事又は商事に関する裁判上及び裁判外の文書の外国における送達及び告知に関する条約〕)、その実施のために制定された「民事訴訟手続に関する条約等の実施に伴う民事訴訟手続の特例等に関する法律」(昭和45法115)及び「外国裁判所ノ嘱託ニ因ル共助法」(明治38法63)等に従う。　　　　［小田島］

故障の申立て

大正15年改正前の旧民事訴訟法で認められていた欠席判決に対する不服申立ての方法であった。当時の民事訴訟法は、欠席者について直ちに敗訴判決(欠席判決)を行って手続を打ち切り、欠席者はその判決に対して上訴ではなく同一審級において故障の申立てを行って欠席判決前の状態から改めて審理を求められるという欠席判決主義を採用していた。しかし、欠席と故障の申立ての繰返しにより訴訟遅延の原因となったことから、その後廃止され、現行の民事訴訟法は、当事者が欠席した場合について訴状等の陳述の擬制(民訴158)や自白の擬制(民訴159③)等の規定をおいた上で欠席者が出席して

いると同様に扱って審理を進め，終局判決もでき（民訴244），欠席者はその判決に対して上訴手続によってのみ不服申立ができるという対席判決主義を採用した。

[小田島]

固定主義・膨脹主義

破産宣告時に破産者に帰属していた財産が破産財団に帰属し，宣告後に破産者に帰属するに至った財産は破産財団から除かれるとする立法を，破産宣告を基準時として破産財団の範囲を固定するということから，固定主義という。これに対し，破産宣告時の破産者の財産のみならず，宣告後に破産者に帰属した財産も破産財団に組み込む立法を膨脹主義という。日本の破産法は固定主義を採る（破6①）。固定主義は，破産手続が迅速に終了すること，新得財産が宣告後の新債権者に対する引当てになるから新債権者の保護が図られること，また破産者の経済的更生を助けるというメリットがある。これに対し，膨脹主義は，破産財団を増加させ，破産者が新得財産を浪費することを防止するという長所もあるが，破産手続の終結が遅延する上，新債権者の保護に欠ける，破産者の経済的更生が困難になる等の短所がある。固定主義を採用する日本の破産法下では，破産宣告時の破産者の財産であれば，原則としてすべてのものが破産財団に属することになる。また，宣告前の原因に基づく将来の請求権（破6②）も破産財団に属するものであり，退職金債権や生命保険契約に基づく解約返戻金請求権も将来の請求権の一種として破産財団に組み込まれるのが原則である。

[大島]

個別執行・一般執行

執行の対象となる債務者の財産の範囲による執行の区別のことである。債務者の個々の財産に対し，個々の債権の満足に必要な範囲で個別的になされる執行を個別執行といい，債務者の総財産を一括し，これに対してなされる執行を一般執行（あるいは包括執行）という。かつては，一般執行が原則とされた時代もあったが，かかる執行では，権利実現の手段として必要以上に執行がなされることが多かった。現行の民事執行法上の強制執行（民執22〜173），担保権の実行（民執181〜194），形式的競売（民執195），民事保全法上の保全執行（民保47〜57）等は，いずれも個別執行であり，一般執行の例としては，破産法あるいは会社更生法による手続が挙げられる。個別執行であっても，複数の債権者により，債務者の個々の財産に対して執行がなされると，結果として，債務者の総財産に対してなされる一般執行の状態に近くなるが，一般執行と異なり，財産ごとに異なる手続が行われることとなる。他方，破産などの手続は，債務者が支払不能等の状態になった場合に，全債権者のために債務者の総財産を対象として行われる手続であり，総債権者の公平の観点から，個別執行が禁止されることとなる。

[菊池]

個別尋問

証人が数人ある場合に，同席させず隔離して個別に尋問する方法（刑訴規123）をいい，隔離尋問ともいう。

現行の民事訴訟法は，数人の証人を尋問する場合，後に尋問する証人を原則として在廷させないこととしたが，裁判長が必要と認めた場合には，後に尋問する証人を在廷させて前の証人の供述を聞かせた後に尋問することができ（民訴規120），あるいは対立する数人の証人を同席させて同時に尋問し，証言の矛盾する点についてお互いに弁明させるという対質を命じることができる（民訴規118，刑

固有期間・職務期間

当事者その他の訴訟関係人の訴訟行為をその期間内にすることが定められている場合を固有期間あるいは真正期間といい、裁判所その他の裁判機関が一定の行動をなすべく定められている期間を職務期間あるいは不真正期間という。固有期間は、訴訟手続の迅速な進行を図るためや当事者等に熟慮あるいは準備の期間を与えるために定められるもので、補正期間（民訴34①・137①）、担保供与期間（民訴75⑤）、準備書面等の提出期間（民訴162）、上訴期間（民訴285・332）等がある。当事者が前記期間を懈怠(かいたい)した場合、当然にその行為をすることができなくなるという失権の効果等不利益な取扱いを受ける。これに対して職務期間は、訓示的規定であって失権等の効果を生じることはなく、判決言渡期間（民訴251①）、判決の送達期間（民訴規159①）等がある。　　　　　　　　　　　[小田島]

固有必要的共同訴訟

必要的共同訴訟のうち、数人が共同して初めて当該請求に関する当事者適格が認められるため、共同して原告又は被告とならなければ本案判決を受けられないこととなる訴訟をいい、真正必要的共同訴訟ともいわれる。これに対して、各自単独に当事者適格が認められて個別に原告又は被告となることができるが、共同して訴え又は訴えられた以上は、共同訴訟の形態をとることが必要とされる場合を、類似必要的共同訴訟という。

どのような訴訟を必要的共同訴訟と扱うかについては、法律の規定は網羅的ではないが、判例・通説は、ⅰ他人間の法律関係の変動をもたらす形成ないし形成的訴訟、ⅱ訴訟物たる権利ないし法律関係についての実体法上の管理処分権、訴訟追行権が数名の者に合有ないし総有的に帰属している場合について固有必要的共同訴訟としている。

ⅰの例としては、共有物分割請求訴訟（民258①）及び共有地の境界(けいかい)確定訴訟における共有者、詐害的短期賃貸借解除請求訴訟（民395但）における賃貸人及び賃借人、取締役解任請求訴訟（商257③）における会社と取締役、第三者からの婚姻無効・取消訴訟（人訴2②）や養子縁組無効・取消訴訟（人訴26）における婚姻もしくは縁組当事者等があり、ⅱの例としては、入会権の対外的な確認訴訟における入会権者、数人の選定当事者がある場合の訴訟における選定当事者等がある。　　　　　　　　　　　[小田島]

さ 行

再競売(けいばい)

昭和54年改正前の旧民事訴訟法(強制執行編)時代の用語である。競落人が代金支払期日までに競落代金を完済しない場合に、裁判所が職権により同一不動産に対して更に競売を命ずることにより行われる競売のことをいった(旧民訴688、明治31法15による昭和54法4廃止前の旧競売法32)。代金を完済しない競落人に代金支払義務の履行を強制する方法よりも、従前の手続を続行し新たに得られる競落人から代金を取得する方が、競売物件を迅速かつ確実に換価し売得金を得るという競売の趣旨に合致するため設けられた制度であった。再競売は従前の競売の継続であり、従前の競売の際に定められた最低競売価額その他の売却条件はそのまま踏襲され、代金支払義務を履行しなかった競落人に対しては、従前の手続を徒労に帰せしめたことから、ⅰ再競売への加入の不許、ⅱ競買保証金の不返還、ⅲ再競売の競落代価が従前のそれより低い場合における不足額・手続費用の負担などの制裁が課されることになっていた。ただし、競落人が再競売期日の3日前までに競落代金・再競売手続に要した費用等を支払ったときは、裁判所は再競売手続を取り消さなければならなかった。⇒「再売却」　　　　　　　　　　[菊池]

債権確定訴訟　⇒　「破産債権確定訴訟」

債権執行

債権者が、金銭債権満足のため、債務者が特定の第三者(第三債務者)に対して有する債権について、その財産的価値を差し押さえて行う強制執行をいい、権利執行のうち債権を対象とする強制執行のことである。対象となる債権は、金銭の支払を目的とする債権(売買代金債権・貸金債権・賃料債権・給料債権・損害賠償債権等)、船舶の引渡しを目的とする債権、動産の引渡しを目的とする債権があるが、有価証券が発行されている場合はそれが動産執行の対象となるため、債権執行の対象とならない(民執143)。執行の対象となるためには、債務者に属するもので、独立した財産的価値があり、金銭的評価ができ、譲渡性があることが必要であるが、私法上の権利か公法上の権利かを問わず、条件・期限付の債権でもよく、将来生ずべき債権でも、特定性があって発生が確実で財産的価値が認められれば執行の対象となる。ただし、債務者の最低生活を保障するという社会政策的配慮に基づいて、全額又は一定限度での差押禁止債権が規定されており、給料等の継続的給付債権、退職手当債権(民執152)の他、社会保険給付請求権、災害補償や損害賠償についての請求権等がこれにあたる。

金銭債権に対する執行手続は、債権者の申立てに基づいて、執行裁判所が、第三債務者に債務者への支払を禁止するとともに、債務者に第三債務者に対する債権の取立て、譲渡等の処分をしてはならない旨の差押命令を発し(民執145)、債権者はそれに基づいて債権を取り立て(民執155)もしくは転付命令(民執159)を受けることによって、債権の満足に充てることにより行われる。

船舶の引渡請求権に対する執行は、債務者が所有しているが占有していない船

舶について，船舶自体についての強制執行手続（民執112以下）によることができないため，船舶の引渡請求権を債権執行の方法により差し押さえることを認めたものである。したがって，その執行手続は原則として金銭債権に対する執行と同じ方法によるが，債権者は，第三債務者に対して裁判所が選任した保管人に当該船舶を引き渡すように請求できるにとどまり（民執162），直接取り立てたり，転付命令を受けることはできず，保管人への引き渡し後，船舶に対する執行手続により債権の満足を受けることとなる。

動産引渡請求権に対する執行は，船舶同様，債務者が所有しているが占有していない動産について，動産に対する強制執行ができないために（民執123・124），動産の引渡請求権を差し押さえて執行することとしたものであり，債権者は，第三債務者に対して当該動産を執行官に引き渡すように求めることができ，動産の引渡しを受けた執行官は，動産執行における換価方法と同じ方法により換価したうえ，その売得金を執行裁判所に提出する（民執163）。　　　　　　［小田島］

債権者・債務者

執行手続における当事者であり，強制執行を求める者を債権者又は執行債権者，これを受ける者を債務者又は執行債務者という。債務名義の表示又は執行文の付与により確定される（民執25・27②）。実体法上の概念とは異なり，実体法上の請求権を有しない者も債権者・債務者となる場合がある（例えば，遺言執行者）。訴訟手続における原告・被告とも常に一致するものではなく，例えば，債務名義が成立した後，債務名義上の当事者の承継人に対して執行文が付与されると，その者が債権者・債務者となる。執行当事者は，債権者・債務者とも当事者能力を具備する必要があるが，訴訟能力の具備の要否については，債権者と債務者で異なる。債権者は，執行の申立てなど積極的に行為をするので，常に必要であるが，債務者は，積極的な行為又はその受領については必要であり（例えば，民執5（審尋），民執10（抗告申立て），民執11（異議申立て）），執行を受忍するに止まるときは必要ではない。また，督促手続や民事保全手続でも，申立人を債権者，相手方を債務者と呼称する。　　　　　　［菊池］

債権者集会

各種の倒産手続において開催される債権者の集会をいう。任意整理においても開催されることがある。破産手続においては，各種の決議をなし（破167・170・174・183・194・198・200・206・281・306等），破産管財人の報告を受ける。決議は，出席債権者の過半数でその債権額が出席債権者の債権額の半額を超える者の一致によって成立するのを原則とする（破179）。破産法上の強制和議においては，破産者の提供した和議条件の可否について決議する。可決のためには，出席債権者の過半数でその債権額が届出債権額の4分の3以上の同意が必要とされる（破306）。民事再生手続においても，再生債務者ないし再生管財人らの提出した再生計画案の可否について決議する（民事再生171。なお書面による決議については民事再生172）。可決のためには，出席債権者の過半数であって議決権を行使できる再生債権者の議決権総額の2分の1以上の賛成が必要とされる（民事再生171④）。また，商法上の特別清算においても債権者集会が開催されて協定の可決等を行う（商450・451等）。　　　　　　［大野］

債権者代位訴訟

債権者が自己の債権の十分な弁済を受

けるために，債務者が他人（第三債務者）に対して持つ権利を代わって行使する権利を債権者代位権というが，前記権利を訴訟上行使した場合の訴訟を債権者代位訴訟という。本人の意思に基づかず，法律の規定により第三者が当然に訴訟追行権を持つ場合であり，法定訴訟担当の一つである。

訴訟物たる権利・法律関係の実体法上の帰属主体のために，訴訟担当者が追行した訴訟の判決の既判力は，訴訟担当者のほか利益帰属主体に及ぶが，債権者代位訴訟では，第三者（債務者）の独自の手続保障の必要性との関係で判決の及ぶ範囲について説の対立がある。通説・判例は，他人の権利関係につき担当者に無限定に当事者適格を認め，債権者代位訴訟においても，担当者の受けた判決は勝訴・敗訴を問わず実質的利益帰属主体たる債務者に拡張されるとする（大判昭15・3・15民集19・8・586）。また，債権者が訴訟中に代位債権を失い訴訟担当者たる適格を欠いた場合には，その判決の効力は代位債権者・第三債務者を拘束しないとする判例がある（大阪地判昭45・5・28下民集21・5＝6・720）。

裁判所に係属する事件については，当事者は更に訴えを提起することができない（重複訴訟の禁止（民訴142））が，債権者代位訴訟中，債務者が同一債権の給付訴訟の別訴を提起するような場合，通説・判例は同一事件であるとして，訴え提起を認めない。もっとも，債務者が，原告の代位権を争って，独立当事者参加をする場合は，併合して審理されるのであって，別訴とはいえず，重複訴訟には当たらない。　　　　　　　　　　［杉山］

債権その他の財産権に対する執行
⇨「債権執行」

債権調査期日

破産手続において，破産債権者から届け出られた債権の存否・額及び優劣（具体的には，優先的破産債権か劣後的破産債権か）について調査を行うために裁判所が招集し，破産管財人，他の債権者及び破産者からの異議の有無を確認する期日をいう。破産宣告と同時に指定・公告され，第1回債権者集会と同一期日に開催されるのが通常である。この期日においては，債権届出期間内に届出のあった債権についてのみ調査が行われるのが原則であり，届出期間経過後に届け出られた債権について破産管財人又は破産債権者の異議があるときは特別調査期日が開催されるが，その費用は届出債権者の負担とされる（破234②）。債権調査期日において破産管財人及び債権者から異議がなかった債権については届出どおり確定し，異議が述べられた債権については債権確定訴訟によって確定されることになる（破244①）。　　　　　　　　　　　　　　　　　［大野］

債権表

破産手続において，裁判所書記官が破産債権の届出に基づきその債権について法定事項を記載して作成する書面をいう（破229①）。

裁判所書記官は，債権の届出を受けると，ⅰ債権者の氏名及び住所，ⅱ債権の額及び原因，ⅲ優先権があるときにはその権利，劣後的部分があるときにはその区分，ⅳ別除権者が届け出た債権額を債権表に記載する（破229①）。破産裁判所は，債権の届出に関する書類とともに，この債権表を利害関係者の閲覧に供するため裁判所に備え置くことを要する（破230）。破産裁判所は，債権調査の結果及び破産者の述べた異議，さらに債権確定訴訟の結果を債権表に記載する（破241・249）。債権調査の結果及び債権確定訴訟

により確定した債権についての債権表の記載は，破産債権者全員に対して確定判決と同一の効力を有する（破242）。この確定債権について破産者が債権調査期日において異議を述べなかったときは，破産者に対しても確定判決と同一の効力を有し，破産終結後，債権表の記載によって強制執行をすることができる（破287）。なお，債権表と同趣旨のものとして，「更生債権者表」「再生債権者表」に関する規定がある（会社更生132，民事再生99）。

［大野］

最高価買受申出人

強制競売及び不動産競売において，適正な入札により，最高の価額で買受申出をした者で，開札終了後，執行官により定められる（民執規49・41③）。最高の価額で買受申出をした入札人が2人以上いるときは，執行官は，これらの者に追加入札をさせるが，追加入札において，更に最高の価額で買受申出した者が2人以上いるとき及び追加入札すべき者の全員が入札をしないときは，くじにより最高価買受申出人が定められる（民執規49・42）。最高価買受申出人は，執行裁判所による売却許可決定を受け（民執69），同決定が確定すると，買受人として所定の期限までに代金を納付しなければならない（民執78①）。代金を納付すると，不動産の所有権を取得するが（民執79），代金を納付しないと，売却許可決定は失効し，提供した買受申出の保証は返還されないこととなる（民執80）。買受人のみでなく，最高価買受申出人も，代金相当額を納付すると，保全処分を申し立てることができる（民執77）。　　　　　　　［菊池］

再抗告

抗告裁判所の決定に対し，さらに憲法違反・法令違反を理由として法律審に対してなされる抗告（民訴330）をいう。再抗告は，控訴審判決に対する上告に対応し，その性質に反しない限り上告と上告審手続の規定が準用される（民訴331但）。再抗告が許されるのは，地方裁判所が抗告審としてした決定（裁16②）及び高等裁判所が抗告審としてした決定に対する最高裁判所への許可抗告としてなされる。再抗告の手続については上告手続に関する規定が準用される（民訴規205但）。　　　　　　　　　　　　　　　　［杉山］

最高裁判所

司法権の最高機関である。その構成及び権能についての大綱は，憲法によって規定され，詳細は裁判所法その他の法律で定められている。最高裁判所は長たる裁判官（最高裁判所長官）及び14人の裁判官（最高裁判所判事）で構成される。長官は内閣の指名に基づいて天皇が任命し，その他は内閣が任命し，天皇が認証する。その任命は国民審査に付される（憲6②・79）。大法廷（全員の合議体）又は小法廷（5人の合議体）で審理裁判をし，その裁判書（さいばんがき）には，各裁判官の意見を表示しなければならない（裁11）。最高裁判所は，訴訟手続その他の事項につき，最高裁判所規則を制定する権限をもち（規則制定権（憲77）），一切の法律・命令・規則又は処分が憲法に適合するかしないかを決定する権限をもつ終審裁判所である（違憲立法審査権（憲81））。

［杉山］

最高裁判所規則

最高裁判所が憲法上有する規則制定権（憲77）に基づいて定める規則をいう。訴訟に関する手続，弁護士，裁判所の内部規律及び司法事務処理に関する事項について規則制定権を有する。これらの事項については，裁判所の専門性を尊重し，

実情に詳しい最高裁判所に委ねたほうが合目的的であるとの判断に基づくものである。しかし，これらの事項についても法律で定めることは可能であり，規則と法律が抵触する場合も生じる。その場合の効力関係については，法律により強い効力を認める見解が一般的である。重要なものとしては，民事訴訟規則・刑事訴訟規則・家事審判規則等がある。

[浅田]

最高裁判所判事

最高裁判所を構成する，その長たる裁判官（最高裁判所長官）以外の14名の裁判官の官名である（憲79①，裁5①③）。有資格者(裁41)から内閣が任命し，天皇が認証する(憲7⑤・79①，裁39②③)。任期はないが，任命後初めて行われる衆議院議員総選挙の際及びその後10年を経過した後初めて行われる衆議院議員総選挙の際国民審査に付され，投票者の多数が裁判官の罷免を可とするときは，罷免される（憲79②～④，裁39④）。定年は70歳である（憲79⑤，裁50）。　　　　[浅田]

再抗弁・再々抗弁

民事訴訟上，抗弁として被告が主張した事実に基づく法律効果に対して，原告が更にその発生を妨げ，あるいはいったん発生した法律効果を消滅させる事実を主張することが再抗弁であり，再抗弁に対して，被告がさらにこれを争うために主張する抗弁が再々抗弁である。例えば，原告が債務の履行を請求し，被告が消滅時効の抗弁を主張したのに対して，さらに原告が訴え提起の事実をもって時効中断を主張するのが再抗弁であり，さらに被告が訴えの取下げの事実を主張することが再々抗弁である。　　　　[浅田]

最後配当

破産財団の管理及び換価が全部終了した時点で，破産管財人が行う配当をいう（破256）。手続的には，破産管財人が破産裁判所に最後配当の許可を申請し，破産裁判所がこれを許可する（破272）と，管財人が債権表に基づいて配当表を作成・提出（破258・259）するとともに，配当額等の官報公告（破260）を行い，配当表に対する異議申立期間満了後，破産債権者に配当額及び配当実施の通知（破274）をした上，配当金を支払う（破269①）ことによって行われる。　　　　[大野]

再々抗弁　⇒　「再抗弁・再々抗弁」

財産権執行

債権者が，金銭債権満足のため不動産・船舶・動産及び債権以外の財産権（「その他の財産権」という）を差し押さえて行う強制執行をいう。権利執行のうち債権以外を対象とする強制執行である。対象となる財産権は，それ自体独立した財産的価値を有し，その換価により債権者の満足に供しうるものでなければならなず，主なものとして，電話加入権，特許権や実用新案権等の工業所有権，著作権，賃借権，仮登記上の権利，船舶又は動産の共有持分権，社員等の持分権等がある。財産権執行の手続は，原則として債権執行の手続による（民執167）が，特別の定め（電話加入権について電話加入権質に関する臨時特例法，民事執行規則等）がある場合にはそれに従う。　　　　[小田島]

財産権上の訴え・非財産権上の訴え

財産権上の訴えとは，経済的利益を基礎とした権利又は法律関係に関する訴えである。これに対し，婚姻・親子その他の身分上の法律関係の確認又は形成，氏名権・肖像権その他の人格権の確認，幼

児や遺骨の引渡しの請求のようなものは，経済的利益を直接の目的としない権利関係に関するものであるから非財産権上の訴えとなる。

民法上，直接金銭に評価できない給付を目的とする債権（民399），例えば，高い塀を構築しない義務，夜間騒音を発しない義務などに関する訴訟も，この意味では財産権上の請求となる。身分関係や人格権に基づいて発生する経済的利益を内容とする権利関係，例えば，扶養請求や名誉の侵害による慰謝料その他の損害賠償請求も，財産権上の請求となる。

訴訟において，財産権上の請求については，「訴訟の目的の価額」すなわち訴額を基準として，事件を処理する裁判権の配分が決まるとされている。すなわち，第一審の裁判権は，訴額90万円以下の請求であれば簡易裁判所（裁33①1）が，訴額90万円を超える請求であれば，地方裁判所（裁24①。ただし，不動産に関する訴えについては訴額90万円以下の請求であっても簡易裁判所と競合して）がこれを有するとされており，財産権上の訴えであっても，取締役等の違法行為の差止請求や従業員の地位確認請求など訴額の算定が著しく困難なものは90万円を超えるものとみなして地方裁判所に裁判権を配分する（民訴8②，裁24①）。これに対して，それ自体は経済的利益を内容としない「非財産権上の請求」については，「価額を算定することができない」場合にあたり価額が90万円を超えるものとして，地方裁判所に裁判権を配分する（民訴8②，裁24①）と規定されている。

〔小野寺（規）〕

再施破産

破産手続を再び施行することをいう。これは，いったんは終結した破産が強制和議の取消しによって再開される手続である。その点から見ると，従前の破産手続の続行手続の面を持つが，破産の終結によって破産者が財団の管理処分権を回復していることから，その間に取引活動によって破産者の財産関係に変動を生じており，この点では新たな破産として考える必要がある。手続関係については，再施前の破産手続の復活であるから，破産管財人や監査委員の資格は回復される（ただし，破337①の注意が必要である）。実体関係については，破産法1編の実体規定が適用される。その場合，強制和議の取消しが破産の宣告とみなされる（破336前）。また，否認権や相殺権などとの関係で，支払停止や破産の申立が問題となる場合には，破産法332条の不履行に基づく取消しでは強制和議取消しの申立，同333条の詐欺破産に基づく取消しの場合では公訴提起が，支払停止や破産申立てとみなされる（破336後）こととなる。従前の破産債権については，同法338条・339条に規定がある。配当の基準は，技術上困難な問題があり，立法例も分かれている。

〔小野寺（規）〕

再主尋問 ⇒ 「交互尋問」

最初の抗告・再抗告

抗告は，判決以外の裁判である決定・命令に対する独立の上訴方法であり，決定・命令に対する不服は，終局判決に対する控訴・上告の中で不服を申し立てるべき場合と，抗告による場合とがある。通常の決定・命令に対する抗告を最初の抗告と言い，最初の抗告に対する抗告裁判所の決定に対して，さらに憲法違背・法令違背を理由として法律審に対してなされる抗告を再抗告という（民訴330・331）。

〔小野寺（規）〕

再審

再審とは、もはや上訴で争われなくなって確定した終局判決に対して、重大な手続上の瑕疵(かし)あるいは判決の基礎となった資料に異常な欠陥などがあって、確定判決の効力を維持できない場合にかぎり(民訴338①)、更に再審期間内にかぎって認められ(民訴342)、取消しの利益を有する当事者・承継人及び補助参加人が勝訴当事者を相手方として、その判決をした裁判所に対して、確定判決の取消しと、事件の再審理を求める独立の訴えによる例外的不服申立方法である。⇒「再審抗告」　　　　　　　　　[小野寺(規)]

再審期間

再審の申立てのできる期間をいう。再審は、確定判決による法的安定を早期に確定するという要請との関係で出訴期間が定められている。ⓘ再審の事由が判決確定前に生じている場合には、判決確定後その事由を知った日から30日の不変期間内でかつ判決確定の日から5年の除斥期間内でなければならないとされる(民訴342①②、例外は民訴342③)。ⅱ判決確定後に再審事由が発生した時は発生の時から5年以内でなければならない(民訴342②、例外は民訴342③)。ただし、再審期間を厳格に解することが当事者の権利保護や裁判の適正・信頼確保という再審制度の目的を否定する結果となる場合には調整を要する。再審期間については、いわゆる可罰行為と判断遺脱の再審事由について議論がある。可罰行為の場合には、有罪の確定判決などが要求されている関係で(民訴338②)、再審の訴えの対象である民事判決が確定した後5年を経過して有罪判決が確定して、その確定を知ってから30日以内に再審の訴えを提起したとすると、5年の除斥期間によって再審の訴えは排斥されるとする判例がある(最判昭47・5・30民集26・4・826)。判断遺脱の再審事由については、判例は、当事者が判決正本の送達を受けた当時にその存在を知ったと推定すべきであるから、その再審期間は終局判決確定の日から起算するのが相当であると判示している(最判昭45・12・22民集24・13・2173)が、30日の不変期間については、判決の送達の日から進行し、5年の除斥期間については、判決確定の日から進行すると解すべきである。　　　　　　　　　[小野寺(規)]

再審抗告

再審は、確定終局判決に限られ、中間判決や決定・命令によるその他の中間的裁判はたとえ再審事由があっても独自に再審の訴えを提起することはできないとされる。しかし、本案の審理と関係なく独立に確定し即時抗告により不服を申し立てうる決定・命令が確定した場合で、再審事由に対応する事由のある場合には、再審を申し立てることができ、再審の規定は全面的に準用され(民訴349)これを再審抗告又は準再審という。例えば、訴状や上訴状の却下命令(民訴137)、最高裁判所のした終局裁判たる決定・命令については、これを肯定した決定(最大決昭30・7・20民集9・9・1139)がある。

[小野寺(規)]

再審事由

再審事由は、民事訴訟法338条1項に規定されている。同条に列挙された事由が存在する場合にかぎり再審の訴えを提起することができるとされている。事由の1つは、判決内容への影響の有無を問わないもの(民訴338①①〜③)であり、絶対的上告理由に該当する場合である(民訴312②①④)。その2つは、判決主文に影響を及ぼす場合にかぎる場合で、①裁判の資料等につき可罰行為があった場合

（民訴338①④〜⑦）であり，可罰行為は，それにつき有罪判決か過料の裁判が確定したか，又は証拠不十分以外の理由で有罪の確定判決や確定した過料の裁判が得られない場合でなければならない（民訴338②）。更に，ⅱ判決の基礎たる裁判や行政処分の変更（民訴338①⑧）である。そして，その3として，重要な事由についての判断遺脱（民訴338①⑨）であり，その4は，確定判決との抵触のある場合（民訴338①⑩）である。ただし，民事訴訟法338条1項ただし書は再審の補充性を認めている。すなわち，判決確定前に当事者が，ⅰ再審事由にあたる事実を上訴により主張したが棄却され，又はⅱそれを知りながら，上訴によって主張しなかった場合には，再審事由として主張することはできない。　　　　　［小野寺（規）］

再審手続

再審訴訟は，確定判決の取消しを求めると共に，もし再審事由がある場合には確定判決をした裁判所が本案について改めて審判をするという構造をもっている。ⅰ再審の訴えの提起について，ⓐ管轄裁判所は，不服の対象である確定判決をした裁判所の専属管轄である（民訴340①）。ⓑ訴状の記載事項は，訴え提起の一般の規定によるほか，特に不服を申し立てる判決の表示，再審を求める旨の記載と具体的な再審事由の主張を記載しなければならない（民訴343）。ⓒ起訴の効果として，訴状の提出によりその不服の事由につき再審期間遵守の効力が生じる（民訴147）。訴えの提起によって当然には確定判決の執行力を阻止しえない。

ⅱ審理の手続としては，再審の審判には，その性質に反しない限り，当該再審訴訟の係属する審級の手続に関する規定が準用される（民訴341）。ⓐ再審の訴えの適否として，一般の訴訟要件と再審の訴えの適法要件を調査し，これを欠けば決定で再審の訴えを却下する（民訴345①）。ⓑ再審事由の審理は，訴えが適法であれば再審事由の存否を調査する。再審事由がないときは決定で再審請求を棄却する（民訴345②）。再審事由のある場合は，再審開始決定をする（民訴346①）。これらの決定に対しては即時抗告ができる（民訴347）。ただし，高等裁判所の決定であれば許可抗告ができる（民訴337①，裁7②）。ⓒ本案の審理と判決との関係については，再審事由が認められ再審決定が確定したときは，いったん確定判決によって完結した一審又は上訴審の訴訟，すなわち本案について審理することとなる。本案の審理は前訴訟の弁論の再開続行であり，従前の訴訟行為ないし手続で再審事由に該当しないものはすべて効力を有する。ただし審理は，当事者の再審による不服申立ての限度に限られる（民訴348①）。本案についての前訴判決を不当と認めると，不服の限度でこれを取り消し，これに代わる終局判決をする（民訴348③）。原判決の結論が正当とされる場合には，再審事由は存在しても再審請求を棄却する（民訴348②）。

［小野寺（規）］

再審の訴え

再審の訴えの対象となる裁判は確定した終局判決に限られる。中間判決や決定・命令によるその他の中間的裁判はたとえ再審事由があっても独自に再審の訴えを提起できない。しかし，これら中間的判決に再審事由があれば，その事由で終局判決に対して再審の訴えを提起することはできる（民訴339）。再審の訴えは，対象となる確定判決を下した裁判所の専属管轄に属する（民訴340①）。ただし，同一事件について審級を異にする裁判所が下した判決に対する再審の訴えを併合提

起する場合には，上級裁判所が併せて管轄権を有する(民訴340②)。再審事由が代理権の欠缺(けんけつ)及び確定判決の既判力の抵触の場合には再審期間の制限はない(民訴342③)。それ以外については，判決確定後再審事由を知ってから30日，更に判決確定後又は再審事由発生後5年以内に提起する必要がある(民訴342①②)。再審の訴訟手続には，その性質に反しない限り各審級における訴訟手続に関する規定が準用される(民訴341条)。裁判所は，まず一般の訴訟要件と再審の訴えの適法要件を調査し，これを欠けば決定で再審の訴えを却下する(民訴345①)。訴えが適法であれば，再審事由の存否を調査する(職権探知事項)。再審事由が認められないときには決定で再審の請求を棄却する(民訴345②)。再審事由がある場合は，再審開始決定をする(民訴346①)。再審事件の判決は前訴判決の審級の判決として扱われ，それに応じて上訴をすることができる。⇒「再審事由」　[小野寺(規)]

再生管財人

民事再生手続において，再生債務者の業務の遂行，再生債務者の管理及び処分等を行う機関をいう。再生管財人は，裁判所がその必要に応じて，再生手続開始決定と同時又はその決定後に選任する(民事再生64・66〜75・77・78・54)
　　　　　　　　　　　　[小野寺(忍)]

再生計画

再生債権者の権利の全部又は一部を変更することなどを定めた計画をいう(民事再生2③)。再生計画においては，再生債権者の権利の全部又は一部を変更する条項のほか，共益債権及び一般優先債権の弁済に関する条項，債権者委員会が履行の確保のためにする監督その他の関与を行う場合に要する費用の負担に関する条項，裁判所の許可に基づく減資に関する条項(再生債務者が発行する株式総数についての定款変更も含まれる)に関する条項を定めることが必要とされる(民事再生154)。

再生計画案は，再生債務者(管財人が選任されている場合には，管財人)が作成して裁判所に提出しなければならない(民事再生163①)。再生計画案は，債権者集会又は書面による決議に付され，法定数の賛成・同意を得て可決され，裁判所の認可決定の確定により再生計画としての効力を生ずる(民事再生169〜172・174・176)。⇒「強制和議」　[小野寺(忍)]

再生計画案

民事再生手続における再生計画の案をいう。再生債務者(管財人が選任されている場合は管財人)には，再生計画案を作成して裁判所に提出する義務がある(民事再生163)。また，届出再生債権者・管財人が選任されている場合における更生債務者もこれを作成し提出することができるが，それは任意的である(民事再生163②)。　　　　　　　　　　[小野寺(忍)]

再生計画の認可

再生債務者財産について一般調査期間が終了し，かつ，財産状況報告集会における再生債務者等による報告又は報告書が提出された後に再生計画案の決議(債権者集会における決議，書面による決議)の可決がなされた場合に，裁判所が，再生計画認可の決定をすることをいう(民事再生174①)。この再生計画認可の決定が確定することにより，再生計画は効力を生ずる(民事再生176)。再生計画の遂行は，再生債務者が担当するが，管財人が選任されている場合は管財人の職務であり，いずれも監督委員の監督に服する(民事再生186)。　　　　　　　　[小野寺(忍)]

再生債権

再生債務者に対して，再生手続開始前の原因に基づいて生じた財産上の請求権（民事再生84①）のほか，再生手続開始後の利息請求権，再生手続開始後の不履行による損害賠償請求権及び違約金請求権，再生手続参加の費用請求権（民事再生84②）も再生債権となる。再生債権は，原則として，再生計画の定めるところによらなければ弁済を受けることができない（民事再生85）。再生債権の届出をした再生債権者は，再生手続に参加することができる（民事再生86）。　　［小野寺（忍）］

再生裁判所

民事再生事件において，手続の開始から終結にいたるまで，再生手続を主宰する裁判所をいう。民事再生事件は，再生債務者が営業者であるときはその主たる営業所の所在地，外国に主たる営業所を有するときは日本における主たる営業所の所在地，再生債務者が営業者でないとき又は営業所を有しないときはその普通裁判籍所在地を管轄する地方裁判所に専属する（民事再生5）。　［小野寺（忍）］

再生債務者

経済的に窮境にある債務者であって，再生手続（再生手続開始の申立て・開始決定・再生計画の遂行）により，その事業又は経済生活の維持再生が図られる者のことをいう（民事再生2）。再生債務者は，手続開始後も，原則として，業務の遂行・財産管理・処分の権利を有するが（民事再生38），一定の行為をするには裁判所の許可を得なければならない（民事再生41）。再生管財人・保全管理人が選任された場合にはこの権利を失う（民事再生66・81）。　　　　　　　［小野寺（忍）］

再生債務者財産

再生債務者が有する一切の財産をいう（民事再生12）。再生債務者は，再生手続開始後も原則として再生債務の管理・処分権を有するが，処分については裁判所の許可を得なければならない（民事再生38・41）。再生管財人・保全管理人が選任された場合にはこれらの権限は，再生管財人らに専属し（民事再生66・81），再生債務者はその権利を失う。　［小野寺（忍）］

再生担保権

再生債務者の財産の上に存する特別の先取特権・質権・抵当権・商法の規定による留置権で担保された範囲のものをいう（民事再生53）。この再生担保権を有する者は，別除権者として，再生手続によらないで，その権利を行使することができる（民事再生53②）。なお，民事再生法は，更生担保権を消滅させるための特別の手続を定めている（民事再生148～152）。　　　　　　　　　　［小野寺（忍）］

再生手続開始決定

裁判所は，債務者から次の要件を満たす再生手続開始の申立てがあったときは，この申立てを棄却しなければならない事由（民事再生25）の存しない限り，再生手続開始の決定をする。その要件は，⒤債務者に破産の原因たる事実の生ずるおそれがあるとき，ⅱ債務者が，その事業の継続に著しい支障をきたすことなく弁済期にある債務を弁済することができないとき，である（民事再生21①・33）。債権者から上記⒤の要件を満たす申立てがあったときも同様である（民事再生21②・33）。

この開始決定と同時に再生債権届出期間・再生債権調査期間を定める（民事再生34）。⇒「和議開始決定・和議原因」

［小野寺（忍）］

再生手続開始の条件

再生手続開始の条件とは，債務者又は債権者が再生手続開始の申立てをするにあたって再生手続開始のための原因事実を提供ないし疎明することを義務づけるものである（民事再生21〜24）。したがって，裁判所は，ⅰ再生手続の費用が予納されないこと，ⅱ裁判所に破産手続・整理手続又は特別清算手続が係属し，その手続によることが債権者の一般利益に適合すること，ⅲ再生計画案の作成もしくは可決の見込み又は再生計画の認可の見込みがないことが明らかなこと，ⅳ不当な目的で再生手続開始の申立てがなされたこと，ⅴ再生手続開始の申立てが誠実になされたものではないこと，のうちいずれかに該当する事由がある場合は，再生手続開始条件を満たさないものとして，再生手続開始の申立てを棄却しなければならない（民事再生25）。⇒「和議条件」

[小野寺（忍）]

再生の見込み

民事再生手続において，再生計画案の作成もしくは可決の見込み又は再生計画の認可の見込みある場合をいう（民事再生33）。再生債権者の権利の全部又は一部を変更することを内容とした再生計画が遂行されることにより，経済的に窮境に陥った再生債務者の事業又は経済生活の再生が図られる。　　　　[小野寺（忍）]

再訴の禁止

訴えの取下後に同一請求について別訴を提起することは原則として許される。ただし，本案につき請求認容ないし棄却の終局判決がなされた後に訴えを取り下げた原告は，もはや「同一の訴え」を提起することを禁じられる（民訴262②）。「同一の訴え」とは，当事者と訴訟物の同一（請求の基礎の同一では足りない。大判昭11・12・22民集15・24・2278）のほか，原告をして再訴の提起を必要ならしめた「訴えの利益についての事情」も同一である場合にかぎるとしているのが，通説・判例（最判昭52・7・19民集31・4・693）である。したがって前訴時には存在しなかった訴えの利益のある再訴の提起は許されることとなる。

再訴禁止の趣旨については，かつては通説及び大審院判例として，取下げにより判決に至るまでの裁判所の努力を徒労に帰せしめたことに対する制裁とみる説（取下濫用説）があった。これに対して，処分権主義の下では判決のほかに訴え取下げにより当事者間で別の争訟処理がなされることに制裁を課すべきではなく，取り下げながら後訴を提起する場合の訴権濫用防止こそがその根拠であるとする説（再訴濫用防止説）が対立し，現在では有力となっているといえる。

[小野寺（規）]

財団債権

財団債権とは，破産手続の遂行上，破産財団が負担する債務のうち，破産手続によらず直接財団から支払わなければならないものを権利の形で指称したものをいう。

財団債権として認められるものは，ⅰ破産宣告後に破産債権者全体の利益のためと認められるものと，ⅱ法が特に公益上，公平の見地から財団債権としたものとがある。財団債権の内容は，ⓐ破産財団全体に対する債権である。また，ⓑ財団債権は破産財団全体が引当財産となり，ただ破産債権と異なり配当手続によることなく，破産債権に優先して直接管財人から個別に弁済を受けられる権利である。破産法上は，破産法47条に規定する一般の財団債権とそれ以外の各種規定によって認められる特別の財団債権とがある。

例えば、破産法上の特別の財団債権は、ⓐ負担付遺贈の負担の請求権（破48）、ⓑ管財人の解除による相手方の反対給付（破60）、ⓒ破産財団に属する財産に関する訴訟の受継の費用（破246・251）、ⓓ強制執行続行における費用（破70）、ⓔ否認された場合の反対給付によって生じた利益返還分（破78）、ⓕ破産財団に有利な確定訴訟における訴訟費用分償還請求権（破251）がある。　　　　　［小野寺（規）］

裁定期間　⇒「法定期間・裁定期間」

在廷証人

証人とは、過去の事実や状態について自己の認識した事柄を裁判所において供述するよう命じられた第三者であり、当事者及び法定代理人以外の者をいう。証人尋問は、この証人の証言を証拠資料とする証拠調べである。証人を区別する一側面として、証人の呼出手続の要否により区別すれば、裁判所の呼出状の送達を受けて出頭する「呼出証人」と裁判所の呼出手続を省略し、当事者が証人の出頭を確約し、法廷に同行してくる「同行証人」とがあり、その同行証人の一種として、あらかじめ証人尋問の申出や採用の決定がなく、期日に証人尋問の申請や採用決定がなされて直ちに尋問する場合の証人を「在廷証人」という。

［小野寺（規）］

最低売却価額

財産価値の高い不動産に対する強制競売及び担保権実行の競売において、執行裁判所が、その対象となった不動産等を売却するにあたり、評価人の評価に基づいて定める価額が最低売却価額である（民執60）。最低売却価額に達しない価額での売却は違法として許されず、最低売却価額以上の価額で売却することが法定の売却条件となる。最低売却価額の制度は、不動産のほか、船舶（総トン数20トン以上のもの）（民執121・189、商686②・684②）、航空機（新規登録を受けた飛行機・回転翼航空機）（民執規84、民執規175）、自動車（新規登録を受けた自動車）（民執規86・97・176）、建設機械（建設工事の用に供せられる政令所定範囲の機械類で登記されたもの）（民執規98）についても採用されている。　　　　　　　　　　［小野寺（規）］

裁定和解条項

民事訴訟法265条で創設された訴訟上の和解としての和解条項告知制度である。裁判所（又は受命・受託裁判官）が、裁判所提示の和解条項に服する旨の両当事者の合意に基づき、書面による両当事者の共同の申立があるときには、両当事者の意見を聞いて和解条項を定め、それが口頭弁論期日で、又は相当な方法で、双方当事者に告知されたときに、当事者間に和解が調ったものとみなす（民訴265①〜③⑤、民訴規164①）こととされたが、その場合の裁判所が行う両当事者の主張の当否を裁断して決定する和解条項のことを裁定和解条項という。その実質は、和解というよりも裁判官による仲裁に近く、その判断は、仲裁よりも自由であるとされる。　　　　　　　　［小野寺（規）］

再度の考案

再度の考案とは、適法な抗告が原裁判所になされた場合に、原裁判所（又は裁判長）は、上級審の負担を軽減しまた事件の早期処理のため、自ら抗告の当否を審査し理由あるときは原裁判を取り消し変更することをいう（民訴333）。この制度は、裁判の自縛性を排除する考え方によるものである。なお、条文には「更正」と規定しているが、これは、判決書や決定書などの表現上の過誤の更正（民訴257・

122)とは別個に，原裁判の取消・変更を意味する。原裁判所は抗告が理由がないとしたときは意見を付して事件を抗告裁判所に送付し（民訴規206），それによって移審の効力を生じるとされている。

[小野寺（規）]

再売却

売却許可決定が確定した場合，買受人は執行裁判所が定めた代金納付期限までに代金を納付しなければならないが，買受人が代金を納付しないときは，当該買受人に対する売却許可決定は効力を失う（民執80①）こととなる。そこで，執行裁判所は，職権で再び売却を実施しなければならないが，この再施される売却を再売却という。買受人が代金を納付せず，当該買受人に対する売却許可決定が失効しても，次順位買受けの申出があり，次順位者への売却許可決定（民執80②）がなされて代金が納付されれば，当該売却手続は終了する。そこで，買受人の代金不納付によって再売却が実施されるのは，ⅰ次順位買受けの申出がない場合，ⅱ次順位買受けの申出があったが，次順位者に対する売却不許可決定が確定した場合，ⅲ次順位買受けの申出があり，次順位者に対する売却許可決定が確定したが，代金が納付されなかった場合である。なお，動産執行においても買受人が代金を支払わないときは再売却が実施される。

[小野寺（規）]

裁判

裁判とは，広義では，対立する当事者間の具体的紛争について，これを解決するための第三者が下す判断又はその作用をいう。これには，行政機関のする裁判というものもある。ただし，行政機関のする裁判に対しては，最終的に必ず裁判所による司法審査を求める道が開かれていなければならない（憲76②，裁3②）。狭義では，裁判とは，司法機関である裁判所又は裁判官の法律行為であり，実質的には「具体的な法律上の紛争」を解決するために事実に法を適用してする公権的判断又はその作用を指す。民事関係でいうと，民事の法的紛争について，当事者等による申立て・申請等を必要とし，その申立て・申請等に基づいて審理の上（基本的には民訴246），裁判所の自由心証主義による事実認定に基づいて，一定の判断をする（申立て等を理由があると認め，又は失当であると排斥する等）裁判官によって構成される裁判所の判断であり，公権的な法的判断の表示をいう。⇒「判決」「決定」「命令」　　[小野寺（規）]

裁判外の和解

裁判上の和解に対し，裁判外で行われる和解の総称である。裁判外の和解は，裁判上の和解と異なり確定判決と同一の効力をもつことなく，債務名義にもならない。民事の紛争が顕在化した場合の裁判外の処理方式の1つとして，紛争当事者間で直接に交渉し，あるいは第三者の仲介をまって相互の譲歩（互譲）によって争いを解消し，新しい法律関係を設定する合意を和解契約といい，それが裁判外の和解である。一般的には「示談」と呼ばれている。民法695条にそれについての規定がある。国家機関の関与のもとで行われる紛争処理の1つとして裁判上の和解の制度と比較されるが，これは，全く私的で自主的な紛争処理方法であり，当事者が自由に処分することのできる法律関係についてすることができる。特約のないかぎり，和解成立後には，たとえ反対の確証がでたとしても和解はそれによってなんら影響を受けないことから，安定した効力を維持することとなる（民696）。それが裁判上の和解との違いとも

いえる。　　　　　　　［小野寺（規）］

裁判外紛争処理制度

　訴訟では時間と費用がかかることから，最近では，訴訟を回避するための民事紛争処理制度がいろいろと設けられており，こうした裁判所以外で行われる紛争処理のしくみのことをいう。しかし，広い意味では，裁判所で行う調停や仲裁なども含めていう場合もある。この裁判外紛争処理制度は，とくにアメリカで発達してきたもので，アメリカでは，裁判に代替する紛争解決制度という意味で，Alternative Dispute Resolution ── 略して，ADR ── と呼ばれる。

　日本のこうした制度のなかには，国や地方公共団体の機関の手によるものと，業界や民間団体の手によるものとがある。前者の行政型紛争処理機関としては，労働委員会・公害等調整委員会・建設工事紛争審査会・国民生活センター・消費生活センターなどが，また，後者の民間型紛争処理機関としては，国際商事仲裁協会・交通事故紛争処理センター・第二東京弁護士会仲裁センター・医事紛争処理委員会などが，代表的なものである。これらにおける紛争処理の様式は一様ではないが，斡旋（あっせん）と調停が中心となる場合が多く，これに仲裁や裁定が加わったり，さらに，相談や苦情処理の機能が加味されたりしている。

　訴訟以外においてこうした裁判外紛争処理の制度がいろいろと現われたことは，新民事訴訟法における迅速で充実した審理方式を生みだすうえでの刺激となったが，これらの裁判外紛争処理制度については，民事訴訟における「当事者権の保障」などの審理原則も参考にして，その手続の充実をはかっていくことが必要である。　　　　　　　　　　　　［林屋］

裁判書（さいばんがき）

　民事訴訟法上，「裁判書」（「さいばんがき」と呼ばれている）について明文の定義規定はないが，一般に，裁判所又は裁判官の判断又は意思の表示を記載した公文書（判決（民訴252），決定又は命令（民訴119・122）を記載した書面）の，原本と呼ばれるものをいう。訴訟手続において，判決の言渡しは，法定の事項を記載した判決書（はんけつがき）の原本に基づいてする（民訴252。例外は民訴254）。決定又は命令の告知は必ずしも書面に限定されない。簡易裁判所における少額訴訟手続においては，判決の言渡しを判決書原本に基づかないですることができる（民訴374②）。なお，刑事訴訟規則には「裁判書」について明文がある（刑訴規53以下）。
　　　　　　　　　　　　　　　［池田］

裁判官

　わが国法上，裁判官の名称をもつ公務員で，最高裁判所及び下級裁判所に所属し，裁判事務を担当する者をいう。裁判官はその職権行使について，何人からも指揮命令を受けず，その良心に従い，憲法及び法律の解釈適用に当たらなければならないとされる（憲76③）。これを司法権の独立という。裁判官には，憲法上身分の保障が明記され，弾劾裁判所の罷免の裁判，最高裁判所裁判官の国民審査，心身の故障のために職務をとることができないと裁判された場合を除いては，その意に反して罷免されない（憲78・79②〜④）。裁判官には，最高裁判所長官・最高裁判所判事・高等裁判所長官・判事・判事補・簡易裁判所判事の6種類があり（裁5①②），定年の定めがある。国家公務員法上は特別職である（国公2③⑬）。
　　　　　　　　　　　　［小野寺（規）］

裁判官会議

裁判所の裁判官で組織し，その裁判所の行う司法行政に属する事務を議する機関をいう。簡易裁判所以外の裁判所にすべて置かれる（裁12・20・29・31の5）。会議の構成員はその裁判所の裁判官全員であるが，判事補は判事の権限をもつ者を除き（判事補の職権の特例等に関する法律1），裁判官会議の構成員になれない。会議ではその裁判所の長が議長となる。

[小野寺（規）]

裁判官訴追委員会

憲法が定める裁判官弾劾制度において，裁判官の地位の安定と訴追の効果的遂行とを期するため，国会法により設けられた特別の委員会をいう。

何人も，裁判官について弾劾による罷免の事由があると思料するときは，訴追委員会に対し，罷免の訴追をすべきことを求めることができる（裁判官弾劾法15①）。憲法15条1項が定める国民の公務員選定・罷免権を，裁判官の弾劾についても保障する趣旨である。別に，最高裁判所には，裁判官について罷免の訴追を請求すべき義務が課せられることがある（裁判官弾劾法15③）。

訴追委員会は，弾劾裁判所と同じく，国会の両議院において選出された各10人の委員によって構成され，委員長は，その委員がこれを互選する（国会126①②，裁判官弾劾法5①）。訴追委員会の議決は，衆参両院から選出された各7人以上の委員が出席しなければ，決することができず，特に，罷免の訴追をするには3分の2以上の特別多数が要求される（裁判官弾劾法10）。訴追委員会は，裁判官に弾劾による罷免の事由があると思料するときであっても，情状により，罷免の訴追を猶予することができるが（裁判官弾劾法13），この場合の決議も，罷免の訴追と同様の特別多数による（裁判官弾劾法10②）。

[小池]

裁判官弾劾裁判所

憲法64条1項の規定に基づいて，罷免の訴追を受けた裁判官を裁判するため，国会の両議院の議員で構成される特別裁判所をいう（なお，憲78前参照）。特定の公務員を対象とする弾劾の制度は，その嚆矢（こうし）とされる英米の法制を範として各国の憲法に採用されているが，わが国の制度は，その対象を裁判官のみに限定したことに特色がある。

弾劾の事由，弾劾裁判所の組織及び手続等は，憲法の委任（憲64②）を受けて，国会法・裁判官弾劾法等により定められている。これによれば，裁判官弾劾裁判所は，両議院において選出された各7人の裁判員によって構成され，裁判長は，裁判員がこれを互選する（国会125，裁判官弾劾法16①）。裁判は，合議制であって，衆参両院から選出された裁判員各5人以上が出席しなければ，審理・裁判を行うことができないが（裁判官弾劾法20），各裁判員は，独立してその職権を行使すべきものとされる（裁判官弾劾法19）。裁判の評決は，審理に関与した裁判員の過半数の意見によるが，罷免の裁判をするには，特に3分の2以上の特別多数が要求されている（裁判官弾劾法31②）。なお，弾劾制度の創設以来，罷免の裁判を受けた裁判官は，4人である。

[小池]

裁判官の交代

口頭弁論において弁論の聴取及び証拠調べは，受訴裁判所の裁判官が自ら行うものとすることを直接主義という。

民事訴訟法は，判決は，その基本となる口頭弁論に関与した裁判官がすることとし（民訴249①），基本的に直接主義を採

用している。裁判官が交代した場合(民訴249②)，準備手続が行われた場合（民訴173），控訴審で口頭弁論を行う場合(民訴296)には，当事者は裁判官の面前で従前の口頭弁論の結果を陳述（弁論の更新）しなければならない。なお，裁判官が交代したにもかかわらず，弁論を更新する手続をすることなく交代後の裁判官が関与してした判決は，法律に従って判決裁判所を構成しなかったものとして，絶対的上告理由になる（民訴312②①）。

[池田]

裁判官の私知

裁判官が私的経験に基づいて知り得た事実をいう。

顕著な事実(民訴179)，すなわち，公知の事実（例えば，歴史上著名な事件，天災事変）及び裁判官が職務上知り得た事実（例えば，職務上取り扱った事件）と区別される。等しく裁判官が知り得た事実であっても，両者の民事訴訟法上の扱いは全く異なり，裁判官私知の事実については，裁判所は，その事実を判断の基礎とするためには証拠によって認定しなければならない。

[池田]

裁判権

一国の裁判所が特定の事件又は人に対して行使できる権限をいい，司法権ともいう。通常，国内で行われる訴訟その他の事件について権限を行使することができる。

一国の各裁判所を一体とみて，他の官庁や外国の裁判所に対する権限をいい（抽象的管轄権)，管轄権といわれる各裁判所に配分された裁判権行使の権限と区別される。裁判権はその機能によって，民事裁判権・行政裁判権・刑事裁判権・非訟裁判権などに分類される。民事事件について，どこの国の裁判所が裁判権を行使するかは，国際民事訴訟法上の問題である。

[池田]

裁判書 ⇒ 「さいばんがき」

裁判所

司法権が属する国家機関をいう（憲76)。

各個の事件について裁判権を行使する裁判官を指す場合（いわゆる狭義の裁判所。訴訟法上の意味での裁判所）と，裁判所書記官・裁判所事務官・執行官などの職員をも含む官署としての組織（いわゆる広義の裁判所。裁判所法で用いられている）をいう場合とがある。権限・組織・構成などについて具体的には，裁判所法をはじめ，各訴訟手続法等に規定されている。

[池田]

裁判上の相殺

当事者が口頭弁論期日にする相殺の意思表示をいう。通常は，被告が原告に対して相殺の意思表示をし，その旨抗弁として裁判上主張する。

相殺の主張の成否についての判断は，相殺をもって対抗した額について既判力を有する(民訴114②)。なお，微妙なケースについての判例として，訴訟上の相殺の抗弁に対し訴訟上の相殺を再抗弁として主張することは許されず（最判平10・4・30民集52・3・930)，別訴において一部請求をしている債権の残部を自働債権として相殺の抗弁を主張することは，特段の事情のない限り，許される（最判平10・6・30民集52・4・1225)。 [池田]

裁判上の和解

一般に，訴訟上の和解と起訴前の和解（即決和解）とを総称している。

訴訟上の和解は，訴訟の係属中，当事者双方が，訴訟物である権利又は法律関

係について互いに譲歩し，口頭弁論期日・弁論準備手続期日・和解期日に裁判所又は裁判官の面前でする訴訟を終了する合意をいう。起訴前の和解（民訴275）とは，当事者が争いの実情等を記載した書面を簡易裁判所に提出し，又は口頭で申し立てることにより行われる訴訟係属前に簡易裁判所でする和解手続である。いずれの場合も，裁判所の調書に記載したときは，確定判決と同一の効力を有する（民訴267）。上記手続外でする当事者間の合意は，訴訟係属中であっても，私法上の和解契約（いわゆる示談）であり，訴訟上の和解とは区別され，訴訟法上の効力を有しない。⇒「起訴前の和解」「訴訟上の和解」　　　　　　　　　　　[池田]

裁判所構成法

裁判所構成法（明治23法69。昭和22年5月3日廃止）は，明治憲法下の明治・大正・昭和にわたりわが国の裁判制度を規律した基本法である。同種の役割を有する裁判所法（昭和22法59）の制定・施行に伴い廃止された。　　　　　　　[池田]

裁判所書記官

各裁判所において，裁判所の事件に関する記録その他の書類の作成及び保管，訴訟の進行管理，裁判官の命に基づく法令及び判例等の調査，送達，公証等，裁判に付随する事務を所管する特別職の国家公務員をいう（裁60，国公2③⑬）。自己の名において行う固有の権限を有する裁判所の機関であり，裁判官も上記権限を代行することはできない。裁判官に関する除斥・忌避・回避の制度が準用される（民訴27）。　　　　　　　　　[池田]

裁判所職員

司法官署としての裁判所に属する公務員をいう。裁判官と裁判官以外の裁判所の職員（最高裁判所事務総長，最高裁判所長官秘書官，同裁判所判事秘書官，司法研修所教官，書記官研修所教官，家庭裁判所調査官研修所教官，高等裁判所長官秘書官，裁判所調査官，裁判所事務官，裁判所書記官，裁判所速記官，裁判所技官，家庭裁判所調査官，執行官等）で構成される（裁4編，国公2③⑬）。　　　　　[池田]

裁判所速記官

裁判所の事件に関し，事件を担当する裁判官の命により速記等の事務をつかさどることを職務とする特別職の国家公務員をいう（裁60の2，国公2③⑬）。
[池田]

裁判所調査官

最高裁判所・高等裁判所及び地方裁判所に置かれる，裁判官の命を受けて，事件（地方裁判所では工業所有権・租税事件）の審理及び裁判に関して必要な調査を行うことを職務とする特別職の職員をいう（裁57，国公2③⑬）。最高裁判所が任命する（裁判官以外の裁判所職員の任免等に関する規則（昭和25最高裁規4）2⑥）。なお，家庭裁判所には家庭裁判所調査官が置かれる（裁61の2）。　　　　　　[池田]

裁判所に顕著な事実

裁判所（裁判官）にとって，職務上の経験から明白な事実をいう。裁判所が合議体である場合は過半数の裁判官に明白である場合をいう。裁判官が職務上ではなく私的経験に基づいて知っている，裁判官私知の事実は含まない。裁判所に顕著な事実については，民事訴訟法上証明することを要せず（民訴179），裁判所は証拠に基づかずに認定することができる。裁判官が自ら構成員としてした判決（最判昭57・3・30判時1038・288），決定などはその典型である。刑事事件の判決の理由

中で認定した事実が顕著な事実である場合について判示した判例がある（最判昭31・7・20民集10・8・947）。顕著であるか否かは裁判所が判断する事実問題であるから，その判断の適否を争うことは適法な上告理由とはならない（最判昭25・7・14民集4・8・353）。　　　　　［池田］

裁判所法

日本国憲法に定める最高裁判所及び下級裁判所に関する基本的な法律（昭和22法59）である。7編すなわち，総則，最高裁判所，下級裁判所，裁判所の職員及び司法修習生，裁判事務の取扱，司法行政，裁判所の経費からなる。なお，旧憲法下において，いわば本法の前身ともいうべき裁判所構成法（明治23法6）が存在したが，本法の制定に伴い廃止された。

［池田］

裁判所傍聴規則

昭和27年最高裁判所規則21号。法廷の秩序を維持するための規則である。裁判長は，法廷における秩序を維持するため必要と認めるときは，裁判の傍聴につき，傍聴券の発行，傍聴人の被服又は所持品の検査，危険物等の持込みの禁止などを裁判所職員にさせることができ，傍聴人は裁判長等の命令に従い静粛にすることなどを定めている。法廷で傍聴人がメモをとることについては，裁判の公開が制度として保障されていることとの関係で，故なく妨げられてはならない（最判平元・3・8民集43・2・89）。他方，裁判長は，法廷の秩序を維持するため相当な処分をすることができる（裁71）から，公正で円滑な訴訟の運営を妨げるおそれがある場合には，傍聴人がメモをとる行為を制限することができる場合もある。

［池田］

裁判籍

民事訴訟法上，一定の地を管轄区域に含む裁判所に土地管轄（一定の地に関係する事件を管轄する裁判所についての定め）を発生させる原因となる，事件と裁判所の管轄区域との関係を示す地をいう。次のとおり分類されるが，必ずしも1事件について1つではなく，例えば，被告の住所地（民訴4），財産の所在地等（民訴5）のように複数認められる場合がある。この場合，原告は，複数の裁判籍に基づく管轄裁判所の中から1つを選択して訴えを提起することが可能である（ただし，訴訟遅滞の回避，当事者間の衡平等の見地から一定の要件に該当するときは，申立て又は職権により，裁判所の判断で他の裁判所に移送することがある）（民訴17）。ⅰ普通裁判籍は，一般的・原則的（民訴4）に，ⅱ特別裁判籍はある限定された種類又は範囲の事件について生ずる。特別裁判籍には，ⓐ事件の種類によるもの（民訴5・6）と，ⓑ訴訟手続上の関係で，他の事件との関連で生ずるもの（関連裁判籍（民訴7・47・145・146等））とがある。ⅲ人的裁判籍は事件の当事者（特に被告）との関係で生じ（民訴4・5③⑤⑥等），物的裁判籍は，訴訟物たる権利関係との関係で生ずる（民訴5①・5②⑦〜⑮）。なお，裁判籍は，しばしば，土地管轄と同趣旨で用いられる。各裁判所の管轄区域は法定されている（下級裁判所の設立及び管轄区域に関する法律）。⇒「人的裁判籍・物的裁判籍」「普通裁判籍・特別裁判籍」「土地管轄」　　　［池田］

裁判長

合議体で事件を取り扱う場合（裁26）に，その合議体を代表する1人の裁判官をいう。口頭弁論の指揮（民訴148），評議の整理（裁75②），裁判の言渡し（民訴規155,），法廷等の秩序維持，法廷警察等を

行う（裁71～72）。最高裁判所大法廷（全員の裁判官で構成）では最高裁判所長官，小法廷では各小法廷が定める裁判官又は長官が出席する場合には長官が裁判長となる。下級裁判所においては，支部長又は部の事務を総括する1人の裁判官が裁判長となる。単独制の裁判官は上記裁判長の権限も行う。判事補は原則として裁判長となることができない。　　　［池田］

裁判の確定

裁判が上級の裁判機関等によって取り消され又は変更されることができなくなる状態をいう。不服を申し立てることができる裁判は当事者の不服申立権が消滅したとき（例えば，上訴期間の経過，上訴権の放棄，不控訴の合意（民訴284・281）など），不服を申し立てることができない裁判は成立と同時に確定する。なお，再審（民訴338）は，確定した終局判決に対する不服の申立てであるから裁判の確定後の非常救済手続である。裁判が確定すると，その内容である権利又は法律関係の存否については当事者間に拘束力を生じ，後に提起される同一内容の訴えに対して裁判所は異なる判断をすることができなくなり（既判力），裁判の内容によって，執行力・形成力等を生じる。

［池田］

裁判の公開　⇒　「公開（審理）主義」

裁判の脱漏

裁判所が主文で判断すべき請求の一部について裁判をしなかった場合をいう（民訴258）。裁判所の認識は全部について判決することにあった場合についていい，一部について裁判をすることを認識している場合である一部判決（民訴243②）と異なる。脱漏部分は当該裁判をした裁判所に係属したままであるから，裁判所は，上記部分について更に職権で裁判をしなければならない。既に裁判があった部分が上訴審に係属していても同様である。上記裁判の期間に制限はない。脱漏部分についての判決を追加判決という。訴訟費用の負担についての裁判が脱漏したときは，裁判所は申立てにより又は職権で，その訴訟費用の負担について決定で裁判をする（民訴258②）。⇒「追加判決」

［池田］

裁判の評決

合議体でする裁判の評議採決をいう。非公開で行い，評議の経過並びに各裁判官の意見及びその多少の数については秘密を守らなければならない。裁判長が開き，整理する。裁判官は評議において意見を述べなければならず，過半数の意見によって決する。意見が3説以上に分かれ，過半数に達する意見がないときは，数額については，過半数になるまで最も多額の意見を順次少数の意見に加え，その中で最も少額の意見による（裁75～77）。なお，最高裁判所の裁判書（さいばんがき）には，裁判に関与した各裁判官の意見を表示しなければならない（裁11）。

［池田］

裁判の無効

裁判の手続・内容に違法・不当な点があった場合には，内容が無効である場合（例えば，夫婦を当事者としない婚姻を取り消す判決など）を含め，法律上定められた不服申立ての手続（控訴・上告・抗告・再審など）によって正され，又は取り消されることになる。無効とは，一般に，法律行為等が成立の当初から法律上の効力を生じないことをいうが，裁判には，この意味での無効ということはなく（権限のない者がした判決などは判決ではないから，むしろ判決として不存在である），民

事訴訟において，当事者が上記不服の申立以外の方法で裁判の無効を問議することは認められていない。　　　［池田］

裁判費用

訴訟費用中裁判所の行為に必要な費用をいう（民訴83①）。

申立ての手数料（民訴費3・別表第一・8。例えば，訴えの提起），手数料以外の費用（民訴11・13の2・18以下。例えば，証拠調べの費用（証人・鑑定人の旅費・宿泊料・日当，裁判所外における証拠調べ出張費など），書類の送達，公告の費用など）等がある。手数料については，申立書に収入印紙を貼(は)って納めなければならない。手数料を納付しないときは不適法な申立てとされ，訴状の場合，裁判長（裁判官）の補正命令に対してなお印紙を貼らないときは，訴状が却下される（民訴費8・6，民訴137）。手数料以外の費用のうち，当事者に対する期日の呼出費用の予納を命ぜられた原告が予納期間内に予納しないときは，被告に異議がない場合に限り，裁判所は決定で，訴えを却下することができる（民訴141①）。また控訴裁判所では，期日の呼出費用の予納を命ぜられた控訴人が予納期間内に予納しないときは，裁判所は決定で，控訴を却下することができる（民訴291①）。これらの決定に対しては，即時抗告ができる（民訴141②・291②）。これ以外の費用の予納を命ぜられた当事者が予納期間内に予納しないときは，裁判所は当該予納を要する行為を行わないことができる（民訴費12）。⇒「訴訟費用」「当事者費用」　［池田］

裁判を受ける権利

何人も，裁判所において裁判を受ける権利を奪われない（憲法32）。

実質的に裁判を受ける権利を実現するには，裁判が適正かつ迅速に行われることが不可欠であるが，民事訴訟法（平成8法109）は，争点及び証拠の整理手続の整備，証拠収集手続の拡充，少額訴訟制度の創設，最高裁判所に対する上訴制度の整備などをはじめ，その方向に向けて立法面で前進を図った。民事訴訟の経済的な面では，無資力，勝訴の見込みがなくはないこと等一定の要件に該当することを疎明した者（後に要件を欠くに至ったときなど支払を命じられることがある）に対し，訴訟上の救助として，裁判費用，執行官の手数料及び執行費用の支払の猶予，訴訟費用の担保の免除などが行われる（民訴82～85，民訴規30）。弁護士費用等について，財団法人日本法律家協会が，裁判援助を対象として民事法律扶助を中心とした事業（立替金の支出）を行い，国が事業費を補助している。なお，下級裁判所の裁判に対する上級審への不服の申立ての限度・要件に関する定めについては，立法者が諸般の事情を考慮して決定すべき立法政策の問題であり，合理的範囲内にとどまる定めである限り，裁判を受ける権利の侵害にはならないというのが確立した判例である。　　　　　［池田］

債務拘留

債務者に身体的拘束を加えることによって債務の履行を強制する強制執行の方法を債務拘留という。これを民事拘留または債務拘禁ともいう。債務拘留は，人的執行（対人執行ともいう）の1つの方法であり，同じく人的執行の方法である債務奴隷（債務者の肉体及び労働力によって債務の履行を強制する強制執行の方法）の後を継いで採られた制度であるが，近代法の個人の人格の尊重を基調とする人権思想の下では次第に影をひそめた。現在，わが国では，債務者の財産だけが強制執行の対象とされ（物的執行。対物執行ともいう），債務者を執行の対象とする人

債務者 ⇒ 「債権者・債務者」

債務超過

債務の総額が資産の総額を超過している客観的経済状態を債務超過という。債務超過は、法人（人的会社である合名・合資会社の存立中を除く）の破産原因の1つである（破127・129，民70①・81①等）。債務超過の疑いのあることは、会社の整理及び特別清算の開始原因であり（商381①・431），更に、そのおそれのあることは、会社の整理や会社更生手続の開始原因である（商381①，会社更生30①）。資産の評価方法としては、処分価額を基準とする見解が一般的である。債権者が、債務者の資産及び債務を評価して債務超過を発見することは困難であり、債務超過が破産原因として役割を果たすのは、主として自己破産又は準自己破産の申立ての場合であるといわれている。
[宮尾]

債務不存在確認訴訟

債務者（原告）が債権者（被告）を相手取って、特定の第一審裁判所に対し、債権者の主張する債権（債務）の不存在を主張し、その法律上の当否についての審判を求める訴えを債務不存在確認訴訟という。これは、消極的に権利の不存在を主張する場合であるから、消極的確認訴訟という。確認訴訟では、確認の対象となる権利（義務）を訴状の「請求の趣旨」において明らかにするのが通例である。債務不存在確認訴訟の場合には、例えば、「原告と被告との間の平成〇年3月1日の金500万円の金銭消費貸借契約に基づく原告の被告に対する貸金債務が存在しないことを確認する」というように債権（債務）の発生原因を明らかにする。したがって、訴訟物の特定のためには、請求の趣旨のほかに、更に請求の原因を必要としないのが特徴である（通常、訴訟物の特定は、請求の趣旨及び原因の記載によってされる（民訴133②②））。訴訟物である債権（債務）の発生要件事実については、債権者（被告）にその主張立証責任がある。債務者（原告）が債権（債務）の発生要件事実を認めた（抗弁の先行自白）上、その消滅事実を主張（再抗弁の先行主張）する場合、実務上、これらを一体として請求の原因として記載する例がある。原告の請求を認容する判決が確定すると、債務の不存在について既判力が生じ、逆に、原告の請求を棄却する判決が確定すると、債務の存在について既判力が生ずると解されている。
[宮尾]

債務名義

強制執行によって実現されることが予定されている私法上の給付請求権の存在・範囲（例えば、金銭の支払義務を内容とする債務名義にあっては金額）及び執行当事者（債権者・債務者）を表示した公の文書を債務名義という。これを執行名義ともいう。債権者の債務者に対する給付請求権（権利）の存在及び範囲を確定する手続は、慎重に行われなければならない。一方、確定された給付請求権の執行手続は、簡易・迅速かつ確実にされる必要がある。このような両手続の特質から、権利の確定機関と執行機関は分離独立した制度となっている。この制度的に分離された権利の確定機関と執行機関とをつなぐ架け橋となっているのが債務名義である。民事執行法は、債務名義として、ⅰ確定判決、ⅱ仮執行宣言付判決、ⅲ抗告によらなければ不服申立てができない裁判、ⅳ仮執行宣言付支払督促、ⅴ訴訟費用等の額を定める裁判所書記官の処分、

ⅵ執行証書，ⅶ確定した執行判決のある外国判決又は仲裁判断，ⅷ確定判決と同一の効力を有するもの（例えば，和解調書，認諾調書（民訴267），調停調書（民調16，家審21①本）など）の8種類を定めている（民執22）が，その他の法律によって「執行力ある債務名義と同一の効力を有する」旨定めた文書（費用取立決定（民訴費15①），家事審判（家審15）など），「債務名義とみなす」旨定めた文書（仮処分命令（民保52②））がある。執行文付き債務名義，確定少額訴訟判決，仮執行宣言付の少額訴訟判決・支払督促の正本を，「執行力のある債務名義の正本」といい（民執51①参照），これが強制執行の基本となる（民執25）。　　　　　　　　　　[宮尾]

裁量上告制度　⇒　「上告受理申立制度」

詐害防止参加　⇒　「独立当事者参加」

詐欺破産罪

債務者が，破産宣告の前後に，自己もしくは他人の利益を図り又は債権者を害する目的で，ⅰ財産の隠匿・毀棄（きき）・債権者の不利益となる処分，ⅱ破産財団の負担の虚偽の増加，ⅲ商業帳簿の不作成・不正記載など，ⅳ閉鎖帳簿の変更などの行為をしたときに成立する破産犯罪を詐欺破産罪という（破374）。破産宣告の確定をその処罰条件とする。準債務者及び第三者が，前記の行為をしたときも同様である（破376・378）。詐欺破産罪についての有罪判決の確定は，強制和議の不能・不認可・取消しの事由となる（破295・310①②・333①）。なお，裁判所は，破産犯罪に関する捜査の端緒に資するために，検察官に対し破産宣告の事実を通知する（破144）。　　　　　　　　　　[宮尾]

作為・不作為債権の執行

作為・不作為債権の執行は，原則として債務名義を作成した裁判所が執行裁判所となり，その執行の方法は，代替執行又は間接強制による（民執171①②・172①）。

作為債権の執行は，作為債権のうち，第三者が作為を行っても債務者が行ったときと同じ結果が得られる性質のもの（代替的作為債権），例えば，建物の建築・収去義務，立木（りゅうぼく）の除去義務，物品の運送義務，新聞紙への謝罪文の掲載義務（最判昭31・7・4民集10・7・785）などについての執行は，代替執行による（民執171①）。これに対し，第三者が作為を行っても債務者が行ったときと同じ結果が得られない性質のもの（不代替的作為債権），例えば，証券への署名義務，株式会社の株式名義書換義務，財産関係の清算義務，団体交渉応諾義務，子の引渡義務（最判昭38・9・17民集17・8・968など）などについての執行は，間接強制による（民執172①）。なお，意思表示を目的とする債権は，不代替的作為債権であるが，債務名義の確定又は成立あるいは執行文の付与のときに法により意思表示をしたものとみなされる「意思表示の擬制」による（民執173①）。

不作為債権の執行は，不作為（一定の消極的行為）義務違反の結果が有形的に残らない場合，例えば，騒音を立てない義務などについての執行は，間接強制による（民執172①）が，不作為義務違反の結果が有形的に残る場合，例えば，通行受忍義務に違反して作った栅（さく）の除却などについての執行は，代替執行による（民執171①）。また，不作為義務違反が繰り返される恐れがある場合には，将来のための適当の処分（例えば，将来の損害に対する担保の提供など）による（民執171①）。⇒「非金銭執行」　　　　　　　　[宮尾]

差置送達

送達を受けるべき者(送達名あて人)又はその補充送達受領資格者(就業場所以外の送達場所における使用人等書類の受領について相当のわきまえのあるもの)が、正当な理由がないのに送達書類の受領を拒絶した場合に、送達実施機関が送達を試みた場所に送達書類を差し置くことによって送達の効力を生じさせる送達方法を差置送達という(民訴106③)。正当な理由がないのに送達書類の受領を拒絶した場合にも、正当な権利者の権利の実現のために訴訟手続の進行を可能にさせる必要から、受領の機会を与えることのみによって送達の効力を認めたものである。　　　　　　　　　　　　　[宮尾]

差押え

民事執行(金銭執行)上、最初の段階において、債務者に属する特定の財産を執行の対象として確保するために、執行機関が特定の財産に対する債務者の法律上・事実上の処分を禁止し、その処分権を剥奪(はくだつ)する行為(執行処分)を差押えという。差押えの対象は、債務者に属する換価可能な財産で、差押禁止に服さないものである。差押えの方法は、不動産は執行裁判所の競売開始決定(民執45①)及び強制管理開始決定により(民執93①)、船舶・登録航空機・登録自動車及び登記建設機械は執行裁判所の競売開始決定により(民執114②、民執規84・89①・98)、動産は執行官の目的物の占有により(民執123①・124)、債権その他の財産権は執行裁判所の差押命令によって行う(民執145①・167①)と同時に、その登記・登録等により公示する。差押えの本質的効力として、金銭執行の目的達成に必要な限度での債務者の差押財産に対する処分禁止効(処分制限効)が生ずる。この処分禁止に反する債務者の法律的処分は債権者に対しては対抗できないが、処分行為の当事者間では有効とする相対的無効説(相対効説)が定説であり、その事実的処分については刑罰の制裁が科せられる(刑96・242・252②・262)。差押えの効力は、差押財産のほか、その従物ないし従たる権利に及ぶ(民87②)。更に、動産では天然の産出物に及び(民執126)、継続的給付債権では差押え後に受けるべき給付に及ぶ(民執151)。差押えの効力の発生する時期については、差押財産に応じて個別的に規定がある(民執46①・93③・111・114③・121・123①③・124・145④・167①③④、民執規84・89②・97・98)。また、実体法上時効中断の効力が生ずる(民147②・153以下)。　　　　　　　　[宮尾]

差押禁止財産

法律上又は性質上差押えの禁止される財産を差押禁止財産という。民事執行法は、差押禁止動産・債権を制限列挙する(民執131・152・192・193②)。そのほか特別法の規定する差押禁止財産(信託16、宗法83、工抵7②・13②、鉱抵3、鉄道抵当法4②、生活保護58、児福57の2②、障害福祉45、国年24、健保68、国健保67、国公共済49、地公共済51、厚年41①・136、雇保11、児扶手24、児手15、母子保健24、老人保健45、労基83②、労災12の5②、国公災7②、農災89・132①・142、刑補22、自賠18・74、公害補償16、恩給11③、簡保81など)や性質上の差押禁止財産(氏名権・商号権・著作者人格権(著59)、本人の行使前の扶養請求権(民881)・財産分与請求権(民768)・遺留分減殺請求権(民1031)、公租・公課請求権、受任者の費用前払請求権(民649)、雇主の労務請求権、交互計算に組み入れられた各個の債権、形成権、抵当権、質権など)がある。　　　　　　　　　　[宮尾]

差押えの禁止

一定の財産に対する差押えが法律上又は裁判上禁止されることを差押えの禁止という。差押えの禁止を認める根拠は、社会的利益との調整、債務者の生活維持・生業維持の保護、プライバシーの保護、信教・教育上の配慮、社会福祉上の考慮、災害防止との調整など多種多様である。また、一身専属権等性質上の理由や、換価性・譲渡性がないために差押えが禁止されるものもある。そのほか、超過差押えの禁止（民執128・146②・167①・192・193②）、無剰余差押えの禁止（民執129①・192）、二重差押えの禁止（民執125①・192）の定めがある。動産及び債権については差押禁止範囲の変更ができる（民執132・153・192・193②）。差押えの禁止に違背する差押えに対しては、執行抗告（民執10・145⑤・193②）あるいは執行異議（民執11）により救済される。差押えの禁止が法律上・性質上の譲渡禁止に基づく場合、これに違背する差押えは、実体法上その効力を生じないとするのが通説である。　　　　　　　　　　　［宮尾］

差押命令

金銭の支払又は船舶もしくは動産の引渡しを目的とする債権に対する強制執行において、最初の段階で、債務者に対し債権の取立てその他の処分を禁止し、第三債務者に対し債務者への弁済を禁止する執行裁判所の裁判（執行処分）を差押命令という（民執145①）。差押命令は、差押えの方法であり、その他の財産権に対する強制執行並びに債権及びその他の財産権に対する担保権の実行等もこの方法の例ないしは準用による（民執167①・193②、民執規142）。差押命令は、債務者及び第三債務者を審尋しないで発令する（民執145②）。差押えの効力は、差押命令が第三債務者に送達された時に発生する（民執145④）。金銭債権の差押命令が債務者に送達された日から1週間を経過すると、差押債権者は、その債権の取立てが可能になる（民執155①）。船舶の引渡請求権の差押命令が債務者に送達された日から1週間を経過すると、差押債権者は、保管人への船舶の引渡しを請求することができ、この引渡しを実現した後に、船舶執行の申立てをすることができる（民執162）。動産の引渡請求権の差押命令が債務者に送達された日から1週間を経過すると、差押債権者は、執行官への動産の引渡しを請求することができ、この引渡しが実現されると、執行官は、引き続き動産執行の売却手続を行う（民執163）。差押命令の申立てについての裁判に対しては、執行抗告をすることができる（民執145⑤）。　　　　　　　　　　　　　　［宮尾］

差止め

他人の違法な行為により自己の利益を侵害され、あるいは侵害されるおそれのある場合に、現に行われている侵害行為を排除し、又は将来生ずべき侵害を予防するため、当事者に対し事前に、又は将来に向かってこの行為を禁止することを差止めという。差止めは、当事者の契約、法律の規定（商20・21・272・280ノ10、不正競争3、特許100、商標36、著作112など）や、法律上明確な規定はないが、所有権・占有権などの物権（物権的請求権）、人格権などの権利に基づいて認められる差止請求権を根拠とする。なお、行政庁の処分によりなされる差止めもある（独禁7①等）。　　　　　　　　　　　　　　［宮尾］

差止請求訴訟

他人の違法な行為により自己の利益を違法に侵害され、あるいは侵害されるおそれのある者（原告）が、加害者（被告）に対し有するその差止請求権に基づいて、

現に行われている侵害行為を排除し，又は将来生ずべき侵害を予防するため，侵害行為の差止めを求める訴訟を差止請求訴訟という。

差止請求権の法的根拠としては，当事者の契約（建築制限の特約など），法律の規定（株主による取締役の違法行為差止（商272），新株発行差止（商280ノ10），不正商号使用差止（商20・21），不正競争行為差止（不正競争3），無体財産権侵害差止（特許100，商標36，著作112，意匠37）など）のほか，通説及び判例は，民法の解釈上，所有権・占有権などの物権の効力としての物権的請求権及び人格権（最大判昭61・6・11民集40・4・872，最判平9・12・18民集51・10・4241など）を認める。また，学説では，不法行為法的保護を目的とする請求権・環境権なども認める。

差止請求権の成否を判断する基準について，判例の多くは，被害者側の生活上の利益の侵害が社会生活上受忍すべき限度を超えているか否かによって，違法といえるかどうかを判断する。この判断に当たっては，侵害行為の態様と侵害の程度，被侵害利益の性質と内容，侵害行為の持つ公共性ないし公益上の必要性の内容と程度等を比較検討するほか，侵害行為の開始とその後の継続の経過及び状況，その間に採られた被害の防止に関する措置の有無及びその内容・効果等の事情をも考慮し，これらを総合的に考察してこれを決する（最大判昭56・12・16民集35・10・1369参照）。　　　　　　　　［宮尾］

差止めを命ずる仮処分

他人の違法な行為により自己の利益を侵害され，あるいは侵害されるおそれのある者の有する差止請求権を被保全権利として，現に行われている侵害行為を禁止し，将来的に侵害を排除することを命ずる仮処分をいう。この仮処分には，当事者の契約，法律の規定（商20・21・272・280ノ10，不正競争3，特許100，商標36，著作112等）に基づく差止請求権を被保全権利としてなされる仮処分と，法律上明確な規定はないが，所有権・占有権などの物権（物権的請求権），人格権などに基づく差止請求権を被保全権利としてなされる仮処分（例えば，人の名誉・プライバシー・信用を侵害する出版物の販売差止めの仮処分，居宅の日照・通風の阻害などの生活妨害を理由とする建築工事禁止の仮処分など）がある。この仮処分の性質は，仮の地位を定める仮処分命令であるから，これを発するには，原則として口頭弁論又は債務者が立ち会うことのできる審尋の期日を経なければならない（民保23④）。
　　　　　　　　　　　　　　　［宮尾］

差戻し

上級審が，原判決を取消し又は破棄した場合に，更に審理をやり直させるために，事件を下級審に移審することを差戻しという（民訴307・308①・325①②・364・367②）。

控訴審は，事実審であるから，第一審判決を取り消す際には，自判するのが原則であるが，審級制度の趣旨及び維持の上から，必要的差戻し（民訴307・364・367②）と任意的差戻し（308①）の2つの態様が認められている。これに対し，上告審は，法律審であるから，原判決を破棄する際には，事件を控訴審に差し戻すのが原則である（民訴325①②）。

差戻判決において，上級審が取消し又は破棄の理由とした判断は，その事件について下級審を拘束する（民訴325③後，裁4）。なお，控訴審の差戻判決に対しては，直ちに上告することができる（最判昭26・10・16民集5・11・583）。　［宮尾］

参加　⇒　「訴訟参加」

参加承継・引受承継

訴訟の係属中その訴訟の目的である権利又は義務について特定承継があった場合に，承継人が訴訟の当事者の双方又は一方を相手方として訴訟参加の申立てをして自発的に訴訟に参加することにより，訴訟上の地位を承継することを「参加承継」といい（民訴49前・51前），これとは逆に，訴訟の当事者（承継人の前主の相手方）が，承継人に対して，訴訟引受けの申立てをして強制的に訴訟に参加させることにより，訴訟上の地位を承継させることを「引受承継」という（民訴50①・51後）。特定承継があった場合の訴訟承継の形態である。ここにいう特定承継があった場合とは，一般に，訴訟物あるいは係争物の譲渡があった場合といわれるが，訴訟物たる権利又は義務やその目的たる物件の任意処分（売買・債権譲渡・債務引受けなど）はもとより，法定の原因（弁済者の法定代位（民500）など）や執行処分（競売・転付命令など）などによる移転的承継及び設定的承継（賃借権・抵当権の設定など）の場合も含まれる。

承継人の前主（被承継人）は，相手方の承諾を得てその訴訟から脱退することができる（民訴48前・50③・51）。

承継の効果として，承継人は承継の時における訴訟状態をそのまま承継する（例えば，既に前主によってなされた弁論・証拠調べ・裁判などの効果を受けることはもちろん，時機に後れた攻撃防御方法の提出のように，前主がすることのできなくなった訴訟行為もできなくなる）。時効の中断又は法律上の期間遵守の効力も，承継人のため訴訟係属の時にさかのぼって生ずる（民訴49・50③・51）。また，承継人の前主が脱退したときは，承継人に対する判決の効力は，前主にも及ぶ（民訴48・50③・51）。　　　　　　　　［宮尾］

参加的効力

民事訴訟法上，補助参加人又は訴訟告知を受けた者に対して生ずる判決の効力をいう（民訴46・53④）。本来の判決の効力（既判力及び執行力）は，その訴訟の当事者間のみ及ぶのが原則であり（民訴115，民執23①），訴訟の当事者ではない補助参加人及び被告知者には及ばない。しかし，補助参加人及び被告知者は，被参加人を補助して，訴訟を追行し，あるいは追行することができた以上，敗訴した被参加人から後で訴えられた場合に，前訴の敗訴判決の理由中でされた事実認定や法律効果の判断について拘束を受け，これに反する主張をし，被参加人の敗訴は，その訴訟追行が不完全であったことに基づくと主張することは許されない（例えば，物の売主は，買主が第三者から訴えられて，目的物について所有権を主張されて追奪されようとする場合に，その訴訟に補助参加をして共に争ったが，その訴訟の判決で目的物は，最初から第三者（原告）の所有であるとの理由で敗訴した以上，後になって買主から責任を追及された際，売買の当時，目的物が自分の所有であったことを主張することはできない）とするものである。この補助参加人及び被告知者に対する判決の効力を本来の判決の効力と区別して，参加的効力という。この効力は，補助参加人又は被告知者に敗訴に対する共同責任を負わせる公平の原理に基づくものであるから，これらの者に共同責任を負わせることがかえって不公平な場合には，除外例が認められる（民訴46）。

なお，民事訴訟法46条にいう「裁判の効力」の性質・範囲については，参加的効力説が通説・判例（最判昭45・10・22民集24・11・1583）であるが，最近では，既判力とこの「裁判の効力」を統一的にとらえようとする新既判力説も有力になり

つつある。　　　　　　　　　[宮尾]

参加人・被参加人

民事訴訟法上，既に係属している他人間の訴訟に，訴訟参加（当事者参加又は補助参加）により加入してその訴訟手続に関与し，自己の名において訴訟行為をする第三者を「参加人」といい，その相手方当事者又は補助される当事者を「被参加人」という（民訴42以下参照）。

手形法上，参加引受け又は参加支払をする者を広義の「参加人」といい，このうち，参加する者として手形にあらかじめ指定された予備支払人を除いた者を狭義の「参加人」といい，その者のために参加がされる遡求（そきゅう）義務者を「被参加人」という（手55以下参照）。

[宮尾]

三者執行　⇒　「第三者執行」

三審制

三審級において，同一事件の審理及び裁判を受けることを認める審級制度を三審制という。

現行審級制度は，三審制であり，第一審は簡易裁判所又は地方裁判所，第二審はこれに対応して地方裁判所又は高等裁判所，第三審は高等裁判所又は最高裁判所である。判決手続では，原則として控訴（第二審）（民訴281）・上告（第三審）（民訴311）を認める。ただし，少額訴訟など特殊な訴訟の判決に対しては，控訴を認めない（民訴377・380①等）。また，高等裁判所が第一審となる場合もあり（独禁85，公選217，特許178①等），この判決に対しては，最高裁判所への上告のみが認められる（民訴311①）。最高裁判所に対する上告は，上告の提起のほかに上告受理の申立てを認める（民訴318）。抗告手続では，抗告（第二審）（民訴328）・再抗告（第三審（高等裁判所のみ））（民訴330）を認める。そのほか，特別上告（民訴327）・特別抗告（民訴336）及び許可抗告（民訴337）を認めるが，これらは裁判の確定遮断効がなく，本来の上訴ではない。[宮尾]

残部判決　⇒　「結末判決」

三面訴訟

3当事者以上が互いに対立する地位にある構造の訴訟をいう。民事訴訟は紛争の相対的解決を目的とするため，二当事者対立主義に基づき原告・被告を対立させ，その間に判決を下すのを目的とするが，3当事者が互いに立場を異にして三つ巴（どもえ）で争うことも現実にあり，これを一挙に解決するための訴訟構造を認めることは理論上不可能ではない。民事訴訟法47条に規定される独立当事者参加及び人事訴訟手続法における検察官の参加（人訴22・23）による訴訟は，この種のものに属するとされるのが通説的見解である。

[三輪・衣斐]

参与員

家事審判に際し，これに立ち会い，又は意見を述べることを任務とする者をいう。家庭裁判所が毎年前もって選任する者のうちから各事件につき1名以上が指定される（家審3・10等）。家事審判に市民の良識を反映させるねらいをもつものである。選任につき必要な手続は参与員規則（昭和22最高裁規13）で定められる（家審10③）。除斥・忌避については裁判官の除斥等に関する民事訴訟法の規定が準用される（家審4）。旅費・日当・宿泊料を受けるが，俸給は受けない（家審10の2）。

[三輪・衣斐]

私鑑定

民事訴訟において，当事者の一方が学

識経験ある第三者に依頼して専門的知識や専門的な判断を報告書として作成してもらい、訴訟で利用するものをいう。

裁判官に専門的知識を補充する点で、民事訴訟法上の鑑定と類似の機能を有する。

法的判断の対象である具体的事実やその認定のための経験則に限らず、立法事実や、法律学者や専門実務家による法律上の見解についての私鑑定も利用される。

なお、私鑑定の扱いについては、これを書証として扱うとするのが支配的な見解である。　　　　　　　　［三輪・衣斐］

時機に後れた攻撃防御方法

民事訴訟において当事者が故意又は重大な過失によって提出すべきときに提出しなかった攻撃防御方法をいう。

民事訴訟において、攻撃防御方法は、訴訟の進行状況に応じ適切な時期に提出しなければならない（適時提出主義（民訴156））。そして、時機に後れて提出した攻撃防御方法は、これにより訴訟の完結を遅延させることとなると認められたときは、裁判所は、訴訟指揮権に基づき、申立てにより又は職権でこのような攻撃防御方法の却下の決定をすることができる（民訴157①）。　　　　　［三輪・衣斐］

識別説

訴状の必要的記載事項としての請求原因につき、どの程度詳しく記載する必要があるかとの問題につき、請求がいかなる権利又は法律関係についての主張であるかを他の権利関係から識別できる程度に記載すれば足りるとする見解をいう。同一認識説ともいう。従来からの通説であり、民事訴訟規則（平成8最高裁規5）は、明文をもってこの見解によることを明らかにした（民訴規53①）。なお、これに対立する見解として、請求を理由あらしめる事実すべてを記載すべきであるとする理由記載説がある。

ドイツにおいては、この識別説と理由記載説の対立がいわゆる訴訟物論争へと展開していったとされている。⇒「理由記載説」　　　　　　　　［三輪・衣斐］

事件

法令用語としては、問題として取り上げられる事項・事実又は関係を意味して用いられる用語である（地自109⑥・112①、公証4等）。刑事訴訟法20条、民事訴訟法23条1項、特許法139条等の規定で用いられる「事件」も同義であり、具体的に訴訟又は審判手続の対象となっている事柄を指す。

なお、講学上、人の精神作用に基づかない法律事実を指してこの用語が用いられる。　　　　　　　　　　［三輪・衣斐］

試験訴訟

訴訟の結果もしくは裁判所の意見を試すために提起する訴訟をいう。テスト訴訟ともいう。

具体的には以下のような類型がある。ⅰ環境問題や公害事件等において抽象的な法令の効力や解釈に関する裁判所の見解を求め、ひいては判決による基準設定ないし政策決定をも視野に入れて、その問題が争点となるような具体的な事件を選んで訴えを提起する場合。特に違憲訴訟ではテストケースと呼ばれている。この場合、具体的な権利関係を訴訟物としていないと訴えの利益がない。ⅱ多額の請求のうち一部だけに限定して訴えを提起する場合。なお、この場合、残額請求の可否については争いがある。ⅲ複数の者に対して訴えを提起しなければ原告が完全に目的を達しえないのに、さしあたり1人のみを被告として訴えを提起する場合も、原告の目的からみて試験訴訟と

みなしうる場合がある。　［三輪・衣斐］

事件の呼上げ

民事訴訟で当該訴訟事件について口頭弁論期日を開始する旨の告知（民訴規62）をいう。指定日時に指定の場所（通常は法廷（裁69））で事件名・事件番号・当事者を呼び上げてする。事件の呼上げは本来裁判長その他訴訟指揮権を有する裁判官の権限に属するが、裁判所書記官ないし廷吏にさせることができ、実際上も期日を主宰する裁判官の命に従って裁判所書記官ないし廷吏が行っている。

なお、事件の呼上げは、どの事件の期日が開始されるかが他の事件と区別される程度に特定してなされればよい。また、事件の呼上げの場所は、裁判所外で証拠調べ等をする場合を除き、法廷で行わなければならない。　［三輪・衣斐］

自己使用文書

新民事訴訟法においては、文書提出義務が一般化されたが（民訴220④）、およそ外部のものに開示することを予定していないような文書にまで提出義務を認めると文書作成者の自由な活動を妨げることになり、また、証言と違い、内容だけでなく、記載に用いた筆記用具・用紙・記載の方法等までが明らかになってしまい、文書の所持者に著しい不利益を与えることになるため、自己使用文書（民訴220④ハ）は提出義務の対象から除外されている。自己使用文書としては、個人の日記や備忘録、会社内部の稟議書（りんぎしょ）などがこれに含まれるが、これら以外の文書については、文書の記載内容や、それが作成され、現在の所持者が所持するに至った経緯・理由等の事情を総合考慮して個別具体的に判断することが必要である。　［三輪・三村］

事後審制

事後審制とは、上訴審が、下級審で提出された訴訟資料だけを基礎にして、下級審判決の事実認定や法律判断が適法に基礎づけられるかだけを審査するものをいう。この場合、原則として、原判決の時を標準とし、その後に発生した事実は考慮されない。現行刑事訴訟法や、オーストリアの民事訴訟法などで採用されている。わが国の民事訴訟法における控訴審は、続審制を採用しており（民訴296〜298）、事後審制は採用していないが、上告審は、原判決の当否をその法律面だけから審査する審級で、事後審制ということができる。　［三輪・三村］

事後（破産）廃止

破産宣告後、管財人が選任され、手続が進行した後に破産財団が破産手続費用を償うに足りないことが判明した場合に裁判所の決定によって、破産手続を終了させることを事後廃止（異時廃止）という。財団不足の場合、裁判所は、管財人の申立てにより又は職権で債権者集会の意見を聞いた上で破産廃止の決定をする（破353①）が、手続費用の予納があれば廃止決定をすることはできない。決定の主文、理由の要領の広告（破354）、利害関係人の即時抗告権（破112）は同時廃止と同一である。　［三輪・三村］

自己破産

債務者にも破産の申立権が認められ、債務者の申立てによって開始される破産を特に自己破産という（破132①）。債務者は自ら破産の申立てを行うことによって債権者からの追及や強制執行から解放され、自然人の場合には免責を受けることもできる。このような制度上の利益を得るため、近年自己破産の申立てが激増し、破産事件の約9割を占めるといわれてい

る（いわゆる消費者破産）。自己破産の場合は，財務内容が進んで開示されることになり，破産宣告の要件の有無が容易に判断できることが多く，破産原因の疎明は必要がないとされている（破132②反対解釈）ため，審理期間も簡単で短いことが多い。なお，法人も自己破産の申立ては可能である。　　　　　　　　[三輪・三村]

事実

民事訴訟は，権利関係の存否を確定するものであるが，権利関係は，その現存を裁判官の五官によって直接認識できるものではなく，直接証明することもできない。そこで現在の権利関係の存否は，過去における権利の発生・消滅の有無を調べることによって明らかにされ，この判断は，権利の発生・消滅を規定する法規の構成要件に該当する事実が存在したかどうかを判断することによって行われる。そして，このような権利の発生・消滅という法律効果を判断するのに直接必要な事実を主要事実（直接事実）といい，主要事実を推認させる事実を間接事実，証拠の信用性に関する事実を補助事実という。　　　　　　　　　　[三輪・三村]

事実記載説　⇨　「理由記載説」

事実抗弁・権利抗弁

実体法上の抗弁のうち，要素の錯誤，虚偽表示，弁済等その主要事実が弁論に顕（あらわ）れているだけで裁判所が判断の基礎とすることができる（しなければならない）ものを事実抗弁といい，同時履行の抗弁権，留置権，対抗要件の抗弁等のように主要事実が弁論に顕れているだけでなく，権利者がその権利を行使することを訴訟上表明しない限り裁判所が判断の基礎とすることができないものを権利抗弁という。すなわち，権利抗弁では，その権利の発生原因事実のほか，権利主張が必要となる。　　　　　[三輪・三村]

事実上の主張・法律上の主張　⇨　「事実上の陳述・法律上の陳述」

事実上の推定

民事裁判においては，訴訟物たる権利の存否の判断は，そのような法律効果発生の要件たる主要事実の認定によってするという構造になっている。そして，主要事実が証拠によって認定できない場合は，主要事実を推認させる間接事実を証拠によって認定し，さらにこの間接事実も証拠によって認定できない場合は，これを推認させる間接事実の証明によって主要事実を認定するという過程をたどる。この過程において，裁判官が経験則上の蓋然性（がいぜんせい）に基づき，間接事実から要証事実を推定することを事実上の推定といい，これは，間接事実からの推定によって認定するものであるから，間接証明の一種である。間接事実の推定力は，経験則の蓋然性によって決まり，経験則の蓋然性が弱い場合には数個の間接事実から数個の経験則を使って要証事実が推定され，強度の経験則の場合は，1個の間接事実から要証事実を推定される。中でも，特に高度の蓋然性をもった経験則を利用する場合を表見証明（一応の証明）という。事実上の推定は，裁判官の自由心証の領域内の問題であるから，適用する経験則も，裁判官の自由な取捨選択により，必ず推定しなければならないわけでもない。また，推定事実につき，証明責任の転換は起こらない（法律上の推定との相異）。したがって，事実上の推定を覆そうとする場合，相手方は，その間接事実に反する事実をあげて間接事実を直接攻撃するか（直接反証），その間接事実と両立するが，それが真実ならば推定

が動揺する他の間接事実を主張・立証する（間接反証）ことになる。

［三輪・三村］

事実上の陳述・法律上の陳述

当事者が裁判所に対して，裁判のための資料として自己の認識又は判断を報告する訴訟行為のうち，具体的事実の存否に関するものを事実上の陳述といい，法律関係に関するものを法律上の陳述という。訴訟構造上，法律上の陳述を相手方が争う場合に当該法律関係を基礎付ける具体的な事実の陳述が必要となる。事実上の陳述において，相手方がこれを認め（自白（民訴179））あるいは沈黙し明らかに争わない（民訴159①）態度をとると，当該事実は不要証事実となり（弁論主義），否認もしくは不知（民訴159②）の態度をとると，当該事実についてさらに立証が必要となる。なお，通常，陳述のうち自白を除いたものを主張という。

［三輪・松岡］

事実審・法律審

事実審とは，法律問題だけでなく，事実問題をも審理の対象とする審級をいい，法律審とは，事実審がした裁判を法律問題に限って審理する事実審の上級審をいう。第一審及び第二審が事実審であり（民訴297・156），上告審が法律審である（民訴312）。事実審裁判所によって適法に確定された事実は，法律審裁判所を拘束する（民訴321①）。そこで，判決の既判力は，事実審の口頭弁論終結時を基準とする（民訴115①③参照）。なお，民事訴訟法325条3項後段の事実上の判断とは，職権調査事項について上告審のなした事実上の判断（民訴322）をいい，本案に関する事実上の判断は含まれない（最判昭36・11・28民集15・10・2593）。

［三輪・松岡］

事実認定

裁判は具体的事実に法を適用してなされるが，この具体的事実の有無を，裁判所が証拠により確定する作業を事実認定という。主要事実の確定が最終目標であるが，その前提となる間接事実や補助事実も事実認定の対象となる。ただし，民事訴訟においては，弁論主義がとられているため，当事者間に争いのある事実のみ証拠による認定が必要となり，弁論の全趣旨及び証拠調べの結果に基づき，裁判官の自由な評価判断によって行われる（自由心証主義（民訴247））。

［三輪・松岡］

事実の推定 ⇒「権利の推定・事実の推定」

事実問題・法律問題

裁判は，当事者が提出した事実の存否を確定し，これに法規を適用することによって結論を導く（法的三段論法）。このうち法的判断の前提となる事実存否の確定に関する問題を事実問題といい，法律の解釈適用等に関する問題を法律問題という。事実問題は，事実審の専権事項であり，法律審では審理対象たりえないため（民訴321①），事実認定の誤りであるか認定事実への法適用の誤りであるかの区別は，上告理由になるか否かという点で特に重要である。しかし，事実認定と法規の適用とは密接に関連するため，その区別は容易でない。例えば，法律行為の解釈過程は，解釈資料となる経験則的事実の存否を確定する証拠作用と，その評価作用である解釈作用とに分けることができるが，実際には，事実確定・解釈・法適用の作用は同時的・不可分的になされるため，法律行為の解釈は，事実問題なのか法律問題なのかが争われる。この点判例は，当初事実問題としていたが，

解釈が不当な場合には経験則又は慣習に反するとして上告を認めるようになってきており、現在では、法律問題であるとするのが通説である。さらに、正当事由・過失・公序良俗などの不確定概念については、両概念の区別は一層困難である。

[三輪・松岡]

死者に対する訴え

訴状に被告として表示されている者がすでに死亡していることを知らずに提起された訴えをいう。訴訟係属後に被告が死亡した場合、訴訟承継手続（民訴124①①）がとられるが、訴訟係属前に死亡していた場合、相続人が訴訟行為を行い訴訟手続が進行する場合があるため、死者と相続人のいずれが当事者となるのか問題になる。当事者確定基準における意思説及び行動説によれば相続人を当事者として、死亡の事実が審理途中に明らかになれば表示の訂正をし、判決確定後に明らかになればその効力は相続人に生ずるとする。表示説によれば二当事者対立構造が成立せず訴え却下となるはずであるが、上記訴訟承継の規定を類推し、相続人に訴訟承継させ、判決の効力も生ずるとする。⇒「氏名冒用訴訟」 [三輪・松岡]

次順位買受申出人

不動産の強制競売又は担保権の実行としての競売において、最高価買受申出人に次いで高額の買受けの申出をした者であって、民事執行法67条所定の要件を備えた者をいう。申出の要件は、買受申出額が最低売却価額を超えていること（同額でもよい）、買受申出額が最高価買受申出人の申出額から買受申出の保証額（通常は最低売却価額の2割）を控除した額を超えていること（同額でもよい）（民執67）である。また、最高価買受申出人に次ぐ者に限られ、第3位以下の者は申し出ることはできない。次順位買受申出をすることができる者がある場合には、執行官が次順位買受申出の催告をするので（民執規41③・49・50④）、執行官に対し、口頭で申し出れば足りる（民執20、民訴規1）。

[三輪・松岡]

事情届

債権差押命令の送達を受けた第三債務者が、権利供託（民執156①）又は義務供託（民執156②）をしたときに執行裁判所（民執144、民執規138③参照）に届け出る書面もしくはその届出をいう（民執156③）。届出は、ⅰ事件の表示、ⅱ差押債権者及び債務者の氏名又は名称、ⅲ供託の事由及び金額を記載した書面に、供託書正本を添付して行う（民執規138①②）。第三債務者の供託以後は、配当要求等ができなくなるため（民執165①）、日時の記載は時分まで必要である。なお、義務供託の場合、供託に要した費用を請求できるとされている（民訴費28の2①）が、この請求は遅くとも事情届と同時にしないと失権する（民訴費28の2③）。

[三輪・松岡]

事情変更による保全取消し

保全命令の発令後に、ⅰ被保全権利の消滅（弁済・免除）、ⅱ保全の必要性の消滅（債務者の資産状況の改善・財産隠匿のおそれの消滅）、ⅲその他の事情の変更（裁判上又は裁判外の和解）を理由に、債務者の申立てにより保全命令を取り消す制度である（民保38）。事情変更の事由は、原則として保全命令の発令後に生じたもの（客観的変更）であることを要するが、発令前に生じていた事由であっても、債務者が発令後に知った事由や知ってはいたが疎明ができなかった場合（主観的変更）も含まれる。申立ては、保全命令の効力存続中であれば、発令裁判所か本案係

属の裁判所のいずれにしてもよい。申立てが適法で、その事由について疎明があると、裁判所は、口頭弁論又は審尋手続を経て（民保40・29）、無条件で又は債務者の立担保を条件として保全命令を取り消すことができるが、債権者に立担保又は増担保の提供を命じたうえ、保全取消しの申立てを却下できる（民保38③・32）。申立てを認容・却下する決定とも保全抗告をすることができる（民保41）。
　　　　　　　　　　　　　　　［小沼］

示談

　民事上の紛争を裁判外で解決すること又はその結果生じた合意をいう。当事者が互いに譲歩して紛争を解決する和解契約（民695）に該当する場合が多いが、当事者の一方のみがその主張を放棄・減殺して裁判によらないで、事件を完結することも意味する（大判明41・1・20民録14・9）。交通事故による損害賠償に関して、加害者が一定の金額を支払い、被害者はそれ以上の請求権を放棄する旨の示談の成立をみることが多いが、後遺症の発生があった場合その効力が問題になる。刑事訴訟においては、被告人側が被害者側に損害賠償や謝罪を申し入れ、被害者側がこれを受け入れたときに示談が成立したという。刑期を定める際の有力な判断事由である。　　　　　　　　　［小沼］

執行異議

　民事執行における執行機関の執行処分が手続規定に違反することを理由とする救済申立手段に執行抗告と執行異議がある。執行異議の対象は、執行裁判所の執行処分で執行抗告をすることができないもの（例えば、不動産強制競売開始決定、最低売却価額の決定、裁判以外では物件明細書の作成）並びに執行官の執行処分及びその遅怠である（民執11）。執行異議は、執行裁判所に再度の考案（民執20、民訴333）の機会を与えるためのものである。申立ては、執行処分をした執行裁判所又は執行官の所属する地方裁判所（民執3）に、異議の理由を明らかにした書面である（民執規8）。異議の理由は、原則として手続的な瑕疵（かし）に限られるが、担保権の実行手続においては、担保権や被担保債権の不存在又は消滅を理由とすることもできる（民執182・191）。申立ての時期に制限はないから、原則として利益がある限り執行手続が終了するまでいつでも申立てができる。申立てに執行停止の効力はないが、執行裁判所は必要があるときは、原執行処分の執行停止、執行手続の全部もしくは一部停止を命ずることができる（民執11②・10⑥）。異議の申立てが不適法であったり理由がない場合には、申立てを却下する。理由がある場合、執行裁判所の執行処分であれば、その執行処分を取り消し、執行官の執行処分であれば、その執行を許さない旨宣言し、又は執行官に執行手続の取消しを命じる。執行官の執行処分の遅怠に対しては執行すべき旨を命じる。執行異議についての裁判に対しては、原則として不服申立てをすることは許されない（例外は民執12）。　　　　　　　　　［小沼］

執行開始要件

　強制執行を開始するため具備しなければならない要件（民執29〜31）で、執行機関（執行裁判所・執行官）がその存否を判定する。広義では、執行障害事由（強制執行における債務者の破産等）の不存在を含める。執行開始要件には、①債務名義の送達（民執29前）：債務者に債務名義とその内容を知らせ、防御の機会を与えるためであるが、一度の送達で足り、個別の執行ごとにする必要はない。ⅱ執行文等の送達（民執29後）：条件成就執行文又は

承継執行文（民執27）が付与された場合は，債権者が提出した証明文書の謄本を債務者に送達する。どのような資料により認定したかを知らせる。⒤確定期限の到来（民執30①）：将来の給付の訴え（民訴135）により確定期限の到来にかかる判決等の場合，その判定は，執行機関がする。ⅳ立担保の証明（民執30②）：担保を立てて仮執行をする判決（民訴259①）等の執行は，供託書正本，支払保証委託契約（ボンド）締結証明書により証明する。ⅴ反対給付又はその提供の証明（民執31①）：反対給付と引換えにすべき債務名義は，債権者が反対給付又はその提供をしたことを証明することを要する。この事実の証明は実務上容易ではないことが多い。ⅵ他の給付が執行不能の証明（民執31②）：代償請求権の強制執行で，本来的請求が執行不能になった事実は，代償請求権に執行力が生じるための条件であり，本来は条件成就執行文の条件に該当するが，執行機関に容易に判明する事実であるので，特に執行開始要件とされた。執行裁判所の審尋や執行官の現認知でも足りる。　　　　　　　　　　　　　［小沼］

執行官

執行官は，地方裁判所に置かれ，主に裁判の執行を行う司法機関（裁62）である。最高裁判所の定める資格（執行官規則1・2）に従い，地方裁判所が任命・監督する。国から俸給や手当を受けず，事件の当事者から手数料を受けて収入とするが，申立人との関係は，私人と国家機関の公法上の職務関係である。執行処分の実施は，原則として申立てによる（執行官2）。執行官の職務は，自ら執行機関となって，ⅰ動産に対する金銭執行等（民執122以下・190・195），ⅱ物の引渡し・明渡しを求める請求権の強制執行（民執168・169），執行裁判所の行う執行事務の一部を補助的に行う職務としてⅲ現況調査・保管・売却の実施（民執57・55②・64③），差し押えられた自動車の取上げ（民執規89①），ⅳ債権証書の取上げ，債権・電話加入権・ゴルフ会員権等の売却（民執148②・161①・167①），その他にⅴ民事・刑事・少年保護事件における送達（民訴99，刑訴54，少年審判規則16②）の事務がある。　　　　　　　　　　　　　［小沼］

執行官法

昭和41年法律111号。裁判所法62条により各地方裁判所に置かれる裁判所職員である執行官の職務・執行区域・手数料等を定める法律である。執行官は従来執行吏と呼ばれ，執行吏役場において申立人の委任を受けて執務したが，現行法では，各地方裁判所内の執行官室において申立てを受けて事務を取り扱い，その事務の分配は所属の地方裁判所が定める（執行官2）こととなった。執行官法の下に最高裁判所規則として執行官規則（昭和41最高裁規10）があり，執行官の選考・任命・研修・監督・事務処理の準則等を定めている。　　　　　　　　　　　　　［小沼］

執行機関

執行機関とは，民事執行の執行権を行使する権限を付与された国家機関をいう。裁判機関が実体法上の権利の確定を担当し，執行機関は確定した権利の実現を担当する。強制執行，担保権の実行，換価のための競売を民事執行という（民執1）。執行機関は，執行裁判所と執行官である（民執2）。民事執行には，法律的・観念的判断の多い執行行為と事実的・実力的な行為を要するものがあり，法は，執行の種類・対象により，前者を執行裁判所，後者を執行官と定める。執行機関相互の補完関係として，執行裁判所には，執行官が担当する執行行為について，一

般の休日，夜間における執行の許可（民執8①），執行異議（民執11①），差押禁止動産の変更（民執132）等によって監督・協力する権限を付与されている。執行裁判所の担当する執行行為について執行官が補助機関となるものは，現況調査・保管・売却の実施（民執57・55②・64③），差し押えられた自動車の取上げ（民執規89①），債権証書の取上げ・債権・電話加入権・ゴルフ会員権等の売却（民執148②・161①・167①）等の事務がある。

[小沼]

執行供託

供託は，債務者が債権者に対して，債権の満足又は満足を担保するために，財産を供託所（法務局（供託法1））に寄託し，一定の法律上の目的を達成する制度である。私法上の債権債務関係と公法上の寄託契約の性質を両有する。供託を根拠・機能によって分類すると，執行供託のほか，弁済供託（民494），裁判上の担保供託（民訴76），営業保証供託（宅建業25），税法上の担保供託，その他の担保供託，没取供託，保管供託に分けられる。執行供託は，執行手続の一環として，その執行の目的物を執行機関又は執行関係者が供託所に供託して，供託所による執行の目的物の管理と執行当事者への交付を行うものである。執行供託には，執行裁判所（を共助・補助する裁判所書記官又は強制管理における管理人）又は執行官がするⅰ配当留保供託（民執91①・108・141①），ⅱ不出頭供託（民執91②・108・141②），第三債務者がするⅲ権利供託（民執156①），ⅳ義務供託（民執156②）がある。

[小沼]

執行契約

執行契約とは，執行の方法や程度について法律の定めとは異なる定めをする執行当事者の合意である。法が認める合意には，担保の提供方法（民執15），売却条件についての合意（民執59⑤），配当の順位及び額についての合意（民執85⑤），弁済猶予の承諾（民執39①⑧）があるが，執行契約の効力には争いがある。執行契約には，ⅰ債権者に有利に執行の要件を緩和したり，執行の方法や目的物の範囲を拡大する執行拡張契約と，ⅱ債務者に有利に執行の要件を加重したり，特定の債権について執行の申立てをしないとする不執行の合意，執行する財産を限定する合意等の執行制限契約がある。ⅰは法が債務者に与えた保障を奪うから，原則として許されない。ⅱは債権者の処分に委ねられた事項であり，広く許される。執行契約の法的性質は，実体法上の効果を生ずるにすぎないとする実体契約説（他に訴訟契約説あり）が多数説であり，これによれば執行契約に反する執行に対する不服申立ては，請求異議の訴えになる。

[小沼]

執行行為 ⇨ 「執行処分」

執行行為の否認

破産宣告前の破産者の財産処分行為のうち，債権者全体に対する責任財産を絶対的に減少させる詐害行為と債権者平等に反する偏頗（へんぱ）行為を否定する制度が否認権（破72）であり，会社更生法78条，民事再生法127条も同様の規定である。この否認権は，ⅰ詐害行為や偏頗行為に債務名義がある場合やⅱ執行機関の執行行為に基づくものでも行使することができ，これを執行行為の否認（破75，会社更生81，民事再生130）という。ⅰの例としては，物の引渡しを命じる判決があるときにその原因行為である売買を否認する場合，請求の認諾，裁判上の和解，公正証書の執行受諾など債務名義を成立

させる訴訟行為を否認する場合，破産者がした債務名義の内容としての履行行為を否認する場合が，⒤の例としては，執行行為により債権者が満足をした後は①の履行行為を否認することになるから，それ以前の段階，つまり，転付命令を受けた第三債務者が弁済する前に転付命令による債権の移転の効果を否認する場合がある。　　　　　　　　　[小沼]

執行抗告

執行抗告は，民事執行の手続に関する執行裁判所のした裁判に対する不服申立方法であり，法に執行抗告ができる旨の定めがある場合に限って許される（民執10）。執行抗告の許されない執行裁判所のした執行処分と執行官のした執行処分及びその遅怠に対する不服申立方法として執行異議（民執11）がある。執行抗告をすることができる裁判は，民事執行の手続や救済を終了させるもの，関係人に重大な不利益を与えるおそれのあるもの，実体関係を変動させたり確定させたりするもの等に限られている。抗告裁判所には，高等裁判所が当たることが多いが，簡易裁判所がした作為又は不作為の強制執行（民執171），間接強制の裁判（民執172）等については地方裁判所が抗告裁判所となる。抗告状は原裁判所に提出するが，これに反して抗告裁判所に提出された抗告状は管轄裁判所に移送する（民訴16）ことなく，不適法却下される。執行抗告に対する裁判には，原裁判所において，抗告状の不備等を理由にする却下，抗告に理由があると認めてする再度の考案に基づく更正決定（民訴333），抗告裁判所において，執行抗告が不適法な場合は却下，理由がないときは棄却，理由があるときは原裁判を取り消し，自判・差戻決定をする。抗告裁判所の決定に対する不服申立方法は，抗告裁判所が高等裁判所であるときは憲法違反を理由とする特別抗告（民訴336）と判例違反等を理由とする許可抗告（民執20，民訴337），地方裁判所であるときは再抗告（民訴330）である。
　　　　　　　　　[小沼]

執行債権

執行債権とは，債務名義に表示された実体法上の権利（給付請求権）で執行に適するものをいう。給付請求権は，債権関係から生じたものに限らず物権・人格権・社員権等から生じたものでよい。執行債権は，その内容が強制執行に適すること（夫婦の同居を求める請求権は執行になじまない権利であるから，執行債権にならない）と，その内容が特定していることを要する。執行債権は，強制執行が執行債権の満足を目的とすることから，超過差押え（民執128・146②），超過売却（民執73）の禁止など執行の目的物を制限する基準としての作用がある。　　[小沼]

執行債権者・執行債務者

判決手続では，原告と被告の対立当事者の存在が前提であるが，民事執行でも同じく，自らのため執行手続の開始を求める者を執行債権者（又は単に債権者），これを受ける者を執行債務者（債務者）といい，債務名義又は執行文に給付請求権，給付義務の主体又はこれに代わる地位を有する者として表示される。両者をあわせて執行当事者と呼ぶ（民執27・34）。債務名義の成立後に執行当事者に変動が生じたとき（承継，管理権の喪失等）は，承継執行文（民執27）の付与を要するが，執行開始後に執行債務者が死亡してもそのまま続行することができる（ただし，裁判の告知，重要な催告及び通知等では名宛（なぁて）人を要する（民執規2・3））。相続人の存在又は所在が明らかでないときは，特別代理人を選任することができる（民

執41)。　　　　　　　　　　［小沼］

執行裁判所

執行裁判所とは，⒤民事執行法による執行処分を行う裁判所及び，ⅱ所属する執行官が行う執行処分について補助監督を職分とする地方裁判所をいう（民執3）。執行処分は迅速性の要求が強く，訴訟に関する事務と比べて簡易であるから，通常は単独の裁判官が執行裁判所を構成する。⒤の執行裁判所は原則として地方裁判所であるが，例外的に簡易裁判所・家庭裁判所がなることがある（民執171・172・33）。執行裁判所が行う執行処分は民事執行法が個別に規定するが，執行官が事実的・実力的事務であるのに対し観念的な特色を有する。ⅱの執行裁判所は，執行官が地方裁判所に所属する（裁62）ことから地方裁判所であり，具体的な事務には，休日夜間執行の許可（民執8），執行官の処分及びその遅怠に対する執行異議の裁判（民執11），執行官の要請に基づく官公署に対する援助請求（民執18①）等がある。　　　　　　　　　　［小沼］

執行債務者　⇒「執行債権者・執行債務者」

執行受諾文言

公証人が作成する公正証書で，金銭の一定の額の支払等を目的とする請求権について，債務者が直ちに強制執行に服する旨の陳述が記載されていると債務名義となる（民執22⑤）。この債務者の陳述が執行受諾文言であり，執行約款ともいう。執行力を発生させることから債務者の公証人に対する訴訟行為と解されている。したがって，訴訟能力の存在と代理権の存在を必要とし，これらを欠くと執行受諾の意思表示は無効である。判例は表見代理の規定（民109・110・112）の適用を認めないが，これは公証人が公正証書作成の過程で有効な点検ができない現状と関連するという指摘がある。⇒「執行証書」　　　　　　　　　　［小沼］

執行障害

執行障害とは，民事執行を開始する要件が備わっているにもかかわらず，その存在により執行の開始又は続行を妨げる事由をいう。差押えの禁止や換価の制限等の個々の執行行為についての障害ではなく，執行手続全体についての障害事由である。執行障害には，債務者の破産（破16・70），再生手続の開始（民事再生21・39），整理の開始（商383②），特別清算の開始（商433），会社更生手続の開始（会社更生67），裁判所の執行中止命令（会社更生37）等がある。執行障害は，執行機関の職権調査事項である。　　　　　　　　　　［小沼］

執行証書

公証人が法令に従い作成した公正証書のうち，金銭の一定の額の支払又はその他の代替物もしくは有価証券の一定の数量の給付を目的とする請求についての条項で，債務者が直ちに強制執行に服する旨の陳述（執行受諾文言）が記載されているものをいう（民執22⑤）。債務名義の一種であり，裁判所が関与することなく当事者の嘱託により簡易に作成できることから消費貸借等に広く利用されている。嘱託は，当事者双方が公証人役場に出頭することなく代理人によることが認められているから，執行関係訴訟に至る紛争も生じる。一定の金銭の支払等を目的とする請求に限っているのは，不当な執行がされても損害賠償による原状回復が図れるからである。執行証書の執行力の範囲は，その記載によってのみ定まるから，具体的に特定していること，証書自体から金額又は数量が算出できること（一定

性)が必要である。当座貸越契約に基づく請求権，事後求償権についてはこの一定性の要件を欠くとして債務名義としての効力を認めないなど判例は厳格である。執行受諾文言によって訴訟上の効力を招来するから，執行受諾の意思表示は公証人に対する訴訟行為であるとされる。判例は，私法行為についてのみ適用のある表見代理に関する民法109条・110条の適用ないし準用を認めないが，錯誤に関する95条の適用は肯定する。執行文の付与機関は公証人であり，執行文付与についての救済申立裁判所，請求異議の訴えの異議事由の時間的無制限等につき特則がある（民執26・32・33・35）。　　［小沼］

執行処分

執行処分とは，民事執行手続を組成する個々の具体的処分をいう。昭和54年改正前の旧民事訴訟法（543・537等）では「執行行為」の語を使用していた。「処分」とは，一定の法律上の効果を発生させる具体的行為をいうが，執行処分は法律効果を伴わない事実行為（執行官の抵抗排除など）や執行裁判所の裁判（民執11）を含む。法文上，裁判所の既存の執行行為の意味に用いることが多い（民訴398①，民執36①・40）。　　［小沼］

執行請求権　⇨　「強制執行請求権」

執行正本

執行力のある債務名義の正本（民執25・51①）を略して執行正本という。原則として執行文の付されたものであることを要するが，例外として執行文不要のものもある。強制執行は，執行正本に基づいて実施するのを原則とする（民執25）。債務名義は，実現されるべき給付請求権の存在と範囲を明確にし，執行文は債務名義が現時点で執行力を有していることを認定する。執行文不要の債務名義として，確定した少額訴訟判決，仮執行宣言付少額訴訟判決，支払督促の名義人に対する執行（民執25但），「執行力ある債務名義と同一の効力を有する」と規定する場合（家審15・21等），仮差押・仮処分決定で名義人に対する執行などがある。執行が終了して執行正本の債権全額について配当されたときは，債務者は裁判所書記官に対し執行正本の交付を請求でき，債権の一部について配当があったときは，次の執行のため債権者が奥書の付いた執行正本の交付を請求できる（民執規62）。
　　［小沼］

執行停止文書

執行停止とは，既にされた執行手続をそのままの状態で固定し，執行機関は将来に向かって開始・続行等の処分ができないことをいい，民事執行法39条1項1号ないし8号で執行停止文書を定める。そのうち1号ないし6号は停止の後，既にした執行処分の取消しを要する執行取消文書で，広義の執行停止文書という。執行処分の取消しを伴わない狭義（本来）の執行停止文書は，ⅰ一時停止の裁判の正本（7号），ⅱ弁済受領，弁済猶予書面（8号）である。ⅰは民事訴訟法398条による執行の一時停止の裁判，執行裁判所が命じる民事執行法132条3項等の一時停止の裁判であり，ⅱは私文書であることに特徴がある。執行手続の進行段階により停止効に制限が加えられる規定があり，対象財産により異なる。不動産執行で代金納付後は配当を実施する（民執84④）し，売却の実施後に一時停止の裁判の正本が提出された場合は売却期日の前後で制限が異なる（民執72）。動産執行の差押物によっては売却を実施する（民執137）。債権の転付命令後に停止文書が提出されても，期間の経過は停止されない

から，確定を遮断するには執行抗告する必要がある（民執159）。不動産競売手続の停止文書については民事執行法183条1項6号・7号に同様の規定がある。

[小沼]

執行停止命令

誤って執行文が付与されたと主張して異議の申立てがあった場合（民執32），その主張を認める裁判がされても，その前に執行が開始・実施されると万全の回復がされるとは限らず，執行停止の仮の処置を認める必要がある。民事執行法32条では，裁判所が職権で執行停止の裁判ができるとするが，急迫の事情があるときは，裁判長も停止処分を命ずることができるとする。この命令を執行停止命令という。執行停止の裁判は，異議の申立て認容の蓋然性（がいぜんせい）がある場合に限る（民執36参照）。民事執行法36条では，執行文付与に対する異議の訴えと請求異議の訴えの提起に伴う執行停止命令，同法38条では，第三者異議の訴えに伴う執行停止命令が規定されている。

[小沼]

執行取消文書

執行の取消しとは，既に開始された執行手続を執行機関の行為によって消滅させることである。執行機関の認定する執行取消事由もある（民執14・53・63・73）が，裁判機関等の認定する執行取消事由がある。後者の認定を記載した文書を執行取消文書（民執40・183②）という。執行取消文書は，民事執行法39条1項1号から6号，同法183条1項1号から5号に列挙されている。執行取消文書が執行機関に提出されても，執行手続が進行して新たな利害関係人が現れたため既に進行した手続を覆すことができない場合がある。売却代金を納付した後において，他に配当を受ける債権者があるときは，配当を実施する（民執84）。最高価買受申出人等が現れた後には，同人らの同意を得なければならない（民執76）という制限もある。

[小沼]

執行に対する救済

執行の病理的現象に違法執行と不当執行がある。違法執行とは，執行機関の執行手続が執行法規に違反した場合であり，不当執行とは，執行法規に従っているが，執行行為の基礎となる執行文の付された債務名義の正本あるいは担保権の存在を証する書面に表示された権利に問題がある場合，すなわち，その執行によって実現されようとしている実体上の権利自体の存否等に問題がある場合である。執行機関は，執行により実現されるべき実体上の権利の審査に立ち入らずに執行を開始・続行しなければならないために，不当執行という事態が起こりうる。

違法執行に対する救済手段として，執行抗告と執行異議がある。いずれも執行裁判所がその当否を審査する。執行抗告は，民事執行の手続に関する裁判に対して，特別の定めがある場合に限って申し立てることができる救済手段であり（民執10），執行異議は，執行抗告の許されない執行裁判所の裁判その他の執行処分，執行官の執行処分及びその遅滞に対して申し立てることができる救済手段である（民執11）。もっとも，担保権の実行手続においては，執行異議において担保権の不存在・消滅という実体上の事由を主張することが認められている（民執182・191・193②）。

不当執行は，更に，債務名義等執行の基礎となる書面に表示された権利自体に問題がある場合，執行の目的物の帰属に問題がある場合，執行文の付与等に問題がある場合に分類することができる。

債務名義に係る請求権の存在又は内容について異議がある場合の救済手段は請求異議の訴え（民執35），担保権の不存在を争う場合の救済手段は抵当権不存在確認の訴え，執行の目的物について所有権その他の権利を有する第三者のための救済手段は第三者異議の訴え（民執38・194）である。執行文の付与等に問題がある場合の救済手段のうち決定手続によるものが執行文の付与等に関する異議の申立て（民執32）であり，判決手続によるものが執行文付与の訴え（民執33）と執行文付与に対する異議の訴え（民執34）である。
　　　　　　　　　　　　　　［大山］

執行の停止・取消し

　執行停止とは，強制執行又は担保権の実行手続を開始又は続行できないこと，又は既になされた個々の執行手続を続行できないことをいい，執行の取消しとは，既になされた執行処分の全部又は一部を遡及的（そきゅうてき）に解除することをいう。執行の停止又は取消しは，債務者又は執行処分を受けた第三者から，執行機関に対して停止又は取消事由を証する文書が提出されることによって行われるのが原則であるが（民執39・40・183），債務者について破産・民事再生・会社更生等の手続が開始された場合や（破産70①，民事再生39，会社更生67①），不動産の滅失や無剰余（民執53・63）等のために職権で執行手続が停止又は取り消されることもある。　　　　　　　　　　　　　　［大山］

執行の方法に関する異議

　民事執行法制定前の民事訴訟法（昭和54法4による改正前）544条に定められていた不服申立方法である。執行官の行う執行行為及びこれに付随する行為に不服のある債権者・債務者その他の利害関係人が執行裁判所にその是正を求めるものであった。条文上，「強制執行ノ方法又ハ執行ニ際シ執行官ノ遵守スベキ手続ニ関スル申立及ヒ異議ニ付テハ」と規定されていたため，執行裁判所が行う執行行為としての裁判について，この異議を申し立てるべきか，あるいは，直ちに即時抗告をなすべきか，争いがあったが，民事執行法では，この点を明確にして，その名称も「執行異議」に改めた（民執11）。
　　　　　　　　　　　　　　［大山］

執行判決

　執行判決とは，外国判決及び仲裁判断について，これによる強制執行を許す旨を宣言する判決をいう（民執24，公催仲裁802）。外国裁判所の判決や仲裁人の仲裁判断も，当事者間において一定の効力を有するが，執行力については，訴訟手続において慎重に審査した上でこれを認めることとしたものである。執行判決の性質に関しては議論があるが，外国判決等に執行力という訴訟法上の法律効果を付与する形成判決であると解するのが通説である。この執行判決と外国判決等が一体となって債務名義となる（民執24④・22⑥）。外国判決の執行判決を求める訴えの審理の対象は，外国判決の承認の要件と外国判決の確定の有無であり（民訴118），外国判決の内容の当否は調査できない（民執24②③）。仲裁判断の場合は，法定の取消事由の存否が審理の対象となる（公催仲裁802）。　　　　　　［大山］

執行費用

　強制執行や担保権の実行手続に必要な費用で債務者の負担となるものを執行費用といい（民執42①・194），その範囲は「民事訴訟費用等に関する法律」2条に限定列挙されている。執行費用のうち執行準備費用としては，判決の確定証明の交付に要した費用，執行文の付与に要した費

用，執行申立てに要した費用，申立書の添付書類の交付を受けるために要した費用などがある。執行費用のうち執行実施そのものに要した費用には，差押登記の登録免許税，執行官の手数料及び費用，評価人の報酬及び費用，各種の通知・催告・送達等の費用などがある。金銭の支払を目的とする債権についての強制執行や担保権の実行手続にあっては，執行費用は，その執行手続において債務名義を要しないで同時に取り立てることができる（民執42②）。それ以外の場合には，執行費用額確定処分（民執42④）を得てそれを債務名義として執行することになる。

［大山］

執行文*

執行文とは，その債務名義によって強制執行をすることができる場合に債務名義の正本の末尾に付記されるその旨の公証文言である（民執26）。これが原則であるが，このような狭義の強制執行に限定されるものではなく，債務名義に表示された意思表示が一定の条件等に係っている場合において書記官がその条件等の成就を認定したとき（民執173），あるいは，保全命令によって保全執行をする場合（民保43）にも執行文が付与されることがある。

確定判決（民執22①）など法の定める一定の文書であっても，給付請求権を表示しているとは限らないから，そのすべてが債務名義となるものではない。また，そこに表示された給付請求権が条件等にかかっているために直ちに執行することができない場合や（民執27），仮執行宣言が付された給付判決であっても（民執22②）その一部が上級審で取り消されている場合もありうる。

したがって，強制執行をなすに当たっては，債務名義の執行力が現存している

ことやその範囲を審査する必要があるわけであるが，強制執行機関が自らこのような審査をすることは，その性質及び判断資料の所在から好ましくない。そこで，債務名義作成機関と強制執行機関とを分離した制度の下で，債務名義作成機関あるいはその補助機関が債務名義の執行力の審査をしてその結論を執行文という形で公証し，強制執行機関は執行文の付された債務名義に基づいて迅速に執行に着手することができるようにしたのが執行文の制度である（民執25本）。ただし，より迅速を要する少額訴訟の判決や仮執行宣言付支払督促などについては執行文は不要とされている（民執25但）。

執行文は，申立てによって，裁判所書記官あるいは公証人が付与する（民執26）。請求が債権者の証明すべき事実，すなわち，新たに給付訴訟を提起した場合に債権者が主張立証すべき事実の到来に係る場合には，債権者はその事実を証する文書を提出することを要する（民執27①）。これを講学上条件成就執行文と呼んでいる。また，債務名義に表示された当事者以外の者を債権者又は債務者とする執行文の付与を申し立てる場合にも，原則として，その要件を証する文書を提出することを要する（民執27②）。これは講学上承継執行文と呼ばれている。なお，これらの証明文書が提出できないときは，執行文付与の訴えによることになる（民執33）。

［大山］

執行文付与等に関する異議

執行文付与機関がした執行文の付与又は執行文付与の申立拒絶の処分に対して，裁判所に決定手続によって救済を求める申立てである（民執32）。

執行文の付与に対しては，執行文付与の形式的要件のみならず民事執行法27条所定の条件成就あるいは承継の事実の有

無も異議事由となると解されている。ただし，請求異議事由をこの申立ての異議事由とすることはできない。執行文付与を拒絶した処分に対する異議事由としては，付与拒絶の理由とされた要件の存在を主張することになる。いずれの場合も，執行文付与あるいは拒絶後の事情も異議事由となる。

執行文の付与に対する異議を理由ありとするときは，執行文の付与を取り消す旨，あるいは当該執行文の付与された債務名義の正本に基づく執行を許さない旨を宣言することになる。執行文の付与の申立てを拒絶した処分に対する異議を理由ありとするときは，裁判所は，拒絶処分を取り消した上，執行文の付与を命ずることになる。執行文付与機関はこの決定に基づいて執行文を付与する。この決定に対しては不服申立ては許されない。

[大山]

執行文付与に対する異議の訴え

民事執行法27条の条件成就執行文や承継執行文が付与された場合に，判決手続によってその救済を求める申立てである（民執34）。

異議事由は，その条件成就や承継の事実の欠如である。ただし，これと併せて執行文付与の形式的要件の欠如も主張できる。これらの事由は執行文付与に関する異議の申立てにおいても主張できるが，異議の訴えによれば既判力をもって確定される。請求異議の訴えとの関係では，訴権競合説・法条競合説・折衷説があるが，判例は訴権競合説をとっており，この訴えにおいて請求異議事由を主張することは許されない。

この訴えの性質については形成訴訟説が通説であり，認容判決は，「債務名義につき付与された執行力ある正本に基づく強制執行はこれを許さない」との主文を掲げることになる。

[大山]

執行文付与の訴え

民事執行法27条の条件成就執行文や承継執行文の付与の申立てが拒絶された場合に，判決手続によってその救済を求める申立てである（民執33）。もっとも，証明文書の提出が困難である場合等，執行文付与の申立てを経由せずに直接この訴えを提起することもできる。

債権者は，書証に限らず一般の立証方法によって条件の成就あるいは承継の事実を立証することができる。債務者は条件の成就や承継の事実を争うほか，執行文付与の一般の要件の欠缺（けんけつ）を主張することができる。請求異議事由の主張の可否については学説の対立があるが，判例は執行文付与の訴えと請求異議の訴えとは本質的な機能・目的を異にするとして消極説をとっている。この訴えの性質については，執行文付与の要件を具備することの確認を求める確認訴訟であるとするのが通説であるが，実務上は，執行文付与機関に対して執行文の付与を命ずる主文が掲げられている。債権者は認容判決とその確定証明を執行文付与機関に提示して執行文の付与を受ける。

[大山]

執行妨害

執行手続の開始の前後を問わず，民事執行手続の適正・迅速な遂行を阻害することを目的とする一切の行為を執行妨害という。責任財産の隠匿を図ろうとする債務者あるいは所有者，不当に自己の債権の優先的回収を企図する債権者，執行手続の場に執拗（しつよう）に介入して不当な利益を得ようとするいわゆる事件屋等の第三者によって，執行手続は常に公正な遂行を阻害される危険にさらされている。

執行妨害の代表的なものは不動産競売における詐害的な短期賃借権の設定や競売目的不動産の占拠であるが，その対象及び態様は千差万別であり，民事執行は執行妨害との戦いの歴史であって執行妨害の排除は古くて新しい問題である。しかしながら，民事執行手続は経済活動に必要不可欠な信用の制度を最終的に担保するものであるから，妨害行為の排除のためには，詐害的短期賃借権の否定，不法占拠者に対する民事執行法上の保全処分や引渡命令などの民事執行法の柔軟な解釈運用及び改正にとどまらず，封印破棄等に対する刑事告訴告発や暴力団対策法の制定などのように，あらゆる方面からの幅広い対策が必要である。　[大山]

執行名義　⇒　「債務名義」

執行吏

昭和41年に改正される前の裁判所法(昭和22法59)の下での執行官の名称である。従前の執達吏の名称を改めるとともに，その所属及び任命権者を地方裁判所に改めた（裁62①）。　　　　[大山]

執行力

執行力という語は多義的に用いられているが，狭義には，強制執行機関に対して一定の私法上の給付請求権を強制的に実現することを請求することができることをいう。この意味の執行力は，具体的には，民事執行法22条に列挙されている債務名義という文書に認められる効力である。

その代表的なものは，同条1号に規定する確定判決である。ただし，給付判決であることを要する。確認判決や形成判決にはこの意味の執行力はない。執行力は，既判力や形成力とともに，判決の効力の1つとして語られることがあるが，仮執行宣言付支払督促(民執22④)や執行証書（民執22⑤），和解調書（民執22⑦）等，判決書（はんけつがき）以外の文書にも認められる。

執行力という語は，広義には，強制執行手続に限らず，判決の内容に適合する状態を実現することができることをいう。確定判決等の存在を要件として一定の国家機関がその判決の趣旨に沿った取扱いをすべきことが個々の法令によって規定されていることから生ずる効果である。この意味での執行力は，確定判決や形成判決についても考えられる。例えば，戸籍・登記の変更を管轄官庁に申請し，あるいは執行機関に執行の停止・取消しを求めることなどである。したがって，広義の執行力に関しても仮執行宣言を付することができる場合がある（民執37①）。
　　　　　　　　　　　　　　　　[大山]

執行力ある債務名義の正本　⇒　「執行正本」

執行力ある請求権　⇒　「執行債権」

執行力の主観的範囲

執行力が及ぶ人的範囲を執行力の主観的範囲といい，民事執行法23条が規定している。その範囲は債務名義に表示された当事者であることが原則である。債務名義に表示された当事者以外の者で執行力が及ぶ代表的なものは，債務名義に表示された当事者の債務名義成立後あるいは口頭弁論終結後の承継人である。執行証書以外の債務名義については，他人のために当事者となった場合のその他人とその承継人，これらの者のために請求の目的物を所持する者についても執行力が及ぶ。ただし，被告側の訴訟担当者については執行力は及ばないと解されている。

債務名義に表示された当事者以外の者

に対して強制執行が許される理論的根拠について，実体法説・適格承継説・依存関係説などがあり，承継人の範囲あるいはその説明に差異がある。

債務名義に表示された当事者の一般承継人及び特定承継人のうち債務名義に表示された給付請求権あるいは給付義務自体の譲受人が承継人となることについては争いがない。建物明渡請求権の債権者から目的物の所有権を譲り受けた者については執行力が及ぶと解されている。係争物件の占有を承継した者については，債務名義に表示された請求権が物権的請求権であるか債権的請求権であるかによって区別するのが一般的である。

債務名義に表示された当事者以外の者のために，又はその者に対して強制執行をするには，その者を債権者又は債務者とする執行文（いわゆる承継執行文）を要する（民執27）。承継執行文の付与を受ける際に何をどこまで証明すべきかについては実質説・形式説・権利外観説があり，債務者について即時取得などの固有の防御方法のないことの証明の要否あるいは程度に差異が生ずる。　　　　［大山］

実質的確定力　⇨　「既判力」

実質的証拠力　⇨　「形式的証拠力・実質的証拠力」

実質的証明力　⇨　「形式的証拠力・実質的証拠力」

実体的確定力　⇨　「既判力」

実体的当事者概念　⇨　「形式的当事者概念・実体的当事者概念」

執達吏

裁判所構成法（明治23法6）の下での執行官の名称である。区裁判所に属し司法大臣を任命権者としていた。裁判所法（昭和22法59）によって地方裁判所に所属する執行吏となり，執行官法（昭和41法111）によって執行官となった。　　　　［大山］

指定管轄

具体的事件において，裁判によって指定される管轄である。裁定管轄ともいう。その1は，管轄裁判所が法律上又は事実上裁判権を行うことができない場合である（民訴10①）。訴えを提起した裁判所の裁判官の全員が除斥・回避で裁判に関与できないとき，病欠・天災等によって裁判権の行使が不可能なとき等がこれに当たる。その2は，裁判所の管轄区域が明確でない場合であり（民訴10②），例えば不法行為地が領海あるいは山林であったために，行為地自体は特定できるが，その地点がいずれの裁判所の管轄区域であるか明確でない場合である。進行中の列車の中で殺害された場合のように行為地自体が明確でない場合にも類推すべきである。

当事者の申立てにより，直近上級裁判所が決定で指定する。指定申立てを却下した決定に対しては抗告することができるが（民訴328①），指定の決定に対しては不服申立てはできない（民訴10③）。

［大山］

私的整理

裁判手続外で，関係者の合意によって処理される倒産処理手続をいう。内整理または任意整理ともいう。清算型，再建型のいずれもある。その法的な性質は，債務者と各債権者との個別的な和解契約の総和であると解されている。倒産処理も私的自治の領域内のことであり，破産等の法的な倒産処理手続と比較して，簡易・迅速・低廉で一般に配当率が高いの

で，現実の倒産処理手続の圧倒的多数は私的整理によっている。

手続的には，債権者会議の招集，清算か再建かの基本方針の決定，債権者委員会の設立，債権者委員会による資産負債の調査保全，財産の換価，配当もしくは再建計画案の立案，一部弁済，事業の継続等という流れになる。

私的整理は全関係人の合意によって成就しうる和解契約であるから，多数決では処理できず，また何らの強制力もない。したがって，債権者が多数で利害の対立が大きい場合には合意に達するのが困難であり，少数者に対する多数者の不合理な圧倒，大口債権者に対する有利取扱いの黙認等，公平・適正な倒産処理あるいは関係人の手続保障という面で限界もある。　　　　　　　　　　　　　　　［大山］

自白

自白には裁判上の自白と裁判外の自白がある。裁判外の自白は事実認定の資料となることがあるにすぎないが，裁判上の自白には訴訟法上重要な効果がある。裁判上の自白とは，その訴訟の口頭弁論又は弁論準備において相手方が証明責任を負っている自己に不利益な主要事実を真実と認める旨の陳述をいう（民訴179）。双方の陳述の先後は問わない。裁判上の自白の効果として，当事者は任意に自白を撤回することができなくなり，裁判所はこれに拘束される結果，当該事実について証拠調べをすることなくそのまま判決の基礎とすべきこととなる。裁判上の自白の効果は，弁論主義の内容の1つであるから，職権探知主義の働く人事訴訟（人訴10②）や訴訟要件の有無についてはこのような拘束力を生じない。

［大山］

自白契約

証拠契約の1つの類型であり，一定の事実を前提として裁判所に権利の存否又は内容の判断を求めることとする合意である。処分権主義・弁論主義の認められる範囲で認められる。裁判上の自白と同様，間接事実については自由心証主義に抵触するから許されないと解するのが通説である。自白契約に違反する証拠の申出は，相手方から異議があれば証拠能力を欠くものとして却下される。［大山］

自白の撤回

自白の撤回は，当事者が相手方の立証責任を負担する事実について相手方の主張に一致する陳述をなした後，その陳述を変更する場合をいう。自白は，自分に不利益な相手方の主張事実を認めることであるから，その撤回には一定の制限が必要とされている。しかしながら，自白の対象は法規適用の対象となるべき事実であり，この中には単なる事実のみでなく訴訟物についての終局判断の前提となる権利又は法律関係の存否をも含むものと解されているから，自白者において特に故意又は不当な意図を以て撤回した場合でない限り，これを自由に撤回し得るものと解する余地もある。それは，ドイツ民事訴訟法と異なり，わが民事訴訟法には自白の撤回を許さない旨の明文規定がないところに起因する。したがって，判例・学説によれば，自白の撤回要件について，相手方が同意した場合，自白が真実に反し，かつ，錯誤に基づくものであることを証明した場合であるとする。もっとも，自白の撤回が時機に後れた場合は，単に訴訟の完結を遅延するものとして却下される場合がある（民訴157）。また，間接事実に関する自白の撤回は自由に行うことができるとされることから，書証の成立の真正についての自白は，裁

判所を拘束しないとされている（最判昭52・4・15民集31・3・371）。

［小野寺(忍)］

自発的自白 ⇒ 「先行的自白」

支払停止

債務者が、期限の到来した債務を資力が欠乏したことにより一般的・継続的に弁済できないことを自ら明示的又は黙示的に外部に表示することをいう（破72②）。表示は、書面又は口頭で明示的になされることもあり、また理由なしに閉店したり行方をくらましたりして黙示的に表示されることもある。支払停止は、債務者の主観的判断に基づく行為であり、支払ができないという客観的な状態を示す支払不能と異なる。しかし、債務者の財産状態をもっともよく知っているはずの本人が支払停止を表示したときは客観的にも支払不能の場合が多いから、破産法では、支払停止があれば、破産原因としての支払不能を推定することにしている（破126②）。しかし、特定の債務だけについて支払を拒絶することは支払停止に含まれないし、いったん支払停止をしても、破産宣告前に債務者が支払を開始すればその支払停止を理由にしては破産宣告をなし得ない。⇒「支払不能」

［小野寺(忍)］

支払督促*

債務者において争うことはないと思われる金銭その他の代替物又は有価証券の一定の数量の給付を目的とする請求について、裁判所書記官が、債権者からの一方的な申立てに基づいて、債権者のために発する処分をいう（民訴382本）。支払督促は、日本において公示送達によることなく送達できる場合に限られている（民訴382但）。支払督促の送達後、2週間内に債務者が異議を申し立てないときは（民訴386②・387）、債権者はそのときから30日の期間内に仮執行宣言を申し立てることができる（民訴391・392）。支払督促に仮執行宣言が付されると、それは債務名義となる（民執22④）。このように支払督促により、債権者は簡易・迅速に債務名義を取得することができる。また、支払督促は、債務者から適法な督促異議があったときは判決手続に移行する（民訴395・366）。平成8年改正前の民事訴訟法（明治23法29）時代は「支払命令」といった。

［小野寺(忍)］

支払不能

債務者が金銭をもたず、またこれを近く手に入れる見込みもないため、すでに履行期にあって請求を受けている金銭債務の全部又は重要な部分を履行できない状態をいう。自然人・法人を問わず破産原因となる（破126）。財産がなくても、信用や才能などによって金銭の融通を受けられる限りは、債務超過になっていても支払不能ではない。また、支払不能は、支払ができないという客観的な状態であり、債務者が支払えないと思っているかどうかを問わない点で支払停止と異なる。しかし、債務者に支払停止があれば支払不能が推定される（破126②）⇒「支払停止」

［小野寺(忍)］

支払命令

旧民事訴訟法（平成8年改正前の明治23法29）時代の用語で、口頭弁論を開かずに支払を命じる簡易裁判所の手続をいった。金銭その他の代替物や有価証券の一定の数量の給付を命じる。この命令に対し、債務者からの異議申立てがなければ、申立てにより仮執行の宣言を付することができ、確定した仮執行宣言付支払命令は確定判決と同一の効力を有するものとさ

れ、異議申立てがあった場合は判決手続に移行するものとされていた。新しい民事訴訟法（平成8法109）では、裁判所書記官が事件の取扱いをするようになったことから、その名称も「支払督促」に改められて、この手続は現行法に引き継がれている。⇨「支払督促」

[小野寺(忍)]

自判

上訴裁判所が、原判決を取り消し、又は破棄する場合に訴訟記録及び原裁判所で取り調べた証拠により直ちに判決をすることができると認めるときは、事件を原裁判所へ差し戻さずに、事件につき自ら判決することをいう（民訴305・306・326）。⇨「取消自判」「破棄自判・破棄判決」

[小野寺(忍)]

事物管轄

訴訟事件の第一審を、同じ地域を管轄する地方裁判所と簡易裁判所のどちらに扱わせるかの定めに基づく管轄をいう。簡易裁判所は、訴額が90万円を超えない訴訟事件を管轄し（裁33①１）、地方裁判所はそれ以外の事件を管轄し、更に訴額90万円以下の訴訟であっても不動産に関する訴訟は簡易裁判所と競合して管轄することになっている（裁24１）。事物管轄は専属管轄ではないので、当事者の合意がある場合（民訴11）や被告が管轄違いの抗弁を提出しないで本案について弁論するか又は弁論準備手続において申述した場合（民訴12）は変えることができる。また、地方裁判所は訴訟がその管轄区域内の簡易裁判所の管轄に属する場合でも、相当と認められるときは申立てにより又は職権で事件を審判できるし（民訴16②）、簡易裁判所は、訴訟がその管轄に属するものでも相当と認められるときは、その所在地を管轄する地方裁判所へ移送することができる（民訴18）。

なお、特別の行政事件については、高等裁判所が第一審裁判所となることがあり、また、行政処分の取消しや変更を求める訴え又は公法上の権利関係に関する訴えについては、訴額にかかわらず簡易裁判所は管轄を有しない（裁33①１）。

[小野寺(忍)]

私文書　⇨「公文書・私文書」

司法

立法・行政に対して用いられ、法に基づく民事裁判（行政事件を含む）・刑事裁判及びそれに関連する国家作用のことをいう。

[小野寺(忍)]

司法委員

簡易裁判所の民事事件について、和解の勧告について裁判所の補助をしたり、事件の審理に立ち会って裁判所に対して意見を述べることができる民間人（民訴279①）で、その法的性格は家事審判法における参与員に類似する。このように司法委員は審理に立ち会って裁判所に対し具体的事件につき意見を述べることができ、裁判所は司法委員の意見を判断の参考に供し得るものであり、それが直接裁判に関与するものではないにしても、事件の審理に関与するものである。この司法委員制度は、社会的な良識を裁判や和解に反映させようとする目的で設けられたもので、事件の審理に司法委員を加えるかどうかは裁判所の裁量にまかせられている。司法委員は、毎年あらかじめ地方裁判所ごとに選任され、その者の中から各事件について裁判所が指定する（民訴279②〜④）。選任される者の資格・員数などは司法委員規則（昭和23最高裁規29）に定められている。

[小野寺(忍)]

私法維持説 ⇒「民事訴訟制度の目的」

司法過程

裁判所が具体的な争訟について，法を適用する過程をいう。大まかには，民事と刑事の手続があり，民事には，更に私人間の紛争の解決手段としての民事訴訟と行政上の法律関係において争いのある場合に，裁判所が裁判する手続としてのいわゆる行政訴訟に分けられる。

民事では，具体的な争訟について，ある者（原告）が他の者（被告）に対する訴訟上の請求を定立して裁判所に「訴え」として申し立て，その原告の主張に対して被告が争い，中立的な裁判所が，当事者による事実の主張や証拠の提出について，事実や主張の整理を行い，原告の訴えが適法なものであるか，並びに，請求に理由があるかについて，証拠の認定により，最終的には，訴えに対応する裁判所の訴訟行為としての終局判決によって終了する。そして，更に，その終局判決が確定し，その結論に相手方が任意に対応しない場合には，国家による強制的な権利実現の手続として，強制執行の手続が予定されている。このような，民事の手続についての，紛争解決機関としての裁判所の解決過程を司法過程という。

〔小野寺(規)〕

司法共助

司法共助とは，裁判所が裁判事務について，他の裁判所と互いに必要な補助をしあうことをいう。単に共助ともいう。具体的には，証拠調べ，送達，裁判の執行を他の裁判所へ嘱託することである（民訴185，民訴規39など）。司法共助には，国内の裁判所だけでなく，各国の司法機関が訴訟手続について相互に協力する場合もある。これに対処するために，わが国では外国における送達について民事訴訟法108条の規定を置いているほか，「民事訴訟手続に関する条約等の実施に伴う民事訴訟手続の特例等に関する法律」（昭和45法115）・同規則（昭和45最高裁規6）により民事訴訟手続に関する特例が定められている。例えば，ロッキード裁判（アメリカ連邦地裁において刑事免責制度の下で作成された嘱託証人尋問調書の証拠能力が問題となったが，最高裁判所は，わが国では刑事免責制度を採用していないから，国際司法共助の過程であってもこの制度を利用して得られた供述の証拠能力を認めることはできないとした）ではアメリカの裁判所との司法共助が行われた。

ところで，国際社会では，それぞれの国の裁判権は領土主権の及ぶ範囲に限られていて，原則として，外国で裁判に関連する行為を行うことは許されていない。しかし，現実に外国に在住する被告に訴状を送達したり，外国で証拠調べや証拠の収集を行う必要が生ずる場合がある。このような事態に対処する限りでは，裁判所の嘱託に基づいて外国に駐在する外交官又は領事官などによって，逆に外国裁判所の嘱託に基づいて自国の裁判所によって司法共助が行われている。民事訴訟法118条1号にいう「法令又は条約により外国裁判所の裁判権が認められること」とは，わが国の国際民事訴訟法の原則から見て，当該外国裁判所の属する国（以下「判決国」という）がその事件につき国際裁判管轄（間接的一般管轄）を有すると積極的に認められることをいう。したがって，どのような場合に判決国が国際裁判管轄を有するのかについては，これを直接に規定した法令がなく，よるべき条約や明確な国際法上の原則もいまだ確立されていないことからすれば，当事者間の公平，裁判の適正・迅速を期するという理念により，条理に従って決定す

るのが相当である。具体的には，基本的にわが国の民事訴訟法の定める土地管轄に関する規定に準拠しつつ，個々の事実における具体的事情に即して，当該外国判決をわが国が承認するのが適当か否かという観点から，条理に照らして判決国に国際裁判管轄が存在するか否かを判断すべきことになる。また，同条4号にいう「相互の保証があること」とは，当該判決等をした外国裁判所の属する国において，わが国の裁判所がしたこれと同種類の判決等が118条各号所定の要件と重要な点で異ならない要件の下に効力を有すると解されている（最判昭58・6・7民集37・5・611参照）。⇒「国際司法共助」

[小野寺(忍)]

司法行政

裁判所その他の裁判機関を円滑に運営するのに必要な行政をいう。司法行政の主たる作用である司法権の独立を確保するため，決定権は最高裁判所及び各裁判所に設置する裁判官会議（裁12・20・29・31の5）がもち，簡易裁判所の監督については地方裁判所があたる。その他の作用としては，裁判所の会計経理，裁判官の任免，裁判所職員の監督などがある。このように司法行政の大部分が裁判所によって行われるものとされているのは，司法権（裁判権）の独立を実質的に保障しようとする趣旨（憲76・77・80）である。もっとも，裁判官の任免，裁判所の経費に関する予算の編成は，形式的には内閣の権限になっているが，これらについても裁判所の要求が考慮されるように配慮されている（裁40・83）。司法行政上の監督権も裁判所が行うのが原則であり，裁判所の事務の取扱方法に対する不服は，司法行政上の監督権により処分される（裁82）。しかし，司法行政上の監督権は，裁判官の裁判権行使の内容に影響を与え

たり制限することはできない（裁81）。

[小野寺(忍)]

司法権

具体的な争訟を法律によって解決する国家の権能をいう。わが国では裁判所が法律によってこれを行うことから裁判権ともいう。現行憲法では特別裁判所の設置を禁じており，憲法76条は，行政事件を含むすべての争訟についての司法権を最高裁判所と下級裁判所に与えている。また，裁判所に法令審査権を認め，立法・行政に対する審査機能をもたせている。司法権の具体的な内容としては，私人間の紛争を対象にする民事裁判権，犯罪を対象にする刑事裁判権，国と私人間の問題を対象にする行政裁判権などがある。この裁判権は，国籍を問わず日本国内にいるすべての人（ただし治外法権をもつ外国元首・外交使節及びそれらの家族と随員，条約で認められた外国軍隊を除く）に及ぶ。また，判例によれば，天皇は日本国民統合の象徴であることを根拠として，天皇には民事裁判権は及ばないとする（最判平元・11・20民集43・10・1160）。

[小野寺(忍)]

司法研修所

最高裁判所に置かれ，裁判官その他の裁判所の職員の研究及び修養並びに司法修習生の修習に関する事務を取り扱う機関をいう（裁14）。研究・修養については，法制上は裁判官以外の職員も対象とされているが，別に裁判所書記官研修所（裁14の2）・家庭裁判所調査官研修所（裁14の3）が存するので，事実上は裁判官だけがその対象とされている。司法研修所には，所長・教官が置かれ（裁55・56），事務局が設けられている。

[小野寺(忍)]

司法権の独立

裁判官が，他の国家機関の指揮・命令に服することを否定するとともに，裁判権を行使するにあたり，他のあらゆる国家機関や人及び社会的集団（政治団体・宗教団体など）から自由であって，事実上も重大な影響を受けることはないという原則をいう。憲法76条で裁判官の職権の独立を保障する規定としておいている。すなわち，裁判官は憲法と法律にだけ拘束され，自己の良心に従って裁判を行うものとされるのである。このことを担保するために裁判官の身分保障がある（憲78）。したがって，裁判官は裁判の結果，心身の故障で職務を執行できないと判断された場合や公の弾劾を受けて罷免となる場合を除いて懲戒・罷免されない。しかしながら，これまでに政府や上級裁判所などの国家機関やマスコミ・圧力団体などによる裁判への干渉・影響力行使が司法権の独立の危機として問題にされている。具体的には，大審院が政府の干渉を排除したとされる大津事件（明治24年），吹田黙禱（もくとう）事件（昭和28年），平賀書簡事件（昭和44年）などがある。　　　　　　　　　　　　［小野寺(忍)］

司法権の優位

裁判所に法令審査権を与え，憲法に違反する法令を無効として，法の適用を拒否する権能を認めることにより，司法権が立法権及び行政権に対して優位することである。アメリカでは判例の集積によりこの観念が確立され，ヨーロッパ各国では伝統的にこの観念が認められてきている。とくにドイツでは憲法裁判所の設置により司法権の優位性が達せられている。わが国においては，アメリカの影響の下に，司法権の優位について憲法81条に規定している。司法権の優位を認めるのは，立法・行政の見解によって安易に憲法の精神が変更されないようにするためである。　　　　　　　　　　　　［小野寺(忍)］

司法行為請求権説　⇒　「訴権学説」

司法試験

裁判官・検察官・弁護士になるために必要な学識，その応用能力の有無を判定するための国家試験をいう。司法試験は，法務事務次官，最高裁判所事務総長，法務大臣が日本弁護士連合会の承認を得て任命する弁護士の三者で構成される司法試験管理委員会が管掌する（司法試験法（昭和24法140））。合格者は司法修習生になる資格を取得する。一般教養を判定する第1次試験と専門知識を判定する第2次試験とに分かれる。第1次試験は，大学において一般教養科目を修了した者には免除されている。第2次試験は，専門科目について，択一・論文・口述の3段階にわたる試験がある。専門科目については，最近の司法制度改革と連動する形で実施されている。　　　　［小野寺(忍)］

司法修習生

司法試験に合格し，判事補（裁判官）・検察官・弁護士になるため最高裁判所の命により，司法研修所などで法律の実務を修習する者をいう（裁66）。司法修習期間中は国庫から給与を受ける。1年6月間以上の修習をした後，試験に合格したときは，司法修習生の修習を終えることになり（裁67①），判事補・検事・弁護士になる資格を得る。　　　　　［小野寺(忍)］

司法審査権の限界

法令が憲法に違反しているかどうかを裁判所が審査する権限をいう。違憲審査権ともいう。日本国憲法は，立法・行政・司法の三権分立の制度を確立し，司法権はすべて裁判所が行うこと（憲76①），し

たがって，裁判所は一切の法律上の争訟を裁判すること（裁3①）を制度とした。これにより，民事・刑事のみならず行政事件についても事項を限定することなく概括的に司法裁判所の管轄に属するものとされ，更に一切の法律・命令・規則又は処分が憲法に適合するかしないかを審査決定する権限を裁判所に与えた（憲81）。その結果，国の立法・行政上の行為であっても，それらが法律上の争訟となる限り，違憲審査を含めてすべて裁判所の裁判権に服することとなっている。この制度をアメリカでは判例の集積により確立している。また，ドイツのように憲法裁判所を設置することにより三権分立思想の伝統を維持しているところもある。

わが国においても憲法に基づく三権分立の制度の下においては，司法権の行使について自ずからある程度の制約は免れないのであって，あらゆる国家行為が無制限に司法審査の対象となるものと即断すべきではない。直接国家統治の基本に関する高度に政治性のある国家行為は，たとえそれが法律上の争訟となり，これに対する有効無効の判断が法律上可能である場合であっても，かかる国家行為は裁判所の審査権の外にあり，その判断は，主権者たる国民に対して政治的責任を負うべき政府・国会等の政治部門の判断にまかされ，最終的には国民の政治判断に委ねられているものと解すべきとされている。ことに，裁判所が政治過程に立ち入ることを抑制する傾向は，司法消極主義の現れと呼ぶことができるが，これに対して司法積極主義の立場をとるべきであるとの意見も強い。

この司法権に対する制約は，結局，三権分立の原理に由来し，当該国家行為の高度の政治性，裁判所の司法機関としての性格，裁判に必然的に随伴する手続上の制約等を考慮すれば，特に明文規定はないけれども，司法権の憲法上の本質に内在する制約と理解すべきである。このように，種々の見解が存在することから，日本の裁判所，とくに最高裁判所がこの権能を行使して，違憲判決を下した例はそれほど多いとはいえない。それでも最高裁判所は，これまで，尊属殺人重罰規定違憲判決（昭48・4・4刑集27・3・265），薬事法違憲判決（昭50・4・30民集29・4・572），森林法共有林分割禁止規定（森林法186）違憲判決（昭62・4・22民集41・3・408）を出している。とくに，衆参両議院の定数不均衡訴訟においては，衆議院議員定数不均衡違憲判決（昭51・4・14民集30・3・223），同じく衆議院議員定数不均衡違憲判決（昭58・11・7民集37・9・1243），参議院議員定数不均衡違憲判決（昭58・4・27民集37・3・345），衆議院議員定数不均衡違憲判決（平5・1・20民集47・1・67），そして参議院議員定数不均衡違憲判決（平8・9・11民集50・8・2283）がある。最近では，愛媛県玉串料（たまぐしりょう）違憲判決（平9・4・2民集51・4・1673）が加わった。

［小野寺（忍）］

私法的訴権説 ⇨ 「訴権学説」

氏名冒用訴訟

他人の氏名を勝手に使用して，他人になりすました者が当事者として行う訴訟のことをいう。この場合，真の訴訟当事者となる者は誰なのかをめぐり問題となる。当事者の確定の問題である。すなわち，具体的な訴訟において誰が当事者となるかについて，いかなる標準により決定するのかという点である。この点については，原告又は裁判所の意思によって定まるとする意思説，訴訟上当事者として振る舞い又は取り扱われた者が当事者であるとする行動説，あるいは訴状の記

載により定めるべきであるとする表示説などが相対立しているが、学説・判例は表示説を最も有力なものとしている。すなわち、訴状全般の記載（単に当事者の表示欄のみでなく請求の趣旨・原因その他の記載）の意味を客観的に解釈して誰が原告であり、被告であるかを決することが相当だからである。したがって、この規準によって確定した当事者が当事者能力を有しない場合（例えば、死者・虚無人・架空名義人）は、その訴えは却下を免れず、また当事者として氏名を冒用している場合は、被冒用者が当事者であって（被冒用者は、再審の訴えにより原判決を取り消すことができる）、冒用者は当事者でない。　　　　　　　　　　　　［小野寺（忍）］

借地非訟事件

建物所有を目的とする地上権又は土地の賃借権（両方を含めて「借地権」という（借地借家2①））の設定がされている場合に、借地に関する種々の紛争を予防し、土地の合理的利用の促進を図るために、昭和41年「借地法等の一部を改正する法律」によって借地法の一部が改正された。これにより、堅固な建物への借地条件の変更、地上建物の増改築の許可、賃借権の譲渡・転貸の許可、建物の競売等に伴う土地賃借権譲受許可などを求める非訟事件の制度が設けられ、昭和42年6月1日から施行された。これが借地非訟事件である。その後、平成3年に借地法、借家法等が廃止されて借地借家法として一本化され（平成4年8月1日から施行）、以上のほか、更に建物の種類・構造・規模又は用途を制限する借地条件の変更（借地借家17①）、建物再築の許可（借地借家18①）を求めることも可能となった。

借地非訟事件は一般的な非訟事件と異なり、二当事者対立の構造を持ち、争訟的性質が強いため、裁判所は審問期日を必ず開いて当事者の陳述を聴かなければならないとし（借地借家45①）、相手方の審問に立ち会う権利を認め（借地借家45②）、証拠調べは民事訴訟の例によるものとする（借地借家46②）などとしており、民事訴訟に近い性質のものとなっている。

［中西］

釈明義務　⇒「釈明権・釈明義務」

釈明権・釈明義務

釈明権は訴訟指揮権の一内容であり、訴訟関係（事件の内容をなす事実関係や法律関係）を明確にさせるために、当事者に対して事実上・法律上の事項について質問を発し、又は立証を促す裁判所の権能のことである（民訴149①）。なお、釈明処分（民訴151）と併せて釈明権という場合もある。民事訴訟は弁論主義を原則とする。しかし、両当事者の訴訟追行能力は必ずしも完全・平等なものではないので、当事者の主張とか立証とかに不備がある場合、これをそのままにして、主張責任・証明責任の分配の原則により裁判するのでは、裁判所として当事者に対して不都合をかけないように配慮したとは言い難く、ひいては裁判の信頼・権威も失われかねない。そのため、このような申立て・主張などの不十分さを補い、修正するものとして認められてきたものが釈明権である。

なお、この釈明権の意義については、このような弁論主義の補充・修正に止まらず、口頭弁論における審理を充実させるため、裁判所が事件の解決に重要であると考えられる論点を指摘して当事者に弁論を尽くさせる点にある、とする考え方も近時有力である。

釈明権の行使の態様としては発問、立証の促しがある。釈明権は裁判長が代表して行使するが、陪席裁判官は裁判長に

告げて発問等をすることができ、当事者は裁判長に発問を求めることができる（民訴149②③）。

平成8年改正前の旧民事訴訟法下では、釈明権は口頭弁論期日外では行使できなかった。釈明準備命令（旧民訴128。新民事訴訟法で不採用）は、命令であったため、不備な主張であっても釈明に応じなければ却下と考えるような例外的な場合にしか使われなかった。そこで、新民事訴訟法により、期日外でも釈明できるように釈明権の規定が改正されたとされている。なお、期日外の釈明が、攻撃又は防御の方法に重要な変更が生じ得る事項についてされたときは、当事者の公平・公正のため、その内容を相手方に通知する必要がある（民訴149④）。

弁論主義の下では事案の解明は本来当事者の責任であるが、著しく釈明権の行使を怠り又は誤ったときは、法令違背の一種である審理不尽と解され、その意味で釈明義務とも呼ばれる。かつての学説の中には、釈明権は裁判所の権能であり、その行使は自由裁量であるから、釈明権の不行使は上訴の対象にならないと解するものもあったが、近時の学説及び判例は、一定の場合には釈明義務があるとして、これを認めている。なお、最高裁判所への上告制度が改正された新民事訴訟法の下では、釈明義務違反が、上告理由（民訴312）となるか上告受理の理由（民訴318）となるかは今後の判例・学説の集積を待つ必要があろう。　　　　　［中西］

釈明処分

裁判所は、民事訴訟法149条に定める釈明権の行使（発問、立証の促し）のほかに、訴訟関係を明瞭にする、すなわち弁論の内容を理解し事件の内容をつかむために、当事者本人の出頭、関係書類の提出を命ずるなど適当な処分をすることができる（民訴151）。これを釈明処分といい、新民事訴訟法（平成8法109）では、当事者のために事務を処理し補助する者で裁判所が相当と認める者（いわゆる準当事者）を、口頭弁論の期日において陳述させることができる点が追加改正された（民訴151①②）。これにより、釈明処分として、企業における直接の業務担当者のように当事者よりも事情をよく知っている者からの聴取が可能となった。釈明処分は、係争事実を認定するための証拠資料を収集する証拠調べとはその目的の点で異なる。したがって、準当事者に対して出頭命令を出すことはできない。

［中西］

遮断効　⇒　「既判力の遮断効」

終局判決

民事訴訟法上、当該審級の処理として事件の全部（全部判決）又は一部（一部判決）を完結させる判決である。中間判決（民訴245）に対するものであり、本案判決のほか訴訟判決もこれに当たる。上級審の差戻判決も当該審級を完結する意味で終局判決と解される。訴訟の審理が進み訴えに対して結論が出せるようになった場合は終結し判決する（民訴243）が、訴えが不適法でその不備を補正することができないときは、口頭弁論を経ないで書面審理により終局判決をする（民訴140）。また、当事者の双方又は一方が口頭弁論に出頭しなかったときなども、審理の現状等を考慮して終局判決ができる（民訴244）。⇒「本案判決・訴訟判決」

［中西］

自由財産

破産者の財産ではあるが破産財団を構成しないものをいう。破産財団は破産宣告当時破産者に属する差押可能な（破

6)，日本国内にある財産（破3）で構成されるので，これ以外の物をいうことになる。自由財産としては，破産宣告後に破産者が取得した財産（新得財産）及び差押禁止物がある。破産者は破産手続中も自由にこれを管理し処分することができる。そのため，これに関する訴訟については当事者適格を失わない。差押禁止物は破産者の生活を保障し経済的な更生の基礎となるためのものであるので，破産者がこれをもって破産債権者への弁済に提供することはできるが，破産債権者がこれに対し強制執行をすることは許されないと考えられる。　　　　　　　［中西］

従参加　⇒　「補助参加」

自由序列主義　⇒　「法定序列主義・自由序列主義」

終審

　審級裁判制度の下での最上級の審級をいう。わが国では三審制を採用しているので第三審が終審となる。民事訴訟では，判決については控訴・上告ができ，上告審である最高裁判所又は高等裁判所が終審裁判所となる（一審が地方裁判所の場合，控訴審は高等裁判所，上告審は最高裁判所となり，一審が簡易裁判所の場合，控訴審は地方裁判所，上告審は高等裁判所となる（民訴311，裁7①・16③後））。決定については抗告できるが，高等裁判所が終審となる（民訴330，裁7②・16②・24④）。なお，高等裁判所が終審となる場合でも，憲法判断の最終審（憲81）である最高裁判所に対して，憲法違背を理由に，判決については特別上告（民訴327①），決定については特別抗告（民訴336）することが認められている。ただし，判決・決定の確定は遮断されない（民訴116参照）。

　　　　　　　　　　　　　　［中西］

自由心証主義・法定証拠主義

　自由心証主義とは，裁判所が証拠資料に基づいて事実を認定するに際し，その範囲や信憑性（しんぴょうせい）の程度について法律上何らの拘束を受けずに自由に判断できる主義をいう（民訴247）。したがって，証拠方法の範囲やその証拠価値について特別の事情に基づく例外（口頭弁論の方式の遵守の証明方法（民訴160③），疎明の証拠の即時取調性（民訴188），代理権の証明方法（民訴規15・23①）等）が置かれるほかは，原則として何の制限もされず，裁判所は証拠調べの結果だけでなく，弁論の全趣旨をも考慮して自由に事実の認定ができることになる。例外として，文書提出命令に従わないとき（民訴224①②），当事者本人が本人の証拠調べに出頭しないとき（民訴208）などの規定がある。ただ，そうはいっても，裁判所は経験則及び論理の要求に従って合理的な判断はすべきであり，これに反した場合は，法令違背として上告受理申立ての理由になると解されている（民訴318参照）。

　法定証拠主義とは証拠法則によって事実を認定しなければならないとする主義をいう。歴史的には法定証拠主義の時代の方が長く，中世ヨーロッパでは，証拠の算術的な計算により事実が機械的に認定され，裁判官の主観による心証形成は排斥されていたと言われている。しかし，近代になり，法定証拠主義に対する批判が強まるとともに裁判官に対する信頼が増したこともあり，現在，諸国の立法例は自由心証主義を採用している。

　　　　　　　　　　　　　　［中西］

従たる当事者　⇒　「補助参加人」

集中証拠調べ

　集中証拠調べ（民訴182）とは，ある一

事件について取り調べる必要のある人証（証人・本人）全員を、1回の期日（人証が多いときは近接した複数の期日）において一気に取り調べ、争点についての裁判所の心証形成を短期間に集中的に行うことをいう。一度に証拠調べを行うために、証人相互間の矛盾する供述があればその場で質問でき、審理期間も短縮され、事実認定等の記憶も鮮明に保つことができ、審理の記憶を喚起するために訴訟記録を読み直すといったこともなくなるなど、適正・迅速な裁判が期待できるといった利点がある。民事訴訟規則には、証人尋問の一括申出（民訴規100）、争点整理終了直後の期日での証拠調べ（民訴規101）など、これを円滑に行うための細目的な規定が置かれている。　　　　　　　［中西］

集中審理主義・併行審理主義

集中審理主義は、継続審理主義とも呼ばれ、1つの事件のために、口頭弁論を継続的かつ集中的に行って、その事件の審理を終えてから他の事件の審理を始める審理方式についての主義をいう。これに対し、いくつもの事件の審理を同時に進めるものを併行審理主義という。併行審理主義では、期日と期日との間が相当の期間が空くために、事件の内容についての記憶が薄れ、次の期日で行われる裁判の準備をするために膨大な訴訟記録を毎回読み直さなくてはならず、また裁判官の交替の可能性も高くなり、新しい裁判官が事件の内容を理解するために訴訟記録を一から見直すといったことも生じやすくなるなど非効率的な訴訟運営になるとも言われている。

平成8年改正前の旧民事訴訟法下の実務では、継続審理の規定（平成8年の最高裁規則により廃止された旧民訴規27）はあったが、併行審理が行われてきた。その理由としては、わが国の弁護士事務所の多くは比較的少人数であるために継続審理に対応しにくく、また、アメリカのディスカヴァリのような訴訟準備のための情報収集制度がなかったために、準備手続段階で争点や証拠の整理に協力しにくかったためとも言われている。新民事訴訟法では、証拠収集手続の制度が拡充され、3種の争点等の整理手続が置かれ、集中証拠調制度が採用された（民訴221・164以下・182）。争点等の整理手続は並行審理で何回か開くことが想定されており、両主義の折衷的な制度となったとも言われている。⇒「争点整理手続」　［中西］

自由な証明　⇒「厳格な証明・自由な証明」

重複起訴の禁止　⇒「二重起訴の禁止」

重複差押え　⇒「二重差押え」

重要な間接事実

民事訴訟規則53条1項では、訴状の必要的記載事項である「請求の原因」（民訴133②2）は、請求を特定するのに必要な事実である（識別説（通説））と確認した上で、争点整理の早期実現を期して、訴状には更に「請求を理由づける事実」を具体的に記載し、かつ、立証を要する事由ごとに、「その事実に関連する事実で重要なもの」及び証拠を記載しなければならないとした。この「関連する事実で重要なもの」が「重要な間接事実」である。ちなみに、間接事実とは主要事実を推認する事実のことである。

具体的にいえば、例えば、売買の事実が、権利の取得原因の事実として請求を理由づける事実となっているケースでは、この売買の事実の存在を推認する「代金の授受の事実」などが重要な間接事実と

いうことになろう。　　　　　[中西]

主観的証明責任・客観的証明責任

弁論主義の下では、各当事者は、自己に有利な裁判を受けるためには、真偽不明になれば自己に不利に判断される事実（証明責任を負う事実）については、それが真偽不明であるとされるまでの間は、訴訟の過程においてこれを証明しなければならない立場に立たされており、この訴訟過程における「事実を証明（挙証・立証）すべき責任」を主観的証明責任という。

もとより、証明責任は、基本的には、審理の最終段階（口頭弁論終結時）になってもなお事実の真偽がいずれとも確信を抱けないときに、真偽不明の不利益をいずれの当事者に帰させるかといった口頭弁論終結時における危険負担の問題であって、それ以前に裁判官が事実の存否について確信を抱くことができれば、証明責任は問題とならない。かかる意味での証明責任は、審理の最終段階（口頭弁論終結時）において問題になるものであり、訴訟過程における主観的証明責任とは異なる。そこで、これを客観的証明責任と呼ぶわけである。

主観的証明責任を客観的証明責任に付随するものとする説は従来からあったが、これを一歩進めて訴訟過程において当事者の立証活動に応じて移動する証明責任（あるいは証拠提出責任）であるとする立場が近時有力になっていると言われている。　　　　　　　　　　　　　[中西]

主観的追加的併合

訴訟の係属中に、共同訴訟とするために、第三者が当事者に対する請求の併合を求めたり、当事者が第三者に対する請求の併合を求めたりすることによって訴訟が併合される状態をいう。前者の例としては、共同訴訟参加（民訴52）、独立当事者参加（民訴47）などがある。後者の例としては、原告又は被告が第三者を追加的に併合する場合があると言われている。最高裁判決（最判昭62・7・17民集41・5・1402）は、明文の規定がないなどの理由でこれを否定し、新訴の提起と弁論の併合（民訴152）によるべきだとしている。学説の多くは、原告のする主観的追加的併合については、第一審口頭弁論の終結前であれば許されるとしているようである。⇒「訴えの主観的追加的併合」　[中西]

主観的予備的併合

論理的に両立し得ない関係にある訴えの主観的併合で、共同訴訟の一態様である。数人の原告の、又は数人の被告に対する請求に順位を付け、第一次的請求が認容されることを解除条件としながら第二次的請求についても予め審判を申し立てるものである。例えば、第一次的に本人に対して契約の債務の履行を求め、それが無権代理として認められない場合に備え、予め、第二次的に、代理人に対して無権代理責任を追及する請求も併合提起しておく（民117①）といった場合や、土地の工作物の瑕疵（かし）よる損害賠償を、第一次的に工作物の占有者に対して請求し、それが認められない場合に備え、予め、第二次的に、工作物の所有者に対しての請求も併合提起しておく（民717①）といった場合である。原告にとっては便利であるし、訴訟経済、裁判の統一性の点からも利点はあるが、反面、これを認めると予備的被告の地位が不安定になるなどの批判がある。最高裁判決（最判昭43・3・8民集22・3・551）は、このような形態の訴えが許されるかどうかについては否定する。

なお、新民事訴訟法（平成8法109）には、主観的予備的併合の規定は置かれな

かったが，同時審判の申出がある共同訴訟の規定（民訴41）が新設された。両者の関係をどのようにとらえるかは判例・学説の集積を待つ必要があるが，同時審判の申出がある共同訴訟の規定により，主観的予備的併合のニーズはかなり満たされるものと考えられている。⇒「訴えの主観的予備的併合」　　　　　　［中西］

受継　⇒「訴訟手続の受継（じゅけい）」

授権決定

建物の収去のような代替的作為債務の強制執行の申立てに基づき，執行裁判所が債務者の費用をもってその作為を債務者以外の者にさせることを債権者に授権する決定をいう（民414②，民執171①）。授権決定をするには事前に債務者を審尋することを要し（民執171③），これに対しては執行抗告ができる。なお，上記代替的作為債務に関する授権決定のほか不作為債務の執行として，その義務違反物を債務者の費用をもって除去することを内容とする命令を発することも可能であり（民414③，民執171①），これもまた授権決定による。　　　　　　［中西］

取効的訴訟行為・与効的訴訟行為

取効的訴訟行為とは裁判所に裁判所の応答（特定の裁判）をなさしめることを働きかける当事者の行う訴訟行為である。その応答（特定の裁判）によって初めて本来の目的を達するものであり，裁判を離れて独自の意味はない。申立て，主張，証拠の申出などがある。取効的訴訟行為がされると，裁判所により，適法であるか，理由があるかの2段階の評価を受けて裁判所の何らかの応答（特定の裁判）がされる。

与効的訴訟行為とは取効的訴訟行為以外の訴訟行為であり，請求の放棄・認諾，裁判上の和解，訴えの取下げ，上訴権の放棄のほか各種の訴訟契約なども含まれる。取効的訴訟行為と異なり裁判所の応答（特定の裁判）がなくても，それ自体で効果が生ずる。ただ，その法的効果が相手に争われたりなどした場合には，裁判所の有効・無効の評価を受けざるを得なくなることはいうまでもない。［中西］

主参加の訴え

訴訟の係属中，第三者が原被告双方を共同被告として訴訟の目的の全部又は一部を自己のために請求して提起される訴えをいった（旧民訴60）。参加といっても形の上だけのことで，訴訟参加の一種ではない。この主参加の制度の趣旨は，訴訟の簡易・迅速化を図り，判決の矛盾を防止する点にあるが，両訴訟を統一的に審理する法律上の保障がないため，判決の矛盾は生じ得るといわれていた。平成8年改正前の旧民事訴訟法ではこれを共同訴訟の節中に置いていたが新民事訴訟法では採用されなかった。これに代わるものとして独立当事者参加（新民事訴訟法で原被告双方のほか一方のみも相手として参加できる旨改正。民訴47①）の制度がある。⇒「独立当事者参加」［中西］

主尋問・反対尋問

民事訴訟における証人尋問では，両当事者が交互に証人を尋問する方式である交互尋問制を原則としており（民訴202①，民訴規113①），その内容は，まず当該証人尋問の申出をした当事者が尋問し（主尋問又は直接尋問），次に相手方当事者の尋問がなされ（反対尋問），さらに尋問申出当事者の再度の尋問（再主尋問）等がなされる制度である。主尋問は，立証すべき事項及びこれに関連する事項について，反対尋問は，主尋問に現れた事項及びこれに関連する事項並びに証言の信

用性に関する事項について、再主尋問は、反対尋問に現れた事項及びこれに関連する事項について行うものとされている（民訴規114）。刑事訴訟においては、反対尋問を経ない供述証拠はいわゆる伝聞証拠として原則として証拠能力がないとされており（刑訴320等）、民事訴訟における反対尋問については、このように証拠能力の要件とはされていないが、正当な理由がない限り、誘導質問や証人が直接経験しなかった事実についての陳述を求める質問を禁止しており（民訴規115②②⑥）、これに違反する質問を裁判長が制限できる（民訴規115③）ことは、民事訴訟においても反対尋問による証言の信用性の確保の点で、その重要性を示すものである。　　　　　　　　　　　　　　[平元]

受訴裁判所

具体的な訴訟事件の判決手続において、第一審、控訴審、上告審での審理裁判を担当する、担当している、あるいは担当した裁判所を受訴裁判所という。受訴裁判所は、合議体又は単独体の判決手続の主宰機関であるが、このほか、証拠保全（民訴235①・237）及び保全命令（民保12）の審理裁判なども行う。判決手続において、受訴裁判所は包括的な訴訟指揮権を有する。和解勧試（民訴89）、裁判長等の訴訟指揮等に対する異議の裁判（民訴150）、釈明処分（民訴151）、弁論の制限・分離・併合・再開の決定（民訴152・153）等である。　　　　　　　　　　　　　　[平元]

受託裁判官

裁判所法79条に規定する裁判所間の共助として、民事・刑事・家庭事件等の係属する受訴裁判所から他の裁判所に必要な裁判事務の処理を嘱託する場合、これを受けた裁判所の裁判官を受託裁判官という。民事訴訟においては、和解の試みの嘱託（民訴89）、裁判所外における証拠調べの嘱託又は転嘱託（民訴185）の場合に、嘱託先の裁判所の当該事務を処理する裁判官がこれに当たり、受命裁判官が合議体の受訴裁判所を構成する裁判官である点でこれと異なる。受訴裁判所がする嘱託の手続は、原則として裁判所書記官がする（民訴規31②）。　　　　[平元]

主張

民事訴訟において、主張とは、当事者が自己に有利な法律効果（法律上の主張）、要件事実又はこれを推認させる間接事実など（事実上の主張）を陳述することをいう。原告は、請求原因及びこれを理由付ける事実、抗弁を排斥する事由となる事実などを陳述し、被告は、原告の請求を排斥する事由となる抗弁事実又はこれを推認させる間接事実などを陳述して自己に有利な結論を得ようとする。主張は、このように自己に有利な法律効果又は事実の陳述であるから、自己に不利な法律効果又は事実の陳述は主張ではなく、自白である。主張には、主位的主張・予備的主張・選択的主張・仮定的主張等の別があるが、裁判所の判断の順序を制約するか否かは、請求におけるこれら形態と同様である。法律上の主張は原則として裁判所の判断を拘束するものではないが、「所有権者である」という権利の存否についての主張に対する自白（権利自白）が裁判所を拘束することがある。審判の対象となっている権利又は法律関係についての原告の法律上の主張を特に請求という。　　　　　　　　　　　　　　[平元]

主張共通の原則

一方の当事者が主張したことを他の当事者にとっても主張されたこととして扱うことを主張共通の原則という。弁論主義を採る民事訴訟において、裁判所が主

要事実の存否について判断するには、当事者の主張がなければならず、その主張がない場合はその主要事実を判断の資料としてはならないが、その主張は、当事者の一方がすれば足り、いずれの当事者が主張したかは問わないということである。学説には反対説もあるが、判例（最判昭41・9・8民集20・7・1314）は、当事者の主張した自己に不利益な事実で相手方の援用しないものについて訴訟資料となるとし、学説もこの積極説が多い。また、この原則が、通常共同訴訟人間で妥当するかの問題もあり、考え方が分かれるが、裁判所の適切な訴訟指揮権の行使により解決されるべきものであろう。⇒「証拠共通の原則」　　　　　　　［平元］

主張責任

弁論主義を基本的原則とする民事訴訟では、当事者が主張しない事実を判決の資料とすることはできないので、当事者は、自己に有利な事実を主張しておかないと、その事実がないものとされ、その点で不利益な扱いを受けることとなる。このような当事者の受ける不利益を主張責任という。私人間の利益に関する紛争は、本来当該私人間で解決できる紛争であるから、その紛争解決を目的とする民事訴訟においては、できるだけ当事者の自主的解決の方向での解決が望ましい。そこで、当事者間に争いがない主要事実はこれによることとし、争いがある主要事実についてのみ証拠による認定により、これら事実を基礎として審判すればよい。この、裁判所が判決の資料とする事実は、当事者の主張事実のみから採用し、その存否の判断も当事者間に争いがある場合に限って認定することとする原則である弁論主義（民訴161・179・253②等参照）のもとでは、請求を理由付ける主要事実又はこれを排斥する抗弁事実等は、必ず当事者の弁論（主張）に現れない限り、裁判所が判決の資料とすることはできない。その主張があり、事実が認められれば、利益を受けられるはずの当事者が、その事実を主張しないことにより不利益な判決を受けることとなる。この不利益が主張責任である。主張責任をいずれの当事者が負担するか（「主張責任の分配」）を、証明責任の分配の問題と同様に考えるのが一般的考え方である。しかし、主張責任は証明責任の前提となるもので、両者は異なる概念である。この主張責任は、本人訴訟など当事者が対等の訴訟追行能力を有しない場合には、本来の弁論主義が全うされるのが困難であるから、裁判所の適切な訴訟指揮権に基づく後見的役割の行使により、実質的公平な処理をすることが望まれる。　　　　　　［平元］

主張責任の分配

主張責任をいずれの当事者が負担するかの問題を主張責任の分配という。つまり、一般的には、目的とする権利関係の存在等の法律効果を主張する当事者は、その主要事実（要件事実）の主張責任を負い、その変更・消滅等の法律効果を主張する当事者は、その事実の主張責任を負う。この主張責任は、証明責任と同一の原則によって分配されるというのが一般的な考え方である。しかし、証明責任は、当事者間の主張に争いがある事実について問題となるのに対し、当事者の主張がない主要事実は、例えば公知の事実や他の証拠調べの結果心証形成した事実であっても、裁判所はこれを直ちに判決の資料とすることができないものであるから、主張責任は、証明責任と異なり、その前提となるものである。　　　　［平元］

主文

判決の結論を表示した部分を主文とい

う。判決には，終局判決（民訴243），中間判決（民訴245）の種類があるが，終局判決における主文の内容は，訴えの却下，原告の請求の当否の判断（全部又は一部の認容・棄却等），訴訟費用の負担者及び負担額（負担割合）（民訴67），仮執行の宣言又は仮執行の免脱宣言（民訴259），控訴権の濫用に対する制裁金銭の納付命令（民訴303②）がある。確定判決の既判力は，原則として主文に包含するものに限って認められる（民訴114①）。これは，当事者が請求する訴訟物について既判力が生ずる趣旨であるから，主文は，理由の記載と分離して，簡潔かつ一義的に記載しなければならない。　　　　　［平元］

受命裁判官

合議体の裁判所は，その構成裁判官の一部（1名に限るとの考え方もあるが，2名の方が適切な場合もあり，違法とはいえない）をして法定されている事項について，その処理をさせることができる。この指定は当該合議体の裁判長が行い（民訴規31①），指定された裁判官を受命裁判官という。裁判所は，決定で完結すべき事件について口頭弁論をしない場合に，口頭弁論に代わる当事者の審尋をすることができ（民訴87②・335），また，証拠調べとして参考人や当事者本人を審尋することができる（民訴187）が，これを受命裁判官にさせることができる（民訴88）。また，裁判所は，受命裁判官に和解を試みさせることができ（民訴89），この受命裁判官は，和解のため当事者本人又はその法定代理人の出頭を命じたり，相当と認めるときは，裁判所外で和解を試みることもできる（民訴規32）。受命裁判官の裁判で，性質上不服申立てのできるものに対しては，不服がある当事者は，受訴裁判所に対して異議申立てをすることができる（民訴329）。　　　　　　［平元］

主要事実・間接事実

権利の発生・変更・消滅という法律効果の発生に直接必要な事実を主要事実又は直接事実といい，主要事実の存否が争われている場合に，経験上その存否を推認させるに役立つ事実を間接事実又は徴憑（ちょうひょう）という。間接事実は，主要事実そのものの証拠ではないが，その事実が認められることによって主要事実の存否を推認させる点で，証拠の適格や証明力に関係する補助事実とともに，証拠資料と同様な作用をするものであるから，いずれも証明の対象となる。何が主要事実であるかは，当該権利関係の実体法規の解釈によって定まる。特定の法律効果を主張する場合の主要事実は，当該適用法規の構成要件要素に該当する具体的事実がこれに当たる。訴状の記載事項の1つとしての請求の原因（請求を特定するのに必要な事実（民訴133②②，民訴規53①））のほか，請求を理由づける事実が主要事実である。構成要件要素として「過失」や「正当事由」が定められている場合，主要事実としては，「過失」「正当事由」そのものとする説とこれらを基礎づける具体的事実であるという説があるが，後説が有力である。弁論主義のもとでは，主要事実について当事者の主張がない限り，裁判所がこれを当該事件解決の判決資料とすることはできない。もっとも，弁論主義は主要事実のみについてだけ適用され，主要事実が主張されていれば，これに争いがある場合，間接事実や補助事実についての主張がなくても，これを他の証拠資料から認定し，この認定事実を主要事実の存否の判断に使用して差し支えない。また，主要事実についての自白が裁判所を拘束するのに対し，間接事実についての自白は裁判所を拘束しない（最判昭31・5・25民集10・5・577，最判昭41・9・22民集20・7・1392）。⇒「弁論

主義」「主張責任」　　　　　　　［平元］

準抗告

受命裁判官又は受託裁判官は，受訴裁判所の授権に基づいてこれに代わって一定の裁判事務を処理する裁判官であるから，受命裁判官又は受託裁判官の裁判に対しては，その裁判が受訴裁判所(受訴裁判所が最高裁判所又は高等裁判所である場合は「地方裁判所」)の裁判であるとした場合に抗告ができるものであるときに，当事者は，直ちに上級審に抗告することはできず，まず受訴裁判所に対して異議を申し立てることとなり(民訴329①③)，この異議申立てに対する裁判に対して不服の当事者は，抗告を申し立てることができ(民訴329②)，これを準抗告という。受訴裁判所が地方裁判所である場合の準抗告審は管轄高等裁判所であり(裁16②)，簡易裁判所である場合のそれは管轄地方裁判所である(裁24④)。［平元］

準再審 ⇒ 「再審抗告」

準当事者

民事訴訟において，当事者本人よりも事情に詳しい第三者で当事者に準ずる者をいう。口頭弁論における釈明権の行使のほかに，その準用又は補充として，訴訟関係の解明のために裁判所のなす釈明処分として，訴訟代理人がいても，直接に本人から事情を聞くために出頭を命じることができるとし(民訴151①①)，更に当事者よりも事情をよく知っている第三者(企業の業務担当者など)を準当事者としてその事件について陳述をさせることとした(民訴151②)。　　　　［渡邉］

準備書面

当事者が口頭弁論で陳述しようとする事項を，裁判所及び相手方に予告するために記載して裁判所に提出する書面を準備書面といい(民訴161①，民訴規79)，これには，攻撃又は防御の方法並びに相手方の請求及び攻撃又は防御の方法に対する陳述を記載する(民訴161②)。答弁書には請求の趣旨に対する答弁のほか，訴状記載の事実の認否及び抗弁事実並びに関連事実で重要なもの及び証拠の記載が要求されている(民訴規80①)ので，準備書面の一種である(民訴規79)。訴状には，必要的記載事項以外に，関連事実で重要なもの及び攻撃又は防御の方法の記載が要求され(民訴規53①)，その面では準備書面を兼ねるものである(民訴規③。上訴状につき民訴規175・186)。準備書面は，裁判所の適切な訴訟指揮のために予め裁判所に提出し(民訴規79)，相手方に対する不意打ち防止のために原則としてこれを相手方に直送しなければならず(民訴規83)，準備書面に記載していない事実は，相手方が在廷していない口頭弁論においては主張できない(民訴161③・297等)。もっとも，簡易裁判所では，相手方が準備をしなければ陳述することができないと認めるべき事項を除き，原則として準備書面の提出は必要ではない(民訴276)。準備書面が相手方に送達された場合又は相手方からこれを受領した旨を記載した書面が提出された場合は，相手方が在廷していない口頭弁論においてもその記載事実を主張することができる(民訴161③)し，提出当事者が最初にすべき口頭弁論期日(簡易裁判所では続行期日でも)に出頭しなくても，裁判所は，その記載事項を陳述したものとみなし，出頭した相手方に弁論をさせることができる(民訴158・277)。また，準備書面を裁判長指定の期間内(民訴162)に提出した場合は，準備的口頭弁論又は弁論準備手続における不利益(民訴166・167・170⑥・157)を受けることはない。　　　　　［平元］

準備的口頭弁論

口頭弁論のうち，争点及び証拠の整理を目的とした口頭弁論をいう。平成8年改正前の旧民事訴訟法（249以下）では，口頭弁論の継続審理準備のための争点・証拠の整理等の手続をする準備手続制度が採用されていたが，準備手続でできる訴訟行為が限定されていたため，実効性が伴わず，民事訴訟法に定めのない準備的口頭弁論や弁論兼和解という手続が実務上の工夫として生まれた。新民事訴訟法では，争点を早期に明確にし，これに焦点を当てた効率的かつ集中的な証人尋問等の証拠調べを行う（民訴182参照）ため，準備的口頭弁論（民訴164〜167），弁論準備手続（民訴168〜174）及び書面による準備手続（民訴175〜178）の3種類の争点及び証拠の整理手続を定め，事件の内容・性質や当事者の居住地等に応じてこれら手続を選択できることとした。準備的口頭弁論は，受訴裁判所が，争点等の整理のため必要があり，かつ，この手続が相当と認める場合に，準備的口頭弁論を開始する旨の決定により開始される。しかし，その本質は口頭弁論であるから，原則として公開の法廷で行い，争点等の整理のため必要がある限り口頭弁論に関する一般の法規がすべて適用される。また，裁判所は，釈明権の行使（民訴149），釈明処分（民訴151）等を行って，当事者の主張が十分嚙（か）み合うように整理し，争いがある点についての証拠の申出（証拠調べ）をさせるなどの整理が完了した段階で，準備的口頭弁論を終了する旨の決定をし，これにより終了する。ただし，その際に，必要があり，かつ，可能である場合には，その後の証拠調べによって証明すべき事実を当事者との間で確認し，相当と認めるときは，当事者の一方又は双方に準備的口頭弁論における争点等の整理の結果を要約した書面を提出させることができる（民訴165）。そのほか，準備的口頭弁論においては，和解の試み（民訴89），口頭による訴えの取下げ（民訴261③）をすることができる。準備的口頭弁論終了後にその整理結果に反する攻撃防御方法を提出することは，原則として時機に後れた攻撃防御方法の提出（民訴157①）にあたるので，却下されることがある。この意味で，その終了後に攻撃防御方法を提出した当事者は，相手方の求めがあるときは，その終了前にこれを提出することができなかった理由を説明しなければならない（民訴167）。

［平元］

準備手続

平成8年改正前民事訴訟法（249〜256）における，口頭弁論の準備として，争点及び証拠の整理等を目的とした手続である。当初は合議体による審理事件について，受命裁判官にこれを担当させて審理の促進を図ることを主眼とした手続であったが，その後，単独体の事件でも行えるものとされ，昭和25年の民事訴訟の継続審理に関する規則の制定により，原則として全ての事件が対象とされ，さらに昭和31年の民事訴訟規則の制定で，準備手続に付すか否かが裁量的とされた。準備手続は，準備手続裁判官が，準備手続室等法廷以外の非公開の室で，争点及び証拠の整理を主宰し，当事者はこれらの事項について協議し，その結果は準備手続調書に記載することとされ，この記載がない事項については原則として口頭弁論において主張することができない。準備手続裁判官は，争点等の整理以外には，人証等の証拠調べ，移送，参加の許否，併合・分離等の中間的裁判をすることができないなどの点で，実効性が伴わないため，あまり活用されず，実務では，準備的口頭弁論や弁論兼和解などの手続

が工夫された。新民事訴訟法では，争点等の整理手続として，準備的口頭弁論，弁論準備手続及び書面による準備手続の各手続を定めている。　　　　　［平元］

準文書

民事訴訟法上，狭義の文書(文字又はこれに代わる符号の組合せによって思想を表現する有形物)ではないが，書証の手続によって証拠として取り調べることができる証拠方法を準文書といい，具体的には，図面，写真，録音テープ，ビデオテープその他情報を表すため作成された物件で文書でないものをいう(民訴231)。準文書として認められるためにはその思想内容が証拠としての価値あるものの場合であって，これらの物件でも，その存在・形態又は音声の性状の検査を目的とする場合等は，検証物という証拠方法となる。準文書の取調べには，再生・上映等その用法に従った方法による取調べがなされるが，その成立に争いがある場合はそれが真正に成立したことを証明しなければならない(民訴228①)。その提出，提出命令及び送付嘱託並びに成立の真正の証明方法についても一般文書の場合と同様である（民訴219〜230)。　　　［平元］

準別除権

破産財団に属さない破産者の自由財産上に特別の先取特権・質権・抵当権又は商事留置権を有する破産債権者及び第一破産の破産債権者でもある第二破産債権者の地位を準別除権という（破97・93)。準別除権者は，破産手続によらないで個別にその担保権の効力に従ってその権利を行使することができ（破95)，その範囲・限度では，破産手続に関与することはできず，準別除権の行使によって弁済を受けることができない債権額についてだけ，破産債権者として権利を行使することができる（破96本)。もっとも，準別除権を放棄した債権額について破産債権者として権利を行使することは妨げない（破96但)。　　　　　　　　　　［平元］

少額裁判所

少額・軽微な民事事件を簡易・迅速に審判するための裁判所をいう。アメリカ合衆国オハイオ州クリーブランド市で，1913年に少額裁判制度が開始され，以来各州で少額裁判制度を採用している。その対象となる訴訟物の価額も，州によって異なるが，上限が5000ドルくらいまでの主として金銭訴訟事件が対象とされている。少額裁判所という名称の特別の裁判所を設置しているわけではなく，民事訴訟を処理する裁判所の特定部又は制限管轄裁判所で少額訴訟を処理している。各州の少額裁判手続は，定型訴状用紙の利用，債権譲受人等による訴え提起の禁止，弁護士代理の禁止，陪審の禁止，利用回数の制限，1回審理の原則，証拠法則の緩和，上訴の制限等がその手続の特徴とされる

日本の簡易裁判所も，同様の目的があったが，十分に実現しなかったところ，平成8年法律109号による民事訴訟法の制定によって創設された少額訴訟手続を簡易裁判所が処理することとなった。⇨「少額訴訟手続」　　　　　　　［平元］

少額訴訟手続*

平成8年法律109号による民事訴訟法の制定により創設された民事訴訟の特別手続である。簡易裁判所の使命が一般市民の紛争を簡易・迅速に処理することにあったところ，従前は，地方裁判所と同様に第一審裁判所としての簡易裁判所の面が実務上中心となった関係で，少額訴訟も他の訴訟と同様の手続で処理されるため，費用や時間がかかるので，一般市

民が利用し難くなっていた。上記の制定は，簡易裁判所の訴訟手続を利用し易くするため，小規模な紛争について，簡易な手続で迅速に解決することを目的として，訴額が30万円以下の金銭訴訟につき，原告が希望し，被告がこれに異議を述べなかった場合に，原則として1回の口頭弁論期日で審理を終結し，即日判決を言い渡すという特別手続を創設したものである。

その審理の特則としては，一般の簡易裁判所の訴訟手続に関する特則（民訴2編7章）のほか，第6編少額訴訟に関する特則が設けられ，少額訴訟の要件等（民訴368），反訴の禁止（民訴369），1期日審理の原則（民訴370），即時取調べ可能な証拠に限定（民訴371），証人尋問等における宣誓の省略可能・尋問順序の制限緩和（民訴372①②），電話会議方法による証人尋問（民訴372③），更に裁判や執行について，即日判決言渡し（民訴374），判決による支払の猶予（民訴375），仮執行宣言の必要（民訴376），単純執行文の不要（民執25但），判決に対する控訴の禁止（民訴377），判決に対する異議の申立て（民訴378），少額異議判決に対する控訴の禁止（民訴380）等の特則が設けられた。

原告は，訴え提起の際に少額訴訟による審理及び裁判を求める旨の申述をし，当該簡易裁判所に当該年度にその手続による審理・裁判を求めた回数を届出しなければならず（民訴368，民訴規223により回数は10回に制限している），その後はこれを撤回することはできない。被告は，口頭弁論をするまで又は期日が終了するまでは，通常手続への移行の申述をすることができ（民訴373①），この申述があったとき又は裁判所が通常手続への移行決定をしたときは，これにより，事件は通常手続に移行する（民訴373②③）。
［平元］

消極的確認の訴え

特定の権利関係又は法律関係の不存在を主張し，その不存在の確認判決を求める訴えを消極的確認の訴えという。債務不存在確認の訴えがその一例であり，全部不存在確認と一部不存在確認（例えば，交通事故による損害賠償債務が一定額を超えて存在しないことの確認）の訴えもある。消極的確認の訴えの請求を認容した確定判決は，その権利関係又は法律関係が存在しないことにつき既判力が生じ，この請求を棄却した確定判決は，当該権利ないし法律関係の存在につき既判力が生ずるが，給付判決ではないので執行力は生じない。自己の権利につき積極的確認の訴えができる場合に，相手方の権利につき消極的確認の訴えを提起するのは，より有効かつ抜本的な紛争解決方法でないとの理由で，確認の利益という訴訟要件がないとの説が多い。　［平元］

承継執行文

債務名義（民執22）に表示された当事者以外の者を債権者又は債務者とする執行文を承継執行文という。債務名義に表示された当事者以外の者に執行力が及ぶのは，⒤債務名義表示の当事者が他人のために当事者になった場合（訴訟担当）のその他人（被担当者（民執23①②）），ⅱ債務名義成立後の承継人（判決の場合は事実審の口頭弁論終結後の承継人（民執23①③）。ちなみに，判決には口頭弁論終結日が必要的記載事項とされている（民訴253①④）），ⅲ当事者・被担当者・承継人のために請求の目的物を所持する者（民執23③）に対してである。これらの者のため又はこれらの者に対する強制執行を開始するには，これらの者を執行当事者とする裁判所書記官又は公証人の承継執行文の付与並びに承継執行文及びその証明書の送達を必要とする（民執25～29・33）。裁判

所書記官又は公証人は，承継執行文を付与するときは，承継人に対し，又はその者のために強制執行ができることを執行文に記載し，債務名義の原本にその旨を記載しなければならない（民執規17②・18①）。　　　　　　　　　　　［平元］

証言

証人の供述を証言という。証言は，証人が経験した事実及びこれにより推測した事項（刑訴156参照）の供述である。特別の学識経験によって知り得た事項の供述者を鑑定証人という（民訴217）が，その供述も証言に変わりはない。証言の証明力は，裁判官の自由な心証に委ねられている（自由心証主義）。証人は，原則として証言を拒むことはできない（民訴198。例外は民訴196・197）。　［平元］

証言拒絶権

証人が一定の場合に証言を拒むことができる権利を証言拒絶権という。一般に，裁判所から証人として呼び出された者は，これに応じて出頭し証言をする義務があるところ（民訴190・192～194参照），次の4つの場合，証人は，証言を拒否することができる。ⅰ証言が，証人自身，配偶者その他民事訴訟法196条1号掲記の者又は証人が後見人と被後見人の関係にある者の刑事訴追もしくは有罪判決を受けるおそれがあり，又は名誉を害すべき事項に関するとき（民訴196）。ⅱ公務員又は公務員であった者が，職務上の秘密について，それを公表することが公共の利益を害し，又は公務の遂行に著しい支障を生ずるおそれがある場合，当該監督官庁（国会議員又はその職にあった者についてはその院，内閣総理大臣その他の国務大臣又はその職にあった者については内閣）の承認がないとき（民訴191・197①1）。この場合，裁判所は，これらの者を証人として呼び出す前に，監督官庁等の承認を求めることを要し，その承認があったときは，証言拒絶権はない（民訴197②）。ⅲ医師・弁護士その他民事訴訟法197条1項2号掲記の者が職務上知り得た依頼者等についての事実で黙秘すべき事項（刑134参照）に関するもの（民訴197①2）。ⅳ技術又は職業の秘密に関する事項（民訴197①3）。これら証言拒絶をするには，その理由を疎明しなければならず（民訴198），受訴裁判所は当事者を審尋して，その当否の決定をすることとなる（民訴199）。　　　　　　　　　　　　　［平元］

証拠

民事訴訟において，証明の対象となる事実の存否について，裁判所が認定をする根拠となる資料を証拠という。争いがある事件について裁判をするには，当事者の主張する事実の存否を確定することが必要であり，この事実に法規を適用して判断するのであるが，その証明の対象となるのは，要件事実に限られず，間接事実や補助事実もなりうる。

訴訟法上証拠という概念は，ⅰ裁判官が五官の作用によって取り調べる人証（証人・鑑定人・当事者本人）や物証（書証・検証物）の有形物をいう「証拠方法」としての意味，ⅱ裁判所がその証拠方法を取り調べて得た内容をいう「証拠資料」としての意味，ⅲ裁判官に心証を形成させる原因となった証拠調べの結果（供述，書証の内容，鑑定・検証の結果）や弁論の全趣旨をいう「証拠原因」としての意味などに用いられる。証拠の種類としては，ⅰ要件事実を直接証明する「直接証拠」と，間接事実や補助事実を証明する「間接証拠」の別，ⅱ当事者が立証責任を負う事実を証明する「本証」と，本証による裁判官の心証形成を妨げたり揺るがせたりする相手方の提出する「反証」の別

がある。　　　　　　　　　　[平元]

証拠開示

取調べを要する証拠方法を取り調べられる状態におくことを証拠開示というが、通常相手方の所持する証拠方法をいかに利用するかをめぐる問題となる。新民事訴訟法（平成8法109）は、従来証拠開示の唯一の手段であった文書提出命令の対象につき制限列挙主義を採用していたのを離れてこれを一般義務化し（民訴220）、提出命令の範囲を拡張するとともに、新たに当事者照会制度（民訴163）を採用し、当事者間で直接文書をやりとりして、相手方から一定の情報を入手することを可能にする手続を新設した。当事者照会制度は、広く訴訟上の情報収集を行うための制度で、証拠の収集を直接の目的とするものではないが、その運用によって証拠開示に役立てることができる。

[坂本]

証拠価値　⇒「証拠力」

証拠共通の原則

訴訟において、裁判所は、主張については、当事者の主張に拘束される。これを弁論主義という。証拠調べの結果については、一方の提出した証拠をその一方に有利にだけではなく、他方に有利な資料として使用することもできる。これを証拠共通の原則という。証拠の評価を裁判所の自由な判断に任せ、真実の発見に努めようとする自由心証主義（民訴247）からの当然の帰結といわれる。この原則は、原告と被告間のみならず、原告側あるいは被告側の共同訴訟人間においても妥当する。⇒「主張共通の原則」

[坂本]

上告（制度）

最上級審に対する上訴であり、原則として、敗訴当事者が控訴審の終局判決の法令違背を理由として、その取消し・変更を求める上告裁判所に対する不服申立てをいう。ただし、飛越（とびこし）上告の合意がなされた場合や、高等裁判所が第一審裁判所となる場合（独禁85・86等）には、第一審判決に対する上告が認められる。上告裁判所は、地方裁判所及び高等裁判所が第一審である場合には最高裁判所であり、簡易裁判所が第一審である場合には、高等裁判所である。控訴審が続審主義を採用しているのに対し、上告審は法律審であるから、事実認定の権限はなく、上告裁判所は原則として原審の事実認定に拘束される。ただし、違法に確定された事実には拘束力はないし、職権調査事項の前提となる事実についても原審の認定に拘束されない。上告制度の目的には、法律審による法令解釈適用の統一を図ることと、誤判を発見しこれを取消し・変更して当事者の権利保護を図ることの2点がある。フランス破棄院の破棄制度が、公益を代表する検事にも下級審判決の破棄を求める権限を認めているのと異なり、わが国は原判決により不利益な判決を受けた当事者の申立てのみにより上告を認めており、当事者の権利保護を重視しているものといえる。また、上告理由が憲法違反、絶対的上告理由及び判決に影響を及ぼすことが明らかな法令違反に限られていること（民訴312。上告審が最高裁判所である場合には上告理由は憲法違反と絶対的上告理由に限られ、法令違反は上告受理申立事由となる）、高等裁判所が上告裁判所となるときであっても、その意見が最高裁判所の判例に反するときなどには、事件を最高裁判所に移送しなければならないこと（民訴324、民訴規203）、高等裁判所が上告審として

なした判決に対し憲法の解釈の誤り等を理由として最高裁判所に対する特別上告を認めていること（民訴327①）から、上告制度は、最高裁判所による法令解釈の統一を図ることをも重視しているといえる。上告の提起には、原判決で不利益を受けたことを理由として不服を主張する利益（上告の利益）のあることを要する。なお、上告理由は上告提起の適法要件ではなく、上告破棄の要件である。上告がされれば、原判決確定遮断と移審の効果が生じることになるが、移審の効果がいつ発生するかについては議論がある。上告状を原裁判所に提出したときに移審の効果が生じるという見解と、原裁判所から上告裁判所への事件の送付によって移審の効果が生じるという見解とがあり、前説が通説である。　　　　　　［松井］

上告期間　⇒　「上訴期間」

上告棄却

上告理由が認められない場合、あるいは上告に理由があっても他の理由から原判決と同一の結論となる場合に上告裁判所がなす裁判をいう。上告裁判所は、法律審であり、かつ事後審であるから、上告状・上告理由書・答弁書その他の書類により、上告に理由があるかどうかの結論を得られることがあるので、この場合には、訴訟経済ないし上告裁判所の負担軽減の見地から、口頭弁論を経ずに、判決で、上告を棄却することができる（民訴319）。口頭弁論を開いた上で上告を棄却することもできる。実務的には、口頭弁論を経ずに上告棄却するのが例である。新民事訴訟法（平成8法109）は、最高裁判所の負担軽減の見地から、最高裁判所が上告裁判所である場合には、上告の理由が明らかに民事訴訟法312条1項2項（憲法違反及び絶対的上告理由）に規定する事由に該当しない場合は、決定で、上告を棄却することができることとした（民訴317②）。　　　　　　［松井］

上告却下

上告が適法要件を欠く場合にされる裁判をいう。原裁判所は、⒤上告が不適法でその不備を補正することができないことが明らかであるとき、ⅱ上告理由書を提出すべきであるのに提出しないか、上告理由の記載が民事訴訟規則190条又は191条の規定に違反する場合に補正期間内に追完しないときは、いずれも決定で、上告を却下しなければならない（民訴316①①②）。上告が不適法でその不備を補正することができないときとは、上告期間経過後に上告が提起された場合、上告権放棄後に上告が提起された場合、上告につき訴訟能力・代理権がない場合等をいう。なお、上告裁判所も、上告が民事訴訟法316条1項1号2号に該当する場合には、決定で、上告を却下することができる（民訴317①）。　　　　　　［松井］

上告受理申立制度

上告審が最高裁判所であるときに、当事者は、法令の解釈に関する重要な事項を理由として上告受理の申立てをなすことができ、上告審が受理決定をなした場合には、上告の効果が生じるものとする制度をいう（民訴318）。新民事訴訟法（平成8法109）は、最高裁判所の負担軽減のために、最高裁判所が上告審となるときには、憲法違反及び絶対的上告理由がある場合にのみ上告を認め、法令違反は上告理由とはならないと定めた（民訴312）。しかし、憲法問題以外にも重要な法律問題が存在し、それについて解釈の統一を図ることも、最高裁判所の重要な任務である。そこで、民事訴訟法318条は、最高裁判例違反事件と法令の解釈に関す

る重要事件につき，上告受理の申立てを認めることによって，最高裁判所の負担軽減という要請と，法律解釈の統一という要請との調和を図ったのである。「法令の解釈に重要な事項」とは，具体的には，判例違反の場合のほか，ⅰこれまで最高裁判所の判断がない解釈問題について最高裁判所の判断を示すべき場合，ⅱ最高裁判所の従前の判断を変更すべき場合，ⅲ高等裁判所の誤った法令解釈を高等裁判所の判決として確定させることが適当でない場合等をいう。上告受理の申立ても原判決に対する上訴である点においては上告と同様であり，上告受理申立ての手続についてもほぼ上告申立てに関する規定が準用されている（民訴318⑤）。上告受理の決定があると，その後の手続は上告の場合と同様である。　　　　　　〔松井〕

上告受理申立通知書

上告受理の申立てがあった場合に，上告受理申立書却下命令又は上告受理申立却下の決定（民訴318⑤・314・316①）があったときを除き，当事者に送達しなければならない書面をいう（民訴規199②・189）。原裁判所において上告受理申立ての形式的な適法要件の審査が完了した段階で，上告受理申立人に対して上告受理申立理由書提出の機会を与えることなどを目的とする（民訴規199②・194）。

〔川谷〕

上告状

上告を提起するため原裁判所に提出しなければならない書面をいう（民訴314①）。上告の提起には書面主義が採用されており，したがって，上告状は，上告の提起という効果を形成的に生じさせる確定書面である。上告状には，当事者及び法定代理人，原判決の表示及びその判決に対し上告をする旨を記載することを要する（民訴313・286②）。なお，上告状には印紙も貼用（ちょうよう）しなければならない。これらに違反する場合には，補正命令の対象になり，補正しない場合には，原裁判所の裁判長によって上告状却下命令が下される（民訴316）。上告理由は任意的記載事項であり，上告状に記載する必要はない（民訴315①）が，上告理由を記載しない場合には，上告提起通知書の送達を受けた日から50日以内に上告理由書を原裁判所に提出しなければならない（民訴規194）。

〔松井〕

上告状却下

上告状に形式的瑕疵（かし）がある場合に原裁判所の裁判長が行う命令をいう。上告状が提出されると，原裁判所の裁判長は，上告状に必要的記載事項（民訴313・286②）の記載があるか，所定の印紙が貼用（ちょうよう）されているかなどを審査し，瑕疵があるときは期間を定めて補正を命ずるが，上告人が所定の期間内に補正をしないときは，命令で上告状を却下しなければならない（民訴313・288・289②・137，民訴規187）。上告状却下の命令に対して即時抗告ができるかについては争いがあるが，上告状の提出によって移審の効力は生じているが，特別の規定により原裁判所が所定の範囲で上告裁判所の権限を代行するものであるとの見解（代行説）から，却下命令は上告審の裁判長としてしたものであることを理由に，民事訴訟法137条3項は準用されないとして，これを否定する説が有力である。この説によれば，上告状却下命令に対する不服申立ての手段は，特別抗告（民訴336①）しかないこととなる。⇒「上告状」

〔松井〕

上告審

上告について審理し裁判する審級をい

う。上告審は、原判決の法令違反について事後審査を行う事後審かつ法律審であり、この点で続審かつ事実審である控訴審と異なる。したがって、上告審は原審の事実認定の不当性を審理することはできず、原審の事実認定に拘束される（民訴321①）。ただし、事実認定の違法性は上告審で審理しうるし、職権調査事項に関わるものについては、上告審自ら証拠調べを行うことができる。上告審は事実認定ができないから、上告に理由があり原判決を破棄する場合にも、原則として原裁判所への差戻し又は移送を要し（民訴325)、自判は、原審が確定した事実に基づき裁判をするのに熟するとき等例外的な場合にされる（民訴326）。上告審においては、訴えの変更や反訴など、新たな請求をすることはできない。　　　　　［松井］

上告審手続

上告審における審判手続をいう。上告審手続には控訴審手続に関する規定が準用される（民訴313）。しかし、上告審が法律審であることや、上告審、とりわけ最高裁判所の負担軽減を目的とする法改正により、以下の点で控訴審と異なる。

新民事訴訟法（平成8法109）は、上告審手続を、ⅰ上告提起手続とⅱ上告受理申立手続に分けた。

ⅰ上告提起手続では、上告状は原裁判所に提出しなければならない（民訴314①）。原裁判所に上告の適法性を審査させることにより、上告裁判所の負担を軽減するためである。原裁判所の裁判長が上告状を点検し、その形式に不備があれば補正を命じ、応じなければ命令で上告状を却下する（民訴314②・288・137）。上告が不適法でその欠缺（けんけつ）が補正できないことが明らかなときは、原裁判所が決定で上告を却下する（民訴316）。上告状に上告理由を記載しないときは、上告提起通知書の送達を受けた日から50日以内に上告理由書を提出しなければならない（民訴315①・民訴規194）。期間内に上告理由書が提出されないとき、又は上告理由が所定の方式に従って記載されていないときは、原裁判所は決定で上告を却下する（316①②）。上告状却下命令も上告却下決定も行わないときは、原裁判所は事件を上告裁判所へ送付する。

ⅱ憲法違反と絶対的上告理由以外の法令違反を理由とする最高裁判所に対する上告は、上告受理申立手続によることを要する。この場合、上告受理申立書を原裁判所に提出する（民訴318⑤・314①）。上告受理申立書に申立ての理由の記載のないときは、申立人は、上告受理申立通知書の送達を受けた日から50日以内に上告受理申立理由書を原裁判所に提出することを要する。原裁判所は、申立てが不適法で補正できないか、理由書不提出ないし方式違反の場合は、決定で申立てを却下する。原裁判所から事件の送付を受けた最高裁判所は、上告審として事件の受理をするかどうかの審査をし、上告受理決定をした場合には、上告があったものとみなされる（民訴318①）。

上告裁判所は、上告を不適法として却下判決をする場合、及び上告を理由なしとして棄却判決をする場合には、口頭弁論を経ないですることができる（民訴319）。これに対し、上告を認容して原判決を破棄するには必ず口頭弁論を開かなければならない。破棄後は事件を原審に差し戻し又は移送するのが原則（民訴325①）だが、原判決の確定した事実により裁判できる場合には自判をすることができる（民訴326）。上告審が最高裁判所の場合、上告の理由が明らかに民事訴訟法312条1項・2項の上告理由にあたらないと判断した場合は決定で上告を棄却できる（民訴317②）。　　　　　　　［松井］

上告提起通知書

上告の提起があった場合に，上告状却下命令又は上告却下決定があったときを除き，当事者に送達することを要する書面をいう（民訴規189①）。原裁判所において上告の形式的な適法要件の審査が完了した段階で，上告人に対しては上告理由書提出の機会を与え，被上告人に対しては答弁書の提出や附帯上告の提起等の機会を与えることを目的とする。旧民事訴訟規則（昭和31最高裁規 2 ）においては，上告受理通知書という名称であったが，新民事訴訟法（平成 8 法109）で上告受理申立制度が新設された（民訴318）ため，その名称を維持すると上告受理申立てが受理されたことの通知との意味に誤読されるおそれがあるなどの理由により，新民事訴訟規則（平成 8 最高裁規 5 ）では上告提起通知書という名称に改められた。

［松井］

上告提起の効力　⇨　「上訴提起の効力」

上告人・被上告人

上告審における当事者をいう。上告を提起した者を上告人といい，上告の提起を受けた者を被上告人という。控訴と同じく，原判決において敗訴した者が上告人となり，相手方が被上告人となる適格を有している。一般承継人は，上告の当事者になれるが，事実審の口頭弁論終結後の特定承継人については，判例は，参加承継（大判昭13・12・26民集17・2585），引受承継（最決昭37・10・12・民集16・10・2128）ともに否定している。補助参加人も上告人になれるが，上告期間及び上告理由書提出期間は被参加人のそれに服する（最判昭47・1・20判時659・56）。

［松井］

上告の制限

上告審ごとに最高裁判所の負担を軽減するために，上告理由を制限することをいう。新民事訴訟法（平成 8 法109）は，最高裁判所に対する上告については，上告理由を，憲法違反（民訴312①）及び絶対的上告理由（民訴312②）に制限し，法令違反については通常の上告提起手続による上告を認めず，上告受理申立手続によることと規定し，裁判の確定を引き延ばすための上告を排除し，最高裁判所が法令解釈の統一や当事者の権利保護に不可欠な事件の審理を重点的に行うことを図っている。高等裁判所に対する上告については，憲法違反及び絶対的上告理由に加え，法令違反の場合にもなし得るが，判決に影響を及ぼすことが明らかな法令違反の場合に限られる（民訴312③）。

［松井］

上告の取下げ　⇨　「上訴の取下げ」

上告理由

上告理由は，上告審が原判決を破棄すべき理由の主張であり，上告適法の理由の主張ではない。しかし，上告理由書提出強制があり（民訴315①），上告理由書の提出は上告適法の要件である。新民事訴訟法（平成 8 法109）は，最高裁判所に対する上告では，上告理由を憲法違反と絶対的上告理由（重大な手続違背を列挙したもの）に限定し（民訴312①②），法令違反を上告理由とせず，これについては上告受理申立手続によることとした。ただし，最高裁判所への上告では，上告理由とされた憲法違反や絶対的上告理由にあたる事由がない場合でも，判決に影響を及ぼすことが明らかな法令違反の存在が判明した場合には，最高裁判所は原判決を破棄することができる（民訴325）。高等裁判所に対する上告は，憲法違反及び絶対的

上告理由だけでなく，判決に影響を及ぼすことが明らかな法令の違反があることを理由としてすることができる（民訴312③）。法令とは，裁判所が遵守適用すべきすべての法規をさす。経験則は法令ではないが，その適用が著しく不当である場合には違法な事実認定として上告理由となる。法令違反には，法令の効力・内容を誤解する場合（法令解釈の誤り）のほか，具体的な事実が法規の構成要件に該当するか否かの評価を誤る場合（法令適用の誤り）がある。上告理由は，具体的に記載しなければならない（民訴規193）。

[松井]

上告理由書

上告人が，上告状に上告理由を記載していない場合に，上告提起通知書の送達を受けた日から50日以内（民訴規194）に上告理由を記載して原裁判所に提出することを要する書面をいう（民訴315①）。民事訴訟法が上告理由書の提出を強制した趣旨は，書面審理（民訴319）を容易にし，上告審の負担を軽減するところにある。50日の上告理由書提出期間は不変期間でないから，原裁判所は期間の伸長をすることができる（民訴96①）。また，上告人の責めに帰すことのできない事由があるときは，期間徒過後の提出も許される（大阪高決昭38・5・24判夕146・98）。上告人が上告理由を上告状に記載していた場合及び既に上告理由書を提出した後であっても，所定の期間内であれば新たな上告理由を記載した上告理由書を提出することができる。所定の期間内に上告理由書の提出がないときは，原裁判所は，決定で，上告を却下しなければならない（民訴316①②）。

[松井]

証拠契約

特定の訴訟物について，その権利関係の前提となる事実関係の存否又はその証明のための証拠方法に関して当事者間でなされた合意をいう。一定の事実を真実と認める旨の自白契約，事実の確定を第三者の判定に委ねる仲裁鑑定契約や，証拠方法を限定する証拠制限契約等がある。証拠契約は弁論主義の範囲内の合意であれば有効で裁判所はこれに拘束されるが，自由心証主義（民訴247）に抵触する合意は無効であり，例えば，特定の証拠資料について証明力を定める旨の合意や取調済みの証拠方法により得られた証拠資料を証拠原因から排除する旨の合意は許されない。

[田中]

証拠結合主義・証拠分離主義

証拠結合主義とは，事実についての主張（弁論）の段階と証拠調べの段階とを訴訟手続において区別しない主義であり，証拠分離主義とは，請求原因，抗弁，再抗弁等の審理の段階ごとに事実についての主張を打ち切り，必要な証拠調べを個別的に分離して行う主義である。民事訴訟法は，前者の立場を採っているが，審理が散漫になるという短所を補うため，攻撃防御方法の提出時期について適時提出主義を採り（民訴156），時機に後れた攻撃防御方法の却下（民訴157）や集中証拠調べ（民訴182）を規定している。

[田中]

証拠決定

特定の証拠方法について，証拠調べを命ずるか，あるいは当事者の申出を採用しないで却下するかの裁判所の決定をいう。民事訴訟法にはこの決定に関する規定がなく特段の形式は必要とされていないが，実務上は必ずなされている。すなわち，期日においては通常口頭でなされて，その結果が調書に記載され，期日外においては採否のみを明らかにした決定

書きが作成され，採否を決定することなく口頭弁論を終結したときは黙示に却下したものとみなされる。また，訴訟指揮に関する裁判であるから，いったんなされた決定を取り消すことも可能である。なお，自由心証主義（民訴247）のもとでは証拠決定も本来裁判所の裁量に委ねられているが，判例は民事訴訟法181条に関して，当事者が申し出た唯一の証拠方法は特段の事情がない限り必ず取り調べなければならないとしている（最判昭53・3・23判時885・118）。　　　　　［田中］

証拠原因

裁判官が事実についての主張を真実と認めるについて心証形成の原因となった資料や状況をいい，これには証拠調べの結果と弁論の全趣旨がある（民訴247）。証拠調べの結果とは，証言・検証の結果等証拠方法の取調べにより感得された証拠資料であり，弁論の全趣旨とは，当事者の主張の内容やその主張の態度等，証拠資料以外の期日における一切の事情をいう。証拠調べの結果と弁論の全趣旨には，証拠原因としての優劣はなく，裁判官は，自由な心証により，弁論の全趣旨のみによって事実を認定したり，証拠調べの結果よりも弁論の全趣旨を重視して事実を認定することもできる。　　　　　［田中］

証拠抗弁

相手方のなした証拠調べの申出に対して，申出の不適法，証拠能力の欠缺（けんけつ）等を主張してその却下を求めたり，証拠調べの結果について，手続の不適法，信用性がないこと等を理由に，事実についての主張を真実と認めるべきか否かを判断する資料として特定の証拠資料を採用しないことを求める陳述をいう。裁判所は，証拠調べの申出について必要でないと認めるときはこれを却下することができ（民訴181①），証拠調べの結果の採否については自由な心証によりこれをなすことができるから（民訴247），証拠抗弁は当事者の補助事実の主張ないしは証拠調べに関する意見の陳述にすぎない。
　　　　　［田中］

証拠裁判主義

裁判における事実の認定は証拠によるとする主義であり，近代国家における裁判に共通の原理である。民事訴訟法は，当事者が自白した事実及び顕著な事実は証明することを要しないと規定し（民訴179），それ以外の事実は証明を要するものとしてこの主義をいわば裏側から明らかにしている。当事者の自白した事実が証明を要しないのは弁論主義の要請に基づくものであり，顕著な事実が証明を要しないのは裁判所が誤りのない心証を得ていることを理由とする。なお，人事訴訟においては自白拘束の適用が排除される（人訴10②）。　　　　　［田中］

証拠調べ

裁判所が，事実等についての主張を真実と認めるべきか否かを判断するために，証拠方法を取り調べて証拠資料を得る行為ないしはその訴訟手続をいう。証人尋問・当事者尋問・鑑定・書証及び検証について各規定がおかれており，また，通常の証拠調手続前の証拠調べとして証拠保全の規定がおかれている。弁論主義のもとでは証拠調べは原則として当事者の申出に基づきこれを採用してなされるが，例外的に，当事者尋問，官庁等への調査の嘱託，検証の際の鑑定等，職権でできるものもある。裁判所は当事者が自白した事実及び顕著な事実は証拠調べを要せず（民訴179），また，当事者が申し出た証拠で必要でないと認めるものは証拠調べを要しない（民訴181①）。審理の充実及び

促進のため、証人及び当事者の尋問はできる限り争点及び証拠の整理が終了した後に集中して行わなければならず（民訴182）、その申出もできるかぎり一括してしなければならないと規定されている（民訴規100）。また、直接主義の要請から証拠調べは受訴裁判所がなすのが原則であるが、外国における証拠調べについてはその国の管轄官庁又はその国に駐在する日本の大使・公使もしくは領事に嘱託してしなければならないとされ（民訴184）、相当と認めるときは裁判所外で証拠調べをすることができ、その場合には受命ないしは受託裁判官による証拠調べをなすこともできる（民訴185）。

[田中]

証拠調調書

裁判所書記官が作成する口頭弁論調書のうち、証拠調べの結果が記載された部分をいう。口頭弁論調書と一体である旨が記載されたうえで、口頭弁論調書とは別綴（つづ）りの証人調書、本人調書、鑑定人調書、検証調書と題された書面として作成され、訴訟記録の証拠の部門に編綴（へんてつ）される。なお、証人・当事者本人又は鑑定人の陳述については、それを録音テープ又はビデオテープに記録し、これをもって調書の記載に代えることができるが（民訴規68）、この場合に当事者の申出等により作成される証人等の陳述を記載した書面は、証拠調調書ではなく、上記録音テープ等の内容を理解するために参考とする説明資料的な書面にすぎない。

なお、口頭弁論調書に関する規定は、弁論期日外の証拠調期日や受命・受託裁判官の行う期日について作成される調書に準用されている（民訴規78）。[田中]

証拠調べの嘱託

受訴裁判所が相当と認める場合に他の地方裁判所又は簡易裁判所に嘱託して証拠調べをさせることをいう。証人等の尋問については、直接主義の要請と審理の充実とを考慮して、⒤証人が受訴裁判所に出頭する義務がないとき又は正当な理由により出頭することができないとき、ⅱ証人が受訴裁判所に出頭するについて不相当な費用又は時間を要するとき、ⅲ現場において証人を尋問することが事実を発見するために必要であるとき、ⅳ当事者に異議がないときに認められるが（民訴195）、その採否については、映像等の送受信による通話の方法による尋問（民訴204）や尋問に代わる書面の提出（民訴205）との比較衡量も必要となろう。

[田中]

証拠資料

裁判所が証拠方法を取り調べることにより感得した資料をいう。裁判官がその五官の作用によって得たもので、例えば、証人から聴取した証言、当事者尋問の結果、鑑定人の意見、文書の記載内容、検証の結果がこれにあたり、調査嘱託（民訴186）に対する回答も直接証拠資料となる。証拠資料は裁判官が心証形成のために用いることができる資料であり、裁判官は自由な判断により証拠資料の証拠力を評価して事実についての主張を真実と認めるべきか否かを決することになる。

[田中]

証拠制限契約

証拠契約のうち、証拠方法について、例えば書証又は証人のみに限るなど一定の証拠方法だけに限定したり、一定の証拠方法は提出しないことを合意するものをいう。弁論主義のもとでは、裁判所は当事者が申し出た証拠方法についてのみ

取り調べることができるから、その申出に関する合意である証拠制限契約は有効と解され、証拠制限契約に違反する証拠の申出は不適法として却下されることになる。もっとも、実務上、証拠制限契約が証拠抗弁として主張される例はあまり聞かれない。　　　　　　　　　[田中]

証拠提出責任

英米法の陪審裁判において、陪審の実体判断を受けるために必要とされる、事実の存在を一応推認させる証拠を提出する責任をいう。わが国の民事訴訟においては、このような意味で用いられることはないが、客観的証明責任を負担する当事者が敗訴を免れるために争いのある事実について証拠を提出すべき責任という意味（抽象的証拠提出責任）で用いられたり、一方当事者の立証活動によって形成される裁判官の心証に対応して他方当事者が事実上負う現実の証明の必要の意味（具体的証拠提出責任ないしは証拠提出責任）で用いられることがある。[田中]

証拠能力

証拠方法として用いられる適格をいうが、一定の証拠資料を事実認定のために用いる適格という意味で用いられることもある。証拠能力については、一般的制限規定はなく、忌避の決定がなされた鑑定人（民訴214）や手形小切手訴訟における文書以外の証拠方法（民訴352）などについて若干の規定があるにすぎない。伝聞証拠や訴訟提起後に係争事実に関して作成された書面（いわゆる陳述書）にも証拠能力が認められる。

実務上証拠能力が問題とされるのは、窃取した文書や無断録音したテープ等といった違法収集証拠についてがほとんどであり、その場合には民事訴訟法における信義則を理由に証拠の申出が却下されることもある。　　　　　　　　　[田中]

証拠分離主義　⇒「証拠結合主義・証拠分離主義」

証拠方法

裁判官がその五官の作用によって取り調べることができる人又は有形物をいう。民事訴訟法は、証人・当事者本人・鑑定人（以上を人的証拠あるいは人証という）・文書・検証物（以上を物的証拠あるいは物証という）の5種類を規定する。図面・写真・録音テープ・ビデオテープその他の情報を表すために作成された物件で文書でないものについては、文書に準ずるものとして書証の規定が準用される（民訴231）。現行の民事訴訟法は、当事者本人についての補充性を廃止し、証人と当事者本人の尋問を行うときにはまず証人を尋問するが、適当と認めるときは当事者の意見を聞いて、まず当事者本人を尋問することができる旨を規定する（民訴207②）。　　　　　　　　　[田中]

証拠保全

あらかじめ証拠調べをしておかなければその証拠方法を使用することが困難となる事情が認められるときに、通常行われる時期前に証拠調べをして証拠資料を保全する手続をいう。実務上代表的なものは、破棄あるいは改竄（かいざん）等のおそれを理由とするカルテ等の診療記録の検証、老齢又は病気等による死亡のおそれを理由とする証人尋問又は当事者本人尋問などである。原則として申立てによりなされるが、訴訟係属中は、既に申し出られた証拠方法や職権ですることが可能な証拠調べについては職権でもできる（民訴234・237）。管轄裁判所は、訴え提起後はその証拠方法を使用すべき審級の裁判所（ただし、最初の口頭弁論期日が指定

され,又は事件が弁論準備手続もしくは書面による準備手続に付された後,口頭弁論終結までは,受訴裁判所)であり,訴え提起前又はその後であっても急迫の事情があるときは証拠方法の居所ないしは所在地を管轄する地方裁判所又は簡易裁判所である(民訴235)。なお,証拠保全には迅速性が要求されるため,受訴裁判所が合議体であるときは,受命裁判官に証拠調べをさせることができる旨が特に規定されている(民訴239)。なお,証拠保全には本来の機能のほかに,その派生的機能として,証拠の開示的機能があり,証拠保全の結果,事実関係が明確になることにより,訴訟の提起が回避されあるいは紛争の拡大が予防されるという機能があるといわれている。　　　　　　　　　　［田中］

証拠申出

一定の事実を証明するため,裁判所に対し,特定の証拠方法の取調べを求める当事者の申立てをいう。証拠の申出は,訴訟の進行状況に応じ適切な時期に(民訴156),証明すべき事実を特定し(民訴180①),証明すべき事実及びこれと証拠との関係を具体的に明示して行う必要がある(民訴規99①)。また,証人尋問の申出はできる限り個別的かつ具体的に記載した尋問事項書(民訴規107)を,文書の提出による書証の申出は文書の標目,作成者及び立証趣旨を明らかにした証拠説明書をそれぞれ提出しなければならない(民訴規137①)。なお,証人及び当事者本人の尋問の申出はできる限り一括してしなければならない(民訴規100)。

［田中］

証拠力

一定の証拠資料が証明対象とされた事実等の認定に役立つ効果の程度をいう。証拠力は概念上形式的証拠力と実質的証拠力に分けられ,文書については,まず,その成立の真正(形式的証拠力)が証明されることが必要とされ(民訴228①),それが肯定された後に,その文書に記載された作成名義人の意思や思想が前記事実等の認定に役立つ効果の程度が判断されることになる。文書以外の証拠方法については,形式的証拠力に関する規定はなく,実質的証拠力と区別して判断する実益もないことから,通常形式的証拠力が明示的に判断されることはない。　［田中］

照査手続

昭和54年改正前の民事訴訟法(強制執行編)(旧民訴586・587)時代の有体動産における強制執行において,第2の債権者が重ねて差押えを申し立てた場合の手続を照査手続といった。執行官は従前の差押調書に基づいて動産を照査し,未差押物があればこれを差し押さえて調書に添付した。照査手続は配当要求の効力と先行差押えが取り下げあるいは取り消された場合に差押えの効力を有するものとされた。民事執行法125条は,第2の差押えの申立てがあったとき,二重差押えを禁止するとともに,照査手続と同様の手続をして事件を併合すべきものと定め,事件の併合は照査手続と同様の配当要求の効力と差押えの効力を有するものと規定している。　　　　　　　　　　［坂本］

商事仲裁

商事紛争の解決のために行われる仲裁手続を商事仲裁という。仲裁契約(公催仲裁786)に基づいて行われるのが通常である。商事仲裁がもっとも活用され効果を上げているのは国際取引に関してである。英米などに常設仲裁機構が設けられており,わが国にも国際商事仲裁協会が設置されている。商事仲裁は各種の国際条約によって規制されており,条約締結国間

で仲裁判断の承認及び執行を容易にする目的で制定された条約に「外国仲裁判断の承認及び執行に関する条約」（ニューヨーク条約，1958年）などがある。
[坂本]

商事非訟事件

非訟事件手続法3編に規定された事件で，商法において裁判所が関与して処理するものとされた事件である。会社及び競売に関する事件，社債に関する事件，会社の整理に関する事件，会社の清算に関する事件がある。非訟事件手続は，職権主義的・簡易迅速主義的色彩が濃い。二当事者対立構造は希薄で，職権探知主義が採られ（非訟11），審問は公開されず（非訟13），裁判は通常決定で行われ（非訟17），原則として覊束力（きそくりょく）を有しない（非訟19）。他方，裁判は通常形成的であるから，当事者だけでなく一般第三者や他の国家機関もこれを承認しなければならない。
[坂本]

消除主義

不動産の売却に当たって，差押債権者の権利に優先する不動産上の負担を消滅させ買受人に負担のない不動産を取得させるべきか（消除主義・消滅主義），又はその負担を消滅させずに買受人に引き受けさせるべきか（引受主義）は，売買等の任意譲渡との均衡，不動産上の権利者の満足度，買受人の地位の安定等の見地から総合的に考慮すべき重要な立法政策上の問題である。この両主義の対象となる不動産上の負担には短期賃借権（民395）のように差押債権者の権利に劣後するものも含まれる。

引受主義は優先権利者の地位を安定させ，負担のある分最低売却価額が下がり，買い受けがしやすいという利点があるが，売却条件で厳格に負担の範囲を確定しなければならず，また買受人はいつ引き受けた負担の実行をされるか分からないという危険をも負担することになる。消除主義を採った場合は，それとは逆に，買受人は負担の洗い流された単純な権利関係の不動産を取得することになり，簡明で，手続は安定する。

昭和54年改正前の民事訴訟法中の強制執行編（旧民訴649）は，消除主義と引受主義を併用し，先取特権・抵当権については消除主義を，留置権・質権については引受主義を採ることを原則とした。民事執行法59条も原則的にはそれにならうものであるが，使用収益をしない旨の定めのある質権については消除主義を採用することとし，また差押債権者には対抗しうるが，先順位に売却によって消滅する担保権が存在する，いわゆる中間の用益権その他の中間の物的負担もまた売却により消滅するものとした。
[坂本]

証書真否確認の訴え

書面の真否の確認は事実の確認にすぎないから確認訴訟の対象とならないのが原則である。しかしその書面の内容から直接ある権利関係の存否が証明されるときには例外的にその真否の確認の訴えが認められている（民訴134）。手形などの有価証券の他，借用証書などもその書面に当たる。しかし，この確認の訴えで勝訴したとしても，証書の真正な成立が確定されるだけでその内容をなす法律関係そのものについて既判力が生じるわけではない。したがって，紛争の解決に直結しない場合も少なくない。また，すでに訴訟が係属し，そこで証書の真否が争われているような場合には，新たに証書真否確認の訴えを提起する利益は認められない。
[坂本]

証書訴訟

大正15年法律61号による改正前の民事訴訟法は，第5編に証書訴訟の制度を置いていた。証書訴訟には，通常証書訴訟と為替訴訟とがあった。前者は金銭又はその代替物の請求につき原告の所持する書証のみによる立証を認め，迅速に債務名義を与えることを目的としたもので，督促手続と目的を同じくするものであったが，対席の判決手続である点で異なっていた。為替訴訟は手形金の請求をするもので，その手続は通常証書訴訟と同一であった。現行民事訴訟法5編の手形小切手訴訟はその流れを汲むものである。

［坂本］

少数意見

合議体でする裁判はその評議によって行われるがこれを公行しないことになっているため（合議の秘密（裁75）），評議内容が公表されることはない。しかし，最高裁判所の裁判にあっては，各裁判官は裁判書（さいばんがき）にその意見を表示しなければならない（裁11）から，評決で多数を占めた意見以外の少数意見も公表される。少数意見には，慣行上，多数意見に加わった裁判官がさらに意見を付加した「補足意見」，結論・理由ともに多数意見に反対する「反対意見」，結論は多数意見と同じだが理由付けが異なる「意見」の3つがある。法解釈についての最高判断機関内に意見の相違があればそれを公開することの意義と，あわせて裁判官の国民審査のための資料を提供する意味があるといわれている。

［坂本］

上訴

裁判が確定する前に，上級裁判所に対し自己に不利益な原裁判の取消し・変更を求める不服申立てをいう。裁判に対し不服を有する当事者の救済を図る目的と，最終的には最高裁判所が事件を審理することによって，法令の解釈・適用の統一を図る法秩序統一の目的があるといわれる。上訴が申し立てられると，原裁判の確定は遮断される（確定遮断効）。また上訴は上級裁判所で審理されることになる（移審効）。この確定遮断効と移審効が上訴の本質的内容である。現行の民事訴訟法上の各種の不服申立てのうち，第一審終局判決に対する控訴（民訴281），第二審終局判決に対する上告（民訴311）・上告受理の申立て（民訴318），判決以外の決定・命令に対する抗告（民訴328）・再抗告（民訴330）のみが上訴である。再審（民訴338），特別上告（民訴327），特別抗告（民訴336）・許可抗告（民訴337）は確定遮断効がなく，手形判決や少額訴訟判決に対する異議（民訴357・378①）・支払督促に対する督促異議（民訴386②）等の異議には移審効がないため，いずれも上訴ではない。

上訴が申し立てられた場合，相手方もこれに附帯して自己に有利に裁判の変更を求めることができる。これを附帯上訴といい，各上訴に対応して，附帯控訴，附帯上告，附帯抗告という。

上訴の形式的要件として，上訴の対象適格のある終局的裁判がなければならない。言渡し前の裁判に対する上訴は不適法である。中間的裁判に対しては，法が例外として許容している場合を除き上訴することはできない。

上訴の実質的要件として，上訴の当事者適格を有することのほか，上訴人に原裁判に対する不服，すなわち原裁判の既判力を生じる判断部分（主文）が当事者の申立てよりも小さいことがなくてはならない。⇒「執行抗告」「保全抗告」

［坂本］

上訴期間

上訴は、裁判の確定遮断効を有しているから、裁判の不安定性を避け、確実性を保つため、一定の期間を限って適法に上訴を提起できるようにしている。これを上訴期間という。控訴及び上告については判決の送達があった日から2週間（民訴285・313）であるが、抗告については原裁判の取消しを求める利益がある限りいつでも提起できる。即時抗告については裁判の告知があった日から1週間である（民訴332）。ただし、裁判所は付加期間を定めることができる（民訴96）。期間経過後に提起された上訴は不適法として却下される。ただし事情によって上訴の追完が認められる場合がある（民訴97）。

[坂本]

上訴権

不利な裁判を受けた当事者が上級裁判所に対し上訴できる訴訟上の権能を上訴権という。上訴の種類に応じて控訴権・上告権・抗告権がある。上訴権を有するものは、原裁判に対し上訴の利益を持つ者、すなわち原裁判によって不利益を受ける当事者・補助参加人（民訴42）・検察官（人訴2）・不出頭の証人（民訴192）らである。上訴権は、上訴期間の徒過、上訴権の放棄、上訴の取下げによって消滅する。

[坂本]

上訴権の放棄

上訴権を有する者がこれを行使しない旨の意思表示をすることを上訴権の放棄といい、それが認められることは民事訴訟法が明記するところである（民訴284・313）。自己に不利な裁判がなされて初めて上訴権が発生するから、裁判の前にあらかじめ上訴権を放棄することは認められない。その法的性質は裁判所に対する書面又は口頭による単独の訴訟行為である。上訴権の放棄によって上訴権は消滅する。放棄後の上訴は不適法で却下される。なお、上訴提起後の上訴権の放棄は上訴の取下げとともにしなければならない（民訴規173）。

[坂本]

上訴権の濫用

上訴は判決の確定を遮断する効力を有するから濫用される傾向にある。判決の正当であることを知りながら訴訟の完結を遅延させることのみを目的として上訴する場合を上訴権の濫用という。上告の濫用に対処するため、新民事訴訟法（平成8法109）は、上告理由として、憲法の解釈に誤りがあること等を理由とする権利上告（民訴312）と判例違反等を理由とする裁量上告（上告受理の申立て（民訴318））とを峻別（しゅんべつ）する制度を設けた。明らかに理由のない権利上告は決定で上告を棄却することができる（民訴317）。上訴権の濫用については制裁規定が設けられている（民訴303・313）ほか、上訴権濫用として控訴が不適法却下されることもあり得る（最判昭53・7・10民集32・5・888参照）。

[坂本]

上訴裁判所

控訴は第一審裁判所の終局判決に対する上訴である。第一審裁判所は簡易裁判所と地方裁判所である。前者の終局判決は地方裁判所に、後者の終局判決は高等裁判所に控訴される。控訴審は続審である。上告は第二審裁判所の終局判決に対する上訴である。地方裁判所の終局判決は高等裁判所に、高等裁判所の終局判決は最高裁判所に上告される。上告審は法律審である。なお飛越（とびこし）上告の合意がある場合は、第一審判決について直ちに上告することができ（民訴311）、高等裁判所が第一審の判決については最高裁判所に上告することができる（民訴

311)。抗告手続は控訴手続に準じ(民訴331),再抗告手続は上告審の手続が準用される(民訴規205)。　　　　　[坂本]

上訴制限

上訴の効果として判決の確定が遮断されるから,敗訴当事者は,勝訴の可能性が低くても,専ら訴訟手続の終結確定を引き延ばす目的で上訴を申し立てがちである。また,裁判所の組織上,上級審ほど裁判所の数が減少するので,上級裁判所の裁判官の過大な負担を避け上級審の機能維持を図る必要がある。平成8年改正前の旧民事訴訟法上は,不十分な仮執行制度(現民訴259,旧民訴196),書面審査による上告棄却制度(現民訴319,旧民訴401),控訴が「訴訟ノ完結ヲ遅延セシムル目的ノミヲ以テ」なされた場合における控訴手数料10倍以下の制裁金納付命令(現民訴303,旧民訴384ノ2①。なお,上告等にも準用。現民訴313等)で対応し,特別の上訴制限は設けられていなかった。そこで,新民事訴訟法(平成8法109)では特に最高裁判所の負担の軽減を図り,最高裁に対する上告理由を①憲法違反と②法令違反のうち重大な手続違反に限ることとし(民訴312①②),また裁量上告制(民訴318)や決定による上告棄却制度(民訴317①)を設けた。　　　　　[村瀬]

上訴提起の効力

上訴が適法に提起されたときは,それにより原裁判の確定が遮断されて,事件は上級裁判所に係属する。前者を上訴の確定遮断効,後者を上訴の移審効といい,この2つの効力は上訴の本質的要素である。もっとも,決定・命令については告知することによりその効力が生じるから(民訴119),確定が遮断されてもその効力の発生は妨げられない。また,抗告が提起されたときには,原裁判所は再度の考案をすることができるから(民訴333),その限度で移審の効力も修正されることになる。

確定遮断効・移審効の及ぶ対象の範囲は,上訴人の申し立てた不服の範囲に限らず,原裁判全体に及ぶので(上訴不可分の原則),両当事者は不服を申し立てられていない部分についても,不服申立ての範囲の拡張や附帯控訴により争うことができる(民訴293①)。　　　　　[村瀬]

上訴の取下げ

いったん提起された上訴の撤回を内容とする裁判所に対する上訴人の訴訟行為をいう。民事訴訟法上,上訴の取下げには,①控訴の取下げ(民訴292),②上告の取下げ(313),③抗告の取下げ(民訴331)が規定されている。上訴の取下げは,当該上訴に対する終局判決がなされるまでの間にすることができ(民訴292①),訴えの取下げの場合と異なり(民訴261②),被上訴人の同意は不要である。取下げの効果として,訴えの取下げが下級審を含めた訴訟係属自体が遡及的(そきゅうてき)に消滅するのに対し,上訴の取下げは上訴審での係属が遡及的に消滅するにとどまり(民訴292②・262①),その結果,上訴取下げ時にすでに上訴期間が経過しているか,上訴取下げ後に上訴期間が経過することにより,原裁判が確定することになる。　　　　　[村瀬]

上訴の要件

上訴が適法とされるために具備しなければならない一定の適法要件をいい,一審での訴訟要件と共通の性質を有するものである。上訴要件は職権調査事項であるから,裁判所は上訴要件の欠缺(けんけつ)を認めたときは,当事者の主張の有無にかかわらず,上訴を不適法として却下しなければならず,それに対する不服申

立てがなければ原審判決が確定する。上告については、上訴要件が欠缺しその補正ができないときは、上告状の提出を受けた原裁判所が、決定で上告を却下する(民訴316①1)。上訴要件存否の判断をする時期は上訴審の審理を終結する時であるが、上訴提起行為そのものの要件(例えば上訴提起時の訴訟能力や上訴期間経過後の上訴提起)については、上訴の時が基準となる。

各上訴に共通する上訴要件は、ⅰ上訴が法定の方式に従い、有効であること、ⅱ上訴期間経過前に提起されたこと、ⅲ原裁判が不服申立てのできる裁判であり、その裁判に適した上訴であること、ⅳ不上訴の合意又は上訴権の放棄がないこと、ⅴ上訴人が上訴の利益を有することである。このうちⅳの要件はその不存在が上訴要件となる消極的上訴要件である。また、ⅰ〜ⅳの要件は形式的上訴要件であるのに対し、ⅴの要件は裁判の内容にかかわる実質的上訴要件である。　［村瀬］

上訴の利益

上訴の利益は、不服の利益ともいい、実質的上訴要件として、原判決により上訴人が受ける不利益をいう。上訴は敗訴当事者に対する誤判からの救済という目的をもつから、たとえ裁判が不当なものであると考えても、その裁判が自己に有利な内容のものであるときは上訴の利益を欠き、この裁判に対し上訴を申し立てることはできない。したがって、上訴当事者の適格は、この上訴の利益の有無によって決定されることになる。

上訴の利益がいかなる場合に存在するのかについては、学説上争いがある。ⅰ原審における当事者の申立てとそれに対してなされた原判決とを比較して、原判決が全部勝訴でない場合に認められるものとする見解(形式的不服説)が通説・判例(最判昭31・4・2民集10・4・297)である。この説は、このように考えるのが基準として明確であるし、請求より下位の争点である判決理由中の判断の不服を理由とする上訴を封じることにより、上訴の濫発を防ぎ、上訴審の処理の迅速を維持できることを理由とする。

これに対し、ⅱ控訴審で訴えの変更や反訴など、実体法上、さらに有利な判決を求め得る可能性があればよいとする見解(実体的不服説)がある。しかし、この見解では上訴を認める範囲が広くなりすぎるという問題があり、現在では少数説である。　［村瀬］

上訴不可分の原則

上訴の申立てがなされると、上訴人の不服申立ての範囲いかんにかかわらず、上訴の対象となった事件のすべてが不可分的に上訴審に移ることをいう。例えば、原告が100万円の支払を請求した訴訟で、70万円を認容し、残りについては請求を棄却する一部認容・一部棄却判決がなされ、原告だけが棄却された30万円の支払を求めて控訴を提起した場合、控訴審で現実に審判の対象となるのは、不服申立てのあった30万円の部分だけであるが(民訴296①)、確定遮断効や移審効はいずれも事件全体に及んでいるので、認容された70万円の部分が確定して既判力や執行力が生ずるということはなく、移審効が生じているから、被控訴人は口頭弁論の終結に至るまでいつでも附帯控訴を申し立てて(民訴293①)、この部分を現実の審判の対象とすることができる。

［村瀬］

譲渡命令

差し押えられた債権が、条件もしくは期限付であるとき又は反対給付にかかることその他の事由によりその取立てが困

難であるときは、執行裁判所は、差押債権者の申立てにより、その債権を執行裁判所が定めた価額で支払に代えて差押債権者に譲渡する命令を発することができる(民執161①)。この命令を譲渡命令という。

差し押えられた債権の換価は、差押債権者による取立て(民執155)、第三債務者の供託に基づく配当等の実施(民執156・166①)又は転付命令(民執159)の方法によるのが原則であるが、差し押えられた債権が、条件もしくは期限付であるとき、又は反対給付にかかることその他の事由によりその取立てが困難であるときは、これらの方法によることができないので、民事執行法161条は、譲渡命令のほか、売却命令・管理命令等の特別な換価方法を規定している。

譲渡命令は、債権に対する強制執行について規定されているが、不動産・船舶・動産及び債権以外の財産権(これを「その他の財産権」という)に対する強制執行並びに債権及びその他の財産権を目的とする担保権の実行においても準用されている(民執167①・193②)。実務上は、電話加入権やゴルフ会員権等のその他の財産権に対する執行において発せられることが多い。　　　　　　　　　　[村瀬]

証人

裁判権を行使する権限をもつ裁判所その他の機関からの一定の尋問に対して、自己の経験により認識することができた事実を供述することを命ぜられた第三者をいう。鑑定人及び当事者尋問の対象としての当事者と並んで人証の一種であるが、自らの体験した具体的事実を供述する点で特別の専門知識を適用して得た判断・意見を供述する鑑定人とは異なり、さらに同じく自己の経験した具体的事実を供述するが第三者である点において当事者と異なる。なお、特別の学識経験があったことによって知り得た過去の事実を報告するものを鑑定証人と呼ぶが、この場合も自己の過去に得た具体的な事実を報告する点において証人であるとされ、証人と同じ手続で尋問される(民訴217)。証人を取り調べた結果、裁判所が得る証拠資料(証人の供述)を証言という。
　　　　　　　　　　[村瀬]

証人義務

裁判所の決定に従って、証人として出頭・供述し、かつ宣誓する義務である(民訴190)。この義務は、日本の裁判権に服従する者が国家に対して負う一般的な公法上の義務である。国際法上又は条約上の治外法権の特権を有する者には、この義務はないが、任意に尋問に応じれば、証人となることはできる。その内容は、上述のように出頭義務・供述義務・宣誓義務からなるが、正当な理由なくしてこれらの義務に反した場合には、費用の負担、過料、罰金、拘留等の制裁を課される(民訴192・193・200・201⑤)ほか、裁判所は正当な理由なく出頭を拒むものを勾引(こういん)することもできる(民訴194)。ただし、公務上(民訴191)ないし職業上(民訴197)の秘密に関する事項及び親族等の訴追等にわたる事項(民訴196)に関しては証言を拒むことができるほか、宣誓に関してもその趣旨を理解できない者や証言に一定の利害関係をもつ者に関しては、宣誓義務が免除される等の規定が存在する(民訴201③④)。供述義務は自ら認識したことを誠実に述べるべき義務であるが、それ以上に積極的に調査・発見をする義務までを含まない。出頭を拒み得る正当な理由としては、出頭不能な程度の病気、交通機関の故障、海外旅行であることなどのほか、呼出状の送達が遅れて出頭期限に間に合わない場合、出

頭旅費が不足な場合なども含まれる。

[村瀬]

証人尋問

証明の対象となる事実につき、その者が体験した過去の事実を供述（証言）させて、その証言を証拠とする方法で行われる証拠調べをいう。民事訴訟法上、証人尋問の申出には証すべき事実（民訴180①）のほか、証人を指定し（民訴規106）、呼出状に記載しなければならない尋問事項の要領を記載した書面を所定の数だけ提出する必要がある（民訴規108・107）。証人が出頭したときは裁判長（又は単独裁判官）は人定質問後、原則として証人に宣誓させてから尋問に入る（民訴201①）。証人の尋問は、(i)その尋問の申出をした当事者、(ii)反対当事者、(iii)裁判長の順序であるが、新民事訴訟法（平成8法109）では、裁判長は、適当と認めるときは、当事者の意見を聴いて、その順序を変更することができるとした（民訴202、民訴規113）。証人の尋問は口頭により、かつ数人の証人があるときは隔離して各別にするのが原則であるが、必要があれば証人を在廷傍聴させ、又は対質を命ずることができる（民訴規118①・120）。

なお、上記新法により、証人尋問の申出はできる限り一括すべきとし（民訴規100）、尋問事項はできる限り個別的・具体的に記載するものとし（民訴規107②）、証人尋問及び当事者本人尋問は、できる限り争点及び証拠の整理が終了した後に集中して行わなければならないとされた（民訴182）。　　　　　　　[村瀬]

証人能力

証人として尋問され、その証言を証拠資料とすることができる適格を証人能力という。わが国の民事訴訟法は証人の知能・年齢等によってあらかじめその証人たる適格を排除する規定がなく、何人でも証人として尋問することができる。ただし訴訟当事者及びその法定代理人は当事者尋問の手続が別途規定されていることから、証人能力がないとされる（民訴207①・211）。法人その他の団体が当事者である場合、これを代表して訴訟を遂行すべき代表者又は管理人も法定代理人に準じる（民訴37）。共同代表である場合は各代表者とも証人能力を欠く。証人能力のないものを誤って証人として尋問した場合には違法となるが、当事者の責問権の喪失があれば当事者尋問に転用できる（大判昭11・10・6民集15・1789）。

[村瀬]

証人の書面尋問

新民事訴訟法（平成8法109）205条は、裁判所は、相当と認める場合において、当事者に異議がないときは、証人の尋問に代え、書面の提出をさせることができると定めている。旧法（平成8年改正前の民事訴訟法）は、簡易裁判所の訴訟手続に関する特則として書面尋問を設けていたが（旧民訴358ノ3）、上記新法の施行により、簡易裁判所のみならず地方裁判所及び高等裁判所においても可能になり、その意味で書面尋問の適用範囲が拡大されたことになる。もっとも、書面尋問ができる者の範囲が上記旧法では証人と鑑定人の双方に可能であったのに新法では証人に限られていること（鑑定に関する新民事訴訟法216条は書面尋問に関する205条を準用していない）及び書面尋問ができる要件として新法では当事者双方に異議がないことが加重されていること、の点で異なっている。

民事訴訟法205条適用の具体例としては、(i)遠方居住、(ii)病気による不出頭、(iii)業務多忙、(iv)在監者等が考えられる。

[村瀬]

商人破産主義・一般破産主義

商人破産主義とは，商人に対してだけ破産手続を認め，非商人が債務を完済することができないときは，通常の強制執行手続のみを許す主義をいい，一般破産主義に対するものである。この主義を採る法制では，破産法は商法典の一編として規定されるのが通例である。フランス法系はこれに属し，わが旧破産法(明治23法32。大正11年法71により廃止)・大正11年法71号により廃止された商法旧3編破産編（旧商978）もその主義であった。

[村瀬]

小破産

破産財団に属する財産が少額であるために，時間と費用を節約する観点から，通常の破産手続より簡易・迅速に手続を遂行する破産手続をいう。破産財団に属する財産の額が100万円に満たないと認めるときに，裁判所が小破産の決定をなす(破358)。破産宣告と同時に決定されるか否かによって，同時小破産と異時小破産とに分けられる。

小破産においては，以下の点で手続が簡易化されている。ⅰ第1回債権者集会期日と債権調査期日の原則的併合（破362），ⅱ監査委員の不置(破363)，ⅲ債権者集会の決議を裁判所の決定をもって代え，原則として債権者集会は開かない(破364)，ⅳ1回配当(破365)，ⅴ公告は掲示で足りる（破366・116）。　　[村瀬]

消費者訴訟

消費者が事業者を相手として起こす訴訟をいう。サラリーマン金融やクレジットカードなど消費者信用の拡大に伴い消費活動が増大する傾向にあるが，同時に，契約を巡るトラブルも増加している。類型としては，訪問・割賦販売，原野商法，先物取引，現物まがい商法，ネズミ講などがある。

わが国では消費者取引の適正化を図る統一的な立法はなされておらず，消費者保護のための特別法として「割賦販売法」「訪問販売法」などが制定され，地方自治体の中には，不適正な取引を規制するための条例を制定しているところもある。しかし，取引社会は次々に新たな契約形態が生じることから，これらの規制だけでは不十分であり，現行法規の解釈により対処しているのが現状である。

[村瀬]

消費者破産

消費者破産とは，一般的にはサラリーマン金融やクレジットカードなど消費者信用の拡大に伴って多数の債務を負担した個人消費者がその弁済ができなくなり，裁判所に申し立てる債務者個人の自己破産・免責申立ての総称として使われる概念である。

昭和50年代になり，消費者信用の拡大に伴い，支払不能に陥る債務者が増加する傾向にあった。その内容は，債務者が個人又は個人事業者，債権者がサラ金や信販・クレジット会社で，債務総額も数百万円から1000万円を超す程度であり，当初の少額債務の返済に困り，借換えの形で次々と借りたため債務総額が増大するというものや，無計画なクレジット利用による債務累積というものが典型的な事例である。その後，昭和58年にいわゆるサラ金2法（「貸金業の規制等に関する法律」「出資の受入れ，預り金及び金利等の取締りに関する法律改正法」）が制定され，サラ金破産は減少傾向にあったが，代わってクレジットカード等の消費者信用供与の多様化にともなう新たな消費者破産が増加している。これは免責を主たる目的とした自己破産事件が急増していることから表面化しているが，弁護士等に

よる私的整理も多く、さらに民事調停による多重債務の処理も行われている。

なお、消費者破産の場合、財団が乏しい場合が多いので、管財人が選任されず、破産宣告と同時に同時破産廃止決定(破145)がなされ、その後に免責の申立てをするのが一般である。　　　　[村瀬]

小法廷 ⇒「大法廷・小法廷」

譲歩の取消し

倒産債権者が強制和議において倒産者に与えた譲歩を、取消事由がある場合に、個別的に撤回する旨の個々の債権者の意思表示をいう。

取消事由としては、ⅰ強制和議が不正の方法によって成立した場合(破329①)、ⅱ破産者が強制和議の履行を怠った場合(破330)がある。ⅱでは、履行を受けなかった債権者のみが取消権を取得する。

取消手続は、各破産債権者が破産者に対し、裁判外の意思表示によってする。取消権は、債権者が取消原因を知った時から1か月、また強制和議の認可決定の確定の時から2年以内に行使しないと消滅する(破329②)。

譲歩取消しの効果としては、ⅰ譲歩の取消しは和議の取消しと異なり、和議の個別的・相対的取消しであるから、強制和議そのものに影響を及ぼさない。ⅱ譲歩を取り消した債権者は、和議条件によってその債権につき受けた不利益を回復するが、和議によって得た権利(利益)は、人的又は物的担保には影響を及ぼさない(破331①)。ⅲ譲歩が債務の一部免除の場合、債権全額が回復する。しかし、回復した債権額については、他の債権者に対する和議の履行が妨げられることを防止するため、和議の履行が完了した後でなければその権利を行使できない(破331②)。ⅳ譲歩が期限の猶予である場合、明文の規定がないので争いがあり、譲歩の取消しにより直ちに全額の支払を請求できるとする見解もあるが、債務の一部免除の規定の趣旨を尊重して、和議の履行が完了した後に遡及的(そきゅうてき)に遅延損害金を請求できるにとどまるとする見解が多数説である。　　　[村瀬]

証明 ⇒「証明・疎明」

証明責任

証明責任(挙証責任・立証責任ともいう)とは、訴訟において裁判所がある事実の存否につきそのいずれとも確定できない場合(真偽不明)に、その結果として、判決において、その事実を要件とする自己に有利な法律効果の発生又は不発生が認められないことになる当事者の一方の危険又は不利益である。この場合、その当事者がその事実について証明責任を負っているという。

実体法は、「ある法律要件があれば、ある法律効果が発生する」と規定している。裁判所は、法律要件に該当する事実が存在する(真である)と判断すれば、法律要件に対応する法律効果の発生を認め、逆に、事実が存在しない(偽である)と判断すれば、その法律効果の発生を否定することになる。

裁判所が、事実の存否を真とも偽とも確定することができない場合、当該法律要件の成否を判断することができないから、当該法律効果を認めるか否かも判断できないことになる。しかし、このような場合でも裁判所は裁判を拒否することができないので、事実の存否に関する主張を真あるいは偽であると擬制し、その擬制された事実を判決の基礎として法を適用し、当該法律効果を否定ないし肯定するのが民事訴訟の原則である。真偽不

明の場合に，当該法律効果を全部否定又は肯定するのではなく，特別の法律効果を与えるものとして，確率的心証の理論（心証割合による認定，割合的認定）がある。

ある事実の証明責任は，当事者の一方のみが負うのであって，同時に一方がその事実の存在，他方がその事実の不存在（反対事実）の立証責任を負うことはない。そして，ある事実の立証責任をどちらの当事者が負うかは，訴訟の最初から抽象的に定まっているのであり，訴訟の経過によって，最初原告にあった証明責任が途中で被告に転換されるということはない。当事者の一方が有力な証拠を出し，これを放置すればその事実が認定されてしまうので，他方当事者が反対の証拠を出さなければならぬ立場に追い込まれることがあるが，この場合は，立証の現実の必要が移ったのであって，証明責任が相手方に移ったのではない。

なお，裁判官が事実の存否について確信を抱くことができれば，証明責任は問題とならない。証明責任は，審理の最終段階でなお事実の真偽が不明である場合に初めて働くものである。

弁論主義のもとにおいては，各当事者は，自己に有利な裁判を受けるために，立証責任を負う事実についてこれを証明しなければならない立場に立たされるが，この行為責任を主観的証明責任といい，これに対し上述した証明責任を客観的証明責任という。　　　　　　［青山］

証明責任の転換

証明責任の分配の法則が例外的に修正される場合をいう。ある事実の存在又は不存在について当事者のいずれが証明責任を負担するかは，当初から抽象的かつ法律的に定まっているから，証明責任は，具体的な訴訟の経過によって一方の当事者から他方へ移転したり変更されたりすることはない。

したがって，証明責任の転換は，証明責任の分配に関する一般的原則を，特殊な場合に立法によって修正を加えることを意味する。例えば，不法行為（民709）による損害賠償請求では被害者側が加害者の過失について立証責任を負うが，自動車事故による損害賠償請求では，自動車損害賠償保障法3条ただし書により，加害者の側で自分に過失のないことの証明責任を負うものとされる。

しかし，近時，具体的な訴訟審理の過程で一定の事態が生じた（証明妨害）ときや特定の事実が証明された（医師の職務上の重大な医療ミス）ときにも，（客観的証明責任の意味における）証明責任の転換が認められるかが問題となっている。

［青山］

証明責任の分配

証明責任の分配とは，いかなる事実についていずれの当事者に証明責任を負担させるかという問題である。民事訴訟において，権利を主張する者がすべての事実を証明しなければならないとすれば，権利を行使することが極めて困難となるので，両当事者の間に証明責任を適宜分配する必要がある。問題は，どのような原理にしたがって証明責任を分配するかである。

通説である法律要件分類説によれば，証明責任は以下のとおり分配される。ⅰ権利の発生を定める法条（権利根拠規定という）の要件事実は，その権利を主張する者が証明責任を負う。ⅱいったん発生した権利の消滅を規定する法条（権利消滅規定という）の要件事実については，権利を否認する者に証明責任がある。例えば，債務の弁済・免除，契約の取消し・解除，消滅時効の援用等。ⅲ権利根拠規

定にもとづく法律効果の発生を障害する法条（障害規定という）の要件事実は，その法律効果の発生を争う者に証明責任がある。例えば，契約に要素の錯誤・虚偽表示等の無効原因があるとの事実。権利消滅規定に対する関係でも障害規定がある。例えば，契約の取消しに対する追認，消滅時効に対するその中断等である。

近時，前記通説に対し，権利根拠規定と権利障害規定の区分はあいまいであり，証明責任分配の実質的基準とすることができないと批判し，証拠との距離，立証の難易，禁反言又は経験則の蓋然性（がいぜんせい）等を基準に証明責任の分配を考えるべきであるとする説が主張されている。　　　　　　　　　　　　［青山］

証明・疎明

証明とは，訴訟上，ある事項について裁判官が確信を得た状態，又は，この確信を裁判官に得させようとして証拠を提出する（立証する）当事者の努力をいう。確信とは，ある事実の存在について合理的な疑いの余地のない程度の心証をいう。請求の当否を理由付ける事実の認定には，証明が要求される。

これに対して，疎明は，裁判官の心証が確信の程度にまで達しないが，一応確からしいとの認識を得た状態，又は，一応確からしいとの認識を裁判官に得させようとする当事者の努力をいう。疎明が許されるのは，原則として，法律や規則で特に明定した場合に限られる。手続に関係する申立てや保全命令の申立ては疎明で足りるとされている（例えば，民訴規10③，民訴35①・91②，民保13②等）。
　　　　　　　　　　　　　　　　［青山］

証明妨害

訴訟当事者（一般には証明責任を負っていない当事者）が，証拠保存義務あるいは事案解明への協力義務に違反して，相手方による証拠の収集・提出を困難にしたり，妨げることをいう。証明妨害があった場合，裁判所は事実認定のうえで，妨害を受けた当事者の主張に関して，その者に有利な調整を図ることができるとされる。

民事訴訟法が規定する証明妨害の例として，文書提出命令に従わないこと（民訴224①），相手方の使用を妨げる目的で提出義務ある文書を毀滅（きめつ）しその他使用不能としたこと（民訴224②），対照文書を提出しないこと（民訴229④）等がある。前記の場合には，その文書に関する挙証者の主張を真実と認めることができる。　　　　　　　　　　　　　［青山］

証明力　⇒　「証拠力」

消滅主義　⇒　「消除主義」

剰余主義

差押債権者が，強制執行又は担保権の実行の結果，請求債権について全く弁済を受けられないことが見込まれる場合には，その執行を許さないとする原則をいう。これを採用したのは，執行債務者の財産を強制的に換価しても差押債権者に配当する剰余がないのに，その後の手続を進めることは，無意味であるばかりでなく，換価が時宜を得ないために売却価額が低くなるときは，差押債権者や執行債務者に不利益をもたらすからである。

不動産執行の場合，剰余の見込みのないときは，差押債権者に通知し，差押債権者が1週間以内に剰余の見込みを証明するか，又は手続費用及び優先債権の合計額を越える価額で買い受ける者がないときは自ら買い受ける旨又はその差額を負担する旨を申し出で，かつその保証を提供しないときは手続が取り消される

(民執63・188)。動産執行の場合には, 剰余の見込みのない場合の差押禁止と差押後における剰余の見込みのない場合の差押えの取消しを規定し(民執129), 更に債権執行の場合についても, 同趣旨の規定があり(民執規141①②), 各々の執行手続において, 剰余主義が採用されている。

[芳田]

将来の給付の訴え

事実審の口頭弁論終結時に, 履行期未到来の給付請求権, あるいは未だ現実には発生していない給付請求権を訴訟物とする給付の訴えをいう。この訴えは, 判決を得ても直ちに給付を求めることはできないが, 将来求めることができるようになったとき直ちに給付してもらえるよう, あらかじめその請求をして執行力ある給付判決を得ておく必要性(訴えの利益)の存在する場合に限って提起できる(民訴135)。

訴えの利益は, ⅰ被告が, 履行期到来以前に債務の存在等を争っていて, 履行期が到来しても履行しないと主張している場合, ⅱ継続的給付義務につき現在の給付部分について既に不履行がある場合に将来の分を併せて請求する場合, ⅲ給付義務の性質上, 少しでも履行が遅れると債務の本旨に従った履行とはいえない場合(例えば, 民法542条の定期履行債務)や原告が著しい不利益を受ける場合(例えば, 扶養料支払債務)などに認められる。

将来の給付の訴えは, 原告の給付請求権が事実審の口頭弁論終結時には未だ現実に発生していなくても, 発生が相当程度確実な場合は認められる。すなわち, 不動産明渡訴訟における不法占有の場合の明渡し時までの賃料相当額の損害賠償請求は許される。しかし, 判例は, 将来の航空機騒音被害についての慰謝料請求は許されないとする(最判昭56・12・16民集35・10・1369(大阪空港訴訟))。

[芳田]

嘱託鑑定

裁判所が, 必要があると認めるときは, 官公署, 外国の官公署又は相当の設備のある法人に鑑定を嘱託することをいう(民訴218①前)。嘱託は鑑定事項を明らかにした嘱託書を送付すればよく, 官公署又は法人の代表者を呼び出すことを要しない。嘱託を受けた官公署等は, 内部の担当者が鑑定意見を決定した上, 官公署等の名において鑑定書を裁判所に提出する。裁判所は, 必要があると認めるときは, 官公署又は法人の指定した者に鑑定書の説明をさせることもできる(民訴218②)。以上の嘱託の性質上, 宣誓, 出頭に関する制裁, 口頭陳述の諸規定の準用はない。

[芳田]

職分管轄

裁判権の種々の作用をどの種の裁判所に分担させるかの定め, 又はそれによって与えられた裁判所の役割のことであり, 職務管轄ともいう。これは, 各種の裁判所の基本的な役割を定めるものであるから, 原則的に専属管轄である。

職分管轄の例としては, ⅰ判決手続を行う裁判所である受訴裁判所並びに民事執行等の手続を行う裁判所である執行裁判所(民執3)及び保全裁判所(民保2)の区分, ⅱ簡易裁判所における起訴前の和解(民訴275)及び公示催告手続(公催仲裁764②)などの特別の職務分担, ⅲ裁判に対する不服申立て制度の下での各裁判所間の審判の順序や上下関係の定めの審級管轄がある。

[芳田]

職務期間 ⇒ 「固有期間・職務期間」

職務上の当事者

法律上一定の職務にある者が、その地位に基づいて訴訟追行権を与えられている場合をいう。訴訟物たる権利義務の帰属主体による訴訟追行が不可能・困難又は不適当である場合、その権利義務に関する紛争解決の必要上、それに関する訴訟を可能にするため、特別に当事者適格を付与したものである。婚姻事件・養子縁組事件・親子事件において本来の適格者の死亡後にも訴訟を可能にするために当事者とされる検察官及び弁護士（人訴2・26・32）、成年被後見人の離婚訴訟及び嫡出否認の訴えについての成年後見人又は成年後見監督人（人訴4・28）、海難救助債務者のためにその請求を受ける船長（商811②）などが職務上の当事者の例である。　　　　　　　　　　　　　[芳田]

除権判決

公示催告の申立人の利益に権利を変更する旨を宣言する形成判決をいう。この手続は、「公示催告手続及ビ仲裁手続ニ関スル法律」（明治23法29）の定めるところである。

公示催告の申立人の申立てに基づいてなされる（公催仲裁765）。催告を受けた権利の届出があっても手続を中止しないで判決をすることができるが、その場合には届出人のために権利を留保して除権判決をする（公催仲裁770）。裁判所は証書の無効を宣言した判決については、判決の要旨を官報・公報その他に公告する（公催仲裁773・784②）。除権判決は言渡しと同時に確定し、権利の喪失変更を生ずる。判決後、判決の趣旨と相反するような事実があっても、判決が適法に取り消されない限り判決の効力は左右されない。除権判決は言渡しと同時に確定するから上訴はできないが、手続又は判決に重大な瑕疵（かし）があるときは除権判決に対する不服の訴えを提起できる（公催仲裁774②）。　　　　　　　　　　　　　　[芳田]

書証

民事訴訟法上、書証とは、文書の記載内容である思想や意味を証拠資料とするための証拠調べをいう。すなわち、書証とは、当事者又は第三者の作成したものであり、思想や意味が文字等により表現されている文書を裁判官が閲読して、その内容を事実認定のための資料とする証拠調べのことであるが、対象となる文書自体を意味する場合もある。

書証の申出は、原則として挙証者が自ら所持する文書であればこれを提出し、相手方又は第三者が所持する文書であればその者に対する提出命令を申し立てることによって行う（民訴219）。更に文書送付嘱託の申立てによることも許される（民訴226）。新民事訴訟法（平成8法109）は、提出命令の対象となる文書の範囲を拡大して一般義務化した（民訴220。提出義務のない文書は公務文書と民訴220④イ～ハの文書）。提出義務があるのにこれに応じないと、当事者は文書の成立及び内容に関する挙証者の主張を真実と認められる不利益を受け（民訴224①）、第三者は過料の制裁を受ける（民訴225①）。当事者が故意にその文書を滅失した場合も、文書に関する挙証者の主張が真実と認められることになる（民訴224②）。文書には、すべて証拠能力があるが（通説・判例（大判昭14・11・21民集18・1545））、その証拠力（証明力）については、形式的証拠力と実質的証拠力に分けて判断される。
　　　　　　　　　　　　　　[芳田]

除斥

具体的事件について、裁判官が事件又は事件の当事者との間に法で定めた一定の関係（除斥原因）がある場合に、その裁

判官は，法律上，当然その事件につき職務の執行ができなくなることをいう。この制度は，具体的事件において，担当裁判官がたまたま事件と特別の関係にある場合に不公平な裁判のなされることを防ぎ，裁判の公正を保障することにある。

除斥原因があるときは，申立て又は職権で除斥の裁判をする（民訴23②）。除斥原因がある裁判官の関与した判決に対しては上訴もできるし（民訴312②②），再審も認められる（民訴338①②）。除斥についての規定は，裁判所書記官に準用され（民訴27），執行官につき別に規定がある（執行官3）。　　　　　　　　　　　［芳田］

除斥原因

裁判官が法律上当然に職務執行から排除されることになる裁判官と事件又は事件の当事者との関係をいう。除斥原因は，民事訴訟法23条に列挙されている。

裁判官と事件の当事者との間に一定の関係がある場合としては，ⓘ裁判官又はその配偶者もしくは配偶者であった者が，事件の当事者であるか，又は事件について共同権利者・共同義務者もしくは償還義務者であるとき，ⓘⓘ裁判官が当事者の4親等内の血族，3親等内の姻族であるか，もしくは同居の親族であるとき，又はそれらの者であったとき，ⓘⓘⓘ裁判官が当事者の後見人，後見監督人又は保佐人等であるとき，ⓘⓥ裁判官が事件につき，当事者の代理人又は補佐人であるとき又はあったときの各除斥原因がある。

裁判官と事件との間に一定の関係がある場合としては，ⓘ裁判官が事件につき証人又は鑑定人となったとき，ⓘⓘ裁判官が事件につき仲裁判断に関与し，又は不服を申し立てられた前審の裁判に関与したときの各除斥原因がある。前記ⓘⓘの除斥原因は審級制度を保障するため設けられたものである。なお，除斥の規定は，裁判所書記官に準用されている（民訴27）。　　　　　　　　　　　［芳田］

職権主義・当事者主義

民事訴訟における主導権を裁判所と当事者のどちらがもつかにより，裁判所がこれを有するのが職権主義で，当事者が有するのを当事者主義という。

民事訴訟は，その対象が私人間の利益をめぐる紛争であり，本来当事者が処分の自由を有しているのであるから，当事者が主導権をもつのは当然であるが，同時に多数の事件を適正・迅速に処理する手続であるから，訴訟手続開始後の進行については，裁判所が主導権を有している。具体的には，民事訴訟において，手続ないし具体的問題の審理の開始・終了に関し職権調査主義によらず処分権主義を採用し，訴訟資料の収集に関し職権探知主義によらず弁論主義を採用し，訴訟手続の進行については当事者の自由な進行には任せず職権進行主義によっている。また，人事訴訟については真実発見の高度の必要性があり，判決の効力が第三者にも拡張されるので，職権探知主義が採用されている。さらに，通常の民事訴訟においても，訴訟要件の存否や強行規定の遵守の有無等の問題は職権調査事項であり，裁判権など公益性の強い問題については職権探知主義によっている。

［芳田］

職権証拠調べ

当事者の申出によることなく，裁判所が職権で開始する証拠調べをいう。弁論主義を採用する民事訴訟法の下では，原則として，職権証拠調べをすることはできず，例外的にこれが認められているにすぎない。すなわち，民事訴訟法は，管轄権の有無その他職権で調査すべき事項について行われる職権証拠調べ（民訴

14），職権によってなされる当事者尋問（民訴207①）及び必要な調査を官庁その他の団体に嘱託することを定めている（民訴186）。

特別法においては，職権探知（人訴14・26・31②，破110②）及び職権証拠調べを認めている（行訴24）。　　　　[芳田]

職権進行主義・当事者進行主義

職権進行主義とは，当事者の申立てによらず，裁判所の主導権のもとで訴訟手続の進行が行われる主義をいう。これに対して，当事者進行主義とは，訴訟の進行及び整理につき，裁判所が積極的に関与せず，これを当事者の権限ないし責任とみて当事者に負わせる主義をいう。民事訴訟の進行を当事者の自由に任せると，事件の円滑な進行を害し，裁判所の負担を重くし，他の多数の事件の適正・迅速な処理にも影響を及ぼすおそれがあるとして，近時の立法例は，いずれも職権進行主義を採用し，わが民事訴訟法も，同様である。すなわち，期日の指定及び呼出し（民訴139）は職権で行うし，また期日の変更の要件を厳重にし（民訴93③④，民訴規37・64），裁判所によって弁論の制限・分離・併合がなされ（民訴152①），中断した訴訟も受継（じゅけい）をまたず職権で続行を命じ得ること（民訴129）ができるなどの規定が設けられている。

[芳田]

職権審理主義

民事訴訟法上，当事者の主張をまたずに，裁判所が積極的に職権で事実を取り上げて審理の対象とし，かつその事実の存否を認定するため職権で証拠調べを行うことをいう。後者を強調すると，職権探知主義ともいわれる。

この職権審理主義は，公益に関する事件，すなわち人事訴訟・破産事件について認められている（人訴14・26・31②，破110②）。通常の民事訴訟でも公益に関する事項についてこの主義によって行われることがある。例えば，治外法権・専属管轄・除斥原因・二重起訴の禁止がそれである。

職権審理主義の下では，当事者は訴訟の運命を左右することはできず，当事者の行う弁論は職権探知の補充にすぎない。したがって，当事者は，資料の出し遅れによる不利益も免除されるし，裁判上の自白の効力も認められない（人訴10①・26・32）。　　　　[芳田]

職権送達主義・当事者送達主義

送達制度には，裁判所がその職権において送達を実施する職権送達主義と，当事者の申立てに基づいて送達する当事者送達主義がある。

送達は，訴訟手続の進行に重大な関係がある訴訟行為であり，当事者の申立てを待って実施していたのでは迅速・確実な訴訟手続の進行を期待しがたいため，民事訴訟法は，原則として職権送達主義を採用している（民訴98）。公示送達の場合は，その要件の証明が当事者の責任と定められている関係上，例外的に当事者の申立てによってなされる（民訴110①）。もっとも，特別に必要な事情がある場合は，職権で公示送達することもできる（民訴110①）。　　　　[芳田]

職権探知主義

裁判所が，判決の基礎となる事実の確定に必要な資料を積極的に収集する責任を負うとする原則をいう。これによれば，裁判所は，当事者が主張していない事実を判断の資料として斟酌（しんしゃく）することもできるし，職権で証拠調べをすることも許される上，当事者の自白にも拘束されない。

実体的真実の確定の要請が強い人事訴訟においては職権探知主義が採用されている（人訴14・26・31②）。民事訴訟手続では弁論主義の原則が採用されているが、通常の民事訴訟でも、裁判権の有無、当事者の実在、専属管轄など公益に関する事項の判断については例外的に職権探知によって行われる。　　　　　　［芳田］

職権調査

当事者の異議や申立てをまたずに、裁判所が訴訟上の事項につき自ら進んで調査し、判断することをいう。職権調査は、主として訴訟要件又は個々の訴訟行為の適法要件など訴訟制度の維持に必要な一定の公益的な事項について行われる（職権調査事項の例としては、管轄権、当事者能力、訴訟能力、代理権、訴え併合の要件、不変期間の遵守、既判力の有無、事件に適用すべき実体法規の探索、除斥原因の有無等）。職権調査事項については、当事者の合意又は放棄により調査を妨げられることはない。職権調査事項のうち、訴訟要件のほとんどは、その存否判断の資料収集につき職権探知主義が採用されている。　　　　　　　　　　　［芳田］

職権調査事項

当事者の異議や申立てをまたずに、裁判所が自ら進んで一定の訴訟上の事項につき調査し判断する対象となる事項をいう。民事訴訟法上、職権調査事項に属するのは、一般の訴訟要件の存否、訴訟法上の強行規定の遵守の有無、適用する実体法規の探索、口頭弁論の公開の有無等である。

職権調査事項としては、①訴訟要件の具備、例えば裁判所に管轄権のあること、当事者に当事者能力・訴訟能力があること、当事者が当事者適格を有すること、訴訟提起の代理人に代理権のあること、併合事件につき併合要件のあること、二重起訴でないこと（民訴142）、再訴でないこと（民訴262②）、訴えの利益のあることなど、ⅱ事件に適用すべき実体法規の調査、ⅲ除斥原因の有無（民訴23）、ⅳ裁判所の構成の適否（民訴312②①）、ⅴ口頭弁論の公開の有無などがある。前記の各事項のうち、実務上問題となるのは、もっぱら訴訟要件に関するものが多い。

訴訟要件を欠く以上、裁判所は本案の審理・判決はできず、本案の審理・判決は裁判所の責務である以上、裁判所は訴訟要件の存在について当事者の申立てを待たず、自ら職権によって調査を開始するのが原則である。しかし、仲裁契約や不起訴の合意など、私的な利益に関する訴訟要件については、当事者からの申立てがあって初めて調査を開始すれば足りる（抗弁事項）し、また、その判断の基礎資料の収集につき、常に職権探知が妥当するとは限らず、例えば、訴えの利益の有無や当事者適格の存否は職権調査事項であるが、本案と密接な関係を有するため、その判断の資料は当事者の弁論から得れば足りるとされている。

［村瀬・芳田］

職権調停

紛争当事者の意思によることなく、裁判所の職権で事件を調停に付することをいう。通常の民事事件の場合は民事調停法によって職権調停が認められ、家事事件の場合には調停前置主義の結果、さらに広い範囲で職権調停が認められている。

まず、受訴裁判所は係属する民事事件を職権で民事調停に付することができる。しかし、訴訟の促進の点から、事件について争点及び証拠の整理が完了した後は当事者の合意がないとできないとされる（民調20①）。

次に、家事事件では、調停前置主義の

結果，調停の申立てをすることなく訴えを提起した場合は，裁判所が調停に付することを適当でないと認める場合以外はその事件を家事調停に付さなければならないし，もし訴訟が係属している場合はいつでも職権で家庭裁判所の調停に付することができる（家審18・19①）。また家庭裁判所は，家事調停ができる審判事件（家審9①乙類）をいつでも職権調停に付することができる（家審11）。　　［芳田］

処分禁止の仮処分

所有権その他の権利について，債務者からその処分権能を剝奪（はくだつ）する仮処分をいう。この仮処分は，特定物等についての給付請求権の権利の実現を保全するため，債務者の目的物に対する法律上の処分を禁止する不作為命令を中核とするものであり，係争物に関する仮処分の代表的なものである。この仮処分の目的は，ⅰ本案訴訟において債権者は債務者だけを被告として手続を進めることを可能にすること（当事者の恒定），ⅱ権利の順位を保全することにある。

この仮処分のうち多く利用されるのが，不動産の登記請求権を保全するためのものである（民保53・58）。この仮処分の執行は，当該不動産について処分禁止の登記をする方法により行われ，その結果，仮処分債権者は，処分禁止の登記に後れる第三者の登記を抹消することができる。不動産に関する権利以外の権利，例えば自動車・船舶・建設機械などの登記，登録を対抗要件又は効力発生要件とするもので登記又は登録を請求する権利を保全するための仮処分は不動産に関する登記請求権を保全するための処分禁止の規定が準用される（民保54・61）。

建物収去土地明渡請求権保全のための建物の処分禁止の仮処分は，その建物について処分禁止の登記をする方法により行われる（民保55）。この効力として，債権者は，本案の債務名義に基づき，その登記がなされた後に建物を譲り受けた第三者に対し，建物の収去と敷地の明渡しの強制執行をすることができる（民保64）。

債権についても，債権の帰属が争われているとき，例えば，債権の二重譲渡の場合など債権者であると主張する者が，これを争う者を相手方としてこの仮処分を求めることになる。　　［芳田］

処分権主義

当事者の自由意思によって，訴訟の開始・終了及び訴訟物を特定することができることをいう。当事者処分（権）主義ともいう。私法上の権利につき私的自治の原則が認められているが，処分権主義は，この原則を民事訴訟法に反映させたものである。

処分権主義の内容であるが，ⅰ民事訴訟は，原告による訴え提起行為がなければ開始されない（民訴133）。控訴等の上訴の手続も同様である（民訴286①）。ⅱ当事者は，その意思により訴訟を終了させることができる。これには，原告の意思のみによって可能な場合，被告の同意を要する場合及び当事者の合意による場合がある。訴えの取下げについては，被告の応訴前であれば原告の一方的意思によって可能であるが，被告の応訴後はその同意を必要とする（民訴261①②）。これに対し，訴訟物自体を自分にとって不利益に処分することにより訴訟を終局判決前に終了させる場合には相手方の同意を要しない。原告による請求の放棄，被告による請求の認諾がこれである（民訴266）。当事者双方の互譲による訴訟法上の和解によっても訴訟は終了する（民訴267）。ⅲ審判の対象である訴訟物の特定は，原告の意思に委ねられている。審判の対象であ

る訴訟物を特定させるため，訴状には，請求の趣旨及び原因が必要的記載事項とされている（民訴133②）。

処分権主義の原則から，裁判所は，当事者の申し立てていない事項については判決できない（民訴246）。例えば，100万円の請求に対し120万円の支払を命ずるような申立てよりも量的に多い裁判とか，建物の明渡請求に対し建物所有権確認をするような申立てと質的に異なった裁判をすることは，処分権主義に反し許されない。これに対し，単純給付の訴えが提起されたが，被告の同時履行の抗弁を認めて，引換給付判決を命じることは処分権主義に反しない（大判明44・12・11民録17・772）。また，現在の給付の訴えに対し，期限未到来であることを理由に，将来の給付判決をすることについては争いがあるが，肯定説が多数である。処分権主義に反しているか否かの判定にあたっては，申立事項（訴訟物）の解釈が重要な意味をもつ。

処分権主義は，非訟事件手続には適用されない。共有物分割の訴えや境界(けいかい)確定訴訟のような形式的形成訴訟も，形成訴訟の形式をとるものの実質的には非訟事件の性質を備えているから，裁判所が合目的的見地から裁量的な判断が認められるものであり，裁判所は当事者の申し立てた分割方法や境界線に拘束されることはない。　　　　　　　　［芳田］

処分証書・報告証書

処分証書とは，その文書によって法律行為が行われている場合の文書をいう。例えば，手形・遺言書がその典型である。もっとも，書面によらなくてもできる法律行為についても，その文書によって直接それが行われたものであれば処分証書となり，売買契約書とか契約解除の通知書等はその例である。

これに対し，報告証書とは，処分証書以外の証書で人の見聞・意見を記載した文書のことである。例えば，受取証・商業帳簿・日記帳・診断書等がこれにあたる。

処分証書か報告証書かの区別は，証明力の点からなされたものである。すなわち，処分証書にあっては，文書の成立の真正が証明されれば，少なくともその行為が行われたことが判明するから，報告証書よりもその証明力の点において直接的であるといえる。　　　　　　　　［芳田］

書面主義　⇨　「口頭主義・書面主義」

書面による準備手続

当事者双方が，裁判所に出頭することなく書面の提出・交換などにより争点等を整理する手続をいう。当事者が裁判所から遠隔地に居住しているとき，裁判所への出頭を要求すると時間等の関係で期日の調整が困難となり，訴訟遅延を招く危険がある。そこで，かかる弊害を回避し早期の争点整理を可能にするため平成8年法律109号の民事訴訟法制定で導入された。

この手続は高等裁判所以外では裁判長が行い，必要に応じて電話会議システムなどを利用することができ（民訴176①③），結果の要約書面の提出（民訴176④），証明すべき事実の確認（民訴177），攻撃防御方法の制限（民訴178）など，準備的口頭弁論と同様の規定がおかれている。　　　　　　　　　　　　　［清水］

信義則　⇨　「民事訴訟における信義則」

真偽不明

真偽不明（non liquet）とは，事実特に法規の構成要件である主要事実の存否が

確定できず不明な場合を言う。この真偽不明の場合の処理をどうするかが問題となる。即ち，裁判所は当事者間に争いのある事実については証拠により事実の存否を確定し，その確定した事実に法規を解釈・適用することによって裁判を行うが，事実の存否が不明でも裁判を拒否することはできない。そこで裁判所は，真偽不明の事実を存否いずれかに仮定し，法規を適用し，法律効果の発生又は不発生を判断するほかない。弁論主義のもとでは，当事者には，事実（主要事実）が真偽不明の場合，判決においてその事実を要件とする自己に有利な法律効果の発生又は不発生が認められないことになる危険ないし不利益が生ずる（証明責任）。
[清水]

審級

審級関係とは数多くの裁判所の間に上級・下級の関係を設けることである。

裁判が人間である裁判官により行われるため，誤判の可能性がないとは言い切れない。これを防止するため当事者から裁判に対して他の裁判所に不服申立てをする途が認められている。わが国でも永年の経験に基づき裁判所の裁判結果に対して，裁判所の間に審級関係を設けそれを3つの審級に分けて順次上級の裁判所に2回までの不服申立てを認めるという制度がとられている（三審制）。

判決手続の控訴・上告，決定・命令手続の抗告・再抗告の制度がこれにあたる。
[清水]

審級管轄

審級の管轄とは，同一事件を異なる審級の裁判所に重ねて審判させる場合，これらの裁判所間の審判の順序及び上下の関係に関する定めをいう。

判決手続については，上訴として控訴，更にその上級の裁判所に対する上告の2階級が認められているが（三審制度），簡易裁判所が第一審裁判所になる事件については，控訴裁判所は地方裁判所（裁24③），上告裁判所は高等裁判所（裁16③）となる。地方裁判所が第一審裁判所になる事件については，控訴裁判所は高等裁判所（裁16①），上告裁判所は最高裁判所（裁7①）となる。また，行政事件訴訟では高等裁判所が第一審の管轄権を有する場合があり（独禁85等），この場合，最高裁判所は上告裁判所となる（民訴311①，裁7①）。なお，審級管轄は飛越（とびこし）上告の合意で省略が可能である（民訴281①但）。
[清水]

審級代理

訴訟委任に基づく訴訟代理権は各審級ごとに別個に与えられる。これを審級代理の原則という。訴訟代理権の範囲は，円滑な手続の進行を確保する必要性と代理人が弁護士に限定されることから，包括的なものとして法定され，これに対する制限は無効とされる（民訴55③）。他方，重大な結果をもたらす事項については本人の意思を尊重し特別な授権を必要とする（民訴55②）。この特別授権事項に上訴の提起が規定されていることから（民訴55②③），訴訟代理権の範囲が同一審級にのみ止まるものと解される。したがって，例えば第一審のみ委任された代理人には，当事者からの特別授権がない限り相手方の控訴・上告等に応訴する権限はない。
[清水]

審級の利益

同一事件について階級の異なる裁判所に反復して審判を求め，慎重な審判を受けることのできる当事者の利益をいう。民事訴訟（判決手続）においては，第一審・控訴審・上告審と三審制が認められ

ており，当事者には各審級に応じて十分な攻撃防御を尽くす機会が与えられている。例えば，控訴審で反訴を提起するには相手方の同意が必要であり（民訴300①），不適法却下の判決をした原審の判決を取り消す場合に原審への必要的差戻しを定める規定（民訴307）は，第一審における当事者の審級の利益を考慮したものに他ならない。　　　　　　　　[清水]

新競売 (けいばい)

民事執行法施行以前の旧民事訴訟法6編及び旧競売法（31・32）の用語であった。競売期日に競買人の申出がない場合，競落を不許可とする場合，最高価格競買人が競買を取り消した場合，その後に続行する競売手続のことを新競売と言った（旧競売法31・32）。同様に民事執行法でも売却不許可決定ないし許可取消しなど（民執71）があったのち競売手続のやり直しを行わなければならないが，従来の手続と異なるものではないので新競売の用語は用いなくなった。　　　　[清水]

進行協議期日

新民事訴訟規則（平成8最高裁規5）2編2章4節により規定された新設の制度である（民訴規95~98）。裁判所と当事者双方が，口頭弁論期日の審理を充実させるために，審理の進行や証拠調べの対象・範囲等について協議する期日をいう。例えば，関係者が多数で事案も複雑な大規模訴訟ないし既に長期間審理を継続している事件等について，この手続により裁判所及び当事者双方が，審理の計画の策定ないし見直しを行い，理解を共通にし適切な期日の準備を企図するものである。裁判所外でも手続を実施することができ（民訴規97），受命裁判官により実施したり（民訴規98），弁論準備手続と同様な要件のもと電話会議の方法により実施することもできる（民訴規96）。なお，この手続では争点等の整理はできないので，提出された資料等はそのままでは訴訟資料にはならない。　　　　　　　[清水]

親子関係存否確認の訴え　⇒「おやこかんけい……」

人事訴訟

人の基本的な身分関係の形成・存否に関する紛争を対象とした，通常の民事訴訟とは異なる特殊原理により審判される特別民事訴訟である。人事訴訟は通常の民事訴訟と異なった以下に述べるような基本的特色を有しており，これを具体化した法律が人事訴訟手続法である。

ⅰ実体的真実主義：身分関係は国家社会秩序にも関わり，多数の利害関係人に画一的に確定すべき必要があるため公益性が強く，当事者が法定され，また公益の代表者としての検察官の訴訟関与を認めるなど（人訴2・4・20・25・26等），いわゆる処分権主義・弁論主義に依存する民事訴訟の原則を排除ないし制限し，裁判所が職権で証拠調べを行い，当事者の提出しない事実を斟酌(しんしゃく)することができ（職権探知主義（人訴14・31②）），実体的な真実発見が図られている。

ⅱ直接審理主義：また，身分上の行為については本人自身の意思を尊重するため，原則として本人が直接審理に関与することを要し（例外は成年被後見人），未成年者や被保佐人も法定代理人の代理ないし保佐人の同意なしに訴訟遂行することができる。また，最初の口頭弁論期日に被告が出頭しない場合は，裁判所は原則としてその期日に口頭弁論を行うことはできず職権で新期日を指定しなければならない（人訴11・26・32①等）。

ⅲ全面解決主義：身分関係は，これに関する訴訟の繰返しを避け，全面的安定

を確保すべき要請が強いので、同一の身分関係（婚姻の無効・取消し、離婚又はその取消しなど）については、原則として訴訟の併合が禁止され（人訴7）、別訴を禁止し（人訴9）、あらゆる争いを同一の訴訟手続に集中させ、判決が確定した場合第三者に対してもその効力を及ぼすもの（人訴18①・26・32①）とした。なお、人の身分関係にかかわる紛争については、明文がない場合、形式的には民事訴訟事件として扱われるが、人事訴訟の特質を有する人の身分関係に関する紛争（離婚・離縁無効の訴え、親子関係不存在確認の訴えなど）については準人事訴訟として人事訴訟手続法の類推適用が認められる。

もっとも夫婦親子関係以外の親族関係については、まず基礎となる基本的身分関係である夫婦関係・親子関係の確定をしなければならないとして直接的には人事訴訟の対象とはならない。また、基本的身分関係に基づき生ずる法律効果に関する紛争（例えば、財産上の訴えなど）は、その身分関係の存否について人事訴訟の特殊原理により処理する必要はないとされる（最判昭39・7・17民集18・3・473）。　　　　　　　　　　　　［清水］

人事訴訟手続法

明治31年法律第13号。一般法としての民事訴訟法に関する特別法であり、人事訴訟の審理に関しこの法律に規定のない事項については、民事訴訟法が適用される。

当初数多くの人事訴訟事件を規定していたが、民事訴訟法に関する大改正（大正15年）や昭和22年の家事審判法の制定により、現在では、婚姻事件（婚姻の無効もしくは取消し、離婚又はその取消し）、養子縁組事件（無効もしくは取消し、離縁又はその取消し）、親子関係事件（子の否認、認知、認知の無効もしくは取消し又は父を定める訴え等）が規定されるに止まる。

なお、家庭裁判所は、人事訴訟事件について調停を行うことができ（家審17）、人事訴訟を提起するものは、原則としてその事件をまず家庭裁判所の調停に付さなければならない（家審18）。受訴裁判所は、いったん調停を経た事件についても職権で調停に付すことができる（家審19）。　　　　　　　　　　　　［清水］

真実義務

当事者は、不真実と確信している事実の主張及びこれを基礎づける証拠の申出をしてはならず、真実と確信している相手方の事実主張を否認し、反証を提出してはならないという義務をいう。この場合の真実とは当事者が真実と考えている主観的な真実をいう。なお、当事者は、自己に不利益な事実についても陳述しなければならないとの意味で使われることもある。

弁論主義のもとでは、裁判資料の収集提出は当事者の自由な裁量及び責任とされているが、公正な裁判を実現するためには当事者の提出する裁判資料が正しいことを前提とするので一般的な真実義務が認められるに至ったが、これが法律上の義務と認められるか否かについては弁論主義との関係で争いがある。

わが国では実定法上の明確な根拠はないが、明文のあるドイツ、オーストリア法などとともに民事訴訟法209条・230条（旧民訴331・339）や訴訟上の信義則等を手がかりに肯定する見解が有力である。
　　　　　　　　　　　　［清水］

心証

裁判の基礎となる事実の存否について裁判官が抱く内心の意識状態・心理状態をいう。事実の存否について裁判官が確

信を抱く心理状態に達することを証明といい，裁判官が一応確からしいとの心理状態に達することを疎明という。

民事訴訟では，裁判官が，複雑な社会に生起するあらゆる事実を正確に認識するため，全面的に裁判官の見識を信頼し，心証形成の方法については証拠方法や経験則について法定の証拠法則などの制限を認めない自由心証主義をとる（民訴247）。　　　　　　　　　　［清水］

人証・物証

裁判所による事実認定のための材料を証拠といい，その取調べの対象となる有形物を証拠方法という。人証・物証とは，この証拠方法の分類の1つであり，人証は，証拠方法が自然人の場合をいい，証人尋問の対象となる証人，鑑定の対象である鑑定人，当事者尋問の対象である当事者がこれにあたる。物証は，証拠方法が自然人以外の有形物の場合で，書証の対象となる文書，検証の対象である検証物などがこれにあたる。　　［清水］

審尋

当事者又は利害関係人に書面又は口頭により無方式で陳述の機会を与えることをいう。決定・命令手続の審理方式の一つで，判決手続の口頭弁論に相当するものである。口頭弁論を開かない決定手続では，裁判所の裁量で当事者審尋ができ（民訴87②），抗告裁判所も抗告人その他の利害関係人を審尋することができる（民訴335）。通常審尋は裁判所（裁判官）の裁量でできるが，審尋が必要的な場合（民訴50②・199①等）あるいは審尋不要の場合（民訴386）の定めもある。［清水］

新訴訟物理論

いわゆる訴訟物論争，即ち審判の対象たる訴訟物の同一性をどのような基準で識別するかと，それに関連する諸問題（訴えの併合，訴えの変更，二重起訴，既判力の客観的範囲）をどう解決するかについての論争の中で生じた見解である。

実体上の請求権ごとに訴訟物を認める見解（旧訴訟物理論）に対して，請求権競合・形成権競合というかなりの頻度で生ずる法的問題について実体法上の枠を離れ，訴訟法独自の見地から社会通念上1個と認められる紛争を全体として1つの訴訟物（法的地位ないし受給権）と考える見解が新訴訟物理論である。

根拠としては実体法上の請求権・形成権ごとに分断されない紛争の抜本的一回的解決の要請，請求権・形成権の手段性，数個の認容判決まで欲しているわけではないとの原告の意思があげられる。この見解によると実体上の請求権・形成権の主張は，訴訟上の請求ではなく，それを基礎づける攻撃防御方法になる。

したがって，1つの訴訟で数個の請求権を主張しても訴えの併合にはならないし，1つの請求権の主張を他の請求権の主張に改めても訴えの変更にはならない。また，競合する両請求権を別々の訴訟で主張することは二重起訴に触れ，一方の請求権の主張で敗訴してしまうと他方の請求権の主張については既判力により遮断されることになる。　　　　　［清水］

人的裁判籍・物的裁判籍

事件の当事者特に被告との関連において定めた地点を人的裁判籍といい，事件の訴訟物たる権利関係との関連で定めた地点を物的裁判籍という。

普通裁判籍は被告の住所地（自然人），事務所ないし営業所の所在地（法人）であるから（民訴4），常に人的裁判籍であるが，特別裁判籍の場合は，人的裁判籍（民訴5③④），物的裁判籍（民訴5①②⑦以下）いずれもあり得る。

なお、ある事件について複数の裁判籍が認められる場合もあるが、原告は原則として裁判籍を任意に選択して訴えの提起が可能である。　　　　　　[清水]

人的執行・物的執行

債権の実現を図るため債務者の身体又は労働力までを執行の対象とする強制執行方法を人的執行といい、債務者の財産のみを執行の対象とする強制執行方法を物的執行という。個人の尊厳の原理を採用する現行の民事執行法においては、中世において多用された人的執行は影を潜め、わが国においても物的執行のみを認め人的執行は認めない。もっとも人的執行が、債権の実現を確保するうえで有用な点は否定できないことから、一定の要件のもとで人的執行を認める法制度も存在する（債務拘留（ドイツ民訴888）、人的仮差押え（同918））。　　　　　[清水]

新破産

強制和議成立による破産手続の終了後に、新たに生じた破産原因に基づき開始される破産手続をいう。強制和議の取消しにより従前の破産手続が復活する再施破産（破335）や破産手続係属中の自由財産について開始される第二破産（破97①後）とは区別される。新破産については、旧破産手続との連続性がないので破産宣告や管財人の選任は新たに行われる。もっとも破産法は再施破産と重複する面があるので、その手続を準用している（破344）　　　　　　　　　　　　[清水]

審判

広く審判と言う場合には、訴訟における審理・裁判の総称として用いられる。民事訴訟では講学上の概念としてこの意味で用いられることが多い。例えば、「審判の遅延、重複の弊害」など。狭義では、家庭裁判所が非公開で法律の厳格な適用ではなく後見的見地から判断を行う家事事件・少年事件に関する手続、行政機関の行う判断の手続の意味で使用する。家事審判・少年審判・行政審判などである。
　　　　　　　　　　　　　　　　[清水]

審判の対象

審判の対象とは、裁判所の審理し判断を下す事項一般を言うが、民事訴訟では当事者が申し立てていない事項について裁判所は判決することはできない（民訴246）。つまり民事訴訟では審判の対象は、当事者の申立事項に限定される。これは、元来民事訴訟の対象となる権利関係が当事者の自由な処分に委ねられているため、私的自治の訴訟面への反映として訴訟の開始、訴訟の終了とともに審判の対象について決定する自由を当事者に認めたものである（処分権主義）。また控訴審での審判の対象が、当事者が不服を申し立てた範囲に限定される（民訴296①・304）のもこの処分権主義の現れである。

ここにいう申立事項とは、原告が訴えをもって措定した権利関係の存否の主張と、その権利関係についていかなる種類の手続でいかなる内容の判決を求めるかについても含む概念であるが、ここで審判の対象という場合には、前者の訴訟物たる権利関係の意味で用いられることが多い。この訴訟物の範囲をどう考えるかについては新旧訴訟物理論の対立がある。

なお、当事者の自由な処分が及ばない事項、即ち、訴訟費用の裁判、仮執行宣言、仮執行免脱宣言、訴訟要件など裁判所が公益性の見地から職権で判断すべき事項については、申立てのいかんに係わらず裁判所は審判の対象になしうる。
　　　　　　　　　　　　　　　　[清水]

審問請求権

ドイツ憲法103条1項に規定される権利をいう。裁判手続一般において手続関係人に最小限保障された手続的権利である。自己の弁論の聴取を求める権利，告知を受ける権利などを内容とするが，わが国では実定法上の規定はない。しかし，「当事者権」と言われるもののうち弁論権及びこれを保障する手続上の諸権利を含む手続上の基本的観念として学説上用いられている。この権利が侵害されるとドイツでは上告理由になるほかドイツ連邦憲法裁判所の憲法訴願が認められる。

［清水］

審理の現状に基づく判決

平成8年法律109号の民事訴訟法制定により新設した制度である。裁判所は，当事者の双方又は一方が，口頭弁論期日に出頭しない場合等について，審理の現状及び当事者の従前の訴訟追行の状況を考慮して相当と認めるときは，終局判決をすることができる（民訴244）とした。

この制度は期日の欠席等による審理引延し，不熱心な訴訟追行に対する対応の1つであり，従前当事者双方が欠席した場合でも裁判に熟したときは終局判決ができるとした判例（最判昭41・11・22民集20・9・1914）の趣旨を立法化したものといえる（もっとも，その立法化の範囲等には争いがある）。なお，当事者双方の欠席と異なり一方当事者が欠席等をした場合には審理の現状に基づく判決ができるのは，相手方の申出がある場合に限られる（民訴244但）。

［清水］

審理不尽

審理不尽とは，判例が旧法(平成8年改正前の民事訴訟法)以来用いている明文の規定がない上告理由で，釈明権の行使を著しく怠ったなど必要かつ十分な審理を尽くさなかったことをいう。判例は，審理不尽を法令解釈の誤り，理由不備と併用的に用いていることがほとんどである。多数の学説は，明文のない審理不尽を上告理由とすることに反対する。明文の上告理由で吸収できること，それが事実認定に関するものだけに法律審たる上告審の原審に対する不当な干渉であり，破棄理由が下級審を拘束するのに（民訴325③），曖昧（あいまい）な審理不尽という概念では下級審がその去就に迷うというのである。

もっとも微妙な事案では審理不尽という補充的な破棄理由を加え上告審の判断の硬直化を防ぎ，差し戻された原審に事実審理の指針を与える機能は有用であるとして，近時これを積極的に肯定する見解もある。

［清水］

随時提出主義・同時提出主義

当事者は，口頭弁論の終結に至るまでいつでも攻撃防御方法の提出ができるという建前を随時提出主義という。これに対して審理の順序段階を法定し（請求原因，抗弁，再抗弁，証拠の申出など），各段階において同種の攻撃防御方法を提出しておかないと次の段階では提出の機会を失う建前を同時提出主義（法定序列主義，順次提出主義ともいう）という。

随時提出主義は，口頭弁論は終結に至るまでどの期日で行われても全体として判決の基礎となるという「口頭弁論の一体性」を当事者から見たもので，無用あるいは仮定的な資料の提出による混乱を避け，当事者の自由な判断による活気ある審理を期待するもので明文でこの原則をとっていた（旧民訴137）。

しかし，随時提出主義は続審主義をとる控訴審にまで及ぶため攻撃防御方法の時期に全く制限を設けないと，訴訟の駆引き，引延し，相手方への不意打ちにも

利用されかねない。そこで、平成8年法律109号の民事訴訟法では攻撃防御方法の提出につき、訴訟の進行状況に応じ、適切な時期に提出しなければならないと規定された(適時提出主義(民訴156))。同条は随時提出主義の原則を変えるものではなく訓示規定といわれるが、民事訴訟法制定により上記弊害を克服すべく攻撃防御方法の提出に一定の制限を設ける規定が整理補充された。すなわち、攻撃防御方法の準備書面への記載(民訴161)、攻撃防御方法の提出期間の裁定(民訴162)、時機に後れた攻撃防御方法の却下(民訴157)、時機に後れた提出の説明義務などである(民訴167・174)。　　　[清水]

推定

既知のある事実から未知の他の事実をおしはかることを一般に推定というが、民事訴訟における推定には、事実上の推定と法律上の推定という2つの場合がある。事実上の推定とは、裁判官が、ある経験法則(例えば、他人の所有地内の樹木を伐採する者は、通常は、他人の所有であることを知りながら伐採したか、よく調べれば分かるのに、不注意で知らずに伐採したかのいずれかであるという経験法則)に準拠して、既に証明された事実(例えば、他人所有地内の樹木を伐採した事実)を基礎として別の事実(伐採者に故意又は過失のある事実)を推理認定することをいう。このように、事実上の推定は自由心証主義の一作用である。これに対し、法律上の推定とは、ある法規A(例えば民法162条)の要件事実乙(例えば占有の継続)を証明するに当たって、通常これより証明の容易な別個の事実甲(例えば、前後両時における占有)の証明があったときは、乙事実は証明されたと認めるべきことが、他の法規B(例えば民法186条2項)によって定められていることをいう。Bを推定法規、甲を前提事実、乙を推定事実という。これにより、甲事実の証明があったときは、相手方は乙事実の不存在(例えば、中間時における占有の喪失)についての立証責任を負うことになり、この点で、乙事実の存否に関し立証責任が転換されることになる。このように、法律上の推定規定は、当事者間の公平、事実の証明の難易等に対する配慮から立証責任の転換を図ることを目的とする立法技術の一種である。　　　[木村]

請求 (訴訟上の)

訴訟上の請求とは、原告が、訴えによって、その法律的当否について裁判所の審判を求めるところの、被告に対する関係での、原則として一定の私法上の権利又は法律関係の存否についての主張(例えば、甲の乙に対する平成10年4月1日締結の消費貸借契約に基づく100万円の貸金返還請求権が存在するとの甲の権利主張)をいい、いわば訴えの中身をなすものである。そして、訴訟上の請求の中身となっている特定の実体法上の権利又は法律関係自体を訴訟物という。

請求という用語は、元来、ある人に対し一定の給付を要求する実体法上の請求権又はこの請求権を行使することを意味するものであり、給付訴訟のみが存在していた時代には、審判の対象はこの請求権の存否であると考えられていた。しかし、訴訟の類型として確認訴訟や形成訴訟が現われてくると審判の対象は実体法上の給付請求権に限らず、広く一定の実体法上の権利又は法律関係の存否に関する主張であると考えられるようになった。かくして、請求＝権利すなわち訴訟物の存否の主張という等式が成立するのである。事実の存否の主張は、証書真否確認の訴え(民訴134)等において例外的に許される。

民事訴訟において，裁判所は原告の訴訟上の請求の当否について公権的判断を示すのであるが，その際，裁判所は訴訟上の請求として申し立てられた事項の範囲内で審判をなし，かつ，必ず審判をしなければならないとされている（民訴246）。当該訴訟の審判の主題を明らかにするため請求を特定するのは，原告の権能であり，かつ，義務でもある。原告がこの義務を尽くしていない場合には，裁判長の訴状審査手続によって訴状の補正を命じ，補正されないときは，訴状却下命令を発することになる（民訴137）。

[木村]

請求異議の訴え

債務名義に表示された請求権の存在又は内容について異議のある債務者が，その債務名義に基づく強制執行の不許を求めるために提起する訴えが請求異議の訴えである（民執35）。民事執行は権利の事実的実現のための手続であるから，できるだけ迅速に実施される必要がある（例えば，悪質な債務者による財産の隠匿があれば，権利の実現自体が危ぶまれることになる）。しかし，他面において，いくら国家とはいえ，正当な根拠もなしに債務者とされた人間の財産に侵害行為を加えるわけにはいかない。執行機関は，執行の前提となる実体法上の権利の存在を確証していなければならないはずである。しかし，執行機関自体がいちいちそのような調査・確証をしていたのでは，到底，迅速な権利の実現を望むことはできなくなる。そこで，民事執行法は，この現実的矛盾を解決するために，執行の前提となる法定の書面を執行機関へ提出することによって，執行機関が権利の存在について調査することなしに，執行できることにしている（判断機関と執行機関の分離）。この権利の存在を示す法定の書面の代表的なものが，強制執行の際に要求される債務名義（民執22）である。しかし，注意しなければならないのは，債務名義が存在するからといって，必ずしも執行時に権利が存在するとは限らないことである。例えば，判決の基準時には訴訟物とされた権利は存在していたものの，その後の任意弁済により執行時には消滅しているということがあり得る。このような場合であっても，執行機関の行う執行行為は債務名義に基づくものであるから違法ではない。しかし，不当である。このような不当執行を阻止するための措置の1つとして，債務名義の執行力を排除し，これに基づく強制執行の不許を求めるために債務者に認められた救済方法が請求異議の訴えなのである。請求異議の訴えの性質については諸説があり争われているが，債務名義に表示された請求権に実体法上の異議事由（請求権の消滅など）が存在する場合，債務名義の有する執行力の排除あるいは変更を生じさせる訴訟法上の形成権（異議権）が生じ，これを訴訟物であるとする見解（形成訴訟説）が多数説である。なお，債務名義が確定判決である場合，異議の事由として主張することができるのは口頭弁論終結後に生じたものに限られる（民執35②）。既判力の遮断効の作用によるものである。

[木村]

請求棄却 ⇨ 「請求認容・請求棄却」

請求原因 ⇨ 「請求の原因」

請求原因事実

裁判所の本案判決（請求認容及び請求棄却判決）は，原告の訴訟上の請求，すなわち被告に対する関係での，一定の実体法上の権利又は法律関係の存否の主張が法律上理由があるかどうかについて判断

するものである。そして，裁判所がその判断をなすに当たって基準となるのが実体法である。ところで，実体私法は権利の発生・変更・消滅という法律効果とその前提となる法律要件(構成要件)について規定しているのであるから，一定の権利が現存しているという判断は，まずその権利の発生という法律効果を承認した上で，その後これが変更・消滅したことが認められない限り，発生した権利は現に存続しているものと判断するという筋道をたどってなされる。この権利の発生要件に該当する具体的事実(主要事実)のことを請求原因事実という。訴訟の当事者は，それぞれ自己に有利な法律効果の発生要件事実について立証責任を負うとする法律要件分類説によれば，当然ながら，原告が立証責任を負担する。例えば，売主甲が買主乙に対して売買代金の支払を請求する訴訟では，甲は請求原因事実として，その売買代金請求権の発生要件事実である当該売買契約締結の申込みとこれに対する承諾という2個の意思表示があったこと(売買契約締結の事実)について立証責任を負う。　　　　　　　[木村]

請求認容・請求棄却

口頭弁論が行われ訴訟が判決に熟すると，弁論を終結し，判決を言い渡すべきこととなるが，訴訟要件の充足を前提として原告の訴訟上の請求(権利主張)の当否につき判断する本案判決のうち，原告の請求を理由ありとして認容するのが請求認容の判決であり，理由がないとして棄却するのが請求棄却の判決である。請求認容の判決がなされるのは，原告の主張する請求原因事実が認められ，かつ被告の抗弁がすべて排斥される場合，あるいは抗弁事実は認められても，これを抑止する再抗弁事実が認められる場合等である。被告が答弁書を提出せず，かつ口頭弁論期日に欠席すれば，原告の弁論だけを聞き，擬制自白を認めて請求認容の判決をするに熟することがある(民訴159③)。請求自体が法律上理由のないことが明白な場合，請求原因事実が認められない場合，あるいは，これが認められたとしても被告の抗弁が成功した場合等には請求棄却の判決がなされることとなる。
　　　　　　　　　　　　　　　　[木村]

請求の拡張・請求の減縮

請求の原因(請求を特定する事実)を変更することなく，請求の趣旨に表示された請求の数量のみを増減(変更)することをいう。例えば，150万円の損害賠償請求を求めていた訴訟で，損害賠償請求の金額を200万円に増やすのは請求の拡張であり，その逆に，損害賠償請求の金額を100万円に減らすのは請求の減縮である。原告が訴訟係属中に，訴えの内容たる請求の趣旨又は原因を変更することにより，請求の範囲や同一性を変更することを訴えの変更というが，請求の拡張・請求の減縮は，請求の趣旨の変更をもたらすので訴えの変更にあたる。また，請求の減縮は，訴えの一部取下げでもあると解されている(最判昭24・11・8民集3・11・495，最判昭27・12・25民集6・12・1255)。請求の拡張・請求の減縮によって，拡張・減縮された請求の趣旨が新たな審判の範囲を画する。　　　　[木村]

請求の基礎

請求の基礎とは，請求を特定の権利又は法律関係の主張として構成する以前の前法律的な同一生活関係又は同一経済的利益関係をいう。法律的に構成される以前の歴史的・社会的な生の事実関係(実質的紛争関係)であって，請求の基盤をなすものであり，訴えの変更が許されるためには，新請求と旧請求との間で請求の基

礎に変更のないことが必要とされている（民訴143①）。もっとも，この要件は，被告の防御利益を考慮したものであるから，被告が請求の基礎の同一を欠く訴えの変更に同意するか，変更後異議なく応訴すれば，変更を不適法として却下すべきではないとされている（責問権の放棄・喪失）。裁判所は，請求の基礎それ自体を直接的に認識することはできないから，旧請求と新請求を対比して，⒤両請求の主要な争点が共通であるかどうか，ⅱ旧請求についての訴訟資料・証拠資料を新請求についての審理に利用しても不意打ちにならないような関係にあるかどうか等の観点から請求の基礎の同一性の有無を判断することになる。請求の基礎の同一が認められる例としては，ⅰ同一物の引渡しや同一内容の形成を目的とし，その法律的構成を異にする場合（所有権・占有権に基づく同一物の引渡し，離婚訴訟における異なる離婚原因），ⅱ同一生活事実に基づくが，紛争解決の法的手段が異なるにすぎない場合（契約上の請求とその無効に基づく不当利得返還請求），ⅲ法律的に一方が他方の変形と見られる場合（手形債権と原因関係債権，既存債権と更改によって生じた債権）などである。

[木村]

請求の客観的併合 ⇒ 「訴えの客観的併合」

請求の原因*

請求の原因という用語は，民事訴訟法上次の3つの異なった意味で用いられる。ⅰまず，請求の趣旨と相まって訴訟物を特定するに足りる事項（請求を特定する請求の原因）を意味する。ⅱ次に，原告の訴訟上の請求の内容となる権利又は法律関係を理由づけるための事実主張のうち，主張責任・立証責任分配の法則に従って，原告がまず主張・立証しなければならないもの（請求を理由づける請求の原因，通常は権利の発生原因等，権利根拠規定の要件事実に該当する主要事実）を意味する。ⅲさらに，いわゆる原因判決（民訴245）との関係で，請求権についてその数額の点を切り離して考えた場合のその成立・存続に関する一切の事項を指すこともある。訴訟上の請求の内容となっている権利又は法律関係（訴訟物）は，訴状の必要的記載事項である請求の趣旨及び原因（民訴133②）によって特定されなければならない。このように訴状の必要的記載事項としての請求の原因とは上記のⅰの意味での請求の原因であると考える見解を識別説というが，古くは上記のⅱの意味での請求の原因が訴状の必要的記載事項となるとする見解（これを理由記載説という）もあった。しかし，現行の民事訴訟法は，当事者の主張や証拠は訴訟の進行状況に応じ適切な時期に提出しなければならないという建前（適時提出主義）を採っている（民訴156）。したがって，ここで「請求の原因」とは請求を特定識別するために必要な事実をいう（民訴規53①）。しかし，一般に，このような事実だけでは紛争の実態を十分に理解することができないことも多いと考えられる。そこで，民事訴訟規則では，当事者双方が早期に主張立証関係を明らかにし，期日において充実した審理を行うことができるようにするために，このような事実のほかに，訴状には請求を理由づける事実（主要事実）を具体的に記載するとともに，立証を要する事由（原告側において，争点となって立証を要することになると予想する事由）ごとに，当該事実に関連する事実で重要なもの（重要な間接事実）及び証拠（証拠方法）を記載しなければならないとしている（民訴規53①）。[木村]

請求の減縮 ⇒「請求の拡張・請求の減縮」

請求の趣旨＊

　原告は訴えを起こして原告・被告間の紛争について裁判所の審判を求めているのであるが，請求の趣旨とは，その審判要求の結論である。例えば，「被告は原告に対し金100万円を支払え，との判決を求める」（給付の訴えの場合），「原告が別紙物件目録記載の土地の所有権を有することを確認する，との判決を求める」（確認の訴えの場合），「原告と被告とを離婚する，との判決を求める」（形成の訴えの場合）などのごとくである。請求の趣旨は請求の原因と相まって審判の対象たる請求を特定し，裁判所の審判の範囲を限定する役割を果たす。民事訴訟においては，訴訟開始のイニシアチブは原告がとり，訴訟上の請求をなすのは原告であって，審判の対象となる請求を特定し，何について，どのような判決を求めるかを明らかにする責任は原告にある。そのため請求の趣旨は訴状の必要的記載事項となっているのである（民訴133②）。したがって，まず請求の趣旨は明確かつ具体的でなければならない（被告との間の紛争の実情はこれこれであるから，適宜の裁判を求めるというのでは不十分である）。また，請求の趣旨によってなされる申立ては確定的でなければならず，原則として条件付き，期限付きであってはならない（例えば，第三者の起こした原告に対する家屋明渡請求訴訟において原告が敗訴するときは，被告は原告に対しその居住家屋を明け渡せ，との判決を求める，というのは請求の趣旨としては不適法である）。　［木村］

請求の同一性

　訴訟においては，2個の請求の内容を比較する必要がある場合がある。例えば，2個の請求の間で二重起訴の関係になるかとか，訴えの変更が成立するかとかを決すべき場合である。このように，平面的関係あるいは時間的関係で，2個の請求の内容が同一かどうかが請求の同一性の問題である。請求の同一性の有無を検討するに当たっては，単一な請求と単一な請求とを比較対照する必要がある。請求の単一性とは，1個の請求とは何かという問題であるが，請求をその構成要素に分解し，各要素が1個である場合に請求は単一であるといえる。請求の構成要素とは，原告及被告並びに両者間の紛争の対象たる権利もしくは法律関係（訴訟物）の3つであるといえるから，原告・被告が各1名であって訴訟物が1個である場合に請求は1個である。そこで，請求の構成要素である原告・被告及訴訟物がそれぞれ同一であるとき，両請求もまた同一であるといえる。なお，訴えをもって主張された特定の実体法上の権利をそのまま訴訟物とする旧訴訟物理論と特定の給付又は形成を求める法的地位を訴訟物とする新訴訟物理論とでは請求の同一性についての把握が異なってくる。例えば，同一の家屋の明渡しを求めるに当たり，請求の原因として所有権に基づく明渡請求権を主張する場合と賃貸借契約終了に基づく明渡請求権を主張する場合を例にとると，旧訴訟物理論では，両請求権は，実体法上，法律要件（構成要件）を異にする別個の権利であるから訴訟物を異にすると理解するのに対して，特定の給付を求める法的地位を訴訟物とする新訴訟物理論では，原告の求める給付内容（同一家屋の明渡し）が同じであるかぎり訴訟物は1個であって，個々の実体法上の請求権は攻撃防御方法にすぎないと考えることになる。　［木村］

請求の認諾

請求の認諾とは，被告が自己に対する請求，すなわち原告の権利主張に理由のあることを承認する訴訟上の陳述をいう（例えば，甲が乙に対し平成10年4月1日締結の消費貸借契約に基づく100万円の貸金返還請求権を有するとの主張をしている場合，乙が甲の言い分に理由があり，したがってその主張する貸金返還請求権が存在することを自認する陳述が請求の認諾である）。請求の認諾は，口頭弁論等の期日においてするのが本則であるが，請求を認諾する旨の書面を提出した被告が口頭弁論等の期日に出頭しないときは，裁判所又は受命裁判官もしくは受託裁判官は，その旨の陳述をしたものとみなすことができ，これにより認諾の効力を認めることができるものとされている（民訴266）。請求の認諾により請求の当否をめぐる当事者間の紛争は解決するから，訴訟は判決を待たずに終了することになる。認諾調書は請求認容の確定判決に代わる効力を有し，給付請求についての認諾調書は執行力を有する（民執22⑦）。

［木村］

請求の併合

訴訟の最も単純な基本形態は，原告・被告が各1人で，その間の訴訟上の請求も1個であり，かつ当事者も請求も終始同一である場合であるが，現実の私人間の法律上の紛争は多様であるから，それを反映して訴訟形態も多様化することになる。そのうち，当事者が単数（原・被告が各1人）で同一当事者間の複数の請求（例えば，貸金請求と売買代金請求）につき，1つの訴訟手続でまとめて審判することを請求の併合（訴えの客観的併合）という。訴訟上の書類，期日，証拠調べ及び裁判を共通にすることができるから，当事者及び裁判所にとって，費用・労力及び時間の節約となる点等に利点がある。請求の併合は原告が最初から1つの訴えをもって複数の請求をしたとき（固有の請求の併合）のほか，訴訟中の訴えの追加的変更，中間確認の訴え，反訴の提起や裁判所の弁論の併合によっても生ずる。請求の併合が認められるためには，ⅰ数個の請求が同種の訴訟手続（例えば，民事訴訟手続と行政訴訟手続では同種ではない）による場合であること，ⅱ法律上併合が禁止されていないこと（例えば，同じ人事訴訟手続であっても婚姻関係事件と親子関係事件は人事訴訟手続法7条2項・32条により併合できない），ⅲ各請求について受訴裁判所に管轄権があること（ただし，土地管轄については民事訴訟法7条により大幅に緩和されている）が必要である。請求を併合する態様には，ⅰ単純併合（例えば，貸金請求と売買代金請求のように，数個の請求がそれぞれ他の請求の当否と無関係に併合されている場合），ⅱ選択的併合（数個の請求のうちどれか1つの請求が認容されれば，他の請求については審理を求めないという趣旨の併合で，例えば，同一物の引渡しにつき，占有権に基づく返還請求と，これと両立する所有権に基づく返還請求とをするような場合），ⅲ予備的併合（第1の主位の請求が認容されない場合に備えて，もし，第1位の請求が認容されれば不要になるはずの第2位の請求を予備的に併合する場合で，例えば，売買代金請求に際し，その契約無効のときは，不当利得として既に引き渡した売買目的物の返還請求を予備的にするような場合）がある。併合請求は，各請求について弁論・証拠調べは，共通に同一期日になされる。ただし，単純併合については，裁判所は併合審理が不適当であると認めた場合には口頭弁論の分離を命ずることができる（民訴152①）。

［木村］

請求の放棄

請求の放棄とは，原告がその訴訟上の請求すなわち訴訟物たる権利又は法律関係の存否に関する自己の陳述を否定し，その理由のないことを自ら認める訴訟上の陳述をいう(例えば，甲が乙に対し平成10年4月1日締結の消費貸借契約に基づく100万円の貸金返還請求権を有するとの主張をしている場合，甲が自己の言い分に理由がなく，上記権利の存在しないことを自認する陳述が請求の放棄である)。請求の放棄は，口頭弁論等の期日においてするのが本則であるが，請求を放棄する旨の書面を提出した原告が口頭弁論等の期日に出頭しないときは，裁判所又は受命裁判官もしくは受託裁判官は，その旨の陳述をしたものとみなすことができ，これにより放棄の効力を認めることができるものとされている(民訴266)。請求の放棄により請求の当否をめぐる当事者間の紛争は解決するから，訴訟は判決を待たずに終了することになる。放棄調書は請求棄却の確定判決に代わる効力を有する。

[木村]

制限控訴主義　⇨　「続審制」

制限付自白

例えば，貸金返還請求訴訟において，被告が，金を貸したという原告の主張を認めながら某月某日弁済していると主張するような場合を制限付自白という。民事訴訟における当事者の防御態様の1つで，相手方が主張・立証責任を負う事実(上記の例では，消費貸借契約成立の事実)を真実であると認めながら(自白)，これに関連させて自分に主張・立証責任がある事実(上記の例では，弁済の抗弁)を付加して陳述する点に特色がある。自白の拘束力から，裁判所は，上記の例では弁済の抗弁の成否に審理の焦点を絞ればよいことになる。

[木村]

成功報酬

一般には，弁護士が依頼を受けた事件について，勝訴判決の取得，勝訴的内容の和解成立などにより，依頼の目的を達して事件の処理に成功したときに受け取るものと約定される報酬をいう。狭義では，着手金その他の手数料を一切受け取ることなく，事件処理の成功の場合にのみ報酬を受けるとの約定又はそれによる報酬をいう。狭義の成功報酬は，勝つためには手段を選ばずとの訴訟のゲーム化を誘発する等の弊害を伴うこともあるところから，これを原則的に禁止する国(例えば，イギリス，ドイツ)と許容する国(例えば，アメリカでは実例が多い)があるが，日本では禁止はされていない。

[木村]

製造物責任訴訟

製造物責任訴訟とは，製造物の欠陥により人の生命・身体又は財産に係る被害が生じた場合に，特に製造物責任法(平成6法85)に基づいて，その被害の賠償を製造業者等に対して求める訴訟をいう。

大量生産・大量消費が一般化した消費社会において必然的に生起してくる製品事故について，消費者を保護する必要があるが，製造物の欠陥により被害を受けた消費者が製造業者の責任を問おうとする場合，民法の不法行為責任では，製造業者の「過失」を主張・立証しなければならない。しかし，製造過程の資料や情報のほとんどが製造業者の側に存在し，しかも高度な科学技術を用いて製造された工業製品等について，被害者である消費者の側で製造業者の過失を主張・立証することは極めて困難なことである。そこで，製造物の欠陥による被害の救済を容易にするため，責任要件を「過失」か

ら「欠陥」に変更したところに，製造物責任法の最大の眼目がある。

製造物責任訴訟において，被害者である原告としては，⒤製造物に欠陥があったこと，ⅱ損害が発生したこと，ⅲ欠陥と損害との間に因果関係が存在することを主張し，立証していく必要がある。「欠陥」とは，当該製造物の特性，その通常予見される使用形態，その製造業者等が当該製造物を引き渡した時期その他の当該製造物に係る事情を考慮して，当該製造物が通常有すべき安全性を欠いていることをいう（製造物2②）。上記のとおり，「欠陥」という概念は，規範的評価に関する一般的・抽象的概念であるから，被害者たる原告としては，「通常有すべき安全性を欠いている」という裁判所の判断（規範的評価）を導き出す具体的な評価根拠事実（例えば，テレビを使用していたら発火したという事実）を主張し，立証すべきことになる。被告である製造業者等の対応としては，「開発危険の抗弁」や「部品・原材料製造業者の抗弁」を提出して，免責を得る途も認められている（製造物4）。「開発危険の抗弁」とは，製品を流通に置いた時点での科学・技術水準では欠陥を発見できなかったことを製造者が証明した場合には製造物責任を免責するとするものであり，研究・開発や技術革新の停滞を避ける趣旨によるものである。「部品・原材料製造業者の抗弁」は，部品・原材料を使用する製造物の製造業者の設計に関する指示に従ったために欠陥が生じ，かつ，その欠陥が生じたことについて過失がないことを部品・原材料の製造業者が証明した場合には，製造物責任を免責するとしたものである。　　［木村］

正当な当事者

訴訟物である権利関係に関する利害関係人として，その名において本案判決を求め，又は求められるために必要な資格を，当事者適格又は訴訟追行権と呼び，この資格を持つ者を，その請求についての正当な当事者という（例えば，甲が乙を借主として金を貸し，その返還義務者は乙であると主張しているのだが，乙が借りた覚えはないとか，弁済したなどと言って返済しないため，返還義務者ではないが乙の父親である丙なら実直だから払ってくれるであろうと考え，丙を相手取って乙に対する貸金の返還請求訴訟を起こしたとしよう。この場合，丙は甲と乙との間の消費貸借契約に基づく貸金返還請求権の存否をめぐる紛争には，法律上何ら直接のかかわり合いがないから，被告とするには不適切である）。このように何人が正当な当事者であるかは，あくまで特定の訴訟物との関係で問題となるのであり，当事者能力や訴訟能力のように，ある人の一身に固着した一般的能力ではない。一般論としては，訴訟物たる権利関係の存否の確定について，法律上相対立する利害関係を持つ者（通常は訴訟物たる権利の権利者・義務者）が正当な当事者であるといえる。⒤確認の訴えにおいては，その請求について確認の利益を持つ者が原告適格を有し，そのことについて反対の利害関係に立つ者が被告適格を有する。ⅱ給付の訴えにおいては，自己が給付請求権者であると主張する者が原告たる適格を有し，また原告がその義務者であると主張する者が被告たる適格を有する（この意味で，当事者適格の有無は，原告が訴状に記載したところに基づいて判断することになる）。ⅲ形成の訴えでは，この種の訴えを認める法規によって，原告又は被告となるべき者の範囲が明定されているのが通常であり，その者が当事者適格を有する。　　［木村］

正本　⇒　「原本・正本」

整理委員†

和議法による和議の申立てがあると、裁判所は直ちに整理委員を選任して（一般には、弁護士から選任される）、債務者が申し出た和議条件が履行可能かどうかを調査させ、意見を報告させることになっていた（和21）。整理委員は、債務者提出の和議条件で再建ができる見込みがある旨の報告書を裁判所に提出し、裁判所も同じ判断であれば、和議開始決定が出され、管財人を選任することとされていた。また、整理委員は和議手続の必置機関とされており、和議開始決定後も、重要な行為についての意見の陳述（和32③）、債権者集会における諸調査事項の報告、和議条件の適否に関する意見の陳述（和48）等の職務を行う定めであった。なお、和議法は、民事再生法（平成11法225。平成12年4月1日から施行予定）により廃止された。

会社整理の場合には、裁判所は、必要と認めれば整理委員を選任することができる。整理委員は、整理案の立案を行い、債権者間の合意を得られるように調整をする（商391）。なお、民事再生法の成立（平成11法225）により、再生手続機関として監督委員・調査委員・管財人・保全管理人が、整理委員の職務を行うこととなった（民事再生54～83）。　　　　［木村］

責任財産

強制執行の対象物として、一定の請求の実現の用に供される財産をいう。すなわち、債務者が任意に債務を履行しない場合、債権者は債務名義を取得して債務者の財産から債務の内容を強制的に実現することになる。わが国では、拘禁等による人的執行が認められていないから、債務者の財産は、物又は権利に限られる。債務者の人格権や一身専属的権利は含まれない。代替執行や間接強制の場合においても、最終的には、債務者の財産が執行の対象となる。金銭債権の責任財産は、債務者の全財産であるが、法律上の差押禁止財産（民執131・152等）は除かれる。物の引渡しや明渡執行における責任財産は、債務者の占有する目的物であるが、履行が不能になる場合には、損害賠償債権として金銭債権に転化する。　［上杉］

責問権

訴訟手続が適法に行われることを監視し、裁判所や相手方の訴訟手続法規違反の訴訟行為に異議を述べ、その効力を争うことができる当事者の権能をいう。訴訟手続法規のうち効力規定に違反した訴訟行為は無効であるが、これを前提として手続が進行した後においてもすべての違反を無効としてやり直さなければならないとすれば、訴訟手続は不安定となり、訴訟経済上無駄が生じる。したがって、効力規定の中でも主として当事者の利益を守ることを目的とする規定である任意規定（例えば、当事者の訴訟行為の方式、裁判所の呼出し・送達・証拠調べの方式、訴訟手続の中断・中止等に関する規定）の違反は、それによって不利益を受ける当事者がこれを甘受するならば、あえて無効とする必要はないから、その当事者が責問権を放棄すれば、瑕疵（かし）ある行為も有効となる。また、積極的に責問権の放棄をしなくても、その当事者がその違反を知り、又は知ることができたにもかかわらず遅滞なく異議を述べないときは、法は責問権を喪失したものとして、後からその行為の効力を争うことができないものとしている（民訴90）。これに対し、公益上絶対に遵守しなければならない強行規定（例えば、裁判所の構成、裁判官の除斥、専属管轄、当事者能力、訴訟能力、訴訟代理、法定代理、審判の公開等に関する規定）の違反に関しては、責問権の

積極的確認の訴え・消極的確認の訴え

原告の請求が,特定の権利又は法律関係の存在又は不存在の主張であり,その存在又は不存在を確認する判決を求める訴えを確認の訴えという。そして,その存在を主張するのが積極的確認の訴え(例えば,所有権確認の訴え),その不存在を主張するのが消極的確認の訴え(例えば,債務不存在確認の訴え)とよばれる。積極的確認の訴えにおける請求認容又は消極的確認の訴えにおける請求棄却の判決は,権利関係の存在を確定し,積極的確認の訴えにおける請求棄却又は消極的確認の訴えにおける請求認容の判決は,権利関係の不存在を確定する。　[岡田]

積極的否認　⇒　「理由付否認」

絶対的上告理由

上告にあたっての不服の理由とすることができる事由を上告理由という。最高裁判所にする上告は判決に憲法の解釈の誤りがあることその他憲法の違反があること(民訴312①)及び民事訴訟法312条2項に列挙された重大な手続法違反のあることが上告理由となる。高等裁判所にする上告は,更に,原判決に影響を及ぼすことが明白な法令違反も上告理由となる(民訴312③)。

これら上告理由のうち,民事訴訟法312条2項に列挙された重大な手続法規違反はその事由があれば判決への影響を問わず,常に原判決を破棄すべきとしている。原判決の法令違反が上告理由となるためには,その違反が判決に影響を及ぼすことが明らかでなければならないが,手続法規違反の場合は,この判定が多くの場合困難なので,一定の重大な手続違反を列挙し,その事由があるときはその影響を問うことなく上告理由としたものである。このような上告理由を絶対的上告理由という。

絶対的上告理由として,民事訴訟法312条2項は,ⅰ裁判所の構成の違法(欠格事由のある裁判官が判決裁判所を構成していた場合など),ⅱ判決に関与できない裁判官の判決関与(除斥原因のある裁判官が評議及び判決原本の作成に関与した場合など),ⅲ専属管轄違反,ⅳ代理権の欠缺(けんけつ)(法定代理権,訴訟代理権又は代理人が訴訟行為をするのに必要な授権を欠いた場合。ただし,追認があった場合を除く),ⅴ口頭弁論の公開の規定の違反,ⅵ判決の理由不備又は理由齟齬(そご)(理由不備とは,理由が全部又は一部欠けているか不明確で,判決の主文に到達した過程が明らかでない場合をいい,理由齟齬とは判決理由自体に矛盾があるため判決主文の結論に至る筋道が不明であることをいう)を挙げている。　[岡田]

競り売り(せりうり)

担保権の実行又は強制執行における売却方法の1つとして,競り売り期日に複数の買受希望者間で買受申出額を口頭で競り上げさせ,最高額の買受申出をした者を買主と定める手続をいう(民執64②・188・134・192,民執規50・114~119等)。口頭による競り売りは,入札書で競争させる期間入札や期日入札と異なり,買受希望者は互いに他の買受希望者の買受申出額を知ることができるので,即時に,その価額に対応できる反面,不用意な価額が形成されやすいので売却の対象物が高額なものには適さない。競り売りは,動産執行手続において原則的な売却方法とされているが,不動産執行手続においては,旧法(昭和54年改正前の民事訴訟法中の強制執行編及び同年廃止の競売

法)当時,悪質なブローカーの介入により公平な売却手続が害されたこともあって,現在,採用されていないのが実情である。
[上杉]

先決問題

ある訴訟事件についてその判決を行うための前提として先ず解決しておくことを必要とする問題を,一般に先決問題という。特に,行政事件を司法裁判所の権限から除外する制度のもとで,司法裁判所が民事又は刑事の裁判を行う場合に,行政法規適用に関する問題が本案の解決の前提問題となったときに,これを先決問題という。わが国の現行憲法では,行政裁判と司法裁判の分離は採用されていないから,このような特殊な先決問題の観念は存在しない。ただ,本案の解決の前提として行政行為の効力が問題となる場合は,その取消しを求める訴えの手続によらない限り,裁判所も原則としてその効力を否定することができない。
[岡田]

先行的自白

当事者が相手方の主張を待たずにした自己に不利益な陳述で,相手方がこれを有利に援用した場合に自白となるものをいう。相手方が援用する前に撤回すれば自白とはならない。しかし,そのときでも,相手方の主張の当否の判断のために,撤回自体が弁論の全趣旨(民訴247)として斟酌(しんしゃく)される。また撤回しなくとも相手方が援用しなければ自白とはならないが,主張共通の原則によって訴訟資料となるので,裁判所はこの事実を判決の基礎にすることができる。
[岡田]

前審関与

当該事件の直接又は間接の下級審(最判昭36・4・7民集15・4・706)の裁判に関与することを指す。前審の裁判官と同一の裁判官に審判させては予断をもって審判する結果,審級制度が無意味になることを避けるという趣旨から,裁判官の除斥原因の1つとなっている(民訴23①⑥)。なお,再審や請求異議訴訟に対するその取消しの対象となっている判決をした訴訟,差戻しや移送後の手続に対する以前の同審級の手続(ただし,民訴325④参照),本案訴訟に対する仮差押え,仮処分手続などは,いずれも前審に当たらない。異議申立後の通常の訴訟手続に対する手形訴訟・小切手訴訟・少額訴訟も同様である。調停手続に関与してもその後の訴訟手続に関与することは差し支えない。裁判に関与するとは,裁判の評決及び裁判書の作成に関与したことを指し,単に口頭弁論に列席し,弁論の指揮をし,証拠調べに加わったにすぎない場合や判決の言渡しをしただけでは,これに当たらない。
[岡田]

宣誓

証人・鑑定人・通訳人又は当事者本人が,法定の形式に従いそれぞれ真実を供述すること又は鑑定・通訳の誠実な遂行を誓うこと(民訴201①・216・154②・207①後)をいう。適法に宣誓した上で,虚偽の陳述・鑑定・通訳をすれば偽証罪が成立する(刑169・171)。ただし,当事者本人の場合には過料の制裁があるにすぎない(民訴209)。証人に対し,通常は,尋問の前に宣誓をさせなければならないが(民訴規112①本),特別の事情がある場合には後に宣誓させることができる(民訴規112①但)。裁判長は,宣誓の前に宣誓の趣旨を説明し,かつ,偽証の罰又は過料の制裁を告げる(民訴規112⑤・127)。宣誓は起立して厳正に行う(民訴規112②)。宣誓書には,良心に従って真実を述

べ，何事も隠さず，また何事も付け加えないことを誓う旨を記載しなければならない（民訴規112④）。鑑定人は，宣誓書を裁判所に提出する方法（書面宣誓）によってすることができる（民訴規131②）。なお，少額訴訟においては，証人の尋問は宣誓をさせないですることができる（民訴372①）。　　　　　　　　　　［岡田］

宣誓義務

証人は原則として宣誓する義務がある（民訴201①）が，次の各場合には宣誓をさせないことができる。ⅰ証人が16歳未満の者，あるいは宣誓趣旨を理解できない者である場合（民訴201②），ⅱ証言拒絶権を有する者がこの権利を行使しないときに尋問する場合（民訴201③），ⅲ証人が法定の利害関係の存在から宣誓を拒むことができる場合（民訴201④）。宣誓を拒んだときの裁判については，証言拒絶についての裁判の規定（民訴198・199）が準用される（民訴201⑤）。また宣誓拒絶を理由がないとする裁判が確定した後に正当な理由がなく宣誓を拒んだときは，不出頭に対する制裁（民訴192・193）と同様の制裁が科せられる（民訴201⑤）。なお，少額訴訟においても証人の尋問は宣誓をさせないですることができる（民訴372①）。
　　　　　　　　　　［岡田］

宣誓供述書

英米法上，供述者が，法廷外で，かつ，法律上他人に宣誓を行わせる権限を有する者の前で，自発的に，自己の知覚した事実を記載した供述書（affidavit）で，記載内容が真実であることを，宣誓（oath）又は確約（affirmation）をした上確認し署名したものをいう。供述に反対尋問の機会が与えられていない点で，証言録取書（deposition）と異なる。その意味で，供述者の知覚した事実についての供述でも，伝聞性を有することになりうる。証拠としての許容性は，手続によって異なり，当事者の同意とか裁判所の裁量により証拠として許容されることもある。
　　　　　　　　　　［岡田］

宣誓認証私署証書

公証人は，私署証書の認証に当たり，署名・捺印（なついん）を認証するだけでなく，私署証書の作成者が公証人の面前で記載内容が真実である旨宣誓して署名もしくは捺印したときは，その旨の認証ができる（公証58ノ２）。記載内容が虚偽であることを知って宣誓をした場合には過料の制裁がある（公証60ノ５）。この制度は，新民事訴訟法（平成8法109）が施行された際，それに関連して公証人法に新しく設けられたものである。民事裁判において，従前から，当事者その他の関係人の供述を記載したいわゆる陳述書が書証として提出されることが少なくなかったが，このような陳述書に公証人の認証を得ることができるようになったことで，その供述の真実性が担保されるようになった。しかし，供述の真実性が担保されるといっても，公証人のする宣誓認証は，署名の真実性を担保しているにとどまり，供述内容については反対尋問を経ていないため，証明力は自由心証に委ねられるにとどまる。　　　　［岡田］

専属管轄・任意管轄

専属管轄とは法定管轄のうち，裁判の適正・迅速という公益的要請に基づき一定の裁判所の管轄のみを認め，それ以外の裁判所の管轄を一切排除する形で定められている管轄をいう。その違反は控訴・上告の理由となる（民訴299但・312②③）。任意管轄とは，専属管轄以外の法定管轄であり，主として当事者の便宜や公平を図るという私益的見地から設けられ

た管轄をいう。したがって，当事者の意思又は合意で異なる管轄（応訴管轄や合意管轄）を生じさせることもできる（民訴11・12）。専属管轄の定めがある場合には，他の一般規定による管轄の競合は生じない（民訴13）。したがって，裁判所もこれを無視して事件を他の裁判所に移送できない（民訴20）。専属管轄の違反は，控訴・上告の理由となる（民訴299但・312②③）。任意管轄違反は，控訴審においてはもはやその主張ができない（民訴299本）。
　　　　　　　　　　　　　　　［岡田］

専属的管轄合意

合意管轄における管轄の定め方には，法定管轄のほかに管轄裁判所を追加する付加的（競合的）合意と，特定の裁判所のみに管轄を認め，その他の裁判所の管轄を排除する専属的合意がある。いずれの合意であるかは意思解釈によって決まるが，専属的合意と解した場合には，一方当事者は遠隔地での訴訟を強いられる結果となることが多い。特に，付合契約の一部として合意される管轄をめぐっては多くの議論があり，旧法（平成8年改正前の民事訴訟法）下での通説は，法定の管轄裁判所のうちのどれかを特定し，又は排除する場合は，専属的合意であり，その他は附加的合意と見るべきであるというものであった。なお，専属的合意と解される場合であっても，訴訟の著しい遅滞を避けるという公益上の要請があるときには，上記旧法31条によって他の法定管轄裁判所に移送できるというのが判例・多数説であったが，新民事訴訟法は，17条において，上記旧法31条の移送の要件を緩和し，「当事者間の衡平を図るため必要があると認めるとき」にも他の管轄裁判所への移送を認めるとともに，20条において移送を妨げる専属管轄から合意管轄を除くことにより，専属的合意の場合でも移送をなしうることを明らかにした。
　　　　　　　　　　　　　　　［岡田］

選択管轄

管轄が競合するときは，専属管轄の定めがある場合を除けば，原告は，その1つを任意に選んで訴えを提起することができる。その選ばれた管轄を選択管轄という。原告が1つの裁判所を選択して申立てをしても，通常は他の管轄裁判所はそのために管轄権を失うことはない。このような選択管轄の場合，その裁判所が常にその審判に適しているとは限らない。そこで，その裁判所で審理したのでは，訴訟の進行が著しく遅れる場合には，訴訟の全部又は一部を他の管轄裁判所に移送することができる。当事者の衡平を図る必要があると認めるときも同様である（民訴17）。遅滞の防止又は当事者間の衡平については，当事者及び尋問を受けるべき証人の住所，使用すべき検証物の所在地その他の事情を考慮すべきものとされている。
　　　　　　　　　　　　　　　［岡田］

選択的併合

同一の目的を有し法律上両立することができる複数の請求のいずれか1つが認容されることを解除条件として他の請求を併合する形態をいう。これは，旧訴訟物理論と結びついており，例えば，家屋明渡請求権が賃貸借契約終了に基づく場合と所有権に基づく場合は選択的併合の関係に立つ。この場合，いずれか1つが認容されれば，原告の意思に適うことになり，また，被告からみて他の請求について裁判がされなかったとしても実質的な不利益を生じないから，裁判所は，残余の請求について判断する必要はない。しかし，原告を敗訴させる場合には，全ての請求について審理し棄却の結論に達しなければならない。選択的併合は，請

選定者

共同の利益を有する多数者が、そのなかから1人又は数人の者に自己の権利利益について訴訟追行することを授権し、その者が全員のために当事者として訴訟を追行する選定当事者制度（民訴30）において、訴訟追行を授権する多数者を選定者という。例えば、同一の交通事故による被害者甲・乙・丙が、正面に立って訴訟を追行する代表者甲を選んだ場合、甲を選定当事者、甲・乙・丙を選定者という。選定は書面をもって（民訴規15後）、各自個別的に、無条件でなされなければならない。選定者はいつでも選定の取消変更をすることができる（民訴30④・36②）。選定者に死亡等の実体法上の地位の変動があっても、選定当事者の資格に影響はない（民訴58類推）。　　　　［上杉］

選定当事者

共同の利益を有する多数者のなかから選定され、選定者全員のために当事者として訴訟を追行する者をいう。共同訴訟人が多数のとき、訴訟を単純化し、迅速化を図るための制度で、明文の規定によって認められている任意的訴訟担当の一場合である。委任による訴訟代理人のように訴訟行為に制限がなく一切の訴訟行為ができる。ただし、同一の選定者から選定当事者が数人選任された場合は固有必要的共同訴訟となる。

平成8年の民事訴訟法の制定により、選定当事者制度の利用を拡充する視点から、共同の利益を有する多数の者が訴えの提起前に選定当事者を選定し、当該選定当事者が訴えを提起する場合（民訴30①）及び訴訟係属後共同の利益を有する多数の者が選定当事者を選定し、訴訟から脱退する場合（民訴30②）の他に、追加的選定が新設され、訴訟係属後に訴訟外の共同利益者が、すでに当事者となっている者を選定当事者として選定できることになった（民訴30③）。

選定当事者の受けた判決の効力は選定者に及ぶ（民訴115①②）。和解、請求の放棄及び認諾の効力についても同様である（民訴267）。強制執行は選定者に対し又は選定者のために執行文の付与を受けてなし得る（民執23①②・27②）。訴訟中に数人の選定当事者のうちの一部の者が、死亡等の事由で資格を喪失したときは、残りの者が全訴訟を続行できる（民訴30⑤）。選定当事者の全員が資格を喪失したときは、選定者全員又は新選定当事者において訴訟を承継し、これらの者が受け継ぐまで訴訟手続は中断する（民訴124①⑥）。　　　　［上杉］

船舶執行

船舶執行には、主に、債務名義に基づく船舶執行（民執112）と担保権の実行としての船舶競売（民執189）とがある。船舶は性質上、動産である（民86②）が、総トン数20トン以上の船舶は、その価値が高く、その所有権の変動や抵当権の設定等につき船舶登記簿に登記される（商686等）ことなどから、主として不動産執行手続に準ずる（民執121・189）が、高度の移動性に対処するため、差押命令に加え、船舶国籍証書等の取上命令や出航禁止命令（民執114・189）等の例外を定めている。総トン数20トン未満の船舶及び20トン以上でも端舟（はしけ）その他ろかい又は主としてろかいをもって運転する舟は動産執行手続による。その他、船舶執行には、船舶の引渡し又は明渡執行（民執168・169）がある。　　　　［上杉］

全部判決・一部判決

終局判決のうち，同一訴訟手続で審理される事件の全部を同時に完結させる判決を全部判決といい，そのうちの一部を他と分離して先に完結する判決を一部判決という。一部判決をすることによって，当事者は早期に判決を取得することが可能となり，残部について審理の合理化及び集中化が可能となる。他方，一部判決は，終局判決であるから，その部分については当該審級を完結させ，独立して上訴の対象となり，確定すれば既判力が生ずる。このことから，一部判決をするか否かは裁判所の裁量に属する（民訴243②）けれど，一部判決をする部分が残部と独立に判断でき，上訴審で変更されても残部の審理に無関係であるときに限られる。したがって，1個の請求の一部が特定できる場合，併合された数個の請求の一部又は反訴が提起されている場合の本訴又は反訴のいずれかが裁判をするのに熟した場合に一部判決をすることができる（民訴243②③）。通常共同訴訟の一部の当事者の請求が判決に熟するときも同様である。しかし，合一確定が要求される必要的共同訴訟の場合，客観的予備的併合において主位的請求を棄却する一部判決をする場合，債務の不存在確認の本訴と同一権利関係に基づく給付の反訴のごとく本訴と反訴が同一の権利関係を基礎としている場合及び離婚の本訴と反訴の如く同一目的の形成訴訟の場合は，その一方を認容する一部判決は許されない。
　　　　　　　　　　　　　　　［上杉］

占有移転禁止の仮処分

物の引渡し又は明渡請求権を保全する係争物に関する仮処分（民保23①）をいう。この仮処分は，通常，目的物に対する債務者の占有を排除し，債務者がその物の占有を移転することを禁止されている旨及び執行官がその物を保管している旨を公示する方法で執行する（民保62①，民保規44）。債権者は，この仮処分の執行時の債務者（占有者）に対する債務名義を取得すれば，その後の債務者からの占有承継者及びその執行を知って承継によらないで占有を取得した悪意の非承継占有者に対しても執行文の付与を受けて目的物の引渡し又は明渡しの強制執行をすることができる（民保62①）。この意味で当事者恒定の効力がある。民事訴訟法の原則からすれば，仮処分の効力は承継者にしか及ばないが，この執行方法として仮処分の内容がはく離しにくい方法によって公示されることから（民保規44①），執行後の第三者はその効力が及ぶことを覚悟のうえ占有することになる。したがって，悪意の非承継占有者に対しても，その効力が拡張される。ただし，公示が破棄されたり滅失したりする場合には第三者に効力を拡張することができないから，その執行がされたことを知らない善意の非承継占有者には効力が及ばない。一方，公示は現実に破棄されたり滅失することは滅多になく，大部分は存続しているので，その仮処分執行後の占有者は悪意であるとの推定が働く（民保62②）。したがって，債権者は，執行文付与に際し，仮処分執行後の占有者であることのみを証明すれば足りることになる。一方，債権者に対抗できる権原を有する者と善意の非承継者は保護する必要があるから，執行文付与に対する異議の申立て（民執32）という決定手続において争うことができる（民保63）こととし，債権者と正当な第三者の均衡を図っている。［上杉］

増価競売

抵当権者が抵当不動産の第三取得者から滌除（てきじょ）の通知を受け，それを拒否する場合に行わなければならない特殊

な競売をいう(民384)。

抵当不動産の第三取得者は、債務者が被担保債務を弁済しないかぎり抵当権実行によりその地位を喪失することになる。そこで、不安定な地位に置かれている第三取得者は、抵当不動産を評価し、その評価額を抵当権者に提供して抵当権を消滅させる旨の滌除の通知をすることができる(民383)。抵当権者は、この提供を拒否する場合、上記通知の送達を受けた日から1か月以内に抵当不動産の増価競売を請求し、提供金額より10分の1以上高価に売却することができないときは自ら10分の1の増価額で買受人となる(民384②)。上記期間内に増価競売の請求を行わなかったときには、抵当権者は第三取得者の提供を承諾したものとみなされる(民法384①)。 ［上杉］

相殺権（破産手続）

破産法上、破産宣告時に、破産者に対して債権を有する破産債権者が、破産者に債務を負担している場合、破産手続外で相殺し、その弁済を免れる権利をいう(破98)。相殺権の行使は、破産管財人に対して行う(破7)。

破産債権の行使は、破産手続上、その順位において平等にその債権額の割合に応じて弁済を受けることを原則とする(破16・40)が、破産債権者は、通常、わずかな配当に甘んじなければならないのに、破産者に対する債務を完全に弁済しなければならないとすると、不公平を生ずることから、破産債権者に相殺権を認め、その担保的機能に対する期待を保護しようとするものである。

なお、破産法上の相殺は、配当財団の確定を容易にするため、期限付条件付債権債務についても一定の要件の下に認め(破99〜101)、民法上の相殺の要件(民505以下)を緩和している。他方、相殺は、破産債権者平等の原則に対する例外であるから、その濫用を防止し、破産財団の不当な減少を防止するため、各対立債権は破産宣告時に存在することを要し(破98)、危殆(きたい)時期あるいは破産宣告後に破産債権者が債務を負担した場合その債務を受働債権とする相殺や破産者の債務者が危殆時期あるいは破産宣告後に他人の破産債権を取得しその債権を自働債権とする相殺は原則として許されない(破104)等、民法上の相殺の要件を厳格なものとしている。なお、相殺権は民事再生法及び会社更生法でも破産法と同様に認められており(民事再生92・93、会社更生162・163)、破産法の相殺制限規定は会社整理や特別清算にも準用されている(商403・456)。 ［上杉］

相殺権（民事再生法）

再生債権者が、再生手続開始当時、再生債務者に対して債務（債務が期限付きであるときを含む）を負担していた場合において、債権及び債務の双方が再生債権の届出期間の満了前に相殺適状にあるときは、再生債権者は、その期間内に限り再生手続によることなく、相殺できる(民事再生92)。ただし、ⅰ再生債権者が、再生手続開始後に再生債務者に対して債務を負担した場合、ⅱ再生債務者が支払の停止又は破産、再生手続開始、整理開始もしくは特別清算開始の申立てがあったことを知って、再生債務者に対して債務を負担した場合、ⅲ再生債務者に対して債務を負担するものが、再生手続開始後に他人の再生債権を取得した場合、ⅳ再生債務者に対して債務を負担するものが支払の停止等があったことを知って、再生債権を取得した場合は、原則として、相殺は禁止される(民事再生93)。⇒「相殺権（破産手続）」 ［小野寺(忍)］

相殺の抗弁

被告が，原告に対し，民法上の相殺権の行使を権利消滅の抗弁として主張することをいう。例えば，原告の貸金50万円の返還請求に対し，被告が原告に対し売買代金債権50万円を有するとして，この反対債権(自働債権)をもって相殺する旨の抗弁を主張する場合をいう。相殺の抗弁は，訴訟外で相殺の意思表示(訴訟外の相殺)をし，それを訴訟上主張する場合と，訴訟上初めて相殺の意思表示を主張する場合(訴訟上の相殺)とがある。被告が，原告に対し，別訴で反対債権を請求している場合は，それを自働債権として相殺の抗弁を主張することは民事訴訟法142条の類推適用により許されない。また，既に係属中の訴訟において相殺の抗弁により自働債権として主張している債権を別訴により請求することは許されないとするのが近時の判例・有力説である。なお，別訴において一部請求している債権の残部を自働債権とする相殺の抗弁について，債権の分割行使をすることが訴訟上の権利濫用に当たるなど特別の事情の存しない限り許されるとするのが判例である。反対債権をいつ行使するかは被告に委ねられてよいから，前訴において相殺権の行使が可能であったのに相殺をせず，判決確定後に相殺をすることは許される。民法上の相殺の意思表示は，条件を付すことはできない(民506①但)が，訴訟上の相殺は，例えば，前例で，原告の主張する貸金の成立を争った上，予備的抗弁として仮定的にもすることができる。しかし，相殺の抗弁は，反対債権の存否について判決理由中で判断したときは，相殺をもって対抗した額につき既判力が生ずる(民訴114②)から，他の抗弁が認められないとき，最後に審理判断されることになる。　　　　　　［上杉］

争訟

法律関係の存在又は形成に関する相対立する当事者間の具体的な争いをいう(憲55，裁3①)。訴訟より広い観念であり，訴訟手続によるものに限られない。なお，判例(最大判昭35・10・19民集14・12・2633)は，司法裁判権が，憲法又は他の法律によってその権限に属するものとされているものの外，一切の法律上の争訟に及ぶことは，裁判所法3条の明定するところであるが，ここに一切の法律上の争訟とはあらゆる法律上の係争という意味ではなく，一口に法律上の係争といっても，その範囲は広範であり，その中には事柄の特質上司法裁判権の対象の外におくのを相当とするものがあるとする。　　　　　　［前田］

創設の訴え　⇨　「形成の訴え」

創設判決　⇨　「形成判決」

相続財産の破産

相続財産をもって相続債権者及び受遺者に対する債務を完済できない場合に，裁判所は申立てにより破産宣告をする(破129)。相続債権者，受遺者，相続人の債権者の利害を調整する制度として，民法は限定承認や財産分離を規定するが，より厳格・公平を図るため破産法で設けられた。したがって，限定承認や財産分離による清算手続に優先する(破5)。なお，破産法129条は破産手続が開始される前に死亡した場合の規定であるが，破産手続開始後に死亡した場合(破130)も含めて，相続財産の破産(広義)と呼ばれることもある。　　　　　　［前田］

相続人の破産

破産宣告前に破産者のために相続が開始した場合，破産宣告前に相続の単純承

認・限定承認又は相続放棄をしているときは、そのまま効力が認められるが、破産宣告後にそれらをしたときは、単純承認又は相続放棄は、限定承認の効力を有する（破8・9①）。単純承認や放棄の選択を自由に認めると、相続債権者・受遺者又は相続人の債権者の間の公平を害する場合があるからである。なお、破産法は固定主義をとるので（破6①）、破産宣告後に破産者のために相続が開始した場合は、相続財産は破産財団を構成しない。
［前田］

相対的上告理由

上告は、高等裁判所が第二審又は第一審としてした終局判決に対しては最高裁判所に、地方裁判所が第二審としてした終局判決に対しては高等裁判所にすることができる（民訴311）。最高裁判所が上告裁判所の場合、上告理由は憲法違反と重大な手続法違反（いわゆる絶対的上告理由）に限定されている（民訴312①②）。一定の重大な手続法違反は、裁判への信頼などの観点から判決の結論への因果関係を問題にせず、上告理由とされている。旧法（平成8年改正前の民事訴訟法）では、判決に影響を及ぼすことが明かな法令違反も上告理由とされ（旧民訴394）、絶対的上告理由に対して、相対的上告理由と呼ばれることもあった。新民事訴訟法（平成8法109）では、最高裁判所が上告裁判所の場合、法令違反は、法令の解釈に関する重要な事項を含むものについて、上告受理の申立て（民訴318）をすることができるが、上告理由からは除外された。なお、高等裁判所が上告裁判所の場合は、判決に影響を及ぼすことが明かな法令違反も上告理由として維持された（民訴312③）。
［前田］

送達

送達とは、当事者その他の利害関係人に対し、法定の方式に従い、訴訟上の書類を交付してその内容を了知させ、又はこれを交付する機会を与え、かつ、以上の行為を公証する、裁判機関の訴訟行為をいう。送達の制度には、当事者の申立てに基づいてする当事者送達主義と、裁判所の当然の職責としてする職権送達主義がある。送達は、訴訟手続の進行に重大な関係があり、当事者の申立てによると、迅速・円滑な進行を図れないので、わが法は原則として後者をとっている（民訴98①）。送達を必要とする場合の目的や効果は一様ではない。訴訟上の重要な事項の通知を確認すること、裁判所の要求を通知すること、裁判の効力の発生又は当事者の訴訟行為の完成をさせること、訴訟上の不変期間進行の開始を明確にすることなどを目的とする。そして、その目的に従って、一定の訴訟上の効果を生じる。例えば、訴状の送達であれば訴訟係属、期日呼出状であれば不出頭の場合の一定の制裁又は不利益、判決の送達であれば上訴期間の進行などの効果が生じる。送達事務は、裁判所書記官が行う（民訴98②）。送達実施機関は、原則として執行官又は郵便の業務に従事する者である（民訴99）。他に、裁判所書記官による交付送達（民訴100）、廷吏送達（裁63③）のように、裁判所書記官や廷吏が行う場合もある。
［松野］

送達受取人

当事者等が送達場所の届出をする際には、第三者を送達受取人として届け出ることができる（民訴104①後）。したがって、例えば、日中住所等に在宅している家族等がなく、就業場所送達も望まないような場合において、信頼できる親類から確実に書類を受け取ることができるよ

うな場合は，その親類宅を送達場所とするとともに，その親類を送達受取人として届け出ることも可能である。このように送達受取人の届出は，送達場所届出制度の活用性を高めるために規定されたものであり，送達場所の届出に付随し，かつ，任意的にされるものである。

[松野]

送達証書

送達実施機関が送達を実施したときは，書面を作成し，これを裁判所に提出しなければならない（民訴109）。この書面のことを送達証書又は送達報告書という。送達は一種の要式的公証行為であるが，送達証書が唯一の法定証拠力を持つものではない。しかし，送達証書が送達の効力の判断のために極めて重要な資料であることには変わりはない。送達報告書の記載事項については法定されていないが，性質上，送達書類の表示，送達の場所，年月日時，送達の方法，受取人の署名又は押印，受領拒絶の場合はその理由，補充送達又は差置送達の事実，送達実施機関の記名押印などを記載する。[松野]

送達報告書 ⇒ 「送達証書」

争点

広くは，争いや論争の主要な点を指す。民事訴訟法において，適正・迅速な裁判を実現するには，当事者の主張のうちの争点を明確にし，その争点に絞って証人尋問等の必要な証拠調べをすることが重要である。民事訴訟における争点整理手続には，準備的口頭弁論（民訴164～167），弁論準備手続（民訴168～174），書面による準備手続（民訴175～178）の3種類がある。[前田]

争点効

前訴で当事者が主要な争点として争い，かつ，裁判所がこれを審理して下したその争点についての判断に生じる通用力で，同一の争点を主要な先決問題とした別の後訴請求の審理において，その判断に反する主張・立証を許さず，これと矛盾する判断を禁止する効力をいう。確定判決の既判力は判決の主文のみに及ぶ（民訴114①。例外は相殺（民訴114②））。したがって，判決理由中の判断は別の後訴請求の審理において通用力を持たないことになるが，争点効は，前記のような場合には，通用力を認めようとするものである。英米法のコラテラル・エストッペルの法理と兼子一博士の参加的効力を当事者間にも拡張せよとの見解に示唆を受け，新堂幸司教授によって提唱された。判例（最判昭44・6・24判時569・48）は争点効を認めていない。[前田]

争点整理手続

民事訴訟において，適正・迅速な裁判を実現するには，当事者の主張のうちの争点を明確にし，その争点に絞って証人尋問等の必要な証拠調べをすることが重要である。ところで，争いのある事件において，争点が明確なものもあるが，必ずしも争点が明確でなく争点整理をする必要があるものがある。そこで，争点整理手続として，準備的口頭弁論（民訴164～167），弁論準備手続（民訴168～174），書面による準備手続（民訴175～178）の3種類が規定された。

準備的口頭弁論は，公開の法廷で受訴裁判所が手続を主宰する。弁論準備手続は，準備室などで，受訴裁判所又は受命裁判官が手続を主宰する。書面による準備手続は，期日を開かないで準備書面の提出等により争点整理を行い，裁判長（高等裁判所においては受命裁判官も）が手続

を主宰する。　　　　　　　　　[前田]

双方審尋主義・一方審尋主義

対立する当事者双方に対等に攻撃防御の機会を与える主義を双方審尋主義，当事者の一方にその機会を与えれば足りるとの主義を一方審尋主義という。前者は公平・適正な判断に，後者は迅速性に優れる。民事訴訟において，判決手続は原則として双方審尋主義によっている。判決手続は口頭弁論をしなければならず（民訴87本。必要的口頭弁論），口頭弁論では対等に攻撃防御の機会が与えられるからである。なお，例外として，判決手続でも，担保不提供の場合の判決での訴えの却下（民訴78），訴えが不適法でその不備を補正することができない場合の口頭弁論を経ない判決での訴えの却下（民訴140）等がある。決定・命令の手続においては必ずしも双方審尋主義によっていない。決定で完結すべき事件は裁判所が口頭弁論をすべきか否かを定める（民訴87①但。任意的口頭弁論）。しかし，当事者双方の審尋が必要なものとして，義務承継人に決定で訴訟を引き受けさせる場合（民訴50）等がある。　　　　　　[前田]

双方の訴え

境界(けいかい)確定の訴えや共有物分割の訴え（民258）等は，形式的形成訴訟と呼ばれている。判決の確定により法律状態の変動を生じさせるので形成訴訟の形式をとるが，裁判所は当事者の申立てに拘束されず，請求棄却することもできないので，実質は非訟と考えられるからである。請求棄却ができないところは，被告から同じような反訴が提起されている場合と似ているので，双方の訴えと呼ばれることもある。　　　　　　　[前田]

訴額　⇒　「訴訟物の価額」

即時確定の利益　⇒　「確認の利益」

即時抗告・通常抗告

一定の不変期間内に提起すべきとされているものが即時抗告であり（民訴332），一律に原裁判の執行停止の効力を有する（民訴334①）。例外は民執115⑥，破155④等）。即時抗告ができる期間は1週間である（民訴332。ただし，破112等では2週間）。即時抗告では，法律関係の早期の確定が必要とされる場合であり，条文において「即時抗告をすることができる」（民訴21・25⑤等）と規定されている場合である。それ以外に解釈上即時抗告と認められる場合があるかについては見解が分かれている。原裁判取消しの利益がある限り，いつでも提起できるものが通常抗告である。一律の執行停止の効力を有しないが，抗告について決定があるまで，執行の停止を命ずることはできる（民訴334②）。　　　　　　　　[前田]

続審制

控訴審が，第一審の訴訟資料を基礎とし，新たな訴訟資料の提出を認め，それらを基礎として審理するものである。現行民事訴訟法は続審制に分類されるが，無制限に控訴審での新たな訴訟資料の提出を認めるなら，第一審の軽視につながりかねず，審理は長期化し，迅速な裁判の要請にも反することになる。そこで，訴訟の進行状況に応じ，攻撃防御方法は，適切な時期に提出しなければならないものとし（民訴156），場合によっては，攻撃防御方法の却下ができる（民訴157）ものとした。控訴審で提出された攻撃防御方法が時機に後れたかの判断は，一審以来の訴訟経過に基づいて判断される（最判昭30・4・5民集9・4・439）。控訴審の構造については，続審制以外に，覆審制（第一審の訴訟資料と関係なく，改めて第

一審と同様に訴訟資料を集め，審理する）や事後審制（控訴審が第一審で提出された資料だけを基礎にして第一審の内容の当否を判断する）がある。　　　　［前田］

訴権

私人が裁判所に対し，訴えを提起し，判決を求めることができる権利をその者の権利としてとらえて訴権という。民事訴訟に訴権という文言はない。訴権という概念の存在理由を認めることができるか，認めるとしてその内容をどのように考えるかについて学説上の対立がある。
⇨「訴権学説」　　　　　　　　　［前田］

訴権学説

訴権をどのように考えるかについて学説の対立がある。ⓘ私法的訴権説は，訴権を実体法上の請求権の属性とみる。しかし，実体法上の請求権を前提にしない訴訟もあるので，ⓘⓘ実体法上の請求権とは別個の国家に対する公権と考える公法的訴権説が唱えられた。さらに，この公権の内容について，ⓘⓘⓘ何らかの判決を求める権利とする抽象的訴権説，ⓘⓥ自己に有利な判決を求める権利であるとする具体的訴権説又は権利保護請求権説，ⓥ本案判決を求める権利であるとする本案判決請求権説がある。ⓘⓘⓘでは，訴え却下の訴訟判決を受けても訴権は目的を達する。ⓘⓥでは，勝訴の本案判決を受ける権利となる。ⓥでは本案判決（勝訴・敗訴を含む）を求める権利ということになる。現行民事訴訟においては，訴権という概念を考える実益は乏しいともいわれている。他方，公正な裁判を受ける権利（憲32）の側面からとらえようとの見解も主張されている。　　　　　　　　　　　　　［前田］

訴権否定論

訴権なる観念は，「19世紀の過剰な権利意識の産物」であり，「誇張された権利意識の生み出した幻想」であるとして，この訴権なる観念を否定する説をいう。訴訟制度と国民との関係について，訴権とは訴訟の制度目的の主観的な投影にすぎないとみて，「厳密な意味での権利義務の関係ではなく，又恩恵の関係でもなく，国家がその関心から訴訟制度を営為し，国民が裁判権に服しているという事実の，反映にすぎぬとする認識」に立脚し，それを訴訟理論の中核にすえることを自覚的に否定する考え方である。
　　　　　　　　　　　　　［小野寺（規）］

訴権論　⇨「訴権学説」

訴訟

民事訴訟は，社会に生じる私人間の利害の衝突を公正に処理するために，国家機関たる裁判所が，対立する利益主体を当事者として対立関与させ，双方に利益主張の機会を平等に与えて論議を積み重ね，最後に第三者たる裁判所が，裁判という形式で，双方の主張・立証についてどちらの言い分が正当かを公正に判断する手続であり，しかも，判断基準（民事実体法等）も手続の進め方（民事訴訟法等）も法によって規律される手続のことである。訴訟には，民事訴訟のほかに，刑事訴訟と行政訴訟がある。　［小野寺（規）］

訴状*

第一審の裁判所への訴えの提起に必要とされる書面であり，この書面を裁判所に提出することによってその裁判所への訴えの提起となる。その書面には，所定の事項として，当事者及び法定代理人と請求の趣旨（その裁判で求める結論）と請求の原因（請求の趣旨で表示された請求を特定するのに必要な事実）の記載（民訴133②，民訴規53①②）を要し，その作成者で

ある原告又はその訴訟代理人が記名押印することとなっている。なお，特定の事件については，添付書類の提出が義務付けられている（民訴規55参照）。さらに，訴訟物の価額（訴額）に応じて所定の印紙を貼(は)り（民訴費4・8），かつ，被告に送達するために，被告の数だけの副本を添えること（民訴規58①）が必要とされている。　　　　　　　　　　　　［小野寺(規)］

訴訟委任

民事訴訟において，包括的に訴訟追行のための事務の処理を委託することをいう。訴訟追行の委任を受けそのための包括的な代理権を授与された任意代理人は，原則として弁護士でなければならない（民訴54①本。例外は民訴54①但）。わが国では，訴訟委任には弁護士強制主義を採っていないから，本人はどの審級においても自分で訴訟の追行ができるが，他人に委せるときには，法律専門家として公認された弁護士に限られるとしている。
　　　　　　　　　　　　［小野寺(規)］

訴状却下命令

訴状が必要的記載事項（民訴133②）を欠く場合，訴状に貼用(ちょうよう)された印紙額が不足する場合，裁判長は，相当の期間内に補正を命じ，原告がこれに応じない場合は，命令で訴状を却下しなければならない（民訴137①②）。被告に訴状の送達ができない場合（民訴138②）も同様である。これらの命令は，訴状を受理することができないとしてこれを返還する趣旨（民訴規57参照）のもので，訴状却下命令と呼ばれる。

訴状却下命令は訴えの却下とは異なるが，請求の当否に立ち入らず，訴訟が終了させられる点でこれと同一の効力がある。訴状却下命令に対しては即時抗告が認められる（民訴137③）。　　［近藤(裕)］

訴訟救助　⇒「訴訟上の救助」

訴訟記録

訴訟記録は，事件に関して裁判所が作成した書類及び当事者その他の関係人から提出された書類からなる事件ごとの文書等の総体をいう。訴訟記録は，受訴裁判所が事件ごとに編成し，事件係属中はその裁判所が使用し，事件完結後は第一審裁判所が保管することを前提とする規定を設けており（民訴規9・48・154・174・185），当事者や利害関係人には，これを閲覧・謄写し，その正本・抄本・証明書の交付を求めることを認め，さらに，一般人にもその閲覧を許している（民訴91。ただし同92条に注意）。裁判所の事件に関する記録その他書類の作成及び保管の責任は，裁判所書記官の職務とされている（裁60）。　　　　　　　　　　　［小野寺(規)］

訴訟経済

訴訟経済とは，民事訴訟の判決手続における国家機関及び当事者の労力・経費等を最小限に止めて，最大限の効果を発揮できるようにすることをいう。民事訴訟法の指導理念は，公平・適正・迅速・経済の4つをあげることができ，訴訟経済は，民事訴訟法の立法論や解釈論を試みる場合の指導理念の1つである。しかし，他面，訴訟制度の唯一の理想ではないから，裁判の適正・公平等の要求には譲歩しなければならないことがある。
　　　　　　　　　　　　［小野寺(規)］

訴訟係属

民事訴訟法において，訴えの提起によって当事者間の特定の事件が国内の特定の裁判所において審判される状態が生じるが，この状態を訴訟係属という。訴訟係属の発生時期については，原告が訴状を裁判所に提出した時とする説と訴状

が被告に送達された時とする説があるが，理論的には訴状の被告への送達によって，その関与が可能となった時と解すべきである。その効果は，直接的かつ主要なものとして，同一事件について，2つの訴訟手続が別々に併行して進行することを禁じた二重起訴の禁止があり，これを民事訴訟法142条が規定している。本条に違背した起訴がなされた場合には，裁判所は，当然に訴えを却下すべきこととなる。この点は，裁判所の職権調査事項であり，訴訟障害事由の1つである。今後は，国際的二重起訴の問題も考慮すべきものであろう。　　　　　　　　　［小野寺(規)］

訴訟契約

民事の訴訟手続や訴訟追行の内容・程度・方法についての当事者間の合意のことをいう。訴訟に関する合意ともいう。例えば，不起訴の合意，訴えの取下げの合意，証拠契約をいう。しかし，当事者の意思で任意に訴訟法規と異なる定めができるとすることは，多数の事件処理を目的とする手続を混乱させるおそれがあることから，当事者が合意で任意に訴訟手続を変更することは許されない（任意訴訟の禁止）というのが原則である。現在では，民事訴訟法の基本原則である処分権主義や弁論主義との関係で，当事者にその訴訟行為をするとしないとの自由があると考えられ，しかも，その合意の内容が強行法規や公序良俗に反しないものである場合には，訴訟契約は許されるとされている。以前には，訴訟法がとくに明文で当事者の合意を認めている場合（管轄の合意（民訴11），担保提供に関する当事者の契約（民訴76但），担保物の返還契約（民訴80），期日変更の合意（民訴93③），不控訴の合意（民訴281），不動産の売却条件に関する合意（民執59⑤），配当に関する債権者間の協議（民執139②），仲裁契約（公催仲裁786・787））に限るとされたこともある。明文の規定のない行為では，不起訴の合意（裁判上の行使をしないことを相手方との間で約すること），訴えの取下げの合意（訴えによる審判要求を撤回する旨の裁判所に対する原告の意思表示をいう），証拠契約（広義では，判決の基礎をなす事実の確定方法に関する当事者の合意であり，狭義では，とくに証拠方法の提出に関するものをいう）がある。その法的性質については，合同行為（裁判所の行為を促すために同一内容の意思表示がなされると解する見解）と双方行為（契約）（両当事者の相対立する意思表示の合致の性質と解する見解）に分かれており，契約説が通説である。契約の性質をどのように解するかは，当事者が私法上の効果を意図したか（私法契約説），訴訟上の効果を意図したか（訴訟契約説），という解釈上の問題となる。ただし，明文規定がない限り訴訟契約は無効であり，私法契約としても不適法であるとする見解もあった。現在では，かかる契約は適法であり，訴訟契約説が有力といえる。

［小野寺(規)］

訴訟行為

民事訴訟法のなかには，訴訟行為についての定義はおかれていない。学説では，訴訟行為については，ⅰ「要件」と「効果」が規定されている行為をいうとする見解（要件・効果説）とⅱ「効果」が規定されている行為をいうとする見解（効果説）があり，さらにⅲ「効果」が規定されている行為であって，しかも，その訴訟法上の効果の発生が，その行為にとって本来的(主要)なものであるとみられる行為をいうとする見解（本来的効果説，又は主要効果説）の3説がある。そして，これらの内容は，訴訟の主体という点からは「裁判所の訴訟行為」と「当事者の訴訟行

為」に分類できる。

ここでは、「当事者の訴訟行為」の問題について論ずる。

当事者の訴訟行為の種類については、ⅰ当事者の訴訟行為の性質によって分類する見解、ⅱ訴訟行為の目的からみて分類する見解がある。次いで、ⅲとして、ⓐ当事者が裁判所に働きかけて訴訟法上の効果を取得する行為である「取効的訴訟行為」とⓑ当事者が裁判所に働きかけるということではなく、その訴訟行為自体から直接に訴訟上の効果をもたらす行為である「与効的訴訟行為」に分類する見解である。これは訴訟における行為の機能の点からみての分類であり、ゴールトシュミットの提唱にかかる見解で、三ケ月章博士が紹介された。しかし、この見解に対しては、訴訟法上での効果の点から、ある行為を取効と与効に分けることは困難であるとする批判がある。そして、この点については、「裁判の取得という抽象的な目的をもつ行為」と「そのような目的をもたないか、又は、それをもつとしても、それに合わせて、より具体的な特定の目的なり効果をもつ行為」とに分けるべきだという主張となる。

現状としては、訴訟行為についての分類の必要性は認めるが、いまだ通説となる見解はないというべき状況である。

〔小野寺(規)〕

訴訟行為の懈怠 (かいたい)

民事訴訟において、当事者その他の訴訟関係人による訴訟行為のために期間が定められることがあり、その期間を守らなかったことをいい、その場合に訴訟法上不利益が結びつけられる。当事者その他の訴訟関係人が、本来の行為期間中に定められた行為をしないことを、期間の懈怠という。これによって、通常、その行為をする機会を失することになるが、かりに当事者が自分の責めに帰しえない事由で期間を遵守できなかった場合、それが不変期間の懈怠の場合には、当事者は当然に裁判の確定や訴権の喪失(民訴342①②)の結果をもたらすこととなる。しかし、これに対して法は「追完」という救済制度を設けている(民訴97)。

〔小野寺(規)〕

訴訟行為の瑕疵 (かし)

訴訟行為は、私法行為とは異なり、一連の訴訟手続上の行為の1つとして、他の訴訟行為と一緒になってはじめて訴訟上での意味をもつこととなる。そこで、その1つの行為が、有効要件や適法要件についての手続法規に違反しているため、その法律効果や当事者の期待する状態や性質が欠けていることをその訴訟行為の瑕疵という。訴訟行為の成立に瑕疵があるにもかかわらず、何らかの事後の事情に基づき、その瑕疵が補完されたものとして、その効力を維持させることを民事訴訟法上、瑕疵の治癒という。

〔小野寺(規)〕

訴訟行為の追完

訴訟行為の追行の際、通常人なら払うであろう注意をしても避けられないと認められる事由のあるために訴訟行為を行うことができなかった場合に、後になってその訴訟行為を認める行為をいう。例えば、積雪のための汽車の延着、大震災による通信の途絶、暴風雨のため汽船が避難した結果による郵便物の遅延などの、予期しない天災地変のため訴訟行為ができなかった場合、それらの障害が止んだあと1週間(外国にある当事者については2か月)以内に、懈怠(かいたい)した訴訟行為をその方式に従って行う(民訴97)ことができる。過失なくして判決の送達を知らなかった場合もこれにあたる。公示

送達の不知についても，事情によっては追完が認められることがある。この1週間は伸縮できないと解される。追完できる者は，その事由が存した者に限られる。追完事由は，その行為の適法要件をなすから，その訴訟手続内で調査される。

[小野寺(規)]

訴訟行為の撤回

訴訟において，当事者がいったんなした訴訟行為を取り下げることをいう。撤回の可否の問題については，訴訟行為の分類との関係で以下のように取扱いが分かれている。

裁判所に対して特定の裁判を求める取効的訴訟行為については，それに裁判所から応答がなされるまでは，当事者が自由に訴訟行為を撤回することができるのが原則である（ただし，訴訟では，相手方との関係も考慮すると，もしその撤回によって，すでに相手方に生じている訴訟上の地位を害するような結果となる場合には，その撤回について一定に制限が加えられる）。

これに対し，直接に訴訟上の効果を生じるとする与効的訴訟行為については，撤回というのが法的効果の発生前になされる必要のあることから，当事者には，その訴訟行為の撤回の余地はない。

[小野寺(規)]

訴訟行為の附款

訴訟行為に付せられる条件や期限のことをいう。訴訟行為に条件が付せられていたのでは，訴訟手続の進行を不安定にするので，一般的には，訴訟行為に条件を付する事は許されない。しかし，取効的訴訟行為ないし裁判取得目的の行為については，裁判所の審理や相手方の訴訟追行に支障を生じないという理由から条件を付することが認められる場合がある。訴訟行為に期限を付することは，訴訟行為に自由に期限を付することができるとすれば，手続進行の秩序が失われ，訴訟資料の確定もできなくなることから，一切許されない。

[小野寺(規)]

訴訟告知

訴訟の係属中に，当事者の一方（告知者）が当該訴訟について利害関係を有し訴訟参加のできる第三者（被告知者）に対して，法定の方式により訴訟係属の事実を通知することをいう（民訴53）。訴訟告知は，事実の報告であり，被告知者に対する催告でもなければ，参加の命令でもなく，さらに第三者に対する裁判上の請求でもない。また，告知するかどうかも原則として任意であって義務ではない（告知義務のある場合は商268③）。ただ，告知がなされると，被告知者は訴訟参加をして自己の利益を守る機会が与えられるし，たとえ被告知者が訴訟に参加しなくても，告知者・被告知者間の後訴では一定の要件の下で民事訴訟法46条の参加的効力が生ずる（民訴53④）こととなる。

[小野寺(規)]

訴訟参加

係属中の訴訟の結果に何らかの利害関係を有する第三者が，自己の利益を擁護するために，自己の名において当該訴訟に加わることをいう。この第三者は参加人と呼ばれ，当事者又は当事者に準ずる者として，独立に訴訟行為を行うことのできる訴訟法上の地位につく。参加人が新たな当事者として既存の当事者の双方又は一方に対する自己の請求を掲げ，その請求についても同一の訴訟手続で勝訴判決を得ることにより，参加人自身の利益を直接に擁護しようとする場合を「当事者参加」といい，参加人が既存の当事者の一方を補助して勝訴させることによ

り，参加人自身の利益も間接に擁護しようとする場合を「補助参加」という。

[小野寺(規)]

訴訟指揮権

民事訴訟において，訴訟手続を主宰する権能で，訴訟の審理を迅速・公平に，かつ充実したものにするために裁判所又は裁判官に認められている権能のことをいう。

その内容は，法規に適合した手続，事件の具体的内容や審理の進行状況に対応して期間を裁定したり，弁論の整理，釈明を求めたりする裁判所又は裁判官の行為である。主体は，裁判所が直接これを行使するのが原則であるが，裁判長が独立して（民訴93・137），又は合議体がその実施する弁論や証拠調べの期日における発言機関として（民訴148・149, 202①）行使することもあり，また，受命裁判官・受託裁判官は，その手続において，授権された権限内で訴訟指揮を行う（民訴171②・170⑥・148・206）。

形式は，裁判の形式をとって行われる場合と事実上の行為として行われる場合がある。

[小野寺(規)]

訴訟事件

訴訟とは，社会に生ずる利害の衝突を公正に処理するために，国家機関たる裁判所が，対立する利益主体を当事者として対立関与させ，双方に利益主張の機会を平等に与えて論議を積み重ね，最後に第三者たる裁判所が，裁判という形式で，双方の主張・立証を公正に判断する手続をいうのであり，しかも，判断基準も手続の進め方も法によって規律される手続といえる。民事訴訟事件は，私法上の権利関係を訴訟物としている事件であり，これに対して，非訟事件は，裁判所が，私人間の生活関係に関する事項に介入する手続で，通常の訴訟手続によらずに簡易な手続で処理する事件をいう。

[小野寺(規)]

訴訟事件の非訟化

典型的な訴訟処理原則の妥当領域が，現代的要請に基づいて相対的に縮小される現象をいう。非訟化といっても常に非公開・非対審・決定という審理方式になるわけではなく，いろいろな組合せがあり得る。

最高裁判所の判例（最大決昭40・6・30民集19・4・1114）は，対立する紛争当事者間の法律上の実体的権利義務自体を公権的かつ終局的に確定することを目的とする事件を「純然たる訴訟事件」であるとし，それ以外の事件を非訟事件として，公開・対審・判決という厳格な訴訟手続によらなくても，憲法（32・82）に違反するものではないとしている。訴訟原則とは，対立する当事者間の法律上の実体的権利義務自体を終局的に確定することを目的とする訴訟事件の対審及び判決は公開の法廷においてなされねばならないというものであるといわれる（憲32・82）。「公開」とは，不特定かつ相当数の者が自由に傍聴し得る状態におくことである。「判決」とは，裁判所のなす判断の表示行為（裁判）であるが，そのうち言渡しによってのみ効力を生ずるものをいう。「対審」とは，当事者双方を対立させて同時に審理する口頭弁論を意味する。

いままでは訴訟事件として扱っていたものを非訟事件として扱おうとする「訴訟の非訟化」現象がでてきている。例えば，わが国では，家事審判法の制定により，訴訟とされていた多くの事件が審判事項に改められた（家審9参照）。そこでの問題の1つは，訴訟事件を非訟事件化する場合には，非訟手続では公開対審構造をとらないのが原則であるため，憲法

32条および82条の保障する「裁判を受ける権利」を侵害しないかどうかを吟味しなければならないことである。

［小野寺(規)］

訴訟実施権　⇨　「訴訟追行権」

訴訟終了宣言

訴訟が終了した旨の終局判決をいう。訴訟が取下げ（民訴261）等によって終了したのに，当事者がその効力を争って裁判所に新期日指定の申立てをした場合，裁判所は，口頭弁論を開いて取下げ等の効力について審理し，取下げ等を有効と判断すれば，訴訟は取下げ等によって終了した旨を宣言する判決をして審理を打ち切ることになる。訴訟上の和解（民訴89・267）の無効を争う方法については既判力との関係で争いがあるが，判例の認める新期日指定の申立てによる場合には，その和解が有効であると判断されれば訴訟終了宣言をすることになる。請求の放棄及び認諾（民訴266）についても同様と解されている。また，離婚訴訟が当事者の死亡により終了した場合等にも訴訟終了宣言がされる。　　　　　　　［小田島］

訴訟障害

民事訴訟において，その権利主張が認容されるかどうかを審理・判断してもらうために具備していなければならない事項で，その存在が本案判決をすることができなくなる場合の要件のことを訴訟障害という。例えば，二重起訴の禁止（民訴142）がこれに当たる。消極的訴訟要件ともいう。　　　　　　　　　　［小野寺(規)］

訴訟承継

訴訟の係属中に訴訟物をなす権利関係の帰属主体が変動したことに基づき，従前の当事者に代わって第三者がその者の訴訟上の地位を承継することをいう。その要件・効果は，民事訴訟法49条・50条・124条1項2項に規定がある。訴訟の係属中に当事者の死亡，法人の合併などの承継原因の発生により当然に当事者の相続人や合併会社により訴訟の承継が行われる場合を「当然承継」という。新しく紛争の主体となった者の方から訴訟を承継する旨を裁判所に申し立てて訴訟に参加していく場合を「参加承継」（民訴49）といい，新しく紛争の主体者となった者が参加承継してこない場合に，従前の当事者の相手方の方から裁判所に申立てをして，新しく紛争の主体となった者に訴訟を引き受けさせる場合を「引受承継」（民訴50）という。承継の効果は，新当事者が旧当事者の地位をそのまま引き継ぐことを意味する。　　　　　　　［小野寺(規)］

訴訟承継主義・当事者恒定主義

訴訟係属中に係争物が譲渡されるなどして係争の権利関係が当事者から第三者に移転した場合，それまでの訴訟経過を無駄にすることなく紛争を解決するための立場としては，承継人である第三者を当事者として訴訟に加入させ，前主である当事者の訴訟上の地位を引き継がせる訴訟承継主義と前主にそのまま訴訟を追行させ，その訴訟との関係で判決の効力を第三者に及ぼさせる当事者恒定主義がある。現行の民事訴訟法は訴訟承継主義を採用しており，権利や義務を承継した第三者からの独立当事者参加の申立て（民訴47・51）もしくは相手方当事者からの訴訟引受けの申立て（民訴50・51）があれば，裁判所はその許否を判断し，許可決定がなされれば，第三者は当該訴訟の当事者となって前主の訴訟上の地位を引き継ぎ，前主は訴訟から脱退できる（民訴48）。

［小田島］

訴訟上の救助

訴訟費用を支払う資力がない者や支払により生活に著しい支障を生じる者について、その主張によれば勝訴の見込みがないとはいえない場合に、裁判所が決定によって訴訟費用の支払猶予や担保の免除を認める制度である（民訴82～86）。貧困のために裁判費用が支出できない者は、訴訟制度を利用できず、裁判を受ける権利が実質的に奪われることになるため、最小限度の救済として制度化されたものであるが、要件や範囲が限定されており、十分な救済は法律扶助制度の拡充によることになる。当事者の申立てにより、裁判費用、執行官の手数料及び費用、裁判所が付添いを命じた弁護士の報酬及び費用の支払の猶予並びに担保の免除（民訴83①）がされるが、その効力は当該審級（民訴82②）及び決定を受けた当事者のみに限られ承継人には及ばない（民訴83②③）。　　　　　　　　　　［小田島］

訴訟上の形成権の行使

相手方の権利主張に対して私法上の形成権を訴訟上行使するには、訴訟前ないし訴訟外でこれを行使してその私法上の効果を訴訟で主張する場合と、口頭弁論で抗弁などとして訴訟上行使する場合とがある。後者の場合に、訴訟における形成権の行使行為の法的性質と効果が問題になる。

この点に関して諸説あるが、外観上一個の行為でありながら訴訟行為と私法行為との性質を兼有するとし、あるいは形成権行使の私法上の意思表示を包含する訴訟行為であるとする説（両性説）は理論的に一貫しないものとして有力な学説の反対があるが、実際上の結論が妥当であるために多数の学説・判例の支持を受けている。

その他、形成権の訴訟上の行使においては、形成権の行使行為の方式及び効力（例えば、相手方欠席の場合の形成権行使方法）、条件付（予備的）形成権の行使が認められるのか、訴訟代理人や補助参加人が訴訟上で形成権を行使しうるのか、陳述の撤回・訴えの取下げ又は却下の場合には形成権行使による訴訟上の効力はどうなるのかといった問題がある。

［杉山］

訴訟上の抗弁・本案の抗弁

相手方の申立てや主張を排斥するために別個の事項を主張する抗弁のうち、実体法上の効果に関しないものを訴訟上の抗弁、実体法上の効果に関するものを本案の抗弁（実体法上の抗弁ともいう）という。訴訟上の抗弁は訴訟要件欠缺（けんけつ）の抗弁（本案前の抗弁）と証拠抗弁とに大別され、訴訟要件欠缺の抗弁は訴えの却下・移送等を求めるものであるが、そのうち担保提供の抗弁（民訴75）、仲裁契約存在の抗弁は被告の主張を待って顧慮されるのに対して、管轄違いの抗弁（民訴16）、訴訟係属の抗弁（民訴142）、既判力の抗弁等は職権調査事項であり被告の主張を必要としない。証拠抗弁とは、相手方の証拠申出に対しその不採用を求めるためにする異議の陳述など（民訴157等）をいう。

本案の抗弁は、自分が証明責任を負う事実である相手方の主張する法律効果の発生の障害原因事実（要素の錯誤等）、発生した権利関係の消滅原因事実（弁済、契約の取消、消滅時効等）あるいは権利の行使を阻止する事実（留置権、催告の抗弁等）を主張するものである。　［杉山］

訴訟上の請求　⇒　「請求（訴訟上の）」

訴訟上の相殺　⇒　「相殺の抗弁」

訴訟上の代理人

訴訟上の代理人とは，当事者本人に法律効果を帰属させるために，本人の名前で，本人に代わって自らの意思決定によって，相手方や裁判所に対して訴訟行為をしたり，相手方や裁判所から自己に向けられた，本人のための訴訟行為を受領する者である。

訴訟上の代理人には，本人の意思によらずに選任される法定代理人と，本人の意思によって選任される任意代理人とがある。法定代理人には，実体法上の法定代理人（民訴28，民824等）と訴訟法上の特別代理人（民訴35・236）があり，任意代理人には，訴訟委任に基づく訴訟代理人と法令上の訴訟代理人（商38①等）とがある。訴訟上の代理人のうち，訴訟追行の包括的代理権を有する任意代理人を広義の訴訟代理人といい，訴訟委任に基づく訴訟代理人を狭義の訴訟代理人ということがある。

訴訟上の代理人は原則として包括的な代理権を有するが，個々の訴訟行為のためだけの代理も個別に認められている（民訴102③・104①等）。　　　［杉山］

訴訟上の担保

民事訴訟・民事執行又は民事保全に関して，当事者の一方が自己に有利な訴訟行為をする場合に，これにより将来相手方に対して負担することになるかもしれない費用償還義務あるいは損害賠償義務のために，あらかじめ供与する物的担保又は人的担保をいう。担保提供方法としては，金銭又は裁判所が相当と認める有価証券を供託する方法，支払保証委託契約による方法がある（民訴76，民訴規29①，民執15①，民執規10・32・40・78，民保4①，民保規2）。訴訟上の担保には，訴訟費用の担保（民訴75），他の法令による提訴の担保（民訴81），仮執行の宣言に関する担保（民訴259）などがある。担保提供者は担保取消決定を得て担保を取り戻すことができる（民訴79）。相手方は提供された担保につき，他の債権者に先立ち弁済を受ける権利を有する（民訴77・81・259⑥・376②・400②，民執15②，民保4②）。　　　［浅田］

訴訟上の保証　⇒　「訴訟上の担保」

訴訟上の申立て　⇒　「本案の申立て・訴訟上の申立て」

訴訟上の和解

訴訟の係属中当事者が訴訟物についての主張を互いに譲歩して訴訟を終了させる旨の期日における合意（なお，遠隔地に居住し期日に出頭の困難な当事者に対する便法として，他の当事者が期日に出頭してする和解について民訴264条に特別の定めがある）をいう。

その要件としては，ⅰ）和解の対象である権利又は法律関係が当事者の自由に処分できるものであること，ⅱ）和解で定められる権利又は法律関係が法律上許される性質のものであって，公序良俗にも反しないこと，ⅲ）当事者に訴訟能力があり，代理人に代理権があること（民訴32②・55②）が必要となる。

民事訴訟法は，訴訟のいかなる段階においても裁判所は当事者に和解をすすめることができるとしている（民訴89）。和解の合意がされると，裁判所は，その要件を審査し，有効と認めた場合に裁判所書記官をして和解の内容を調書に記載させ（民訴規67①・88④・163③・164②），これによって訴訟は終了する。和解調書には「確定判決と同一の効力」が認められている（民訴267）。この「確定判決と同一の効力」につき，執行力が生じることに

ついては争いないが，訴訟上の和解が既判力を有するかどうかについては，⒤既判力肯定説，ⅱ既判力否定説，ⅲ制限的既判力説と見解が分かれており，判例は明言はしていないが，制限的既判力説(和解調書に既判力を認めるが，もしその和解に私法上の無効・取消原因があるときは，既判力は生じないとする見解)にたつものと解されている(最判昭33・3・5民集12・3・381，最判昭31・3・30民集10・3・242)。　　　　　　　　　　　　[大島]

訴訟資料

訴訟で審判の資料となる事実上の主張と証拠をいい，訴訟材料又は攻撃防御方法と同じ意味に用いられることもある。狭義では，証拠資料を除いた事実の主張だけを指し，弁論主義のもとでは，法律効果の判断に直接必要な主要事実は，当事者の弁論にあらわれない限り，証拠資料から心証を得たとしても，判決の基礎として採用することができない。

その収集・提出の責任の所在により，弁論主義と職権探知主義が，その提出に時間的制限を設けるかどうかにより，同時提出主義(法定序列主義)と随時提出主義(自由提出主義(旧民訴137))・適時提出主義(民訴156)が，提出方法により，口頭主義と書面主義が対立している。

[浅田]

訴状審査権

裁判長が，裁判所に提出された訴状について，必要的記載事項(民訴133②)の具備及び必要な印紙が貼付(ちょうふ)されているかにつき形式的に審査する権限をいう。これらに不備がある場合，裁判長は相当の期間を定めて原告にその補正を命じ(民訴137①)，その期間内に補正しないときには命令で訴状を却下する（訴状却下命令（民訴137②))。訴状却下命令に対しては即時抗告をすることができる(民訴137③)。　　　　　　　　[浅田]

訴訟信託

他人に訴訟行為をさせることを主な目的として財産権の譲渡その他の処分をすることをいう。弁護士代理の原則(民訴54①)を潜脱することとなるほか，不当な利益を得ようとして他人の紛争に介入し訴訟を食い物にする者が出ることにもなるので，信託法はこれを禁止している(信託11)。なお，第三者の訴訟担当や訴訟代位が訴訟信託と呼ばれることもある。

[浅田]

訴訟成立要件

訴訟あるいは訴訟法律関係の成立要件をいう。かつて，本案審理の手続の先行手続において審理される裁判権や当事者能力などの訴訟要件を訴訟の成立要件とみる見解があった。しかし，訴訟要件の調査と本案の審理とが手続上明確に分離されていない現在の訴訟状態のもとでは，裁判所は，外形上訴えとみられる行為があれば，訴訟手続を開始しなければならず，これによって訴訟(訴訟法律関係)は成立することになり，訴訟要件の存否もこの手続内で調査されるので，訴訟要件は訴訟の成立要件ではない。　[大島]

訴訟訴訟 ⇨ 「付随訴訟」

訴訟代位 ⇨ 「第三者の訴訟担当」

訴訟代理権

訴訟代理人が有する代理権をいう。

訴訟手続の迅速かつ円滑な進行の要請と訴訟代理人になることの最も多い弁護士の資格が法定されていることに鑑(かんが)み，民事訴訟法は，訴訟委任による訴訟代理人の訴訟代理権の範囲を原則とし

て画一的に定め，その制限を禁じている（民訴55①③）（なお，弁護士でない訴訟代理人については訴訟代理権を制限することが許される）。法定の範囲に含まれるものとしては，判決手続において訴訟を追行する権限，調停手続・和解手続（ただし，調停・和解を成立させるためには民事訴訟法55条2項2号の制限がある），強制執行・保全手続を追行する権限及びこれらに付随する手続を追行する権限がある。この範囲で訴訟代理人は手続追行に必要な訴訟行為ができるほか，ここに掲げられていない行為でも，訴訟委任の目的内のものである限り一切の行為をすることができ（訴訟委任の目的の達成に必要な訴訟行為のほか，その前提として必要な実体法上の権利行使もできる（最判昭36・4・7民集15・4・716）），また相手からの行為を受領する権限も有すると解されている。ただし，重大な結果をもたらす行為については，本人の意思を尊重しうるようにそのつど特別の授権を要することとされている（特別授権事項（民訴55②））。訴訟委任においては，民法上の委任の場合（民111・653）と異なり，受任者が原則として弁護士であり，代理権の範囲も一定していることから，本人の死亡，訴訟能力・法定代理権の喪失，本人の訴訟追行権の喪失があっても訴訟代理権は消滅しない（民訴58①）。

法令上の訴訟代理人の権限の範囲は，この代理権が一定の地位に結びついた権限であり，その範囲ももっぱらそれぞれの法令によって定まる（民訴55④）。⇒「審級代理」　　　　　　　　　　［大島］

訴訟代理人

訴訟追行のための包括的代理権を有する任意代理人をいう。

訴訟代理人のうち，特定事件の訴訟追行のために代理権を授与された者を訴訟委任による訴訟代理人（狭義の訴訟代理人）といい，法令が一定の地位にある者に訴訟代理権を認める旨を規定している場合に，その地位に選任されることによって訴訟代理権を付与されたことになる者を法令上の訴訟代理人という。後者の例としては，支配人（商38①），船舶管理人（商700①）等があり，法令の規定により，本人の一定範囲の業務について，一切の裁判上の行為をする権限が与えられている。法令上の代理人を除き，訴訟代理人になるには弁護士たる資格が要求される（民訴54①。なお，簡易裁判所における特例について民訴54①但）。　　　　　［大島］

訴訟脱退

訴訟の係属中に当事者が死亡によらないで当事者たる地位を失うことをいう。現行法上，第三者の訴訟参加又は訴訟引受（民訴47・49～51）などがあった場合及び訴訟の途中で選定当事者が選ばれた場合（民訴30）に生じる。前者の場合は，第三者の参加により，従前の原告又は被告が当事者として訴訟を追行する必要がなくなるので，訴訟関係から離脱することになる（民訴48）。訴訟脱退により，残留する相手方と参加人との二当事者訴訟に還元されるが，残留する相手方には，従前の当事者と訴訟追行する利益があるので，訴訟脱退には，相手方の承諾が要件とされ，また，脱退者は，将来的にのみ訴訟から離脱するので，脱退者の従前の主張・立証は，なお裁判資料となる。脱退後の訴訟の判決の効力は，脱退者にも及ぶ（民訴48）。選定当事者の選定の場合には，選定者は当然に訴訟から脱退する（民訴30②）。　　　　　　　　［菊池］

訴訟担当　⇒　「第三者の訴訟担当」

訴訟中の訴え

既存の訴訟手続に併合して審判されることを求めて提起される訴えのことをいう。訴えの変更(民訴143)、中間確認の訴え(民訴145)、反訴(民訴146)、独立当事者参加(民訴47)、訴訟参加又は訴訟引受け(民訴49～51)、共同訴訟参加(民訴52)等が挙げられる。ある請求について審理が進んだ段階で、後発的に請求が複数となる場合であり、既に進行している手続を利用して審理されるため、訴訟経済を図り、裁判所の判断に矛盾が生じるのを回避することができる。他方、このような訴えを広く認めると、相手方の防御が困難になり、審理の混乱・長期化・非効率化を招くおそれがあるため、法は、各場合について、訴えを提起するための要件を定めている。　　　　　　　　[菊池]

訴訟追行権

特定の請求(訴訟物)について当事者として訴訟を追行し、本案判決を求めることができる資格を当事者適格といい、この資格を当事者の権能とみるとき、これを訴訟追行権という。形式的当事者概念の下では、自己の名で訴え又は訴えられた者は全て当事者であるが、形式的に当事者となった者のうち、その者に対して本案判決をするのが紛争解決にとって必要かつ有効・適切であるような者を選別する必要があり、その選別の基準となるのが当事者適格の有無である。これを有する者(正当なる当事者)でなければ訴訟追行権を有さず、訴訟の追行はなしえない。

一般的には、当該請求に対する勝訴の本案判決によって保護されるべき実体的利益の帰属主体であると自ら主張し、又は原告から主張される者が正当な当事者であるが、実質的利益帰属者に代わって第三者が当事者として訴訟追行権を認められる場合があり、これを第三者の訴訟担当(訴訟代位)という。第三者の訴訟担当には、本人の意思に基づかず、法律の規定により第三者が当然に訴訟追行権を持つ場合(法定訴訟担当)と、本人の授権によって訴訟追行権を取得する場合(任意的訴訟担当)とがある。　　[杉山]

訴訟手続の休止

訴訟当事者間の期間を定め又は定めない合意の結果生ずる訴訟手続の進行停止をいう。大正15年改正前の旧々民事訴訟法では、当事者の合意等により訴訟手続を停止すること(休止)が認められていたが(旧々民訴188)、訴訟遅延の原因となったため、廃止された。平成8年法109号による改正前の旧民事訴訟法では、当事者双方が口頭弁論期日に欠席し又は弁論をしないで退廷した場合に、3か月以内に期日指定の申立てをしないときは、訴えの取下げが擬制されたものの(旧民訴238)、当事者双方が合意するなどして欠席と期日指定の申立てを繰り返すと、事実上、訴訟手続が休止することとなった。そこで、現行民事訴訟法は、上記期日指定の申立期間を1か月に短縮するとともに、双方当事者が連続して2回、口頭弁論期日に出頭せず、又は弁論をしないで退廷・退席したときも訴えの取下げを擬制することとし(民訴263)、弁論準備手続についても同様に定めている。[菊池]

訴訟手続の受継 (じゅけい)

中断中の訴訟手続の続行を求める当事者の裁判所に対する申立てをいう。ただし、当事者の破産により中断した訴訟が破産管財人受継前に破産手続の解止となったときは、破産者の受継の申立てを待たずに当然受継となる(民訴125①)。

受継申立権者は、中断事由のある当事者側の新追行者及び相手方であり(民訴

124①・126），新追行者は，各中断事由ごとに法定されている（民訴124①各号）。受継の申立ては，中断当時訴訟の係属した裁判所にするが，終局判決後中断した訴訟の場合には原裁判所のほか上級裁判所にもできると解される。受継の申立ては書面又は口頭で行う（民訴規1）。受継の申立てが適法になされると，中断は解消し，手続が再開される。裁判所は受継の申立てがあったときは相手方に通知しなければならない（民訴127）。裁判所は職権で受継申立ての適否を調査し，申立てを理由ありと認めるときは，終局判決前であれば，期日を指定し，当事者を呼び出す。申立てが理由なしと認めるときは，決定で申立てを却下しなければならず（民訴128），却下決定がなされたときは中断は解消しない。却下決定に対して，申立人は抗告することができる（民訴328①）。判決書又は調書判決の送達後に中断した訴訟手続につき受継の申立てがあったときは，判決をした裁判所はその申立てにつき裁判をしなければならない（民訴128②）。終局判決言渡後中断が生じ，受継決定がされ，それが違法であるときは，受継決定のみの取消しを求めて上訴できる（最判昭48・3・23民集27・2・365）。口頭弁論終結後の受継の申立ても，弁論を再開しない限り，必ず決定をもって申立てを適法と宣言し，これを送達すべきものと解される。　　　　　　　　　［小林］

訴訟手続の続行命令

中断中の訴訟手続について，当事者が訴訟手続の受継（じゅけい）の申立てを怠っている場合に，裁判所が職権で手続の続行を命じて，中断を解消させる裁判所の命令をいう（民訴129）。続行命令は，中断当時訴訟の係属した裁判所がなし，当事者に告知されたとき中断は解消する。誰が受継すべきかをよく知っているのは承継人であるから，裁判所が知り得た承継人に受継の申立てをするよう促せば，通常はその申立てがなされる。したがって，裁判所が続行命令を出すことは稀（まれ）である。当事者がうっかりして受継の申立てを失念しているような場合に続行命令が出されることが多い。例えば，判決の言渡しと同時に訴訟手続が中断しているような場合に（民訴124②）当事者が受継の申立てをしないで上訴だけしたときは，裁判所は職権をもって続行命令を発することができる（大判昭13・2・23民集17・259）。
　　　　　　　　　　　　　　　［小林］

訴訟手続の中止

訴訟の係属中に，訴訟の進行が困難又は不適当となった場合に，法律上当然に又は裁判所の訴訟指揮上の措置によって訴訟手続の進行が停止することをいう。中止になると，訴訟手続上の行為はできず，当事者のした訴訟行為は無効となり，裁判所も判決以外の行為はできない（民訴132①）。期間も進行せず，中止解消後新たに全期間が進行する（民訴132②）。訴訟手続中止の事由としては，ⅰ裁判所の職務執行不能による中止（民訴130），例えば天災（地震・水害等）や事故（戦乱・内乱等）により裁判所の職務執行ができなくなった場合であり，中止は法律上当然に発生する。ⅱ当事者の故障（民訴131），例えば伝染病による隔離，天災による交通手段の途絶等のため当事者が裁判所に出頭できない場合で，申立て又は職権により裁判所が中止の決定をすると手続が停止する。中止は取消決定により終了する。必要的共同訴訟では，共同訴訟人1人につき中止の原因があると，全員につきその効力が生ずる（民訴40②）。ⅲその他の法令により裁判所が中止を命じることができる場合がある（人訴13・26，民調規5，家審規130，特許168，新案41，意匠

52，商標56，会社更生37等)。　[小林]

訴訟手続の中断

訴訟の係属中に，訴訟当事者の一方の側に訴訟追行を不可能又は困難にする一定の事由(中断事由)が発生した場合に，新たな訴訟追行者が訴訟に関与できるようになるまでの間，手続の進行を停止して，当事者が訴訟に関与する機会を実質的に保障するための制度である。

訴訟手続の中断事由には次のものがある。ⅰ当事者の死亡(民訴124①①)，ⅱ法人の合併による消滅(民訴124①②)，ⅲ当事者の訴訟能力の喪失又は法定代理人の死亡もしくは代理権喪失(民訴124①③)，ⅳ受託者の信託任務終了(民訴124①④)，ⅴ資格当事者(船長・破産管財人・遺言執行者等)の資格喪失(民訴124①⑤)，ⅵ選定当事者全員の資格喪失(民訴124①⑥)，ⅶ破産宣告(民訴125①)，ⅷ破産管財人の受継後の破産手続の解止(民訴125②)。

以上の事由が生じても訴訟代理人がある間はⅶⅷの破産の場合を除いて中断を生じない(民訴124②)。中断は中断事由の存在により当然に発生し，当事者の受継又は裁判所の続行命令により解消する。中断中は期間は進行を止め，既に進行した期間は手続の受継の通知又は続行の時から改めて全期間の進行を始める(民訴132②)。中断中も判決の言渡しはできるが(民訴132①)，その他の訴訟行為は中断を解消させるのに必要な行為の他は有効にすることができない。ただし，中断中になされた証拠調べその他の訴訟行為であっても当事者が責問権を放棄すれば有効となる。また，それに基づいてなされた判決は違法ではあるが，当然無効となるのではなく上訴で取り消されることになる(最判昭58・5・27判時1082・51)。
　[小林]

訴訟手続の停止

訴訟係属中に，訴訟手続が法律上進行しない状態になることをいう。停止には現行法上中断(民訴124)と中止(民訴130・131)のほか，除斥又は忌避の申立てに基づく停止(民訴26)の3種類がある。当事者の一方に訴訟行為をすることが不能又は困難な事情があるときに，訴訟手続を進行することは，双方の言い分を聞き公正な裁判をするという訴訟制度の本質に反することになるから，停止の制度が設けられたのである。したがって，停止は，判決手続及びこれに準ずる手続(督促手続等)についても準用されると解されるが，判決手続に準じない民事執行手続等には準用されない。停止中は，訴訟手続上の行為を行うことはできず，当事者の訴訟行為は相手方に対して効力を生じない。裁判所も判決以外の訴訟行為は行えない(民訴132①)。停止中は期間は進行せず，停止が解消した後，あらためて全期間が進行する(民訴132②)。　[小林]

訴訟当事者 ⇨ 「当事者」

訴訟に関する合意 ⇨ 「訴訟契約」

訴訟の移送 ⇨ 「移送」

訴訟能力

民事訴訟法上，訴訟当事者として自ら単独で有効に訴訟行為をなし，又は相手方や裁判所の訴訟行為を受けるために必要な資格をいう。民法上の行為能力に対応する制度であり，訴訟手続においても，普通人と同様に扱ったのでは訴訟上自分の利益を十分に擁護できない者を保護するために，一定の能力水準を有する者のみに単独での訴訟追行を認めるとする制度である。民事訴訟法上，訴訟能力は民法上の行為能力に準じて取り扱われ(民

訴28), 行為能力者はすべて訴訟能力者となる。未成年者及び成年被後見人は訴訟能力を有しない（絶対的訴訟無能力者）。民法上は, 未成年者は法定代理人の同意を得れば自ら法律行為ができるが(民4), 訴訟行為は法定代理人が常に未成年者に代わって追行しなければならない。ただし, 未成年者が独立して法律行為をなし得る場合は（民6①, 商6), それに関する訴訟に限り訴訟能力が認められる（民訴31)。法定代理人がおらず, 又は代理権を行使できない場合に, 相手方が訴訟行為をする必要のあるときは, 特別代理人の選任を求めうる（民訴35①)。被保佐人は保佐人の同意を得て自ら訴訟行為ができる（民12①④）が, 被告・被上訴人として相手方から提起された訴訟については同意なしに応訴できる（制限的訴訟無能力者。民訴32①)。

人事訴訟においては, できる限り本人の意思を尊重する趣旨から, 意思能力がある限り訴訟能力が認められる（人訴3)。

訴訟能力の欠けた者の行為又はこれに対する行為は無効であるが, 後日, 適法な追認があれば遡(さかのぼ)って有効となる（民訴34②)。訴訟無能力者が訴訟を追行したまま判決がなされたときは, 法定代理権の欠缺(けんけつ)を理由として上訴（民訴312②④）又は再審によって取消しを求めうる（民訴338①③)。　［小林］

訴状の記載事項*

訴えの提起は, 訴状と呼ばれる一定様式の書面を裁判所に提出して行うが（民訴133①。例外は民訴271), その記載事項は次のように分類される。

必要的記載事項は, 訴状に必ず記載しなければならず(民訴133②), 記載がないと訴状としての要件を欠く必要不可欠な記載事項をいい, 次のものがある。ⅰ当事者の表示は, 誰が原告で誰が被告であるか特定できる程度に記載すればよい。自然人については氏名と住所, 法人等団体については名称と所在地を記載する。当事者が無能力者である場合は, 法定代理人の表示を要し（民訴133②①), 法人等団体の場合は代表者の表示を要する（民訴37)。この当事者の表示は補充訂正が可能である。ⅱ請求の趣旨は, 原告がどのような内容の判決を求めるのかを簡潔に表示する部分をいう。ⅲ請求の原因は, 請求を特定するために必要とされる権利発生原因事実をいう。必要的記載事項に不備があると, 裁判長は原告にその補正を命じ, 補正がなされないときは命令で訴状を却下する（民訴137②)。

任意的（実質的）記載事項は, 必要的記載事項以外で当事者の主張及び争点整理のために記載することが望ましいとされる事項をいう。請求を理由づける事実を具体的に記載し, 立証を要する事由ごとに, 当該事実に関連する事実で重要なもの及び証拠を記載する（民訴規53①)。その際, 請求を理由づける事実についての主張と当該事実に関連する事実についての主張を区別して記載しなければならない（民訴規53②)。それ以外の攻撃防御方法も訴状に記載することができる（民訴規53③)。原告又は代理人の郵便, 電話, ファクス番号も記載を要する（民訴規53④)。任意的記載事項は欠けたとしても, 訴状としての効力に影響を及ぼすことはない。　［小林］

訴訟の客体　⇒　「審判の対象」

訴状の点検

事件の配てんを受けた裁判長（単独体は裁判官）が, 訴状に必要的記載事項が具備しているかどうか, 所定の手数料相当額の印紙が貼(は)られているかどうかと

いった形式的事項について審査することをいう（民訴137）。これらに不備があると、裁判長は、原告に対し相当の期間を定めて補正を命じ（補正命令（民訴137①））、原告がこれに応じないときは、訴状を却下する（訴状却下命令（民訴137②））。裁判長は任意的（実質的）記載事項についても、その記載に不備があるときは補正を命じることができると解されるが、原告がこれに従わないときでも訴状を却下できない。なお、訴状が被告に送達された後も口頭弁論開始まで却下できるとするのが判例（大判昭14・3・29民集18・365）である。裁判長は訴状の審査及び補正の促しを書記官に命じて行わせることができる（任意の補正の促しについて民訴規56）と解され、実務では事前の包括的な指示を受けた書記官が裁判官を補佐して訴状の審査及び補正の促しを行っている。　　　　　　　　　　　　［小林］

訴訟の引受け ⇒「参加承継・引受承継」

訴訟の目的 ⇒「審判の対象」

訴訟判決 ⇒「本案判決・訴訟判決」

訴訟引込みの理論

訴訟引込み（引受け）とは、訴訟係属中に、前主の訴訟状態を不利とみて自ら参加しようとしない者を相手方が強制的に訴訟に引き入れ、従前の訴訟を承継させることをいう。新民事訴訟法（平成8法109）では、第三者が訴訟の目的である義務を承継した場合（民訴50）とともに、第三者が訴訟の目的である権利を譲り受けた場合にも、権利者又は義務者である相手方からその者を訴訟に引き入れて前主の訴訟を承継させることができる（民訴51）とされる。旧法（平成8年改正前の民事訴訟法）では権利の承継人に訴訟を引き受けさせる旨の明文の規定がなかったが、通説・判例（最判昭32・9・17民集11・9・1540）はこれを認めており、上記新法は規定上もこの点を明確化した。また、義務承継人に訴訟引受けをさせたが、義務の承継に争いがある場合等、従前の当事者に対する請求についての判断をも欲する場合には、当初の義務者と義務承継人の双方を共同被告として審理判断を求めることができる（民訴50・41①③）。訴訟引受けがあった場合、上記旧法においても解釈上時効中断、期間遵守の効力（旧民訴73）が認められていたが、規定上明確でなかったので、新法ではこの点も明文化されている（民訴50③・49）。［小林］

訴訟費用

訴訟において、裁判所及び当事者が支出した費用のうち、法律によって当事者に負担させるべき範囲・額が法定化されている費用をいう（民訴費2）。訴訟費用には、裁判所の行為について必要となる裁判費用と当事者が訴訟追行するのに必要な当事者費用がある。裁判費用としては、手数料（民訴費3）と手数料以外の裁判費用（証拠調べ、書類の送達等の手続上の行為をするために必要な費用で、例えば証人の旅費・日当・鑑定費用等である（民訴費11））がある。必要な手数料を納めない申立ては不適法として却下される（民訴費6）。裁判費用の予納をしない場合には、当該費用を必要とする行為を行わないことができる（民訴費12②。なお、民訴141・291参照）。当事者費用は、当事者が訴訟追行のために、裁判所以外の者に支払う費用であり、書類作成費、自らの旅費・日当等である。弁護士報酬は訴訟費用には含まれない。訴訟費用は原則として敗訴者が負担する（民訴61）。［小林］

訴訟費用額の確定手続

終局判決の主文あるいは和解において訴訟費用の負担者及び負担割合が定められ、その執行力が生じた場合に、訴訟費用の具体的な負担額を定める裁判所書記官の処分を訴訟費用額の確定処分という。訴訟費用の償還を請求し、又はその強制執行をするためには訴訟費用額の確定処分が必要であり、第一審裁判所の書記官に対し書面により申立てをして確定を求める（民訴71①・72・73）。確定処分は債務名義となる（民執22 4の2）。確定処分には告知後1週間以内に異議申立てができ（民訴71④）、異議申立てに対する裁判所の決定に対しては即時抗告ができる（民訴71⑦）。確定処分に計算違い等明白な誤りがあるときは、書記官は申立て又は職権でいつでも当該処分を更正できる（民訴74、民訴規28）。旧法（平成8法109による改正前民訴）では、訴訟費用額の確定は裁判所の決定で行うとされていたが実情に合わせて書記官権限とされた。

　　　　　　　　　　　　　　［小林］

訴訟費用の担保

訴訟費用の負担を命じられても、その償還義務が履行されないおそれがある場合に、濫訴から被告を保護するため、一定の場合に原告に提供させることのできる訴訟費用償還のための担保ををいう。原告が日本国内に住所・事務所・営業所をもたない場合に、訴訟費用の償還を容易にするため、被告の申立てに基づいて裁判所は原告に訴訟費用のための担保を命じることができる（民訴75①）。ただし、「民事訴訟手続に関する条約等の実施に伴う民事訴訟手続の特例等に関する法律」10条に該当する場合には、担保提供義務が免除される。担保の提供があるまで、被告は応訴を拒むことができ（民訴75④。ただし民訴75③）、原告が一定の期間内に担保を提供しない場合には、裁判所は口頭弁論を経ずに判決で訴えを却下することができる（民訴78）。担保の額は、被告が全審級で支出するであろう費用の総額を標準として定められる（民訴75⑥）。担保の提供は金銭又は有価証券を供託するなどの方法でなされ（民訴76、民訴規29）、被告はこの金銭等につき、他の債権者に先立ち弁済を受ける権利を有する（民訴77）。担保の事由がなくなった場合、被告が同意した場合等には担保の取消しが認められる（民訴79）。　［小林］

訴訟費用の負担

当事者に負担させるべき訴訟費用の範囲・額は予め民事訴訟費用等に関する法律（昭和46法40）で画一的に定められており、裁判所は事件の状況に応じて訴訟費用負担の裁判を行う（民訴62～70）。裁判所は、事件を完結する裁判において、職権でその審級における訴訟費用の全部について、その負担の裁判をしなければならず、事情によっては事件の一部又は中間の争いに関する裁判においても費用の負担の裁判をすることができる（民訴67）。

訴訟費用は原則として敗訴した当事者が負担する（民訴61）。この負担は敗訴という事実によって課せられる結果責任であり、敗訴の理由、敗訴者の故意過失を問わない。一部敗訴の場合は、双方当事者が訴訟費用を負担するが、その割合は裁判所の裁量により定められる（民訴64）。その他、共同相続人全員敗訴の場合、勝訴当事者が例外的に負担させる場合等、事件の状況に応じて訴訟費用の負担を命じることができる（民訴65・62）。

訴訟費用の負担を命じられた者は、自分の支出した費用の負担をするほか、更に相手方の支出した費用についても法定の範囲内で相手方に対し弁償をしなけれ

訴訟物

民事訴訟における審判の対象となるべき事項であり，訴訟の目的・客体ともいう。訴訟上の請求とも呼ばれ，原告が被告に対して訴訟上の請求の内容として主張している権利・法律関係すなわち本案判決の対象をいう。原告の被告に対する訴訟物の主張と，裁判所に対するこの主張についての特定の審判（確認判決・給付判決・形成判決）の申立てとを合わせたものが広義の訴訟上の請求となる。原告被告相互間の攻撃防御は訴訟物をめぐって展開され，裁判所の判決もこの訴訟物を規準にして下される。判決主文に包含される訴訟物についての判断には既判力が生ずる（民訴114）。さらに訴訟物は訴えの客観的併合（民訴136），重複起訴の禁止（民訴142），訴えの変更（民訴143）等の問題につき，手続処理の規準となる。また，訴訟物は具体的には，訴状の必要的記載事項たる請求の趣旨と請求原因によって特定される（民訴133②）。　　　［小林］

訴訟物の価額

事物管轄を取り決める規準としての訴訟の目的物の価額で，訴額ともいう。原告の請求内容が原告にもたらす経済的利益を金銭に見積もった評価額である。客観的な規準（取引価格）があるものはそれに従い，経済的利益が金銭で表示されるものはその額を規準とする。訴額は原告が訴えをもって主張する利益について算定するが（民訴8①），訴額の算定ができないとき又は極めて困難であるときは，その価額は90万円を超えるものとみなし，手数料の額を決める上では95万円とみなしている（民訴8②，民訴費4②）。訴訟の目的物の価額が90万円を超えない請求は簡易裁判所，それを超える請求は地方裁判所の管轄となる（裁24①・33①①）。訴額は申立ての手数料として訴状などに貼（は）って納める収入印紙の算定基準となる（民訴費4①）。1つの訴えで数個の請求をする場合はその価額を合算したものを訴額とし（民訴9①，民訴費4③），利息及び遅延損害金の額は算入されない（民訴9②）。反訴は本訴とは合算しない。訴額を算定する標準時期は起訴のときである（民訴15）。　　　［小林］

訴訟物の譲渡

訴訟係属中に係争物の譲渡等，実体関係の変動の結果，訴訟物についての当事者適格が第三者に移転することをいう。訴え提起前ならば譲受人が必要に応じて当事者として訴訟に関わることになるし，口頭弁論終結後ならばその判決の既判力により譲受人も拘束されることになる（民訴115①③，民執23①③）。訴え提起後口頭弁論終結前に訴訟物が譲渡された場合には従来の当事者間で判決しても無駄になり，譲受人と相手方当事者との間で改めて訴訟をやり直さないと紛争が解決しないということになる。これに対処する制度には，紛争主体の変動を訴訟に反映させる訴訟承継主義と前主にそのまま訴訟を追行させる当事者恒定主義がある。民事訴訟法は，訴訟物の譲渡があった場合，譲受人は訴訟参加の申立てによって参加承継し（民訴49），相手方は譲受人に対して訴訟引受けするよう申し立てて引受承継をさせることができる（民訴50）として，訴訟物の譲受人が前主に代わり訴訟を承継する訴訟承継主義を採用している。なお，仮処分命令の執行がなされるという場合には，当事者恒定と同一の効果が生ずる場合がある。　　　［小林］

訴訟物理論

訴訟物の単複・異同を決定する基準に

関する理論をいう。訴訟物は原告の被告に対する権利又は法律関係の主張を内容とするが、具体的にどのような基準によってその同一性を決定するかについては見解が対立している。

旧訴訟物理論(実体法説)は、実体法上の権利ないし法律関係ごとに訴訟物を構成するという考え方で、1個の実体法上の請求権ごとに1個の訴訟物の成立を認める。実務において支持を受けている説である。例えば、同一の土地の明渡しを求める訴えの場合にも、占有権に基づく明渡請求、所有権に基づく明渡請求、債権的請求権(契約関係終了)に基づく明渡請求ごとに独立の訴訟物となり、これらの請求を同時に主張する場合は訴えの客観的併合となるとする。

新訴訟物理論(訴訟法説)は、実体法の権利を識別基準とするのでなく、紛争の実態に則した訴訟物を構成する説で、同一の土地の明渡しを求める訴えが、占有権に基づくものであれ、所有権に基づくものであれ、債権的請求権に基づくものであれ、原告の欲する法的効果は土地を明け渡せという点にあるのだから、このような請求を求めうる資格又は法的地位が1個の訴訟物であり、占有権・所有権等は訴訟物を基礎づける法的観点にすぎないとする。この説は1回の訴訟で紛争が抜本的に解決できる点に利点がある。

新実体法説とは、実体法説と訴訟法説とを折衷する説で、訴訟法説が実体権を訴訟物の構成要素から切り離した不都合を見直し、実体法における請求権概念を再構成するものである。例えば、損害賠償請求における契約上の債権と不法行為債権の請求権競合は実体法上1個の給付請求権が認められるだけで、単に請求を基礎づける規範が競合するだけであるから、実体法上訴訟物は1個であるとする。しかし、請求権統合の基準が未だ確立しておらず、この説は完成途上の見解といえる。

新民事訴訟法(平成8法109)では、133条が訴状の必要的記載事項につき、「請求の趣旨及び原因」を掲げ、新民事訴訟規則(平成8最高裁規5)53条が訴状に請求の趣旨及び原因のほか請求を理由付ける事実を具体的に記載すること等を要求しており、このことからみると、新法は、訴訟物の特定について請求の原因が不可欠であるとしており、訴訟物の特定につき実体法説による訴訟物理論を前提にしたものと解される。　　　　[小林]

訴訟法

訴訟を規律する法規の総称である。実体法(民法・商法等)がどのような権利義務を認め、どのような内容の裁判をしなければならないのかについて規律するのに対し、裁判の方法・手続を規律する法規を意味する。訴訟法は実体法が定める権利義務関係に関する判断をするための手続を定めるものであるので、手続法・形式法とも呼ばれる。訴訟法には民事事件に関する手続を定めた民事訴訟法と刑事事件に関する手続を定めた刑事訴訟法がある。前者については民事訴訟規則(平成8最高裁規5)、後者については刑事訴訟規則(昭和23最高裁規32)も法源となる。行政訴訟は現行制度上は民事訴訟の一部とされており、民事訴訟法によって規律されるが(行訴7)、行政事件の特殊性に照らして行政事件訴訟法が設けられている。訴訟法は国家の裁判権の行使を規律するものであるから公法に属する。

なお、人の基本的な身分関係の確認・形成を目的として人事訴訟手続法がある。
　　　　　　　　　　　　　　　　[小林]

訴訟法規の種類

訴訟法規は、効力規定と訓示規定に大

別される。効力規定は、これに違反した訴訟行為の効力に影響するものをいい、①強行規定と②任意規定に分けられる。①強行規定には裁判所の構成・裁判官の除斥・当事者能力・訴訟能力に関する規定等が挙げられる。②任意規定は当事者の合意や相手方の異議の不提出によりその効力が認められる点で強行規定と異なる。合意による法定管轄の定めの変更（民訴11）、異議権の喪失（民訴90）等がこれに属する。以上に対し、訓示規定は、これに違反した場合でも、当該行為の訴訟法上の効力に影響がないものをいい、判決言渡期日の定め（民訴251）がある。
〔近藤(裕)〕

訴訟法上の形成訴訟

訴訟法上の形成訴訟は、権利関係の変動（発生・変更・消滅）を生じさせる判決を求める形成の訴えの一類型であり、訴訟法上の法律関係又は地位に変動を生じさせることが目的とされる。定期金賠償を命ずる確定判決の変更の訴え（民訴117）、再審の訴え（民訴338）、仲裁判断取消しの訴え（公催仲裁801）等がこれに属し、確定判決の既判力・執行力等を消滅させることを目的とするものである。
〔近藤(裕)〕

訴訟法律関係・訴訟法律状態

民事訴訟手続には、私人である当事者と国家権力の担い手である裁判所が法主体として関与する。このような法主体間の法律関係をどのように捉えるかについては、従来から①訴訟法律関係説と②訴訟法律状態説の対立が見られる。

①は原告が訴えを提起し、裁判所がこれを受理して訴状を相手方に送達することによって前記各法主体は訴訟法の定める法律効果を受ける地位に立つことになる。このように、訴訟を当事者と裁判所との相互的な権利義務の関係と捉（とら）えるのが訴訟法律関係説である。

訴訟法律関係説に対しては、実体法上の静的な権利義務の関係をもっては訴訟の動的・発展的な性格を説明できないとして、②の訴訟法律状態説が提唱された。この説は、訴訟とは当事者の有利な判決に対する見込みと不利な判決を避けるための負担との交錯における発展的・動態的な法律状態であるとする。すなわち、訴訟から権利義務の観念を排斥し、訴訟の本質を当事者が有利な判決を得、不利な判決を避けるための利益闘争とみるものである。ところで、訴訟法律状態説に対しても、訴訟は単なる私的利益の闘争の場ではなく、裁判所が後見的な立場で紛争の適正な解決を目指す国家制度であるとの批判がされた。

その後、前記両説を克服する見解として、当事者が裁判所の適正な判断の実現に協力すべき義務を負う場合があることを認めつつ、このような義務と負担を包摂した訴訟法律関係が裁判所と当事者間の三面に存するとの新たな訴訟法律関係説が提唱されている。
〔近藤(裕)〕

訴訟法律状態 ⇨ 「訴訟法律関係・訴訟法律状態」

訴状補正命令 ⇨ 「補正命令」

訴訟無能力者

訴訟当事者が単独で有効に訴訟行為をし、又は受けるために必要な能力を訴訟能力という。民法上、行為能力を有しない未成年者及び成年被後見人は訴訟無能力者とされ、法定代理人によらなければ訴訟行為をすることができない（民訴31本）。もっとも、未成年者が独立して法律行為をすることができる場合（民6①、商6）は、当該法律行為に関する訴訟に限っ

て訴訟能力が認められる（民訴31但）。また、労働契約に関する訴訟については未成年者も訴訟能力を有すると解する説が有力である。なお、人事訴訟については、行為無能力者にも訴訟能力が認められる（人訴3・26・32）。　　　　［近藤(裕)］

訴訟要件

裁判所が訴訟上の請求に対する判決（本案判決）をするために必要な要件を訴訟要件という。訴訟要件たる事項には、⒤裁判所に関するものとして、請求及び当事者がわが国の裁判籍に属すること、裁判所が管轄権を有すること、ⅱ当事者に関するものとして、当事者が実在し、当事者能力・当事者適格を有すること、訴え提起及び訴状の送達が有効にされていること（これらについて各当事者に訴訟能力・代理権が具備されていること）、原告が訴訟費用の担保を提供する必要のないこと、又はその必要な担保を提供したこと（民訴75）、ⅲ訴訟物に関するものとして、同一事件につき他に訴訟係属がないこと（民訴142）、再訴の禁止（民訴262②）、別訴の禁止（人訴9）に触れないこと、併合の訴え、訴訟中の訴えについてはそれに必要な要件を具備すること（民訴38・136・143・146等）がある。

なお、訴訟費用の担保の不提供、不起訴契約の存在のような抗弁事由に属するものも訴訟要件に含めて解するのが通説である。訴訟要件は、当事者の手続保障その他の公益的見地から要求されるものであるから、その存否は、裁判所が当事者の申立てを待たずに職権で調査すべきである（職権調査事項）。訴訟要件の判断の基礎となる資料の収集方法については、⒤裁判権、専属管轄、当事者の実在、当事者能力、訴訟能力等、公益性の強い訴訟要件は職権調査により、ⅱ任意管轄、訴えの利益、当事者適格等、公益性が強いとはいえない訴訟要件は弁論主義によるとするのが通説である。

訴訟要件の調査の順序については、ある訴訟要件の欠缺（けんけつ）が明らかな場合、他の訴訟要件の具備の調査を待たずに訴えを却下しうるかが問題とされる。訴訟要件の調査に序列をつけ、訴訟の成立に関わる訴訟要件の調査が優先されるべきであるとの見解も存する。しかし、この見解も訴訟要件の調査の順序を誤って訴えを却下した場合に判決が違法となるとまでは解していない。訴訟要件と本案要件の判断の順序については、通説は、本案判決をするためには、あくまで訴えの適法性が確定していることが前提であるとして、訴えの適法性に疑問がある限り先に請求に理由がないことが明らかとなっても、原則として請求棄却判決をすることは許されないとする。もっとも、訴えの利益については、請求自体理由がないことが明らかなような場合は、請求棄却とする方が事案の終局的解決に資する（大判昭10・12・17民集14・23・2053参照）。訴訟要件の存否の判断の基準時は、事実審の口頭弁論終結時と解するのが通説である。もっとも、その欠缺により判決が無効ないし取り消しうべきものとなる訴訟要件（当事者の実在、当事者能力・訴訟能力・法定代理権の欠缺）については上告審の審理終結時が基準となるものと解される（最判昭47・9・1民集26・7・1289）。　　　　［近藤(裕)］

即決和解 ⇨ 「起訴前の和解」

続行期日

口頭弁論期日に訴訟行為がされたが終了せず、これを継続して行うために別の期日を指定することを期日の続行といい、この指定に係る期日を続行期日という。

期日の続行は、口頭弁論が開かれる前

にその指定を取り消して新たな期日を指定する期日の変更とは区別される。

期日の続行の要件については，期日の続行も別期日の指定という点で期日の変更と共通することから，期日変更の場合の要件（民訴93③④）が類推適用されるとの見解と，期日は予定された弁論等が終了しない限り続行せざるを得ないから，その要件に制限を加える必要はなく，裁判所の裁量に委ねられるとの見解がある。
⇒「弁論の延期」　　　　　　［近藤(裕)］

続行命令　⇒「訴訟手続の続行命令」

疎明　⇒「証明・疎明」

損害額の認定

損害賠償請求訴訟においては，原告は，損害の発生及び損害額について立証すべき責任を負うから，損害の発生を立証しても，損害額を立証し得なかったときは，請求は棄却される。しかし，この立場を厳格に貫くと，例えば，損害の性質上，その額を立証することが極めて困難である場合などは，請求が棄却されることになり，原告にとって不当に不利益な結果となる。そこで，民事訴訟法は，損害が生じたことが認められる場合において，損害の性質上その額を立証することが極めて困難であるときは，裁判所は，口頭弁論の全趣旨及び証拠調べの結果に基づき，相当な損害額を認定することができるとした（民訴248）。典型的な場合として，慰謝料や逸失利益の算定がこれに当たる。なお，このような損害額の認定をする場合であっても，その前提として，行為と損害との間に因果関係がなければならないし，裁判所は，当事者の請求額を超えて相当な損害額を認定することはできない。また，裁判所が損害額を認定する資料は，当事者が提出したものに限られ，それ以外の資料を斟酌（しんしゃく）することは許されない。　　［近藤(専)］

た 行

第一審

訴訟事件を最初に審判する審級を第一審という。行政訴訟以外の民事訴訟においては、第一審となるのは、原則として、簡易裁判所又は地方裁判所である。事件がこのいずれの裁判所に属するかは、事物管轄の定めによる。現在は、訴額が90万円以下の事件は簡易裁判所に、これを超える事件は地方裁判所に事物管轄があるとされている（裁33①①・24①）。ただ、不動産に関する訴訟で、訴額が90万円以下の事件は、簡易裁判所と並んで、地方裁判所も事物管轄を有するとされている（裁24①）。この事物管轄の定めは任意的であり、当事者の合意もしくは裁判所の判断により変更することができる（民訴11・16②・18）。行政訴訟においては、第一審となるのは、訴額にかかわらず、原則として地方裁判所（裁33①①）の、しかも本庁である（地方裁判所及び家庭裁判所支部設置規則1②）。特殊の行政事件については、高等裁判所が第一審となる（特許178、独禁85・86、海難審判53、公選203〜217等）。　　　　［近藤（専）］

大規模訴訟

薬害訴訟・公害訴訟などの損害賠償請求事件等大規模な訴訟事件の審理は、一般に複雑な審理が予想され、しかも、個別の損害の立証等のため、長時間の証拠調べが必要とされることが多い。民事訴訟法は、このような事件の迅速な審理を図るため、当事者が著しく多数で、かつ、尋問すべき証人又は当事者本人が著しく多数である訴訟を大規模訴訟と呼び、このような大規模訴訟に係る事件については、裁判所は、当事者に異議のないときは、受命裁判官に裁判所内で証人等の尋問をさせることができると定め（民訴268）、さらに、地方裁判所においては、大規模訴訟を5人の裁判官の合議体で審理・裁判することができると定めた（民訴269）。また、民事訴訟規則は、大規模訴訟に関し、裁判所及び当事者は、適正かつ迅速な審理の実現のために、進行協議期日その他の手続を利用して審理の計画を定めるための協議をするものと定め（民訴規165）、連絡を担当する訴訟代理人届出の制度を採用し（民訴規166）、さらに、裁判所は、判決書（はんけつがき）の作成等に必要があるときは、当事者に準備書面等が記録されたフロッピーディスク等の提出を求めることができると定めた（民訴規167）。これらの活用により、裁判所は、大規模訴訟に係る事件について、機動的かつ迅速に処理することができるようになっている。　　　　　　　　［近藤（専）］

代行裁判官

高等裁判所は、裁判事務の取扱い上、差し迫った必要があるときは、その管内の地方裁判所又は家庭裁判所の判事に裁判官の職務を行わせることができ、さらに特別の事情があるときは、最高裁判所は、他の高等裁判所又はその管内の地方裁判所又は家庭裁判所の判事にその職務を代行させることができる（裁19）。また、当分の間、最高裁判所は、特に必要があるときは、管内の地方裁判所又は家庭裁判所の職権特例の指名を受けている判事補に、高等裁判所の裁判官の職務の代行を命じることができる（判事補の職権の特例等に関する法律1の2）。このようにして職務の代行を命じられた裁判官を、代行裁判官又は職務代行裁判官とい

う。地方裁判所の裁判官及び家庭裁判所の裁判官についても，高等裁判所と同様に，裁判官の代行の制度がある（裁28・31の5）。なお，これらの代行裁判官は，代行する裁判所の所属員ではないから，その裁判所の裁判官会議の構成員として議決に加わることはできないが，これに出席して，意見を述べることはできる（下級裁判所事務処理規則15②）。［近藤(専)］

対抗要件の否認

支払停止又は破産申立てがあった後にした対抗要件具備行為であって，原因行為後15日を経過してされたものは，受益者が支払停止又は破産申立てについて悪意であれば，これを否認することができる（破74①本）。これを対抗要件の否認という。この趣旨については，一般に，破産宣告前の危機的な時期に突然対抗要件が具備されて所有権移転等の効力が破産手続上も認められるとすると，一般債権者の信頼が裏切られるので，法は，原因行為から15日を経過しない間に対抗要件を備えることを要求し，その期間を超えた場合は，たとえ原因行為が有効であるときにも，その行為の効力を管財人に対抗できないとしたものであると説明される。原因行為を否認できる場合は，原因行為の否認により対抗要件も効力を失うから，この規定を適用するまでもない。対抗要件は，登記・登録に限らず動産の引渡しや債権譲渡の通知などすべての対抗要件を包含する。ただし，すでにされている仮登記又は仮登録に基づいて本登記・本登録がされたときには，たとえ上記の要件を満たしていても，これを否認することができない（破74①但）。
［近藤(専)］

第三者異議の訴え

強制執行の目的物について，所有権その他強制執行の排除を求め得る実体上の権利を主張する者が，執行債権者を被告としてする，強制執行の排除を求める訴えを第三者異議の訴えという（民執38）。強制執行においては，執行機関は，対象となる財産が債務者の責任財産に属するという外観が存在すれば，それに基づいて適式にその財産に対する執行を開始し得るという建前がとられている。そこで，対象財産の真実の権利関係とその外観が食い違う場合は，たとえその執行は適式であっても，実際には不当な執行がされたことになるから，このような不当な執行を排除し，対象財産について権利を有する者を救済する必要がある。そこで，このような第三者異議の訴えが認められている。この訴えは，執行裁判所の専属管轄に属する（民執38③）。異議の理由は，執行によってその対象物の上に存在する自己の権利が侵害されるということであるから，その権利は，債権者に対抗できるものであり，それが執行によって現実に侵害されることを要する。異議の理由として主張される権利の典型は所有権である。占有権については問題がある。占有の対象が動産か不動産か，それが直接占有か間接占有かなどの観点から，個別に検討を加える必要がある。第三者異議の訴えは，強制執行の排除を目的とするものであるから，執行開始前に提起することはできない。また，逆に，執行が終了してしまえば，訴えの目的がなくなるから，訴えは却下される。第三者異議の訴えの性質については，形成訴訟であるとするのが通説である。［近藤(専)］

第三者執行

債務者が第三者と通謀して架空の債権者を虚構し，実質は自己の財産について差押えを行い，真の債権者による強制執行を妨害することを第三者執行という。

執行妨害の1つであり，三者執行ともいう。動産について行われることが多い。このような執行妨害に対しては，真の債権者は，追加差押えによる事件の併合（民執125）及び配当異議（民執89・90・142②）という対抗手段を執ることができる。しかし，第三者執行が，例えば，債務者が執行を免れようとする財産の譲渡を虚構し，かつ，この仮装譲受人に対する仮装債権者をして目的物を差し押さえさせ，差押えに当たり物の提出を拒まない（民執124）というような複雑な形態をとる場合は，真の債権者は有効な対抗手段をとりにくいといわれる。このような執行妨害は，強制執行不正免脱罪（刑96の2）等の刑事上の犯罪になることもあるし，不当利得返還請求（民703），損害賠償請求（民709）の対象になることもある。

［近藤（崇）］

第三者の訴訟担当

訴訟物たる権利義務の帰属主体に代わって，又はこれと並んで，第三者が訴訟当事者として訴訟を追行する権能が認められる場合がある。これを第三者の訴訟担当という。この第三者の訴訟担当には，法律の規定に基づいて行われる場合（法定訴訟担当）と，権利義務の帰属主体が訴訟追行権を第三者に授与する場合（任意的訴訟担当）とがある。

法定訴訟担当には，次の2つの態様がある。第1は，法律上権利者から一定の財産の管理処分権が奪われて第三者に与えられ，その第三者が管理処分権の一部としてその権利に関する訴訟追行権を有する場合で，代位債権者（民423）・遺言執行者（民1012）・代表訴訟株主（商267〜268ノ3）・破産管財人（破162）などがこれに当たる。第2は，訴訟物たる権利義務の帰属主体による訴訟追行が事実上不可能であるにもかかわらず，その権利義務に関する紛争を解決する必要から，法律上その権利義務の帰属主体を保護すべき職務にある者に訴訟追行権が与えられる場合で，人事訴訟における検察官（人訴2・26・32②④）などがこれに当たる。

任意的訴訟担当には，選定当事者（民訴30）・取立委任を受けた手形被裏書人（手18）があるが，これ以外にどのようなものを許容するかについては争いがある。判例（最大判昭45・11・11民集24・12・1854）は，任意的訴訟担当が弁護士代理の原則（民訴54）や訴訟信託の禁止（信託11）を潜脱するおそれがなく，かつ，これを認める合理的必要がある場合は，これを許容するに妨げないとしている。訴訟担当者が受けた判決は，本来の権利義務の帰属主体に対し，その者が自ら受けたのと同一の効力を及ぼす（民訴115①②）。

［近藤（崇）］

第三者の訴訟追行権 ⇨ 「第三者の訴訟担当」

第三者の訴訟引込み ⇨ 「訴訟引込みの理論」

第三審 ⇨ 「上告審」

対質 (たいしつ)

裁判所が，複数の証人を同席させ，一人の証人Aの証言をその場で他の証人Bにも聞かせ，ついで同一事項について証人Bに証言させ，あるいは証人Aの証言について意見にわたるような証言を証人Bにさせ，反対に証人Aに証人Bの証言についての感想を求めるような証言をさせることをいう（民訴規118）。異なる証言をする証人のそれぞれに，自己の証言の弁明と相手の証言への攻撃をさせる尋問方法である。言葉の語感からすれば，証人同士が互いに質問したり答えたりする

ことが連想されるかもしれないが、それは許されないか、少なくとも妥当でないと解する見解が多い。複数証人が相対している場での尋問と捉（とら）えるのが適当である。集中証拠調べが強調され始めた新民事訴訟法施行（平成10年1月）前後から利用度が高くなったという声が聞かれる。また、対質は、当事者同士、当事者と証人との間でも可能である（民訴規126）。　　　　　　　　　　　　　　［岡光］

代償的執行　⇒「本来的執行・代償的執行」

代償的取戻権

破産管財人が破産財団に帰属するものとして現実に管理占有する財産の中に、他人Aのものが誤って混在していることがある。このような場合、当該他人Aは、混在して管理されている財産の中から自身の権利に属するものを取り戻すことができる。これを取戻権という。ところで、当該対象物が既に破産財団としての管理を離れ、第三者Bに譲渡されていることもある。その場合に、第三者Bが未だ反対給付をしていないとき（例えば、譲受代金を破産財団に支払っていないというとき）は、他人Aは、第三者Bに対し、前記反対給付の履行を請求することができる（破91）。これを取戻権利者の代償的取戻権という。　　　　　　　　　　　［岡光］

対審

当事者双方を対立的に関与させて審理を行うことをいう。当事者の一方が訴訟行為その他何らかの意思を表明したときに、相手方当事者が直ちにそれを認識しそれに適切に対応（主張等）をすることができる審理の方式である。法廷で当事者双方の席が対置して設けられていることに物理的ながら象徴的にこの考え方が示されている。憲法の要請でもあり（憲82）、双方審尋主義の徹底した方式である。

対審は、いかなる裁判にも要求されるわけではなく、当事者の実体的権利義務の存否を確定する訴訟事件の裁判について要求される。決定手続については、必ずしも対審は要求されない。　［岡光］

大審院

現憲法制定に伴い司法制度も抜本的に改められた。大審院は、旧制度下における最高位の裁判所で、現憲法下の最高裁判所に相当する。法令上の根拠は、当時の裁判所構成法（現在の裁判所法に相当するもの）に規定されていた。ちなみに、現行の高等裁判所・地方裁判所及び簡易裁判所が大まかにいえば旧制度下の控訴院・地方裁判所及び区裁判所に相当する。

なお、旧制度下では、司法裁判所の他に行政裁判所があり、また司法裁判所の中にも通常裁判所の他に軍法会議があった。上記の大審院・控訴院・地方裁判所及び区裁判所の系列は司法裁判所の中の通常裁判所の系統に属した。　［岡光］

大審院判決録

大審院民事部及び刑事部の大正10年までの判決及び決定中の重要なものを収録した公式の判例集である。最高裁の判例のない事項に関し、大審院の裁判例があるときには、それが今日でも未だに判例とされるだけの権威がある。民事訴訟法318条においても、最高裁の判例がない場合における次順位の判例を大審院の判例とし、一審が簡裁で上告審となった高等裁判所の判例や控訴審としての高等裁判所の判例よりも、大審院の判例を高順位のものとしている。そのため、大審院判決録の利用価値は今日でもかなり高い。
　　　　　　　　　　　　　　　［岡光］

大審院判例集

大審院民事部及び刑事部の大正11年以降現憲法施行までの判決及び決定中の重要なものを収録した公式の判例集である。その今日的意味は大審院判決録と変わらない。　　　　　　　　　　　　　［岡光］

対人執行　⇒「人的執行・物的執行」

対世効　⇒「判決の対世的効力」

対席判決　⇒「欠席判決・対席判決」

代替執行

債務者が任意に債務を履行しない場合に、債権者が債務者の費用をもって第三者に債務者のすべき行為を代わりに行わせるという仕方で、権利を実現する強制執行の方法を代替執行という。作為債務のうち、当該作為が第三者が代わってしても債権者に与える経済的・法律的効果に差異がないもの（代替的作為債務）の実現及び不作為債務に違反してされた物的状態（工作物の設置等）の除却のために行われる。建物の収去、妨害物の除去などがその典型例である。謝罪広告については、これが代替的作為債務か非代替的作為債務かについて争いがあったが、判例（最判昭31・7・4民集10・7・785）は、代替的作為債務に当たるとして、代替執行を認めた。

代替執行の方法については、民法414条2項本文及び3項が規定している。具体的には、執行裁判所（民執171②）が、債務者の費用で、作為債務の目的となる行為を第三者に行わせる旨の決定をする方法により行う（民執171①）。執行裁判所は、この決定をする場合には、あらかじめ債務者を審尋しなければならない（民執171③）。⇒「直接強制」「間接強制」「非金銭執行」　　　　　　　　　［近藤(寿)］

第二審　⇒「控訴審」

第二破産

破産手続中に破産者に対して開始される別の破産手続のことをいう。この場合、最初の破産手続が第一破産ということになる。このように破産手続が複数あるのは、わが国では、破産手続中に破産者が新たに取得する財産（新得財産）が破産者の管理下におかれ、この新得財産について新たな破産原因を生じるという考え方（固定主義）の制度にしているからである。反対に、破産宣告当時の財産だけでなく、破産宣告後に破産者が取得する財産も破産財団に含ませる制度もあり、この制度の考え方を膨張主義という（例えば、フランス）。

第二破産手続を第一破産手続と別個に考える制度（固定主義）の下では、両破産手続の関係がどうなるかという問題はある（この点は、破産法97条が規定）が、固定主義による制度は、破産財団の範囲が明確で、破産手続が迅速に終了する利点がある。　　　　　　　　　　　［岡光］

滞納処分と強制執行

滞納処分は、国税の徴収のために国税機関が納税義務者の財産に対して行う執行手続である。

租税債権は当然無効のものでない限り申告あるいは更正処分で直ちに確定することとされている。それは、納税者自身の債務の確認行為による確定の効果又は国税機関という公的機関の判断行為に行政処分一般と同様に処分有効という公定力が認められるからである。なお、取消訴訟が提起されても、処分取消しの確定判決があるまでは処分有効という公定力に変動はない。その後、法定納付期限までに納付がない場合には、国税債権の執行の段階に入り得るわけであるが、国税

機関による執行行為であるから原則としてこれを裁判所の指揮下に置く必要はないとの判断から，税務署長等の徴収職員が自ら滞納者の財産を差し押さえ，換価（公売等）して，換価代金を滞納国税債権に配当することになる。この差押え以降の手続が滞納処分に該当する。

滞納処分は，租税債権以外の多くの公法上の債権（例えば，地方税債権，健康保険法上の保険料徴収債権）の徴収のためにも適用されると法定されている。

これに対し，強制執行は，一般の債権者が裁判所で確定判決を取得する等した後に裁判所に申し立てた手続により，裁判所の指揮の下に強制的に債務者の財産から，債権の満足を図るものである。

債務者が国税の債務と私法上の債務を負っているときには，両者の調整が必要となる。この点は，主に「滞納処分と強制執行等との手続の調整に関する法律（昭和32法94）」に規定されている。概略の内容は，差押えまでは滞納処分と強制執行手続の競合が認められるが，それ以後は先になされていた手続に一本化して進め，配当の段階で所定の順位と額に従い，複数の債権についての配当が実施されるというものである。　　　　　　　　［岡光］

対物執行 ⇒ 「人的執行・物的執行」

大法廷・小法廷

最高裁判所は，大法廷又は小法廷で，審理及び裁判をする（裁9①）が，大法廷とは，最高裁判所裁判官全員（15人）で構成する合議体をいい，小法廷とは，最高裁判所の定める員数（5人）の裁判官で構成する合議体をいう（裁9②，裁事規2①）。大法廷の定足数は9人，小法廷の定足数は3人である（裁9④，裁事規2②・7）。最高裁判所の事件は，まず小法廷で審理するが，法令等の憲法違反が問題となる場合，法令の解釈適用について最高裁判所の判例に反する裁判をする場合，小法廷の意見が同数で二分した場合，大法廷で裁判することが相当と認めた場合等には大法廷で審理する（裁10，裁事規9）。　　　　　　　　　　　　　　［佐野］

代理委員（会社更生法）

会社更生手続において，利害を共通にする更生債権者・更生担保権者又は株主が，共同して又は各別に，選任した代理人である。会社更生手続においては，利害を共通にする者に，その代表者を選任させ，他の利益を代表する者と折衝させることが便宜であるため，会社更生法は代理委員を認めた。代理委員の選任は任意であり，その選任には裁判所の許可が必要である（会社更生160①）。　［佐野］

代理委員（民事再生法）

再生債権者が，裁判所の許可を得て，共同して又は各別に，選任した者をいう（民事再生90）。代理委員は，選任した再生債権者のために，再生手続に属する一切の行為をすることができる。再生債権者は，この代理委員を複数選任することもできる。代理委員が複数の場合は，原則として，共同でその権限を行使しなければならない（民事再生90③）。

［小野寺（忍）］

多数当事者訴訟

1つの訴訟手続に3人以上の者が，同時に又は時を異にして，当事者の地位につく訴訟形態をいう。3人以上の者が同時に当事者となる形態には，原告被告の二手に分かれる共同訴訟及び補助参加訴訟と3人以上が互いに対立する独立当事者参加訴訟とがある。また，3人以上の者が同時に当事者となる場合には，訴訟のはじめからそのような形態である場合

と，訴訟係属中にそうなった場合とがあり，後者には，第三者が自分から訴訟に加入する場合（参加）と，既存の当事者によって訴訟に引き込まれた場合（引受け及び引込み）とがある。3人以上の者が時を異にして当事者となる形態は当事者の交代であり，これには，任意的当事者変更と訴訟の承継とがある。　　　［佐野］

建物収去土地明渡執行

建物収去土地明渡執行とは，建物を所有することによって他人の土地を占有している者に対する土地所有者からの土地明渡請求の強制執行のことであり，その執行は建物収去土地明渡しの債務名義に基づくことになる。

更地の引渡しの執行の場合は，単に土地の引渡しを命ずる債務名義で足りる。しかし，土地上に建物が存在するときに土地の明渡しの執行をしようとする場合は，わが法制度では，建物は，土地とは別個の独立した不動産とされており（民86①），建物をそのままにしてその建物所有者の土地に対する占有を解くというわけにはいかないから，土地明渡しのみの債務名義では，土地明渡しの強制執行は不可能であり，債務名義には，土地明渡しの他に建物収去の文言も明記されている必要がある。そして，土地明渡執行は建物の収去の執行終了後に実施される。なお，建物を賃借して居住している者があれば，その者に対する建物収去の債務名義も必要となる。建物収去の執行は，執行裁判所の命令（授権決定）により，債務者に代わって債務者以外の者に建物収去を行わせて，それに要した費用を債務者から強制的に取り立てるという代替執行の方法（民執171①）によってなされ，この代替執行終了後の土地明渡しの執行は，執行官において債務者の当該土地に対する占有を実力をもって解き，債権者にその占有を取得させる直接強制の方法（民執168）によってなされる。　［佐野］

断行の仮処分

断行の仮処分とは，仮の地位を定める仮処分のうち，給付請求権についてそれが満足させられたと同一の事実上又は法律上の状態を仮に実現させる仮処分をいう。例えば，不動産明渡断行の仮処分や金員仮払の仮処分等がこれに当たる。

仮差押え及び係争物に関する仮処分が将来の執行を可能ならしめるため債務者の財産の現状を維持するに止まるのに対し，断行の仮処分は，積極的に仮の法律状態を形成するものであり，債務者の被る損害は甚大であることから，この要件としては，他の類型の仮処分に比べ，被保全権利の存在につき高度の疎明が必要とされ，更に，保全の必要性も高度なものであることが要求される。また，断行の仮処分を発するには，口頭弁論又は債務者が立ち合うことができる審尋の期日を開かなければならない（民保23④）。
　　　　　　　　　　　　［佐野］

単純共同訴訟　⇨　「通常共同訴訟」

単純否認　⇨　「直接否認・間接否認」

単純併合

1人の原告から1人の被告に対する数個の請求が1つの手続で審判される現象を，請求の併合というが，この請求の併合の態様は，単純併合（並列的併合），選択的併合（択一的併合）及び予備的併合（順位的併合）とに分類される。そして，単純併合は，法律上関連性のない数個の請求を単純に併合する態様のもので，この場合には，原告は，各請求のすべてについて審判を求めており，裁判所は，すべての請求について必ず判決をしなけれ

ばならない。これに対して，選択的併合とは，同一の目的を有し，法律上両立しうる数個の請求をその1つが認容されることを解除条件として他の請求を併合する態様のもので，予備的併合とは，法律上両立し得ない数個の請求に順位を付し，第1次的な(主位)請求が認容されることを解除条件として，第2次的な(副位)請求を併合する場合である。　　　［佐野］

団体訴訟

当事者が多数存在する訴訟のうちでも，一定の共通の利害関係を有する多数の者が原告となっている訴訟を集団訴訟といい，その中でも，構成員は原告とはならず，集団自体が原告となっている訴訟を団体訴訟という。この団体訴訟には，構成員の権利・利益を団体が代わって行使するために提起される場合と，団体自身の権利・利益に基づいて提起される場合とがある。団体訴訟の例としては，消費者団体が消費者の利益の擁護を目的として，また，環境保護団体が環境保護を目的として訴訟を提起する場合が挙げられる。　　　［佐野］

単独裁判官

裁判機関には，1人の裁判官で構成される単独制と，複数の裁判官で構成される合議制とがある。地方裁判所は，第二審として裁判するときは常に合議制であるが，第一審のときは原則として単独制であり，合議体で審理するのは特別の場合である（裁26②）。判事補は，原則として単独で裁判をすることはできない（裁27，民保36。ただし，判事補の職権の特例等に関する法律1・1の2）が，民事訴訟法上は判決以外の裁判（決定・命令）であれば単独ですることができる（民訴123）。簡易裁判所は単独制である（裁35）。　　　［佐野］

単独制・合議制

単独制とは，1人の裁判官が事件を取り扱う制度であり，合議制とは，数人の裁判官で構成する合議体が事件を取り扱う制度である。

最高裁判所は，大法廷及び小法廷で事件を取り扱うが，大法廷は15人全員の裁判官で構成する合議体であり，小法廷は5人の裁判官で構成する合議体である（裁9，裁事規2）。

高等裁判所は，原則として事件を合議体で審理し裁判する（裁18①）。合議体の裁判官の員数は，特別の場合を除き，3人である（裁18②）。

地方裁判所には，単独制と合議制とがあるが，単独制が原則である（裁26①）。合議体は，3人の裁判官で構成し（裁26③），法定の一定の事件と合議体で審理・裁判をする旨の決定をした事件を取り扱う（裁26②）。なお，大規模訴訟の場合で，合議制とするときには5人の裁判官で構成することもできる（民訴269）。

家庭裁判所は，原則として単独制であるが，特別の定めがあるときには合議体で事件を取り扱う（裁31の4）。簡易裁判所は，単独制である（裁35）。　　　［大谷］

担保権の実行としての競売

抵当権等の担保権を有する債権者が担保権の目的物を換価して被担保債権の満足を得るための手続が競売（任意競売といわれる）であり，確定判決等の債務名義に基づく強制執行等と共に「民事執行」と総称され，その手続は民事執行法に規定されている（強制執行は同法第2章以下，担保権の実行としての競売は同法第3章以下）。

強制執行における強制競売と担保権の実行としての競売の手続は，原則として同じであり，後者には前者の規定の大部分が準用されている（民執188以下）。

担保権の実行としての競売も，債権者の執行機関（執行裁判所又は執行官）に対する申立てによって開始される（民執2）。強制執行の申立ての場合には確定判決等の債務名義が必要とされる（民執22）のに対し，担保権の実行としての競売の申立てに当たっては，原則として担保権の存在を証する文書の提出を必要とする。

不動産，船舶等の準不動産，債権その他の財産権の競売においては，執行裁判所が執行機関となり，債権者は，執行裁判所に対し，担保権の登記のされている登記簿の謄本その他の担保権の存在を証する文書を提出することが必要である（不動産につき民執181，船舶につき民執189，債権その他の財産権につき民執193）。

動産の競売においては，執行官が執行機関となり，債権者は，執行官に対し，自ら目的物を提出するか，又は動産の占有者が差押えを承諾していることを証する文書を提出することを要する（民執190）。　　　　　　　　　　　〔大谷〕

地方裁判所

高等裁判所・家庭裁判所及び簡易裁判所と共にわが国の下級裁判所を構成する（裁2①）。各都道府県に1庁，北海道に4庁が設置されている。

地方裁判所は，第一審裁判所として機能するほか，民事事件においては，簡易裁判所の裁判に対する上訴裁判所ともなる（裁24）。

地方裁判所では，原則として1人の裁判官で事件を取り扱うが，合議体で裁判をする旨の決定をした事件，簡易裁判所の裁判に対する上訴事件は，3人の裁判官で構成する合議体で取り扱う（裁26②③）。また，5人の裁判官で構成できる場合がある（民訴269）。

地方裁判所の裁判官は，判事と判事補からなり（裁23），判事のうちの1人が地方裁判所長を命じられる（裁29①）。
〔大谷〕

中間確認の訴え

訴訟の進行中に，訴訟物である権利関係の先決的な法律関係について，その訴訟手続内でその存否の確認を求める訴えである（民訴145）。先決的な法律関係については，終局判決の理由中で判断されても既判力を生じないので，訴訟物として追加することにより，これについても既判力ある判決を得ることを認めようとするものであり，別訴による不経済や判断の矛盾を回避する利点がある。本訴の請求の当否を判断するために必要な法律関係について争いがある場合に許される。

この訴えは，原告及び被告の双方が提起することができ，原告が提起する場合は請求の追加的変更，被告が提起する場合は反訴の性質を有する。

所有権侵害を理由とする損害賠償請求訴訟における所有権の存在確認の訴えや，利息請求訴訟における元本債権の存否の確認の訴えがその例である。

確認の対象は法律関係に限られる。法律関係は現在のものであることを必要とし，過去の法律関係の存否確認は認められない。

この訴えは，本訴が係属し口頭弁論が終結しない間に限り許される。本訴が控訴審に係属中でも可能である。

中間確認の訴えの訴訟手続は，本訴の訴訟手続と同種であることを必要とし，他の裁判所の専属管轄に属するものでないことを必要とする。その審理は，本訴と併合して行うのが原則であり，本訴と共に1個の全部判決がされるのが原則である。　　　　　　　　　　〔大谷〕

中間期間　⇒　「行為期間・猶予期間」

中間の争い

訴訟手続上，先行の問題について当事者間に生じた争いをいう。訴訟要件の存否，訴えの取下げの存否，訴訟行為の追完の適否，訴訟承継の有無などに関する争いがその例である。

口頭弁論を経て判断すべきものは，中間判決によることができる（民訴245）。中間の争いに属する事項でも，決定をもって裁判することとされているもの（訴訟引受申立ての許否（民訴50①），訴え変更の不許（民訴143④）など）については，中間判決をすることはできない。

中間の争いに関する事項でも，訴訟要件を否定するとき（訴え却下となる）など，その判断をすれば終局判決に熟するときは，中間判決でなく，終局判決をしなければならない。　　　　　　　［大谷］

中間配当

破産手続において，一般の債権調査期日終了後，破産管財人が配当をするのに適当な金銭があると認める場合に行う配当（破256）をいう。中間配当を行うには，監査委員の同意，監査委員が置かれていないときは裁判所の許可を得なければならない（破257）。

破産管財人は，配当表を作成してこれを裁判所に提出するとともに公告し，債権者に異議申立ての機会を与えたうえ，配当率を定めて各債権者に通知し，債権者は破産管財人から配当金を受領する（破258以下）。

債権者が裁判所に配当表に対する異議を申し立てたときは，裁判所はその当否につき裁判し，異議を理由ありとするときは，配当表の更正を命じる（破264）。
　　　　　　　　　　　　　　　　［大谷］

中間判決

終局判決に至る前に，審理の途中で問題となった終局判決の前提となる争点について判断する判決をいう。

中間判決は，ⅰ本案に関する独立した攻撃又は防御の方法，ⅱ訴訟手続上の先行問題としての中間の争い，ⅲ請求の原因（請求権の存否そのもの）と数額について争いがある場合の原因についてなされる（民訴245）。ⅲの場合は原因判決ともいわれる。

独立した攻撃防御方法に関するものでも，それについて判断すれば終局判決に熟するという場合，例えば，金銭の支払請求訴訟において弁済が認められるときは，中間判決でなく，終局判決をする。

中間の争いに関するものでも，訴訟要件の存在を否定するときなど，争いを判断すれば終局判決に熟するときは，中間判決でなく，終局判決をする。

原因判決は，原因を肯定する場合にのみ行われる。原因が否定される場合には，数額について審理する必要がないから，直ちに終局判決をする。

中間判決をするかしないかは，裁判所の裁量に属する。中間判決をしないときは，終局判決の理由中でその判断を示すことになる。

中間判決をすると，その裁判所は，中間判決の主文において示した判断に拘束され，終局判決は，その判断を前提としてしなければならない。ただし，中間判決の理由に示した判断には拘束されない。また，中間判決には既判力や執行力は生じず，独立して上訴することはできない。
　　　　　　　　　　　　　　　　［大谷］

仲裁

両当事者が，その間の現在又は将来の紛争を，裁判官ではない第三者（仲裁人）に判断させてこれに服することを合意し，仲裁人がこれに基づいて判断することをいう。国家の訴訟制度による強制的解決

に代わる紛争解決の制度である。

当事者間の自主的解決に委ねて差し支えない民事紛争については、当事者が一致して仲裁人による解決を望むのであれば、その意思を尊重し、その効力を認めるのが適当であることから、国家もこのような手続を是認している。

わが国においては、「公示催告手続及ビ仲裁手続ニ関スル法律」が、仲裁の手続や効力を規定している。　　　　［大谷］

仲裁鑑定契約

事故の原因や損害額など、訴訟物である権利又は法律関係の前提となる事実関係に関する判断を第三者に委ね、その判断に服する旨の訴訟上の合意をいう。判決の基礎となる事実の確定方法に関する当事者間の合意の1つである。

仲裁人が、権利又は法律関係の存否自体について判断するのに対し、仲裁鑑定人は、その前提となる事実関係の存否・内容を判断し、確定する。

仲裁鑑定人の判断は、当事者を拘束するのみならず、裁判所も、その判断を判決の基礎としなければならない。

［大谷］

仲裁契約

両当事者が、その間の現在又は将来の紛争を、仲裁人に判断させてこれに服することを約する契約をいう。その効力、要件等については、「公示催告手続及ビ仲裁手続ニ関スル法律」の8編に規定が設けられている。この法律は、平成8年法律109号の民事訴訟法の制定の際に、その題名が「民事訴訟法」から上記の名称に改められたものである。

仲裁は、当事者間の合意に基づく自主的な紛争解決の方式であるから、仲裁契約は、その対象とする紛争につき当事者が和解をする権限を有する場合、すなわち当事者が任意に処分し得る財産上の権利及び法律関係に関するものである場合にのみ有効とされる（公催仲裁786）。

将来の紛争を対象とする仲裁契約も、一定の権利関係及びその関係より生じる紛争に関するものである限り、有効である（公催仲裁787）。

仲裁契約の締結の方式については特に制限はなく、口頭で契約することも可能である。

仲裁契約は、国際取引・建設請負契約等において、紛争に備えて契約の一内容として締結されることが多い。

仲裁契約が存在するにもかかわらず、当事者の一方が裁判所に訴訟を提起した場合には、他の当事者は、仲裁契約の存在を理由に、訴えの却下を求めることができる（仲裁契約の抗弁）。　［大谷］

仲裁手続

仲裁人が仲裁判断によって当事者間の紛争を解決するための手続をいう。仲裁手続については、「公示催告手続及ビ仲裁手続ニ関スル法律」の8編に規定が設けられている。

仲裁は、当事者の合意に基づき当事者の選定した仲裁人の判断により紛争を自主的に解決する制度であることから、仲裁手続においては、当事者の合意や仲裁人の裁量が尊重されている。

まず、仲裁手続の準則は、当事者の合意によって定めることができ、その合意がない場合には、仲裁人がこれを定める（公催仲裁794②）。

仲裁人は、当事者を審尋し、必要に応じて紛争の原因たる事実関係を調査しなければならず、そのために、任意に出頭した証人及び鑑定人を尋問することができる（公催仲裁794①・795①）。手続を公開するか否かは当事者の意思によるが、非公開が原則である。

仲裁人が判断をするために必要な行為で、仲裁人ではできない行為については、裁判所の協力を求めることができる（公催仲裁796）。

数名の仲裁人が仲裁判断をする場合には、仲裁契約で別段の定めをしたときを除き、過半数で決する（公催仲裁798）。

仲裁契約は、当事者が合意で定めた期限が経過したときは失効する。仲裁人に死亡その他の一定の障害が生じたとき、仲裁人の意見が可否同数となり、その旨を当事者に通知したときにも、原則として仲裁契約は失効する（公催仲裁793）。仲裁契約が失効したときは、仲裁手続もこれに伴い終了する。　　　　　　[大谷]

仲裁人

仲裁手続において、仲裁契約の当事者間の紛争を判断するために選定される第三者をいう。

仲裁人の資格には特に制限はないが、当事者及びその法定代理人が仲裁人になれないことは当然である。

仲裁人の選定及び選定の方法は、当事者が自由に定めることができる。仲裁人は1名でも数名でもよいが、仲裁契約において仲裁人の選定について定めがなかったときは、当事者は各1名の仲裁人を選定する（公催仲裁788）。

仲裁人は、公平な第三者でなければならない。当事者は、裁判官の忌避の場合と同様に、仲裁人を忌避することができる（公催仲裁792）。　　　　　　[大谷]

仲裁判断

仲裁人が、仲裁手続を行った結果、仲裁契約の当事者間の紛争について下した判断をいう。

数名の仲裁人が判断をするについては、判断の決定方法について仲裁契約に定めがあるときはその定めに従い、定めがないときは、仲裁人の過半数をもって決する（公催仲裁798）。

仲裁人の意見が可否同数となった場合に、その旨を当事者に通知すると、仲裁契約は失効する（公催仲裁793）。

仲裁判断は書面によることとされ、作成の年月日を記載し、仲裁人が署名押印する。仲裁判断書の原本は裁判所に預け置かれ、当事者には正本が送達される（公催仲裁799）。

仲裁手続に手続違背等の一定の事由があるときは、当事者は、裁判所に対し仲裁判断の取消しの訴えを提起することができる（公催仲裁801①。管轄裁判所につき公催仲裁805）。仲裁判断が取り消されると、当事者は当該紛争について裁判所に訴えを提起し得ることになる。

仲裁判断は、当事者間では確定判決と同一の効力を有する（公催仲裁800）。したがって、既判力及び形成力を有する。

しかし、仲裁判断に基づいて強制執行をするには、これを許す旨の裁判所の執行判決があることを要する（公催仲裁802。管轄裁判所につき公催仲裁805）。執行判決をする裁判所は、仲裁判断の適法性について審理するに止まり、仲裁判断の基礎となった実体関係に踏み込むことはない。　　　　　　[大谷]

抽象的訴権説　⇒　「訴権学説」

超過差押え

債権の満足を得るのに必要な範囲を超えて債務者の財産を差し押さえることをいう。

民事執行法は、動産に対する強制執行について、差押債権者の債権及び執行費用の弁済に必要な限度を超えてはならない旨規定して超過差押えを禁止し（民執128）、この規定は、担保権の実行としての動産競売にも準用されている（民執

超過差押えの禁止は、債権に対する執行にも基本的に妥当し、債権の全部を差し押さえることができるが、その債権の価額が差押債権者の債権及び執行費用の額を超えるときは、他の債権を差し押さえてはならないとしている（民執146・193）。

不動産等のその他の財産については、この原則は採用されていない。　［大谷］

調査委員（会社更生法）

会社更生法に基づく会社更生手続において、裁判所が必要と認めるときに選任する機関をいう（会社更生101①）。公認会計士がこれに選任される例が多い。法人の調査委員も認められる（会社更生101の3・95）。

裁判所の補助機関として、裁判所から命じられた事項を調査し、その結果を裁判所に報告し、又は意見を述べるが、主たる調査事項は、更生手続開始の原因たる事実等の有無、更生手続の開始に必要な事項、更生手続開始の当否、保全処分の要否、管財人の作成する財務書類や報告の当否、更生計画案又は更生計画の当否である（会社更生101②）。

調査委員は、管財人と同様の幅広い調査権限を有する（会社更生101の3・98の2）。

調査委員の報告書・意見書は、裁判所に備え置いて、利害関係人の閲覧に供される（会社更生101の2）。　［大谷］

調査委員（民事再生法）

民事再生法に基づく再生手続開始の申立てがあった場合において、裁判所が必要と認めるときに選任する機関をいう（民事再生62・63）。法人の調査委員も認められる（民事再生63・54③）。調査委員は、再生手続の機関として、裁判所から命じられた事項を調査し、裁判所に対して調査の結果を報告する（民事再生62②）。この調査委員には、監督委員（民事再生54以下）や管財人（民事再生64以下）と同様の幅広い調査権限が与えられている（民事再生63）。　［小野寺（忍）］

調書

裁判所書記官が、口頭弁論について、期日ごとに作成すべき調書であり（民訴160①）、通常、口頭弁論調書といわれる。

調書を作成する書記官は、口頭弁論に立ち会った者でなければならず、調書は期日ごとに作成しなければならない。

調書の記載事項には、調書として成立するために必ず記載しなければならない形式的記載事項（民訴規66）と期日における弁論の経過を記録する実質的記載事項（民訴規67）とがある。実質的記載事項のうち、証人・当事者本人又は鑑定人の陳述については、裁判長の許可があったときは、録音テープ等に記録することにより調書の記載に代えることが認められている（民訴規68）。

口頭弁論の方式に関する規定の遵守の有無は、調書の記載のみによって証明することができる（民訴160③）。　［大谷］

調書決定

民事訴訟法では、決定の告知は裁判所が相当と認める方法で行うことができる（民訴119）が、口頭弁論などの期日に口頭で言い渡すときには決定書の作成（民訴122、民訴規50①）に代えてその期日の調書にその内容を記載させてすることもできる（民訴規67①⑥・78。なお民執規12）とされており、さらに、民事保全規則では、1条1号から5号までの各申立てに対する決定についても、原則として決定書を作成しなければならない（民保規9）ところ、裁判所はこれを作成しないで、

口頭弁論・審尋期日において同規則所定事項を調書に記載させて言い渡すことができるとされている（民保規10）。これらの方式による決定を調書決定という。

[川谷]

調書判決

判決の言渡しは，判決書の原本に基づいてするのが原則であるが（民訴252），実質的に当事者間に争いがなく原告の請求を認容する事件については，判決書の原本に基づかないですることができる（民訴254①）。具体的には，裁判長が口頭で判決の理由及び要旨を告げて行う（民訴規155）。この場合には，裁判所書記官が，当事者及び法定代理人・主文・請求並びに理由の要旨を調書に記載することとされているので（民訴254②），この方式による判決は，調書判決といわれている。

調書判決によることができるのは，⒤被告が請求原因事実を自白し，何らの抗弁事実を主張しない場合（民訴159①③により自白したものとみなされる場合を含む），ⅱ被告が公示送達による呼出しを受けたが，口頭弁論期日に出頭しない場合である（民訴254①）。ⅱの場合は証拠調べはしなければならない。少額訴訟では，証拠調べをした場合でも調書判決によることができる（民訴374②前）。

[大谷]

調停

第三者（調停委員会）の仲介により，民事上の紛争につき，当事者の互譲を得て，条理にかない実情に即した解決を図ることを目的とする手続をいう（民調1，特定調停1参照）。

民事訴訟と並ぶ紛争解決の重要な制度で，訴訟がともすれば法律に従った一刀両断的な解決になり勝ちなのに対し，調停は当事者の納得の上での妥当な解決を図ることができる点に長所が認められる。

裁判所が行う調停には，民事調停と家事調停があり，前者は民事調停法が，後者は家事審判法がそれぞれ規定している。

民事調停は，家事事件を除く民事に関する紛争一般について，地方裁判所及び簡易裁判所が行う（民調3）。

民事調停法は，民事紛争一般のほかに，宅地建物・農事・商事・鉱害・交通・公害等の各紛争の調停について特則を置いている。

特定調停は，支払不能に陥るおそれのある債務者等の経済的再生に資するため，債務者等が負っている金銭債務に係る利害関係の調整を促進することを目的として簡易裁判所が行う（特定調停4・5）。

家事調停は，人事に関する訴訟事件その他一般に家庭に関する事件について，家庭裁判所が行う（家審17）。

調停は，いずれも，裁判官1名と2名以上の調停委員によって構成される調停委員会が行うのが原則である（民調5・6，特定調停8，家審3②③・22）。

調停は，当事者の申立てによって開始されるのが原則であるが（民調2，家審18①），訴訟事件を審理する裁判所も，調停による解決が適当と考えるときは，職権で係属中の事件を調停に付することができる（民調20，家審19）。⇒「調停調書」

[大谷]

調停委員

民事調停及び家事調停において，裁判官と共に調停委員会を構成し，それぞれ，民事調停員（民調6）・家事調停員（家審3②）といわれる。

調停委員は，「民事調停委員及び家事調停委員規則」に基づき，最高裁判所が，弁護士資格のある者，専門的知識又は社会経験の豊富な者で，原則として40歳以上70歳未満の人格識見の高い民間人の中

から任命する（調委規1。ただし，特定調停8）。調停委員は非常勤の公務員とされ（民調8②，家審22の2②），任期は2年で，手当のほか，旅費・日当・宿泊料を支給される（民調9，家審22の3，調委規3・7）。

調停委員は，最高裁判所が定める裁判所に所属し（調委規4），各裁判所が，各事件について調停委員会を構成する調停委員を指定する（民調7②，家審22②）。
［大谷］

調停委員会

民事調停及び家事調停を行う機関で，前者は調停主任（裁判官）1名と2名以上の民事調停委員により，後者は家事審判官（裁判官）1名と2名以上の家事調停委員によりそれぞれ構成される（民調6，家審22①）。

民事調停・家事調停とも，調停は調停委員会が行うのが原則であり，裁判官（調停主任・家事審判官）が単独で行うこともあるが，その場合でも，当事者の申立てがあれば調停委員会で調停を行わなければならない（民調5，家審3）。

調停手続は裁判官が指揮し，決議は過半数の意見によるが，可否同数のときは裁判官が決する（民調規17・18，家審規134・135）。その評議は秘密とされる（民調規19，家審規136）。
［大谷］

調停前置主義

家事事件等のうち調停を行うことができる事件については，紛争解決の手段として，まず，調停を選択しなければならないとする原則をいう。

家庭の事件については，直ちに公開の法廷で争わせるよりも，当事者の互譲による円満な解決が期待できる調停のほうが紛争解決の場として適当と考えられることによる。

家庭裁判所は，家事事件については，当事者の互譲による解決に親しまない事件（家審9①甲類）を除き，調停を行うことができ（家審17），これについて調停前置主義が適用される（家審18①）。

調停の申立てをしないで，直ちに訴訟を提起した場合には，受訴裁判所は，その事件を家庭裁判所の調停に付さなければならない（家審18②）。ただし，その場合でも，調停において当事者の互譲による解決が到底期待できないなど，調停に付することが適当でないと認められるときは，受訴裁判所は事件を調停に付さず，そのまま裁判を行うことができる（家審18②但）。

また，受訴裁判所において訴訟手続が進行中であっても，調停による解決の可能性が認められるときは，受訴裁判所はいつでも事件を家庭裁判所の調停に付することができる（家審19）。

なお，地代・借賃の増減額請求の訴えについても調停前置の規定がある（民調24の2）。
［大谷］

調停調書

民事調停又は家事調停において，当事者間に合意が成立したときに，調停が成立したことを証するため，書記官がその合意内容を記載する書面（民調16，家審21①）であり，書記官が合意内容を記載することによって調停は成立する。

調停調書は，確定判決と同一の効力を有する（民調16，民訴267，家審21①本）。ただし，家事調停のうち，成立した合意が家事審判法9条1項乙類に掲げる事件に係るものである場合には，調停調書は確定した審判と同一の効力を有し（家審21①但），したがって，その調停調書が，金銭の支払・物の引渡し・登記義務の履行その他の給付を内容とするものであるときは，執行力のある債務名義と同一の

効力を有し（家審15），これによる強制執行には執行文の付与を要しない。
　　　　　　　　　　　　　　　　［大谷］

調停に代わる裁判

　調停委員会における調停が成立する見込みがない場合において，裁判所が相当であると認めるときに，調停委員の意見を聴き，当事者双方のために衡平に考慮し，一切の事情を見て，職権で，当事者双方の申立ての趣旨に反しない限度で，事件の解決のためにする裁判をいう（民事調停の場合は決定，家事調停の場合は審判（民調17，家審24））。

　この裁判が認められる趣旨は，それまでの調停手続を無駄にするのはもったいないし，当事者が考えを改めてこの裁判を受け入れることも期待できるからである。

　調停に代わる裁判をすることができる事件は，民事調停事件一般と，家事調停事件のうち，家事審判法9条1項乙類の審判事件（この事件は調停の不成立によって当然に審判手続に移行する（家審26①））を除く事件である。

　調停に代わる裁判に対しては，当事者又は利害関係人は，当事者が裁判の告知を受けた日から2週間以内に異議の申立てをすることができ，その場合には裁判は効力を失う（民調18①②，家審25①②，家審規139）。異議の申立てがなく，裁判が確定したときは，確定した判決と同一の効力を有する（民調18③，民訴267，家審25③）。
　　　　　　　　　　　　　　　　［大谷］

徴憑（徴表）（ちょうひょう）　⇨　「主要事実・間接事実」

重複起訴の禁止　⇨　「二重起訴の禁止」

重複差押え　⇨　「二重差押え」

跳躍上告　⇨　「飛越（とびこし）上告」

直接強制

　民事執行法上の強制執行の方法の1つであり，執行機関の実力で，債務者の意思にかかわりなく，直接的に債務の給付内容を実現する方法をいう。

　他の強制執行の方法として，代替執行・間接強制がある。

　直接強制は，給付内容を実現するために，債務者の協力を必要とせず，最も効果的であり，近代法においては，金銭債務を典型とする「与える債務」の強制執行には必ず直接強制の方法がとられる。

　民事執行法においても，金銭債権の執行（民執43〜167），不動産・船舶・動産の引渡し又は明渡しの執行（民執168・169）は，いずれも直接強制の方法によっている。
　　　　　　　　　　　　　　　　［大谷］

直接事実　⇨　「主要事実・間接事実」

直接主義　⇨　「直接審理主義・間接審理主義」

直接証拠・間接証拠

　権利の発生・消滅という法律効果の判断に直接必要な事実である主要事実を直接証明するための証拠を直接証拠という。弁済という事実を証明するための領収書がその例である。

　主要事実を推認するのに役立つ間接事実や証拠の証明力等を明らかにするための補助事実を証明するための証拠を間接証拠という。アリバイ（間接事実）のための証人，証人と挙証者との特別の利害関係（補助事実）に関する証拠等がその例である。
　　　　　　　　　　　　　　　　［大谷］

直接審理主義・間接審理主義

直接審理主義とは、訴訟法上、事件について判決をする裁判官が自ら当事者の主張を聴取し、証拠調べを行うものとする原則である。直接主義ともいう。

間接審理主義とは、他の裁判官が審理した結果を記録にとどめ、その記録に基づいて判決をするものとする原則である。間接主義ともいう。

直接審理主義は、判決をする裁判官が事件の状況を直接に把握し、より真相に接近することができる点で、間接審理主義よりすぐれている。

わが民事訴訟法は、「判決は、その基本となる口頭弁論に関与した裁判官がする」と規定し(民訴249①)、直接審理主義を採用している。

口頭弁論が数回に及び、審理の途中で裁判官が交代した場合に、弁論と証拠調べを初めからやり直すのは訴訟経済に反するので、当事者をして、新裁判官に対し従前の弁論の結果を陳述させ、これをもって直接審理主義の要請を満たすこととしている(民訴249②)。この陳述は、事実上、極めて概括的・形式的に行われている。

しかし、証人尋問については、直接審理による心証形成を重視する立場から、単独体で審理する裁判官が交代した場合又は合議体の裁判官の過半数が交代した場合には、当事者が再度尋問の申出をしたときには、その尋問をしなければならない(民訴249③)。　　　　　　［大谷］

直接反証・間接反証

反証とは、相手方が立証責任を負う事実を否認するために提出する証拠(又は立証活動)のことをいう。自己が立証責任を負う事実を証明するために提出する証拠(又は立証活動)は本証という。

本証は、要証事実の存在について裁判官をして確信を抱かせるに至らなければ目的を達することができないが、反証は、本証によっては確信を得られない程度に裁判官の心証を動揺させることができれば目的を達する。

反証のうち、直接反証は、相手方が証明しようとしている事実に対し、直接的に反撃する証拠である。相手方が証明しようとしている事実が主要事実であるか、間接事実であるかを問わない。例えば、相手方が消費貸借の事実を証明するために借用証書を証拠(本証)として提出した場合に、借用証書が偽造であることを証明する証拠が直接反証である。

間接反証とは、主要事実について立証責任を負う相手方による間接事実の証明により、裁判官の心証において主要事実の存在について推認が生じそうな場合に、その推認の前提となった間接事実とは両立し得る別個の間接事実を証明することによって、主要事実の存在についての推認を妨げるための立証活動のことをいう。挙証者が証明しようとしている主要事実について直接にではなく間接に反撃するものであることから、間接反証と呼ばれる。

例えば、不法行為に基づく損害賠償請求訴訟において、原告が主要事実である被告の過失を推認させるための間接事実として被告の相当量の飲酒の事実を証明したのに対し、被告がその程度の飲酒では被告の注意力は全く影響を受けないことを証明することである。

間接反証は、主要事実との関係では、その推認の基礎となった間接事実から主要事実を推認することを妨げれば足りる点では反証であるが、推認を妨げるための別個の間接事実の存在について裁判官に確信を抱かせる程度に証明しなければならないという点では本証である。

　　　　　　［大谷］

直接否認・間接否認

民事訴訟において，相手方の事実の主張を直接に否認することを直接否認といい，相手方の主張を直接に否認するのではなく，その主張と相容(い)れない事実を陳述することによって間接に否認することを間接否認という。

これに対し，相手方の主張する主要事実を認めながら，別の事実を付加して争うことは制限付自白といわれ，この場合には一致する部分について自白が成立する。例えば，原告の貸金請求に対し，被告が金は借りたがすぐに返したと主張した場合，貸金部分については自白が成立し，被告において返済の事実(抗弁)について立証責任を負う。　　　　［大谷］

直送

民事訴訟手続において，準備書面等を，裁判所を通さず，一方当事者から相手方に直接送付することをいう。

直送の取扱いは，従前から当事者間において広く行われていたが，平成10年施行の民事訴訟規則(平成8最高裁規5)において，準備書面，証拠の申出書等について，当事者の義務として明定された(民訴規83・99②・107③・127・129②・149②)。ただし，直送が困難な事情等があるときは別である(民訴規47④)。

書証(文書に準ずる物件を含む)の写し及びその証拠説明書についても，直送が期待されている(民訴規137②・138①・147)。

直送は，ファクシミリによる送信で行うことができる(民訴規47①)。　［大谷］

陳述

民事訴訟において，当事者が裁判所に対し，事件に関し法律効果又は事実の存否についての知識を表明する訴訟行為をいい，主張とほぼ同義である。

訴状・答弁書・準備書面に記載された事項は，口頭弁論において陳述されることにより訴訟資料となる(民訴158・161③等参照)。

自己に有利な事項についての陳述を一般に主張という。相手方の主張する自己に不利益な事実を争わない旨の陳述を自白という。　　　　　　　　　　　［大谷］

陳述禁止の裁判

民事訴訟において，当事者・代理人又は補佐人が，訴訟関係を明瞭にするために必要な陳述をすることができない場合に，裁判所がその当事者らの陳述を禁止する裁判(民訴155①)をいう。訴訟の円滑・迅速かつ確実な進行という公益上の必要のために行われる。陳述禁止の裁判をしたときは，本人の利益を保護するため，他に出頭している代理人等がある場合を除き，期日を閉じ，口頭弁論の続行のため新期日を定めなければならない。

この裁判は，取り消されない限り，その審級におけるその後の弁論全部に及ぶ。陳述を禁止された者が裁判に従わず発言をしても，訴訟上無効である。　［大谷］

陳述書

当事者間において争いとなっている事実関係等について，当事者・関係者等が自己の体験・見聞等を記述した書面をいい，書証として取り扱われるのが原則である。

陳述書は，証拠として，本人や証人の法廷における尋問を補完する機能を有する。陳述書については，相手方に対する事前の証拠開示の機能が重視されている。陳述書の活用により，当事者双方とも事案の把握が容易になり，充実した事前準備を可能にし，反対尋問や補充尋問を容易にすることが期待できる。また，集中証拠調べを効果的に実現するためには，

重要な争点でない事項の立証は陳述書に譲ることにより，尋問の重点を争点に向ける工夫が必要である。　　　　［大谷］

陳述の擬制

原告又は被告のいずれかが，最初にすべき口頭弁論期日（簡裁の場合は続行期日をも含む（民訴277））に欠席し，又は出頭しても弁論をしないときは，裁判所は，その者が提出した訴状・答弁書その他の準備書面に記載した事項を陳述したものとみなし，訴訟手続を進めることができる（民訴158）。これを陳述の擬制という。この措置をとるかどうかは裁判所の裁量に任され，期日を延期してもよい。

最初にすべき口頭弁論期日とは，形式的に第1回の期日という意味ではなく，実際に弁論が行われる最初の期日という意味である。

原告と被告の双方が欠席した場合は，陳述の擬制はできず，民訴263条（いわゆる休止）が適用される。　　　　［大谷］

追加判決

民事訴訟において，裁判所が1個又は複数の請求の一部について判決を脱漏したときに，その脱漏部分についてする判決をいい，脱漏判決・補充判決ともいう。裁判所が1個又は複数の請求の一部を分離してする一部判決とは異なる。

請求の一部について判決を脱漏したときは，その一部についてはなお訴訟が係属している（民訴258①）から，その部分が判決に熟していれば，口頭弁論終結時の裁判所は判決書を作成して言渡期日を指定し，追加判決をする。脱漏した部分についてなお審理をする必要があれば，弁論を再開して，審理を続行する。

訴訟費用の裁判を脱漏した場合には，その部分について決定で裁判する（民訴258②）。　　　　［大谷］

追完　⇨　「訴訟行為の追完」

追認

民事訴訟法上，訴訟行為をする者について，訴訟能力・法定代理権又は訴訟行為をするのに必要な授権を欠くときは，それが訴えの提起であるときは不適法として却下されることになり，その他の訴訟行為は無効である。訴訟代理人が適法な委任を受けていない場合も同様である。

このような場合には，裁判所は期間を定めてその補正を命じなければならないが（民訴34①・59），訴訟能力を有するに至った当事者や，適法な代理権を有するに至った代理人等が追認をすれば，行為の時にさかのぼって有効となる（民訴34②・59）。　　　　［大谷］

通事

平成8年改正前の旧民事訴訟法（明治23法29）において使用されていた用語で（旧民訴134），現民事訴訟法上の「通訳人」（民訴154）のことである。　　　　［大谷］

通常期間　⇨　「不変期間・通常期間」

通常共同訴訟

1つの訴訟手続に数人の原告又は被告が関与している訴訟形態すなわち共同訴訟には，判決が複数の当事者につき区々になることが許されない場合と，区々であっても差し支えない場合とがあり，前者を必要的共同訴訟といい，後者を通常共同訴訟という。必要的共同訴訟に属しない共同訴訟は，すべて通常共同訴訟である。

通常共同訴訟も，当然主観的併合の要件（民訴38）を満たさなければならない。また，請求の併合を伴うから，客観的併合の要件（民訴136）も満たさなければならない。

通常共同訴訟にあっては，共同訴訟人の1人の訴訟行為，共同訴訟人の1人に対する相手方の訴訟行為及び共同訴訟人の1人について生じた事項は，他の共同訴訟人に影響を及ぼさない（民訴39）。これを共同訴訟人独立の原則という。各請求を相対的に解決することが可能であるから，弁論の分離も許される。

通常共同訴訟において，証拠共通の原則が認められるかどうかは，共同訴訟人独立の原則との関係で問題となる。例えば主債務者と連帯保証人が共同被告として訴えられた場合に，判決が区々になると，非常識な結果になる場合もあることから，独立原則にも一定の限界があるとする見解が有力である。　　　　［大谷］

通常抗告 ⇨ 「即時抗告・通常抗告」

通常訴訟手続・特別訴訟手続

民事訴訟手続の制度目的による分類で，訴訟手続を広義の意味で以下のように分けることができる。

ⅰ通常訴訟手続には，民事訴訟法第1編から第3編に規定する判決手続と民事執行法に規定する強制執行手続がある。判決手続は，さらに，第一審，控訴審，上告審の各手続に分かれ，第一審には，地方裁判所の手続と簡易裁判所の手続がある。

ⅱ特別訴訟手続には，民事訴訟法第5編に規定する手形・小切手訴訟手続，同法第6編に規定する少額訴訟手続，同法第7編に規定する督促手続，人事訴訟手続法に規定する人事訴訟手続，行政事件訴訟法に規定する行政訴訟手続，破産法，民事再生法，会社更生法等に規定する倒産手続がある。　　　　　　　［大谷］

出会送達

民事訴訟法上の送達方法の1つである。出会送達は，送達を受けるべき者に出会った場所においてする送達であり，送達を受けるべき者が拒まないときは，この方法によることができる（民訴105後）。また，日本国内に住所等を有することが明らかでない者に対しても，出会送達をすることができる（民訴105前）。

送達に関する事務は裁判所書記官が取り扱う（民訴98②）。　　　　　　［大谷］

定期金賠償判決変更の訴え

定期金賠償とは，請求権の具体化が将来の時間的経過に依存している関係にあるような性質の損害（人身損害の場合における逸失利益，後遺症に関する治療費・看護費用等）について，実体に即した賠償を実現するために定期金による賠償が行われるものを指す。口頭弁論終結前に生じた損害につき定期金による賠償を命じた確定判決について，口頭弁論終結後に，その判決の基礎となった事情（後遺障害の程度，賃金水準その他の損害額の算定の基礎となった事情）に著しい変更が生じた場合に，確定判決の変更を求める訴えを提起することができる。ただし，その訴えの提起の日以後に支払期限が到来する定期金に係る部分に限られる（民訴117）。わが国では，損害賠償は，一般に一時金賠償方式によるものとされているが，裁判例では，身体障害の場合の後遺障害の治療費，将来の逸失利益等のような損害について，原告が申し立てた場合において定期金賠償を認めたものがある。定期金賠償が命じられた後に，賠償額を算定するに当たり前提とされた事実関係が著しく変動したときには，確定判決により命じられた損害賠償はその基礎を失うに至ったものと考えられるから，確定判決の内容を事後的に修正することを認めることが公平の要請に合致する。このような場合には，確定判決の変更を求める

訴えを提起し，給付額の増額又は減額等を求めることができる。変更の訴えの対象とする判決の範囲は，過去の不法行為に基づく既発生の損害の賠償を命ずるものに限られる。この訴えの法的性質は，確定判決中の損害の賠償を命ずる部分につき，損害額の算定の基礎となった事情の変更に基づいて判決の変更を求める訴訟法上の形成の訴えの一種である。

［小野］

ディスカヴァリー

当事者がその手持証拠を取調べの請求に先立ち相手方に示すことをいう（証拠開示）。アメリカでは，ディスカヴァリー制度により，秘匿特権や弁護士の訴訟準備資料等の例外を除き，訴訟物に関連性のある文書について広く提出義務が認められている。文書提出義務に関する諸外国の制度は，アメリカのディスカヴァリーのように訴訟物に関連するあらゆる文書を対象とするものから，わが国の旧民事訴訟法（平成8年改正前の）312条のように対象を限定的に列挙するものまで様々である。訴訟の相手方の手中にある物又は文書を証拠としてどこまで利用できるかは，訴訟の勝敗の分かれ目になることがある。当事者が十分な準備をして期日での審理を充実したものとするためには，当事者の証拠資料の収集手段を拡充する必要があることから，新民事訴訟法（平成8法109）は，ディスカヴァリー又はこれに類似した制度を導入するのではなく，文書提出義務の範囲を弊害が生じないように配慮しながら拡大し，上記旧民事訴訟法の制限列挙主義を改め，文書提出義務を一般義務とした（民訴220）。ただし，公文書については，行政機関の保有する情報を公開するための制度の検討と並行して総合的な検討を加え，必要な措置を講ずるものとし（民訴附則27①），提出義務の対象文書から，証言を拒絶できる事項が記載されている文書と自己使用文書（専ら文書の所持者の利用に供するための文書）を除外している（民訴220④イ～ハ）。刑事訴訟では，検察官手持ちの証拠の開示の問題があり，検察官が所持する証拠について証拠調べ開始前にこれを被告人側に閲覧させるように裁判所が検察官に命ずることができるかどうかが問題とされ，裁判長の訴訟指揮権の発動として開示命令権を是認する見解と裁判所は弁護人の申出に基づき公判前に個々の証拠について提出命令（刑訴99②）を出して開示させることができるとする見解等がある。明文の規定はないが，判例は，前者の見解をとる（最決昭44・4・25刑集23・4・248）。

［小野］

廷吏

裁判所の開廷の際，法廷において，秩序の維持，関係人との連絡，事件の呼上げ，開廷簿の管理等の事務に従事して，裁判官を補助し，また，執行官に代わって書類の送達をすることもある裁判所職員をいう（裁63）。

裁判所法により昭和22年に廃止された裁判所構成法の下では廷丁（ていてい）といった。

廷吏は裁判所事務官である者に対し，補職的に命じられる官職であり，従前は，廷吏として各裁判所におかれ，その任免は，各裁判所（簡易裁判所については管轄地方裁判所）がそれぞれ行っていたが，最近では廷吏の補職を解除した上，一般の裁判所事務官として廷吏の職務を行い，また，民事法廷では女性の事務官が廷吏事務を務める例もみられるようになった。

［小野］

手形支払の否認

破産法上，手形の支払も一般に否認の

対象になるが，手形の支払を受けた者が，その否認により手形の支払を受けなかったことになると，債務者の1人又は数人に対する手形上の権利を失うことになる場合には，否認することができない（破73①）。これは，手形所持人が，その支払を否認されると，いったん手形の支払があったが拒絶証書を欠くため，前者に対する遡求権（そきゅうけん）を行使しえないという不利益を受けることになり，ひいて手形取引の安全を害するからである。ここに手形上の権利とは前者に対する遡求権をいい，手形の支払は破産者である約束手形の振出人又は為替手形の引受人による支払をさす。したがって，裏書人による手形受戻しには，この規定は適用されない（最判昭37・11・20民集16・11・2293）。この規定が債権回収のため悪用され，手形支払の形をとって否認を潜脱するおそれがあるので，この規定によって手形の支払の否認が許されない場合には，最終の償還義務者（約束手形の第一裏書人，為替手形の振出人）又は手形の振出を委託した者が，振出しの当時支払停止又は破産申立ての事実を知り，又は過失によって知らなかったときは，管財人はその者をして破産者が支払った金額を破産財団に償還せしめることができる（破73②）。　　　　　　　　　　　　　［小野］

手形訴訟・小切手訴訟

手形金・小切手金の支払請求及びこれに附帯する法定利率による損害賠償請求について，証拠を制限して迅速に判決し，その判決には職権で仮執行の宣言を付して債務名義を与えることにより，正当な手形・小切手所持人が迅速に権利を実現できるようにすることを目的として設けられた特別訴訟手続である（民訴350～367）。手形訴訟における証拠調べは原則として書証に限られ，文書の真否と手形呈示に関する事実についてだけ補充的に当事者尋問が認められるにすぎない。文書の提出又は送付嘱託は，することができない（民訴352①～③）。手形訴訟においては，反訴を提起することができない（民訴351）。手形訴訟は，やむを得ない事由がある場合（例えば，当事者尋問の申出が期日にされ，尋問されるべき当事者本人が出頭しない場合等）を除いて，最初にすべき口頭弁論期日において，審理を完了しなければならない（一期日審理の原則（民訴規214））。原告は，口頭弁論終結までの間，被告の承諾を要しないで，訴訟を通常の手続に移行させる旨の申述をすることができる（民訴353）ほか，原告の請求を認容し，又は棄却する本案判決に対しては，敗訴当事者からの異議申立てが認められており（判決送達の日から2週間以内に判決をした裁判所に異議を申し立てることができる（民訴356・357）），これらの申立てがあると，訴訟は手形訴訟の口頭弁論終結前の程度に復し，裁判所はその審理・裁判を通常の手続によって行うことになる（民訴357・361）。手形訴訟の終局判決に対しては，訴えを却下した判決を除き，控訴することができない（民訴356）。手形金請求事件の原告勝訴の判決（手形訴訟による場合に限られない）には，裁判所は職権で必ず仮執行の宣言を付さなければならず，かつ，原則として担保の提供を必要としない（民訴259②）。この仮執行の宣言を付した判決に対して異議の申立て（手形訴訟の場合）あるいは控訴（通常の手形金請求訴訟の場合）があった場合において，裁判所が執行停止命令を発するのは，原判決の取消し・変更の原因となる事情について疎明があったときに限られる（民訴398①）。なお，手形金支払請求訴訟（手形訴訟の場合に限られない）は，義務履行地（民訴5①）以外の支払地の裁判所に提起できるとい

う特則が認められている(民訴5②)。以上のことは小切手訴訟についても全面的に妥当する(民訴367)。　　　　　[小野]

手形判決＊・小切手判決

手形金の支払請求及びこれに附帯する法定利率による損害賠償請求について手形訴訟で審理した結果の終局判決をいう(民訴規216)。小切手金の支払請求について小切手訴訟で審理した場合は小切手判決という(民訴規221・216)。手形訴訟の判決書又は判決書に代わる調書(調書判決)には、手形判決と表示しなければならない(民訴規216)。原告の申立てにより通常訴訟に移行した後の判決や敗訴当事者からの異議申立てがあって通常の手続で審理された後の判決は、手形判決とは言わない。手形判決で原告の請求を認容する場合には、当事者から申立てがあると否とにかかわらず、裁判所は職権で、原則として無担保で仮執行の宣言を付さなければならない(民訴259②)。手形判決の本案判決は、異議申立期間の徒過や異議却下の判決の確定により確定し、かつ既判力を有するが、手形判決は、適法な異議の申立てによってその全部について確定が遮断される(民訴116)。　[小野]

適時提出主義

攻撃又は防御の方法は、訴訟の進行状況に応じ「適切な時期」に提出しなければならないとするのが、適時提出主義である(民訴156)。平成8年改正前の旧民事訴訟法137条は、攻撃防御方法は、原則として、口頭弁論の終結に至るまで提出することができるとする随時提出主義を採用していた。その結果、当事者が攻撃防御方法を小刻みに提出して審理を長期化させる原因の1つとなっていた。そこで、迅速で充実した無駄のない審理を実現するために随時提出主義から適時提出主義に改めたものである。攻撃防御方法を提出すべき「適切な時期」は、訴訟の進行状況に応じ個別具体的かつ客観的に定まる。原告の新主張に対する被告の認否・反論は次の期日が「適切な時期」になり、裁判長が準備書面の提出期間を定めたときは、当該期間が「適切な時期」となろう。民事訴訟法156条は、訓示規定であり、単に「適切な時期」を経過しただけでは足りず、攻撃防御方法が適切な時期を相当程度後れて提出された場合にはじめて時機に後れたものとなる(民訴157①)。　　　　　　　　　　[小野]

手続権の保障

訴訟当事者が訴訟手続の主体としてその手続に関与する地位を認められていることにより承認される様々な権利を総称する概念であり、当事者権ともいわれるが、最近では手続権の保障ないし手続保障という用語が一般化している。手続権の内容は、次の3つに分類される。ⅰ訴訟の手続面に関する権利として、手続の進行に関する期日指定の申立権(民訴93①)、期日の呼出しを受ける権利(民訴94)、訴状・判決・書証等の送達・送付を受ける権利(民訴138・255、民訴規137)、裁判所の訴訟指揮の不備を是正するための求問権(民訴149③)、訴訟手続に関する異議権(責問権(民訴90))、公正・適正な裁判を確保するための裁判官等の除斥・忌避申立権(民訴23・24・27)、移送申立権(民訴16・17・19)、訴訟記録の閲覧・謄写を求める権利(民訴91)、証拠調べに立ち会う権利などがある。ⅱ訴訟の内容に関する権利として、処分権主義に関する判決の内容・範囲(判決事項)を指定する原告の権能(民訴246)、訴えの取下げ・請求の放棄・認諾・和解などによって訴訟手続を終了させる権能、事実上及び法律上の主張に関する弁論権・証拠提出

権・敗訴判決に対する不服申立権（異議権・上訴権）などがある。ⅲ参加権として，訴訟の結果について利害関係があり，あるいはこれによって権利が害される者は，訴訟告知を受け（民訴53），補助参加人（民訴42）又は独立当事者（民訴47）として訴訟に参加できる権利がある。これらの権利は，いずれも民事訴訟法やその基本原則に根拠を有し，その統合概念であり，相互に関連しあっている。これらの権利は，当事者を手続主体とする訴訟手続において，手続内在的な意義を有し，その保障のない訴訟手続は適正さを欠くという意味で手続基本権ということができる。手続権の保障は訴訟手続から非訟手続へ拡がり，非訟手続の改善が求められ，借地非訟手続はこのような動きを背景に手続権を保障した手続として立法化された。手続権の行使は当事者の自己責任と考えられ，訴訟活動の結果は当事者が引き受けるべきものであり，手続権の保障は手続結果や判決を正当化する根拠となっている。　　　　　　　　　［小野］

手続の過誤・判断の過誤

法令違反の生じる個所による区別で手続上の過誤と判断上の過誤に分かれる。ⅰ手続の過誤は，原審の訴訟手続において不法な処置のある場合である。但し，訓示規定違反は法律上の効力に影響がなく，任意規定違反は責問権の喪失によって治癒される。事実の確定も，その方法や資料が違法であれば，手続の過誤となる。例えば，当事者の主張しない事実の採用，基礎となった証拠調手続の違法，著しい釈明権の不行使，自白の効力の誤認などである。ⅱ判断の過誤は，原判決中の請求の当否に関する法律判断が不当な場合である。判断の過誤が判決の結論に影響を及ぼすかどうかは，過誤の内容により自ずから明らかであるのが通例であろう。従来，判決に影響を及ぼすことが明らかな法令違反は上告理由とされていたが（旧民訴394），平成8年法律109号による民事訴訟法の制定により，上告理由は，憲法違反と重大な手続法違反である絶対的上告理由に限定され（民訴312①②），法令違反は，そのうち「法令の解釈に関する重要な事項を含むもの」が上告受理の申立てにおける受理の要件として規定された（民訴318①）。なお，高等裁判所に対する上告は，上告理由等の面では従来と変わるところがなく，判決に影響を及ぼすことが明らかな法令違反は上告理由として維持された（民訴312③）。最高裁判所は，上告理由について調査している過程で，判決に影響を及ぼすことが明らかな法令違反を発見したときは，職権で原判決を破棄することができる（民訴325②）。　　　　　　　　　［小野］

手続保障論

民事訴訟における手続保障は，憲法32条の裁判を受ける権利の実質的な保障として，民事訴訟において当事者に十分な主張・立証の機会を与えることを含み，民事訴訟の当事者が訴訟手続の主体としてその手続に関与する地位を認められていることの総称概念として理解することができる。手続保障には次の3つの意義がある。ⅰ非訟事件手続の中での関係人の地位の強化を図った当事者権の理論であり，それにより非訟事件においても当事者の主体性の確立を求める。ⅱ民事訴訟において十分な手続保障が当事者に与えられることを前提に，手続権の行使による当事者の自己責任を手続結果及び判決効の基礎とする。ⅲ手続保障を民事訴訟の目的自体として，紛争過程の中で失われた当事者の自立的な紛争解決能力を回復するために，厳格な手続保障のもとに対論を促すことが重要となるとする。

ⅰⅱの手続保障の課題は，実質的な内容をもつ手続保障を当事者の主体性の尊重の要請（形式的手続保障）と整合的に確保することである。この意味の手続保障は，積極的な法運用，釈明権行使，補充尋問等裁判所の積極的な介入を必要とする。ⅲの手続保障は，理想的な当事者像を前提としており，裁判所の役割の消極性が窺(うかが)われるが，この意味での手続保障を実効的なものとするためには，司法予算，法曹人口の増加，法律扶助制度を強化するなど福祉主義的観点からの援護が必要となろう。　　　　　　　［小野］

テレビ会議システム

テレビ会議の方法（隔地者が映像と音声の送受信により相手の状態を相互に認識しながら通話をすることができる方法）に利用される装置をいう。証人尋問は，証人が受訴裁判所に出頭して実施するのが原則であるが，証人が遠隔地に居住する場合には，テレビ会議システムを利用する方法により，当該証人を受訴裁判所に出頭させることなく証人尋問を行うことができる（民訴204）。これにより，遠隔地に居住する証人の出頭の負担が軽減され，その協力を得られやすくなることが期待されている。テレビ会議システムを利用した証人尋問を行うかどうかは，証拠調べの実施方法という証拠調べの細目的事項として，受訴裁判所の裁量により決められるべき事項であるが，テレビ会議システムを設置した最寄りの裁判所には証人のみが出頭し，当事者は受訴裁判所に出頭するという特別の方法によるものであるから，当事者の意見を聴いた上で，判断することとなる（民訴規123①）。実際には当事者からテレビ会議システムを利用するよう裁判所の職権発動を促す申出をしてくることが少なくないものと思われる。テレビ会議システムを利用して証人尋問を実施する場合には，文書の写しを送信してこれを提示することその他の尋問の実施に必要な処置を行うため，ファクシミリを利用することができる（民訴規123②）。　　　　［小野］

電子情報処理

電子情報処理組織を用いて法令の定めに従って訴訟手続を処理することをいう。電子情報処理組織は，ハードウェア及びソフトウェアの有機的総合体としてのコンピュータ・システムを指す法令用語として用いられている。わが国でも，督促手続の処理について，既に一部の簡易裁判所にコンピュータ・システムが導入されているが，将来の事件数の増加や事件の都市部の裁判所への集中に的確に対処する必要性が強く，督促手続の事務については，今後電子情報処理組織を広範に利用して，迅速かつ効率的に大量の事件を処理することが不可欠となるであろう。民事訴訟規則238条は，電子情報処理組織を用いて督促手続を取り扱う簡易裁判所を東京簡易裁判所及び大阪簡易裁判所とすることなどを定めている。　［小野］

転得者に対する否認

否認権は，否認の目的である行為によって，直接破産者の財産を取得した者に対してばかりでなく，かかる受益者から，更に直接又は間接にその財産を取得した転得者に対しても，次の要件のもとにこれを行使することができる（破83）。ⅰ転得者が転得の当時すべての前者に対する否認の原因のあることを知っていたとき（破83①①）。ⅱ転得者が破産者の親族又は同居者であるとき（破83①②）。これは，破産者が他人を介して近親者のもとに財産を隠匿しようと企てることが多いことを考慮したものである。ただし，転得の当時，中間取得者に対する否認の

原因のあることを知らなかったときは、この限りではない。ⅲ転得が無償行為又はこれと同視すべき有償行為による場合で、その各中間取得者に対し否認の原因があるとき（破83①③）。ただし、転得者が善意の場合には返還義務の範囲は現存利益に限られる（破83①②但）。本来否認の効果は相対的であって、受益者に対して否認権を行使しても、否認の効果は転得者には及ばず、破産財団と受益者との関係においてのみ当該行為を無効とするにとどまるので、別に転得者に対する否認を認める必要がある。転得者に対し否認権を行使すると否とを問わず、受益者に対し否認権を行使することを妨げないし、両者に対して行使することもできる（大判昭15・3・9民集19・373）。転得者に対する否認の性質については、受益者に対する否認の効力が転得者に及ぶとする説と直接に転得者を相手方とする破産者の行為の否認であるとする説があるが、判例及び近時の通説は後者である。

[小野]

転付命令

債務者が第三債務者に対してもつ被差押債権を支払に代えて券面額で差押債権者に移転させる執行裁判所の決定をいう。転付命令は他の債権者の配当加入を許さず、差押債権者は優先的に弁済を受けることができるから、わが国ではきわめて多く利用されている。転付命令が認められるのは、被差押債権が券面額をもつ場合に限られる。転付命令は、債務者及び第三債務者に送達しなければならず、確定しなければその効力を生じない（民執159）。金銭以外の有体物の引渡し又は給付を目的とする債権のように券面額のない債権は転付命令に適さない。転付命令が発せられる例の多い債権は、手形不渡処分に対する異議申立てのための預託金返還請求権、預金、売掛代金、債権者が被供託者である場合の供託金取戻請求権などである。転付命令は、被差押債権をもって代物弁済とすることにより差押債権者に終局的に権利を満足させるものである。差押債権者以外の第三者は、転付命令発令後は転付命令が第三債務者に送達された時点で換価手続が終了してしまうので、配当要求をすることができない。このように転付命令は、その効果が生じると他の債権者が参加する余地はなくなるが、転付命令が第三債務者に送達される時までに、転付命令に係る債権について他の債権者による差押命令・仮差押命令が競合し又は配当要求があったときは、平等配当主義を害することになるから、転付命令は効力を生じない（民執159③）。転付命令が発せられたときは、債権者は被差押債権の主体となる。転付債権が存在する限り、その券面額で差押債権者の執行債権及び執行費用は、転付命令が第三債務者に送達された時に弁済されたものとみなされ（民執160）、第三債務者が無資力である場合の危険負担は債権者が負う。転付命令の効力は、転付債権の全部に及び、その債権を担保する質権、抵当権等の担保物権に及ぶ。また、第三債務者は差押債権者の債務者となり、転付債権にあった抗弁事由及び差押債権者自身に対する抗弁事由をもって差押債権者に対抗できる。

[小野]

伝聞証拠

証人自身の直接の知見に基づかず、他人の知見を伝達する供述（伝聞証言）をいう。伝達の過程に誤りが介入しやすいが、それをどう判断するかは自由心証の問題である。裁判所は、判決をするに当たり、口頭弁論の全趣旨及び証拠調べの結果を斟酌（しんしゃく）して、自由な心証により、事実についての主張を真実と認める

べきか否かを判断する（自由心証主義。民訴247）。対等な私人間の紛争の解決を目的とする民事訴訟では，証拠の提出は当事者に任せればよく，供述書や伝聞証言の証拠能力を直ちに否定する必要はない（最判昭27・12・5民集6・11・1117）。当事者が自ら作成した陳述書（供述書面）や伝聞証言からでも心証をとることができる。当事者は，正当な理由がある場合は，証人が直接経験しなかった事実についての陳述（伝聞証言）を求める質問をすることができる（民訴規115②⑥）。このように民事訴訟では伝聞証拠であっても証拠能力が肯定され，裁判所は，証人を直接尋問することが困難又は不可能な場合に真実発見のために必要があるときや証言の誤謬（ごびゅう）の危険が少ない場合には，伝聞証拠であってもその証拠調べを許している。英米法では，反対当事者の反対尋問を経ない供述をいう。その供述が供述者の作成した書面によって伝達されるか，他の者の供述を通じて伝達されるかを問わない。刑事訴訟では，このような証拠は通常信用性に疑いがあるので，証拠能力が制限される。憲法37条2項の「刑事被告人は，すべての証人に対して審問する機会を充分に与へられる」という規定は，この意味の伝聞証拠を原則として禁止したものである。刑事訴訟法320条は，この規定を受けて，公判廷で反対尋問を経ない証拠を排斥している（伝聞法則）。しかし，同法321条から324条には例外として，証拠として採用できる場合を規定している（刑訴326）。　　　［小野］

電話会議システム

裁判長等は，書面による準備手続において必要があると認めるときは，裁判所及び当事者双方が音声の送受信により同時に通話をすることができる方法（電話会議の方法：具体的には電話会議装置（電話会議システム）を利用することになる）によって，争点等の整理に向けて，当事者双方と協議をすることができる（民訴176③前）。この場合，裁判長等は，協議の日時を指定することができる（民訴規91①）。この協議日は期日ではないが，電話会議システムのトリオフォン機能により，裁判所・当事者双方の三者が一堂に会したのと同様の状況を実現することができるので，期日と同様に，協議の日時を定めることができるものとしている。電話会議の方法は，適時に主張の疑問点等を確認することができるので，双方の主張立証関係をかみ合わせて，争点等の整理の実を上げていくためには，期日における準備書面の交換や期日外釈明より口頭で随時意見交換のできる電話会議のほうが有効である。電話会議の方法によって書面による準備手続の協議日における手続を行うときは，裁判長等はまず，通話者及び通話先の場所を確認しなければならない（民訴規91④・88②）。次に，裁判所は，弁論準備手続において当事者が遠隔の地に居住しているときその他相当と認めるときは，当事者の意見を聴いて，電話会議の方法を利用して，期日における手続を行うことができる（民訴170③本）。利用のための要件は，書面による準備手続に付すための要件と同様であり，具体的には，一方当事者やその代理人が遠隔地に居住している場合や病気等により裁判所に出頭することが困難である場合などに，電話会議の方法を利用して，当該当事者が期日に出頭しないで手続に関与し，弁論準備手続期日を行うこととなる。ただし，書面による準備手続の場合と違って期日における手続であるので，当事者の一方がその期日に出頭した場合に限られる（民訴170③但）。

なお，簡易裁判所における少額訴訟手続においては，電話会議システムによる

証人尋問が認められている（民訴372③，民訴規226）。　　　　　　　　［小野］

同意再生

同意再生は，債権届出期間の経過後，一般調査期間の開始前において，再生債務者等の申立てがあった場合に，裁判所の決定により行われる（民事再生206）。この場合，再生債務者等の申立ては，すべての届出再生債権者が，書面により，再生債務者（管財人が選任されている場合は管財人）が提出した再生計画案について同意し，かつ，再生債権の調査及び確定の手続を経ないことについての同意があることを要する。同意再生の決定が確定したときは，再生計画案について，再生計画認可の決定が確定したものとみなされる（民事再生208）。　　［小野寺（忍）］

同一認識説 ⇒ 「識別説」

同意（破産）廃止

破産者の申立てにより，債権届出期間内に届け出た通常の破産債権者並びに一般の優先権ある破産債権者の同意のもとに破産手続の続行を放棄する手続である。強制和議とともに会社更生法を利用できる株式会社以外の再建手続に利用されることがある。申立権者は，破産者だけである（破347①）。破産債権者や破産管財人には申立権はない。職権でもなし得ない。債権届出期間内に債権届出がない場合や届出はあったが，全員取り下げた場合は，同意による破産廃止の申立てに準じて，破産者は破産廃止の申立てをすることができる（破347①の類推適用）。免責の申立てをした場合にはこの申立てはできない（破366ノ2②）。別除権者（破92～97）は，予定不足額を立証しないかぎり破産法347条1項の破産債権者ではない。同意の方法は，破産者に対するものではなく，破産裁判所に対するものであり，同意に条件を付けたり，撤回することは許されない。　　　　　　　　　　　　［小野］

登記の否認 ⇒ 「対抗要件の否認」

倒産

個人が財産を使いつくし，あるいは企業が財産をなくしてつぶれること，すなわち，個人ないし企業が経済的に破綻（はたん）し債務の支払が困難な状態になることをいう。特に，事業者が不渡手形などを出して銀行取引の停止処分を受け，事業を継続できなくなることを指す。事業者の経済的破綻の程度には，事業が完全に行き詰まって積極財産が皆無に至っている状態から，事業が一時的に行き詰まったが，積極財産があり，債務の弁済猶予をしばらく受ければ立ち直れる状態まで広い範囲がある。倒産は債権者に債権の全部又は一部の回収遅延・不能を余儀なくさせる。大規模倒産では，その影響は直接の取引相手だけでなく，国民全般に及び，国の経済全体に悪影響を与えることがある。倒産処理の方法には，私的整理と公的な制度（破産・民事再生・会社更生・会社整理・特別清算）があり，清算型と再建型の倒産手続に分類される。　　　　　　　　　　　　［小野］

動産執行

金銭債権についての動産に対する強制執行をいう。動産執行の申立てがあると，執行官は，債務者所有の動産を差し押さえて，これを換価し，換価により得られた金銭を配当等の手続により債権者に分配する（民執122・134）。動産執行の対象である動産の範囲は，庭石，石灯籠（いしどうろう），建築中の建物，立木法（りゅうぼくほう）の立木以外の樹木，鉄塔，ガソリンスタンドの給油設備等登記することの

できない土地の定着物，農作物等土地から分離する前の天然果実で1月以内に収穫することが確実であるもの，株券・社債・倉荷証券・貨物引換証・倉庫証券・抵当証券・手形・小切手等の有価証券で裏書の禁止されていないものである。動産執行の申立ては，差し押さえるべき動産の所在地の執行官に対してしなければならない（執行官4）。執行官は，差押債権者のために債権及び執行費用の弁済受領権限を与えられている（民執122②）。動産執行は，執行官が目的物に対する差押えをしたときに開始される（民執122①）。債務者が占有している動産については，執行官が債務者から動産の占有を奪い，自らがその占有をすることによって差押えを行い（民執123①），債権者又は第三者が占有している動産については，これらの者が任意に動産を提出した場合又は差押えを承認した場合に限り差押えをすることができる（民執124）。動産の差押えについては，二重差押えの禁止（民執125①）・超過差押えの禁止（民執128）・差押禁止動産（民執131）・無剰余差押えの禁止（民執129）等の規定がある。執行官は，入札又は競り売りのほか民事執行規則で定める特別売却等の方法により，差押物を売却する（民執134）。執行官は，債権者が1人である場合又は売得金等で各債権者の債権及び執行費用を全部弁済することができる場合は，各債権者に弁済金を交付し，残余があれば債務者に交付する（民執139①）。売得金で各債権者の債権及び執行費用を全部弁済することができない場合でも，売得金の分配について債権者間に協議が成立したときは，執行官は，その協議に従って分配手続を実施する（民執139②）。その協議が調わないときは，執行官はその事情を執行裁判所に届け出なければならず（民執139③），執行裁判所において配当手続を実施することとなる（民執142①）。なお，動産の引渡しの強制執行は，執行官が債務者から目的物である動産を取り上げて債権者に引き渡す方法により行う（民執169）。

［小野］

倒産（処理）手続

わが国の現行法制のもとにおいては，法的な倒産処理手続として，破産・民事再生・会社更生・会社整理及び特別清算の5つの手続が存在し，破産法・民事再生法・会社更生法・商法が倒産法としてこれらを規律している。倒産手続及び内整理は，その志向する方向によって2つに分類される。1つは倒産に至るまでのあらゆる財産関係を全面的に清算して従来の経済活動に結末をつけるものであり，企業体についてはその解体を当然に招来するものである。破産がこれに当たり，清算会社に適用される特別清算もこれに入る。これに対して，もう1つは従来の関係を全面的に清算することなく大なり小なりの変更を加えてそのまま継続させ，危殆（きたい）に瀕（ひん）した従来の経済活動を同一性を保ちつつ再建へと進ませようとするものである。後者に属する倒産手続として民事再生・会社更生・会社整理がある。清算を目的とするものを清算型の倒産手続，再建を目指すものを再建型の倒産手続と呼ぶ。内整理についても同様の区別をすることができ，清算型の内整理をとくに任意整理と呼ぶことがある。

［小野］

倒産法

倒産後の処理は，多くの場合において，債務者と債権者団との話合いによりされるが，内整理又は私的整理は，関係人の誠実な協力をまって初めて成功するものであり，全くの私的自治の範囲内のもので何らの強制力を伴わないためにその効

用には限界がある。そこで，公権力の介入により強制力を伴った組織的な倒産処理のための公的な法制度すなわち倒産法が要請されることになる。

倒産法は，倒産をめぐるあらゆる法律関係を包括的・集団的に処理の対象とすることによって，債権者・担保権者・労働者・株主など各種多様な利害関係人の利益を調整し，不正を防止し，不正に支出された財産を回復し，財産を保全し，債権者の平等を実現し，債務者に適切な保護を与える態勢を備えた法制度であることが必要である。

倒産法は，実体面と手続面の双方を規制する。組織的な倒産処理のために強制的に既存の実体的権利関係に制限・変更を加える。例えば，破産や会社更生では債権者は自由な取立権限を失い，倒産者も自分の財産の管理処分権を失い，管財人がその権限をもつ。債権者は一定の期間内に債権を届け出なかったり，債権者集会の多数決により，あるいは債務者の免責により，債権の全部又は一部を失う。倒産者から倒産前に財産を譲り受けた者も管財人がその譲渡を否認することによって財産を取り返される。これらは倒産処理の実体面である。一方，倒産処理の一連の手続(手続面)は，例えば，破産申立てとその審理，破産宣告と不服申立て，債権の届出，調査，財産の評価，配当等々と，実体面と複雑に対応しつつ展開していく。訴訟や強制執行等の他の手続との調整もはかられる。倒産法は，このように実体法・手続法の両面を規律する公的な法制度の総体である。

倒産処理制度には具体的な目的に従って各種のものが含まれ，わが国では，破産・民事再生・会社更生・会社整理・特別清算という裁判上の制度があり，それぞれ破産法・民事再生法・会社更生法・商法が倒産法としてこれらを規律している。これらの法律は，制定の時期が異なり，立法思想や時代的な背景を異にしている上，会社更生法・民事再生法を除いて，これまで全般的な見直しが行われなかったことから，法務大臣の諮問機関である法制審議会において，倒産法制を取り巻く現在の様々な状況を踏まえ，倒産法制全体の視野から各倒産処理手続を見直し，社会経済構造に適合したものとすることによって，現代の経済社会において合理的に機能し，利害関係人にとって公平かつ迅速な倒産処理手続を実現するための倒産法制の見直し作業が行われている。

[小野]

当事者

ある事件について裁判所に自分に対する裁判権の行使，特に判決や執行を求める者及びその相手方として求められる者をいう。民事訴訟の判決手続では，訴え及び訴えられることによって判決の名宛人(なあてにん)となる者である。個々の民事訴訟は，国家の裁判権によって，私人間の紛争を解決し，利益の衝突を調整することを目的とする手続であるから，その行使を受ける対立する2主体の存在を前提とし，これを当事者として関与させる。当事者は，自己に対する裁判権の行使を求め又は求められる者であることを要する。判決の効力は，当事者以外の者にも及ぶ場合があるから，他人に対する判決の効力を受けるだけでは当事者ではない。また，現実に訴え提起行為をし，あるいは訴状の送達を受領し，訴訟追行行為をする者が直ちに当事者とは限らない。例えば，他人に対する裁判権行使をもたらすために訴訟追行に当たる代理人は，当事者ではない。他方，当事者は，必ずしも紛争利益の実質上の帰属主体とは限らず，他人の権利利益について判決を求め又は受ける資格権能に基づいて訴

訟をすること（第三者の訴訟担当，例えば選定当事者）がある。当事者は，各訴訟手続において種々に呼ばれる。訴え（第一審）では原告・被告であるが，控訴（第二審）では控訴人・被控訴人，上告（第三審）では上告人・被上告人である。督促手続・強制執行・保全処分手続においては債権者・債務者といわれ，和解手続・調停手続・証拠保全手続では単に申立人・相手方と呼ばれる。　　　　　　[小野]

当事者権

訴訟当事者が訴訟手続においてその主体として認められている権利をいう。訴訟手続において保障される権利であることから，手続保障ともいわれる。ⅰ訴訟の手続面に関する権利として，期日指定の申立権（民訴93①），期日の呼出しを受ける権利（民訴94），訴状・判決の送達を受ける権利（民訴138・255），裁判所の訴訟指揮の不備を是正するための求問権（民訴149③），訴訟手続に関する異議権（責問権（民訴90）），公正・適正な裁判を確保するための裁判官等の除斥・忌避申立権（民訴23・24・27），移送申立権（民訴16〜19），訴訟記録の閲覧・謄写を求める権利（民訴91），証拠調べに立ち会う権利などがある。ⅱ訴訟の内容に関する権利としては，処分権主義に属する事項として，判決の内容・範囲（判決事項）を指定する原告の権能（民訴246），訴えの取下げ，請求の放棄・認諾，和解などによって訴訟手続を終了させる権能があり，訴訟において事実上・法律上の主張を陳述し，証拠を提出する権能（弁論権・証拠提出権）が認められる。敗訴判決等に対し不服申立てをする権利（異議権・上訴権）も認められる。ⅲ参加権として，訴訟の結果に利害関係を有し，又はその結果によって自己の権利が害される第三者は，訴訟告知を受けるほか（民訴53），その訴訟に補助参加（民訴42）又は当事者参加（民訴47）することが認められている。これらの権利は，当事者を訴訟手続の主体とする民事訴訟において，適正な手続を確保するために当事者に保障された内在的な権利であり，手続基本権ともいわれる。当事者権が保障された訴訟手続において，当事者がその権利・権能をどのように行使するかは，当事者の自己責任であり，当事者は，その手続の結果及び判決を受容しなければならない。このように当事者権は，手続結果や判決を正当化する根拠を与えるものである。　[小野]

当事者公開　⇨「一般公開・当事者公開」

当事者恒定主義　⇨「訴訟承継主義・当事者恒定主義」

当事者参加

第三者が係属中の民事訴訟の当事者双方又は一方に対し，その訴訟の目的に関連する自己の請求をするためその訴訟に当事者として参加することをいう（民訴47）。当事者参加・独立当事者参加・参加承継あるいは共同訴訟参加などと呼ばれる。この参加の理由には，ⅰ訴訟の結果によって参加人の権利が害される場合とⅱ訴訟の目的の全部又は一部が自己の権利であることを主張する場合とがある。第三者が訴訟係属後に当事者から権利を譲り受けたことを主張して参加する場合（民訴49）は，実質は訴訟の承継（参加承継）の方法となる。参加後の訴訟構造は，本訴訟の原告の請求と参加人の当事者双方又は一方に対する請求とがかち合う3当事者間の三面訴訟となる。本案の審判は，審理の進行を一律にし共通の資料に基づいて一挙に解決しなければならないことから，必要的共同訴訟に関する民事

訴訟法40条が準用される。参加後，従来の当事者の一方は訴訟をする必要がなくなれば，相手方の承諾を得て訴訟から脱退できる（民訴48）。　　　　　［小野］

当事者主義 ⇒「職権主義・当事者主義」

当事者照会

当事者は，裁判長に対し，期日外においても相手方への釈明を求めることができる（民訴149③）が，当事者及び裁判所の便宜のため，当事者が期日外に主張又は立証を準備するに当たって，事件に関する情報等を裁判所や裁判長を介さず，当事者間で直接やりとりすることを認めたのが，当事者照会の手続である（民訴163）。具体的には，当事者は，訴訟の係属中，相手方に対し，主張又は立証を準備するために必要な事項について，相当の期間を定めて，書面で回答するよう，書面で照会することができるが（民訴163本），具体的又は個別的でない照会等はしてはならないこととされている（民訴163但①〜⑥）。当事者の期日外の準備を充実したものにするために，この手続の適切な運用が望まれる。なお，民事訴訟規則では，当事者照会は，照会書及び回答書を代理人間で送付（書面の写しの交付又はファクシミリによる送付（民訴規47①））して行うことその他照会書及び回答書の記載事項やその記載の仕方等が定められている（民訴規84）。　　　　　［小野］

当事者進行主義 ⇒「職権進行主義・当事者進行主義」

当事者尋問

訴訟の当事者本人を証拠方法としての経験した事実について尋問する証拠調べをいう（民訴207①）。訴訟関係を明瞭（めいりょう）にするため当事者本人・法定代理人に出頭を命じ，事実上・法律上の点につき釈明させることもできる（民訴151①①）が，これは弁論の内容をなすもので，証拠方法として尋問するのではないから，当事者尋問ではない（例外は少額訴訟）。平成8年改正前の旧民事訴訟法は，当事者は紛争の主体であるから，自己に利益な供述をしがちである上に，自己に利害関係のある事項について供述を強制するのは酷でもあるから，その尋問は第一次的な証拠調べの方法とせず，他の証拠調べで心証を得ることができない場合に補充的にすることができるにとどまるとしていた（旧民訴336）。しかし，当事者本人は，事実関係を最もよく知っている場合が多く，当事者本人の供述が証人の証言と比べて信用性に乏しいとは必ずしもいえないので，新民事訴訟法（平成8法109）は，上記旧法の補充性の要件（「証拠調ニ依リテ心証ヲ得ルコト能ハサルトキ」との部分）を削除し，その代わり，証人及び当事者本人を尋問する場合には，原則として証人尋問を先にしなければならないが，適当と認めるときは，当事者の意見を聴いて当事者本人の尋問を先に行うことができることとした（民訴207②）。なお，手形・小切手訴訟では証人尋問は許されないのに，文書の成立の真否又は手形（小切手）の呈示に関する事実については特に当事者尋問が許されている（民訴352①③）。当事者尋問の手続は大体証人尋問の手続に準ずる（民訴210）が，宣誓をさせるかどうかは裁判所の裁量により（民訴207①後），虚偽の陳述をしたときも過料の制裁があるだけである（民訴209）。当事者が正当な理由なく出頭・宣誓を拒んでも制裁は受けず，裁判所は，尋問事項に関する相手方の主張を真実と認めることができるにとどまる（民訴208）。もっとも人事訴訟では出頭しない当事者を証人と

同様勾引（こういん）することもできる（人訴12②・26・32）。　　　　　　　　［小野］

当事者送達主義 ⇨ 「職権送達主義・当事者送達主義」

当事者対等の原則 ⇨ 「双方審尋主義・一方審尋主義」

当事者適格

民事訴訟法上，訴訟物たる一定の権利関係に関して訴訟当事者すなわち原告又は被告として訴訟を追行し本案判決を受けるために必要な資格をいう。訴訟追行権とも称し，これをもつ者をその請求についての正当な当事者という。当該訴訟においてだれが原告として訴えなければならないか，まただれが被告として訴えられなければならないかの問題であるから，当事者能力や訴訟能力のような事件の内容と無関係に認められる一般的・人格的能力とは性質が異なる。普通の場合は訴訟物である権利関係について対立する利益をもつ者が適格者であるが，特別な事由から本来の適格者に代わり他の者が，あるいは自らその権利関係について固有の利益をもたない者が当事者適格をもつ場合がある。この現象を第三者の訴訟担当ともいう。このうち，法律上当然に第三者が訴訟追行権を持つ場合を法定訴訟担当といい，本来の適格者が自ら当事者になる代わりに他人に訴訟をする機能を任せる場合を任意的訴訟担当という。前者の例として，代位債権者（民423），債権質権者（民367），取立訴訟をする差押債権者（民執155・157），代表訴訟の株主（商267），破産管財人（破162），遺言執行者（民1012），人事訴訟において本来の適格者の死亡後に当事者とされる検察官・弁護士（人訴2・26・32），成年被後見人の離婚訴訟及び嫡出否認の訴えについての成年後見監督人又は成年後見人（人訴4・28），海難救助料の請求についての船長（商811）があり，後者の例として，選定当事者（民訴30），手形の取立委任裏書の被裏書人（手18）がある。当事者適格は訴訟要件の一種であるから，それが欠けていれば訴訟は請求の当否に立ち入らず却下される。数人が一体としてのみ原告又は被告となる適格を持つ場合は，必ず共同訴訟人として共に訴え又は訴えられなければ，この要件を欠くことになる（固有必要的共同訴訟）。訴訟中に当事者が適格を失ってこれを第三者が取得する場合は訴訟の承継が生ずるのが通常である。

［小野］

当事者能力

訴訟主体として裁判権の行使を受けるのに必要な訴訟法上の権利能力又は権利主体性をいう。当事者能力は，当事者となることのできる一般的能力である。判決手続についていえば，原告として訴え又被告として訴えられる能力であり，訴訟の主体となって裁判権の行使の効力を受けるのに必要な訴訟法上の権利能力又は人格である。民事訴訟法は当事者能力を原則として私法上の権利能力に準拠させているから（民訴28），自然人及び法人はすべて当事者能力者である。これは私的紛争の解決には，私法上の権利主体を訴訟上も当事者として，これに対して判決する方法によるのが，一般的には一番素直であるし，効果的であるという考慮に基づくものである。この場合の権利能力は，一般的権利能力を指し，特定の権利を享有できるかどうかの特別権利能力とは無関係である。さらに民事訴訟法は法人でない社団又は財団でも代表者又は管理人の定めがあるものに当事者能力を認めている（民訴29）。これは法人でない種々の団体が社会に現存して社会的活動

をし取引に登場している以上，他人との間に紛争・利益の衝突を生じ，訴訟で解決する必要がある場合には，素直に団体を当事者として訴訟を追行させ，これに対して判決をすることが民事訴訟の機能を果たすのに便宜であるからである。例えば，同業会，町会，校友会，法人組織でない学会，設立中の会社，労働委員会の証明を受けていない労働組合，法人化していないマンション管理組合などがこれである。代表者の定めのある民法上の組合は当事者能力を有する（最判昭37・12・18民集16・12・2422）。当事者が当事者能力をもつことは訴訟要件であって，これを欠くときはその訴えは不適法として却下される。当事者能力は，訴訟事件の内容・性質に拘（かか）わらず認められる一般的能力であるから，当事者として特定の権利関係についての紛争の解決を求め，本案判決を受けるに適する利害関係人としての資格である当事者適格とは区別される。　　　　　　　　　　[小野]

当事者の確定

ある特定の訴訟においてその当事者がだれであるかを定めることをいう。現実の訴訟において当事者がだれであるかによって，裁判籍・除斥原因・訴訟手続の中断・訴訟事件の同一性・証人能力・判決の効力の及ぶ人的範囲などが決まり，また，その者について当事者能力・訴訟能力・当事者適格などを調査する必要があるから，裁判所は常に職権で当事者の確定をしなければならない。当事者は必ずしも訴訟物たる権利関係の主体と同一ではなく，訴訟は当事者間の紛争解決のために，その間に権利関係を確定するものであるから，当事者の方が訴訟物たる権利関係より先に確定されなければならない。当事者がだれであるかは一見明白であるように思われるが，だれかが他人の名を冒用して訴訟をする場合，当事者として表示されている者が初めから死んでいた場合，人違いの場合などに問題が生ずる。当事者の確定の基準については，原告又は裁判所の意思を基準とする意思説，訴訟上だれが当事者らしく振る舞い又は当事者として扱われたかを基準とする行動説，訴え提起行為の内容すなわち訴状の記載を基準とする表示説とがある。民事訴訟では，基準が最も明確であるとの理由から表示説が通説であるが，判例の立場は必ずしも一貫していない。表示説によれば，訴状の内容を客観的に観察して，これだけで当事者を確定するのであって，訴状の必要的記載事項として当事者の表示が要求されており（民訴133②），氏名・名称を用いて表示するのが通常であるが，これだけが唯一の資料ではなく，訴状の全趣旨から，その訴えでだれからだれに対する判決が求められているかが判明する限り，その者がその訴訟の当事者（原告又は被告）である。なお，刑事訴訟では，被告人の確定につき表示説と行動説とを併用し，起訴状に表示された者と被告人として取り扱われる者が，ともに被告人となるとする見解が有力である。訴状提出後における当事者の表示の訂正補充は，当初の当事者の同一性を害しない場合に限り可能であって，訂正に名を藉（か）りて別人を表示することになれば，当事者の変更として扱われることになる。　　　　　　　　　　[小野]

当事者の欠席

口頭弁論期日に当事者の一方又は双方が欠席することをいう。出頭したが何ら弁論をしないまま退廷した場合もこれに準じる。最初になすべき口頭弁論期日に原告のみが欠席し又は出頭しても本案の弁論をしない場合には，原告提出の訴状その他の準備書面に記載された事実の陳

述を擬制する(民訴158)。最初の期日に被告のみが欠席した場合は,民事訴訟法159条3項本文が適用され,原告の陳述事実につき擬制自白が成立するが,被告から答弁書その他の準備書面の提出があれば,被告についてもその記載事実の陳述を擬制する(民訴158)。ただし,人事訴訟事件では,最初の口頭弁論期日に被告が出頭しない場合には,その期日への呼出しが公示送達によった場合を除き,再度期日を指定し被告を呼び出すべきものとされている(人訴11・26・32①)。簡易裁判所における手続では,続行期日において当事者の一方が欠席した場合にも民事訴訟法158条の規定が準用される(民訴277)が,地方裁判所の手続では,続行期日に当事者の一方が欠席した場合でも同法158条の適用はない。当事者双方が口頭弁論期日もしくは弁論準備手続の期日に欠席し又は出席しても本案につき弁論・申述をせず退廷・退席した場合には,その期日を延期するか,口頭弁論期日の欠席で裁判に熟していれば裁判所の裁量により弁論を終結することができる(民訴244)。また,この場合には訴訟手続が休止したものとし,1か月以内に当事者から期日指定の申立てがなければ,訴え又は控訴の取下げがあったものとみなしている。当事者双方が,連続して2回,口頭弁論もしくは弁論準備手続の期日に出頭せず,又は弁論もしくは弁論準備手続における申述をしないで退廷もしくは退席をしたときも,同様である(民訴263・292②)。訴え取下げの効果は,同法262条により訴訟は初めから係属していなかったものとみなされる。　　　　　　　　　[小野]

当事者の変更

同一訴訟手続中で第三者が当事者として加入すると共に,従前の当事者の一方がいなくなることをいう。広義の当事者の変更の中には,⒤単に訴訟手続の枠内で新当事者が共同原告・共同被告又は独立した当事者として訴訟に加わり,新旧両当事者は別個の紛争事件の請求について,訴え又は訴えられる者である場合と⑪訴訟中に紛争の主体としての適格が,当事者から第三者へ移転したことに基づいて,新適格者がこれと入れ替わって,当事者として訴訟を続行し,実質上も同一請求についての当事者の交代となる場合がある。⒤は当事者の加入,⑪は訴訟の承継といわれる。当事者の加入には,独立当事者参加(民訴47),共同訴訟参加(民訴52,民執157①)があり,訴訟の承継には,当事者の死亡等による当然承継(民訴124・125)と参加・引受けの申立てによる特定承継(参加承継・引受承継(民訴49・50))がある。これらの当事者の変更は,法律によって規定されているから,法定当事者変更という。これに対し,訴訟係属後原告が最初の被告以外の者にその訴えを向け変え,あるいは最初の原告以外の者が原告に代わって訴えを提起する場合を任意的当事者変更という。この場合には,新旧の当事者間に訴訟上の地位の関連性はない。これは,新当事者から又はこれに対する新訴の追加併合と旧訴の取下げとの複合と認められる。特に原告が被告とすべき適格者を誤った場合や固有必要的共同訴訟において,共同訴訟人とすべき者の一部を脱落したのを補正する場合などにこれを認める実益がある。新当事者の加入は,これより又はこれに対する訴訟中の訴えに基づくもので,主観的併合の場合は,主観的要件が要求されている関係上,第一審の口頭弁論終結前は追加的併合も許されると解すべきで,変更の必要がある場合は,この要件は充たされるのが通常である。旧当事者の脱退は,その者又はこれに対する旧訴の取下げに基づくから,訴え取下げの要件及

び方式による。任意的当事者変更の場合においても，変更前の訴え提起と訴訟追行の効果の利用を一定範囲で認める傾向にある。　　　　　　　　　　［小野］

当事者費用

訴訟費用には，裁判所の行為について当事者等から裁判所に納付される裁判費用と当事者が訴訟追行をするのに必要な当事者費用とがある。当事者費用は，訴訟追行のため裁判所に納付することなく，当事者が自ら支出する費用であるが，費用負担者からの償還の対象となることに意味がある。当事者費用は，訴訟書類や図面の書記料・提出費用，当事者本人又は代理人が期日に出頭するための旅費・日当・宿泊料（民訴費2）などが通常のものである。証人・鑑定人・通訳人等に支給する旅費・日当・宿泊料・鑑定料・通訳料・裁判所外での証拠調べのための裁判官及び書記官の旅費・宿泊料は，裁判費用に含まれる。訴訟費用の費目と金額を法（民訴費2）が列挙するものに限定しているのは，当該紛争の解決過程で支出された一切の費用を当事者等に負担させると，その範囲が極めて漠然とし，ときとしてその金額が過大となり，訴訟等に伴う費用負担の危険性が著しく，司法制度の利用を阻害する結果ともなるおそれがあるためである。弁護士を委任したことに対する報酬は，裁判所がとくにその付添いを命じた場合（民訴155）以外は，弁護士強制を採用していない関係上，これを選任するか否かは当事者の自由であるから，訴訟費用には算入されない（民訴費2⑪）。なお，不法行為の被害者が訴えを提起し訴訟を追行するため要した弁護士費用は，相当と認められる額の範囲内のものに限り，上記不法行為と相当因果関係に立つ損害と認められる（最判昭44・2・27民集23・2・441）。⇒「裁判費用」　　　　　　　　　　　　　［小野］

当事者平等の原則 ⇒「双方審尋主義・一方審尋主義」

同時審判申出訴訟

共同被告の一方に対する訴訟の目的である権利と他方に対する訴訟の目的である権利とが法律上併存し得ない（法律上請求が両立しない）関係にある共同訴訟において，原告の申出があったときは，裁判所は，弁論及び裁判を分離してはならない（同時審判を保障する）とするものをいう（民訴41）。複数の被告に対する請求が実体上両立しない関係にある例としては，民法117条1項の本人に対する履行請求と無権代理人に対する責任追及，民法717条1項の工作物責任における占有者と所有者の責任追及等がある。同時審判申出訴訟は，当事者の便宜を図り，手続を利用しやすくする見地から，複数の被告に対する請求が実体上両立しない関係にある場合は，両請求の間に実質的にも強い関連性があることから，判断が区々になって両方に敗訴することを避けたいとする原告の意思を尊重し，端的に同時審判の保障（弁論の分離・一部判決の禁止）という形で当事者の意思を訴訟手続に反映させることとした。なお，被告の一方が欠席し，擬制自白が成立する場合，原告が申出を撤回したときは，裁判所は，弁論を分離して，直ちに原告勝訴の判決をすることができる。　［小野］

同時提出主義・随時提出主義

同時提出主義は，民事訴訟において，当事者が攻撃防御方法である訴訟資料をすべて同時に提出する必要があるとする主義をいう。この主義は当事者の責任を加重しかつ訴訟資料をいたずらに複雑化するとともに，時機に後れた訴訟資料の

提出を無制限に排除する結果，真実の発見に適さないので，現代の諸国法は原則としてこれを採らない。随時提出主義は，当事者が攻撃防御方法を口頭弁論の終結に至るまで随時提出できる主義をいう。自由序列主義ともいう。平成8年改正前の旧民事訴訟法は原則として随時提出主義（旧民訴137）を採っていたが，この主義を無制限に採ると資料の提出を放漫にし，訴訟延引の手段とされるおそれがあるので，故意・重過失により時機に後れて提出した攻撃防御方法は，これにより訴訟の完結を遅延させると認めたときは却下でき（旧民訴139，新民訴157），また，却下しないまでも増加費用の負担を命ずることができる（旧民訴91，新民訴63）。また，上記旧民事訴訟法では準備手続で陳述しなかった事項は原則として口頭弁論で主張できないとされていた（旧民訴255①）。新民事訴訟法（平成8法109）は，当事者が攻撃防御方法を小刻みに提出することを防止し，充実した無駄のない審理を実現するために，旧民事訴訟法の随時提出主義を適時提出主義（民訴156）に改め，攻撃防御方法は訴訟の進行状況に応じ適切な時期に提出しなければならないものとした。 ⇒「法定序列主義・自由序列主義」　　　　　　［小野］

同時（破産）廃止

破産手続は，破産者の財産を強制的に換価し，破産債権者に対し，債権の優劣，債権額に応じて配当する一種の強制執行手続であるから，債務者の財産が少なく，破産財団をもって破産手続の費用を償うに足らないときは，破産宣告をし，各種の資格制限等の身分上の効果を生じさせ，また，免責申立資格を与えるが，破産管財人を選任して財産の管理・換価・配当の手続を進めることをせず，破産手続を終結（解止）することとし，同時に破産手続を廃止する決定を行うことを，同時破産廃止又は同時廃止という（破145①前）。実務上，収集見込みの破産財団が30万円ないし50万円に達するかどうかが，同時廃止事件と管財人事件の分別の一応の基準となる。個人事業者・法人は原則として管財人事件とし，また，債務者が不動産を所有している場合は，原則として管財人事件となるが，被担保債権額が不動産価格を上回り剰余価値がなく，破産財団に組み入れるべきものがないことが明白である場合は，同時廃止事件とする取扱いもある。　　　　　　　　［小野］

当然承継

訴訟承継（訴訟中における訴訟物についての紛争の主体としての適格の移転）原因のうち，ある種の原因について，その発生と共に法律上当然に当事者の交代が生じるものをいう。当然承継の原因は，実質的な承継原因の発生が，訴訟に反映して当事者が交代する際，現実の訴訟追行の引継ぎを考慮して，訴訟手続の中断原因と規定されていることから，主として訴訟手続の中断及び受継（じゅけい）の規定から推知される。しかし，中断及び受継は，形式的な訴訟手続の進行から見た現象であって，訴訟の承継とは別個の観念であり，中断原因中には当事者の変更のない場合もあり（例えば，訴訟能力の喪失，法定代理権の消滅），他方，訴訟承継はありながら，中断を生じない場合もある（訴訟代理人がいる場合，選定当事者が選定された場合）。当然承継の例としては，次のようなものがある。①当事者の死亡（民訴124①1）：この場合は，相続人・受遺者（特定受遺者を含む）・遺言執行者・相続財産管理人等が通常承継人となる。人事訴訟事件については，検察官・弁護士又は一定範囲の親族を特に承継人と定めている場合がある（人訴2③④・

26・29③・32②)。ⅱ法人その他の団体の合併による消滅(民訴124①②)。ⅲ信託財産に関する訴訟について、当事者たる受託者の任務終了(民訴124①④)，信託関係の終了の場合は，信託財産の帰属者が承継人となるものと解される。ⅳ一定の資格に基づき当事者である者の資格喪失(民訴124①⑤)。ⅴ選定当事者の全員の資格喪失(民訴124①⑥)。訴訟中の選定及び一部の資格喪失の場合は，当事者の減少による承継となる(民訴30②⑤)。ⅵ破産宣告又は破産解止(民訴125)。この場合の承継人は破産法に定められる。当然承継が訴訟手続の中断を伴う場合に承継人又は相手方から受継申立てがあったときは，裁判所は職権で承継人の適格を調査し，これを欠くときは，決定で受継申立てを却下する(民訴128)。これに対しては，抗告で不服を申し立てることができる(民訴328)。一応承継適格が認められて，その者による訴訟の続行が許されても，その後に適格のないことが判明すれば，終局判決でその者の又はこれに対する訴え又は上訴を却下して，これを訴訟から排斥する。訴訟代理人があって中断しない場合は，背後の当事者の交代を不問にしたまま，その代理人が旧当事者の名で訴訟を追行するが，実質的には承継人が当事者となりその者の代理人としてすることを意味し，判決も承継人に対して下されたものとなる。承継人又は相手方が，その判決で執行するためには，承継人のために又はこれに対する執行文の付与の際に，承継の有無が調査される(民執23・27)。　　　　　　　　　　　　[小野]

答弁書*

被告又は被上訴人が原告又は上訴人の訴状・上訴状（又は上訴理由書）に対して申立ての排斥を求める旨の反対申立て（中には原告の請求を認諾する旨を記載したものや移送の申立てを記載したものもある）あるいは更にその理由を記載した準備書面の性質をもつ書面をいう。その差出期間は法定されていないが，裁判長はこれを定めることができる(民訴162・297，民訴規201)。答弁書の記載も口頭弁論における陳述をまって判決の基礎資料となるのを原則とするが，最初の口頭弁論期日に欠席すれば答弁書の記載は陳述したものとみなされ(民訴158)，また上告審では答弁書に基づき直ちに上告を棄却できる(民訴319)。答弁書には相手方の主張に対する認否と抗弁あるいは証拠方法等を記載するから，その性質は準備書面であるが，答弁書には必ず相手方の請求の趣旨又は上訴の趣旨に対する答弁が記載されている。　　　　　　　　　　[小野]

特殊民事保全

一般民事保全が民事訴訟の本案の権利の実現を保全するための仮差押え及び係争物に関する仮処分並びに民事訴訟の本案の権利関係につき仮の地位を定める仮処分(民保1)をいうのに対し，他の手続法又は実体法の領域において，権利者保護のため一般民事保全とは異なった保全手段として特別の規定によってその手続が定められた保全の制度を特殊民事保全という。例えば，破産・民事再生・会社整理又は会社更生の各手続開始前の保全処分(破155，民事再生30，商386①①，会社更生39)，家事審判前の保全処分(家審15の3)，民事調停及び家事調停における調停前の仮の処分(民調12，家審規133)，仮登記仮処分(不登32・33)，行政処分の執行停止決定(行訴25・38)，労働委員会の救済命令についての緊急命令(労組27⑧)，独占禁止法上の緊急停止命令(独禁67)等が特殊民事保全の範囲にはいる。人事訴訟手続法による子の監護その他の仮処分(人訴16)や商法上の取締役

の職務執行停止・代行者選任の仮処分（商旧270，民保23②）については，民事保全法はこれらの仮処分も一般民事保全の範囲に含まれるものとして規定している（民保56，人訴16）。　　　　［小野］

督促手続

金銭その他の代替物又は有価証券の一定数量の給付を目的とする請求権について，裁判所書記官が，債権者の申立てに基づき当該権利の存否を調査することなく，簡易・迅速に債務名義（支払督促）を付与する特別訴訟手続（民訴382以下）である。督促手続は債権者からの裁判所書記官に対する支払督促の申立てによって開始される（民訴383①）。支払督促の申立ては，債務者の便宜をも考慮して債務者の普通裁判籍所在地の簡易裁判所，事務所又は営業所を有する者に対する請求でその事務所又は営業所における業務に関するものについては，当該事務所又は営業所の所在地を管轄する簡易裁判所，手形又は小切手による金銭の支払の請求及びこれに附帯する請求については，手形又は小切手の支払地を管轄する簡易裁判所の書記官に対してもすることができる（民訴383）。支払督促の申立てが不適法か理由のないことが明らかなときは，これを却下する（民訴385）。申立てが適法でありかつその趣旨により理由があるときは，請求権の存否の審査をせず，また債務者を審尋しないで支払督促を発し（民訴386①），債務者に送達する（民訴388①）。裁判所書記官は，支払督促を発したときは，その旨を債権者に通知する（民訴規234②）。債務者は，支払督促が失効しないかぎり，これに対して督促異議を申し立てることができる（民訴386②）。督促異議は，裁判所に対して判決手続による審判を求める申立てで，その督促異議が適法なときは督促手続は当然終了し，訴訟手続に移行するとともに，仮執行の宣言を付けない支払督促は失効する（民訴390・395）。督促異議が不適法なときは却下され，この決定に対しては即時抗告ができる（民訴394）。債務者が支払督促送達の日から2週間内に督促異議を申し立てないときは，裁判所書記官は，債権者の申立てにより，支払督促に仮執行の宣言を付ける（民訴391。ただし，2週間経過後であっても，仮執行宣言前に督促異議の申立てがあったときは仮執行の宣言を付することができない）。この仮執行宣言付支払督促に対しては，その送達から2週間の不変期間経過前に限り督促異議を申し立てることができる（民訴393）。仮執行宣言付支払督促に対し督促異議のないとき又は督促異議却下の決定が確定したときは，支払督促は確定判決と同一の効力をもつ（民訴396）。なお，督促異議があれば手形訴訟・小切手訴訟によって審判してもらいたいときには，その旨を支払督促申立ての際に述べておく必要があるが，仮執行の宣言が付けられたときは，その申述はなかったものとみなされる（民訴366・367）。　　　　［小野］

特定調停

民事調停法（昭和26年法律222号）の特例措置として，「特定債務等の調整の促進のための特定調停に関する法律」（平成11年法律158号）に定められた調停をいう。特定調停は，金銭債務を負い，かつ，支払不能に陥るおそれのある債務者等（これを特定債務者と称する）の経済的再生に資するものとするとともに，特定債務者が負担している金銭債務に係る利害関係の調整を促進することを目的とするものである。特定債務者となるのは，金銭債務について支払不能に陥るおそれのある自然人・法人のほか，事業の継続に支障をきたすことなく弁済をすることが困難

な自然人・法人、債務超過に陥るおそれのある法人である（特定債務等の調整の促進のための特定調停に関する法律2）。

［小野寺（忍）］

特別抗告

地方裁判所及び簡易裁判所の決定及び命令で不服の申立てができないもの並びに高等裁判所の決定及び命令に対し、最高裁判所に直接する不服申立てであり、違憲問題につき最高裁判所の判断を仰ぐ機会を与えるためのものである。違憲抗告ともいう。原裁判に憲法の解釈の誤りがあることその他憲法の違反のあることを理由とする場合に限られる（民訴336①）。通常の不服の申立てができない決定には、明文で不服の申立てを禁じている決定及び命令（例えば、管轄指定の決定（民訴10③）等）や裁判の性質上不服が認められていない決定及び命令と裁判所法が一般的に不服の申立てを認めていない高等裁判所の決定及び命令とがある。新民事訴訟法（平成8法109）は、高等裁判所の決定及び命令について許可抗告の制度（民訴337）を新設したが、許可抗告の対象となる高等裁判所の決定及び命令に対しても、従来どおり、憲法違反を理由とする特別抗告ができることを明らかにした（民訴336①）。したがって、特別抗告の対象となる裁判の範囲は、平成8年改正前の旧民事訴訟法と比較して、何ら変更はない。最高裁判所の決定及び命令は、その性質上特別抗告の対象とならない。特別抗告は、5日の不変期間に服する（民訴336②）。特別抗告があった場合は、最高裁判所又は原裁判所が原裁判の執行停止その他必要な処分を命ずることができる（民訴336③・334②）。特別抗告の手続には特別上告及びその上告審の訴訟手続に関する規定が準用される（民訴336③、民訴規208）。

［小野］

特別裁判籍 ⇨ 「普通裁判籍・特別裁判籍」

特別事情による保全取消し

仮処分命令を取り消すことができる事由の1つとして、仮処分命令により債務者に償うことのできない損害を生ずるおそれがあるとき、又はその他の特別の事情がある場合（債務者が仮処分命令によって異常な不利益を被る場合）がある。これらの場合を特別事情による保全取消しという（民保39）。この特別事情については、疎明しなければならない。債務者の申立てに基づく保全取消しの場合は、理由を付して決定で行うが、口頭弁論を経ない決定の場合は理由の要旨を示して行われる（民保40、民保規9・10）。

［小野寺（忍）］

特別授権事項

訴訟手続上、当事者本人に重大な結果を生ずる一定の事項について、特別に本人の授権を必要とする事項をいう（民訴55②）。したがって、訴訟代理権の範囲が法定されていることから、訴訟代理権を制限することはできないのであるから（民訴55③）、反訴の提起、訴えの取下げ、和解、請求の放棄もしくは認諾、民事訴訟法48条の訴訟脱退、上訴の申立て又は取下げ、上告受理の申立て又は取下げ（民訴146・261・267・266・272・281・311・313・318）、民事訴訟法360条による異議の取下げ又は取下げについての同意・代理人の選任については、とくに本人の授権が必要な事項と定めている。また、被保佐人又は法定代理人のする訴訟行為についても特別授権事項の定めがある（民訴32②）。

［小野寺（忍）］

特別上告

高等裁判所が上告審としてした裁判に

対して，とくに憲法解釈の誤りがあるとか，その他憲法に違反することを理由として最高裁判所へ提起する上告をいう（民訴327①）。特別上告には，判決の確定を妨げる効力はない（民訴116）。したがって，原判決が確定してから審理・判断される特別上告を，本来の意味での上訴ということはできない。特別上告の手続については，通常の上告の規定が準用される（民訴327②）。ただ，上告理由として主張した事情が法律上理由がありそうにみえ，かつ，執行により損害の生ずるおそれがあり，そしてこれらの点で疎明があったときは，裁判所は申立てによって，原判決に基づく強制執行の停止又は取消しの仮の処分を命ずることができる（民訴398①Ⅰ）。この裁判に対しては，不服を申し立てることはできない（民訴398②）⇒「特別上訴」　　　　　　［小野寺（忍）］

特別上訴

普通の不服申立方法がない裁判又は不服申立方法が尽きてしまった裁判に対して，憲法の解釈の誤りがあることや，その他憲法違反があることを主張して，最高裁判所へ提起することができる不服申立方法をいう。違憲上訴ともいう。最高裁判所は，すべての法律・命令・規則・処分等について違憲審査権を持つ終審裁判所でなければならないことに基づき（憲81），不服申立方法のない，又はそれが尽きた裁判にも，憲法問題について最高裁判所の判断を求め得る途を設けたものである。これには，特別上告（民訴327・380②）と特別抗告（民訴336）とがある。
　　　　　　　　　　　　［小野寺（忍）］

特別訴訟手続

広い意味では，民事訴訟手続に対して，人事訴訟手続・行政訴訟手続などの特殊な訴訟手続をいう。民事訴訟手続内にあっては，手形・小切手訴訟手続（民訴350～367），少額訴訟手続（民訴368～381），督促手続（民訴382～397）を特別訴訟手続と称する。　［小野寺（忍）］

特別代理人

一定の訴訟又はそれから派生しあるいはそれに付属する手続について裁判所が選任する臨時の法定代理人をいう。そのうち，主なものは訴訟無能力者に民法上の法定代理人がいないか又はいても代理権を行使できないときに，これに対して訴訟行為をしようとする者のために選任される訴訟無能力者の代理人である（民訴35）。無能力者が有効に訴訟行為ができるまで待っていたのでは相手方が損害を受ける場合もあることを考慮したものであり，意思能力を欠いているのに未だ成年後見開始の審判を受けていない者や，相続人不明の相続財産，代表者又は管理人がない法人その他の団体にも，同様の趣旨からこれを選任できると解されている。しかし，単に住所がわからないだけなら公示送達を利用すればよいし，また相手方の救済のためのものだから，無能力者の方から訴訟行為をしようとする場合は特別代理人を選任することはできない。特別代理人の選任は，受訴裁判所の裁判長の命令による。また，選任の申請をする者は，急がないと損害を生ずるおそれがあることを疎明しなければならない。特別代理人が訴訟行為をするについては，民法などの法令による法定代理人と同じ権限をもつ。このほか証拠保全の申立てにおいて，相手方を指定することができない場合に，相手方となるべき者のために選任される特別代理人（民訴236），強制執行において相続財産又は相続人のために選任される特別代理人（民執41②）がある。⇒「法定代理人」
　　　　　　　　　　　　［小野寺（忍）］

特別の取戻権

破産法・民事再生法・会社更生法上で，手続開始の当時，破産者・再生債務者・更生会社に属さない財産をその財産の所有権者等が取り戻す権利を取戻権という（破87〜91，民事再生52，会社更生62〜66）。取戻権は，その根拠によって，一般の取戻権（破87，民事再生52，会社更生62）と，特別の取戻権に分けられる。一般の取戻権が民法・商法等の実体法を根拠とする権利であるのに対し，特別の取戻権は，破産法・民事再生法・会社更生法によって，取引の安全と利害関係人間の公平を図る見地から，特に創設された権利である。特別の取戻権として，①売主の取戻権（破89，民事再生52，会社更生64，商582），②問屋の取戻権（破90，民事再生52，会社更生65），③代償的取戻権（破91，民事再生52，会社更生66）がある。
〔小野寺（忍）〕

特別売却

入札及び競り売り以外の適当な方法で売却することを特別売却という。不動産・船舶・航空機においては，入札又は競り売りにより売却を実施させても適法な買受申出がなかったときに限り行うことができるが，特別売却を実施するにはあらかじめ差押債権者の意見を聴かなければならない（民執規51①②等）。これに対し，自動車・建設機械・動産については，事前に入札又は競り売りを経ずに特別売却を行うことができる（民執規96①等）。不動産競売実務においては，期間入札において買受申出がなかったときには，一定期間裁判所内に物件明細書・評価書・現況調査報告書を備えおいて一般の閲覧に供したうえで最初に買受申出をした者に対し売却するという形式での特別売却を実施し，その期間内に買受申出がないときには不動産の再評価を行い，再び期間入札を実施するというサイクルを買受申出人が現れるまで繰り返すのが一般である。
〔大嶋〕

特別売却条件

不動産の強制競売又は担保権の実行としての競売における売却のための条件のうち，執行裁判所が職権で定めたり，利害関係人の合意によって定められるものをいう。執行裁判所が職権で定める売却条件の例としては，土地と地上建物のように相互の利用上不動産を他の不動産と一括して同一の買受人に買い受けさせるのが相当と認める場合の一括売却の許容（民執61），買受申出資格の制限（民執規33）がある。利害関係人の合意によって定められる売却条件には，不動産上の権利の変動（民執59⑤）等がある。
〔大嶋〕

特別破棄

上告裁判所において，上告を認容する場合には，口頭弁論を経て原判決は破棄されるが，この場合には，通常破棄と特別破棄が区別されている（民訴325①②）。特別破棄とは，最高裁にする上告においては，上告理由とされた憲法違反又は絶対的上告理由にあたる事由がない場合でも判決に影響を及ぼすことが明らかな法令違反があるときに，最高裁判所が原判決を破棄し，差戻し・移送又は自判することをいう（民訴325②・326）。
〔小野寺（忍）〕

独立裁判籍 ⇒ 「関連裁判籍・独立裁判籍」

独立参加 ⇒ 「独立当事者参加」

独立した攻撃防御方法

本案についての主張や抗弁のうち他の主張や抗弁と関係なく独立に判断できる

攻撃防御方法をいう。独立しているといえるためには、それだけでまとまった実体法上の法律効果の発生や消滅をもたらすものでなければならない。例えば、損害賠償請求権の発生という法律効果をもたらす要件事実としての加害者の故意・過失の主張のように、1つの法律効果についての個々の要件事実の主張は独立しているとはいえない。したがって、例えば所有権確認訴訟において、売買・相続・時効取得等、所有権の取得事由の主張はそれぞれ独立した攻撃方法ということができ、また、被告の債務不成立の主張、弁済、相殺などの抗弁は、それぞれ独立した防御方法といえる。独立した攻撃防御方法は中間判決の対象となる（民訴245）。民事訴訟法245条は、中間判決事項として、ⅰ独立した攻撃防御方法に関するもの、ⅱその他の中間の争いに関するもの、ⅲ請求の原因及び数額について争いのある場合においてその原因に関するものの3つを掲げている。とくに、「その他の中間の争いに関するもの」とは、必要的口頭弁論に基づく判決手続において裁判すべき訴訟手続に関する当事者間の争いをいうことから、特に決定を要すると規定している場合及びその判断の結果訴訟を完結すべきことになる場合は除かれる。したがって、その他の訴訟手続に関する当事者間の争いとは、訴訟の開始・進行・終了に直接問題となる訴訟要件の存否、訴え取下げの効力、訴訟中断事由の有無、訴訟承継の有無、和解による訴訟終了の有無等についての争いのほか、終局判決の基本として準備されることを要する個々の訴訟行為の効力、証拠調べ、証拠方法の適否、証拠抗弁、書証の真正、自白の取消等についての争いが、当事者間の中間の争いとして中間判決事項に属する。　　　　　　［小野寺（忍）］

独立当事者参加

原告被告間の訴訟係属中に、第三者が、原告及び被告の双方又はその一方に対して、原告被告間の請求と関連する自己の請求について申出をして、独立の当事者として参加することをいう（民訴47）。民事訴訟は、2当事者対立を原則とするが、3名以上の複数当事者がそれぞれ対立している紛争形態において常に2当事者対立の原則によると、審判の重複による裁判所及び当事者の負担増、判断の矛盾抵触のおそれがあるため、これを防止して統一的な紛争解決を実現するために認められたものである。平成8年改正前の旧法においては、独立当事者参加を三面訴訟とみる観点から当事者の一方にのみ請求を立てる参加を認めないとするのが判例（最判昭42・9・27民集21・7・1925）及び多数説であったが、新法（平成8法109）では、原告被告間の一方を相手方として参加する片面的独立当事者参加も認められることになった。

独立当事者参加を許される場合には、ⅰ詐害防止参加（民訴47①前）とⅱ権利主張参加（民訴47①後）がある。ⅰ詐害防止参加は、他人間の訴訟の結果によって自己の権利を侵害される第三者に参加を認めて詐害（馴合（なれあい））判決を防止する形態である。どのような権利侵害の場合がこれにあたるかについては、基準の明確性、可及的・統一的紛争解決などの観点から説が分かれている。ⅱ権利主張参加は、参加人が他人間の訴訟の目的の全部又は一部が自己の権利であると主張する形態である。例えば、本訴が物の引渡請求訴訟の場合に、参加人が本訴の原告に対してはその物の所有権確認の請求を、本訴の被告に対してはその物の引渡しの請求をする場合などである。

独立当事者参加訴訟の審判においては、合一確定を要する必要的共同訴訟に関す

る民事訴訟法40条が準用される（民訴47④・40①～③）。原告被告間の自白は参加人に不利益なものは効力を生じないし、原告と被告のみで請求の放棄・認諾をすることはできない（民訴40①参照）。参加人が被告に対して上訴すると原告被告間の訴訟も移審し（民訴40②参照），参加人についての中断中止により原告被告間の訴訟も停止する（民訴40③参照）。

[西村]

独立附帯控訴

当事者の一方の控訴により開始された控訴審手続内で，被控訴人が第一審判決のうち自己に不利益な部分の取消し・変更を求め不服の範囲を拡張させる申立てを附帯控訴という。附帯控訴は，控訴権が消滅した後であっても，口頭弁論の終結に至るまですることができる（民訴293①）。附帯控訴は，控訴の取下げがあったとき，又は不適法として控訴が却下されたときは，その効力を失うが（民訴293②本），被控訴人による附帯控訴が自己の控訴期間内に申し立てることなど控訴の要件を具備する場合は，その後は独立した控訴とみなされる（民訴293②但）。この場合の附帯控訴を特に「独立附帯控訴」という。⇒「附帯上訴」　　[小野寺（忍）]

土地管轄

全国に所在する裁判所のうちどの裁判所に審判を求めるべきか，あるいはどの裁判所が審判をすべきかを定めたものが管轄であり，そのうち同種の裁判所間において日本国内を各地域に分けてそれぞれを分担していることを土地管轄という。土地管轄の基準となる関連地点を裁判籍という。実際の訴訟追行にあたっては，どこの裁判所で裁判を行うかは当事者及びその代理人にとっては費用及び時間等の観点から重要な問題であり，公平かつ合理的な理由によってその基準が定められる必要がある。

その普通裁判籍は，民事訴訟においては，原則として応訴を迫られる被告を基準として定めており（民訴4①），被告が自然人である場合にはその住所又は居所（民訴4②），法人その他の団体の場合には主たる事務所又は営業所，法人などにそれらがないときは主たる業務担当者の住所（民訴4④）によることとしている。特別裁判籍は，普通裁判籍の原則のほか，法は事件の特性等から特別の裁判籍を定めている。

ⓘ財産権上の訴え等の裁判籍（民訴5）としては，義務履行地の裁判籍（民訴5①），手形小切手の支払地における裁判籍（民訴5②），船籍所在地の裁判籍（民訴5③），財産所在地の裁判籍（民訴5④），業務に関する裁判籍（民訴5⑤），船舶に関する裁判籍（民訴5⑥⑦⑩），社員役員に関する裁判籍（民訴5⑧），不法行為地の裁判籍（民訴5⑨），海難救助に関する裁判籍（民訴5⑪），不動産に関する裁判籍（民訴5⑫），登記登録地の裁判籍（民訴5⑬），相続に関する裁判籍（民訴5⑭⑮）などがある。義務履行地の裁判籍については，民法上持参債務が原則とされていること（民484参照）との関係などから原告有利となり，普通裁判籍の原則と対立する結果になりやすい。

ⓘⓘ特許権等の裁判籍（民訴6）としては，特許権等に関する事件は高度に専門的・技術的な知識を必要とする場合があるため，新民事訴訟法（平成8法109）において，そのような事件を処理する体制を整えた裁判所に提訴する途を開いたものである。

ⓘⓘⓘ併合請求の裁判籍（民訴7）としては，原告が，1つの訴えで数個の請求をする場合に，それらすべてについて管轄がなくともそのうちの1つについて管轄

があれば管轄のない他の請求についてもその裁判所に管轄が生ずるとしたものである。被告においてもいずれにせよ当該裁判所において応訴しなければならないことから、主に当事者の便宜を考慮したものである。本条の適用範囲については旧民事訴訟法（平成8年改正前）下において争いがあったが、立法的に解決された（民訴7但）。

ⅳ合意管轄（民訴11）としては、当事者の合意によって生じる管轄である。法定管轄のうち、専属管轄以外は、当事者の公平や訴訟追行の便宜を考慮して定められたものであるから、公益性の高い専属管轄の場合を除けば当事者双方の合意によりそれ以外の管轄を定めても法定管轄の趣旨に反しないことから認められたものである。

ⅴ応訴管轄（民訴12）としては、原告の訴えに対して被告が応訴することによって生じる管轄をいう。前記のとおり合意管轄が認められるのであるから、原告が管轄のない裁判所に提訴したときでも被告がこれを争うことなく応訴したときは、合意があったときと同様に扱ってよいといえることから認められたものである。

[西村]

飛越（とびこし）上告

訴訟当事者が上告する権利を留保して控訴しない旨の合意をした場合（不控訴合意（民訴281①但））に、第一審の終局判決に対してなされる上告を飛越上告という。これは、跳躍上告又は飛躍上告とも呼ばれ、控訴審を省略してなされる上告である（民訴311②）。不控訴合意は第一審の判決前にもすることができるが、飛越上告は、通常、その判決の内容をみて、事実認定について争う余地がないことがわかってからなされる。第一審判決の法律問題だけに争いがあるにすぎない場合には、無理に控訴をさせて事実認定をやり直させる必要もないとの趣旨から認められる。したがって、飛越上告においては、事実認定に違法があることを上告理由とすることはできない（民訴321②）。⇒「不控訴の合意」　　　　　［小野寺（忍）］

飛越（とびこし）上告の合意

訴訟当事者が上告する権利を留保して控訴をしないことを約する合意をいう（民訴281①但）。すなわち、第一審の終局判決に対して控訴審を省略して、直接上告をする旨の当事者間の合意である。この合意については、第一審判決言渡後にする場合に限られ、書面性が要求されている（民訴281②・11②）。⇒「飛越上告」

［小野寺（忍）］

取消移送

控訴裁判所が、事件が管轄違い（専属管轄に違反）であることを理由として、第一審判決を取り消す場合には、事件を原裁判所に差し戻すことなく、管轄権のある裁判所へ直接移送しなければならない（民訴309）。この場合の移送を取消移送という。　　　　　　　　　［小野寺（忍）］

取消差戻し

控訴審において、第一審の判決を不当として取り消す場合に、控訴裁判所が自ら裁判をしないで、事件を第一審裁判所へ送って審理のやり直しをさせることをいう。取消自判に対する。取消差戻しには、第一審の訴え却下判決が、本案そのものの当否について全く審理判断していないことから、実体的審理を受ける利益を保障する必要がある場合（必要的差戻し（民訴307））と、審級の利益を完全に確保するために第一審の事件につき更に弁論をする必要があると裁量する場合（任意的差戻し（民訴308））とがある。⇒「必

要的差戻し・任意的差戻し」「差戻し」
[小野寺（忍）]

取消自判

控訴裁判所が第一審判決を不当として取り消したうえ，自ら訴えに対し判決することをいう。取消差戻しに対する。控訴審は事実審であるから，第一審の判決を不当として取り消す場合には，第一審裁判所に代わり，自ら事実審理をして請求の当否につき判断するのが原則である（民訴305・306）。また，第一審判決が訴えの不適法却下のときでも，第一審において実質審理が尽くされたときは，当事者の審級の利益を失わせない限り，控訴裁判所は取消自判できる（最判昭58・3・31判タ495・75）。⇒「控訴審手続」
[小野寺（忍）]

取下げの合意

原告と被告とが訴訟係属後に訴訟外において訴えを取り下げる旨の合意をしたときには，訴えの利益なしとして訴訟要件を欠き当該訴えは却下される。原告が，自ら提起した訴えを取り下げる旨を裁判所に対して意思表示する訴訟行為である「訴えの取下げ」においては，訴訟上の効果を生じ訴訟係属は遡及的（そきゅうてき）に消滅し訴訟は終了するが，これとは異なり，訴訟外における取下げの合意の場合は，私法上の合意にすぎないから，直ちに訴訟上の効果（訴訟係属の消滅）を生じるものではない（私法契約説）。

また，取下げの合意が，例えば，強制競売の申立てや不動産競売の申立てについてなされた場合で，それが裁判上の和解や民事調停の方式によるものであるときには，その和解・調停調書の正本を執行機関に提出することにより，直ちに民事執行法上の効果が生じて，その執行の停止及び執行処分の取消しを求めることができる（民執39①④・183①③）。
[西村]

取立訴訟

債権に対する強制執行の手続において，差押債権者が差し押さえた債権の給付を求めて第三債務者に対して提起する訴訟を取立訴訟という。債権者が被差押債権の取立権（民執155①）に基づき，被差押債権の帰属主体である債務者に代わって提起する。同一債務者に対する他の債権者は，取立訴訟の訴状が第三債務者に送達されるときまでに差押え，仮差押えの執行又は配当要求をしないかぎり，配当にあずかれないという効果が生じる（民執165②）。受訴裁判所は，第三債務者の申立てにより，他の債権者で訴状の送達のときまでにその債権を差し押さえた者に対し，共同訴訟人として原告に参加することを命ずることができる（民執157①）。裁判所がこれを命じたときは，取立訴訟の判決の効力は，命令を受けたが参加しなかった差押債権者にも及ぶ（民執157③）。
[大嶋]

取立命令

旧民事訴訟法（昭和54法4による改正前のもの）上の債権執行手続においては，差押債権者が被差押債権を自ら取り立てるためには，差押債権者の申立てに基づき執行裁判所が取立権限を与える決定によるものとされており，この決定を取立命令と呼んだ（旧民訴600）。民事執行法の制定に伴い廃止され，差押債権者には差押命令の債務者への送達から1週間が経過すると当然に取立権が与えられることになった（民執155①）。
[大嶋]

取戻権（破産法）

破産法上で取戻権には，一般の取戻権（破87）と特別の取戻権（破89・90・91）

との2種類がある。

一般の取戻権とは、実体法上ある財産につき実体法上の権利を有する第三者が、その特定の財産が破産者に属さず、したがって破産財団（法定財団）に属さないことを理由として、破産財団（現有財団）からこれを取り戻す権利（破産管財人の支配の排除を求める権利）である（破87）。取戻権の行使によって、法定財団と現有財団との不一致が是正される。どのような権利関係が一般の取戻権の基礎となるかは、破産法上にはなんらの規定はなく、民法・商法その他の実体法によって決定される。

特別の取戻権とは、実体法上の支配権とは無関係に、破産法が特別の考慮から創設したもので、破産法89条以下3か条とこれを準用する民事再生法52条に規定がある。例えば、⒤隔地者間の売買における取引の安全を保護する趣旨で認められている売主の取戻権（破89）と⒥物品買入れの委託を受けた問屋が、その物品を委託者に発送した後、委託者が未だ代金を弁済せず、かつ到達地においても物品を受け取らない間に破産宣告があった場合に問屋に認められる取戻権（破90）がある。さらに、⒦代償的取戻権（破91）があるが、この取戻権の目的は、管財人から目的物を取戻権者に返還させるところにある。破産者が破産宣告前、又は破産管財人が破産宣告後に取戻権の目的である財産を第三者への譲渡などによって処分し破産財団中に現存していなければ、その物の返還は不能となり、一般的な取戻権の行使はできなくなるが、この場合に、目的物に代わる反対給付、あるいはその請求権について取戻権を認めるものが代償的取戻権であり、取戻権者を保護する趣旨である。なお、会社更生法にも破産法と同趣旨の取戻権に関する規定がある（会社更生62・64〜66）。　［小野寺（規）］

取戻権（民事再生法）

再生債務者に属さない財産を、その財産の所有権者等が取り戻す権利をいう（民事再生52）。この取戻権には、一般の取戻権と特別の取戻権の2種類がある。一般の取戻権とは、実体法上ある財産につき実体法上の権利を有する第三者が、その特定の財産が再生債務者に属さず、したがって再生財団に属さないことを理由として、再生財団からこれを取り戻す権利である。また、特別の取戻権とは、実体法上の支配権とは無関係に民事再生法が特別の考慮に基づいて創設したものをいい、破産法に準拠して定められている（民事再生52②、破88〜90）。⇒「取戻権（破産法）」　［小野寺（忍）］

な 行

内整理 ⇒ 「私的整理」

馴合（なれあい）訴訟

　第三者の権利を害する内容の判決を取得する目的で，原告と被告が通謀して行う訴訟のことをいう。例えば，債務者は，自分の財産に対する執行を免れようとして，自分に対する架空の債権者をつくり，これが原告となって債務者に給付訴訟を起こし，その原告勝訴の確定判決で債務者の財産に強制執行をする形をとって，債務者財産の隠匿を図ろうとしたりすることがあるが，こうした場合の訴訟をいう。この場合には，権利を害される第三者は，上記の訴訟に独立当事者参加（民訴47）をして，自分の権利を守ることができる。⇒「独立当事者参加」［林屋］

二重開始決定

　民事執行手続において，債務者の財産に対して複数の差押えが競合することを二重差押えというが，民事執行法では，執行目的財産によって二重差押えを認めるか否かが決められている。不動産について，すでに強制競売（強制管理）又は競売の開始決定がなされた場合に，更に強制競売（強制管理）又は競売の申立てがあったときに，執行裁判所が，更に開始決定を行うこととされている（民執47①・111・188）。これを二重開始決定という。旧法（昭和54法4による改正前民事訴訟法中の強制執行編）ではいわゆる「記録添付」の制度をとっていたが，この制度では後行申立てについて公示がなされないことによる不都合があったので，これをなくすために認められたものである。二重開始決定の申立てが先行事件の配当要求の終期前であれば配当要求効を生じる（民執87①①）。また，債権についても，二重差押えを認めている（民執156②・165参照）。これに対し，動産についての二重差押えは禁止されている（民執125）。

［小野寺（規）］

二重起訴の禁止

　裁判所に既に訴訟係属している事件については，当事者は重ねて訴えを提起することはできない（民訴142）。これを二重起訴（重複起訴）の禁止という。係属中の事件と同一の事件について重ねて訴訟が行われると，応訴する被告には大きな負担となるし，重複した審理は訴訟経済の要請に反し，また同一の事件について矛盾した判断がなされる（既判力が抵触する）おそれがあるため，これを防ぐものである。

　後訴が二重起訴となるのは，係属中の事件と同一の事件について訴えが提起された場合である。事件の同一性は，ⅰ当事者の同一性とⅱ事件の対象の同一性が基準となる。

　ⅰの当事者の同一性については，当事者が同一であれば前訴と後訴とで原告と被告の立場が入れ替わった場合でもよい。また，一方の訴えの当事者が他方の訴えの判決効を受ける関係にある場合（民訴115①②）にもこの同一性は認められる。訴訟担当者と担当される利益帰属主体（民訴30），当事者のために請求の目的物を所持する者（民訴115①④）などである。債権者が債権者代位権（民423）に基づき，第三者に対して訴えを提起しているときに債務者が同一の権利について第三債務者に訴えを提起した場合について，二重起訴禁止にあたるとするのが判例・

通説であるが（大判昭14・5・16民集18・557），債権者代位訴訟が係属している間に債務者が債権者の代位権そのものを争って独立当事者参加（民訴47）した場合には，二重起訴禁止にはあたらないとする判例もある（最判昭48・4・24民集27・3・596）。併合審理によって二重起訴禁止の目的は達せられるとともに審判の必要が認められるからである。

ⅱ)の事件の対象の同一性については，訴訟物が同一である場合がこれにあたることは異論がない。二重起訴禁止の趣旨からみて，訴訟物たる権利関係が同一であれば給付・確認等の請求の趣旨まで同一であることは要しないと解するのが通説である。

訴訟物たる権利関係を事件の対象の同一性の判断基準とすると，攻撃防御方法として主張された権利については，別訴で請求したとしても二重起訴禁止にあたらないことになる。しかし，相殺の抗弁が理由中で判断された場合には自働債権の存否に既判力が生じることになるから（民訴114②），これを別訴で請求するときには審判が重複するおそれがある。そこで，このような場合にも二重起訴禁止にあたると解する説が有力である。

効果については，訴えが二重起訴禁止にあたるか否かは，被告の抗弁事項ではなく裁判所の職権調査事項であり，これにあたる場合には裁判所は，訴えを不適法として却下することになる。もっとも，二重起訴禁止に該当するような場合であっても審判の必要性が認められるような場合には，却下することなく併合審理すべきであるとの有力説もある。

［西村］

二重差押え

民事執行手続において，債務者の同一の財産に対して複数の債権者がそれぞれ差押えをすることを二重差押えという。二重差押えを許すか否かは立法政策の問題であり，民事執行法は執行目的財産に応じて規制を異にしている。不動産執行手続においては，すでに強制競売又は担保権の実行としての競売の開始決定がなされた不動産について，さらに強制競売又は競売の申立てがあると，執行裁判所は二重に開始決定を行うものとして，二重差押えを認めている（民執47①・111・188）。また，債権執行手続においては，同一の債権の差し押さえられていない部分を超えた差押命令も認め，この場合には各差押えの効力はその債権の全部に及ぶとして（民執149），二重差押えを認めている。これに対し，動産執行手続については二重差押えを禁止している（民執125①）。

［大嶋］

二重差押えの禁止

民事執行手続において，債務者の同一の財産に対して複数の債権者がそれぞれ差押えをすることを禁止されている場合があり，これを二重差押えの禁止という。二重差押えを許すか否かは立法政策の問題であり，わが国の民事執行法は，不動産（民執47①・111・188）と債権（民執149）の執行手続では二重差押えを認めているが，動産執行手続については二重差押えを禁止している。すなわち，執行官は，差押物又は仮差押えの執行をした動産をさらに差し押さえることができず，同一場所における2つの動産執行事件は併合するものとしている（民執125）。

［大嶋］

二当事者対立主義

民事訴訟が予定している紛争は，通常，二者の利害の対立から生じるものであるから，その解決を目的とする民事訴訟は，対立する当事者の存在を前提として，こ

の両者を訴訟の主体として関与させ，かつ両者に十分な訴訟追行の機会を与えるように構成されている。これを二当事者対立主義という。訴訟では，二当事者の対立を前提とするから，相対立する当事者の存在が訴訟要件となり，裁判所は，職権で対立する当事者の有無を調査し，これがないとき（例えば，死者を当事者とする場合など）は訴えを却下することになる。　　　　　　　　　　　［西村］

日本弁護士連合会

わが国で「弁護士」という名称が最初公的に認められたのは，明治23年（1890年）2月10日に公布された「裁判所構成法」であり，次いで同年4月6日公布の「民事訴訟法」及び同年10月21日公布の「刑事訴訟法」にも用いられている。そして，戦後新憲法の下で，昭和24年9月1日弁護士法が施行された。同法によると，裁判所法に定める地方裁判所の管轄区域を単位として，そこに原則として1個の弁護士会を設置すべきことを強制している（弁32）。それは，戦前の制度として，従来，司法大臣あるいは法務総裁に与えられていた弁護士及び弁護士会に対する監督権並びに関連する各種の権原の一切を排除し，他律的な統制や監督に代えて弁護士会自体に高度の自治を有する団体として認めている。そして，その各地の弁護士会の上部機関として各地の弁護士会を中核体としてその結集する独自の自治機関として設立が認められたのが，日本弁護士連合会である（弁45①）。その会の目的は，「弁護士の使命及び職務にかんがみ，その品位を保持し，弁護士事務の改善進歩を図るため，弁護士及び弁護士会の指導，連絡及び監督に関する事務を行うこと」とされている（弁45②）。
　　　　　　　　　　　［渡邉］

日本法律扶助協会

法律扶助とは無資力なために，法律上の事件について権利の伸長擁護の困難な者を扶助する社会的制度であり，アメリカが最も発達しており，各地に設置された法律扶助協会という私的な社会事業団体が篤志家の寄付や共同募金，市や町からの補助金等によって専任の弁護士を置いて，無料又は極めて低額の手数料で，無資力者の法律上の事件について相談に乗り，必要な場合には訴訟の弁護に当たっている。わが国では，家庭裁判所・地方自治体・大学法学部・宗教団体・弁護士会・新聞社などが無料法律相談所を設けているほか，昭和27年以来日本弁護士連合会が中心となって財団法人日本法律扶助協会を設立し，本格的な法律扶助に乗り出している。その事業内容としては，⒤裁判前，及び裁判係属に関する民事法律扶助，ⅱ無料法律相談，ⅲ少年付添い援助，ⅳ外国人人権救済事件援助が機能している。近時，法務省も平成12年10月1日の施行を目指しての立法活動がなされ，「民事法律扶助法（仮称）」の成立が見込まれている。なお，弁護士法では，弁護士会は，会則中に法律扶助に関する規定を記載しなければならないとされている（弁33②⑨）。　　　　［渡邉］

入札

競争契約の締結のために，競争に加わる者に文書によって契約の内容を表示させ，もっとも有利な内容を表示した者を相手方として契約を締結する方法をいい，民事執行における代表的な換価方法である売却の方法の1つである。不動産を売却するための入札には，民事執行規則上，入札期日に入札をさせた後開札を行う期日入札と入札期間内に入札をさせて開札期日に開札を行う期間入札の2つの方法がある（民執規34以下）。不動産の競売手

続においては，口頭によって競争する競り売りの方法もあるが，いわゆる競売ブローカーに売却物件を独占され，売却価額の低下をもたらすおそれがあるため，現在の競売実務上は期間入札によるのが一般的である。　　　　　　　　［大嶋］

任意管轄　⇨　「専属管轄・任意管轄」

任意規定　⇨　「強行規定・任意規定」

任意競売（けいばい）
　民法・商法などで換価権又は換価義務を認められた者が，執行官又は裁判所に申し立てて開始する公の売却手続をいう。これには，抵当権・質権等の担保権実行としての競売や換価のための形式的競売がある。民事執行法制定前は，いずれも民法の附属法として存在していた競売法（昭和54法4により廃止）によって規律されており，旧民事訴訟法（昭和54法4による改正前のもの）6編（強制執行編）によって規律されていた強制執行と対比する意味で，任意競売と呼ばれていた。競売法と上記旧民事訴訟法6編（強制執行編）が廃止され，民事執行法として統合された後はこの呼称は用いられなくなった。
　　　　　　　　　　　　　　［大嶋］

任意執行
　執行手続の要件や内容を当事者間の合意で任意に定めることを任意執行という。民事執行法の規定のほとんどは強行規定であり，国家制度として大量の執行事件を迅速かつ効率的に処理するためには執行手続の画一性が要請されることから，任意執行は許されないものとされている。
　　　　　　　　　　　　　　［大嶋］

任意訴訟の禁止
　裁判の手続や方法が個別の事件ごとに裁判所や当事者の合意によって定められる訴訟を任意訴訟（便宜訴訟）という。現行の民事訴訟法はそのほとんどが強行法規であって，任意訴訟は禁止されている。民事訴訟が私人間の紛争であるといっても，裁判は紛争を公権的に解決するものであり，大量の事件を公平かつ迅速に処理する必要があるし，当事者の地位が不当に侵害されてはならないからである。
　　　　　　　　　　　　　　［西村］

任意的口頭弁論　⇨　「必要的口頭弁論・任意的口頭弁論」

任意的差戻し　⇨　「必要的差戻し・任意的差戻し」

任意的訴訟担当
　本来の権利義務の帰属主体の意思（授権）に基づいて第三者に訴訟追行権が認められる場合をいう。民事訴訟法上原則として，当事者適格は，訴訟物たる権利関係についての実体的利害関係を有すると主張する者あるいは原告から主張された者に認められるものであるが，法は，一定の場合において，その本来の帰属主体から訴訟追行権を委ねられた者について当事者適格を認めている。法律明文上認めたものとしては，選定当事者（民訴30）や手形の取立委任裏書（手18）がある。このような法律明文上のもの以外にどのような場合に任意的訴訟担当を認めるかについては，弁護士代理の原則（民訴54）及び訴訟信託の禁止（信託11）との関係で問題となる。判例は，上記の脱法のおそれがなく，かつ，任意的訴訟担当を認める合理的必要がある場合にはこれを許容するに至り，民法上の組合において，組合契約に基づき業務執行組合員に組合財産に関する訴訟を自己の名で訴訟追行する権限が与えられている場合に当事者

適格を認めた（最判昭45・11・11民集24・12・1854）。　　　　　　　　　　［西村］

任意的当事者変更

訴訟係属後に，原告が当初の被告に替わってその被告以外の者に当該訴訟手続を追行させ（訴えを向け変えることになる），あるいは当初の原告以外の者が原告に替わって当該訴訟手続を追行することである。訴訟承継とともに同一の訴訟手続内で当事者が交替する場合の1つである。明文の規定はないが，当事者において従前の訴訟追行結果の利用や貼用（ちょうよう）印紙等の点でメリットがあることから，実務上認められている。その理論構成については，議論があるが，通説は，新訴の提起と旧訴の取下げの複合的行為であると解している。

手続・効果としては，任意的当事者変更を新訴の提起と旧訴の取下げと理解する通説の立場に立てば，当該訴訟物に関する新たな訴えを主観的追加的併合や当事者参加の形で提起し，旧訴を取り下げることになり，それぞれの要件を具備する必要がある。任意的当事者変更を認めるそもそもの理由をみれば，全く新たな訴状を印紙を貼用した上で提出しなければならないのでは意味がないから，旧訴状を補正して用いればよく，また改めて印紙を貼用しなくてよい。また，時効中断や出訴期間遵守の効果は，旧訴提起の時点に生じると解すべきである。

特に問題となるのは，旧当事者間の訴訟追行の結果（弁論における主張や証拠調べの結果）について，新当事者が援用することができるかという点である。従前の手続を利用して無駄を省くという観点からは，まさに訴訟追行の結果についても援用することができるとすることが望ましいが，新当事者は旧当事者間において行われていた訴訟追行に関与していなかったのであるから，従前の訴訟追行の結果を全面的に新当事者に帰属させることは新当事者の手続保障上問題が大きい。そこで，任意的当事者変更の性質に関するいずれの説もこの点についてはその間の調整を図っている。従前からの当事者は，現に訴訟追行の機会を与えられていたのであるから，新当事者が従前の訴訟状態を援用するときにはこれを拒むことはできないと解すべきである。他方，新当事者は自己に不利益な従前の訴訟状態を引き継がないのが原則と考えられるが，新当事者が従前の訴訟追行に実質的に関与していた場合など，その手続保障が実質的に担保される場合であれば，新当事者に従前の訴訟状態を引き継がせることは考えられる。　　　　　　　　　　［西村］

任意売却

抵当権・質権等の担保権が設定されている目的財産について，公の競売手続によらないで，第三者と売買契約を締結してこれを売却することによって換価することをいう。担保権者は，買主から所有者に支払われる売買代金からその債権を回収し，買主は担保権が抹消された財産を取得することになる。公の競売手続では，買い受ける側の競売特有の手続的負担等のために売却価額が時価よりも低くなるのが通常であることから，任意売却の方法が採られることが少なくない。

［大嶋］

認諾　⇒　「請求の認諾」

認諾調書

判決によらない（当事者の行為による）訴訟終了の1つの場合である認諾（原告の請求を認容して争わない旨の被告の期日における陳述）が行われた場合に，その旨の記載がなされた調書のことをいう。

認諾調書の成立によって当該訴訟は終了する。認諾調書には，確定判決と同一の効力が与えられ(民訴267)，給付請求についての認諾調書には，債務名義としての執行力が生じ(民執22⑦)，形成請求についての認諾調書には形成力が生じる。もっとも，認諾調書に既判力が生じるかは議論があり，通説は，認諾調書は確定判決と同一の効力があるということから，既判力も認める。この立場によれば，再審手続によってのみその瑕疵（かし）を争うことができることになる。これに対して，認諾は紛争に対する公的判断である判決とは異なり当事者の意思によって訴訟を終了させる場合であっていわば当事者の意思によって訴訟物たる権利を処分したものであるという点を重視する立場は，その意思表示に瑕疵がある場合に再審手続によらなければその効力を争えないとすることは不合理であるとして，既判力を否定して再審手続以外の手続によってその効力を争うことができるとしている。

[西村]

は行

売却

民事執行法により差し押さえた目的財産から債権者が弁済を受けるためには、目的財産を金銭化する換価方法が必要であり、売却は売買の形式を取って行う代表的な換価方法である。不動産（船舶等の準不動産を含む）・動産・債権その他の財産権に対する強制執行、及び、それらに対する担保権の実行としての競売手続において用いられている。売却は、入札・競り売り・特別売却等の方法でなされる。買受人が売却代金を執行裁判所に納付したときに、買受人に所有権が移転する（民執79）。　　　　　　　　　　［大嶋］

売却許可決定

不動産の強制競売又は担保権の実行としての競売において、執行裁判所が買受申出人に対する目的物売却を許可する決定をいう。執行裁判所は、売却決定期日を開き、利害関係人の意見を聞き、売却不許可事由（民執71）があれば売却不許可決定をし、それがないときには売却許可決定をする。売却許可決定によって買受人が定まるが、代金を納付するまでは所有権を取得できない（民執79）。執行裁判所が定める代金納付期限までに代金を納付しなければ、売却許可決定は効力を失う（民執80①）。　　　　　　［大嶋］

売却決定期日

不動産の強制競売又は担保権の実行としての競売における売却の実施が終了した後に、それまでの一連の手続の適法性を職権で見直し、原則として、買受けの申出に対して売却の許可又は不許可の裁判を行う期日である。売却許否の決定については、売却決定期日に言渡しの方法により、告知しなければならない（民執69）。この言渡しにより、すべての抗告権者に告知の効力が生ずる。

［小野寺（規）］

売却条件

不動産の強制競売又は担保権の実行としての競売における売却のための条件をいう。不動産の強制換価の制度として、売却のための条件は私人間における任意の交渉によって定めさせることではなく、あらかじめ定めておくことが必要である。すべての競売手続に共通なものとして法が定めているものを「法定売却条件」といい、執行裁判所が職権で定めたり、利害関係人の合意によって定められるものを「特別売却条件」という。⇒「法定売却条件・特別売却条件」　［小野寺（規）］

売却手続

民事執行法における不動産の売却は、執行裁判所の定める売却方法によるものとされている（民執64①、民執規33～51）が、その方法としては、期日入札（入札日において入札させた後開札を行う方法）、期間入札（入札期間内に入札させ、改札期日に改札を行う方法）、競り売り（競り売り期日に買受けの申出の額を競り上げさせる方法）、及び特別売却（執行裁判所の命令により執行官が前記以外の方法で売却する方法）の4種がある。現在最も一般的には、期間入札による方法が取られ、それは、裁判所が入札期間（現行8日間）を定めて公告し、入札期間内に入札を受け付けて開札日に開札し、一番高い値段を付けた人にその不動産を売却するという方法である。

動産の売却は，執行官が期日入札，競り売りのほか，随意な方法(例えば，随意契約による方法)によって実施し，更に第三者をして売却を実施させることもできる(民執134，民執規120～122)。随意な方法による場合及び第三者に実施させる場合には，執行官は，差押債権者の意見を聴いた上で執行裁判所の許可を受けなければならない。競り売り期日，入札期日の指定，公告，通知，差押物の見分，売却のための期日の実施など動産の売却手続について規定がある(民執135～138，民執規112～126)。　　　　　［小野寺(規)］

売却不許可事由

民事執行手続において，不動産競売の執行の売却手続で売却許可の障害となる法定の事由をいう。民事執行法は，競売の目的物である不動産の売却について瑕疵（かし）にあたる一定の重要な事由を制限的に列挙し，これを執行裁判所が職権で調査して，その事由の存在が認定できれば売却を不許可にすることと，このような事由が認められない場合には，裁量の余地なく，売却を許可すべきものとしており，これにより競売における確実な売却が確保できるようになっている。法定の売却不許可事由は，民事執行法71条1号から7号までに規定がされている。
［小野寺(規)］

売却命令

譲渡命令・管理命令等と並ぶ特別の換価方法の1つである。民事執行手続において，債権その他の財産権に対する強制執行又は担保権実行の換価手続において，その被差押債権が条件付もしくは期限付きであるとき，または反対給付にかかるなどその取立てが困難である場合に，差押債権者の申立てにより，支払に代えて執行裁判所の定める方法により，特別に換価する方法(民執161・193②)である。
［小野寺(規)］

賠償的取戻権　⇒　「代償的取戻権」

陪席裁判官

裁判機関としての裁判所を構成する裁判官のうちで合議体の裁判所で裁判長以外の裁判官のことをいう。そのなかで経験年数の長い者を右陪席と言い，法廷では裁判長の右に座り，それより経験の少ない者を左陪席といい，法廷では裁判長の左に座る。　　　　　　　［小野寺(規)］

配当（破産法）

破産債権の弁済は，破産管財人が破産財団を換価して得た金銭を破産債権の優劣・順位及び額に応じて配分することによって行われる。これを配当といい，その手続を配当手続という。

管財人は，一般の債権調査の終了後，換価して得られた配当するに適当な金銭ができたと認めるときは，すべての換価を待たずに適当な金銭をその都度配当することができる(破256)。これを中間配当という。実務では，労働債権等が存在する場合，不動産の換価や否認訴訟に長期間が見込まれる場合など，とりわけ優先債権者を長期間待たせておくことが不都合な場合に中間配当が行われる。これに対して，破産財団に属する財産の換価が全部終わったときに行われるのを最後の配当と呼ぶ。最後配当については監査委員の同意（破257参照）のほか裁判所の許可を得る必要がある(破272)。配当を実施する場合，破産管財人は，配当に加えられる債権者の氏名及び住所，配当に加えられる債権の額，配当することのできる金額を記載した配当表を作成して（破258），利害関係人の閲覧に供するために裁判所に提出しなければならない（破

259)。配当することのできる金額は，換価した金銭から財団債権を支払い，かつ将来の手続費用（事務費や送金手数料等）や管財人の報酬の概算額を控除した残額である。そして，配当公告（破260）等を経て，配当率に従って配当金を決定し，債権者に通知する（破265）。債権者は管財人の所へ出向いて配当金を受け取る。

[杉浦]

配当（民事執行法）

民事執行手続においては，広義では，差し押さえた不動産等の売却代金又は金銭債権の供託金等の配当財団を債権者に対して分配する手続又は交付をいうが，狭義では，弁済金交付の手続に対する概念として使われる。狭義の配当は，債権者が2人以上あって，配当財団で各債権者の債権及び執行費用の全部を弁済することができない場合に行われる（民執84②・166等）。　　　　　　　　[小野寺(規)]

配当異議の訴え

民事執行手続において，配当表に対する異議の申出をした債権者又は債務者（債務者の場合には執行力ある債務名義の正本を有しない債権者に対して配当異議の申出をした場合に限る）が，当該配当に異議の申出をし，それを完結するために提起する訴えをいう（民執90①）。この訴えの被告適格を有する者は，配当異議の申出を受けた債権者である。破産法では，配当表に対する異議の申立て（破264①）がある。　　　　　　　　　　[小野寺(規)]

配当期日

民事執行手続において，配当表作成のための期日をいう。競売による代金が納付されると，執行裁判所は，原則として納付の日から1か月以内の日に配当表作成のための期日を定めなければならないとされている（民執85①，民執規59①②）。配当期日には，配当を受けるべき債権者及び債務者が呼び出される（民執85②）。　　　　　　　　　　　　　　[小野寺(規)]

配当財団　⇒「破産財団」

配当裁判所

民事執行手続において，裁判所が執行機関となる不動産執行・債権執行において，配当期日に配当表を作成（民執85・166②・188）して，配当を実施する執行裁判所のことをいう。なお，強制管理や動産執行についても配当裁判所が配当を実施する場合がある（民執109・142・192）

[小野寺(規)]

配当手続（破産法）

破産手続において，破産債権者の範囲・額が調査手続によって確定され，破産管財人が破産財団を換価して得た金銭を，破産債権者にその債権の優劣・順位及び債権額に応じて分配することを配当といい，その手続を配当手続という。配当には，中間配当，最後の配当及び追加配当がある。中間配当は，一般の債権調査期日終了後に，破産債権者の範囲及び額が確定され，財団の換価が進行し，ある程度まとまった金銭ができた場合に行われる配当をいう（破256）。最後の配当とは，破産財団に属する財産のすべてを換価した後に行われる配当のことをいう。追加配当とは最後の配当額の通知を発した後に新たに配当に当てるべき財産が生じて実施する配当のことをいう。

[小野寺(規)]

配当手続（民事執行法）

民事執行手続において，配当手続とは，広義では，差し押えた不動産等の売却代金又は金銭債権の供託金等の配当財団を

債権者に対して分配する手続をいい，具体的には，配当準備と配当実施をいうが，各債権者の債権及び執行費用の全部を弁済できる場合に行われる弁済金交付の手続(民執84②)に対する概念として使われる。

狭義の配当手続は，債権者が2人以上あって配当財団で各債権者の債権及び執行費用の全部を弁済することができない場合に行われる（民執84①・166等）ことをいう。配当裁判所は，配当期日の指定・呼び出し・債権計算書提出の催告をし，配当表原案を作成し，配当を実施することとなる（民執85以下）。執行官が執行機関となる動産に対する強制執行・競売の場合には，執行官が配当協議の日を定め，各債権者・債務者に対してその日時・場所を通知する（民執規128・178）配当協議が整ったときはそれに従い配当し，協議が整わないときは執行官は供託するとともに裁判所に事情届をし，裁判所が配当を実施する（民執139以下）。

［小野寺(規)］

配当の実施（破産法）

破産手続において，配当の実施は，破産管財人の職務として，破産債権の一般調査期日終了後，破産財団の配当可能な金銭が有る場合に遅滞なく金銭の分配を行うことをいう。それは，破産法256条に規定されている。配当を実施するについては，破産管財人は破産裁判所の許可(監査委員があるときは中間配当についてはその同意でよい)を必要とする(破257・272)。配当の実施については，破産債権者の数，最終予想財団額，配当率などを考慮し，その具体的方法・時期・回数についての判断は，破産管財人の裁量に任されている。実務的には破産裁判所は破産管財人から定期的に換価状況・回収状況・収支状況等につき報告を求め，裁判所が配当の実施を勧告している。

［小野寺(規)］

配当の実施（民事執行法）

民事執行手続において，配当実施は，配当期日に出頭した債務者・債権者に対して配当原案が示され，配当表が作成され，配当表には，配当財団のほか債権の元本・利息その他の附帯債権，執行費用の額，配当の順位が記載される（民執85④）ことにより実施される。それは民事執行法87条・166条に規定されている。

［小野寺(規)］

配当表

民事執行手続においては，不動産執行・債権執行の各手続で，執行裁判所が目的財産を換価した場合に執行裁判所が作成する配当の明細を記載した文書をいう。記載事項は，売却代金の額，各債権者について債権の元本・利息その他の附帯債権，執行費用の額，配当の順位・額等である。

破産手続においては，配当を実施するための準備として，破産管財人の作成する配当の明細を記載した文書をいう。記載事項は(破258①)，ⅰ配当に加えるべき債権者の住所・氏名，ⅱ配当に加えるべき債権の額，ⅲ配当可能な金額，債権についての優先権の有無である。配当表は利害関係人の閲覧のため裁判所に提出され（破259），公告されなければならない（破260）。

［小野寺(規)］

配当表に対する異議

破産手続において，破産管財人が配当表に加えるべき債権を記載しなかったり，配当の対象とはならない債権を記載したり，あるいは債権の順位が不当であったり，もしくは配当表の更正が不当であったり，又は更正すべきであるのに更正し

ていない場合に，裁判所に対して，利害関係のある破産債権者が申し立てることのできる破産法上の不服申立てをいう。申立ては，除斥期間経過後の1週間内に限って，配当表に対する異議を裁判所に申し立てることができる（破264）。

[小野寺(規)]

配当要求

民事執行手続において，既存の執行手続に対して，一定の資格を有する者が独立した執行申立てをせずに参加する方法をいう。各執行手続ごとに配当要求の資格・終期が異なっている。不動産執行手続に対して配当要求をすることができる者は，執行力のある債務名義を有する債権者，不動産強制競売開始決定又は不動産競売開始決定にかかる差押えの登記後に登記された仮差押債権者及び一般の先取特権を有することを証明した債権者である（民執51・188）。これらの債権者が配当要求できる終期については，執行裁判所があらかじめ配当要求の終期を定めてこれを公告することとし（民執49①②），その配当要求の終期までに配当要求をしない債権者は，配当等にあずかれない（民執87①②）。不動産に対する強制管理手続においては，執行力のある債務名義の正本を有する者のみが配当要求の申立てをすることができる（民執105）。配当要求の終期は，執行裁判所の定める期間の満了までである（民執107①）。船舶執行に対する配当要求の問題は，不動産に対する執行手続が準用されている（民執121）。動産執行に対して配当要求をすることができる者は，先取特権又は質権を有する者に限られる（民執133）。配当要求の終期については，動産の売却代金については，執行官がその交付を受けるまでであり，差押金銭についてはその差押えをするまでであり手形等の支払金については，その支払を受けるまでである（民執140）。債権その他の財産権に対する執行手続に配当要求をすることができる債権者は，執行力のある債務名義の正本を有する債権者及び文書による先取特権を有することを証明した債権者である（民執154①・167①）。配当要求の終期は，第三債務者が取立てに応じた時又は供託した時，取立訴訟の訴状が第三債務者に送達された時，売却命令による売却がなされた場合は執行官が売得金の交付を受けた時，動産の引渡請求権の差押命令の執行により執行官がその動産の引渡しを受けた時である（民執165）。

[小野寺(規)]

破棄

破棄とは，上告審が原判決を排斥する場合に用いる用語である。控訴審が原判決を排斥する場合には取消しという。民事訴訟法325条は，原判決に憲法の解釈の誤り，その他憲法違反の事由がある場合，一定の重要な手続法違反がある場合，判決に影響を及ぼすことが明らかな法令違反がある場合には，原判決を破棄し，事件を原裁判所へ差し戻し，又は他の裁判所へ移送することができると規定している。また，破棄自判できる場合もある。

[小野寺(規)]

破棄差戻し・破棄移送

上告裁判所は，原判決を破棄する場合，事件について裁判するために事実確定をやりなおす必要があれば，必ず事件を原裁判所等へ差戻し又は移送をしなければならないと規定している（民訴325）。

[小野寺(規)]

破棄自判・破棄判決

上告裁判所は，原判決を破棄する場合に，事件が直ちに判決に熟する場合，事件が裁判所の権限に属しないことを理由

とする場合には，上告裁判所は，当該事件について原判決を取り消して自ら判決を下すことができ（民訴326），これを破棄自判といい，破棄された判決を破棄判決という。　　　　　　　　　［小野寺(規)］

破産

債務者（自然人か法人かを問わない）が，総債権者に対し債務を完済することができない状態をいい，狭義では，債務者自身又は債権者等による申立てにより，裁判所が債務者に対して破産宣告をした状態をいう。狭義の破産は，いわゆる「倒産」のうち，破産法の適用のもとで，債務者の総財産を総債権者に公平に分配する清算目的の手続という位置づけが与えられている（これに対して，倒産の中でも会社更生・民事再生・会社整理は，再建目的の手続である）。もっとも，清算すべき資産のない個人が自己破産の申立てをして裁判所から破産宣告と同時に手続を廃止する旨の決定（破145）を受ける場合は，破産管財人は選任されず，債務の免責（破366ノ12）を主な目的とするものであり，個人の経済的な更生を目的とする再建型の手続ともいえる。破産宣告の要件となる破産原因については，破産法が，支払不能（破126）と債務超過（破127）の2つを規定し（自然人については前者のみ），金融機関等の更生手続の特例等に関する法律（平8法93）（178）や生命保険会社の清算手続を規定する保険業法（保険152，商404・94）もこの要件を変更していない。破産宣告を受けたことによる不利益としては，弁護士・公認会計士等の各種資格の欠格事由とされているほか，各種業法において免許・許可・登録の欠格又は失効の事由とされている。個人生活の面では，戸籍に記載される等の不利益はないが，破産宣告が裁判所から本籍地の自治体に通知され，各自治体において「成年被後見人，被保佐人又は破産者ではないことを証明する」旨の身分証明書を発行している（職種によっては，就職の際に提出を求められる場合がある）。

［中島］

破産解止（かいし）　⇨　「破産手続の解止」

破産管財人

破産宣告と同時に裁判所により選任され（破142①・157），公平な立場で，破産財団の管理処分，破産債権の調査，配当など，破産手続の中心的役割を担う破産法上の機関をいう。破産管財人の資格につき規定はないが，法律知識や公正・迅速な事務遂行能力などが求められるので，通常一定の経験年数を有する弁護士が選任される。破産管財人の法的地位については諸説があるが，例えば破産者が財産の仮装譲受人だった場合には，破産管財人は民法94条2項の第三者にあたると解されている。その職務の中心は，破産財団の占有・管理・換価（破185以下），財団債権の弁済（破49），破産財団に関わる各種法律関係の整理（破59等）や訴訟追行（破69・162），否認権行使（破76）などにより，破産財団の維持増殖を図り，他方，届出債権の調査と異議申立て（破240）により破産債権を明らかにした上で，破産債権者に公平な配当を実施すること（破256以下）にある。その任務は，一定の残務を除き，破産解止又は管財人の死亡・辞任・裁判所による解任により終了する。また，破産管財人はその職務遂行につき善管注意義務を負い，破産裁判所及び監査委員の監督に服する（破173・197・198）。　　　　　　　　　　　　　　　［瀬川］

破産原因

破産手続を開始させるための要件とし

て法が定めた，債務者の経済状況の悪化を示す一定の事由を破産原因という。

自然人は支払不能(破126①)，法人は支払不能又は債務超過(破127)，相続財産は債務超過(破129)が破産原因である。なお，支払停止の事実があれば支払不能が推定される(破126②)。支払不能とは，債務者が弁済能力の欠乏のために，即時に弁済すべき債務を一般的かつ継続的に弁済することのできない客観的経済状態にあることをいう。弁済能力は，債務者の財産・信用・労力の3要素によって判断される。将来履行期が到来する債務を弁済できないことが予想されても現在において支払不能ということはできないし，一時的に支払が不能でも，直ちに回復する場合も支払不能ではない。支払停止とは，弁済能力の欠乏のために，即時に弁済すべき債務を一般的かつ継続的に弁済することができない旨を外部に表明する債務者の行為をいい，手形の不渡処分や銀行取引停止処分を債務者が受けたことが代表例である。支払停止により支払不能が推定される結果，破産原因を争う者は支払能力の存在についての反証をすべきこととなる。なお，支払停止は破産宣告時まで持続することを要する。債務超過とは債務の総額が資産の総額を超過している客観的経済状況をいう。債務超過の判断については，債務者の財産のみをもって判断し，信用や労力を考慮しない。資産の評価方法として継続的企業価値を基準とする考え方もあるが，処分価格を基準とするのが一般的である。　[上岡]

破産債権

破産債権とは，債務者が破産したときに破産法の定める手続によって破産財団を構成する財産から強制的に満足を受けることのできる債権であり，破産法15条は「破産者ニ対シ破産宣告前ノ原因ニ基キテ生シタル財産上ノ請求権」と規定している。すなわち，破産債権は，第1に，破産者に対する人的請求権であることが必要である。人的請求権とは，物権のように破産者の特定財産についての権利ではないという意味である。この要件は，破産が破産者の総財産によって請求権の満足を図る手続であることに基づくものである。したがって，物権的請求権は破産債権とはならない。担保物権は原則として別除権となり(破92)，破産債権ではないが，一般財産上の優先権である一般の先取特権者は破産債権者となり，民事留置権は破産財団との関係ではその効力を失う(破93②)。物的有限責任を伴う請求権(商812等)が破産債権となるかについては争いがある。従来の多数説は責任財産が債務者の総財産ではなく特定の財産のみに限定されることからこれを否定してきたが，近時は当該財産の上に優先権が認められるわけではないことなどを理由として，責任財産の価額を限度として破産債権になると解すべきであるとの見解も有力に主張されている。第2に，破産債権は財産上の請求権であることが必要である。破産手続は，金銭配当によって債権者に満足を与えることを目的とするものであるから，結局，破産債権は債務者の財産からの金銭の給付によって満足を得られるものでなければならないのである。したがって，家族法上の権利など金銭的に評価できないものは破産債権とならないが，金銭的に評価できる請求権であれば金銭債権ではなくてもここにいう財産上の請求権となりうる。第3に，破産債権は，破産宣告前の原因に基づいて生じた債権であることが必要である。これは，破産財団が破産宣告時の財産に限定されていること(固定主義(破6①))と対応している。すなわち，破産宣告を基準時として，そのときの総財産から弁

済を受ける期待を持つ債権者のみを破産債権者として手続に参加させることにしたものである。「破産宣告前の原因」の意義については，債権の発生原因の全部が宣告前に備わっている必要はなく，主たる発生原因が備わっていれば足りるとされている。したがって，履行期未到来の債権，期限付債権，条件付債権，保証人の求償権等の将来の請求権も破産債権になりうる。なお，例外として，破産宣告後に生じた債権であるにも関わらず破産法が特に破産債権としているもの（破38・57等），破産宣告前に生じた債権であっても破産債権とはされていないもの（破47②⑦・48）がある。第4に，破産は債権の強制的満足を目的とする手続という性格をもつから，破産債権は執行可能な債権でなければならない。したがって，いわゆる自然債務などは破産債権とはならない。　　　　　　　　　　　　[眞邊]

破産債権確定訴訟

債権調査期日に破産管財人又は破産債権者から異議があった破産債権についてその債権の存否（額），優先権の有無，一般・劣後の区分を確定するため，当該債権者と異議者の間で行われる訴訟手続であるが，実務では債権確定訴訟が提起される割合は必ずしも高くはない。その法的性質については確認訴訟と解するのが通説である。当該債権に債務名義がない場合は当該債権者が提起し（破244），破産宣告時に破産債権に関する給付訴訟や確認訴訟が係属しているときは異議者を相手方として当該訴訟を受継し（破246），訴えを債権確定訴訟に変更するなどする。当該債権者は除斥期間内に訴えの提起又は受継(じゅけい)をしたことを破産管財人に証明しないと配当から除斥される（破261）。債務名義がある場合は破産者がすることのできる訴訟手続（再審の訴え，上訴，請求異議の訴え，仮執行宣言付支払督促に対する異議等）を異議者が自ら追行する（破248）。判決が確定したときは，破産裁判所は管財人又は破産債権者の申立てにより訴訟の結果を債権表に記載する（破249）。その効力は全破産債権者全員に対して及ぶ（破250）。なお，債権確定訴訟も処分権主義の適用があるから，訴訟上の和解等が可能である。　　　　　[菅家]

破産債権者集会

破産手続において総破産債権者による意思決定のために設けられる機関のことである。破産債権者は破産手続に重要な利害関係を持つので，一定の場面でその意思を手続に反映させるため，債権者集会が設けられる。その招集及び主宰は裁判所が行い（破176・178），集会の意思決定は決議による（破179以下）。その権限は，監査委員など破産手続上の機関の任免等に関する事項（破167・171等），高価品保管方法など破産財団の管理に関する事項（破194等），強制和議の可否に関する事項（破306）のほか，意思決定に資するため，破産管財人等から種々の報告を受けること（破193・205等）も含む広範なものであるが，実情は形骸化(けいがいか)していることが問題とされている。　　　[瀬川]

破産債権の調査

破産債権についてその存否（額・原因），優先権の有無，一般・劣後の区分を，さらに別除権付破産債権について予定不足額を確定するための手続であり（破231），一般期日又は特別期日に行われる。一般期日は破産宣告時に債権届出期間等とともに必ず定められ（破142①③），原則として届出期間内に届出があった債権の調査を行う。実務では第1回債権者集会と併合して開催されるのが通常である。特別期日は一般期日での調査を

経ていない債権の調査のため，特に開催される（破234・235）。調査期日は破産裁判所が指揮し，出頭した破産管財人及び破産債権者の異議の有無を調査する。実務では，破産管財人が債権届出とともに提出される証拠書類（破228①）を期日前に審査（先行調査）し，期日にその結果（認否）を陳述することに力点が置かれ，破産債権者が異議を述べることは稀（まれ）である。調査結果は債権表に記載され，異議がない債権は確定し，債権表の記載は全破産債権者との関係で確定判決と同一の効力が認められ，債権者集会での議決権行使額及び配当の基準となるが（破240～242），予定不足額については議決権行使額の基準となるにすぎない。異議がある債権は破産債権確定訴訟を経て確定される。なお，破産者の異議は調査対象ではないが，債権表に記載され，一定の法的効果が認められる（破241・287）。

[菅家]

破産財団

破産宣告があると，宣告当時破産者に属していたすべての財産は破産者の手を離れて独立の管理機構の下におかれ，清算のための１個の目的財産として扱われる。これを破産財団という。厳密にいうと，破産手続の開始・進行・終了の段階に応じて３つの内容に区別される。第１は破産法（６）の予定する破産財団であって法定財団と呼ぶ。第２は管財人が事実上占有し管理している財産を現有財産と呼ぶ。破産手続が開始された時点では法定財団と現有財団とは異なっているのが通常であり，その違いを埋めていくのが管財人の任務といえる。例えば，本来は財団に属するべき財産が破産者の詐害行為によって第三者に移転されていたり，逆に本来は第三者に属するべき財産が財団中に混入していたりすることがある。前者の場合は否認権（破72以下）を行使して財団を増殖しなければならない。後者の場合は第三者による取戻権（破87以下）行使に応じて縮小しなければならない。そのほか，担保権者による別除権（破92以下）の行使，相殺権（破98以下）の行使によっても現有財団は変動する。そして第３に，管財人は不動産等を換価し，破産債権者への配当の原資を作る。この配当原資にあたる財団を配当財団と呼ぶ。

なお，破産財団の法的性格については，破産管財人の法的地位をめぐる問題と重なって議論になっている。かつては財団法主体説が通説であったが，管財人管理機構人格説が近時は有力で，本項もこの立場から説明している。ところで，破産債権者に最大の満足を与えるためには破産者の総財産を破産財団に組み込むのが望ましい。しかし，破産者の経済的更生を図るためには一定の財産を破産者の処分に委ねることが必要である。そこで，破産法６条は，法定財団を破産宣告時に破産者が有している総財産（固定主義）で，差押えが禁止されていない，日本国内にある財産（属地主義）で構成されると規定した。これに対して，破産者の財産で法定財団に属さない財産，すなわち破産宣告後取得した財産，差押禁止財産，在外財産は自由財産という。　　[杉浦]

破産裁判所

破産手続を開始して，破産管財人を選任し，債権者集会を招集する等の破産法上の手続を主宰する裁判所をいう。類似の概念に，執行裁判所があるが，配当の実施は，破産裁判所ではなく破産管財人が行うなど，資産の管理・換価の権限については，破産管財人の裁量が認められて，裁判所の権限は間接的なもの（管財人の職務執行の監督）にとどまる点で執行裁判所と異なる。　　[中島]

破産者

破産宣告を受けた者を破産者と呼んでいる。破産宣告を受けると，破産者は，その自由財産を除き，破産宣告時に有していた一切の財産（破産財団と呼ばれる（破6））の管理処分権を喪失し，その権利は破産管財人に専属することになる（破7）。これに伴い，破産者は，破産債権者からの個別的な権利行使より解放され，破産債権者は，破産手続に参加することのみを通じて満足を得ることになる（破16）。破産宣告により破産者が受ける人的な効果として破産法が規定している事項には，破産管財人や債権者集会に対して説明義務を負うこと（破153），裁判所の許可を得なければ居住地を離れることができないこと（破147），引致又は監守を受けることがあること（破148・149），通信の秘密の制限を受けること（破190）等がある。なお，自然人については，破産法以外の各種の法律において，破産を資格の欠格事由としていることがある。例えば，公法上のものとしては，弁護士，公証人，公認会計士，税理士，弁理士，司法書士，宅地建物取引主任者，質屋，警備業者及び警備員，生命保険募集人及び損害保険代理店，証券会社の外務員等が，また，私法上のものとしては，成年及び未成年後見人，成年及び未成年後見監督人，保佐人，遺言執行者，受託者等が挙げられる。ところで，法人の場合には破産手続の終結によりその法人格が消滅するのが原則であるが，自然人の場合には事情が異なる。改めて免責の申立てをし，免責の決定を受けることにより破産債権について責任を免れ（破366ノ12），また，破産法以外の法律による各種の資格の制限については，復権（破366ノ21・367）をすることにより解消することになる。

[金井]

破産終結決定

破産手続を終結させる旨の破産裁判所による決定をいい，以下の2つの場合になされる。第1に，最後配当の後，破産管財人の収支計算報告が債権者集会で承認され，債権者集会が終結した場合である（破282①）。その主な効果として，破産債権者は破産者の免責がない限り残債権を個別行使できるようになり，破産管財人等の破産手続上の機関の任務は原則として終了し，破産者は破産財団に属する残余財産の管理処分権を回復する。ただし，破産者が法人の場合は法人格が消滅し，残余財産があれば清算手続を要する。第2に，強制和議認可決定が確定した場合であるが（破324），この場合には，総債権者・破産者の権利は強制和議の内容に従い制限を受ける。

[瀬川]

破産障害

破産能力及び破産原因が認められても，一定の事由が存在するときは，破産宣告をすることができない。この事由を破産障害（事由）という。更生手続・再生手続，整理・特別清算の各開始の申立てがあって裁判所が破産手続の中止を命じた場合（会社更生37，民事再生26，商383・433），各手続について開始決定があった場合（会社更生67，民事再生39，商383・433）がそれに該当する。こうした事由が存在すると，破産宣告をすることができないだけでなしに，破産手続が開始されているときは，破産手続の中止事由ともされている。破産は，こうした倒産手続との関係で劣後的地位に置かれているのである。

[金井]

破産宣告

破産裁判所が破産申立てのあった債務者について破産の要件を具備すると認めたときに行う裁判（決定）をいう。破産宣

告を記載した破産決定書には，債務者を破産者とする旨の主文，破産原因の存在を認めた理由と破産宣告の年月日時（破141），同時処分事項が記載される。時刻の記載が要求されるのは，後述の破産宣告の効力が，宣告時に発生するため（破1）である。

裁判所は破産宣告と同時に，破産手続を遂行するために必要な事項として，ⓘ破産管財人の選任，ⓘⓘ債権届出期間の設定，ⓘⓘⓘ第1回債権者集会期日の指定，ⓘⓥ債権調査期日の指定を行う（破142）。また，破産財団に属する財産の額が100万円に満たないと認めるときは，破産宣告と同時に小破産の決定を行う（破358）（これらを同時処分という）。更に裁判所は，債務者に対する破産手続開始の事実を関係人に知らしめるため，破産宣告後ただちにあるいは遅滞なく以下の各種の処分（付随処分）を行わなければならない。ⓘ公告（破143①），ⓘⓘ知れたる債権者・債務者・財団所属財産の所持者に対する公告事項の送達（破143②），ⓘⓘⓘ破産の登記・登録の嘱託（破119・120・124），ⓘⓥ主務官庁への通知（破125），ⓥ検察官への宣告通知（破144）。

破産宣告は破産者の財産関係に以下の効果を及ぼす。ⓘ破産宣告時に破産者が有していた財産は，差押禁止財産を除き破産財団を構成する（破6）。ⓘⓘ破産財団の管理処分権は破産管財人に専属し（破7），破産者は破産財団について管理処分権を持たず，破産宣告後に破産者が財団所属財産に関してなした法律行為は，破産債権者に対抗することができない（破53①）。ⓘⓘⓘ破産財団に関する訴訟は中断し（民訴125），訴訟の当事者適格は破産管財人が有する（破162）。

また，破産者には破産宣告の効果として，ⓘ説明義務（破153），ⓘⓘ居住制限（破147），ⓘⓘⓘ通信の秘密の制限（破190）などが課せられる。裁判所は，必要と認めるときは破産者の引致を命ずることができ（破148），逃走や財産隠匿・毀棄（きき）のおそれがあるときは破産者の監守を命ずることができる（破149）。また，破産者は他の法令により，公証人，弁護士，公認会計士，税理士，成年及び未成年後見人，成年及び未成年後見監督人，保佐人，遺言執行者，株式会社・有限会社の取締役など各種の資格の制限を受ける。

破産者に対する債権者は，個別に権利行使することができなくなり（破16），破産手続の中でのみ権利行使ができる。破産債権者が，破産財団所属の財産についてなした強制執行・保全処分は破産宣告により破産財団との関係で失効する（破70）。　　　　　　　　　　　　［上岡］

破産宣告手続

裁判所が，破産申立てに基づき，破産手続を開始するか否かを審理する手続をいう。

申立てを受理した裁判所は，その申立ての手続が適法かどうか（形式的要件の有無）及び破産開始の実体的要件が存するかどうか（実質的要件の有無）を審理する。この審理について口頭弁論を開くかどうかは，裁判所の裁量に委ねられているが（破110①），通常は書面審理及び審尋によっている。

形式的要件としては，破産申立てが申立権者によること，債務者が破産能力を有すること，申し立てられた裁判所が管轄を有することなどがある。また，債権者申立ての場合は，破産原因のみならず自己の債権の存在を疎明する必要があり（破132②），準債務者申立ての場合は，破産原因を疎明する必要がある（破134・136③）。これらの疎明が欠けている場合には，裁判長がその補正を命じ，申立人がこれに応じないときは，裁判長が，命令

で申立書（又は口頭による申立て）を却下する（破108, 民訴137②）。形式的要件が欠けている場合には、裁判所は、決定で申立てを却下するが、管轄違いの場合には、裁判所は、決定で管轄裁判所に移送する（破108, 民訴16①）。債権者が申立人の場合、破産手続費用として裁判所が相当と定める金額を予納しなければならない（破139）。申立人が債権者以外の場合、破産手続費用は国庫から仮支弁されることになっているが（破140）、実務ではこの場合も申立人に費用を予納させている。債権者である申立人が費用を予納しないときは、裁判所は予納命令を発し、申立人がなおも予納しなければ、破産申立てを却下する（ただし、破139①の法文は、「棄却」となっている）。債権者以外の申立人に対しては、予納命令を発し得ない（ただし、申立人が予納しないことから、申立人には真摯(しんし)に破産宣告を求める意思がないと裁判所に判断されて、棄却決定が出される余地はある）。

なお、破産申立て自体が権利の濫用と認められる場合には、不適法な申立てとして決定で却下される。破産宣告の実質的要件は、破産原因の存在及び破産障害事由の不存在であり、これらを満たさない破産申立ては、決定で棄却される。

[柴﨑]

破産手続

破産手続は、支払不能状態にある債務者（破126）（法人は債務超過でもよい（破127））について、債務者（法人は理事・無限責任社員・取締役・清算人など）・債権者の申立てにより（破132以下）、裁判所が破産を宣告することによって開始する。裁判所が、宣告時の破産財団の現況から破産手続費用を償うことができないと判断した場合には、宣告と同時に破産廃止の決定がなされる（同時廃止（破145）。この類型はいわゆる消費者破産に多い）。それ以外の場合には、管財人が選任され、債権届出期間、第1回債権者集会期日及び債権調査期日が指定される（破142）。

破産宣告以後は、破産者は破産財団に属する財産の管理処分権を喪失し、それらは管財人に専属する（破7）。管財人は、宣告後直ちに財団の占有管理に着手するとともに、従来から継続中の契約関係を整理して債権債務関係を確定させ（破59〜67など）、否認権を行使して破産宣告前に不当に流出した破産者の財産を回復させ（破72・74・75）、不動産や動産等を換価する（破196）などして破産財団を整理・収集・清算し配当財源を作出する。また、管財人は、第1回債権者集会において、破産宣告に至った事情、破産者及び破産財団の経過現状について報告し（破193）、債権者はこの報告を受けて営業の廃止又は継続、高価品の保管方法（破194）、監査委員の設置の要否（破170）などを議決する。

債権届出期間内に届けられた債権については、債権調査期日（第1回債権者集会と併合して開催される例が多い）において調査が行われ、管財人及び破産債権者から異議がなければ、当該債権は届け出られた額、優先劣後の区分にしたがって確定し（破240）、異議が出された場合には、その存在及び額を債権確定訴訟（破244以下）によって確定させることになる。破産債権の調査が終了し、配当できる財団がある程度形成されたときは、中間配当が行われる（破256）。破産財団の整理・収集・清算が完了すると、管財人は最後配当を実施してその任務を終了し、債権者集会において計算の報告をする（破168）。この債権者集会の終了後、裁判所は破産終結決定を行い破産手続は終了する（破282）。

破産手続費用を償うに足りる財団を形

成できないときは，裁判所は破産債権者の意見を聴いた上，以後の手続をやめる破産廃止の決定を行い破産手続は終了する（異時廃止（破353））。その他に，強制和議（破290以下）や届出総破産債権者の同意を得たとき（同意廃止（破347））にも破産手続は終了するが，実務上，これらの例は少ない。　　　　　　　　　[高山]

破産手続の解止（かいし）

破産宣告によって開始された破産手続が終了するすべての場合を破産手続の解止又は破産解止という。

破産解止の原因としては，破産宣告決定の取消しが確定した場合と，破産宣告決定が確定した後破産手続が終結する場合があり，後者の例として，配当終了又は強制和議の認可による破産終結決定の確定，破産廃止決定の確定がある。

[真邊]

破産能力

破産宣告を受け得る資格を破産能力という。色々な立法例があるが，わが国では以下のとおりである。

自然人については，すべての者に認められている。いったん破産宣告を受けた自然人がその手続中に死亡したときは，相続財産に対して続行される（破130）。外国人については，破産法2条ただし書の相互主義との関係が問題になるが，内外国人に等しく破産能力を認めるべきであるとする見解が有力である。法人については，すべての私法人に破産能力が認められている。公益法人・営利法人を問わない。これに対し，公法人については争いがある。その公益性・公共性の程度によって個別的に検討すべきであるという見解が一般的である。また，法人格なき社団・財団でも，民事訴訟法29条に該当するものについては，破産能力を認める

のが通説である。なお，破産法は，相続人と区別して，相続財産自体についても破産能力を認めている（破12）。[金井]

破産の取消し

破産決定に対する不服申立てにより，裁判所が破産宣告を取り消すことをいう。抗告裁判所が破産宣告を取り消す場合と原審裁判所が再度の考案により破産宣告を取り消す場合がある。

破産の取消原因は，取消時において，破産宣告の要件の一部が欠けることであり，破産能力や破産原因が認められないこと，破産障害事由の存在，破産申立権の濫用，破産宣告時における申立債権の存在の疎明がないこと（なお，申立債権は宣告時に存していれば足り，その後の消滅は取消原因ではない），破産申立期間経過後の申立てであることなどがある。

破産の取消しにより破産宣告の効力は，遡及的（そきゅうてき）に消滅する。破産管財人は地位を喪失するが，管財人が既に行った財産管理処分行為については効力を失わないと解されている。　　　[上岡]

破産の申立て

申立ての時期については，自然人に対する破産申立ては，破産原因が存する限りいつでも可能であり，申立て後に相続が開始すれば，相続財産に対して破産手続が続行される（破130）。法人に対する破産申立ては，解散後でも残余財産の引渡し又は分配が終了しない間は可能である（破128）。相続財産に対する破産申立ては，財産分離の請求ができる間に限り可能であり，その間に限定承認又は財産分離がなされた場合は，相続債権者及び受遺者に対する弁済が終了しない間に限り可能である（破131）。その管轄は，債務者が営業者であるときは，主たる営業所の所在地の，それが外国にあるときは日本

の主たる営業所の，営業所がないとき又は非営業者のときは普通裁判籍の所在地の地方裁判所の管轄に専属し，相続財産に関する破産事件は，相続開始地の地方裁判所の管轄に専属し，以上による管轄がないときは，財産の所在地の地方裁判所に専属する（破105～107）。

破産申立ての方法は，書面又は口頭ですると定められているが（破114），実務では通常，書面が用いられている。債権者申立ての場合は，破産原因のみならず自己の債権の存在を疎明する必要があり（破132②），準債務者申立ての場合は，破産原因を疎明する必要がある（破134・136③）。　　　　　　　　　　　　　　［柴﨑］

破産廃止

破産手続が，配当又は強制和議による終結でなく，破産宣告による手続の目的を達しないまま終結することを破産廃止という。この場合，破産の効力は宣告時に遡（さかのぼ）って消滅するのではなく，将来に向かって手続が消滅する。ところで，破産廃止には，同意による廃止（破347）と財団不足による廃止という類型がある。そのうち，財団不足による場合，破産宣告後破産手続が進行してから破産財団をもってしても手続費用もないと認められるときの廃止（破353）を異時廃止といい，破産宣告の時点ですでに破産財団がわずかしかなく手続費用もないと認められるときの廃止（破145①前）を同時廃止という。最近では，破産申立事件のうち8割程度が同時廃止で終結しており，事実上同時廃止が実務の終結原則となっている。　　　　　　　　　　　　　　［杉浦］

破産犯罪

破産手続の適正を担保するため，破産法は破産宣告の前後に行われる破産債権者を害する行為を刑事罰の対象としている。第1の類型は破産債権者の財産上の利益を侵害する詐欺破産罪（破374）及び過怠破産罪（破375）であり，法定代理人等（破376）のほか，第三者（破377）も処罰の対象となる。以上は破産宣告の確定が客観的処罰条件とされている。第2の類型は破産手続の適正な遂行を侵害する贈収賄罪（破380・381），監守違反・居住制限違反罪（破377）及び説明義務違反罪（破382）である。なお，破産犯罪のうち，破産者の行為を対象とするもののほとんどは免責不許可事由ともされている（破366ノ9）。　　　　　　　　　　　　　　［菅家］

破産法

債務者の破産手続に適用される法律である。倒産手続を処理する法体系は，清算型と再建型に分けられ，更に裁判所の選任した管財人又は管理人が資産を管理する強力な管理型と債務者の管理権と自主性が残される後見型に分けられる。管理型の特徴は，債権確定手続と否認権の制度にあり，破産法はこの特徴を備える管理型の代表であり，清算型に属する。再建型に属する管理型の代表が会社更生法である。倒産処理の法体系をこれらの観点から分類図示すると下図のとおりである。会社整理は，管理人が選任されると管理型に近づくが，債権確定手続や否認権の制度がない点で，本質的には後見型である。なお，破産法は形式的には，大正11年法律第71号の名称である。

	再建型	清算型
管理型	会社更生法	破産法
後見型	会社整理 民事再生法	特別清算

［中島］

破産免責 ⇨ 「免責」

破産申立権者

破産申立てができるのは，債権者又は債務者であるが（破132①），債務者たる法人の理事・無限責任社員・取締役及び清算人も申立てができる（破133）。破産申立てができる債権者とは，破産宣告があれば破産債権となるべき債権を有する者であり，その債権は，将来の債権，期限未到来の債権，条件付き債権でもよいが，破産宣告時に存在していることを要する。なお，法人の役員が独自の立場で法人の破産申立てをした場合，申立人の法的地位と破産宣告との関連性を要すべきと思われることからして，申立てをした役員の地位は，破産宣告時まで存続することを要すると解すべきであろう。　［柴﨑］

破産予防の和議[†]

破産宣告を回避するため，破産状態にある債務者（法人・個人を問わない）の債務関係を総債権者の多数決に基づく譲歩（債務の免除，期限の猶予などの権利の変更）によって，裁判所の関与のもとに整理することで和議法（大正11法72）1条に規定されていたが，民事再生法（平成11法225．平成12年4月1日施行予定）によって廃止された。この手続は，破産宣告後の破産清算の回避を目的とする破産法上の強制和議（破290以下）と区別される。破産手続と異なり債務者の資産を換価せず，それを基盤に収益をあげ，譲歩された債務を債権者に弁済することによって事業を維持し，会社の存続を図るための会社更生・会社整理，さらに債務者の事業・経済生活の再生を図るための民事再生と共に再建型の倒産処理手続に分類される。
⇨「破産法」　［高山］

発問権 ⇨ 「釈明権・釈明義務」

判決[*]

裁判所が，原則として必要的口頭弁論に基づき（例外は，民訴78・140・256②・290・319），判決書（はんけつがき）を作成して言い渡すことが要求される裁判をいう。ただし，調書判決の場合は，判決書の作成は免除される（民訴254）。裁判には，判決・決定・命令の3種類あるが，判決は，重要な権利・法律関係の存否をめぐる法的紛争についての裁判所の判断であって，公権的な判断として紛争の最終的な解決を図ることを目的とする。通常の訴訟においては，原告の請求の適否又は当否の判断は判決によるのが原則である。

裁判所は，弁論主義の見地から，当事者が裁判の中で主張・提出した事実のみに基づいて審理・判断することができるだけで，当事者の主張しない事実について審理・判断することはできないし，当事者が提出した証拠に基づいて審理・判断することができるだけで，当事者の提出した以外の証拠によって審理・判断することはできない。

判決はその内容及び効力により，給付判決・確認判決・形成判決に分類される。また訴訟手続に対する関係から，事件の全部又は一部をその審級から完結させる終局判決と，終局判決をする準備をし，審理を明瞭にする目的でされる中間判決（民訴245）に区別される。

判決に対する上訴手段は控訴・上告であり，決定・命令に対する抗告及び再抗告と区別される。また，判決は判事補が単独ですることはできないが，決定及び命令は判事補も単独ですることができる（民訴123，裁27）。　［笠巻］

判決書 （はんけつがき）

判決内容を記載した書面をいい，その原本を判決原本という。判決書には，主文・事実・理由・口頭弁論終結の日・当

事者及び法定代理人・裁判所が記載されなければならない（民訴253①）。主文は、判決の結論を簡潔に示す部分であり、事実は、口頭弁論に現れた当事者の申立て、主張等を要約して記載し、事件の事実的内容を明らかにする部分である。理由は、事実に記載されているところから、なぜ主文に示された結論を導くに至ったかの判断過程を明らかにする部分である。その余の事項は、どこの裁判所が、どのような当事者に対してなした裁判であるか、この判決の効力発生の基準時はいつかを明らかにするために記載されるものである。

判決書は、言渡し前に作成されなければならない（民訴252）。　　　　[笠巻]

判決確定証明書

判決が確定したことを証明する裁判所書記官の作成する書面をいう。判決が確定すると既判力・執行力・形成力が生じ、判決主文の内容について、強制執行（民執22）や登記の申請（不登27）、離婚等の届出（戸籍法77・63）などができることになるが、判決言渡しの際に当事者に交付される判決正本だけでは果たして判決が確定したか否かが執行裁判所や法務局等に明らかでない。そこで、判決が確定したことを裁判所に証明してもらうことが必要となる。判決確定証明書は、当事者又は利害関係を疎明した第三者が、第一審裁判所の裁判所書記官に申請して、その交付を受けることができる（民訴規48①）。ただし、訴訟が更に上訴審に係属中のときは、係属上訴裁判所の裁判所書記官が判決確定部分について証明書を交付する（民訴規48②）。　　　　[笠巻]

判決原本・判決正本

判決原本とは、裁判所が審理に基づいて到達した判断内容の結論及び理由を判決書として表示するために作成した最終で基本となる書面をいう。判決原本には作成した裁判官が署名押印をしなければならない（民訴規157）。判決の言渡しは、判決原本に基づかなければならない（民訴252）。したがって、民事裁判においては、刑事裁判の場合と異なり、判決言渡時に、判決原本が完成していなければならない。ただし、被告が原告の主張した事実を争わずその他何らの防御の方法も提出しない場合等で裁判所が原告の請求を認容するときは、判決の言渡しを判決原本に基づかないでできる（民訴254・374）。この場合には、裁判所書記官が、主文、理由の要旨等を判決言渡期日の口頭弁論調書に記載する（いわゆる調書判決）。

判決正本とは、裁判所書記官によって作成される判決書（はんけつがき）の謄本（原本を完全に転写した書面）であり、判決原本と同一の効力を持つものをいう。判決の送達は判決正本（前述した調書判決の場合は口頭弁論調書の謄本又は正本）をもってなされる（民訴255、民訴規159②）。判決原本は1通しか存在しないが、判決正本は謄本なので当事者等の申請により書記官によって複数作成できる。

[笠巻]

判決主文*

裁判の結論を簡潔かつ明確に表示するものであり、終局裁判にあっては訴え又は上訴に対する応答を示す。例えば、請求が理由ありと認められる場合には、請求の趣旨が金銭の支払を求める給付訴訟であるときは「被告は原告に金〇〇円を支払え」という主文となる。同様に、確認訴訟の場合は「別紙目録記載の土地が原告の所有に属することを確認する」、形成訴訟の場合は「原告と被告を離婚する」というように記載される。また、請求が

理由のないときは「原告の請求を棄却する」とし、訴えが不適法なときは「原告の訴えを却下する」と記載する。主文には、更に、職権でなされる訴訟費用の裁判（民訴67）及び申立て又は職権でなされる仮執行宣言の裁判（民訴259）、上告濫用に対して金銭の納付を命ずる裁判（民訴303・313・327）についてが記載される。

[笠巻]

判決正本 ⇒「判決原本・判決正本」

判決手続・決定手続

判決手続は、民事事件については、訴えの提起によって訴訟が開始され、終局判決により完結する手続であり、権利・法律関係の観念的な確定を目的とする（現実的な解決は判決に基づく執行等によって実現される）。

決定手続は、民事事件については、裁判所が決定をもって裁判する手続であり、判決手続中の付随的・派生的事項（民訴10・25・152・257等）が対象となるほか、執行手続、保全手続等判決手続以外の民事司法活動に採用されている。

判決手続は、訴えの提起（民訴133①）により開始し、訴状の送達（民訴138①）、答弁書を含む準備書面の交換（民訴161①）、争点及び証拠の整理手続（準備的口頭弁論、弁論準備手続、書面による準備手続）、口頭弁論（証拠調べを含む）を経て審理を終え、判決の言渡し、そして判決の確定による完結又は上訴と続くのが原則である。しかし、訴え又は上訴が不適法で、補正が不可能なときは、口頭弁論を経ないで却下の判決がされるし（民訴140・290・355①）、上告審においては書面審理だけに基づく上告棄却も認められている（民訴319）。また、和解、請求の放棄、請求の認諾（民訴267）、訴え・上訴の取下げ（民訴261・292・313）、休止期間の満了（民訴263）によっても手続は終了し、判決に至らないこともある。

決定手続は、書面審理を原則とし、必ずしも口頭弁論を開く必要はない。この点が判決手続と異なる。裁判所は、書面審理によるほか、当事者の審尋（民訴87②）、裁量による口頭弁論（民訴87①但）のいずれかを自由に選択できる。

[笠巻]

判決の言渡し

判決を告知する手続をいう。判決は言渡しにより成立しかつ効力を生ずる（民訴250）。判決の言渡しは、公開の法廷で、合議制においては裁判長が、単独制においては裁判官が判決書の原本に基づき主文を朗読して行う（憲82①、民訴252、民訴規155）。原本に基づかないで判決を言い渡した場合（民訴254①・374②の場合を除く）には、その判決の言渡しが当然に無効であるか、判決手続が法律に違反したとして（民訴306）取り消されるのか、見解が分かれている。理由の朗読は原則として不要であるが、裁判長が相当と認めるときは、朗読又は口頭でその要領を告げることができる（民訴規155②）。また、判決書は当事者に送達される（民訴255）から、言渡しは当事者が在廷しない場合にも行うことができる（民訴251②）。なお、原本に基づかないで判決の言渡しができる場合の言渡しの方式について特則がある（民訴254②）。　　[笠巻]

判決の確定

判決の確定は、判決が、通常の不服申立方法である上訴によって、もはや取消し又は変更される余地がなくなることをいう。確定により訴訟は終了する。確定判決の持つこの不可取消性を判決の形式的確定力という。法的安定を実現するため、一度開始された訴訟は、争いのある

権利・法律関係の存否を確定して決着させなければならないから、どのような終局判決にも判決の確定は必要である。

確定した終局判決には、判決の本来的な効果として既判力が付与される（民訴114）。また、給付判決には執行力（民執22①）が、形成判決には形成力が付与される。したがって、判決はいつ確定するかという判決の確定時期いかんは重要な意味を持つ。ⅰ上訴を許さない判決は、その判決の言渡しとともに確定する（民訴380①等）。ⅱ上訴を許す場合には、その上訴期間が徒過した時に確定する。ただ、判決の送達時点にしたがって上訴期間経過の時期は当事者ごとに異なるから、判決が確定するのは原告・被告の当事者双方のそれぞれの上訴期間が徒過した時点となる。ⅲ上訴されたときは、判決の確定は遮断され、上訴棄却判決の確定とともに原判決も確定する。ⅳ上訴権者が上訴権の放棄をしたときは、その時点で確定する。ⅴ上訴の取下げがあった場合には、上訴期間が経過していれば、上訴期間経過の時に遡（さかのぼ）って確定し、上訴期間中であれば、上訴期間の経過時に確定する。

なお、特別の手続による手形判決等は異議申立期間徒過等によって確定する（民訴116）。　　　　　　　　　［笠巻］

判決の覊束力（きそくりょく）

同一手続の中で、ある裁判所のした判決が他の裁判所の判断を拘束し、他の裁判所はこれと異なる裁判をすることができない効力をいう。また、上級審の裁判における判断はその事件について下級審を拘束し（裁4）、上告審の破棄判断は差戻しを受けた下級審を拘束し、上告審が破棄の理由とした事実上及び法律上の判断は、差戻しを受けた裁判所を拘束する（民訴325③）。

かつては、判決が言い渡されると判決した裁判所自身もその判断に拘束され、変更したり撤回したりすることができないという自己拘束力（自縛性）も覊束力と呼ばれたことがあったが、現在では、他の裁判所を拘束する効力のみを覊束力ということが多い。　　　　　　　　［笠巻］

判決の更正

判決に違算・誤記、その他これに類する表現上の誤りがあり、かつ、この誤りが明白な場合に、裁判所がこの誤謬（ごびゅう）を訂正することをいう。判決の実体に触れる変更でない点で判決の変更（民訴256）と異なる。言い渡された判決には、自己拘束力（自縛性）があり、上訴によらなければ変更することはできないのが原則だが、表現上の誤りをただすという形式的修正に過ぎないから、簡易な訂正の方法を例外的に認めたものである。裁判所は、当事者の申立て又は職権でいつでも更正決定できる（民訴257）。更正決定に対しては、即時抗告ができる（民訴257②）。　　　　　　　　　　［笠巻］

判決の効力

言い渡された判決には、種々の効果が発生する。これを判決の効力という。

まず、判決が言い渡されると、言い渡した裁判所はこれを撤回・変更することができないという効力が生ずる。これを自己拘束力（自縛性）という（例外は、判決の更正、判決の変更）。また、上級審の判決はその手続において差戻し後の下級審を拘束する。これを覊束力（きそくりょく）という。

次に、上訴を提起して上級審において判決の取消し・変更を求めることができなくなった状態を判決が確定したといい、この効果を形式的確定力という。

更に、判決が確定した場合には、その

内容に則して，判決の本来的効力として，既判力・執行力・形成力が生じる（ただし，執行力は，仮執行宣言が付されたときは，判決の確定を待たずに効力を生ずる（民訴259，民執22②））。既判力（実体的確定力ともいう）とは，判決で判断された事項を訴訟手続上二度と争えなくさせる効力である。言い換えれば，後訴での争いの蒸し返しを許さない効力である。形式的確定力が，上訴を許さない効力であるのに対して，既判力は後訴での異なる審理・判断を許さない効力である。既判力は，判決の結論が権利・法律関係の真実の実体に反する不当なもの（不当判決ともいい，このような事態は，弁論主義の下では常に発生する危険がある）である場合でも生ずる。そこで，判決が確定すると，なぜ後訴が許されなくなるのかという既判力の本質に関して，判決によって実体法状態が変更されたからだとする実体法説と裁判所間の判断の統一という訴訟法上の要請からだとする訴訟法説の対立がある。なお，信義則を根拠に，判決の結論ではなく判決理由中の判断に対しても後訴裁判所への既判力類似の拘束力（争点効）を肯定する見解が学説上有力に主張されている。執行力とは，給付判決において認められた給付義務を強制執行手続によって実現させることのできる効力である。形成力とは，判決が認めたとおりの法律関係の変更を既存の法律関係に直接生じさせる効力をいう。

以上の本来的効力の他に，特別の法規定又は法理論によって認められる効力があり，判決の付従（付随）的効力という。これには，補助参加人との間の参加的効力（民訴46），訴権消滅の効力（民執34②・35③，人訴9），法律要件的効力，第三者との間の反射的効力の問題がある（なお，上述の争点効も付従的効力の問題である）。　　　　　　　　　　　　　［笠巻］

判決の個数

判決の個数とは，形式上1通の判決書に書かれた判決が実質上も1個の判決か，それとも，数個の判決なのかという問題である。判決の個数は，訴えの客観的追加的併合，反訴及び弁論の併合による複数の請求について同時に判決する場合，あるいは通常共同訴訟・必要的共同訴訟のように当事者が複数の場合に同時に判決するときに問題となる。実質上も1個の判決であれば，複数の請求の一部に対する上訴は，上訴不可分の原則（民訴294参照）により請求全体に対して効力が及び，全体が確定しないことになり，全部の請求について移審の効果が生ずる。これに対して，実質上は複数の判決であれば，個々の判決は独立しており，1個の請求についての上訴は他の請求に影響を及ぼさず，残余の請求に関する判決の部分は確定する。請求が複数の場合は1個の判決であることと，通常共同訴訟の場合は複数の判決であることにつき争いはないが，必要的共同訴訟については，1個とみる説と複数とみる説との争いがある。　　　　　　　　　　　　　　［笠巻］

判決の自己拘束力　⇒「判決の覊束力（きそくりょく）」

判決の事実的効力

判決には既判力などの法的効力とは別に，判決がなされたことによって，事実上他の裁判所や第三者に対して生ずる影響力があり，これを事実的効力という。これには，証明効・波及効・裁判手続効などがあるとされている。証明効とは，ある裁判所の判決内容が同様の事案について審理している後の裁判所の事実認定に対して持つ影響力をいう。これは，法的効力ではないから別の事実認定をしても違法ではない。波及効とは，ある判決

が、訴訟外の第三者の地位に影響を及ぼすことをいう。例えば、薬害訴訟や消費者訴訟の勝訴判決が、当事者以外の同様な被害者に判決によらない救済に作用することである。裁判手続効とは、ある争訟が裁判手続の俎上（そじょう）に上ったこと自体が、広く当事者や第三者に影響を与えることをいう。例えば、国や企業が提訴されたこと自体を斟酌（しんしゃく）して従来の政策や経営方針を変えることをいう。　　　　　　　　　　　[笠巻]

判決の失権的効力

既判力の時的限界の問題である。判決の対象である権利・法律関係は、訴訟の前後、訴訟中を問わず実体法上の事由により変化するものであるが、既判力は事実審の口頭弁論終結時において生ずる（民執35②参照）。言い換えれば、判決は、口頭弁論終結時の事由に基づき権利関係を確定するものである。この時点を標準時という。この標準時における判断と矛盾する主張を後訴で取り上げて再審理することは許されないとする効力を判決の失権的効力又は既判力の失権効という。例えば、金銭の給付訴訟において請求が認容され、この判決に既判力が生じると、標準時前に既に弁済していたとか、時効消滅していたとかの主張は再審理において取り上げられないことになる。当事者からみて、標準時までに存在した事由は確定前の訴訟において主張できたはずのものだから、それについて再審理を封じても不当ではないからである。[笠巻]

判決の自縛性 ⇒「判決の羈束力（きそくりょく）」

判決の対世的効力

判決の主観的範囲の拡張の問題である。判決の効力は、裁判の当事者にのみ及ぶのが原則である（民訴115①①）。しかし、法が例外として人事関係や団体関係などについて、法律関係安定のために第三者に対しても既判力の拡張を規定している場合がある。これを判決の対世的効力という。例えば、婚姻の無効もしくは取消し、又は離婚もしくはその取消しの訴えについて言い渡された判決は、請求認容・請求棄却を問わず、対世効を認められる（人訴18①）。また、会社の合併無効（商109①・415③）、設立無効（商136③・428③）、設立取消し（商142）、株主総会決議取消し・不存在又は無効（商247②・252）、減資無効（商380③）などの訴えにおいて、請求認容判決がなされた場合に対世効を認められる。しかし、請求棄却判決の場合は対世効は認められない。
[笠巻]

判決の脱漏

裁判所が終局判決の主文で判断すべき請求の一部について判断を忘れることをいい、裁判の脱漏ともいう。脱漏した部分は、依然として判決した裁判所に係属したままだから（民訴258①）、その部分については、既になされた判決（脱漏判決）とは独立に当事者の申立て又は職権で追加判決をして事件を完結しなければならない。判決の脱漏は、判決の主文で判断すべき請求について生ずるから、判決理由中で判断すべき請求の判断の前提となる攻撃防御方法についての判断の遺脱（民訴338①⑨）とは異なる。判断の遺脱は上訴及び再審の理由となるが、判決の脱漏は追加判決をすべきで、上訴・再審は許されない。なお、訴訟費用の負担、仮執行宣言又は仮執行免脱宣言を脱漏した場合には、裁判所は決定によって判決を補充することが認められている（民訴258②・259⑤）。　　　　　　　[笠巻]

判決の反射効

判決の効力の主観的範囲に関する問題の1つである。判決の効力（既判力）は、裁判の当事者にのみ及ぶのが原則である（民訴115①①）。しかし、第三者の法的地位が判決当時の当事者のそれに実体法上依存する関係にある場合があり、この場合、第三者が直接既判力を受けるわけではないが、反射的に利益・不利益を受けることがある。これを判決の反射効という。例えば、保証債務において、主債務者が勝訴判決を得て債権者に弁済の必要がなくなれば、保証債務の付従性（民448）から、保証人も債権者に対し主債務者が得た勝訴判決の結果を援用して保証債務を免れることができるということである。しかし、反射効を認めるべきか否かについては争いがあり、判例は一貫して反射効を否定している。否定説によれば、保証債務の存否については、あらためて保証人と債権者間の訴訟において別個に判断すべきであり、その結果、保証人が敗訴し保証債務が認められ、主債務者の得た判決と矛盾する結果となっても、それは当事者の提出した攻撃防御方法のみに基づいて判断するという訴訟の本質からしてやむを得ないことだとする。

［笠巻］

判決の付随的効力

判決がなされたことに付随して、判決の本来的効力の他に、特別の法規によって認められる効力をいう。訴訟法が認めるものとして、補助参加人に対して生ずる参加的効力（民訴46）や別の理由での別訴を禁止する訴権消滅の効力（民執34②・35③、人訴9）がある。実体法が認めるものとして、法律要件的効力がある。これは、民法その他の法律が確定判決が存在することを要件として認めた効果である。例えば、中断した時効の再進行（民157②）、確定判決による短期消滅時効の長期化（民174ノ2）などである。なお、法理論上認めるか否かが議論されているものに、争点効・反射効がある。

［笠巻］

判決の不存在　⇒　「非判決」

判決の変更

判決をした裁判所が、判決に法令違反があることを発見したときに、自ら判決を変更して法令違反を除去することを許すのが判決の変更の制度（民訴256）である。法令違反による上訴を防いで上訴審の負担を軽減することを目的とし、判決の羈束力（きそくりょく）の例外であり、要件が厳格なるがゆえか、実務では、ほとんど利用されていない。その要件は、⒤判決に法令違反があること、⒤⒤判決言渡し後1週間以内であること、⒤⒤⒤判決が確定していないこと、⒤ⅴ判決を変更するために更に弁論をする必要がないことで、その手続は、裁判所が職権（当事者には申立権がない）で、判決（「変更判決」と呼ばれる）の形式で、1週間以内に言い渡さなければならず、言渡期日の呼出しは送達すべき場所への発送で効力が生ずる。判決の更正や平成8年制定の民事訴訟法が導入した定期金による賠償を命じた確定判決の変更を求める訴え（民訴117）とは異なる。

［大島］

判決の法律要件的効力

民事判決が、実体法規によって、ある私法的効果の発生の要件事実とされていることをいい、学説によっては、判決の構成要件的効力、要件事実的効果、附従的効果、随伴的効果などとも呼ばれる。判決の本来的効力として認められている既判力・執行力・形成力のほかに、判決の存在を1つの契機として、私法上の法

律関係に新たな変動（発生・変更・消滅）を生じる場合であり，判決主文（訴訟物）とは直接関係なく，訴訟物である法律関係に限定されず，国家機関の介在なくして，判決の存在により直ちに法律関係に変動を生ぜしめる効力である。具体例としては，短期消滅時効期間の普通化（民174ノ2），保証人の求償権の発生（民459①），供託物取戻権の消滅（民496①）があるが，仮執行の宣言の失効及び原状回復等（民訴260②）については，その要件・効果等を含めて争いがある。　　[大島]

判決の無効

判決として存在し，当該審級を終了させるが，重大な瑕疵（かし）の故に判決本来の効力である既判力・執行力・形成力の全部又は一部を発揮できないことをいう。例えば，裁判権に服しない者に対する判決，実在しない当事者のための，又はこれに対する判決（大判昭16・3・15民集20・191は公示送達による死者に対する訴えについての判決を無効とする），形成訴訟における当事者適格のない者に対する判決（夫婦でない当事者間の離婚訴訟），現行法上認める余地のない物権の存在を確認した判決などがある。かかる実質的な効力を有しない判決を無効判決と呼び，確定という概念があるか否か，例えば，上訴や再審の訴えにより判決の取消しを求めることができるかについては争いもある。かかる意味で，判決としての存在意義を認められない非判決とは異なる。　　[大島]

判決理由

弁論に現れた当事者の主張を整理・要約した事実（旧様式判決では「当事者の主張」，新様式判決では「事案の概要」）における資料に基づいて，主文が導かれる論理・判断過程を明らかにする部分をいう。当事者間に争いのない事実はそのまま判決の基礎とされ，当事者間に争いのある事実については，証拠調べの結果と弁論の全趣旨により裁判官の自由心証により事実を認定し（民訴247），かかる事実にいかなる法規を適用した結果として主文の判断が導かれたかを明らかにするもので，「理由」は，判決書の必要的記載事項（新様式判決では必ずしも明示されない）とされている（民訴253①③）。理由の記載は，訴訟当事者には上訴をするか否かの判断資料を，上訴審には原判決の審査資料を提供し，一般国民には具体的事件を通じて法の内容を明らかにする役割を果たすと同時に，裁判の公正を保証する機能を果たしている。　　[大島]

判事

裁判官の官名の一種である。裁判官には，最高裁判所長官，最高裁判所判事，高等裁判所長官，判事，判事補，簡易裁判所判事がある（裁5）。判事は，最高裁判所の指名した者の名簿によって内閣が任命し，任期は10年であるが再任でき（裁40），最高裁判所により高等裁判所，地方裁判所及び家庭裁判所に配属（補職）される（裁15・23・31の2・47）。判事の任命資格は，高等裁判所長官と同じであり，通算して10年以上，判事補・簡易裁判所判事・検察官・弁護士等の職にある（この場合，司法修習を終えてからの期間）か，大学教授・助教授の法律を専門とする職にあった者であることが必要（裁42）で，高等裁判所では合議体の一員として，地方裁判所・家庭裁判所では合議体の一員又は単独体として1人で，本来の裁判事務を行う（裁18・26・31の4）ほか，裁判官会議の一員として司法行政事務を行う（裁20・29・31の5）。　　[大島]

判事補

裁判官の官名の一種である。判事補は、最高裁判所が司法修習を終えた者の中(任命資格は裁43)から指名した者の名簿によって内閣が任命し(裁40①)、最高裁判所により地方裁判所及び家庭裁判所に配属(補職)される(裁23・31の2・47)。判事補は、法律に特別の定め(民訴123、刑訴45、少4等)がない限り1人で裁判をすることができず、同時に2人以上合議体に加わることも、裁判長となることもできず(裁27・31の5)、裁判官会議の構成員にもなれない(裁29)など、権限に制限がある。ただし、判事補で通算して5年以上裁判所法42条1項の職にある者のうち、最高裁判所が指定した者は、当分の間、判事と同じ権限を有するとされるが(「特例判事補」と呼称される)、高等裁判所では同時に2人以上合議体に加わることも、裁判長となることもできない(判事補の職権の特例等に関する法律1・1の2)。　　　　　　　　　　　　[大島]

反射的効力 ⇨ 「判決の反射効」

反証 ⇨ 「本証・反証」

反訴

既に訴訟が係属しているときに、被告が当該訴訟(本訴)手続を利用して原告に対して提起する訴えをいう(民訴146)。原告には、請求の併合や訴えの変更が認められていることとの公平と、関連した請求であれば、審判の重複や判断の不統一を避けることができるという考慮から認められている。要件は、ⅰ本訴が係属しており、口頭弁論終結前であること(民訴146①本)、ⅱ反訴請求が本訴請求と同じ訴訟手続で審判される請求であること(訴えの客観的併合の要件(民訴136))、ⅲ反訴請求について専属管轄の規定に反しないこと(民訴146①但)、ⅳ反訴請求が本訴請求又はこれに対する防御方法と関連するものであること(民訴146①)、ⅴ控訴審における反訴の提起には、原則として反訴被告の同意が必要であるが、異議を述べないで反訴請求について答弁した場合には同意したものとみなされる(民訴300①②)。以上の要件を充足しない反訴は、不適法として却下すべきであるとする考え方(最判昭41・11・10民集20・9・1733)と、独立の訴えの要件を充足する場合には、反訴を分離して審理すべきであるとする考え方がある。反訴の提起後に本訴が取り下げられても影響は受けず、その場合には、反訴の取下げには反訴被告の同意は必要ない(民訴261②但)。弁護士等に訴訟委任していた場合に、反訴を提起するには特別授権が必要である(民訴55②①)。　　　　　　　　　[大島]

反対尋問 ⇨ 「主尋問・反対尋問」

判断の遺脱

判決の理由中で判断すべき攻撃防御方法についての判断を漏らした場合をいう。判決では、当事者が主張している事実上・法律上の主張(攻撃防御方法)の全てを判断しなければならないというものではないが、判決の結論(主文)を導く上で必要・不可欠な事項についての判断を漏らした場合(すなわち、ある事項についての判断がなされることにより、他の一定の事項について判断をする必要がなくなる場合を含まない)である。判断の遺脱が判決に影響を及ぼすべき重要な事項についてであった場合には、上訴及び再審の理由となる(民訴338①⑨)。終局判決により判断すべき事項の一部についての判断を漏らした場合をいう「裁判の脱漏」とは異なる。　　　　　　　　　　　　[大島]

判断の過誤 ⇒「手続の過誤・判断の過誤」

飛越上告 ⇒「とびこしじょうこく」

引受参加 ⇒「参加承継・引受承継」

引受主義

不動産に対する強制競売（又は担保権の実行としての競売）において，差押債権者（競売申立担保権者）の債権に優先する不動産上の担保権・用益権等の負担が売却により消滅せず，そのまま買受人に当然承継されることを認める立法主義で引受主義ともいう。負担が売却によりすべて消滅することを認める消除主義に対立する。わが民事執行法は，原則として消除主義をとり，引受主義を一部併用しているが，最低売却価額決定時までに利害関係人が異なる合意をしたときは，その合意に従った権利の変動を認める（民執59・188）。⇒「消除主義」　　［井上］

引受承継 ⇒「参加承継・引受承継」

引換給付判決

原告の請求を原告の債務の履行と引換えに認容する判決をいう。原告が，売買代金残額の支払と引換えに所有権移転登記手続を求める場合や被告の同時履行の抗弁（例えば，建物収去土地明渡請求における建物買取請求権等）・留置権の抗弁が成立する場合の判決に現れ，一般的に「被告は，原告からAの給付を受けるのと引換えにBの給付をせよ」という主文になる判決である。かかる判決に執行文の付与を求める場合は，原告がAの給付を履行したことは，条件の場合と異なり，執行開始の要件となる（民執31①）から，証明を要しない。ただし，例えばBの給付が登記手続のように意思の陳述を擬制する判決の場合には，執行文が付与された時点が意思表示をしたこととなることから，Aの給付を履行したことを証明した文書を提出した場合に限り執行文を付与することができることとなり（民執173①②），執行文付与の要件となる。

　　　　　　　　　　　　　　　［大島］

引渡・明渡執行

不動産引渡し又は明渡しの強制執行は，執行機関たる執行官が目的不動産に対する債務者の占有を実力で排除し，債権者に占有を得させる方法で行われる（民執168①）。引渡しは，不動産の直接支配を債権者に移転することであり，明渡しは，引渡しの一態様であるが，特に債務者が居住し，又は，物品を置いて占有しているときに，中の物品を取り除き，居住者を退去させて，債権者に完全な支配を移すことである。不動産の直接占有を債権者に移転することが必要なので債権者又はその代理人が執行の場所に出頭していないとできない（民執168②）。執行官は，執行のために債務者の不動産に立ち入ることができ，そのために必要なときは閉鎖した戸を開くために必要な処分をすることができるし（民執168③），執行に際して抵抗を受けるときは，その抵抗を排除するために，威力を用い，又は警察上の援助を求めることができる（民執6）。動産引渡しの強制執行は，執行機関たる執行官が債務者からその動産を取り上げて，何らかの方法で債権者に引き渡せばよいので，執行の現場に債権者やその代理人が出頭していなくてもよく（民執169），目的物を引き渡すまで執行官がこれを保管することになる（民執規155②）。目的物を第三者が占有している場合については，民事執行法170条に規定がある。意思表示のできない幼児の引渡しを動産引渡執行によってすることができるかについて見

引渡命令　⇨　「不動産引渡命令」

非金銭執行

金銭の支払を目的としない請求権についての強制執行をいう。非金銭執行には，大別して，物の引渡しや明渡しを目的とする，いわゆる「与える債務」についての執行と，債務者自身の作為や不作為を目的とする，いわゆる「なす債務」についての執行がある。「与える債務」についての執行は，執行機関によってすることができるから，金銭執行と同様に，直接強制によって行われる（民執168～170）。例えば，建物明渡しの強制執行は，執行官が，執行機関として債務者の目的物に対する占有を解いて，債権者にその占有を取得させる方法で行われる（民執168）。いわゆる「なす債務」の中には，更に，債務者自身の行為（又は不作為）が必要な債務と第三者が債務者に代わって行っても目的を達せられる債務とがある。後者すなわち代替可能な債務の執行は，代替執行による（民執171）。例えば，「建物を収去せよ」という収去判決の強制執行は，債務者の費用をもって第三者にこれをさせる旨の裁判所の命令（いわゆる授権決定）を発する方法によって行われる（民執171，民414）。前者，例えば，画家に一定のテーマの絵を描かせる債務や，債権者のする一定の行為を妨害してはならない旨の不作為を目的とする債務など，作為・不作為を目的とする債務の中でも代替不能な債務については，裁判所が執行機関となって，債務者に対し，債務の履行を確保するために相当と認められる一定の額の金銭を支払うべき旨の命令を発する方法（間接強制）により行われる（民執172）。昭和54年改正前の旧民事訴訟法734条の下では，代替執行ができる場合でも間接強制ができるのか否か争いがあったが，民事執行法では，代替執行ができないものについてのみ間接強制によるべきことを明らかにした（民執172）。債務者が意思表示をしなければならない債務については，裁判によって債務者の意思表示に代えることができ，債務名義の確定（判決等の場合で，条件等が付いていない場合）もしくは成立（和解等の場合）又は執行文の付与（停止条件が付けられている場合や引換給付となっている場合等）のときに，法により意思表示が擬制される（民執173）。例えば，「被告は，原告に対し，別紙物件目録記載の土地につき平成○年○月○日売買を原因とする所有権移転登記手続をせよ」との判決を得た土地の買主は，その判決正本と判決確定証明書を添付して，単独で登記申請手続（不登27）をすれば，売主が登記申請手続をしたのと同様に，自己への所有権移転登記を受けることができることとなる。　　　　　　　　　　　　［松原］

被控訴人　⇨　「控訴人・被控訴人」

被告　⇨　「原告・被告」

非財産権上の訴え　⇨　「財産権上の訴え・非財産権上の訴え」

被参加人　⇨　「参加人・被参加人」

被上告人　⇨　「上告人・被上告人」

非訟事件

非訟事件とは，民事事件の中で訴訟事件と対立する概念であるが，非訟事件の本質や訴訟事件との区別については学説が紛糾しており定説というものがない状況である。形式的あるいは成文法的には非訟事件手続法に規定されている事件及

び同法の総則規定の適用又は準用のある事件を指す。すなわち，同法に規定する民事非訟事件及び商事非訟事件のほかに借地非訟事件，家事審判・家事調停・民事調停事件等は主要な非訟事件といえる。また，倒産事件，会社更生事件，民事再生事件，民事執行事件等のように裁判所が事件を決定手続で取り扱うこととして裁判所による適正・迅速な解決を期待されているものも，性質上，非訟事件と同視することができる。要するに，法規を適用して既存の権利義務の存否の確定を目的とするものは訴訟事件であるが，非訟事件は，民事上の生活関係を助成・監督するために国家が直接後見作用ないし民事行政作用をすることを主眼とするものといえる。訴訟事件は，公開・対審構造をとっており，弁論主義が原則的に採用される。そして，判断は判決という慎重な形式をもってされるし，判決に対しては控訴・上告もできる。これに対し，非訟事件は，公開・対審構造をとらず（非訟13），裁判の基礎資料も必要があれば職権で探知することができ（非訟11），判断も決定という簡易な形式でされ（非訟17），決定に対する不服申立ては抗告という形式である（非訟20）。ところで，いかなる事件を非訟事件とすべきかについては，裁判を受ける権利との関係で問題となる。判例は，裁判の公開の点に関し，純然たる訴訟事件の裁判については公開の法廷における対審及び判決によらなければならないが，そうでない非訟事件の裁判については公開の法廷における対審及び判決によらないでも憲法32条・82条に違反しないとしている（最決昭35・7・6民集14・9・1657，最決昭40・6・30民集19・4・1089，最大決昭41・3・2民集20・3・360）。社会の進展・複雑化に伴い，私人の生活関係に対し国家が後見的に関与することが増え，従前訴訟事件であったものが非訟事件として扱われるに至る例が増加してきた（訴訟事件の非訟化）。例えば，借地非訟事件の創設があげられる。また，訴訟事件は手続構造が丁寧で時間がかかりすぎる面があるのに対し，非訟事件は簡易迅速な手続で機動性を発揮できるところがあるが，この点も訴訟の非訟化現象の原因の1つといえよう。　　　　　　　　　　　　　　［中田］

非訟事件手続法

明治31年法律14号。非訟事件に関する基本法である。1編の総則では非訟手続の基本原則を規定し，2編の民事非訟事件では法人，信託，裁判上の代位，供託に関する事件等を規定し，3編の商事非訟事件では会社及び競売，社債，会社の整理・清算に関する事件等を規定している。非訟事件手続の主な特質は，⒤非訟事件は公益に関することも多いので職権探知主義がとられていること（非訟11）及びⅱ非訟事件は訴訟事件に比較して軽微であり迅速を要するので，時間・手数・費用の点で簡易迅速主義がとられていること（非訟13・14・17・18等）である。
　　　　　　　　　　　　　　［中田］

必要的共同訴訟

訴訟の目的が共同訴訟人の全員について合一にのみ確定すべき共同訴訟を必要的共同訴訟といい，その1人の訴訟行為は全員の利益においてのみその効力を生ずる（民訴40①）。すなわち，口頭弁論及び証拠調べは同一期日に統一的にされ，1人の共同訴訟人がした有利な行為の効力は全員に及ぶし，不利な行為は全員がしないとその効力を生じない。また，共同訴訟人の1人に対する相手方の訴訟行為は，全員に対してその効力を生ずるし（民訴40②），共同訴訟人の1人について訴訟手続の中断又は中止の原因があると

きは，その中断又は中止は，全員についてその効力を生ずる（民訴40③）。共同訴訟人の1人が上訴期間等の期間を遵守すれば，全員につき期間懈怠(かいたい)の効果を生じない。上訴期間（民訴285・313・332）は，各共同訴訟人に裁判の送達がされたときから各別に進行し，1人が自分の上訴期間内に上訴を提起すれば全員につき効力が生じる。自分の上訴期間が経過した場合は自ら上訴できないが，他の者が上訴期間内にした上訴の効力は全員に及ぶ。終局判決は全員に対する1個の全部判決でなければならず，一部判決をすることはできない。また，共同訴訟人の一部との間で和解をすることも許されない。必要的共同訴訟には，共同訴訟人として関係者全員が当事者にならない限り当事者適格が認められないという固有必要的共同訴訟と各自単独に当事者適格を有するが共同して訴えられた以上共同訴訟形態をとって合一確定を図らなければならないという類似必要的共同訴訟とがある。ところで，新民事訴訟法（平成8法109）は，「共同被告の一方に対する訴訟の目的である権利と共同被告の他方に対する訴訟の目的である権利とが法律上併存し得ない関係にある場合において，原告の申出があったときは，弁論及び裁判は分離しないでしなければならない」という規定（民訴41）を新設した。どのような場合に固有必要的共同訴訟を認めるべきかについては必ずしも明確ではないが，訴訟物たる権利の性質，紛争解決の実効性及び当事者間の利害の調節等を考慮して決めていくことになろう。固有必要的共同訴訟の具体例としては，第三者が夫婦を相手に提起する婚姻無効又は取消しの訴え，抵当権者が賃貸人・賃借人双方を相手に提起する短期賃貸借契約の解除請求の訴え及び共有物分割の訴え等がある。類似必要的共同訴訟の具体例としては，数人の提起する会社設立無効の訴え，数人の異議者との間の破産債権確定訴訟及び数人の株主の提起する代表訴訟（商267）等がある。　　　　　　　　［中田］

必要的口頭弁論・任意的口頭弁論

必要的口頭弁論とは，裁判をするにあたり口頭弁論で審理することを要し，口頭弁論に現れたものだけが裁判の資料として斟酌(しんしゃく)されなければならない場合の口頭弁論をいう。訴え又は上訴による訴訟手続は判決をもって完結すべきものであり（民訴243），その審理は必要的口頭弁論によるべきである（民訴87①本）。すなわち，判決手続は必要的口頭弁論であるが，特別の定めがある場合には口頭弁論を開かずに判決ができる。例えば，担保不提供の場合の訴え却下判決（民訴78）及び不適法で瑕疵(かし)の補正が不可能な場合の訴え却下判決（民訴140）又は控訴却下判決（民訴290）等である。ただし，これらの例外的場合であっても，判決の言渡しは必要的口頭弁論であり，言渡期日において所定の方式により言い渡さなければならない（憲82①）。

任意的口頭弁論とは，裁判所の裁量で開かれる口頭弁論をいう。決定で完結すべき事件については裁判所が口頭弁論を開くか否かを決め（民訴87①但），口頭弁論を開かない場合には当事者を審尋することができる（民訴87②）。なお，任意的口頭弁論の場合にはいったん口頭弁論を開いた後でも書面審理に切り替えることができる（大決昭11・6・12民集15・12・1039）。任意的口頭弁論は，書面審理の補充として利用されるものであるから，書面陳述の併用が許され，手続中に裁判官の交替があっても弁論更新は必要がない。また，双方欠席の場合でも民事訴訟法263条の規定の適用はない。ところで，民事保全事件はオール決定主義を採用してお

必要的差戻し・任意的差戻し

控訴審が訴え却下の一審判決を取り消す場合には事件を一審に差し戻さなければならないが(民訴307)、これを必要的差戻しという。これに対し、控訴審が一審判決を取り消す場合において一審から弁論をやり直す方が審級制度の観点から適当であるといえるときに事件を裁量的に一審に差し戻すことができるが(民訴308)、これを任意的差戻しという。ところで、一審判決が理由中で請求棄却の判断をしている場合とか、一審が相当程度実体審理をしているような場合には必要的差戻しをする必要はない(最判昭37・2・15裁判集民58・695、最判昭49・9・2裁判集民112・517等)。任意的差戻しの例としては、訴えの変更を許さないとした一審の処置を控訴審が取り消す場合等がある。しかし、「上告審が下級審の訴え却下の判断を違法であると認めたにもかかわらず事件を下級審に差し戻すことなく上告を棄却した事例」として最判昭60・12・17民集39・8・1821がある。　　　〔中田〕

否認

民事訴訟法上の否認とは、当事者が相手方の主張事実を真実でないとして否定することをいう。直接否定する場合を単純否認といい、相手方の主張事実と両立しない事実を主張して否定する場合を積極否認(間接否認、理由付否認)という。積極否認の例としては、金を貸したとの主張に対する答弁として、金を受け取ったことはあるが贈与されたものであると主張する場合等がある。弁論主義のもとにおいては、争いのない事実は立証の対象とならないが(民訴179)、否認された事実に対しては証拠により証明する必要がある。

破産法上の否認とは、破産者が破産宣告前に破産財団に属する財産に関し破産債権者に損害を与える行為をしたり(例えば、極端な安価で財産を売却して資金繰りをすること)、債権者の一部のみに満足を与える行為をしたり(例えば、取立ての厳しい債権者にのみ担保を提供したり弁済をすること)した場合に当該行為の効力を破産財団に対する関係で否定することをいう。要するに、否認とは、財産状態が危機的な状態に陥ったときに債務者がした行為を否定して債務者の財産状態を本来あるべき状態に復元させるためのものといえる。否認には、故意否認(破72①)、危機否認(破72②〜④)、無償否認(破72⑤)があり、否認の要件が若干異なる。否認権は破産管財人に専属し、訴え又は抗弁により行使する(破76)。会社更生の場合には、訴え又は抗弁によるほかに、否認の請求(会社更生82〜86)という簡単な手続もある。　　　〔中田〕

否認権（破産法）

破産者が、破産宣告前に破産財団に属する財産に関し破産債権者に損害を与える行為をしたり債権者の一部のみに満足を与える行為をしたりした場合に当該行為の効力を破産財団に対する関係で否定して破産財団から失われた財産を回復する権利を否認権という。一般に債務者は危機的状態に陥ると財産隠しをしたり不当な行為をすることが多い。破産宣告前に債務者のした行為をそのまま放置しておくことは債権者間の公平に反する結果となる。そこで、債権者間の公平・平等を図るために債務者のした不当な行為を否定し破産財団から減少した財産を回復させるために、破産法は破産管財人に否認権を認めることとしたものである。要

するに，総債権者の引当てとなるべき一般財産を減少させる債務者の行為であって信義則に照らして不当な行為は否認されるということができる。否認権は，一種の形成権であり，民法上の債権者取消権（民423．詐害行為取消権）と同趣旨の制度である（破86参照）。否認の種類として，故意否認（破72①），危機否認（破72②〜④），無償否認（破72⑤）があるが，否認の要件が若干異なる。否認権は破産管財人に専属し，訴え又は抗弁により行使する（破76）。会社更生の場合には，訴え又は抗弁によるほかに，否認の請求（会社更生82〜86）という簡単な手続もある。否認権は一定の要件がある場合には転得者に対しても否認権を行使できる（破83）。否認権を行使することにより破産財団を原状に復させることができる（破77）。したがって，否認権の行使により否認の効果が当然生じ，否認の対象となった行為は相手方との関係で遡及的（そきゅうてき）に無効となり，財産が当然に破産財団に復帰する。登記の原因である行為又は登記自体が否認された場合には破産管財人は，否認の登記をしなければならない（破123）。否認権は破産宣告の日より2年間行使しないと時効により消滅し，行為の日より20年を経過したときも同じく消滅する（破85）。どのような行為が否認の対象となるかについてであるが，例えば，次のようなものがある。動産・不動産の売却価格が不当に低廉であると否認の対象となる。相当価格による売却であっても売却手段が公正でなかったり売却代金の弁済方法いかんによっては否認の対象になりうる。危機状態に陥った後に一部の債権者に対してする本旨弁済も否認の対象になる。また，危機状態における抵当権の設定等の担保権の設定行為や対抗要件の充足行為も否認権の対象となる。　　　　　　　　　　　［中田］

否認権（民事再生法）

再生債務者の一定の行為について，再生手続開始後，再生債務者財産のために否認することができる（民事再生127）。具体的には，ⓘ再生債務者が再生債権者を害することを知ってした行為，ⓘⓘ再生債務者が支払の停止又は破産，再生手続開始，整理開始もしくは特別清算開始の申立てがあった後にした再生債権者を害する行為及び担保の供与又は債務の消滅に関する行為，ⓘⓘⓘⓘⓘの行為で再生債務者の親族又は同居者を相手方とするもの，ⓘⓥ再生債務者が支払の停止等があった後又はその前30日以内にした担保の供与又は債務の消滅に関する行為で，再生債務者の義務に属せず，又はその方法もしくは時期が再生債務者の義務に属しないもの，ⓥ再生債務者が支払の停止等があった後又はその前6か月以内にした無償行為及びこれと同視すべき有償行為について，原則として否認できる。以上のほか，権利変動の対抗要件・執行行為についても否認することができる（民事再生129・130）。また，この否認権は，転得者に対しても行使することができる（民事再生134）。

否認権は，訴え又は否認の請求により，否認権限を有する監督委員又は管財人により行われる（民事再生135）。否認権の行使により，再生債務者財産は，原状に復するとともに，この場合，相手方がその受けた給付を返還し，又はその価額を償還したことにより，相手方の債権も原状に復する（民事再生133）。⇒「否認権（破産手続）」　　　　　　　　　［小野寺（忍）］

否認の登記

破産法・会社更生法・民事再生法上，登記の原因である行為又は登記自体が否認されたときに管財人等の申請によってされる特殊な登記である（破123，会社更

生21，民事再生13）。否認の登記は，否認訴訟において勝訴判決が確定した後に破産管財人等が同判決正本を添付して申請する。否認請求認容の決定が確定したときも同様である。破産管財人が否認によって登記を原状に回復するには抹消登記ではなく否認の登記によらなければならない（最判昭49・6・27民集28・5・641）。否認の登記は，破産の取消しや更生手続開始決定の取消しの登記がされれば自動的に効力を失うが，これ以外の原因によって手続が終了する場合には否認の登記の効力は失われない。　　　　［中田］

非判決

判決は，裁判官が判決原本を作成し，これを言い渡すことにより効力を生ずる（民訴250・252）。したがって，判決の外観を備えていても，裁判官以外の者が作成したもの，未だ言渡しがされていないもの，裁判官が意思能力の無い状況のもとで作成した判決，教材用に作成されたもの等は，いずれも判決とはいえない。このように作成者や内容等の点から判決としての存在を認められないものを非判決という。非判決は，判決としての効力をもたず，審級の審理を終了させる効果を生じないし，上訴の対象ともならない。非判決は，判決に重大な欠陥・瑕疵（かし）があるが訴訟手続上は判決としての存在が認められる無効判決とは全く異なる。
　　　　［中田］

被保全権利

保全手続により保全すべき権利又は権利関係を被保全権利と総称する。被保全権利は，保全の必要性とともに保全命令が認められるために必要な実体的要件である。債権者は，被保全権利及び保全の必要性を明らかにして保全命令を申し立て，かつ，これらを疎明しなければならない（民保13）。

仮差押え（民保20）は，金銭債権の強制執行を保全することを目的とするものである。仮差押えについての被保全権利は，金銭の支払を目的とする債権であり（例えば，貸金債権，手形債権，売買代金債権，損害賠償請求債権等），この債権は条件付き又は期限付きであってもよい。

係争物に関する仮処分（民保23①）は，物に関する請求権を保全することを目的とする仮処分である。この仮処分についての被保全権利は，係争物（特定の物又は権利）を対象とする金銭給付以外の給付を目的とする請求権である。すなわち，係争物の事実状態又は係争物に関する権利関係の変更又は不変更を義務の内容とする給付の請求権である（例えば，動産・不動産の引渡しや登記手続等を求める権利）。特定物の給付を求める請求権が条件付き又は期限付きであってもよいことは仮差押えの場合と同様である。

仮の地位を定める仮処分（民保23②）は，争いのある権利関係についての損害又は危険を避けることを目的とする仮処分であり，この仮処分についての被保全権利は，争いがある権利関係，すなわち，一定の権利関係の存在とこれについて当事者間に争いがあることである（権利関係は，物権的権利関係，債権的権利関係，無体財産関係，身分法的権利関係等を問わない）。　　　　［中田］

飛躍上告　⇨　「飛越（とびこし）上告」

評決

合議制の裁判所が，裁判内容を決めるために，事実認定，法律の解釈・適用及び結論について行う決議行為を評決という。評決は，最高裁判所が特別の定めをした場合以外は過半数の意見による（裁77①）。意見が3説以上に分かれ，いずれ

も過半数に達しないときは，数額については，過半数になるまで最も多額の意見の数を順次少額の意見の数に加え，その中で最も少額の意見による（裁77②）。各裁判官に自由な意見を述べさせるために，評議の経過，各裁判官の意見及びその多少の数については非公開であり，秘密が守られなければならない（裁75）。ただし，最高裁判所の場合には，国民審査のための資料提供等の理由から，裁判書（さいばんがき）に各裁判官の意見を表示しなければならない（裁11）。裁判官は，評議においてその意見を述べる義務がある（裁76）。　　　　　　　　　　　[中田]

表見証明

主として不法行為訴訟における因果関係及び故意・過失の認定の場合において定型的事象経過（ある事実が存在すれば，それが一定の方向をたどるのが通常であるような事態の定型的な成り行きのこと）が問題となるときに認められる法理である。すなわち，ある確定されたA事実から，そのような事実があれば生活経験上，B事実が存在するのが通常であるような場合にB事実の存在を推認する証明のことである（例えば，外科手術後，腹腔（ふくこう）内にメスが残置されていれば，医師の過失及び損害との因果関係を示す定型的事象経過があるということができる）。ドイツの判例によって形成された概念であり，わが国における「一応の推定」とほぼ同意義に用いられている。
　　　　　　　　　　　　　　　　[中田]

平等主義・優先主義

平等主義とは，金銭執行において差押債権者及び執行に参加した債権者に対し各債権額に応じて平等に弁済を受けることができるとする主義をいい，わが国の民事執行法がとる立場である（もっとも民事執行法は，基本的には平等主義を採用しているが，執行手続の種類によって配当を受けるべき債権者の範囲及び配当要求の終期を定めるなどして優先主義的要素を取り入れている）。

これに対し，優先主義とは，差押えあるいは執行への参加の時期を基準として先順位の者に優先的に配当を受けさせるとする主義である。

平等主義と優先主義の中間に位置するものとして群団優先主義があるが，これは，執行開始後一定期間内に配当要求をした債権者らを第1群団とし，その後に執行に着手した債権者らを第2群団として，先順位の群団に優先権を認めるが，同じ群団内の債権者は平等に扱うとする主義である。

平等主義の根拠として，⑪債権者は実体法上平等であり債務者の総財産は総債権者の一般担保となるから，各債権者は平等に扱われるべきであること，⑪債権者は配当加入できるから性急に執行に着手する必要がなく債務者に無用の苦痛を与えなくて済むことなどがあげられている。これに対し，優先主義には，⑪権利行使に熱心な債権者に満足を与えることが真の公平になること，⑪配当加入を認めないため手続が簡易・迅速化されること，⑪優先権を与えることによって対人信用制度が維持・助長されること，ⅳ差押えの範囲を債権額と執行費用額に限定できるから超過差押えを招かないことなど等のメリットがあるとの指摘がされている。　　　　　　　　　　　　　　[中田]

封印

主として動産に対し，その損傷，開披等による現状の変更を禁止するため，権限を有する者が当該動産の上にその印章を押した標識を施すこと又はその標識をいう。封印の具体例としては，⑪動産執

行において執行官が差し押さえた動産を債務者に保管させる場合に封印で差押えの事実を公示すること(民執123③)，ⅱ滞納処分において徴収職員が差し押さえた動産を滞納者又は第三者に保管させる場合に封印で差押えの事実を公示すること(税徴60②)，ⅲ破産管財人が破産財団に属する財産であることを公示するために裁判所書記官等に封印をさせること（破186）等がある。この封印を損壊する等の行為は，刑法96条で処罰される。

[中田]

付加期間

期間の始期及び長さが法律により定められている法定期間及び裁判所により定められる裁定期間について，裁判所は，その期間の伸長・短縮をすることができるが，民事訴訟法により不変期間(例えば控訴期間（民訴285）)とされているものについてはその伸縮をすることができない（民訴96①）。しかし，裁判所は，不変期間についても，遠隔の地に住所又は居所を有する者のために付加期間を定めることができる（民訴96②）。この付加期間は，本来の不変期間と一体をなすものである。なお，不変期間については，追完の規定が適用される（民訴97）。　　[中田]

不起訴の合意

特定の権利又は法律関係について一時的又は永久的に裁判所に訴えを提起しない旨の私人間の合意を不起訴の合意という。かつては不起訴の合意は私人の処分になじむものではなく公序良俗に反して無効であるとの見解もあったが，現在では私人間に不作為義務が生じる私法上の契約として有効であるとの見解が有力である。訴訟上で不起訴の合意の存在が主張・立証されれば，これに反して提起された訴えは，権利保護の利益を欠き不適法として却下される。不起訴の合意は，例えば，和解契約の条項に入れられることがある。　　[中田]

武器平等の原則 ⇒ 「双方審尋主義・一方審尋主義」

覆審制

控訴審において，一審の審理とは無関係に新たに審理をやり直して心証をとり判断をするという手続構造を覆審制という。昭和23年法131号により廃止された旧刑事訴訟法の控訴審が覆審制を採用していた。覆審制では，一審で収集した資料は控訴審で考慮されない。覆審制は，事件の審理を全面的にやり直すという点で慎重審理を期することができるが，訴訟遅延を招き，訴訟経済にも反するという欠点がある。覆審制は，現行刑事訴訟法が採用している事後審制及び民事訴訟法が採用している続審制と対立する。

[中田]

不控訴の合意

当事者双方が一定の法律関係に基づく訴訟に関し控訴をしないことを約して，その審級を一審だけに限定する訴訟法上の合意のことである。不控訴の合意は，訴訟係属の有無や一審判決言渡しの前後を問わずできるが，書面をもってすることを要する（民訴11②参照）。不控訴の合意により控訴権は消滅し一審判決が確定する。なお，一審判決後に上告をする権利を留保して控訴をしない旨の合意をすることもでき（民訴281①但），これを飛越（とびこし）上告の合意という。不控訴の合意を無視してされた控訴は不適法として却下されるが，合意の有無は職権調査事項でないから合意の抗弁が提出されない限り控訴審は審理・裁判をすることになる。　　[中田]

不告不理の原則

ⓘ申立て（訴え）なければ裁判なし（Nemo iudex sine actore），すなわち裁判を求める当事者の申立て（訴え）があってはじめて民事訴訟の審理が開始されること，さらに，ⓘⓘ申立事項の内容や範囲の決定は，当事者の権限・責任とされることを意味する。

国家制度である民事訴訟制度と私人との関係において，民事訴訟制度の利用は私人の意思に任せるという，その制度運営の基本的な態度を示す原則である。自由主義的統治原理である「国家は，私的自治ないし市民社会の自由の確保を重視し，人の私生活に介入することはできるだけ控えるべき」との思想（司法の消極性）に基づく。ⓘは，不上訴の合意や不控訴の合意（民訴281①但）が認められることなどに，ⓘⓘは，裁判はその申立ての範囲内でしなければならないとの原則（民訴246・296①・304・313・320）に手続法上は具体化されており，狭義の処分権主義の一内容と位置づけられている。

［森岡］

不作為債権の執行 ⇒「作為・不作為債権の執行」

不上訴の合意

当事者が一定の法律関係について上訴しないこと約する訴訟法上の合意をいい，その事件を第一審だけに限ることを目的とするものである。この合意の不存在が上訴の消極的な適法要件の１つとなる。一般には，控訴しない旨の合意（不控訴の合意とも呼ばれ，上訴権発生前の不上訴の合意で，上訴権全体を発生させない，審級制度の適用を排除する旨の合意である）が認められるかといった形でその適法性が論じられている。上告をする権利を留保した不控訴の合意（飛越（とびこし）上告）（民訴281①但）のみ明文を残し，不控訴の合意に関する規定が改正により削除された経緯から，上記無留保の不控訴の合意は認められないとする反対説もあるが，仲裁契約が許される以上，その範囲内であれば，これを否定しなければならない理由はないから，その限度で不控訴（不上訴）の合意は認められると解するのが有力である。

したがって，不上訴の合意が認められる要件としては，訴訟能力のある者が，訴訟上の和解が認められ，かつ弁論主義の適用のある，一定の法律関係に基づく訴訟について（民訴281②・11②，公催仲裁786），書面をもってする必要があると解されている（民訴11②）。また，訴訟の係属や第一審判決言渡しの前後を問わずにできる。なお，当事者双方が上訴しない旨の合意でなければならず，一方だけが控訴しないという合意は無効とされている（大判昭9・2・26民集13・4・271）。

第一審判決言渡し前になされたときは，上訴権を発生させない旨の合意であるから，当事者双方には控訴権は発生せず，判決は言渡しと同時に確定する。第一審判決言渡し後になされたときは，実質的にはすでに発生した上訴権全体を放棄する旨の合意であるから，判決はその合意の成立とともに確定する。　　［森岡］

付随訴訟

私法上の権利又は利益を直接に保護して紛争を解決する通常の民事訴訟や，その具体的実現を図る強制執行手続に対し，これに付随して生じる訴訟法上の効果を対象とし，その効果の是正や確定・形成を目的として，判決や執行の適否の審判を行う訴訟をいう。私法上の権利関係を訴訟物とせず，訴訟法上の事項を審判の対象とする点で，訴訟訴訟ともいわれる。再審（民訴338以下）の他，執行関係の訴

訟として，執行判決請求訴訟（民執24），請求異議の訴え（民執35），第三者異議の訴え（民執38），執行文付与の訴え（民執33）などがある。その手続内における役割・内容・効果の違いから，その法的性格は様々である。　　　　　　　［森岡］

附帯抗告

相手方（利害相反者）のある抗告事件において，抗告の相手方が不利益変更禁止の原則からくる制約を排除し，抗告審において審理の範囲を拡張して自己に有利に原決定・命令の変更を求める不服申立てをいう。直接的な規定はないが，民事訴訟法331条に基づき，抗告の性質に反しないかぎり控訴・上告に関する規定が準用されることから認められるもので（民訴293），実際には民訴費用額確定手続に関する即時抗告（民訴71⑦）の場合などが考えられる。抗告の一方的な性格や附帯抗告を認める必要性への疑問から反対説もあるが，一般には，当事者平等の原則を理由に，相手方のある抗告事件すべてについて，附帯抗告を認めるものと解されている。その申立てが可能な時期については争いがあるが，決定の告知が言渡しによるときはその言渡しのときまで，言渡しによらないときは決定原本が裁判所書記官に交付されるときまでとする判例（福岡高決昭和39・12・19高民集17・8・633）がある。　　　　　　　　［森岡］

附帯控訴　⇨　「附帯上訴」

附帯上告　⇨　「附帯上訴」

附帯上訴

すでに開始された上訴審手続の口頭弁論終結又は終局判決までに，被上訴人が，上訴人の申し立てた審理の対象を拡張して，自己に有利な裁判を求める不服申立てをいう。附帯控訴（民訴293①），附帯上告（民訴313），附帯抗告（民訴331）に分かれる。上訴人が上訴審手続中に不服申立ての範囲を拡張できることとの公平上認められる。被上訴人が既に上訴権を放棄・喪失していたとしても提起することができる。しかし，上訴の取下げ又は却下があれば附帯上訴の効力は失われる（民訴293②・313・331）。それゆえ通説・判例は，附帯上訴は上訴ではなく，攻撃・防御方法と解している。附帯上告の申立て時期については，民事訴訟規則194条による制限がある。また，附帯控訴では，請求の拡張（民訴143①）又は反訴（146①）を提起することはできる。全部勝訴した者による附帯上告では，上告が法律審であることから，これをすることはできない。　　　　　　　　　　　　［森岡］

附帯請求

訴えの直接の目的である請求を主たる請求と呼び，それとの関係で付随的な目的でなされる請求を意味する。貸金の元本請求に対する利息請求とか，売買に基づく目的物引渡し請求に対し，その履行が遅れたことによる遅延損害賠償請求などがその例である。なお，主たる請求は給付請求に限らず，確認請求や請求異議の訴えなどでもよい。附帯請求か否かは，訴額の算定で意味がある。すなわち，果実・損害賠償・違約金・費用の請求がその発生原因となる主たる請求に附帯してなされたときは，その附帯請求は，訴訟物の価額に算入されない（民訴9②）。訴額の計算を簡明にして，管轄の確定を容易にするためである。金額の多寡は問わないので，附帯請求金額が主たる請求金額を上回ってもよい。　　　　　　［森岡］

負担消滅主義　⇨　「消除主義」「引受主義」

不知の陳述

相手方の事実主張に対し、その真偽は知らないと述べることをいう。民事訴訟においては、相手方の事実上の陳述に対し、争うか（否認）否か（自白）の態度を明らかにしなければならないが（争われると、相手方はその事実を立証しなければならなくなる）、不知の陳述をすると、その事実を否定したものという否認の効果が推定され（民訴159②。推定的否認と呼ばれる）、争ったこととなる。推定とあるが、争う意思を推定したというより、そのような態度は否認として扱うのが合理的と考えての規定である。したがって、自分の過去の行動など、当然知っているはずの事実を不知と答えるような不合理な応答にはこの効果は及ばない（無意味な陳述とするか、逆に自白ありとまで解する）と解されている。しかし、その区分けが困難な場合もあり、不知のままで否認として取り扱うこともあり、また、その態度を不真面目な陳述と見て、弁論の全趣旨（証拠）から当該事実を推認する資料として扱うとの考えが強い。　［森岡］

普通抗告　⇒「即時抗告・通常抗告」

普通裁判籍・特別裁判籍

裁判籍とは、第一審訴訟の土地管轄の発生原因（連結原因）となるもので、当該事件がどの裁判所の管轄区域に属するかを当該事件の当事者又は訴訟物に密接な特定の地点でもって指示するものである。全国にある事物管轄を同じくする裁判所のうち、どの裁判所に訴えればよいかの基準となる。土地管轄は、新民事訴訟法（平成8法109）により、普通裁判籍（民訴4）と特別裁判籍（民訴5・6・7ほか）に整理された。

普通裁判籍とは、ある法主体（被告）に対する事件であれば、その種類・内容を問わず一般的に認められる裁判籍で、被告の生活の根拠地がそれに該当する（民訴4①。なお民訴13）。普通裁判籍は、公平の見地から応訴を迫られる立場に立つ被告の管轄の利益を考慮したもので、土地管轄区分の基本原理といえるものである。被告が自然人であれば原則としてその住所により（民訴4②③）、法人その他の社団や財団であれば原則として主たる事務所又は営業所により（民訴4④）、国であれば法務大臣の所在地（東京都千代田区）による（民訴4⑥）。

特別裁判籍とは、種類・内容において限定された事件について特に認められたものである。独立裁判籍と関連裁判籍とに分かれる。独立裁判籍（民訴5）とは、その事件に本来認められるもので、前記基本原理を修正して、原告の訴え提起の便宜（民訴5③④⑦⑨）、当事者の公平（民訴5②）、裁判所の審理の便宜（民訴5⑨⑫⑮）をはかって定められた。民事訴訟法6条は、競合的広域管轄を認めたもので、上記新法により新設された。関連裁判籍とは、他の事件との関連から、その事件については本来管轄権のない裁判所に管轄権を認められるものを指す（民訴7・145・146①等）。このうち併合請求の裁判籍が重要で、上記新法では、共同訴訟にも一定の場合に適用あることを明文で定めた（民訴7）。　［森岡］

復権

破産者が破産者でなくなること、すなわち、破産宣告によってその身上に加えられた資格や権利の制限が解かれ、本来の地位を回復する制度であり、その効力は将来に向かって生じる。破産法自体は懲戒主義を採らず、破産者の身上に対し直接効果を及ぼすような規定はなく、同法3編2章に復権に関する詳細な定めを置いているが、その一般的な効果につい

ての規定すらない。破産者に対する公私にわたる各種の資格制限は個々の法令で定められている（民846・852，公証14，弁護6）。例えば，「破産ノ宣告ヲ受ケ復権セザル者」（商254ノ2）というのが欠格事由であれば，復権により資格を回復できることとなる。

復権制度はこのような個々の法令による制限を解くのに必要とされる。

復権には，当然復権（法律上の一定の原因が発生したことによる）と申立てによる復権（裁判所による復権決定による）の2つがある。

当然復権は，以下の事実の発生があれば何らの手続も経ずに復権する（破366ノ21）。ⅰ免責の決定が確定したとき。ⅱ強制和議認可の決定が確定したとき。ⅲ同意廃止による破産廃止の決定が確定したとき。ⅳ破産宣告後詐欺破産罪の罪により有罪の確定判決を受けることなく10年を経過したとき。

申立てによる復権とは，破産者が弁済等により債務の全部につき責任を免れたような場合に，破産者からの申立てにより破産裁判所が決定して復権するものである（破367①）。適法な申立てがあれば，裁判所はその旨を公告し，利害関係人のために関係書類を閲覧に供し（破369），公告後3か月以内に破産債権者からの異議申立てができ（破370），それがあると，破産者の他に異議申立債権者の意見も聴取した上で（破371），復権の許可・不許可の決定（異議に理由があれば復権不許可の決定）をする。不許可に対しては申立人は即時抗告を，許可に対しては破産債権者は即時抗告をすることができる（破373）。上記決定が確定したとき，裁判所はその主文を公告する（破372）。復権の決定は確定後始めてその効力を生じる（破368）。
[森岡]

物件明細書

競売不動産に関する権利関係，とくに売却条件についての執行裁判所の事実認定及び法律判断に基づく認識を記載したものをいう。執行裁判所が作成し，他の関係書類の写しとともに執行裁判所に備え置いて，一般の閲覧に供している（民執62，民執規29～31）。配当要求の終期後に，現況調査報告書，評価書，登記簿謄本，及び審尋の結果を踏まえて作成される。裁判の効力はなく，執行処分の1つと解されてはいるが，法の定める必要的記載事項（民執62①～③）の他，任意的記載事項として，その法的性質に反しない限りで，各執行裁判所ごと，敷地利用権の有無，地代の滞納・係争状態の有無，買受人が占有を確保できるかに関し，とくに将来の引渡命令の発令可能性の有無についての記載や執行妨害に対する一定の法的な見解を示すなどの工夫をこらして，一般市民による買受希望者の実際上の便宜を図るようにしており，その信頼性は高い。
[森岡]

物証 ⇨ 「人証・物証」

物的裁判籍 ⇨ 「人的裁判籍・物的裁判籍」

物的執行 ⇨ 「人的執行・物的執行」

物的証拠 ⇨ 「人証・物証」

不動産執行

金銭の支払を目的とする債権（金銭債権）を実現する方法のうち，動産・債権その他の財産権に対するものではなく，不動産に対してなす強制執行を不動産執行という。不動産の引渡しや明渡しの強制執行（民執168）は，執行の対象は同じであるが，金銭債権の執行方法ではないの

で，不動産執行ではない。

民事執行法上の不動産執行の方法は，強制競売と強制管理に分かれる（民執43）。

強制競売とは，執行裁判所が，金銭債権を有する債権者の執行力のある債務名義の正本（民執22・25）に基づく申立てにより，強制競売開始決定をして，債務者所有の不動産を差し押さえ（差押え），当該不動産の現況調査，評価，物件明細書の作成の後，最低売却価額を決定し，入札等の売却の方法を定めて売却（換価）を実施し，買受人から納付された代金をもって債権者らに配当等を実施して，債権者の債権の弁済に充てる（債権者に満足を与える）という手続である（民執45〜92）。なお，この手続をもっぱら準用するものとして，不動産競売（民執181・188）及び形式的競売（民執195）がある。不動産競売とは，不動産を目的とする担保権の実行として，担保物を売却してその代金をもって債権者の債権の弁済に充てるもの，形式的競売とは不動産を換価するために不動産執行の手続を準用するものである。担保権の実行としての不動産競売や形式的競売は，不動産強制競売とは本質（根拠）を異にするが，国家機関の関与による換価等の手続である点では類似するので，民事執行法は，その共通するところは同一の手続に服するように定めたものである。

強制管理とは，執行裁判所が，強制競売と同様に債務者所有の不動産を差し押えるが，それを換価することなく，選任した管理人に管理させて，それによって得られた収益を換価及び配当の実施によって債権者の債権の弁済に充てるという手続である（民執93〜111）。

強制競売は，元本執行として，債務者所有の不動産を目的とし，これを換価して債権回収を図るのに対し，強制管理はその不動産から生じる収益を目的としてそれにより債権回収を図るものである。

1つだけを選択しても，又は両者を併用することも可能である（民執43）。

不動産執行での「不動産」は，民法（民86①）の概念と異なり，登記ができ，その対象として妥当なものが明定されている（民執43）。また，特別法の定めにより「不動産」とみなされるものもある（立木ニ関スル法律1，工抵14①，鉱業12等）。

［森岡］

不動産所在地の裁判籍

不動産に関する訴えについては，当該不動産の所在地について任意選択的な特別裁判籍が認められている（民訴5⑫）。すなわち，当該不動産の所在地を管轄する裁判所に訴えを提起することができる。当該不動産に利害関係を有するものが近くに住んでいることも多く，またその現状についての証拠調べを行うのに便利であることなどから認められた。

不動産に関する訴えとは，不動産を直接又は間接に目的とする権利関係に関する訴訟をいい，不動産の所有権などの確認請求，これに基づく引渡し，明渡し，移転登記請求，分割の訴え，境界（けいかい）確定の訴えの他，売買や賃貸借に基づく引渡し請求とか移転登記請求などである。不動産売買の代金請求とか単なる賃料請求はこれに該当しないが，不動産から生じた損害賠償請求については適用があると解されている。

［森岡］

不動産引渡命令

執行裁判所がする，競売不動産の買受人からの申立てにより，債務者（所有者）又は一定の要件に該当する占有者に対し，競売不動産を買受人に引き渡すことを命ずる決定をいう（民執83①）。これは，本訴の判決を待つまでもなく，買受人に債

務名義を取得させるもので（民執22③），執行手続内で，簡易・迅速に買受人に競売不動産の占有を確保させようとする規定である。

申立人になれるのは，代金全額を納付した買受人及びその一般承継人である。特定承継人（競売不動産の譲受人など）は入らない。

相手方は，担保権実行としての競売ならば所有者，強制競売なら債務者（所有者）と，それぞれの一般承継人，そして後述の占有者である。申立期間は，代金を納付した日の翌日から起算して6か月以内にしなければならない（民執83②）。決定手続であるから，審尋するか否かは自由であるが，相手方が所有者や債務者，それぞれの一般承継人以外の占有者であるときは必ず審尋しなければならない（民執83③本。なお，民執83③但）。執行裁判所は，物件明細書の記載の内容に拘束されることはなく，独自に判断する。確定によって効力が生じる（民執83⑤）。不服ある者は執行抗告ができる（民執83④）。買受人は引渡命令が確定後，執行文付与を受けた上で，一般の不動産の引渡・明渡請求権の執行方法により強制執行することとなる（民執168）。

占有者の要件（民執83①）に関し，誰に対する「権原」かにつき争いがあり，通説は債務者（所有者）に対するものと解しているが，引渡命令制度の機能低下につながるので，執行実務ではそれを前提にしつつも，実際の必要から相手方の範囲を拡張して適用する例もあり，判例もこれを是認する傾向にある。　　　［森岡］

不当執行　⇨　「違法執行・不当執行」

不当提訴

原告の訴え提起行為自体が不法行為の要件に該当する場合をいう。弁護士費用は訴訟費用に含まれないと解されており，勝訴当事者が支出した弁護士費用を訴訟費用として敗訴当事者に負担させる一般的制度はないが，不当提訴の場合，被告は応訴という不当な負担を強いられているので，一般の不法行為の理論により，確定した事件の勝訴当事者である被告は敗訴原告に対し，その訴訟を追行するのに必要になった弁護士費用を通常生ずべき損害として賠償請求できると解されている（大判昭18・11・2民集22・1179，最判昭63・1・26民集42・1・1）。ただ，これを認めることで逆に正当な権利である原告の裁判を受ける権利の不当な制約にならないよう，訴権の濫用のような場合とか，相手方に故意又は重過失があり，相手方の主張する訴訟物には根拠がなく，裁判制度の趣旨・目的に照らし社会的相当性を著しく欠くような場合に限定して不法行為の成立が認められるものと解されている。
　　　　　　　　　　　　　　　　［森岡］

不当判決

内容が不当である判決，すなわち，裁判所の権利又は法律関係（訴訟物）についての判断が，実体法的にみて間違っていた（不当な認定がなされた）判決をいう。瑕疵（かし）ある判決の1つで，手続法に違反した違法認定判決とは区別される。裁判が人によってなされる以上，裁判所自身が実体法の解釈・適用や事実認定を間違えたりするとか，あるいは当事者による虚偽の訴訟資料の提供によって生じうる。その是正方法については，手続法上，判決による紛争処理の安定性の要求から，当然に無効とする（後日の無効主張を認める）のではなく，上訴によって争うか，判決確定後は再審によってのみ取り消しうるとするのが原則とされている。ただ，例外的に，確定判決の不当取得のような場合などに判決の無効を認め，後

訴での無効主張も許している。このように不当判決にも通用力が認められるところ，この理論的な説明に関しては争いがあり，従来から既判力の本質論の中で論じられており，意見が鋭く対立しているところである。　　　　　　　　　[森岡]

不熱心訴訟追行

当事者が正当な理由なしに期日に欠席するなど，訴訟の追行に不熱心な場合があるが，これを放置しておくと，当該訴訟が不当に遅滞するだけでなく，他の訴訟にも悪影響が生じるし，ひいては裁判制度に対する信頼を失うおそれもある。法は，不熱心な訴訟追行に対処するため，当事者の双方又は一方が口頭弁論期日に出頭せず，又は弁論をしないで退廷をした場合には，審理の現状及び当事者の訴訟追行の状況を考慮して相当と認めるときは，終局判決をすることができるとした（ただし，出頭した当事者があるときは，その者の申出を要する（民訴244））ほか，当事者双方が口頭弁論もしくは弁論準備期日に出頭しない等の場合に1月以内に期日指定の申立てをしないときや，期日に連続して2回出頭しない等のときには，訴訟追行の意思がないものとして，訴えの取下げがあったものとみなすこととしている（民訴263。上訴審における当事者双方の不出頭等の場合は，上訴取下げとみなされる（民訴292②・313））。[内山]

不服の申立て

裁判機関の裁判，裁判所書記官の処分などにより不利益を受けた者が，同一・上級又は他の裁判所に，その裁判等の取消し・変更を求める申立てを総称していう。上訴（控訴（民訴281以下）・上告（民訴311以下）・抗告（民訴328以下）），特別上訴（特別上告（民訴327・380②）・特別抗告（民訴336）），再審（民訴338以下）の各申立てのほか，異議の申立て（手形・小切手判決に対する異議（民訴357・367②）・少額訴訟判決に対する異議（民訴378）・支払督促に対する督促異議（民訴390・393）や受命裁判官・受託裁判官の裁判に対する異議（民訴329）・裁判所書記官の処分に対する異議（民訴121）等）などがある。
　　　　　　　　　　　　　　[山口]

不変期間・通常期間

法定期間のうち，法律が不変期間と明示しているものを不変期間といい，それ以外の期間を通常期間という。不変期間は，主として裁判に対する不服申立期間であり（民訴285・313・332・342①・357・393等），訴訟の画一的処理のために不変期間とされているのであるから，伸長・短縮はできない（民訴96①但）。ただし，その期間を実質的に保障するため，遠隔の地に住所等を有する者のために付加期間を定めることができるし（民訴96②），当事者がその責めに帰することができない事由によって不変期間を遵守できなかった場合には，追完が許される（民訴97①）。これに対し，通常期間は，原則として，裁判所による伸縮が許され（民訴96①，民訴規38。例外は民訴97②・112等），追完は許されない。　　　　　[棚澤]

不法行為地の裁判籍

普通裁判籍（民訴4）に対し，特定の事件について認められる民事訴訟法上の特別の裁判籍の1つで，不法行為に関する訴えにつき，不法行為地の裁判所に認められた裁判籍である（民訴5⑨）。

不法行為に関する訴えは，不法行為地の裁判所で審理すれば立証が容易であり，被害者もその地に居住していることが多く，審理も迅速に行われ，訴訟費用も少額ですむという点を考慮して定められている。「不法行為に関する訴え」とは，不

法行為責任に基づく権利義務を目的とする訴えであり，民法709条以下所定の不法行為に限らず，民法の他の規定，又はその他の特別法に定められた不法行為を含む（例えば，国賠1・2，鉱業109，自賠3，労基75，製造物3，郵便68，鉄営11ノ2，民訴260②）。「不法行為地」とは，不法行為が行われた地のみならず，その損害発生地を含む（東京地判昭40・5・27下民16・5・923）。　　　　　　　［神山］

不要証事実　⇒「要証事実・不要証事実」

不利益変更禁止の原則

上訴審が審判するに際し，原審の判決を上訴人に不利益には変更できないという原則をいう。上訴審の審判の範囲は，当事者の不服申立ての限度内に限られるから（民訴296・304・313・320），相手方からの独立の上訴又は附帯上訴によって不服申立ての範囲が拡張されない限り，上訴人は，自己の不服申立ての限度を超えて原判決以上に不利益な判決を受けることはない。例えば，100万円の訴求債権について50万円しか認容されなかった原告だけが控訴し，附帯控訴がない場合，控訴審が訴求債権がそもそも認められないと判断しても，控訴人の不利益に変更できないから，控訴が棄却されるにとどまる。

不利益変更禁止の原則は，裁判所が当事者の申立てに拘束されない分野では適用がないから，訴訟費用の裁判（民訴67②）・仮執行の宣言（民訴259）・職権調査事項などには適用されない。　［山口］

文書

狭義には，文字又はこれに代わる記号によって作成者の思想内容を表現している有形物をいう。文字は日本語のほか外国語でもよく，記号は文字の代用物として通用する暗号・点字などを含む。思想は，一定の判断・記憶・感想・感情などの人間の意識内容であり，これを表現する有形物は紙片に限らず，何でもよい。文書の思想内容を証拠資料とする取調べは書証（民訴219以下）であるが，文書の性質・状態を証拠資料とする取調べは検証である。文書は，⒤作成者によって公文書と私文書に，⒒形式によって原本・正本・謄本・抄本に，⒓法律行為が記載されているか否かによって処分証書と報告証書に分類できる。図面，写真，録音テープなどの情報を表わすために作成された物件は，文字その他の記号が用いられていないから，前記の意味での文書とはいえないが，文書に準ずる物件（準文書）として，書証の手続で取り調べる（民訴231）。準文書を含めて広義の文書という。　　　　　　　　　　　［内山］

文書送付嘱託

裁判所が，当事者の申出を受けて，文書の所持者に対し，文書の送付を依頼することをいい，当事者のその旨の申立てを送付嘱託の申立て（民訴226）という。当事者が法令により文書の正本又は謄本の請求をすることができるときは，自らがすべきであるから，この申立てをすることはできない（民訴226但）。裁判所が申立てを認容するときは，送付嘱託の決定をし，裁判所書記官が嘱託する（民訴規31②）。所持者からの文書の送付は，原本・正本又は認証謄本をもってされ（民訴規143），送付された文書は，そのままでは証拠資料とはならず，裁判所が口頭弁論又は弁論準備手続期日に提示し，当事者は，その全部又は一部を書証として提出することになる。送付嘱託は，文書の所持者に提出義務があるか否かを問わず，任意の提出を求めるものであるから，所持者

が提出しなくても、制裁はない。送付嘱託の決定又は申立てを却下する決定については、独立して不服申立てをすることはできない。　　　　　　　　　［内山］

文書提出義務

文書の所持者が、一定の場合に、裁判所に対し所持している文書を提出しなければならない公法上の義務をいう。文書を提出しなければならない場合については、民事訴訟法220条に規定されており、平成8年改正前の旧民事訴訟法312条においても提出義務のあった1号ないし3号（いわゆる引用文書、引渡し・閲覧可能文書、法律関係文書）の文書に加え、その余の文書については、除外事由に該当しない限り、提出義務を負うものとして、文書提出義務が一般義務化された（民訴220④）。その除外事由は次のとおりである。すなわち、㋑文書の所持者又は文書の所持者と民事訴訟法196条各号に掲げる一定の関係を有する者についての同条に規定する事項が記載されている文書（刑事訴追・名誉侵害文書）、㋺同法197条1項2号に規定する事実又は同項3号に規定する事項で、黙秘の義務が免除されていないものが記載されている文書（秘密文書）、㋩専ら文書の所持者の利用に供するための文書（自己使用文書又は内部文書）である。これは、文書提出命令の制度が、適正かつ公平な裁判の実現のために、証拠の偏在を是正することを目的とするものであるところ、上記旧民事訴訟法において限定的に列挙されていた1号ないし3号では不十分であったため、刑事訴追文書や秘密文書等を除き、一般的に提出義務があることにされたものである。

なお、公務文書については、民事訴訟法の文書提出義務からは除外されており、別途情報公開制度の検討と並行して検討がされている（民訴附則27）。　　［岡］

文書提出命令

裁判所が、申立てにより、文書提出義務があると認めた場合に、当該文書の所持者に対し、文書の提出を命じる決定をいう。訴訟当事者に相手方又は第三者が所持する文書を証拠として使用させることを目的とする制度であるが、特に、消費者訴訟や公害訴訟等の現代型訴訟においては、証拠が一方の当事者に偏在していることが多く、これを是正し、適正かつ公平な裁判を実現するために、新民事訴訟法（平成8法109）においては、前記のとおり文書提出義務の範囲を拡大するなどの改正がなされた。

申立てにかかる文書の一部に取調べの必要がないと認める部分や提出義務があるとは認められない部分があるときは、その部分を除いて提出を命じることができる（民訴223①）。また、民事訴訟法220条4号所定の除外事由の存否を審理する際には、申立てにかかる文書の所持者に対して当該文書を提示させ、裁判所だけがこれを見て除外事由の存否を判断する手続（いわゆるイン・カメラ手続）も用意されている（民訴223③）。

当事者が文書提出命令に従わないときは、裁判所は、当該文書の記載に関する相手方の主張を真実と認めることができるほか、相手方が当該文書の記載に関して具体的な主張をすること及び当該文書により証明すべき事実を他の証拠により証明することが著しく困難であるときは、当該文書により証明すべき事実に関する相手方の主張を真実と認めることができる（民訴224）。第三者が文書提出命令に従わないときは、裁判所は、決定で20万円以下の過料に処する（民訴225①）。

［岡］

文書特定手続

文書提出命令の申立ては，文書の表示，文書の趣旨，文書の所持者，証明すべき事実及び文書提出義務の原因を明らかにしてしなければならない（民訴221）が，証拠が偏在している場合には，申立人は当該文書に関する情報が足りないため，文書の表示及び趣旨を明らかにすることが困難である。このような場合には，申立てにおいては，文書の所持者がその申立てにかかる文書を識別することができる事項を明らかにすれば足りる（民訴222①）。その後，所持者においてこれらを明らかにするか，証拠調べをしてこれらを明らかにすることになる（民訴222②）。　　　　　　　　　　　　　　　　　　　　　　　　[岡]

文書の形式的証拠力 ⇨ 「形式的証拠力・実質的証拠力」

文書の実質的証拠力 ⇨ 「形式的証拠力・実質的証拠力」

文書の証拠力

文書の記載内容である作成者の思想が証拠として役に立つかどうかという文書の効力をいう。文書は，作成者の思想内容を記載したものであるから，文書に証拠力があるというためには，まず当該文書について挙証者が作成者と主張する特定人の思想内容を表現したものであることが証明される必要があり（形式的証拠力），次いで，その作成者の思想内容が要証事実について証拠としてどれだけ役に立つかが問題とされることになる（実質的証拠力）。このように，文書の証拠力は2段階に分かれて評価される。　[棚澤]

文書の真否

文書の真正とは，文書が挙証者の主張する特定人の意思に基づいて作成されたものであることをいう。文書の真正は，文書の形式的証拠力の基礎となる。

文書の真正につき当事者間に争いがある場合には，文書の真正に関する証明を要する（民訴228①）。もっとも，当該文書が，公務員が職務上作成したものと認められるときは，真正な公文書と推定される（民訴228②）。また，私文書については，本人又は代理人の署名又は捺印（なついん）があるときは，真正な私文書と推定され（民訴228④），更に，文書上の印影がこれらの者の印章により顕出されている場合には，特段の事情のないかぎりその者の意思に基づいて押捺されたものと事実上推定され（最判昭39・5・12民集18・4・597），結局，文書の真正が推定される（いわゆる二段の推定）。そのため，挙証者が主張する特定人の署名であるかどうか，同人の印章により顕出された印影であるかどうかが問題となることが少なくないが，裁判所は，筆跡等の同一性を判断するために，対照用文書の提出を命じることもできる（民訴229②）。

文書の成立が真正であるときは比較的確実な証拠となることが多い反面，その真正を不当に争う場合にはいたずらに訴訟を遅延させることになるので，当事者又はその代理人が，故意又は重大な過失により真実に反して文書の真正を争った場合には，裁判所は決定により10万円以下の過料に処する（民訴230①）という制裁が定められている。　[岡]

文書の成立の真正

文書が，挙証者の主張する特定人の意思に基づいて作成されたことをいう。文書の成立の真正について争いがあるときには，挙証者がこれを証明しなければならない（民訴228①）。裁判所は，自由心証により文書の真否を認定するが（民訴247），法は公文書と私文書とを区別して

文書の成立の真正についての推定規定を設けている(民訴228②④)。これらの推定を覆すためには，相手方は反証しなければならない。　　　　　　　　　　[棚澤]

紛争解決説　⇨　「民事訴訟制度の目的」

丙号証　⇨　「甲号証・乙号証・丙号証」

併行審理主義　⇨　「集中審理主義・併行審理主義」

併合請求の裁判籍

1つの請求について管轄権がある場合，本来その裁判所に管轄権のない他の請求についても管轄権を認めたものであり(民訴7)，関連裁判籍の一種である。複数の請求事件をなるべく一括して処理できるようにして当事者の便宜を図るとともに訴訟経済に役立てることを考慮して定められている。

併合請求の形態としては，訴えの客観的併合(民訴136)と訴えの主観的併合(民訴38)とがある。客観的併合の場合について本条の本文の適用があることには異論はなかったが，主観的併合の場合に適用されるか否かについては，従来，学説・判例のうえで争いがあった。すなわち，主観的併合の場合にも適用を認める積極説，主観的併合の場合には適用を認めない消極説，主観的併合のうち，共同被告に対する各請求間に実質的な関連性のある場合は適用を認めるが，実質的な関連性がない場合には適用を認めない折衷説である。新民事訴訟法(平成8法109)は，この点につき，民事訴訟法7条ただし書にあるように，折衷説に立つことを明らかにし，共同訴訟のうち，各被告に対する請求の間に実質的関連性のある場合(民訴38前)には，本条本文の適用を認め，実質的関連性のない場合(民訴38後)には本条本文の適用を否定した。

同法7条による管轄権を生じさせる目的のみをもって，本来訴訟追行の意思も必要性もない請求を併合提起したことが明らかな場合は，管轄選択権の濫用が問題になる(札幌高決昭41・9・19高民19・5・428)。　　　　　　　　　　[神山]

併合の訴え

単一の訴え(1人の原告が1人の被告との関係で1個の請求につき判決を求める訴え)に対する概念で，複数の原告又は被告，あるいは複数の請求を含む訴えである。態様としては，客観的併合(民訴136)と主観的併合(共同訴訟。民訴38)がある。

客観的併合の要件としては，同種の訴訟手続による場合に限られる(民訴136)。併合の態様としては，単純併合・予備的併合及び選択的併合に分かれる。

主観的併合は，訴訟の目的である権利又は義務が，ⅰ数人について共通であるとき，ⅱ同一の事実上及び法律上の原因に基づくとき，ⅲ同種であって事実上及び法律上同種の原因に基づくときに許される(民訴38)。種類としては，通常共同訴訟，必要的共同訴訟(民訴40)，同時審判申出共同訴訟(民訴41)がある。客観的併合の場合と同様，単純併合・予備的併合・選択的併合が考えられるが，後2者が許容されるかについては争いがあり，判例(最判昭43・3・8民集22・3・551)は訴えの主観的予備的併合を否定している。　　　　　　　　　　[神山]

別除権（破産法）

破産法は，破産財団に属する所定の財産の上に，破産宣告前から存する実体法上の担保権及びこれに類する権利の優先的地位を認め，破産手続によることなく，

優先的・個別的に弁済を受けることとしており，この権利を別除権という。別除権者は，破産債権者であることが多いが，物上保証人が破産した場合のように，別除権者ではあるが，破産債権者でないという場合もある。他方，破産債権者が第三者の財産など破産財団に属しない財産の上に担保権を有している場合は別除権とならない。ただし，破産者の自由財産の上に担保権を有する債権者は，その権利の行使について別除権の規定が準用されている（準別除権（破97））。

破産宣告前に成立した特別の先取特権・質権・抵当権（破92）・商事留置権（破93）及び共有者の有する共有物の保存管理費用等共有に関する債権（破94，民259・264）などのほか，譲渡担保・仮登記担保などのいわゆる非典型担保権もこれに属する。

別除権は破産手続によらないで行使する（破95）。その行使は別除権の基礎である権利に応じてその担保権の通常の実行方法による。別除権者が目的物を所持するときはその旨及び債権額を破産管財人に届け出ることを要し（破143①④），管財人は目的物の提示を求めてこれを評価することができ（破195），適当と認めれば被担保債権を弁済して目的物を受け戻すことができる（破197⑭）。別除権者が自ら別除権を行使しないときは，管財人は民事執行法の規定する換価方法によって換価することができ，別除権者はこれを拒むことができない（破203①）。別除権者が同時に破産債権者である場合には，別除権を放棄した額又は別除権の行使によって弁済を受けることができない債権額についてのみ破産債権者として権利を行使することができる（残額責任主義（破96））。この場合，別除権者は債権届出の際に予定不足額をも見積もって届け出なければならず（破228②），さらに各配当の除斥期間内に別除権の目的物の処分に着手したことを証明しかつその処分によって生じる残額を疎明しなければ配当から除斥される（破262）。疎明した残額に対する配当額は残額の確定に至るまで寄託されるが（破271③），最後の配当の除斥期間内に別除権の行使を完了させ，その結果から不足額を具体的に証明しなければ配当から除かれる（破277）。

このように，現行の破産法は，破産管財人による別除権の目的物の換価方法を限定する反面，別除権を有する破産債権者の配当参加を厳しく制限しており，実務上支障が生じているため，法務省民事局参事官室作成の倒産法制に関する改正検討事項（平成9年12月）においては，これらの点が改正事項としての検討対象とされている。

また会社更生手続においては，更生担保権としてその権利を認められている（会社更生123①）。　　　　［神山］

別除権（民事再生法）

再生財団に属する所定の財産の上に，再生手続開始前から存する実体法上の担保権及びこれに類する権利の優先的地位を認め，再生手続によることなく，優先的・個別的に弁済を受けることができる権利をいう。民事再生手続においては，民事再生法53条所定の権利を有する別除権者はその権利行使により弁済を受けることができない債権額について再生債権者としてその権利を行使することができる（民事再生88）。　　　　［小野寺（忍）］

別訴禁止主義

ある請求について訴訟が係属すると，これと同一の生活関係に関連する他の請求については，独立した別訴を提起することができず，また，当該訴訟が終了した後は改めて訴えを提起することができ

ないとする主義をいう。異なる請求について問題とするものであるから，同一請求について問題となる二重起訴の禁止や既判力とは，作用場面を異にする。この主義は，同一の生活関係についての紛争を早期かつ一挙に解決し，法律関係の安定を図ることを目的とするもので，その要請が強い人事訴訟（婚姻事件や養子縁組事件等（人訴9・26・32））で採用されている。別訴禁止主義に違反して提起された別訴は，不適法として却下される（大判大10・2・8民録27・237等）。なお，執行関係の迅速処理のため，執行文付与に対する異議の訴えや請求異議の訴えにおいて異議事由の同時主張が強制されているが（民執34・35），これがこの主義に基づくものかについては理解が分かれている。　　　　　　　　　　　　　　[山口]

便宜訴訟の禁止 ⇒ 「任意訴訟の禁止」

変更判決 ⇒ 「判決の変更」

弁護士

当事者その他関係人の依頼又は官公署の委嘱によって，訴訟事件，非訟事件及び審査請求，異議申立て，再審査請求等行政庁に対する不服申立事件に関する行為その他一般の法律事務を行うことを職務とする者をいう（弁護3①）。弁護士となる資格は原則として司法修習生として修習を終了した者に与えられるが，最高裁判所の裁判官の職に在った者，5年以上法律で定める大学の法律学の教授・助教授の職に在った者など一定の事由に該当する者にも例外的にその資格が与えられる（弁護4・5）。弁護士となる資格を有する者であっても，日本弁護士連合会に備えられた弁護士名簿に登録しない限りは弁護士としての職務を行うことはできない（弁護8）。弁護士でない者が法律事務を取り扱うことは禁止されており，その違反者に対しては刑罰の制裁が科せられる（弁護72以下）。このように独占的に法律事務を行う反面，弁護士自身の職務遂行についても多くの制約が課せられ，弁護士法の定める制限のみならず，弁護士倫理，弁護士会の会則による制約にも服している。そして，その非行については弁護士会による懲戒も認められている（弁護56以下）。

なお，近時，外国弁護士となる資格を有する者につき，職務範囲等についての制約はあるが，弁護士業務を行いうる「外国法事務弁護士」という制度も導入されている（外国弁護士による法律事務の取扱いに関する特別措置法参照）。　[柴谷]

弁護士会

弁護士の使命及び職務に鑑（かんが）みその品位を保持し，弁護士事務の改善・進歩を図るため弁護士の指導・連絡・監督に関する事務を行うことを目的として設立される法人（弁護31）をいう。原則として，地方裁判所の管轄区域ごとに設立される（弁護32）。基本的人権を擁護し，社会正義を実現するという弁護士の使命（弁護1①）から，国家権力と対立することも多く，国家機関による監視・監督に馴染（なじ）まない弁護士という職務の性質，及び，弁護士に対する社会の信頼を守るためにも弁護士の非行を自浄する必要性もあることなどから，弁護士会という制度が認められている。なお，全国の弁護士会によって弁護士及び弁護士会の指導・連絡及び監督を目的として設立されているのが，「日本弁護士連合会」である。　　　　　　　　　　　　　　　　[柴谷]

弁護士強制主義

民事訴訟において，法定の資格をもつ

弁護士でなければ裁判所の訴訟手続に関与できないものとし、当事者は必ず弁護士を依頼すべきとする法制度をいう。

訴訟は専門的知識と経験を必要とするものであり、訴訟活動は専門家に委ねた方が本人の権利保護のみならず訴訟の効率的運営という観点からも望ましいという考え方に基づく。現行民事訴訟法は、この制度を採らず、当事者自らが訴訟手続を遂行することを許す本人訴訟を認め、代理人を選任するか否かは当事者の自由とされ、ただ、代理人を選任する場合には、原則として弁護士でなければならない（民訴54①）とされているに止まる。
　　　　　　　　　　　　　　　［柴谷］

弁護士代理の原則

現行民事訴訟法は、弁護士強制主義を採らず本人訴訟を認める一方で、訴訟代理人を選任する場合には、原則として弁護士でなければならないとう制度を採用し、訴訟代理人の資格を制限している（民訴54①。例外は民訴54①但）。これを弁護士代理の原則という。弁護士代理の原則違反の効果については争いがある。この点、⒤代理人資格の制限は、弁論能力を制限したものに過ぎず、非弁護士の訴訟行為は当然には無効とならないと解する有効説、ⅱ代理人資格の制限は代理権の発生・存続のための要件であり、非弁護士の訴訟行為は当然に無効となると解する無効説などもあるが、判例は、ⅲ非弁護士の訴訟行為を無権代理人の行為と捉え、当事者の追認により有効になると解する追認説の立場に立っている。なお、業務停止の懲戒処分を受けている弁護士がなした訴訟行為の効果については、やはり、同様の対立があるが、判例（最判昭42・9・27民集21・7・1955）は、業務停止中はいまだ弁護士資格を失っていないと考え、有効説の立場に立っている。　　［柴谷］

弁護士付添命令

当事者等が訴訟関係に関する言語表現能力を持ち合わせておらず、訴訟関係が不明瞭となる場合に、裁判所はかかる当事者等の陳述を禁止する裁判を行い口頭弁論のために新たな期日を定めることができるが（民訴155①）、この際、必要と認めるときは、弁護士の付添いを命じることができる（民訴155②）。この弁護士の付添いを命じる命令を弁護士付添命令という。現行民事訴訟法は、弁護士強制主義を採用しなかったため、弁論能力を欠く当事者等が訴訟手続に関与することもある。その際、訴訟手続の円滑・迅速な進行と司法制度の健全な運営を図るための補完的制度として、かかる弁護士付添命令という制度を設けているのである。なお、弁護士付添命令に基づき生じた弁護士費用は、訴訟費用となる（民訴費2⑪）。
　　　　　　　　　　　　　　　［柴谷］

弁護士費用

弁護士に事件処理の依頼をした場合に弁護士に支払う費用をいう。通常は、受任時に支払われる「着手金」、終了時に支払われる「報酬金」、交通費・通信費等の「実費」を総称して用いられる。裁判にかかる費用のうち弁護士費用は、弁護士付添命令（民訴155②）による場合を除き、原則として訴訟費用（訴訟につき裁判所及び当事者が支出した費用の中で民事訴訟費用法の定める範囲のもの）には含まれない。弁護士費用については、その範囲を明確にし、依頼者の費用予測に役立てるべく、各弁護士会で「弁護士報酬規則」としてその標準的な額を定めている。
　　　　　　　　　　　　　　　［柴谷］

弁護士法

昭和24年法律205号。弁護士の使命及び職務、弁護士の資格・登録・資格審査、

その権利義務のほか、弁護士会及び懲戒に関する事項を規定した法律である。弁護士法は、第2次大戦前から存していたが、その当時は、弁護士の地位は他の2者すなわち裁判官・検察官という官僚に比べ一段低いものとされていた。ところが、終戦後、現行憲法が制定され、人権擁護という弁護士の職責が重視されるに至り、その地位を高めるべく、現行弁護士法が制定された。なお、弁護士法は、弁護士の遵守しなければならない法律上の義務を定めているが、弁護士の遵守しなければならない義務は、これのみに止まらず、弁護士としての品位を害し、司法に対する国民の信頼を失わせる行為を禁じるものとして、「弁護士倫理」による義務をも負っている。　　　　［柴谷］

弁済禁止の仮処分

法的倒産処理手続において、債務者（倒産者）の財産の不当減少を防止するために、裁判所が債務者に対して、保全処分決定の日以前に生じた原因に基づく債務（旧債務）の弁済を一律に禁止することを命ずる仮処分をいう（破155①、商432・437、民事再生30、商386②、会社更生39①）。この仮処分は、倒産処理手続の一環としてなされる特殊仮処分であって、民事保全法上の仮処分とは区別される。実務では、債務の性質、業務の継続等の見地から、雇用契約上の債務、少額債務、電気・ガス・水道・電話・通信各料金債務などは弁済禁止債務の範囲から除かれる例が多い。

この保全処分に違反してなされた弁済の効力については、民事再生手続の関係ではその再生債務者が悪意であった場合に限り弁済の効力を主張できないとされており（民事再生30⑥）、その他の倒産処理手続においても、明文の規定はないが同様に解してよかろう（会社整理については商387①後・12参照）。　　　　［川谷］

片面的独立当事者参加

係属中の訴訟に一定の利害関係を有する第三者が、自己の請求を掲げて従前の訴訟の当事者の一方（原告又は被告）を相手方（参加被告）とし、当事者（参加原告）として参加することをいい、訴訟係属中の新訴の一形態である。このような片面的参加が許されるかどうかについては平成8年改正前の旧民事訴訟法下では争われていた（判例は消極的）が、新法（平成8法109）はこれを適法として認めた（民訴47①）。参加申出人と従前の当事者の一方との間に実質的な争いがなければ、その者に対する訴訟上の請求を掲げさせる必要がないと考えられるからである。
［川谷］

弁論

民事訴訟における口頭弁論のことであり、狭義では当事者が口頭弁論期日に受訴裁判所に口頭で本案の申立て及び攻撃防御方法の提出その他の陳述をする行為を指す（民訴87①）が、広義では当事者の行為のほか、裁判所が口頭弁論期日に行う訴訟指揮・証拠調べ及び裁判の言渡しをも含めた審理の方式ないし手続を意味する（民訴148①・152・153・160・249等）。終局判決をするために開かれる弁論（民訴87①本）を必要的口頭弁論といい、決定で裁判すべき事件について裁判所の裁量で開かれる弁論（民訴87①但）を任意的口頭弁論という。また、必要的口頭弁論のうち、争点・証拠の整理手続を行うために開かれる弁論を特に準備的口頭弁論という（民訴164）。　　　　［川谷］

弁論権

訴訟上問題となる事項について当事者には訴訟資料及び証拠を提出する機会が

与えられており，当事者に与えられたこの法的地位を弁論権という。弁論権は当事者権の一内容をなす権利である。裁判所は，この機会を与えずに判決をすることができない。この弁論権の行使を保障するため，当事者には期日の呼出しを受けて期日に立ち会うことや訴訟記録の閲覧をすることが認められているのである。

[川谷]

弁論兼和解

弁論兼和解とは，裁判官・当事者本人・訴訟代理人が法廷以外の準備室などで，争点の整理をするとともに，和解を試みる審理方式をいうものと一般に理解されている。この審理方式は，実務家によって新たに考案された旧法（平成8年改正前の民事訴訟法）下における審理手続で，早期に争点を明確にできるという長所があったが，明文の根拠規定がないことから種々の問題点も指摘されていた。そこで新民事訴訟法（平成8法109）は争点及び証拠の整理手続（民訴164以下）を整備することによって，この弁論兼和解の長所を活かしつつその問題点も解決したので，弁論兼和解という審理方式は，上記新法下では許されないようになったものといえる。

[川谷]

弁論主義

弁論主義とは，判決の基礎となる事実と証拠（訴訟資料）は当事者の提出したものに限られるとする手続原則をいい，裁判所が訴訟資料の収集にあたる職権探知主義と対立する概念である。なお広義では，処分権主義をも含む意味で用いられることもある。狭義の弁論主義の具体的内容は，次の3つの命題に分けて説明される。⒤判決の基礎となる事実は当事者が口頭弁論において主張したものに限られる（主張責任）。ここにいう事実とは，主要事実に限られ，証拠資料と同じ作用を果たす間接事実や補助事実は含まれないとするのが通説・判例である。したがって，口頭弁論で主張されなかった主要事実は訴訟上存在しないものとして取り扱われるから，それが証拠調べの結果認められるとしてもこれを判決の基礎として採用することはできない。また弁論主義は裁判所と当事者との役割分担に関する原則であるから，その主要事実がいずれの当事者から主張されたかは問わない（主張共通の原則）。ⅱ当事者間に争いのない事実（自白された事実）は，証拠によってこれに反する認定をすることが許されず，そのまま判決の基礎としなければならない（民訴179）。この自白の拘束力も主要事実についてのみ生ずるとするのが通説・判例である。ⅲ係争事実を証拠によって認定する場合は，必ず当事者の申し出た証拠方法によらなければならない。したがって，裁判所が職権で証拠調べをすることは禁じられる（職権証拠調べの禁止。現行法における例外は，民訴207・237等）。この証拠の申出は，いずれの当事者がこれをしたかは問わない（証拠共通の原則）。民事訴訟において弁論主義が採用される根拠については本質説・手段説・多元説などが対立しているが，民事訴訟は私的自治の原則が支配する財産関係をめぐる紛争を審判対象とするものであるから，弁論主義はその訴訟的表現であり，訴訟制度にとって本質的なものであるという本質説が通説である。弁論主義は，法規の解釈・適用など法律問題には適用されないし，また訴訟要件の存否など職権調査事項のなかには職権証拠調べが許されるものもある（民訴14等）。更に人事訴訟手続においては職権探知主義が採用されている。なお，弁論主義の補完機能を担うものとして釈明権の行使（民訴149①②），弁護士の付添命令

(民訴155②)がある。　　　　　[川谷]

弁論準備手続

弁論準備手続とは,一般公開を要しない期日に法廷外の準備室などで,争点及び証拠の整理を行う審理方式をいい,争点等の整理手続の一種である。この手続は,新民事訴訟法(平成8法109)が旧法(平成8年改正前の民事訴訟法)の準備手続を大幅に改正してその問題点を解消し,その内容を利用しやすいように改めるとともに,その名称をも改めたものである。弁論準備手続は,争点等の整理の必要性とこの手続によることの相当性とが認められるときに,裁判所が当事者の意見を聴いて,事件を弁論準備手続に付する旨の決定をすることにより開始される(民訴168)。手続の主宰者は原則として受訴裁判所である(受命裁判官について民訴171①)。弁論準備手続期日は,法廷外の準備室などで開かれ,当事者双方に立会いの機会が与えられており,一般公開は要求されていないが,特定の者の傍聴を許すことができる(民訴169②)。弁論準備手続については,口頭弁論の規定が準用されており(民訴170⑥,民訴規88),さらにこの手続でも,証拠申出に関する裁判など一定の裁判や文書の証拠調べをすることもできる(民訴170②。ただし,受命裁判官の場合を除く)。なお,当事者の一方が出頭すれば,一定の要件のもとに電話会議装置利用の方法によりこの手続を行うこともできる(民訴170③。なお170④⑤参照)。裁判所は,弁論準備手続終結に当たってその後の口頭弁論期日での証拠調べによって証明すべき事実(争点)を当事者双方に確認しなければならない(民訴170⑥・165①。なお,要約書面の提出について民訴165②)。弁論への上程等については,当事者は口頭弁論において弁論準備手続の結果を陳述しなければならない(民訴173,民訴規89)。当事者は,口頭弁論で新たな攻撃防御方法を提出したときには,相手方の要求により,弁論準備手続終結までに提出できなかった理由を説明しなければならない(民訴174・167)。
　　　　　　　　　　　　　　[川谷]

弁論の一体性　⇒「口頭弁論の一体制」

弁論能力

口頭弁論に関与して訴訟行為をするのに必要な資格をいう。弁論能力は,訴訟手続の円滑・迅速な進行を図り,司法制度の健全な運営を期するための制度である。新民事訴訟法(平成8法109)も弁護士強制主義を採用せず,本人訴訟を許しているから,訴訟能力を有する者は,原則として弁論能力を有することとなる。ただ,現実の訴訟での口頭弁論において訴訟関係を明瞭にするために必要な陳述をすることができない当事者等が現れた場合に,裁判所は,その者の陳述を禁止する決定をする(民訴155①)ことによってその審級における弁論能力を個々的に奪うことができるだけである。[川谷]

弁論の延期

口頭弁論期日の延期と同義であって,期日をいったんは開いたが,弁論が行われずに他の期日に行うこととして,その期日を終了させることをいい,訴訟指揮の裁判としてなされるものである。延期は期日が開始された後になされる点で,期日開始前になされる弁論期日の変更と区別される。弁論期日が延期されると,当事者は弁論をしないまま退廷することとなるが,延期の裁判によって民事訴訟法263条(訴え取下げの擬制)は適用されないこととなる。⇒「期日の延期」「期日の続行」　　　　　　　　　[川谷]

弁論の禁止

当事者・代理人・補佐人が弁論能力を欠くと認められる場合に，その者が口頭弁論で陳述することが禁じられることをいい，陳述の禁止ともいう。このような者の陳述を許したのではその当事者に不利益になるし，また訴訟の迅速・円滑な進行を阻害することにもなるからである。そこで法は，訴訟関係を明瞭（めいりょう）にするために必要な陳述をする能力に欠けると認められる当事者等に対して，裁判所が陳述禁止の措置をとることを認めている（民訴155①）。この陳述禁止の決定の効力は，その審級におけるその後の弁論に及ぶ。裁判所は，陳述を禁止したのであるから，弁論を続行して新期日を指定しなければならない（民訴155①）し，また必要があると認められるときは弁護士の付添いを命ずることもできる（民訴155②）。　　　　　　　　　　　［川谷］

弁論の更新

受訴裁判所を構成する裁判官が交代した場合に，当事者が新裁判官の面前で口頭弁論期日に従前の口頭弁論の結果を報告することをいう（民訴249②）。これは直接主義（民訴249①。なお民訴312②①参照）の要請に基づく手続である。従前の弁論の結果中には証拠調べの結果も含まれる。弁論の更新は，当事者双方が行うのを原則とするが，その一方が欠席した場合には出頭した他方の当事者だけで行うことができる。　　　　　　　　　　　　［川谷］

弁論の更新権　⇒　「更新権」

弁論の再開

終局判決前に，弁論終結の宣言を取り消し，弁論を再開続行する措置をいう（民訴153）。弁論の再開は，いったんは終局判決ができる状態にまで審理が尽くされたとして弁論が終結されたが，なお主張立証が十分でないと判断される場合に，裁判所の訴訟指揮の裁判により命じられる。この措置は裁判所の専権事項で，当事者に申立権はない。したがって，当事者からの再開申立ては裁判所の職権発動を促すものにすぎない。弁論の再開により訴訟手続は口頭弁論終結前の状態に戻るから，当事者は原則として新たな攻撃防御方法を提出できるようになる。　［川谷］

弁論の指揮

裁判長（単独体のときは裁判官）が口頭弁論期日で，当事者・代理人らに発言を命じたり，許したり又は無用・不当な発言に注意を与え，これに従わない者の発言を禁止したりするなど，弁論を整理する行為をいう（民訴148）。弁論の指揮は，訴訟指揮の一種であって，裁判長の訴訟指揮権に基づく事実行為としてなされるものである。　　　　　　　　　　　　　［川谷］

弁論の終結

その審級（例えば第一審）における口頭弁論を終了させる旨の裁判所の訴訟指揮上の裁判（決定）をいい，裁判長が口頭弁論期日において言い渡す方法によって当事者に告知する（民訴148①）。この措置によりその審級での審理を終えることになるから，本案判決をするための資料は，弁論が再開（民訴153）されない限り，それまでの口頭弁論に提出された訴訟資料に限られることになる。したがって，この弁論終結の措置は審理の結果，訴え（又は上訴）が不適法であること，又は適法であれば原告の請求（又は上訴人の不服の主張）の当否について，判断をすることが可能な状態に達したとき，つまり判決をするのに熟したと裁判所が判断したときに，職権でなされるものである（民訴243）。「訴訟が裁判をするのに熟したと

き」の一般的基準については、審理の対象となるべき事実の範囲の問題と審理の対象とされた事実に関して収集すべき判断材料の範囲の問題を総合して定められる必要がある。　　　　　　　［小野寺(忍)］

弁論の準備

適正で迅速な民事裁判を実現するために、争点及び証拠の整理などを目的とする手続をいう。この手続には、準備書面手続(民訴161)、当事者が主張立証に必要な情報を相手方当事者から直接入手することを目的とした当事者照会手続（民訴163）と争点及び証拠の整理手続としての準備的口頭弁論（民訴164～167)，弁論準備手続（民訴168～174)，書面による準備手続（民訴175～178）がある。

［小野寺(忍)］

弁論の制限

弁論の制限とは、訴訟上問題となる事項が複数ある場合に、ある事項だけに限定して弁論をさせる措置をいい、審理整序のため裁判所の訴訟指揮の裁判により命じられるものである(民訴152①)。弁論制限後は、制限された事項に限って弁論及び証拠調べが許されることとなり、その結果終局判決ができる状態になれば弁論を終結して判決をすることができる。そうでなければ、中間判決（民訴245）をすることもできるし、又はこの制限を取り消して他の事項の審理に移ることもできる。　　　　　　　　　　　　［川谷］

弁論の全趣旨

口頭弁論に現れた一切の訴訟資料のうちから証拠資料を除いたものをいい、証拠原因となるものである(民訴247)。弁論の全趣旨の内容としては、当事者・代理人の陳述内容はもとより、その陳述の態度、攻撃防御方法の提出時期、釈明処分により得られた資料(民訴151)，共同訴訟人の行為なども含まれる。なお、民事訴訟法159条1項（擬制自白）の弁論の全趣旨は、これとはやや異なり、弁論終結時までに行われた口頭弁論の全過程における当事者の態度をいう。　　　　［川谷］

弁論の続行

弁論期日の続行と同義であって、その期日に弁論が行われたが、次回に継続することとしてその期日を終了させることをいう。弁論の続行は、審理が十分に尽くされていない段階にあるときに裁判所の訴訟指揮の裁判としてなされるものである。弁論が続行されることによって審理はさらに続けられることとなる。⇒「期日の続行」　　　　　　　　　　［川谷］

弁論の分離

弁論の分離とは、1個の訴訟手続で請求が2個以上存する併合訴訟において、そのまま審理することが審理を複雑にし、遅延させると認められるとき、訴訟の段階いかんを問わず口頭弁論を分離し、そのうちの特定の請求を別個の訴訟として審判する訴訟指揮上の措置をいう（民訴152)。主観的・客観的併合要件（民訴38・136，行訴16～19，人訴7）を欠いているときは、必ず弁論を分離しなければならない。請求が予備的に併合されたとき、必要的共同訴訟や離婚請求の本訴と反訴のように、分離が併合の性質上許されない場合がある。弁論が分離されると、分離された請求は別個独立の訴訟手続で審理し判決されることになる。　　［石井］

弁論の併合

弁論の併合とは、官署としての同一裁判所に係属している数個の訴訟を、審理の重複を回避し、判決の統一を図るために、同一の手続に併合して審判すること

とする訴訟指揮上の措置をいう（民訴152①）。弁論の併合によって、訴えの客観的ないし主観的併合を生ずる。数個の訴訟は、同種の訴訟手続で審判されるものでなければならないが、例外として法律が特に併合を許容している場合がある（人訴7②・26・32、行訴16・19・20・38）。併合される訴訟は、主観的又は客観的に何らかの関連性がなければならない。類似必要的共同訴訟の場合には、法律が弁論の併合を義務づけている（商105③・136③・142・247・252・280ノ16・415③）。
[石井]

包括執行 ⇒ 「個別執行・一般執行」

放棄 ⇒ 「請求の放棄」

放棄調書

請求の放棄とは、原告が請求の理由のないことを自認する訴訟上の陳述である。請求の放棄は、口頭弁論等の期日においてするが、請求の放棄をする旨の書面を提出した当事者が口頭弁論等の期日に出頭しないときは、その旨の陳述をしたものとみなすことができる（民訴266）。請求の放棄が調書に記載されたときは、訴訟が終了し、その調書は、確定判決と同一の効力を有する（民訴267）。請求の放棄が調書に記載された場合に訴訟上の和解と同様に既判力が認められるかどうかについては争いがある。請求の放棄が無効な場合には、訴訟終了の効力を生じないのであり、この場合、当事者は期日の指定を申し立てて、手続の続行を求めることができ、裁判長は前記申立てがあるときは必ず期日を指定して請求の放棄が無効であるかどうかを調べなければならない（東京高判昭42・4・21下民18・3＝4・407）とする判例がある。
[石井]

報告証書 ⇒ 「処分証書・報告証書」

法人格否認と民事訴訟

法人格が全くの形骸（けいがい）にすぎない場合、又はそれが法律の適用を回避するために濫用される場合においては、法人格が否認され、法人とその背後に存在する実体を実体法上同一のものとして扱う法理を「法人格否認の法理」という（最判昭44・2・27民集23・2・511）。その実定法上の根拠は、民法1条3項である。法人格が否認される場合には、民事訴訟法上次の事項が問題となる。①訴訟主体について、法人格が否認される場合であっても、法人と背後の実体のいずれに対してもその責任を追及する訴訟を提起することができる（最判昭48・10・26民集27・9・1240）。ⅱ既判力及び執行力について、権利関係の公権的な確定及びその迅速・確実な実現をはかるために、手続の明確・安定を重んずる訴訟手続ないし強制執行手続の性格上、法人格が否認される法人と背後の実体は、手続上それぞれ独立性を有し、そのいずれか一方の受けた確定判決の既判力及び執行力は他の者に拡張されない（前記最判昭44、最判昭53・9・14判時906・88）。ⅲ第三者異議の訴えについて、ⅱの当然の帰結として、法人に対する債務名義に基き開始された背後の実体名義の財産に対する強制執行手続に対し、背後の実体が第三者異議の訴えを提起することは可能であり、法人格否認の法理を適用して債務名義の執行力を拡張することは許されない（東京高判平8・4・30判タ927・260、東京地判昭55・12・24判時1006・70）。
[石井]

法人の内部紛争

法人の代表者・役員の選任決議を争う訴訟と代表者・役員の地位の存否を争う訴訟については、被告適格者がだれかが

問題となる。ⅰ株式会社の株主総会決議を争う訴訟について、商法には決議取消訴訟に関する商法247条、決議無効確認訴訟及び決議不存在確認訴訟に関する同法252条の規定があるが、被告適格者については何も定めていない。判例は、株式会社の役員（取締役・監査役）を選任する旨の株主総会決議の取消訴訟について被告となりうるものは、当該株式会社に限られるとしている（最判昭36・11・24民集15・10・2583）。その実質的根拠は、会社は、当該訴訟の結果に最も直接の利害関係を有するものであり、また、会社を被告とすることにより判決効の拡張を受ける第三者の利益が確保されるというところにあると解される。学説上は、会社役員選任決議を争う訴訟の多くが会社内部における派閥争いであるという紛争の実体からいって、その選任決議の効力が争われている当該役員の被告適格を否定すべきではないとする説、会社と被選任役員の双方に被告適格を認めるべきであるという説がある。ⅱ商法257条所定の取締役解任の訴えについて、判例は、会社と取締役双方を被告とすべき固有必要的共同訴訟であるとしている（最判平10・3・27民集52・2・661）。その理由とするところは、この訴えは形成の訴えであるとともに、取締役に対する手続保障の観点からも双方に当事者適格を認めるべきであるというものである。前記ⅰの判例との関係が問題となろう。ⅲ取締役の選任無効（商252）、決議取消し（商247）、取締役解任の訴え（商257③）を提起する事由があるときには、その取締役の職務執行停止の仮処分が認められる。この仮処分の債権者は、株主又は取締役・監査役である。債務者については、前記ⅱの判例の趣旨からすると会社と取締役双方ということになろう。この仮処分決定があると登記を嘱託する（民保56）。この仮処分に対世効があることを前提としたものである。職務執行停止仮処分が発令された後、それに伴って職務代行者を選任する仮処分も発令されることが少なくない。このような場合、本案訴訟において会社を代表すべき者は、職務の執行を停止された代表取締役ではなく、代表取締役職務代行者である（最判昭59・9・28民集38・9・1121）。　　　　　　　　　　［石井］

法曹一元

「法曹一元」という用語は次のとおり多義的に用いられている。ⅰ裁判官・検察官は弁護士からも任用し、その間の交流を円滑に行うこと、あるいは裁判官は弁護士・検察官からもできる限り任用すること。ⅱ裁判官・検察官及び弁護士が司法制度のにない手としての共同の使命を自覚し、相互に他の職務を理解し尊重し合うとともに、これらの三者が親密感・一体感をもち、三者一体となって司法制度の適正な運営に協力すること。ⅲ裁判官及び弁護士の養成の第一段階を統一的に行うこと。ⅳ裁判官又は裁判官及び検察官の給源をもっぱら弁護士の経験がある者に求めること、あるいは裁判官の給源をもっぱら弁護士・検察官等の経験があるものに求めること（以上は、日本弁護士連合会の「臨時司法制度調査会意見書」（昭和39・8・28確定）による）。ⅴ裁判官は弁護士となる資格を有する者で裁判官としての職務以外の法律に関する職務に従事したもののうちから任命することを原則とする制度（臨時司法制度調査会設置法2条1項1号）（昭和37法122、昭和39・9・1失効）。わが国は、いわゆるキャリア・システムを採っているが、臨時司法制度調査会は、ⅴの法曹一元制度が実現されるための基盤となる諸条件は、いまだ整備されていないとする結論を出している。現在は、ⅰの意味では、平成

3年以降，最高裁判所及び法務省が「弁護士からの裁判官採用選考要領」，「弁護士からの検事選考要領」をそれぞれ作成し，弁護士からも任官しやすい環境を調えている。⑪の意味では，各地で一審協議会，控訴審協議会等が開催され，法曹三者の意思疎通が図られている。⑯の意味では，司法修習制度が機能している。

[石井]

妨訴抗弁

抗弁事項である訴訟要件の欠缺（けんけつ）を主張して，本案の弁論を拒むことをいう。現行民事訴訟法上は，訴訟費用担保提供の抗弁がこれに当たる（民訴75④）。仲裁契約，不起訴の合意の抗弁がこれに当たるか否かについては争いがある。被告が訴訟要件の欠缺又は訴訟障害の存在を主張して，訴えの却下を求めることを，妨訴抗弁ということもあるが，現行民事訴訟法は被告がこれに基いて応訴即ち本案の弁論を拒む権利を認めていないから，用語としては不適当である。

[石井]

膨脹主義 ⇒ 「固定主義・膨脹主義」

法定管轄

法律の定めによって生ずる管轄を法定管轄という。法律の定め以外の発生原因によって生ずる管轄としては，裁判所の指定により生ずる指定管轄（民訴10），当事者の合意により生ずる第一審の合意管轄（民訴11），被告の応訴によって生ずる応訴管轄（民訴12）がある。法定管轄は，管轄分配の差異により，職分管轄・事物管轄・土地管轄に分けられる。法定管轄は，民事訴訟法だけでなく，他の法律にも規定されている（例えば，商88，特許178，弁護62）。

[石井]

法定期間・裁定期間

期間の長さを法律で定めている場合を法定期間，裁判機関が定める場合を裁定期間という。法定期間には，不変期間と通常期間がある。不変期間は，法律が特に明定するもので，裁判所は，その期間を伸縮することができないが，遠隔地に住所又は居所を有する者のために付加期間を定めることができる（民訴96）。主として裁判に対する不服申立期間である（民訴285・313・327②・332・342①・393）。通常期間は，裁判機関がこれを伸長し，又は短縮することができる（民訴96）。裁定期間には，裁判所が定める期間（民訴34①・75⑤・79③等），裁判長が定める期間（民訴137①・162，民訴規201），裁判官が定める期間（170⑥），書記官の定める期間（民訴規25①）がある。 [石井]

法廷警察権

法廷等の秩序を維持し裁判の威信を保持するために行使される裁判権の作用を法廷警察権という。裁判長又は開廷をした1人の裁判官は，法廷又は法廷外における裁判所の職務を妨げ，又は不当な行状をする者に対し，退廷を命じ，その他法廷における秩序を維持するのに必要な事項を命じ，又は処置を執ることができる（裁71・72）。この命令に違反して職務執行を妨げた者は，審判妨害罪として1年以下の懲役もしくは禁錮（きんこ）又は2万円以下の罰金に処せられる（裁73）。また，裁判所又は裁判官の職務執行中に，その面前その他直接に知ることのできる場所で，秩序を維持するため裁判所が命じた事項を行わずもしくは執った措置に従わず，又は暴言，暴行，けん騒その他不穏当な言動で裁判所の威信を著しく害した者に対し，20日以下の監置もしくは3万円以下の過料，又はその併科の制裁が科せられる（法廷秩序2）。 [石井]

法定財団

破産手続において配当により総破産債権者に弁済されるべき破産者の財産の総体を破産財団という。破産財団の範囲は、破産者が、破産宣告時において有する、差押え可能な一切の財産で、わが国にあるものである（破3・6）。これは、法律が破産財団の範囲として定めたものであるから、「法定財団」と呼ばれる。これには、動産・不動産・知的所有権・営業権・ノウハウ・得意先・商号など金銭的に価値のある物ないし権利が含まれる。破産者が破産宣告前に処分した財産であっても譲受人が対抗要件を具備していない場合は、破産管財人は、対抗問題の第三者として当該財産を法定財団に属するものとして扱うことができる。破産宣告時の財産であることが必要であるが（固定主義）、破産宣告時既に原因が生じていれば、将来の請求権でもよい（破6②）。これに対して、破産管財人が現に占有・管理している財産を「現有財団」という（破69・87にいう破産財団とは、この現有財団のことである）。破産管財人は、現有財団を法定財団に一致させなければならない。現有財団に第三者の財産が存在するときは、第三者は、取戻権を行使しうる（破87）。法定財団に属さないで破産者が自由に管理処分できる財産は、「自由財産」と呼ばれる。　　　　　　　　　　　［石井］

法定証拠主義　⇨「自由心証主義・法定証拠主義」

法定序列主義・自由序列主義

法定序列主義とは、民事訴訟において、訴訟資料の提出に法定の順序もしくは時期の制限を設ける制度をいい、ドイツ普通法時代に採用されていた。これは、法定の順序・時期を逸してしまうと失権してしまうため、無用な訴訟資料が提出され、審理遅延を招く欠点があった。自由序列主義は、随時提出主義ともいわれ、訴訟資料の提出は、口頭弁論終結時までに随時に提出できる制度をいい、旧民事訴訟法（平成8年改正前の）が採っていた制度である（旧民訴137）。これに対し、新民事訴訟法（平成8法109）においては、審理促進のために、攻撃又は防御の方法は、訴訟の進行状況に応じ適切な時期に提出しなければならず（民訴156）、控訴審でも裁判長は当事者の意見を聴いた上で攻撃防御方法の提出等をすべき期間を裁定することができるものとし（民訴301）、適時提出主義を採用している。
　　　　　　　　　　　　　　　　［石井］

法定訴訟担当

法律の規定によって権利者・義務者以外の第三者が訴訟追行権を持つ場合を法定訴訟担当という。次の2種類がある。①担当者のための法定訴訟担当：第三者が自分の利益又は自分が代表する者の利益のために、訴訟担当が認められる場合である。第三者が被担当者の権利義務について管理処分権能が認められている場合でなければならない。例えば、破産管財人による破産財団に関する訴訟（破7・162）、差押債権者の取立訴訟（民執155①・157）、株主代表訴訟（商267～268ノ3）等である。これらの訴訟担当の効果については、その管理処分権能の強弱によって定めるべきかどうかが問題とされている。ⅱ職務上の当事者：訴訟物たる権利義務の帰属主体による訴訟追行が不可能・困難又は不適当な場合に、訴訟追行を可能にするために認められる訴訟担当者である。例えば、婚姻事件、養子縁組事件、親子関係事件において本来の適格者の死亡後にも訴訟を可能とするために当事者とされる検察官及び弁護士（人訴2・26・32②④）等である。　　　［石井］

法定代理人

法定代理人とは，本人の意思に基づかないでなる代理人である。訴訟無能力者（未成年者・成年被後見人）の能力を補充し，その利益を訴訟において保護するため，実体法上法定代理人の地位にあるものは訴訟法上も法定代理人となる（民訴28）。このほかに，訴訟法上の特別代理人が選任される場合（民訴35・236）と個々の訴訟行為の法定代理人（民訴102③）とがある。　　　　　　　　　　　[石井]

法定売却条件・特別売却条件

強制競売・不動産競売の売却の要件・効果に関する売却条件を法律が定めているものを法定売却条件という。

主なものは次のとおりである。⒤最低売却価格以下では，売却を許さないこと（民執60①），ⅱ無剰余換価の禁止（民執63），ⅲ超過売却の禁止（民執61但），ⅳ売却に伴う担保権・用益権の消滅（民執59①〜④），ⅴ買受申出人の保証提供義務（民執66），ⅵ債務者の買受申出の禁止（民執68），ⅶ買受人の代金納付による不動産の取得（民執79），ⅷ法定地上権の発生（民執81，民388）。

以上の法律で定められている法定売却条件のほかに，執行裁判所が職権で定めたり，利害関係人の合意によって定められたりすることができる売却条件がある。これを特別売却条件という。

執行裁判所が定めるものとしては，⒤数個の不動産の一括売却（民執61），例えば一定の要件を満たしているときにする建物とその敷地の一括売却があり，更にⅱ法令の規定により買受資格が制限されているとき（例えば，農地法3・5）にする買受申出資格の制限がある（民執規33）。次に利害関係人の合意によって定めることができるものとして民事執行法59条（民執188により不動産競売に準用）に規定がある。　　　　　　　　　　　[石井]

法律上の主張　⇒「事実上の陳述・法律上の陳述」

法律上の推定

法律上の推定には，「法律上の事実推定」と「法律上の権利推定」がある。法律上の事実推定とは，法律に甲事実（推定の根拠事実）あるときは，乙事実（推定事実）あるものと推定する旨の規定がある場合である。法律上の事実推定は，「事実上の推定」とは異なる。事実上の推定は，推定の根拠事実の証明があったときは，経験則の適用による推定事実の推定を生ずるが，法律上の事実推定は，推定の根拠事実の証明があったときは，法律の適用により法律の定める推定事実の推定が生ずる。例えば，私文書の作成名義人の印影が当該名義人の印章によって顕出されたものであるときは，該印影は，本人の意思に基いて顕出されたものと推定されるが（最判昭39・5・12民集18・4・597），これは，経験則による推定であるから事実上の推定であり，反証があれば，その推定は覆る。そして，この例の場合，事実上の推定が覆らない限り，民訴法228条4項（旧民訴326）により，該文書は真正に成立したものと推定される。これは，一種の法定証拠法則といわれている。法律上の事実推定には，例えば，民法186条2項（占有継続推定）・619条（賃貸借の期間満了後における更新の推定）・772条（嫡出推定），商法20条2項（他人の登記商号の不正競争目的使用推定）等がある。

法律上の権利推定とは，法律に，推定される事項が事実関係ではなく，権利ないし法律関係の存在（又は不存在）を推定する旨の規定がある場合であり，これには，前提要件のある場合（例えば，民188（占有者の正権原の推定），民229（疆界

(きょうかい)線上に設けた界標等についての共有の推定)、民762②(夫婦の所属不明財産の共有推定))と、前提要件のない場合(例えば、民250(共有持分の均等推定))がある。法律上の権利推定を争う者は、その前提事実に対する反証により推定の適用を阻止するか、あるいは、推定される権利状態と相容(い)れないことを理由づける事実について主張・立証責任を負うことになる。　　　　　　　　　　[石井]

法律上の争訟

法律上の争訟とは、当事者間の具体的権利義務ないし法律関係の存否に関する紛争であって、法律の適用によって終局的に解決できるものをいう(最判昭29・2・11民集8・2・429)。法律上の争訟だけが原則として司法権の対象となる(裁3①)。抽象的に法令等の効力・解釈を争うもの、又はその取消し・廃止を求めるものはこれに当たらない。事実の真否に関する紛争は、証書真否確認の訴えに限って許される(民訴134)。宗教団体内部の紛争は、法律上の争訟かどうかが問題となるケースが多い。法律上の争訟に該当しない訴えは、不適法として却下される。　　　　　　　　　　　　[石井]

法律上の陳述　⇨「事実上の陳述・法律上の陳述」

法律審　⇨「事実審・法律審」

法律扶助

資力の乏しい者に対し訴訟や法律相談のための費用を援助すること、あるいはその制度のことをいう。日本弁護士連合会が中心となって設立した財団法人日本法律扶助協会がその事業を担当している。主な内容は、民事訴訟の訴訟費用の立替えであるとの報告がある。

なお、民事訴訟法82条以下に定められている訴訟救助は、事件の受訴裁判所に対し申請してその救助決定を受けることにより、訴訟費用(例えば、訴状に貼用(ちょうよう)すべき印紙代)の支払の猶予を得るものである。名称からも窺(うかが)われるように、法律扶助とは別の制度である。なお、両制度を共に同時的に利用することもできる。　　　　　　　[岡光]

法律問題　⇨「事実問題・法律問題」

法律要件的効力

例えば、民法496条1項には「供託ヲ有効ト宣告シタル判決カ確定セサル間ハ弁済者ハ供託物ヲ取戻スコトヲ得」と規定された部分がある。これは、言い換えると、「供託を有効と認めた判決が確定すると(要件)、供託をした者は、供託物を取り戻すことができなくなる(効果)」ということである。このように判決が確定すると特定の効果が生じる旨が法律に規定されていると、その規定により確定判決に特定の効果が付与されることとなる。このようにして判決に生じる効力は、判決本来の効力(先の例では、供託を有効とする判断)自体とは異なるものであり、判決の法律要件的効力といわれる。
　　　　　　　　　　　　　　　[岡光]

法令違反

法令違反は、上告理由との関連で問題とされるが、新民事訴訟法(平成8法109)下では、当然に上告理由となる事由ではなく、法令違反のうち「法令の解釈に関する重要な事項を含むもの」が、上告受理申立ての事由の1つに取り上げられているにとどまる(民訴318①)。したがって、前記の事由を理由に上告受理申立てをした場合において、上告事件として受理されたときは、前記事由がいわば上告

理由となったといえるわけである。

また、民事訴訟法312条1・2項の事由（例えば、法律に従って判決裁判所を構成しなかったこと）を上告理由とする上告事件について、当該事由がない場合でも、判決に影響を及ぼすことの明らかな法令違反があると、原判決が破棄されることとされている（民訴325②）。「法令違反」は、このような機能を持つ概念である。

なお、高等裁判所にする上告であれば、判決に影響を及ぼすことが明らかな法令違反も適法な上告理由とすることができるとされている（民訴312③）。　　［岡光］

法令上の訴訟代理人

例えば、商法38条1項には「支配人ハ営業主ニ代リテ其ノ営業ニ関スル一切ノ裁判上又ハ裁判外ノ行為ヲ為ス権限ヲ有ス」旨が規定されている。そのため、支配人は、営業主を当事者とする訴訟において、営業主のために自ら訴訟代理権を有するし、また弁護士を営業主のための訴訟代理人に委任することもできる。法令に訴訟代理権の根拠が規定されていることから、ここでの支配人は、法令上の訴訟代理人といわれる。そして、この点は、民事訴訟法においても、「法令により裁判上の行為をすることのできる代理人」として規定されている（民訴54）。

支配人の他、船舶管理人（商700①）、参事（農業協同組合法41③）等が、その例である。　　［岡光］

補佐人

当事者又は訴訟代理人に付き添ってその訴訟活動を補助する者である（民訴60）。例えば、当事者が難聴、言語障害、老齢、方言しか話さないといった場合、技術的事項に詳しくないといった場合などに、補佐人はその点を補うものとして当事者に説明したり、当事者に代わって陳述したりする。補佐人の資格に制限はないが、弁護士でない者を法律面の補助をさせるための補佐人とすることはできないと解される。補佐人になるには、裁判所の許可を得なければならない。また、補佐人は、単独では行為をすることができず、当事者又は弁護士と共にあるときにだけ訴訟における行為をすることができる。当事者又は代理人が補佐人の陳述を直ちに取り消し又は更正しない限り、補佐人の陳述は、当事者又は弁護士が自らしたものとみなされる（民訴60③）。なお、「補佐人」の「補」の字は、平成8年の民事訴訟法の制定前は「輔」の字であった。　　［岡光］

補充裁判官

民事訴訟において直接主義（民訴249①）の要請から裁判官が交代した場合、弁論更新を要し、また、前に尋問した証人の尋問をやり直さなければならない場合もある（民訴249②③）。しかし、この原則を貫くと訴訟経済に反する場合もありうることから、裁判官の交替の場合に、それを補うために設けられたのが補充裁判官である（裁78）。これは、合議体の審理が長期間にわたることが予想される場合に、補充裁判官が審理に立ち会い、合議体の裁判官が審理に関与することができなくなった場合に、これに代わって合議体に加わり弁論更新の手続を行うことなく審理及び裁判をすることができるとするものである。　　［近藤(裕)］

補充尋問

民事訴訟において、証人の尋問は、まず当事者が行い、その後で、これを補完するものとして裁判長その他の裁判官が行う。これを補充尋問という。旧民事訴訟法（平成8年改正前の）では、上記順序が明文で規定されていた（旧民訴294①

②)。新民事訴訟法(平成8年法律109号)は,これを原則としつつも(民訴202①),裁判長が適当と認めるときには,当事者の意見を聞いてこの順序を変更することができるとし(民訴202②),上記規定により裁判長による尋問を先行させることもできると解される。この規定は,本人訴訟の場合等には,頻繁に補充尋問の必要が生じることを考慮したものである。

[近藤(裕)]

補充送達

民事訴訟において,送達は,送達場所において名宛(なあて)人に対して書類を交付して行われるのが原則である(民訴101・103)。しかし,送達場所において名宛人に出会わないときには,使用人その他の従業者又は同居人で,送達について相当のわきまえのあるものに対して送達書類を交付することができる(民訴106①)。これが補充送達である。これら名宛人に代わって送達書類の受領義務を課される者は代人と呼ばれる。もっとも,就業場所における送達の場合,代人に受領義務はなく,受領を拒まなかった代人に対してのみ補充送達がされる(民訴106②)。

[近藤(裕)]

補充判決 ⇒ 「追加判決」

補償主義 ⇒ 「剰余主義」

保証提供による保全取消し

民事保全において,保証提供によってすでになされた保全命令を取り消すことをいう。平成8年改正前の民事訴訟法747条1項は保証提供による仮差押命令の取消しを規定していた。現行の民事保全法(平成元年法91号)上,類似の制度として仮差押解放金(民保22)がある。両者は取消しの対象が仮差押命令そのものか,その執行かで異なるが,特定の事由なしに取消しが認められる点で共通する。したがって,両制度を併存させる理由に乏しく,また,前者の供託金は債権者が優先弁済権を有するのに対し後者のそれは債権者が優先弁済権を有しない点で不均衡も指摘された。また,旧法(平成元年改正前民事訴訟法中の「仮差押及ビ仮処分編」)下の制度が利用の機会が少なかったこと,特別の事情による保全取消し(民保39)のほかに上記制度を存置させる理由も乏しいことから,平成元年制定の民事保全法では規定が設けられなかった。

[近藤(裕)]

補助参加

第三者が新たに訴訟の当事者又はこれに準じる者として訴訟に加わることを「訴訟参加」といい,訴訟の結果について利害関係を有する第三者が当事者の一方を補助するため,その訴訟に参加することを「補助参加」という(民訴42)。補助参加の要件は,ⅰ他人間の訴訟の係属及びⅱその訴訟の結果について補助参加人が利害関係を有することである。ⅲ補助参加人は,訴訟に当事者として参加する者ではないから,要件ⅰとして「訴訟の結果について利害関係のあること」が必要とされる。もっとも,補助参加は上告審でも可能であり,判決確定後も再審の訴えに補助参加することができる。ⅳ要件ⅱの「利害関係」とは,参加人に固有の法的な利害関係であることを要する。「訴訟の結果」についての利害関係をいかに解するかについては見解が分かれる。従来の通説は,判決主文に示された訴訟物についての判断が補助参加人の権利義務等に影響を与える場合をいい,判決理由中の判断により補助参加人の法律上の地位が事実上影響を受ける場合は含まれないとする。これに対して,判決理由中

で示された間接事実等についての判断が補助参加人の利益に影響するとして、判決理由中の判断についての利害関係も含めるべきであるとする有力説が存する。

補助参加の手続としては、補助参加の申出は補助参加により訴訟行為をすべき裁判所に対して書面又は口頭でする（民訴43①）。補助参加の許否は、当事者から異議が述べられた場合にのみ裁判所が決定により判断する（民訴44①）。補助参加人の訴訟行為については、補助参加人は一切の訴訟行為をすることができるが、その地位の従属性から被参加人の訴訟行為と抵触する行為はすることができない（民訴45①②）。例えば、被参加人が自白している事実を補助参加人が否認してもその効果は生じない。また、訴えの取下げ、請求の認諾・放棄等の訴訟係属にかかわる行為もすることができない。補助参加人に対して生じる判決の効力（民訴46）については、既判力とは異なる参加的効力と解するのが判例・通説である。これによれば、被参加人敗訴の結果、被参加人と補助参加人との間に求償関係等が生じる場合に、補助参加人は被参加人との関係でこの判決の判断に拘束されることになる（この場合の参加的効力は判決理由中の判断にも及ぶと解される）。

共同訴訟的補助参加については、判決の効力が第三者に及ぶ場合でこの第三者が当事者適格をもたないときは、補助参加をする以外にないが、この場合に共同訴訟人と同様の地位を認めるのが判例である。農地買収に係る行政処分取消訴訟における被売渡人（最判昭40・6・24民集19・4・1001）、株主総会決議取消訴訟における取締役（最判昭45・1・22民集24・1・1）等がこれに当たる。共同訴訟的補助参加人には独立の地位が強く認められる。例えば、被参加人が上訴権を放棄した場合でも、補助参加人が上訴をすることができ、被参加人が補助参加人のした上訴を取り下げることは許されない（前掲最判昭40・6・24）としている。

［近藤(裕)］

補助参加人

他人間の訴訟の結果について利害関係を有する第三者が、当事者の一方を補助し勝訴させることを目的として、その訴訟に参加することを補助参加といい（民訴42）、これにより参加する第三者を補助参加人という。補助参加人は、事件の当事者ではないため、当該事件の証人や鑑定人となることができるが、他面、自己固有の地位をもって訴訟に関与する者であるから、期日の呼出し等の訴訟書類の送達は受ける。また、補助参加人は、原則として、被参加人を勝訴させるのに必要な一切の訴訟行為をすることができ、再審の訴えの提起もできる。しかし、補助参加は、当事者を補助することを目的とするものであるから、その訴訟行為は、補助参加の時の訴訟の程度に従ってされるのでなければならず（民訴45①但）、それが被参加人の訴訟行為と抵触するときは、その効力を生じない（民訴45②）。また、補助参加人は、判決の既判力・執行力は受けないが、一定の場合を除き、参加的効力は受ける（民訴46）。

［近藤(寿)］

補助参加の利益

第三者が他人間の訴訟に補助参加するには、参加人が訴訟の結果につき利害関係を有することが必要である（民訴42）。この利害関係は法律上のものでなければならず、単に経済上又は感情上影響を受けるというだけでは足りない。この法律上の利害関係を補助参加の利益という。従来、この補助参加の利益があるというためには、その訴訟の勝敗、すなわち、本案判決の主文で判断されるべき訴訟物

たる権利関係の存否によって参加人の法的地位が論理上決定される場合でなければならないとされてきた。例えば、債権者が主債務者を被告として提起した貸金請求訴訟に、保証人が被告の側に補助参加するなどである。しかし、近時、判決の理由中で判断される事実の存否について利害関係を有する場合も、補助参加の利益を認めてよいとする見解が有力になりつつある。　　　　　　　［近藤(専)］

補助事実

民事訴訟において弁論における当事者の主張は、法律問題についての意見を表明する法律上の陳述と事実関係についての事実上の陳述とに分けられる。この事実上の陳述として主張される事実のうち、証拠能力や証拠価値に関して主張される事実を補助事実という。書証の成立に関する主張や、証人の信用性に関する主張などがこれに当たる。この補助事実については弁論主義の適用はなく、したがって自白の適用もないとするのが一般である。しかし、書証の成立に関する主張については別個の考察が必要である。判例は、書証の成立についての自白は裁判所を拘束しないとする（最判昭和52・4・15民集31・3・371）。これが当事者をも拘束しないものかどうか、すなわち、これについての自白を当事者は自由に撤回することができるかどうかについては争いがある。実務の大勢は、主要事実の撤回と同一の要件の下にこれを許容している。
　　　　　　　　　　　　　［近藤(専)］

補正命令

訴状が提出されると、必要的記載事項（民訴133②）の有無、印紙貼用（ちょうよう）の有無が審査されるが、そこに不備があった場合、裁判官又は合議体の裁判長が、相当の期間を定め、その期間内に不備を補正すべきことを命じることを補正命令という（民訴137①）。形式的事項に関するものについて、訴状送達前に行われる。原告がこれに従わないときは、裁判官又は裁判長は、命令で訴状を却下する（民訴137②）。これに対しては、即時抗告することができる（民訴137③）。訴状を被告に送達することができない場合、また、訴状の送達に必要な費用を予納しない場合も、これと同様の手続が執られる（民訴138②）。これらの手続は、控訴状（民訴288・289②）、上告状（民訴313・314②）にも準用されている。

以上とは別に、裁判所は、訴訟能力・法定代理権又は訴訟行為をするのに必要な授権を欠くと判断したとき、期間を定めて、その補正を命じなければならない（民訴34①）。この補正命令は、訴訟能力の有無に関するものであり、上記の訴状審査等とは異なり、口頭弁論開始後であっても行うことができる。　　　［近藤(専)］

保全異議

保全命令の申立てを認容する決定がされた場合に、これに不服のある債務者が、保全命令を発した裁判所に、保全命令の発令の直前の状態に戻って、保全すべき権利及び保全の必要性を再度審理することを申し立てることを保全異議という（民保26）。保全異議は、同一審級での再審理を申し立てるものであるから、債権者と債務者の立場が変わることはないし、保全命令の申立ての段階で提出された資料もそのまま裁判の資料となる。

保全異議の審理には、書面・審尋・任意的口頭弁論の3つの方式があるが、いずれの方式を採った場合も、決定手続で行われる。ただし、裁判所は、口頭弁論又は当事者双方が立ち会うことができる審尋の期日を経なければ、保全異議の申立てについての決定をすることができな

い（民保29）。これは，当事者双方の手続上の地位の対等性を保障する趣旨に出たものである。立証は，保全命令の場合と同様，疎明によるものとされ（民保13②），即時性が要求されるから（民保7，民訴188），任意的口頭弁論を開いて証人尋問をする場合も，証人の呼出しはできない。裁判所は，審理を終結する場合は，当事者双方の地位の対等性の保障と不意打ち防止の意味から，あらかじめ相当の猶予期間を置いて，審理を終結する日を決定しなければならない（民保31）。保全異議の申立てについての裁判は，保全命令の認可・変更・取消しのいずれかになる（民保32）。この裁判についての不服申立ては，保全抗告による（民保41）。

［近藤(専)］

保全管理人

会社更生手続開始申立てがされた後に，会社財産の散逸を防ぐために，裁判所は，保全処分として保全管理人による管理を命ずることができるが，保全管理人は，この管理命令により選任され，更生手続開始に至るまでの間，会社財産を保全しその事業経営を維持し，更生手続開始とともにこれを管財人に引き渡すことを任務とする者である（会社更生39①・40）。保全管理人は，管財人と同様に裁判所の監督に服し（会社更生43①・98の3①），その権限は，会社の常務に属する行為に限られ，常務に属しない行為をするには裁判所の許可を要する（会社更生40①但）。

［佐野］

保全抗告

保全抗告とは，保全異議又は保全取消しの裁判に対する不服申立てである。平成元年改正前の民事訴訟法（「仮差押及ビ仮処分編」）の下では，保全異議及び保全取消しの裁判の裁判形式は，判決であったから，これらに対する不服申立ては控訴であったが，現行民事保全法では，保全異議及び保全取消しの裁判の裁判形式が決定となったため，これに対応して，これらに対する不服申立ても抗告となったのである。ただ，民事訴訟法に規定する一般の抗告とは，性質が若干異なるところがあるので，民事執行法上の「執行抗告」と同様に「保全抗告」という特別名称を付した。

［佐野］

保全執行

保全執行とは，裁判所の保全命令を保全的債務名義としてする権利の保全的内容の実現を図ることをいう。不動産に対する仮差押えの執行は，仮差押えの登記をする方法と強制管理の方法とがあり，両者を併用することもできる（民保47①）。仮差押えの登記をする方法とは，不動産登記簿に仮差押えの登記をすることによって，当該不動産に対する債務者の処分を禁止する方法である。強制管理の方法とは，不動産に対し強制管理を開始し，管理人が当該不動産から生ずる収益を取り立ててこれを供託する方法である。前者は全ての不動産について行われうるが，後者は賃貸マンション・駐車場等の継続的に収益を生ずる不動産のみが対象となる。動産に対する仮差押えの執行は，執行官が仮差押物を占有する方法によるのが原則であるが，執行官が相当と認めるときは，債務者に保管させることができ（民保49①④，民執123③），この場合に，更に保管中の仮差押物の使用を許可することができる（民保49④，民執123④）。債権及びその他の財産権に対する仮差押えの執行は，仮差押命令を発した裁判所が保全執行裁判所となり，第三債務者に対し債務者への弁済を禁止する命令を発する方法により行われる（民保50①②）。仮処分の執行方法は，その全てを個

別的・具体的に想定することは困難かつ不必要であるため、利用頻度の高い典型的な仮処分についてのみその方法を明文化し（民保53以下）、それ以外の仮処分については、仮差押えの執行又は強制執行の例によることになる（民保52①）。
　　　　　　　　　　　　　　　［佐野］

保全執行裁判所

裁判所が保全執行に執行機関として又は執行機関としてではないが執行機関である執行官の監督的立場で関与する場合のその裁判所を保全執行裁判所という。裁判所が保全執行の執行裁判所となる場合、どの裁判所が管轄するかは、執行の種類により異なり、仮差押えや典型的な仮処分については明文で規定されているが（民保47②・50②④・53③・55②）、非典型的な仮処分については明文の規定はなく、解釈により決められる（民保52①参照）。　　　　　　　　　　　　　［佐野］

保全執行手続

民事保全手続は、保全命令の申立ての当否を判断する裁判手続と、これを認容して発令された保全命令の内容の強制的実現を図る執行手続とからなり、後者の執行手続のことを保全執行手続という。民事訴訟手続が判決手続と強制執行手続とに分離され、両者が別個の手続であるように、民事保全手続は保全命令手続と保全執行手続とに分離され、両者は別個の手続となっている。保全執行は、当事者の承継があるため承継執行文が必要になる場合を除いて、執行文の付与が不要であり、保全命令の正本に基づいて実施できる（民保43①）。また、保全執行は、通常の強制執行の場合と異なり、保全命令を債務者に送達する前でも実施できる（民保43③）。⇒「保全執行」　［佐野］

保全執行の停止・取消し

保全執行の停止とは、執行手続に着手することや既に着手した執行手続の続行を中止することを意味し（執行という概念を含まない保全命令については、保全命令の効力の停止を意味する）、保全執行処分の取消しとは、既にされた執行処分を除去することをいう（民保27①）。保全執行の停止ないし取消しのためには、「保全命令の取消しの原因となることが明らかな事情」と「保全執行により償うことができない損害を生ずるおそれ」の2つの要件が必要である。

保全執行の停止・取消しについては民事保全法46条により民事執行法39条1項1号から4号・6号・7号、40条の規定が準用されている。　　　　　　［佐野］

保全処分

狭義では民事保全法上の仮差押えと仮処分を指し、広義ではいわゆる特殊保全処分を含む。狭義の保全処分は判決手続による権利の確定の遅滞によって生ずる危険を防止するための簡易・迅速な仮の救済処置であるのに対して、特殊保全処分はそれ以外の手続に付随し、それらの手続の遅滞によって生ずる危険を避けようとするものである。特殊保全処分としては、倒産手続開始前の保全処分（破154・155、民事再生30、商383・384・386・432・433・454、会社更生37・39・72）、仮登記仮処分（不登32・33）、民事調停及び家事調停における調停前の仮の処分（民調12、家審規133）、家事審判前の保全処分（家審15の3）等がある。　　［細野］

保全すべき権利　⇒「被保全権利」

保全訴訟

仮差押え・仮処分の執行（民保3章）に対し、その前提として仮差押・仮処分命

令を発令すべきか否かを審理する手続(民保2章)をいう。迅速化の要請から，任意的口頭弁論，オール決定主義が採用され(民保3)，これに対応して，準当事者の陳述(民保9)，仮の地位を定める仮処分命令手続における債務者の手続権保障のための特則(民保23④)等の手当てがなされている。　　　　　　　　　［細野］

保全取消し

保全命令の発令当時その基礎とされた被保全権利及び保全の必要性が存在していたことを前提として，その後に生じた事情を斟酌(しんしゃく)して保全命令を取り消す決定をいう。仮差押えと仮処分に共通するものとして本案不起訴による保全取消し及び事情変更による保全取消しが，仮処分に固有のものとして特別事情による保全取消しがある(民保37〜39)。
　　　　　　　　　　　　　　　　［細野］

保全の必要性

本案判決の確定を待つことにより債権者に生じるであろう損害を防止するために保全処分を発令する必要性のことである。被保全権利の存在とともに保全処分発令の要件とされる(民保20①・23①②)。具体的には，仮差押えにおいては，濫費・廉売・隠匿による責任財産の減少のおそれがあること等，係争物に関する仮処分においては，係争物の譲渡，担保権設定，占有移転等現状変更の危険があること，仮の地位を定める仮処分においては，争いのある権利関係が確定しないために生ずる債権者の著しい損害又は急迫の危険を避ける必要性があることがこれにあたる。保全の必要性を基礎づける事情は，単に債権者の主観的な危惧(きぐ)にとどまらず，客観的かつ具体的なものでなければならず，また，できるだけ客観的な資料に基づいて疎明されなければ

ならない。　　　　　　　　　［細野］

保全名義

民事保全を執行するための債務名義にあたる保全命令のことを，民事執行上の債務名義と区別して保全名義という。その種類としては，仮差押命令，係争物に関する仮処分命令，仮の地位を定める仮処分命令がある(民保1)。保全名義についての執行は民事執行上の債務名義についての強制執行(本執行)に対応するところから，原則として強制執行に関する規定が準用される(民保46・47⑤・48③・49④・50⑤，民保規31・32①・33・34・38〜40・41②・42②等)。しかし，迅速処理の要請から，ⅰ発令後直ちに執行力を生じ，承継執行文を付与すべき場合を除いて執行文の付与を要しない(民保43①)，ⅱ執行期間が明文で定められている(民保43②)，ⅲ密行性の要請から，保全名義の債務者への送達前でも執行することができる(民保43③)という例外がある。なお，物の給付等を命ずる仮処分命令は，民事執行上の債務名義とみなされる(民保52②)。　　　　　　　　　［細野］

保全命令

保全命令とは，民事保全(仮差押え，係争物に関する仮処分及び仮の地位を定める仮処分)の命令をいい，申立てにより，裁判所が行う(民保1・2①)。保全執行のための債務名義となる。保全命令には，仮差押命令(民保20〜22)及び仮処分命令(民保23〜25)の2種類がある。

仮差押命令は，金銭債権の一般的担保となる債務者の責任財産を保全することにより，金銭債権に基づく将来の強制執行を保全しようとするものである(民保20①)。動産の場合を除き，仮差押えの対象財産は特定する必要がある(民保21)。

仮処分命令のうち，係争物に関する仮

処分命令は、特定物債権を被保全権利とし、特定物に対する将来の強制執行を保全しようとするものであり（民保23①）、処分禁止や占有移転禁止の仮処分命令などがその典型例である（なお、その効力については民保58条以下参照）。

仮の地位を定める仮処分命令は、将来の強制執行の保全ではなく、現在の争いのある権利関係について債権者に生ずる著しい損害又は急迫の危険を避けるため、本案判決による解決に至るまでの暫定的な措置をとるものである（民保23②）。裁判所は、仮処分命令の申立ての目的を達するため、債務者に対し、一定の行為を命じ、もしくは給付を命じ、又は保管人に目的物を保管させる処分その他の必要な処分をすることができ（民保24）、その内容は多岐に分かれるが、抵当権実行禁止、競売手続停止、建築工事禁止、建築妨害禁止、出版差止め、土地・建物明渡断行、動産引渡断行、賃金仮払いなどの仮処分命令が典型例である。なお、物の給付等を命ずる仮処分命令は、民事執行上の債務名義とみなされる（民保52②）。

[青木]

保全命令手続

保全命令手続とは、民事保全手続のうち、保全執行の債務名義（保全名義）にあたる保全命令を発するための手続をいう。民事訴訟手続のうちの判決手続に対応する。

本案の管轄裁判所又は仮に差し押さえるべき物もしくは係争物の所在地を管轄する地方裁判所が管轄する（民保12①）。

保全命令の申立ては、その趣旨並びに保全すべき権利又は権利関係及び保全の必要性を明らかにして、書面でしなければならない（民保13①、民保規1）。審理方式は、すべて決定手続である（民保3参照）。申立人は、保全すべき権利又は権利関係及び保全の必要性について、疎明しなければならない（民保13②）。裁判所は、争いに係る事実関係に関し、当事者の主張を明瞭にさせる必要があるときは、口頭弁論又は審尋期日において、当事者本人に限らず、当事者のため事務を処理し、又は補助する者で裁判所が相当と認める者に陳述させることができる（民保9）。

保全命令に関する裁判は、すべて決定の形式による（民保3参照）。保全命令の申立てについての決定には理由を付さなければならないが、口頭弁論を経ないで決定をする場合には、理由の要旨を示せば足りる（民保16）。また、口頭弁論又は債務者の審尋を経て保全命令を発する場合には、決定の理由に当事者の主張書面を引用することができる（民保規9④）。なお、口頭弁論又は審尋期日において、担保額及び担保提供方法、主文、理由又は理由の要旨を言い渡し、これを調書に記載することによって、決定書に代えることができる（民保規10）。

保全命令は、担保を立てさせて、もしくは相当と認める一定の期間内に担保を立てることを保全執行の条件として、又は担保を立てさせないで発することができる（民保14①）。

保全命令の申立てを却下する裁判に対しては、債権者は即時抗告をすることができる（民保19①）。保全命令に対しては、債務者は保全異議の申立て（民保26）又は保全取消しの申立て（民保37～39）をすることができ、これらの申立てについての裁判に対しては保全抗告（民保41）をすることができる。

[青木]

本案

民事訴訟における中心的・中核的事項を指す用語である。何が中心的・中核的であるかについては、対比される派生的

事項によって内容が変わってくるが、最も一般的には、民事訴訟における本来の案件、すなわち訴訟物である実体法上の権利義務関係の存否に関する事項を指す。これについて当事者が希望する判決内容の申立てを「本案の申立て」といい、これに対する裁判所の終局的判断を「本案判決」という。また、保全訴訟との対比でも「本案訴訟」という。　　[菊池]

本案訴訟

民事保全手続と区別する意味で、保全手続において前提となっている被保全権利の存否を確定する訴訟手続をいう。保全処分には、原則として本案訴訟の係属が予定されている（民保37参照）。最も一般的な訴訟手続は被保全権利に関する判決手続であるが、その他に督促手続（民訴382）、仲裁手続（公催仲裁786以下）なども含まれる。本案訴訟は、民事保全手続の管轄（民保12）、仮処分の請求の範囲などに影響する。　　[菊池]

本案の訴えの不提起による保全取消し　⇨「本案不起訴による保全取消し」

本案の抗弁　⇨「訴訟上の抗弁・本案の抗弁」

本案の申立て・訴訟上の申立て

申立てとは、当事者が裁判所に対して一定の裁判を要求する裁判上の意思表示をいう。本案の申立てとは、終局判決についてする申立てをいい、原告による請求認容の申立てと被告による訴え却下又は請求棄却の申立てがある。訴訟費用の裁判（民訴67）、仮執行宣言に関する裁判（民訴259）についても終局判決の主文に掲げられる事項であるから、これらに対する申立ても本案の申立てである。これに対し、訴訟上の申立てとは、終局判決に至るまでの訴訟過程において生じる付随的・派生的事項に関する裁判事項に対する申立てをいい、移送（民訴16～22）、除斥・忌避（民訴23～27）、期日指定（民訴93①）、証拠調べの申出（民訴180）等がある。　　[菊池]

本案判決請求権説　⇨「訴権学説」

本案判決・訴訟判決

本案判決とは、原告の訴えによる請求又は上訴による不服申立ての当否について、実体法に基づき判断した終局判決をいう。原告の請求に理由があるか否かに応じて、請求認容判決又は請求棄却判決をする。請求認容判決はさらに原告の申立内容に応じて、確認判決・給付判決・形成判決に分類される。請求棄却判決は、原告の申立内容に関わらず、その申立ての基礎となる実体法上の権利の不存在を確認する確認判決である。これらの本案判決をするには、訴訟要件を具備していることが必要である。

これに対し、訴訟判決とは、原告の請求の当否に立ち入ることなく、訴訟要件に関して、手続法に基づき判断した終局判決であり、訴訟要件の欠缺（けんけつ）を理由とする訴え却下判決をさす。いずれの判決についても、主文に関する事項については既判力を有する（民訴114①）。
　　[菊池]

本案不起訴による保全取消し

保全命令を発した裁判所は、債務者の申立てにより、債権者に対し、相当と認める2週間以上の一定の期間内に、当該保全命令についての本案訴訟を提起するとともにその提起を証する書面を提出すべき旨の命令（起訴命令）を発し、その期間内に債権者が前記の書面を提出しなかったときは、債務者の申立てにより、

当該保全命令を取り消さなければならない（民保37①〜③）。このような保全取消しの制度を設けた理由は，民事保全は，本案訴訟等による権利関係の最終的な解決までの暫定的・仮定的な措置にすぎず，保全命令に引き続いて本案訴訟等が提起されることが予定されているにもかかわらず，債権者がこれを怠るときは，権利関係の浮動状態が続き，制度本来の趣旨に反すること，債務者にこの浮動状態による不利益をいつまでも受忍させるのは酷であること，民事保全制度の濫用を防止することなどにあると解される。

[青木]

本差押え

民事保全としての仮差押えに対し，債務名義に基づく民事執行としての差押えを，本差押えという。金銭執行の最初の段階の執行処分として，債務者に属する特定の財産を執行の対象として確保するために，執行機関が特定の財産に対する債務者の法律上・事実上の処分を禁止するものであり，仮差押債権者が債務名義を得て本差押えをすれば，仮差押えは本差押えに移行（転移）することとなる。

[青木]

本執行

強制執行を，その効果が終局的か仮定的かにより分類した場合，債権者に終局的満足を与えるものを本執行と呼び，仮の満足を与えるものを仮執行と呼ぶ。前者は，確定判決又はこれと同視すべき債務名義に基づいて行われ，後者は，仮執行宣言付判決（民訴259）又は仮執行宣言付支払督促（民訴391）の債務名義に基づいて行われる。また，将来の強制執行の保全又は本案判決による解決までの権利の暫定的保全を目的とする民事保全の執行を，保全執行と呼ぶのに対し，請求権の終局的実現を目的とする強制執行を本執行（満足執行）と呼ぶ。保全執行は，被保全権利の本案勝訴確定判決又はその他の債務名義による本執行の実施により，保全目的を達し，本執行に移行することとなる。

[青木]

本質的口頭弁論

平成8年改正前の旧民事訴訟法の下では，口頭弁論を，争点及び証拠の整理を行う準備段階と証拠調べを含む本格的審理を行う段階とに分けた場合，講学上の概念として，前者を準備的口頭弁論と呼ぶのに対し（旧民訴規26参照），後者を本質的口頭弁論と呼んだ。新民事訴訟法（平成8法109）は，審理方式として争点中心審理を採用し，争点整理手続として，準備的口頭弁論を法律で明文化するとともに（民訴164〜167），弁論準備手続（民訴168〜174）及び書面による準備手続（民訴175〜178）の3種類の手続を整備したので，争点及び証拠の整理を行う準備段階の手続の選択肢が多様になり，事件の内容・性質，当事者の弁論準備の程度，当事者の事件進行についての意向などに相応した手続選択が可能となった。

[青木]

本旨弁済の否認

本旨弁済とは，債務の本旨に従った弁済，すなわち，履行期が到来した債務の弁済をさす。本旨弁済は，債務者の本来の義務に基づくものであるから，平常時においては他の一般債権者の利益を害するものではないが，支払停止又は破産申立後の危機時期においては，債権者平等の理念に反し，他の一般債権者の利益を害するので，危機否認の対象となる（破72②）。危機時期前の本旨弁済が故意否認の対象となるかどうかについて議論があるが（破72①），判例はこれを肯定し，「破産

者が支払停止以前にした本旨弁済でも、その弁済が他の債権者を害することを知ってされたものであり、これを受領した債権者が他の債権者を害する事実を知っていたときは、破産法72条1号により否認することができる」とする（最判昭42・5・2民集21・4・859）。なお、危機時期の本旨弁済から1年経過後に破産宣告がされた場合、危機否認の対象とはならないので（破84）、同様の問題が生ずる。　　　　　　　　　　　　　　［青木］

本証・反証

　本証とは、ある事実（要証事実）について証明責任を負う当事者が提出する証拠又はその者がする立証活動をいい、反証とは、証明責任を負わない当事者が提出する証拠又はその者がする立証活動をいう。両者は証明責任の所在によって区別されるが、必要とされる証明の程度にも差がある。つまり、本証においては、当事者は要証事実の存在を裁判官に確信させる程度にまで証明を尽くす必要があるのに対し、反証においては、当事者は要証事実についての確信を動揺させ、真偽不明の状態に追い込めばよく、要証事実の不存在を基礎づける事実（反対事実）についてまで、裁判官の確信を生ぜしめる必要はない。このような証明の程度を表す用語として用いられることもある。
　　　　　　　　　　　　　　［菊池］

本訴

　既に係属中の訴訟に反訴（民訴146）や独立当事者参加・補助参加などの訴訟参加（民訴47・42）があった場合に、後に係属したこれらの訴えと区別するために、従前から係属している訴訟のことを本訴という。なお、訴状などで「本訴請求に及んだ」などと記載されていることがあるが、これは当該訴訟を意味するにすぎない。　　　　　　　　　　　　　［菊池］

本人尋問　⇒　「当事者尋問」

本人訴訟主義

　当事者本人が、自ら訴訟行為をすることも、訴訟代理人を選任して訴訟行為をさせることもできるとする制度をいう。ドイツ等で採用されている、常に弁護士を代理人に選任しなければならない弁護士強制主義に対応する。わが国は、本人訴訟主義をとっているが、訴訟代理人を選任する場合には、法令上の定めがある場合（商38①等）を除いて、弁護士を選任しなければならない（民訴54①）。ただし、簡易裁判所においては、許可を得て、弁護士でない者を訴訟代理人とすることができる（民訴54①但）。　　［菊池］

本来的執行・代償的執行

　本来的執行は権利の本来的な内容である給付をそのまま実現する執行であり、代償的執行は権利の種類・内容にかかわらず、執行の過程で金銭給付の形に転換して権利の実現をはかる執行である。金銭債権や引渡債権の執行などは直接強制により本来的執行として行われるのが通常であるが、「なす債務」について行われる代替執行は代償的執行であり、間接強制は本来的執行の側面と代償的執行の側面を併せ持っている。間接強制も許されない一定の類型の債務については、本来的執行ができないから、損害賠償請求権による代償的執行をするほかはない。破産手続においては、非金銭債権も金銭的満足を受ける代償的執行が行われる。
　　　　　　　　　　　　　　［伊藤］

ま 行

満足

執行によって権利内容が実現されることをいう。金銭債権の満足は債務者の責任財産に属する財産の差押え・換価を経て得られた金銭の交付・配当によってはかられる。財産換価の方法は、財産及び手続の種類によって、売却、管理による収益の計上、取立て、権利の移転等があり、満足の態様もそれに応じた形態がありうる。非金銭債権の満足は権利の目的に応じた様々な方法（直接強制・間接強制・代替執行等）によってはかられる。
[伊藤]

満足的仮処分

仮の地位を定める仮処分（民保23②）のうち、本案訴訟の確定前又はその執行前に、仮処分によって保全される権利又は権利関係につき、その全部又は一部を実現したのと同様の結果を債権者に得させる仮処分をいう。例えば、賃金等の金銭支払の仮処分、建築禁止の仮処分などである。満足的仮処分のうち作為を目的とする給付請求権を実現させるものを断行の仮処分（断行的仮処分）という（例えば、建物明渡しの仮処分）。なお、特定物の給付請求権を実現させる場合のみを断行の仮処分という場合もある。満足的仮処分については、仮処分の暫定性（仮定性）に反しないか大いに議論されたが、今日では、異論はあるものの、暫定性には反せず満足的仮処分を許容するのが一般的である。
[野村]

民事拘留　⇨「債務拘留」

民事再生手続

経済的に窮境にある債務者について、その債務者との間の民事上の権利関係を適切に調整することにより、債務者の事業又は経済生活の維持再生を図るための手続をいう（民事再生1）。この手続の特色としては、ⅰ再生手続開始の時期の早期化、ⅱ再生計画案の作成時期を遅らせたこと、ⅲ再生手続開始申立ての取下げを制限したこと、ⅳ担保権の実行を止められるようにしたこと、ⅴ再生計画の履行を確保する方策を講じたこと、ⅵ手続の対象者を制限しないこと、ⅶ債務者が事業の遂行・財産の管理処分を継続することを原則としたこと、ⅷ手続の簡素化・合理化を図り、利用しやすいものとしたこと、ⅸ手続上、必置の機関をなくしたこと、ⅹ営業譲渡や資本の減少等を行いやすいものとしたこと、が挙げられる。この手続きでは、再生債務者と再生債権者との間の民事上の権利関係を適切に調整するため、多数の再生債権者の同意を得、裁判所の認可を受けた再生計画を定める。再生手続の機関として、監督委員（民事再生54）・調査委員（民事再生62）・管財人（民事再生64）・保全管理人（民事再生79）を置いている。この手続により、再生債務者の事業又は経済生活の維持再生が図られる。⇨「和議手続」
[小野寺（忍）]

民事再生法

倒産法制を取り巻く現在のさまざまな状況を踏まえ、社会経済構造に適合したものとすることを目的として、倒産法制全体の視野から各倒産処理手続（破産法・和議法・会社更生法・商法上の会社整理及び特別清算）を見直す作業が平成8年から開始された。現代の経済社会にお

いて合理的に機能し、利害関係人にとって公平かつ迅速な倒産処理手続を実現するための新たな再建型手続の構築作業が行われた結果（平成11年8月）、主として中小企業及び個人事業者の再建を目的とした「民事再生法」が、平成11年12月の臨時国会で成立した（法225）。

新法（民事再生法）は、民事再生規則（平成12最高裁規3）とともに（民事再生20）、経済的に窮境にある債務者について、その債権者の多数の同意を得、かつ、裁判所の認可を受けた再生計画を定めることにより、債権者と債務者との間の民事上の権利関係を適切に調整しながら、債務者の事業又は経済生活の再生を図ることを目的としたもので、平成12年4月からの施行が予定されている。新法により、和議法では必ずしも救済されなかった中小企業等の再建のほか、労働債権の確保にも資するものとなることが期待される。この新法成立に伴って、これまで倒産法制の一翼を担ってきた和議法（大正11法72）及び特別和議法（昭和21法41）は、廃止された。⇒「和議法」

［小野寺（忍）］

民事裁判

民事事件に関して裁判所が示す判断又はその裁判手続の全体をいう。刑事事件に関する刑事裁判・行政事件に関する行政裁判と対比して把握すべきものである。民事訴訟のほか、民事執行・民事保全・破産・非訟事件等を含めていうことが多い。民事事件に関し裁判所がなす判断の形式には、判決・決定・命令の3種類があるが、公開の審理を経て裁判所の最終判断を示す形式は判決である。［中野］

民事裁判権

国家機関である裁判所が民事事件に関して司法権を行使する権能のことである。具体的には、訴状等を送達したり、証人等に出頭を強制したり、判決に従わない債務者に強制執行したりする権能のことである。民事裁判権の行使は、国家権力行使の一場面であるから、民事裁判権の範囲は、国家主権の及ぶ範囲と一致する。

もっとも、わが国に居住する者でも、外交関係に関するウィーン条約（昭和39条約14）31条によれば、治外法権を有する外交官にはわが国の民事裁判権は及ばない。外国国家も同様である（大決昭3・12・28民集7・1128）。ただし、外交官又は外国国家が特権を放棄し、自らわが国の裁判所に訴えを提起したときは、わが国の民事裁判権が及ぶ（同条約32）。なお、日本国の象徴であり日本国民統合の象徴である天皇には民事裁判権が及ばない（最判平元・11・20民集43・10・1160）。

［中野］

民事事件

民法・商法・借地借家法等の私法によって規律される、私人間の生活関係に関する事件をいう。狭義では民事訴訟の対象となる事件のことをいうが、そのほか民事執行・民事保全・破産・非訟事件等を含めたり、更には家庭裁判所が管轄権を有する家事調停事件・家事審判事件を含めていわれることもある。刑事事件・行政事件に対して用いられる。民事事件を解決するための手続法は民事訴訟法が基本であり、これに対し刑事事件においては刑事訴訟法が、行政事件においては行政事件訴訟法が基本である。

［中野］

民事執行

私法上の請求権の内容を執行機関が国家権力を用いて強制的に実現する裁判上の手続をいう。民事執行法（昭和54法4）が基本的事項を規定している。同法1条

は，強制執行，担保権の実行としての競売及び民法・商法・その他の法律の規定による換価のための競売を民事執行と総称する。旧民事訴訟法(明治23法29)第6編（昭和54年法4による改正前のもの）の定める強制執行と旧競売法（明治31法15，昭和54法4で廃止）の定める任意競売とを統合する概念として民事執行法によって創設された概念であり，公法上の金銭債権の強制的実現手続である滞納処分や，公法上の代替的作為義務を実現させる行政代執行と対置される。　　　［伊藤］

民事執行規則

昭和54年最高裁判所規則5号。民事執行法21条による授権に基づき，民事執行の手続に関する必要事項を定める最高裁判所規則である。上記規定のほか民事執行法10条4項・15条1項・63条4項・64条2項・66条・78条3項・115条1項・134条・147条1項の規定を受け，関連した細目・付随的事項を定めるほか，航空機・自動車・建設機械・電話加入権・預託株券等に対する執行についても具体的手続を規定している。　　　　　　［伊藤］

民事執行手続

民事執行法において規定される私法上の請求権の強制実現に関する手続である。強制執行，担保権実行としての競売，形式的競売に区分されるが，担保権実行としての競売には強制執行の規定が多く準用され（民執188・189・192・193・194），形式的競売は担保権の実行としての競売の例によるものとされている（民執195）。強制執行は，金銭債権の強制執行と非金銭債権の強制執行に分けて規定され，また，執行目的物の観点からは，不動産・船舶・動産・債権・その他の財産権の区別に応じて規定が設けられている。

強制執行は，債務名義(民執22)に基づいて執行機関が債務者の責任財産を差し押さえて換価し，これによって得られた金銭を債権者に交付・配当することによって行われる。換価の方法は，執行の対象となる目的物に応じて，売却，管理による収益の計上，取立て，権利の移転等があり，これに応じて満足の態様も様々である。このうち不動産の強制競売は強制執行の典型的な執行方法である。

担保権の実行としての競売は，担保権の存在を示す一定の文書の提出（民執181・193），担保権者による動産の提出，動産の占有者の差押えを承諾することを証する文書の提出（民執190）によって開始される。目的財産を売却等の方法によって換価し，これを交付・配当して債権の満足に充てるが，債務名義に関する部分を除き，強制執行手続との統一化が図られている。

形式的競売は，担保権の実行としての競売の手続を利用して目的物を換価することに主眼があり，共有物分割のための競売（民258）の例がそれである。

［伊藤］

民事執行法

昭和54年法律4号。旧民事訴訟法(明治23法29)6編強制執行編（昭和54法4による改正前のもの）と旧競売法(明治31法15)を統合して制定された民事執行手続の基本法である。私法上の請求権一般の強制実現に関する法律であり，強制執行，担保権の実行としての競売及び民法・商法その他の法律の規定による換価のための競売に関する規定をその内容とする（民執1）。　　　　　　　　　　　　［伊藤］

民事訴訟

私人と私人との生活関係上の争いである民事紛争を裁判所が解決調整するための手続をいい，これを規律するのが民事

訴訟法である（この意味で，私人の権利義務に関する手続でも対立当事者を予定していない民事非訟と異なる）。したがって，国家機関たる検察官が私人に対し刑罰を科することを求める刑事訴訟，私人が行政庁に対しその権限行使の是正等を求める行政訴訟とは異なる。例えば，AがBに自動車事故で怪我（けが）をさせた場合，BがAに対し損害賠償を求める訴訟が民事訴訟であり，一方，過失により人に怪我をさせたAに対し検察官が業務上過失傷害罪の適用を求める訴訟は刑事訴訟であり，また，この事故により免許取消処分を受けたAが公安委員会を相手に同処分の取消しを求める訴訟は行政訴訟である。

民事紛争は，両当事者が自主的に解決することが望ましく，民事訴訟に至る前の他の紛争解決制度として，和解契約（民695），調停（民事調停法），仲裁（公催仲裁786以下）等がある。

また民事紛争が民事訴訟により解決することが求められることになっても，権利の有無を確認する判決手続と権利の実現を図る強制執行手続とがあり，前者は民事訴訟法が，後者は民事執行法が規律している（なお，将来の強制執行を保全するための手続を定めたのが民事保全法である）。　　　　　　　　　　［中野］

民事訴訟規則

平成8年最高裁判所規則5号。憲法77条にいう最高裁判所の規則制定権を受けて，民事訴訟の訴訟手続に関して定められた最高裁判所規則の1つである。同名の規則は，それまでの諸規則を統合して昭和31年最高裁判所規則2号として制定されたが，新しい「民事訴訟法」（平成8法109）の制定に伴い，新しく「民事訴訟規則」が制定された。新規則は，民事訴訟手続に関する規律について新しい民事訴訟法により最高裁判所規則に大幅な委任がなされたことを受けて，申立ての方式や調書の記載事項をはじめとする種々の事項につき詳細な規定を設けている。
　　　　　　　　　　［中野］

民事訴訟制度の目的

民事訴訟制度の目的をどのように把握すべきかに関する主な見解としては，権利保護説・私法維持説・紛争解決説の3つがある。⒤権利保護説とは，国家は私人に対して自力による権利の救済を禁止しその代わりとして民事訴訟制度を設けたのであるから，民事訴訟制度は私人の権利の保護を図ることを目的とするとする見解である。ⅱ私法維持説とは，国家は民法・商法等の私法で定めたルールが社会で実際に行われることを期待しており，こうした私法を社会で実現維持するために国家は民事訴訟制度を設けたとする見解である。ⅲ紛争解決説とは，歴史的にみると法のために裁判が行われたのではなく，むしろ裁判から法が生まれており，裁判は社会に不可避的に発生する民事紛争を解決するために行われているのであるから，民事訴訟制度の目的は紛争の解決にあるとする見解である。これらのうち，ⅲ紛争解決説が現在のわが国の通説的見解である。

ところで，私人と私人との民事紛争が発生した場合，その紛争の対象は私的利益であって私人による処分が許された法律関係であるから，その紛争は出来るだけ当事者間の交渉により解決し，国家（裁判所）の関与を少なくして解決することが望ましい。このような事情から，民事紛争の解決制度として民事訴訟以外の自主的解決制度があり，国家の関与の少ない順でいうと，⒤民法上の和解契約（民695。私人間のみで解決するもの），ⅱ調停（民事調停法による。当事者間の合意が成

立しないと紛争解決とならないが、国家機関たる調停委員会が斡旋（あっせん）をする。民事訴訟法275条の訴え提起前の和解も同様の制度といえよう）、ⅲ仲裁（公催仲裁786以下。手続開始に当たり当事者間の仲裁契約を要するが、紛争解決の内容は仲裁人が決めることができる）、ⅳ民事訴訟（手続開始につき当事者の合意を必要とせず、かつ紛争解決の内容を裁判所が決めることができる）等がある。しかし、民事紛争の自主的解決制度である前記ⅰⅱⅲであっても、最終的には一方的かつ強権的解決制度である民事訴訟制度が存在するということがその存立基盤となっており、民事訴訟制度の目的を考える場合、このような事情にも留意する必要がある。

[中野]

民事訴訟手続

狭義では、民事訴訟法（平成8法109）及び民事訴訟規則（平成8最高裁規5）の定める手続のことをいい、広義では、民事執行法及び民事保全法も含めた手続をいい、最広義では、更に破産法・民事再生法・会社更生法等も含めた手続のことをいう。

これらの手続は、私人と私人との間の民事紛争を解決することを目的としているため、その運営は出来るだけ当事者の自主性を尊重するという原理が働き、手続の開始及びその後の進行について当事者の果たす役割が極めて大きいという特質がある。例えば、狭義の民事訴訟手続の基本原則の中に処分権主義と弁論主義という原則があるが、前者の処分権主義は、ⅰ申立てなければ裁判なし（民訴133）、ⅱ申立てを超える裁判なし（民訴246）、ⅲ当事者が争っているときに限り裁判をする（訴え取下げ・請求の認諾又は放棄・訴訟上の和解等による訴訟の終了（民訴261以下））等を内容とし、後者の弁論主義は、ⅰ主要事実の存在を認定するには当事者からの主張を必要とする（主張責任の原則）、ⅱ当事者間において争いがない主要事実は裁判においては真実と扱うことを要する（自白の拘束力）、ⅲ裁判所が当事者からの申立てによらず職権で証拠調べをすることは原則として許されない（職権証拠調べの禁止）等を内容としており、これらの原則は、民事訴訟手続において当事者が果たす役割が大きいことを示している。

[中野]

民事訴訟における信義則

信義則は、民法上の原則として発展してきたが、今日では、普遍的理念となり、民事訴訟においても通用をみることが、一般的に承認されている。この理解を基礎にして、民事訴訟法2条では、信義則を宣明している。

近代の民事訴訟法は、弁論主義を基本原理とし、訴訟の審理では、当事者が主体的に訴訟資料を提出し、当事者間の事実関係を充実した弁論で明らかにすることで、公正な裁判を導くことを考えている。そこで、まず、第1に、当事者は、事実関係の解明のために、協力し、信義則に反しないように行動することが要請される。当事者照会（民訴163）に対する回答や、種々の争点整理手続（民訴164以下）終了後の詰問権や説明義務（民訴167・174・178）の底にも、信義則がある。第2に、また、原告は、相手方に対する訴えや攻撃のしかたで、被告は、防御のしかたで、信義則に反しないことが求められる。従来の判決に現われた信義則の発現形態としての、ⅰ訴訟状態の不当な形成の排除（最判昭48・10・26民集27・9・1240等）、ⅱ訴訟上の禁反言（最判昭51・3・23判時816・48等）、ⅲ訴訟上の権能の失効（最判昭51・9・30民集30・8・799等）、ⅳ訴訟上の権能の濫用禁止（最判昭53・7・

10民集32・5・888など）は，この点に関する。しかし，信義則のような一般条項は民事訴訟の従来の理論で処理しきれない場合に現れるべきものであるから，使いやすい概念であるだけに，濫用にならぬように慎重に使用する必要がある。

［林屋］

民事訴訟費用等に関する法律

昭和46年法律40号。それまでの民事訴訟費用法（明治23法64）などに代えて制定された法律で，民事訴訟手続に関する費用のほか，民事執行手続，民事保全手続，行政事件訴訟手続，非訟事件手続（借地非訟事件も含む），家事審判手続等の費用の範囲と額を定めている。平成10年から施行された新しい民事訴訟法（平成8法109）においても，その61条以下で費用の負担者についての定めがなされているが，費用の範囲と金額は本法による。

［中野］

民事訴訟法

民事訴訟法は，実質的意義のそれと形式的意義のそれとに区別される。前者は，民事訴訟という手続を規律する法規の全体をいい，形式的意義の民事訴訟法のほか，裁判所法・人事訴訟手続法・民事執行法・民事保全法・破産法等も含む。これに対し後者は，民事訴訟法という名称を持つ単一の法律（民事訴訟法典）を指す。この法典は，当初，明治23年法律29号として制定されたが，大正15年法律61号により改正され，その後，昭和55年10月施行の民事執行法（昭和54法4）の制定により強制執行に関する部分が削除され，次いで平成3年1月施行の民事保全法（平成1法91）の制定により仮差押仮処分に関する部分が削除され，最近では平成8年法律109号により新たに民事訴訟法（新法）が制定され平成10年1月1日から施行された。新法は，民事訴訟のうちの判決手続を主として定めたもので，民事訴訟を国民に利用しやすく分かりやすくするため，旧法を改正したものである。

［中野］

民事調停

民事上の紛争について，調停機関の仲介により，当事者の主張を互譲させ，当事者間の合意により解決をはかること又はその手続をいう。広義には，労働争議の調停のような行政調停と区別する概念として用いられるが，狭義では，民事調停法に規定する調停をいい，この場合家事審判法に規定する家事調停は除かれる。

民事調停法に規定する民事調停は，当事者の申立て（民調2）又は受訴裁判所の職権で付される調停（民調20）により開始される。調停手続は，調停主任裁判官と民事調停委員2名以上により構成される調停委員会によって行われるのが原則である（民調5・6）。当事者間に合意が成立し，これを調書に記載したときは，調停が成立し，調書の記載は，確定判決と同一の効力を有する（民調16，民訴267）。また，調停が成立する見込みのない場合であっても，裁判所は，相当と認めるときは，民事調停委員の意見を聴いて調停に代わる決定をすることができる（民調17）。ただし，この決定は，当事者からの異議申立てにより効力を失う（民調18）。そのほか，調停手続は，申立ての却下・取下げ，調停の拒否（民調13），調停の不成立（民調14），調停条項の裁定（民調24の3・31・33）によって終了する。民事調停については，民事調停法に定めがあるほか，性質に反しない限り，非訟事件手続法1編の規定が準用され（民調22），また，民事調停規則に細則が規定されている。民事調停は，民事訴訟との比較において簡易・迅速・低廉であり，法

規の適用による一刀両断的な判断に限定されず、紛争の実状に即した円満な解決を図ることができるという長所があり、民事紛争解決手続として今日活用されている。なお、民事調停法の特例として、支払不能に陥るおそれのある債務者等の経済的再生を目的とした「特定債務等の調整の促進のための特定調停に関する法律」が成立した（平成11法158）。

[前田]

民事調停委員

民事調停において、裁判官である調停主任とともに調停委員会を構成する者（民調6）をいう。調停委員会の構成員として担当事件の調停手続に関与するほか、裁判所の命を受けて、他の調停事件について専門的な知識経験に基づく意見を述べるなどの職務を有する（民調8①、特定調停8、民調規14・12の3）。民事調停委員は、最高裁判所によって、所定の要件を満たす人格識見の高い者の中から任命される非常勤の公務員であり（調委規1、民調8②）、手当・旅費・日当・宿泊料を支給される。

[前田]

民事調停法

昭和26年法律222号。従来の単行の各種調停法を廃止し、それらを整理統合し、家事調停を除く民事紛争についての調停の基本的な手続法として定められた。1章通則・2章特則・3章罰則から成り、2章は、宅地建物調停、農事調停、商事調停、鉱害調停、交通調停、公害等調停の6節から構成されている。非訟事件手続法が準用され（民調22）、また、細則は、民事調停規則（昭和26最高裁規8）により定められている。なお、民事調停法の特例として、支払不能に陥るおそれのある債務者等の経済的再生を目的とした「特定債務等の調整の促進のための特定調停に関する法律」が成立した（平成11法158）。

[前田]

民事非訟事件

形式的には、民事事件のうち非訟事件手続法1編総則の規定が適用又は準用される事件をいう。実質的意義については、諸説があるが、民事事件のうち、当事者の主張する法律上の権利義務の存否を法律の適用により終局的に確定することを目的とする民事訴訟事件に対する概念として、裁判所の裁量的判断による権利義務の具体的内容の形成を目的とする事件であるとされ、あるいは、民事事件のうち民事訴訟事件を除く事件であるとされる。なお、狭義には、非訟事件手続法2編の事件を指すこともある。公開・対審をとらず（非訟13）、職権探知が原則とされる（非訟11）等の特徴があり、裁判は決定の形式で行われ（非訟17）、取消し・変更（非訟19①）が認められている。訴訟事件が実質的に民事司法作用であるのに対し、非訟事件は実質的には民事行政作用に属するとみることができる。[前田]

民事保全

民事訴訟の本案の権利の実現を保全するための「仮差押え」及び「係争物に関する仮処分」並びに民事訴訟の本案の権利関係につき「仮の地位を定めるための仮処分」の総称である（民保1）。民事保全は、従来、一般の仮差押え及び仮処分で狭義の保全処分と呼ばれていたものに当たり、保全される権利又は権利関係（被保全権利）が民事訴訟により確定される（この民事訴訟を民事保全手続との対比で「本案訴訟」または単に「本案」と呼ぶ。通常は判決手続であるが、判決手続以外でも本案訴訟に当たる場合がある）ことが予定されている点で、破産宣告前の保全処分、家事審判前の保全処分などの特殊保全処

分（特殊民事保全ともいう。なお、民事保全と特殊保全処分とを併せて広義の保全処分と呼ぶことがある）と区別される。なお、従来、人事訴訟手続法による子の監護その他の仮処分、商法上の取締役の職務執行停止・代行者選任の仮処分が狭義の保全処分か特殊保全処分か争いがあったが、民事保全法下では民事保全に含まれることが明確になった。　　　　　［野村］

民事保全手続

民事保全手続とは、民事保全たる仮差押え・仮処分（民保1）に関する手続である。民事保全手続は、被保全権利の確定手続である民事訴訟等（本案訴訟）を前提とし、これに付随し（付随性・従属性）、被保全権利の終局的実現までの暫定的な処分であり（暫定性・仮定性）、性質上迅速に行われ（緊急性・迅速性）、債務者に秘密裏に行うことが必要な場合が多い（密行性。例外、仮の地位を定める仮処分（民保23④））。それ故、特質として付随性・暫定性・緊急性・密行性が通常挙げられる（密行性は緊急性に含まれるとする見解もある）。民事保全手続は、保全命令（決定）の発令の当否の判断手続（保全命令手続）と保全命令を具体的に実現する執行手続（保全執行手続）からなる。これは民事訴訟における判決手続と執行手続とに対応する（なお、保全命令は常に執行を伴うわけではない）。保全命令手続では、被保全権利の有無、保全の必要性が審理されるが、疎明で足り（民保13②）、不服申立ても含めて審理・裁判はすべて決定手続で行う（民保3）（弁論・審尋の機会保障につき民保23④・29・40①・41④参照）。保全命令は立担保の上で発令されることが多い（民保14参照）。保全執行は、強制執行のように終局的満足に至ることは原則としてない（例外、満足的仮処分）。強制執行は判決手続と完全に分離さ

れ、必ずしも判決手続を前提としないが、民事保全では保全命令手続と保全執行手続とは密接な関係にあり（仮差押命令は特定物につき発令される（民保21））、保全執行は、保全命令の正本に基づき実施し、執行文は原則として不要で、債務者に送達される前でも執行できる。もっとも、債権者への送達から2週間の執行期間の経過後は執行できない（民保43）。保全執行は申立てにより行われるが、発令裁判所が執行裁判所となる場合が多く、その場合は保全命令の申立てに執行の申立てが含まれていると解されるので別に執行の申立てをする必要がない（民保規31但）。　　　　　［野村］

民事保全法

平成元年法律91号。民事保全に関する基本法である。民事保全法は、ⅰ迅速な裁判のため決定手続の全面的採用とそれに伴う手続保障の整備、ⅱ当事者恒定のための仮処分の要件・効果の明確化、ⅲ従来、制度上・解釈上問題となっていた諸点につき改正・整備を図ることなどを柱として、平成元年改正前の旧民事訴訟法旧6編「仮差押及ビ仮処分」及び民事執行法旧3章「仮差押え及び仮処分の執行」を統合の上、制定された。なお、民事保全法は、従来、法律で定めていた事項について大幅に最高裁判所規則へ委任することを前提としており、民事保全法8条により民事保全規則（平成2最高裁規3）が制定されている。　　　　　［野村］

無益な差押え

執行債権者の満足をもたらさない執行手続をもたらす差押えをいう。例えば、差し押さえるべき物を換価しても、最優先で支払うべき執行費用及び差押債権者に優先する債権を弁済して剰余を生じない場合は、債務者に苦痛を与えるのみで

あり，また，差押債権者に利益もない。このような差押えは，原則として許すべきではないとされ，動産執行においては禁止され，あるいは取り消される旨の規定があるが（民執129），不動産執行においては無剰余の見込みが通知され，一定の場合には手続が続行される（民執63）。ただし，このような差押えも当然に無効ではなく，債務者は執行異議（民執11）による取消しを求めることができる。

［伊藤］

無償否認

破産者が，支払停止もしくは破産申立て後，又はその前6か月内にした無償行為（贈与，債務免除，権利放棄など）又はこれと同視すべき有償行為は，当然に否認の対象となる。これを無償否認という（破72⑤）。行為の時期とその無償性を理由とする否認であり，破産者の詐害意思や受益者の認識などの主観的要素を必要としない点で，純客観主義の否認である。これは，破産者が経済的危機時にその財産を無償で減少させる行為は極めて不当性（詐害性）が強く，一方，受益者も無償で利益を得ていることから，広く否認を認めても公平に反しないことに基づく。無償否認が認められた場合，善意の受益者は現存利益を返還すれば足りる（破77②）。

なお，会社更生法や民事再生法においても若干表現が異なるが，無償否認を規定する（会社更生78①④，民事再生127①⑤）。

［武田］

無名義債権 ⇒ 「有名義債権・無名義債権」

命令

訴訟法上においては，裁判官が，裁判長・受命裁判官又は受託裁判官等個々の裁判官の資格においてする裁判の一形式をいう。裁判所の行う裁判である判決・決定に対する概念である。なお，訴訟法以外では以下のように用いられている。

ⅰ立法機関以外の国家機関，特に行政機関によって制定される国法の一形式をいう。制定の主体に応じて，政令・府令・省令・規則に区分され，内容に応じて，執行命令・委任命令・独立命令・代行（緊急）命令に区分される。現行憲法下では執行命令及び委任命令のみが認められている。

ⅱ行政庁が法令に基づいて特定の人又は団体に対して一定の義務づけをする具体的処分（処分命令・下命）をいう。

ⅲ公務員の職務に関し上司たる公務員が部下に対してなす職務命令（例，国公98①等）をいう。

［伊藤］

免責

破産法において免責とは，自然人たる破産者に対して，破産手続による配当によって弁済を受けなかった残余の債務について，破産者の責任を免除すること（破366ノ12本）をいう。免責された債務は自然債務となると考えるのが通説である。

従前の破産法は非免責主義を採用していたが，第2次世界大戦後，アメリカ法の影響のもと，株式会社の再建更生を目的とする会社更生法が制定されるとともに，破産法を改正して自然人たる破産者について免責主義が採用されるに至った。免責主義のねらいは，自然人は債務について無限責任を負うこととされているが，自然人たる破産者が破産手続終了後も残債務につき無限責任を負うとすれば経済的に立ち直ることは極めて困難であることから，免責によってこれを取り除き経済的再起への途を開くとともに，あわせて破産者に免責を認めることにより，債務者が破産をおそれてかえって財産状態

を悪化させたり，債権者が自己への弁済の手段として破産申立てを脅迫手段として利用するといった弊害をある程度防止することができるというところにある。そこで，この自然人の無限責任との関係で破産免責の理論的根拠が問題となるが，この点につき，有力な学説は，自然人は，自然的・道徳的主体であるとともに財産主体であって，財産主体性の点では法人と自然人を区別する理由はなく，法人が破産によって消滅するのと同様，自然人が破産して全財産関係の清算がなされることによりその財産主体性は更新されて残債務についての責任を免れることになると説明する。

一方，免責制度は，債権者の側から見れば債権の一部が切り捨てられるものであることから，憲法による財産権の保障（憲29）に違反しないかが問題となるが，最高裁判所大法廷決定（最大決昭36・12・13民集15・11・2803）は，公共の福祉のため憲法上許された必要かつ合理的な財産権の制限であるとして憲法に違反しないとする。

従来，免責申立ての件数は僅少（きんしょう）であったが，近年，いわゆるサラ金やクレジットカード等の消費者信用の急激な成長に伴って経済的に破綻する債務者数も激増し，こうした消費者債務者が債務負担を免れ，経済的に更生するための手段として自己破産及び免責の申立てを行う傾向が顕著化している。　［武田］

免責許可決定

破産者のなした免責の申立てに対し，これを認め免責を許可する旨の裁判所の決定を免責許可決定という。裁判所は，法定の免責不許可事由が存在すると認めるときに限って免責不許可の決定をすることができ，そうでないときは免責許可の決定をしなければならない（破366ノ9）。ただし，免責不許可事由が存在する場合であっても，裁判所は，情状その他不許可事由の程度を考慮して相当とするときは裁量により免責を許可することもできる（いわゆる裁量免責）と解されている。近時，不許可事由に関する事情が免責を不許可とすることを相当とする程度に重大な場合ではあるが，全債権者に対して負債額の一定割合を弁済をしても裁量免責の余地が全くないとする程度には至っていないような事案において，裁判所から破産者に対し，このような一部弁済を勧告し，その履行状況を待って免責を認めるという取扱いがなされることがある。
　［武田］

免責主義・懲戒主義

破産手続において，配当により弁済されなかった債務につき，破産者の責任を免除する主義を免責主義という。破産法は，従前は非免責主義を採用していたが，自然人たる破産者の経済的更生を容易にするため，昭和27年の改正で免責主義を採用した（破366ノ2〜20）。

また，破産宣告に身上の効果を付し，破産者に対して公私の種々の権利ないし資格について制限を加える主義を懲戒主義という。破産法自体は非懲戒主義によるが，他の法令においては破産者の身上に関し種々の制限（民846④，商254ノ2②，弁護6⑤等）を加えていることから，現行法制度全体としては，懲戒主義をとるものといえる。そのため，破産法はこの制限を回復する復権の手続を設けている。従前は破産債権者に対する債務の全部につき責任を免れなければ復権できなかったが，上記改正で免責主義が採用されたことに伴い，当然復権の制度（破366ノ21）が新設され，復権が容易になった。
　［武田］

申立て

当事者その他関係人が裁判所に対し一定の行為を求める行為(意思の通知)である。申請・申出ともいう。民事訴訟において，申立ては，終局判決の内容となる判断事項に関する本案の申立て(仮執行宣言，訴訟費用に関する申立て，訴え(上訴)の却下を求める申立ても本案の申立てである)と訴訟手続上の事項に関する訴訟上の申立てとの2つに分けられる。なお，実務的には，本案に関する申立てをもっぱら請求に関する申立てとして使用して，訴え(上訴)の却下を求める申立てを本案前の申立てと呼ぶ場合がある。

[野村]

申出

民事訴訟法の法文上，申立てと同じ意味で使用されている言葉である。例えば，共同訴訟における同時審判の申出(民訴41)，補助参加の申出(民訴43)，独立当事者参加の申出(民訴47②)，共同訴訟参加の申出(民訴52②)，証拠の申出(民訴180。ただし，当事者本人の尋問の場合は申立て(民訴207。しかし民訴規100では申出を使用している)。また，文書提出命令(民訴221)，文書送付嘱託(民訴226)，証拠保全(民訴234)では申立てを使用している)などで使用されている。

[野村]

模索的証明

民事訴訟において，挙証者が主張・立証しようとする事実を十分に知り得ないため，証拠調べによって具体的な主張・立証の資料を入手することを目的として，抽象的な立証事項を掲げて行う証拠申出を模索的証明という。

立証事項の特定を欠く証拠申出は，相手方の防御権を侵害するおそれがあり，かつ，適切・迅速な証拠調べの妨げともなりうるため本来不適法である(民訴180①)。しかしながら，公害訴訟・医療過誤訴訟などのいわゆる現代型訴訟においては，立証事項の詳細は相手方の支配内にあることが多いため，挙証者は，立証事項につき抽象的に主張することを余儀なくされる場合が多い。このような事情を考慮して，現代型訴訟においては，抽象的な立証事項であっても，請求の判断のために重要であり証拠調べの充実が期待でき相手方の防御権を侵害しない程度の表示があれば，適法であるとする見解が有力である。

[武田]

や行

唯一の証拠方法

民事訴訟において，当事者が取調べを求めた証拠方法が唯一である場合のその証拠方法を唯一の証拠方法という。民事訴訟においては当事者が申し出た証拠の採否については，原則として裁判所の裁量に委ねられるが（民訴181①），判例は，古くから，唯一の証拠方法については，裁判所は特段の事情のない限り必ず取り調べなければならず，これを却下するのは違法であるとする。これは，唯一の証拠方法であるのにこれを取り調べないでその主張を排斥するのは立証の途（みち）を拒みながら証明のないことを責めることになるからである。

この原則の例外として，判例は，証拠の申出が不適法であるとき，主張自体が失当で理由がないとき，証拠の申出をした者が怠慢なため合理的な期間内に証拠調べができないときなどの場合には，唯一の証拠方法であっても取調べを要しないとする（最判昭39・4・3民集18・4・513）。　　　　　　　　　　　［武田］

優先主義　⇒　「平等主義・優先主義」

優先的更生債権

一般の先取特権その他一般の優先権のある更生債権（会社更生159①②・228①②）を優先的更生債権といい，更生計画において，一般の更生債権より優先的な取扱いが認められる。これらの先取特権や優先権は，民法その他の法律の定めるところによる。

一般の先取特権を有する更生債権としては，株式会社に対し当該更生手続に先立って他の集団的債務処理の手続が行われ更生手続開始決定までに終了していた場合の未払いの共益費用（民306①），先取特権が認められる使用人の雇傭（こよう）契約上の債権（商295）のうち，会社更生法119条後段及び119条の2所定の範囲のものを除いたもの等がこれにあたり，その他一般の優先権を有する更生債権としては，企業担保で担保される債権（企業担保2）がこれにあたる。　［武田］

優先的再生債権

再生債務権に対し，再生手続開始前の原因に基づいて生じた財産上の請求権のうち，再生債務者の財産の上に存する特別の先取特権・質権・抵当権・商法の規定による留置権によって担保されるものをいう（民事再生53）。優先的再生債権は，別除権として再生手続によらないで，行使することができる（民事再生53②）
　　　　　　　　　　　　　［小野寺（忍）］

優先的破産債権

破産債権のうち，その債権の性質から一般の破産債権に先立って弁済を受けられるものをいう（破39）。一般の先取特権（民306〜310，商295，有46②等）のほか，他の法律により一般的な優先権が認められている債権（企業担保2）がこれにあたる。この優先権は，特定の財産上のものではなく債務者の総財産に及ぶものであるから，別除権とはせずに，債権の属性としての優先権を付与するにとどめたものである。

優先の順位は，民法その他の法律における優先順位（民329，商295等）により，同一順位の優先的破産債権の間ではその債権額に応じて平等となる（破40）。

なお，優先的破産債権は，破産法上の

強制和議との関係では破産債権として扱われない（破293）。　　　　　　　［武田］

優先弁済請求の訴え

昭和54年の改正前の旧民事訴訟法（明治23法29）における動産執行（民事執行法における動産執行と債権執行を含む）において，執行の対象物の上に担保権を有する第三者が，その権利の範囲で執行を排除し，売得金からの優先弁済を求めて執行債権者に対し提起することができるとされていた訴え（旧民訴565）をいった。これらの担保権者が当然に配当に加わる機会を持たなかったため，これを保護するために規定されていたが，配当要求により配当段階で優先弁済権を主張する事例が多く，民事執行法（昭和54法4）の制定にあたって廃止された。　　　［伊藤］

有体動産執行

昭和54年の改正前の旧民事訴訟法（明治23法29）が定めていた動産に対する強制執行の一種である。上記旧民事訴訟法は，動産に対する強制執行を有体動産に対するものと債権及びその他の財産権に対するものとに分け（旧民訴564以下），有体動産執行は，民法上の動産（民86）とほぼ同じ範囲の有体物のほか未分離の天然果実（旧民訴568・584），株式・公社債などの有価証券に化体された財産権（旧民訴581〜583。ただし指図証券を除く（旧民訴603））をその対象としていた。差押え・換価・満足に至る一連の手続はほとんど執行官の手によって行われ，裁判所は一定の場合に授権や指示をし，また，債権者が競合して売得金が不足し，しかも配当の協議が整わない場合に配当手続をするにとどまった。現行の民事執行法では，動産中に債権等の財産権を含めないこととしたために，その名称を「動産執行」に改めた。　　　　　　　　　　［伊藤］

誘導尋問

民事訴訟において，質問者が回答者に希望又は期待する答えを質問の中に暗示してする質問形式を誘導尋問という。誘導尋問は，正当な理由がなければ許されないが（民訴規115②），その内容は刑事訴訟規則（199の3③・199の4②③等）と同旨と解される。

誘導尋問は，証人等に不当な暗示や示唆を与える危険があり，特に当事者による交互尋問制度のもとでは，証人は一般的に党派性が強く，（再）主尋問をなす当事者側に好意的であるため，質問者に迎合する危険性が少なくない。その一方で，誘導尋問は，質問時間の短縮や証人等の記憶喚起のため有用である側面もあり，また，証人も（再）反対尋問をなす当事者に敵意や反感を有している場合が多いことから，進んで証言しない証人に対してある程度の誘導を試みる必要があるとともに，証人も質問者に迎合する危険性は少ない。そのため，誘導尋問は，（再）主尋問では原則として許されず，（再）反対尋問では原則として許されるのである。
　　　　　　　　　　　　　　　　［武田］

郵便に付する送達

補充送達・差置送達（民訴106）ができない場合に，裁判所書記官が，受送達者の住所・居所・営業所又は事務所・届出のあった送達場所等所定の場所に宛(あ)て，書類を書留郵便に付して発送することによって行われる送達（民訴107）をいう。送達した書類の到達の時点あるいは現実の到達の有無を問わず，書類を発送した時に送達の効力が生じるが，発送の時点で受送達者が死亡していた場合には，送達の効力は生じない。　　　　　［伊藤］

郵便による送達

送達実施機関としての郵便の業務に従

事する者が行う送達（民訴99）をいう。郵便法上の特別送達として行われる（郵便57・66）。郵便の業務に従事する者は、送達に際しては、送達報告書を作成して裁判所に提出し、送達の事実を明らかにする（民訴99・109）。郵便による送達は、送達実施機関としての執行官が行う送達と対置され、どちらによって送達するかは裁判所書記官によって決められるが、実務上は郵便による送達を行うことが多い。郵便による送達は、名宛（なあて）人に到達することによってその効力を生じる（民97）。

[伊藤]

有名義債権・無名義債権

破産債権のうち、執行力ある債務名義又は終局判決がある債権を有名義債権といい、それ以外の債権を無名義債権という。破産管財人又は破産債権者から異議を述べられた場合、無名義債権者は、異議を除去するために異議者に対し訴えを提起し（破244①）、又は破産者との間で係属している訴訟を受け継いで（破246①）その債権の確定を求めることを要し、配当の除斥期間内にこの訴えを提起し、又は受継したことを破産管財人に証明しないと配当から除斥される（破261・273）。これに対し、異議の相手方が有名義債権者の場合は起訴責任が転換され、異議者は破産者がすることができる訴訟手続によってのみ異議を主張することができ（破248①）、これをしないと異議ある債権に対する配当を阻止できない（破271①参照）。これは、有名義債権者が破産宣告までに取得している訴訟上の有利な地位を破産手続上も尊重する趣旨である。

[武田]

猶予期間 ⇒ 「行為期間・猶予期間」

要件事実

民事訴訟において、権利の発生・変更・消滅という法律効果を判断するために直接必要な具体的事実（主要事実）と同義又は主要事実を法的概念にあてはめた類型的事実をいう。後者の主要事実と要件事実を区別する立場に立つと、例えば売買契約については、「XはYに対し、平成○年○月○日、商品××を、代金△△円で売却する約束をした」という具体的な事実が主要事実であり、この具体的事実を法的概念にあてはめた類型的事実である「財物移転の合意及び代金支払の合意があった」が要件事実となる。もっとも、このように主要事実と要件事実を区別する立場でも、講学上は、実際の訴訟で問題となる主要事実を逐次記述するわけにはいかないので、この代用として法的概念である要件事実が用いられているのである。

[武田]

幼児の引渡し

意思能力のない幼児の引渡しは、幼児が監護権のない者の支配下にある場合のみならず監護権者の下にある場合（別居中の夫婦が子の奪い合いをするような場合）にも問題になる。親権者・未成年後見人・監護者等の監護権のある者は、無権限者に対しては監護権を根拠に民事訴訟法上の引渡しを請求できるほか、人身保護法による引渡しを求めることができ、監護権者間における子の奪い合いの場合には家事審判規則による引渡し（家審規53・70・72）の手続もある。

これらの場合の引渡しの強制執行の方法については議論があり、幼児の人格を重視する間接強制説、動産執行の方法によるとする直接強制説、不作為請求権の執行により、間接強制あるいは将来のための適当な処分によるとする折衷説がある。

[伊藤]

要証事実・不要証事実

民事訴訟上，当事者が主張した事案の判断に必要な事実の中で，証拠による証明を必要とする事実を要証事実といい，証拠による証明を必要としない事実（顕著な事実，弁論主義が適用される分野での相手方が争わない事実及び法律上推定される事実）を不要証事実という。

裁判における判断の客観性を担保するためには，原則として証拠による証明が必要となる。しかしながら，顕著な事実は裁判所が証拠によらずにその事実を認定してもその判断の客観性が既に担保されているし，争いのない事実は弁論主義により裁判所の判断が拘束されることから，証拠による判断が不要になる（民訴179）。また，法律上推定される事実も法規に基くものであるから証明を要しない。

なお，職権探知主義のもとでは，当事者の主張していない事実や争いのない事実も要証事実となる。　　　　　　［武田］

余剰主義　⇒　「剰余主義」

呼出し

裁判機関が指定した期日を当事者その他の関係人に知らせ，出頭を要請することをいう。期日の呼出しは，書記官が呼出状を作成し，これを送達してするのが原則であるが，当該事件について出頭している者にはこれを告知するだけで足り，出頭していない者には裁判所が相当と認める方法（電話やファクシミリによることが多い）によってすることもできる。ただし，相当と認める方法によって期日の呼出しをした場合には，呼出しを受けた者がその旨を記載した書面（期日請書）を提出したときを除き，期日の不遵守による不利益を課すことができない（民訴94）。　　　　　　　　　　　　　　　　［伊藤］

呼出状

民事訴訟法上，訴訟関係人へ期日を告知し出頭を命ずる旨を記載した書面をいう。送達事務を取り扱う裁判所書記官が作成し（民訴98），期日の日時，出頭すべき場所，裁判所（事件の係属する部・係），期日の目的，証人尋問等の呼出しにおいては法定の事項（民訴規108・127・134）等が記載される。期日の呼出しは，呼出状を送達して行うのが原則である（民訴94）。　　　　　　　　　　　［伊藤］

予備的抗弁

予備的主張の一種である。第1次的な抗弁が認められない場合に備えて，あらかじめ提出しておく第2次的な抗弁のことである。仮定的抗弁ともいう。例えば，原告の被告に対する貸金返還請求に対し，被告が第1次的に弁済の抗弁を主張し，第2次的に債務の消滅時効の抗弁を主張する場合，消滅時効の抗弁が予備的抗弁である。予備的申立てと異なり，当事者が抗弁に順位を付しても，裁判所は審理にあたって当事者の付した順位には拘束されないのが原則である（例外は，予備的相殺の抗弁）。　　　　　　［野村］

予備的主張

第1次的に提出した主張が認められない場合に備えて，あらかじめ提出しておく第2次的な主張である。仮定的主張ともいう。抗弁についてなされる場合は予備的抗弁という。予備的申立てと異なり，当事者の付した順位に拘束力は原則としてない（例外は，予備的相殺の抗弁）。例えば，原告が，所有権取得の原因として，第1次的に売買を主張し，第2次的に取得時効を主張する場合，取得時効が予備的主張である。なお，予備的主張の意義については，当事者の付した順位に拘束力はないことから，予備的主張と呼ぶの

は適切でなく仮定的主張と呼ぶべきで，相殺の抗弁が主張された場合に限り，予備的主張と呼ぶべきであるとする見解がある。　　　　　　　　　　　[野村]

予備的相殺の抗弁

相殺の抗弁を予備的に主張することである。なお，相殺の抗弁のほか弁済の抗弁等を提出している場合，特に反対の意思の表示のない限り，相殺の抗弁は予備的抗弁と解釈される。当事者が抗弁に順位を付しても，裁判所は審理にあたって当事者の付した順位には拘束されないのが原則であるが，予備的相殺の抗弁はその例外である。予備的相殺の抗弁は，それが理由ありとされても，その判断には既判力が生じ（民訴114②），提出者に不利益となるので，他の抗弁の審理に先だって審理してはならない。また，予備的相殺の抗弁で勝訴した者は弁済等を主張して控訴することができる。　　　[野村]

予備的反訴

本訴が却下又は本訴請求が棄却されることを解除条件として提起される反訴のことをいう。条件を付さない単純反訴に対する概念である。例えば，原告（売主）の売買代金請求に対して，被告（買主）が，売買の効力を争う一方で，請求が認容されることに備えて，売買の目的物の引渡しを求める反訴を予備的に提起する場合である。単純反訴の場合，本訴との弁論の分離及び一部判決は可能とするのが一般的であるが，予備的反訴の場合，その趣旨から弁論の分離及び一部判決はできないとされる。　　　　　　[野村]

予備的併合

例えば，原告（買主）が，第1次的に売買契約の有効を前提に目的物の引渡請求を行い，契約が無効と判断される場合に備えて第2次的に代金の返還請求を併合提起する場合など複数の請求に順位を付し，第1次的（主位的）請求が認容されることを後順位（予備的・副位的）請求の審判の解除条件とした請求の併合形態である。順位的併合ともいう。単純併合・選択的併合に対するものである（なお，特定物の引渡請求とその履行が不能な場合の損害賠償請求（いわゆる代償請求）とを併合する場合は，単純併合であるとされる）。予備的併合では，主位的請求が認容されないときに限り予備的請求が審判され，主位的請求が認容されるときは予備的請求が審判されない。予備的併合が法律上両立しえない請求の間で認められるのは当然として，両立しうる請求の間でも認められるかは争いがある。実務は肯定的とされる（最判昭39・4・7民集18・4・520。ただし，実務には混乱があるとの指摘もある）。予備的併合では弁論の分離・一部判決は許されない。それ故，主位的請求を排斥する判決をするときは予備的請求についても判決することを要する（最判昭38・3・8民集17・2・304。なお，主位的請求を認容する判決は全部判決である）。主位的請求の認容判決に対し被告が控訴した場合，控訴審が主位的請求棄却と判断すれば，予備的請求についても裁判できる（大判昭11・12・18民集15・2266，最判昭33・10・14民集12・14・3091）。また，主位的請求棄却・予備的請求認容の判決に対し，被告のみが上訴し，原告が上訴も附帯上訴もしていない場合，上訴審が予備的請求棄却・主位的請求認容との判断であっても，審判の対象は予備的請求のみであるから原告の全面敗訴となるとされている（最判昭54・3・16民集33・2・270，最判昭58・3・22判時1074・55）。　　　　　　　　　　　[野村]

予備的申立て

第1次的な申立てが認容されない場合に備えて、第2次的な申立てを予めしておくことである。例えば、売買代金請求を第1次の請求とし、売買契約が無効とされる場合に備えて、売買目的物の返還請求を予備的請求とすることである（訴えの（客観的）予備的併合。なお、予備的申立ては、訴えの場合に限らず訴訟上の申立てでも可能である）。予備的申立てには、例えば、第1次的には本人に請求をするが、その請求が認められない場合に備えて代理人に対する民法117条の請求を併合提起するような形態（訴えの主観的予備的併合）も考えられるが、判例はこの併合形態を不適法としている（最判昭43・3・8民集22・3・551。もっとも、この判例に対する反対説は根強く、また、この判例より後でも訴えの主観的予備的併合を許容する下級審判決もある）。

[野村]

ら・わ行

履行確保

家庭裁判所が，その審判又は調停によって定まった義務（これを「家事債務」という。いわゆる「日常家事債務」とは異なる概念である）の履行を確保する制度である。家事債務は，種々の理由から必ずしも通常の強制執行になじまない面があるため昭和31年に創設された。内容は，(i)履行状況の調査及び履行勧告（家審15の5・25の2），(ii)履行命令（家審15の6・25の2）と従わない場合の過料（家審28），(iii)義務履行のため裁判所が義務者から金銭の寄託を受ける制度（家審15の7，25の2）からなる。この3者は，独立した別個の手続で，総合的に運用されているが，一連の継続した手続ではない（履行命令の対象となるのは，金銭の支払その他財産上の給付を目的とするものに限られるが，履行勧告では限定されない）。この制度は，強制執行に代わるものではなく，併存するもので，権利者は，いずれによることもできる。 ［野村］

立証

民事訴訟において，ある事項について裁判官が確信を得た状態又は裁判官にこの確信を得させようとする当事者の努力をいう。証明ともいう。裁判官が確信の程度に至らないが一応確からしいとの心証を得た状態又は裁判官にこの心証を得させようとする当事者の努力である疎明に対応する概念である。判決の基礎となる事実を認定するには，この立証がなければならない。

ここでいう立証とは，裁判の内容の合理性を確保するものであるから，絶対性を不可欠とするいわゆる自然科学的証明ではなく，いわゆる歴史的証明で足りる。 ［武田］

立証事項

証拠の申出は証明すべき事実を特定してなさなければならない（民訴180①，民訴規99①）。この証拠によって証明すべき事実を立証事項又は証明主題という。立証事項の特定を欠く証拠申出は，相手方の防御権を害するおそれがあり，かつ，適切・迅速な証拠調べの妨げともなりうるため，不適法である。この点から，模索的証明の適法性が議論となっている。

立証事項は，裁判所が証拠の採否を決定するための資料であり，それにとどまるものであるから，証拠調べの結果を立証事項以外の他の争点の証拠原因とすることは証拠共通の原則の趣旨に照らして差し支えない。 ［武田］

立証責任 ⇒「証明責任」

立証責任の転換 ⇒「証明責任の転換」

立証責任の分配 ⇒「証明責任の分配」

立証の必要

民事訴訟において，証拠を提出しなければ自己に有利な裁判を得られないという訴訟の審理過程における当事者の立証活動の必要性をいう。弁論主義のもとでは，主要事実の証明責任は当事者が負担するものであるから，証明責任を負担する当事者は自己に有利な裁判を得るためには証拠を提出してその事実を立証しなければならないが，一方で，当事者の一

方が証明責任を負う主張について有力な証拠を提出して裁判官に確信を生ぜしめそうになったときには，相手方はこれを放置しておけばそのままその事実が認定されてしまうため，反対の証拠を提出しなければならないという立場に立たされる。これは反対事実についての証明責任が相手方に移ったのではなく，立証の必要が相手方に移転したのである。

［武田］

理由記載説

請求の原因（民訴133②）の意義について，請求を理由づけるのに必要な一切の事実とする考え方をいう。事実記載説ともいう。請求を特定するのに必要な範囲の事実を記載すれば足りるとする識別説に対する考え方である。民事訴訟規則53条1項は，識別説を採ることを明言している。なお，同53条1項は，審理充実の観点から請求を特定するのに必要な範囲の事実のほか，請求を理由づける事実を具体的に記載しなければならないとしている。これは訓示規定と解されているが，迅速な審理のため，訴状に請求を理由づける事実を記載することが訴訟慣行として定着することが期待されているためである。

［野村］

理由齟齬（そご） ⇒「理由不備・理由齟齬」

理由付否認

民事訴訟において，否認の態様の1つである。当事者が，単に相手方の主張事実を否定する（単純否認・直接否認・消極否認）のではなく，相手方の主張事実と両立しない事実を積極的に主張して間接的に相手方の主張事実を否定することである。間接否認・積極否認ともいう。例えば，原告が金銭の授受とその返還約束を主張して貸金の返還を請求したのに対し，「贈与である」「当時，被告は別の場所にいた」との被告の主張である（なお，前例では金銭の授受につき自白が成立する）。理由付否認は，新たな事実の主張により法律効果を争う点で抗弁と類似するが，否認者は新たな事実につき証明責任を負わず，また，新たな事実は相手方の主張事実と両立しない点で抗弁と異なる。

［野村］

理由不備・理由齟齬（そご）

判決には理由を付さなければならない（民訴253①③）が，民事訴訟法312条2項6号は絶対的上告理由として「判決に理由を付せず，又は理由に食違いのあること」を挙げており，前者の判決に理由を付さないことを理由不備，後者の理由に食違いのあることを理由齟齬という。理由不備には，全く理由のない場合のほか一部を欠いている場合も含まれる。また，再審事由である「判決に影響を及ぼすべき重要な事項について判断の遺脱があったこと」（いわゆる判断遺脱）（民訴338①⑨）も理由不備に当たると解されている。理由齟齬とは理由は付されているが，理由自体に矛盾があるために判決主文に至る過程が明らかでないことである。

［野村］

類似必要的共同訴訟

もともと必要的共同訴訟は，共同訴訟とすることが強制される場合を意味したが，現在では，共同訴訟とすることが強制される場合を本来の必要的共同訴訟という意味で固有必要的共同訴訟と呼び，共同訴訟とすることは強制されないが，共同訴訟とされた場合には合一確定が要請され，勝敗が一律に決まらなければならない場合を(固有)必要的共同訴訟と類似の取扱いをするという意味で類似必要

的共同訴訟と呼ぶ。合一確定とは，同一人に対する判決の効力（既判力）の衝突を避けなければならない法律的要求のある場合をさし，それは共同訴訟人の1人の受けた判決の効力が他の共同訴訟人にも及ぶ場合をさす（通説）。すなわち，共同訴訟人の1人の受けた判決の既判力が他の共同訴訟人にも及ぶ場合に，各共同訴訟人につき勝敗がばらばらになると各共同訴訟人の受けた判決の既判力の抵触矛盾を来たし混乱が生じるからである。類似必要的共同訴訟の例としては，数人の提起する株主総会決議取消し又は不存在・無効確認の訴え（商247・252），会社設立無効確認の訴え（商136），数人の債権者の債権者代位権に基づく訴訟（民423）（争いあり），数人の差押債権者の取立訴訟（民執157①③），地方自治法242条の2第1項4号に基づく代位請求訴訟（住民訴訟）（最判昭58・4・1民集37・3・201，最大判平9・4・2民集51・4・1673（愛媛玉串料（たまぐしりょう）訴訟）。ちなみに，前者は，共同訴訟人の1人が上訴すれば，共同訴訟人全員との関係で確定遮断効が生じ，共同訴訟人全員が上訴人となるとしたが，後者は，確定遮断効が生じるものの，住民訴訟の性質に鑑（かんが）みて上訴をしなかった者は上訴人にならないと判断した）などである。　　　　　　　［野村］

劣後的更生債権

会社更生法121条1項各号所定の更生債権であり，更生計画において，一般の更生債権より不利に処遇されるものを劣後的更生債権という（会社更生121②・159①④・228①④）。会社更生法121条1項1号ないし3号及び5号は，劣後的破産債権について定めた破産法46条1号ないし4号と同一である。

更生手続開始後の利息（会社更生121①①），更生手続開始後の不履行による損害賠償及び違約金（会社更生121①②。なお，更生手続開始前から会社の財産上の請求権の不履行が生じている場合の手続開始後の損害賠償及び違約金と解するのが通説である），更生手続参加の費用（会社更生121①③），更生手続開始後の原因に基づいて生じた財産上の請求権で共益債権でないもの（会社更生121①④），更生手続開始前の罰金，科料，刑事訴訟費用，追徴金及び過料（会社更生121①⑤。なお3項により更生計画で減免されない），租税の逋脱（ほだつ）等について刑に処せられ，又は通告処分を受けた場合の逋脱した租税の請求権で届出のないもの（会社更生121①⑥）がこれにあたる。　　　　　　　［武田］

劣後的再生債権

再生債務者に対し，再生手続開始後の原因に基づいて生じた財産上の請求権で，利息請求権・債務不履行による損害賠償請求権及び違約請求権をいう（民事再生84②）。劣後的再生債権者は議決権を有しない（民事再生87②）　　　［小野寺（忍）］

劣後的破産債権

破産債権のうち，一般の破産債権に遅れて弁済を受けるものを劣後的破産債権という（破46）。破産宣告後の利息（破46①），破産宣告後の不履行による損害賠償及び違約金（破46②），破産手続参加の費用（破46③），罰金，科料，刑事訴訟費用，追徴金及び過料（破46④），無利息の確定期限付債権の宣告から期限までの中間利息（破46⑤），不確定期限付無利息債権の債権額と評価額との差額（破46⑥），金額及び存在期間の確定している定期金債権の中間利息相当額（破46⑦）がこれにあたる。

劣後的破産債権が配当を受けられる事例はほとんどない。これらは本来破産財団が負担すべきものではないが，昭和27

年の破産法の改正により免責制度が導入されたことから、破産者の再起更生のため破産債権として免責の対象（ただし、4号の債権は除く（破366ノ12⑥））とするとともに、一般の破産債権者の負担とならないように劣後的破産債権として実質的に配当から除外し、債権者集会における議決権も否定した（破182⑤）のである。　　　　　　　　　　　　　　［武田］

連合部

旧憲法下の裁判所構成法（明治23法6、昭和22法59により廃止）において、大審院の法令解釈統一の機能を保証するため、大審院のある部が従前の大審院の判決に表示された法律上の見解を変更しようとするときに、その部の報告により、大審院長の命で、その必要に応じて民事の総部又は刑事の総部、あるいは、民事刑事総部を連合して構成された合議体（裁判所構成法49）をいう。連合部の裁判には、少なくともその3分の2の判事の列席を要した（裁判所構成法54）。このようにして下される判決を連合部判決といった。
［前田］

和諧（わかい）

離婚訴訟又は離縁訴訟の当事者が、当該紛争につき、訴訟手続（判決）によらずに、婚姻・養親子関係の円満維持又は協議離婚・協議離縁という方法で解決することに合意し、訴えを取り下げることによって事件を終了させることをいう。

裁判所は、和諧の成立する見込みのあるときは、職権で1回に限り1年を超えない期間、訴訟手続を中止することができる（人訴13・26）。ただし、今日では、協議離婚・協議離縁を内容とする訴訟上の和解が実務上活用されており、また調停前置主義のもと調停離婚を活用する道もあることから、和諧はほとんど活用されていない。　　　　　　　　　　　［前田］

和解

民事の紛争事件につき、争っている当事者が互いに譲歩して、争いをやめることをいう。甲の乙に対する債権額につき甲が20万円と主張し、乙が10万円と主張するとき、15万円で折り合う場合が一例である。私法上の契約としての和解（民695）の意味、あるいは裁判上の和解（民訴89・264・265・267の訴訟上の和解及び民訴275の起訴前の和解）の意味に用いられる。前者を後者と対比して、裁判外の和解ともいう。⇒「裁判上の和解」「裁判外の和解」　　　　　　　　　　　　　　［前田］

和解兼弁論

旧民事訴訟法（明治23法29）の改正作業が進められる中で、実務で考案し実施されてきた事件の迅速処理のための方策の1つである。その考え方は、事案の争点整理を主目的としていたといえる。訴訟上の和解は、そのほとんどが法廷外の準備室などで実施されるが、その和解の席上で、当事者双方の法律上の主張についても法廷でなされる弁論事項について話題にすることができるとした審理方式である。学説にはこれを憲法82条の対審・公開の原則に反するとして批判する見解もあったが、多数の学者は迅速な裁判に資する方法として好意的にみていた。新民事訴訟法（平成8法109）では、制度的には採用されなかった。　　　　　［上條］

和解受諾書面

当事者が遠隔地に居住しているなどの理由でその出頭が困難な場合に、あらかじめ裁判所が書面により（民訴規163①）和解条項案を提示し、その当事者がそれを受諾する旨の書面を提出した場合に（当事者の真意の確認を要する（民訴規163

②）），相手方当事者が口頭弁論期日等に出席してその和解条項案を受諾することで，和解の成立があったものとみなす制度である（民訴264）。その場合の当事者が裁判所に提出する受諾の書面をいう。訴訟上の和解は，その和解期日に，当事者双方が，訴訟物に対する主張につき，相互に譲歩することによって訴訟を全部又は一部終了させる旨の期日における合意をいうが，その両当事者の陳述に基づき裁判所がその合意を確認し，調書に記載されることによって完成しその効力を生ずる。しかし，当事者の出頭が困難な場合にも和解手続が利用し易いようにするために新設された制度である。家事調停事件における遺産分割事件の処理について「調停条項案の書面による受諾の制度」にならった（家審21の2）ものである。

[上條]

和解調書

和解の陳述により和解は成立し，裁判所又は裁判官は，その要件を審査し，有効と認めれば，これを調書に記載させる。この調書を和解調書という。和解を調書に記載すると，裁判を用いずに訴訟は終了し，この調書の記載は，確定判決と同一の効力を有する（民訴267，旧民訴203）。和解の効力の及ぶ人的範囲は確定判決のそれに準ずる（民訴115，民執23①）。また，和解調書が給付義務を記載したものであれば，執行力が認められる。訴訟上の和解に既判力が生ずるか否かについては，争いがあり，既判力肯定説・制限的既判力説・既判力否定説の3説に分かれる。判例は，制限的既判力説を採用したものと解されている（最大判昭33・3・5民集12・3・381）。

[上條]

和解の試み

民事訴訟手続では，判決手続の開始後も，当事者間に自主的でかつ円満な紛争処理をすることが望ましいといえる。それは，また副次的には裁判所の負担軽減にも通ずる。そして，弁論や証拠調べに期日が進み両当事者の主張や事実関係が明確となり客観化されるなかで和解の成立の条件が整ってくる場合が多い。そこで，裁判所は訴訟がいかなる程度まで進行しているかを問わずいつでも和解のための期日を開いて当事者に和解を進めることができること（本人や法定代理人に対する出頭命令につき民訴規32①）とし，受命裁判官・受託裁判官に担当させることができる（民訴89）。また，和解成立を強力に促進するための制度として，和解の制度も利用しやすくするために，和解条項案の書面による受諾の制度（民訴264），裁判所等が定める和解条項告知の制度（民訴265）が新たに設けられている。民事紛争解決における私的自治の強調を意味するものといえる。

[上條]

和議 †

民事再生法（平成11法225。平成12年4月1日施行予定）の制定によって廃止された和議法（大正11法72）によって規律されいた再建型の倒産処理手続の1つであった。

和議とは，債務者が破産宣告を受くべき状態にある場合に，破産宣告を予防するための強制和議をいい（和1），破産手続上の強制和議と対比されて破産予防の和議と呼ばれた。和議は，裁判所その他の機関の補助・監督のもとに，債務者は破産宣告を免れるとともに，債権者も破産の場合より有利な弁済を受けることを目的として締結される一種の合意あるいは契約であり，債務者による和議の提供（示談の申出）とこれに対する法定多数の債権者の同意によって成立した。そして，裁判所の認可によって効力を生じ，和議

に反対した少数債権者もその拘束を受け，これに従わなければならず，和議においては，債務者は原則としてその財産に対する管理処分権を保持し，従前どおりその営業を継続することができた（和31・32）。⇒「民事再生」　　　　　　　［上條］

和議開始決定†

民事再生法（平成11法225。平成12年4月1日施行予定）により廃止された和議法上の決定の1つである。

和議手続の効力は，その開始決定の時に生じ，開始決定の確定を待って発生するものではなく（和2），和議開始決定書には，決定の年月日だけでなく，時（たとえば午前11時のごとく）まで記載することを要した（和26）。これらは，迅速な和議手続の遂行をはかるための規定であった。和議開始決定と同時に，裁判所は管財人を選任し，和議手続の遂行に必要な事項として，債権届出の期間（決定の日から2週間以上2月以下）及び債権者集会の期日（債権届出期間の末日から1週間以上1月以下の後）を決定しなければならなかった（和27①）。

和議開始決定に対しては，即時抗告ができた（和27②）。裁判所は，和議開始決定後直ちに開始決定の主文，管財人の氏名及び住所，債権届出期間，債権者集会期日等を公告し，知れたる債権者，和議申立人，管財人及び整理委員に前記事項と和議条件及び整理委員の意見の要領を記載した書面を送達した（和28）。⇒「再生手続開始決定」　　　　　　　［上條］

和議原因†

和議原因は，破産原因と全く同じものであると規定されていた（和12）。したがって，破産法上の破産原因である「支払不能」「支払停止」「債務超過」が和議原因となって，和議開始の申立てができた。和議原因は，和議裁判の当時，すなわち，第一審及び抗告審の裁判当時に存在しなければならない。したがって，和議開始申立当時，債務者に和議原因があっても，和議開始決定当時にその原因が消滅しているときは，和議開始決定することはできなかった。なお，和議法（大正11法72）は，平成12年4月1日施行予定の民事再生法（平成11法225）の制定により廃止された。⇒「再生手続開始決定」　　　　　　　［上條］

和議条件†

和議条件とは，債務者が債権者に提示するもので，弁済の方法，担保を供しようとするときはその担保，その他の条件であり，債務者自らがこれを策定し，裁判所に申し立てなければならないと定められていた（和13①）。この和議条件は，債務者が後日の債権者集会でする和議の提供の内容をなすものである。和議開始の申立てと同時に申立人は，財産の状況を示す書面と債権者・債務者の一覧表を提出しなければならない（和13②）。これは，和議条件の合理性と履行の実行可能性についての判断材料として提供を義務づけるものである。なお，和議法（大正11法72）は，平成12年4月1日施行予定の民事再生法（平成11法225）の制定により廃止された。⇒「再生手続開始決定」　　　　　　　［上條］

和議手続†

和議の手続は，以下の順序でなされていた。①和議は常に債務者の申立てによって行われる。申立てにあたって債務者は和議条件を提示しなければならない。そして，申立てとともに財産の明細書，債権者・債務者の一覧表を提出しなければならない（和13）。ⅱ和議開始申立てがあると，裁判所は職権で所定の要件につ

いて調査し，適法と認めたときは，整理委員を選任して調査させ和議開始の可否につき意見を求める(和21)。ⅲ整理委員の報告に基づき，申立棄却の理由なく，かつ和議開始を相当とするときは，裁判所は和議開始決定をなし，同時に管財人を選任し，債権届出の期間と債権者集会の期日を定める(和27)。ⅳ和議が開始されると，債務者は以後通常の範囲に属しない行為をするには管財人の同意を得なければならない(和32)。この同意がない場合は，和議債権者がこれを否認できる(和33)。ⅴ和議開始前の原因によって生じた債権を和議債権として和議手続に参加できる(和41)。ⅵ債権者集会が開かれると，和議管財人と整理委員が報告及び意見の陳述をする(和48①)。届出債権に関して異議が出されれば裁判所が決する(和48②)。和議は，破産法上の強制和議と同様に，出席債権者の過半数，総債権額の4分の3の多数によって可決される(和49，破306①)。和議が可決されると，裁判所は管財人や整理委員の意見を聞いて認可し(和50)，認可決定が確定することによって和議は効力を生じるが，和議不認可決定をする場合もあると定められていた(和51)。なお，和議法は，平成12年4月1日施行予定の民事再生法(平成11法225)の制定により廃止された。⇒「民事再生手続」　　　　　　　　［上條］

和議認可決定 †

和議は，裁判所の和議認可決定が確定した時に効力を生ずるとされていた(和54)。債権者集会において和議が可決されたときは，裁判所はその期日あるいは直ちに言い渡した期日において和議認否の決定をしなければならず(和50①)，和議法46条1項に規定する者と管財人及び整理委員は和議の認否について意見を述べることができた(和50②)。裁判所は，和議法51条に定める不認可事由があれば，和議不認可の決定をし，和議不認可事由がなければ必ず和議認可決定をしなければならないこととされていた。なお，和議法は，平成12年4月1日施行予定の民事再生法(平成11法225)の制定により廃止された。⇒「再生計画の認可」
　　　　　　　　　　　　　　　　［上條］

和議の提供 †

和議の内容を明らかにした和議条件を裁判所に申出すること(和49①，破294)を和議の提供と称した。和議の提供は，和議開始決定後，和議申立人である和議債務者本人が，債権者集会期日に出頭し口頭でなすことを原則(和49①，破301①本)とし，「正当な理由」があるときは，代理人を出頭させることができるとされていた(和49①，破301①但)。また，和議の提供者である和議債務者は，和議の可決前であれば，いつでも和議の提供を撤回できるとされ，和議の撤回がなされると，和議の申立てがなされなかったものとみなし，裁判所は職権による和議廃止決定をできるとしていた(和59[1])。この場合は，さらに申立て又は職権による破産宣告をしなければならないとされていた(和9①)。なお，和議法は，平成12年4月1日施行予定の民事再生法(平成11法225)の制定により廃止された。⇒「再生手続開始の条件」　　　　　　　［上條］

和議の取消し †

和議の取消しには，すべての債権者との関係で和議そのものの全面的な失効を求める和議の取消し(和63・64)と，各債権者が個々になした譲歩を債務者との間で失効させる譲歩の取消し(和62)とがあり，これらは，和議濫用防止・和議条件の履行確保のための制度であるとされていたが，ほとんど役に立っていないのが

実情であった。なお，和議法は，平成12年4月1日施行予定の民事再生法（平成11法225）の制定により廃止された。
　　　　　　　　　　　　　　　　［上條］

和議法[†]

　大正11年法律72号。破産外の和議の手続に関する法規として大正11年（1922年）に制定され，翌年から施行された。この法律は，破産原因のある債務者について，破産手続による清算の代りに一部免除・分割弁済等の条件により債務関係を整理する手続（和議）を規定していた。和議法の特徴は，全体を通じて破産法の準用規定が多いことであり，破産法上の強制和議と本質的には，同じであることから，強制和議に関する破産法の規定が準用されていた。わが国の和議法は1914年に成立したオーストリア和議法を範として制定されたもので和議と破産を別個独立のものとしてとらえ（和議分離主義），和議手続を破産手続の前置手続とする和議前置主義（イギリスが採用）とは異なる立場をとっていた。なお，和議法は，平成12年4月1日施行予定の民事再生法（平成11法225）の制定により廃止された。⇒「民事再生法」
　　　　　　　　　　　　　　　　［上條］

書式資料利用のしおり

　民事訴訟法及びこれに関連する法領域を理解するためには、諸法規の条文解釈が重要であり、そのために本書のほか概説書や体系書を繙(ひもと)くことが必要となる。その際に、実際の紛争に基づいた訴状などが具体的に明示されていることは総合的な理解の一助となると思われる。とくに、ここに掲げた資料は、民事訴訟手続全体を理解するうえで重要な手がかりとなる実務上の参考例及び書式のモデルである。掲載したモデルは、次のとおりである（掲載順）。

1　訴状（自動車交通事故に基づく損害賠償請求事件）
2　答弁書
3　判決（第一審）
4　訴状（手形訴訟）
5　当事者目録
6　約束手形目録
7　原告側証拠（約束手形（表）（甲第1号証の1））
8　原告側証拠（約束手形（裏及び付箋）（甲第1号証の2・3））
9　手形判決
10　訴状（売買代金請求事件 ── 少額訴訟手続）
11　請求の趣旨及び原因（少額訴訟手続）
12　少額訴訟判決
13　支払督促申立書（貸金請求事件）
14　当事者目録（支払督促手続）
15　請求の趣旨及び原因（支払督促手続）
16　支払督促
17　仮執行宣言申立書
18　執行文

[小野寺　忍]
書式作成
[川　谷　　昭]
[井　上　五　郎]

1 訴状（自動車交通事故に基づく損害賠償請求事件）

訴　　状

〒192-0046　東京都○○市○○123番地
　　　　　　　　原　　　告　　　末 本 公 郎

〒113-0033　東京都○○区○○一丁目2番3号
　　　　　　　　小田法律事務所（送達場所）
　　　　　　　　原告訴訟代理人弁護士　　　小 田 隆 二
　　　　　　　　電　話　○○－○○○－○○○○
　　　　　　　　ＦＡＸ　○○－○○○－○○○○

〒231-8502　横浜市○○区○町二丁目5番6号
　　　　　　　　被　　　告　　　株式会社西田運送
　　　　　　　　代表者代表取締役　　　西 田 直 之

損害賠償請求事件
訴訟物の価額　金156万5100円
訴提起手数料　金1万2800円

第1　請求の趣旨
1　被告は，原告に対し，金156万5100円及びこれに対する平成10年3月11日から支払済みまで年5％の割合による金員を支払え
2　訴訟費用は被告の負担とする。
との判決及び仮執行の宣言を求める。

第2　請求の原因
1　（本件交通事故の発生）
　原告は，下記の交通事故により，頸椎捻挫の傷害を受け，かつ，原告所有の下記(3)の自動車を破損させられた。

記

(1)　事故発生日時　平成10年3月11日午前11時ころ
(2)　事故発生場所　東京都○○区○○三丁目8番9号先○○街道交差点
(3)　原　告　車　普通自動車（トヨタマークⅡ・登録番号多摩71ぬ5672）
　　　運　転　者　原告
(4)　被　告　車　普通貨物自動車（登録番号横浜41れ6734）
　　　運　転　者　訴外古瀬文孝
(5)　事故の態様　本件交差点で直進中の原告車に，訴外古瀬運転の被告車が反対方向から右折進行してきた衝突した。

2　（訴外古瀬の過失）

別紙「事故発生状況説明図」記載のとおり，訴外古瀬は，被告車を運転して〇〇街道を△△方面に向かって西進してきて本件交差点を右折しようとしたが，その際原告車が対向車線上を直進していたのであるから，いったん停止し又は徐行して，その進行を妨害しないようにすべき注意義務があったのにこれを怠り，原告車より先に右折し終えるものと軽信して右折進行したために，同図×点で被告車の右前部を原告車の右側面に衝突させたものである（甲7号証の1から5まで）。他方，原告車は青信号に従って時速30kmの速度で本件交差点に進入し同図①点に達したときに，対向右折してきた被告車を同図⑦点に発見し，自車のハンドルを右にきって急停車の措置を講じて衝突を避けようとしたが，間に合わなかったものであるから，本件交通事故は訴外古瀬の一方向的過失によって生じたものであって，過失相殺の余地はない。
3　（運行供用者・使用者）
　　被告は，被告車の所有者で，本件交通事故の際，自己のために被告車を運行の用に供していた者であり，また，訴外古瀬は，被告会社の配送担当の従業員で，当時被告会社の業務の執行として被告車を運転中に本件交通事故を惹き起こしたものである。
4　（損害）
(1)　本件交通事故により，原告は，入院2週間及び通院3か月を要する頸椎捻挫の傷害を受け（甲2号証），かつ，原告所有の原告車を破損させられた。この損害額は，下記のとおりで合計金176万5100円である。

記

(ｱ)　傷害による損害金116万5100円
　　　（内　訳）
　Ⅰ　治　療　費　金30万円（甲2，3号証）
　Ⅱ　入院雑費　金1万8200円（14日間・1日あたり1300円）
　Ⅲ　休業損害　金14万円（甲4号証の1から3まで）
　　　原告は，日給1万円の約定で〇〇株式会社△△工場で稼働していたが，入院中の14日間働くことができず，賃金の支払を受けられなかった。
　Ⅳ　通院交通費　金6900円（15日間・電車代片道230円）
　Ⅴ　慰　謝　料　金70万円
(ｲ)　原告車破損による損害
　　修　理　費　金40万円（甲5，6号証）
(ｳ)　弁護士費用　金20万円
　　　原告は，弁護士小田隆二に本件訴訟の追行を委任して，報酬の支払を約した。
(2)　損害の塡補
　　原告は上記(1)(ｱ)の損害の塡補として，自動車損害賠償責任保険20万円

の支払を受けたので，これを控除する。
(3) 以上により，被告には，損害賠償金残額金156万5100円を原告に支払う義務がある。

5 （本訴提起前の被告との交渉経緯）

原告は原告代理人を通じて被告との間に示談交渉をしたが，本件交通事故は原告が高速で本件交差点に進入したために生じたもので，原告にも7割の過失があると主張して被告が譲歩しないため不調に終わったものである。

6 （まとめ）

よって，原告は，被告に対し，不法行為による損害賠償金156万5100円及びこれに対する平成10年3月11日（不法行為日）から支払済みまで民事法定利率年5％の割合による遅延損害金の支払を求める。

証 拠 方 法

1 甲第1号証　　　　　　　　交通事故証明書
2 甲第2号証　　　　　　　　診断書
3 甲第3号証　　　　　　　　領収書（A病院）
4 甲第4号証の1から3まで　　各給与明細書
5 甲第5号証　　　　　　　　見積書
6 甲第6号証　　　　　　　　領収書（B自動車修理工場）
7 甲第7号証の1から5まで　　写真（原告車）

附 属 書 類

1 訴状副本　　　　　　　　　　　　　　　　　　　　　　　1通
2 甲第1号証から第7号証までの写し　　　　　　　　　　　各2通
3 登記事項証明書　　　　　　　　　　　　　　　　　　　　1通
4 訴訟委任状　　　　　　　　　　　　　　　　　　　　　　1通

平成11年2月5日

原告訴訟代理人弁護士　小　田　隆　二　㊞

東京地方裁判所　御中

（別紙）事故発生状況説明図（省略）

2 答弁書

平成11年（ワ）第3456号　損害賠償請求事件

答　弁　書

　　　　　　　原　　　　　告　　　　末　本　公　郎

　　　　　　　被　　　　　告　　　　株式会社西田運送

〒100-0014　東京都〇〇区〇〇町一丁目3番1号
　　　　　　　　　松下法律事務所（送達場所）
　　　　　　　　　被告訴訟代理人弁護士　松　下　正　幸
　　　　　　　　　　　　　電　話　〇〇－〇〇－〇〇〇〇
　　　　　　　　　　　　　FAX　〇〇－〇〇－〇〇〇〇

第1　請求の趣旨に対する答弁
1　原告の請求を棄却する。
2　訴訟費用は原告の負担とする。
　との判決を求める。

第2　請求の原因に対する認否
1　請求原因1の事実は認める。
2　請求原因2について

　訴外古瀬が本件交通事故発生日に被告車を運転して，〇〇街道を△△方面に向かって西進してきて本件交差点を右折し始めること，その際原告車が対向車線上を直進していたこと及び原告車と被告車が衝突したことはいずれも認めるが，原告車の速度及び衝突地点は否認し，原告が衝突前に採った措置は知らない，その余は争う。

3　請求原因3の事実は認める。
4　請求原因4について

　(1)のうち，本件交通事故により原告が頸椎捻挫の傷害を受けたこと及び原告車が破損したこと並びに原告が弁護士小田隆二に訴訟委任して報酬の支払約束をしたことは認めるが，その余の事実は知らない。

　(2)の事実は認める。

5　請求原因5の事実は認める。
　　6　請求原因6は争う。
第3　被告の主張
　　本件交通事故は，原告が制限速度を20km超える時速60kmの高速で疾走してきて本件交差点に進入した過失によって発生したものである。したがって訴外古瀬としては原告車がかような高速で疾走してくるということは予想できなかったのであるから，被告車が原告車の通過前に先に右折できるとした同訴外人の判断を批難することはできない（乙1号証，2号証の1・2）。

証　拠　方　法

1　乙第1号証　　　　　　訴外古瀬文孝の事故発生状況報告書
2　乙第2号証の1・2　　写真（被告車）

附　属　書　類

1　答弁書副本　　　　　　　　　　　　1通〔直送済〕
2　乙第1号証及び第2号証の1・2の写し　各2通〔うち，1通は直送済〕
3　訴訟委任状　　　　　　　　　　　　1通

　　　平成11年2月25日

　　　　　　　　　　　　　　　　被告訴訟代理人弁護士　松　下　正　幸　㊞

東京地方裁判所民事第60部第1係　御中

3 判決（第一審）

判決言渡日　平成11年12月22日同日判決原本交付　裁判所書記官　㊞
平成11年（ワ）第3456号　損害賠償請求事件
口頭弁論終結日　平成11年12月8日

判　　　決

東京都○○○市○○123番地
　　　原　　　　告　　　末　本　公　郎
　　　同訴訟代理人弁護士　　　小　田　隆　二
横浜市○○区○町二丁目5番6号
　　　被　　　　告　　　株式会社西田運送
　　　同代表者代表取締役　　　西　田　直　之
　　　同訴訟代理人弁護士　　　松　下　正　幸

主　　文

1　被告は，原告に対し，金117万2080円及びこれに対する平成10年3月11日から支払済みまで年5％の割引による金員を支払え。
2　原告のその余の請求を棄却する。
3　訴訟費用は5分し，その4を被告の負担とし，その余を原告の負担とする。
4　この判決は，第1項に限り仮りに執行することができる。

事　実　及　び　理　由

第1　請求
　被告は，原告に対し，金156万5100円及びこれに対する平成10年3月11日から支払済みまで年5％の割合による金員を支払え。

第2　事案の概要
1　本件は，交差点で右折車と直進車が衝突したために，原告が，頸椎捻挫の傷害を受け，かつ，原告車を破損させられたとして，運行供用者であり，使用者である被告会社に対して，その損害賠償金及び遅延損害金の支払を求めている事案である。
2　争いのない事実
　(1)　原告が下記の交通事故により，頸椎捻挫の傷害を受け，かつ，原告所有の下記(ウ)の自動車を破損させられた。

記

　(ア)　事故発生日時　平成10年3月11日午前11時ころ
　(イ)　事故発生場所　東京都○○区○○三丁目8番9号先○○街道交差点
　(ウ)　原　告　車　普通乗用自動車（トヨタマークⅡ・登録番号　多摩71ぬ5672）
　　　　運　転　者　原告
　(エ)　被　告　車　普通貨物自動車（登録番号　横浜41れ6734）
　　　　運　転　者　古瀬文孝
　(オ)　事故の態様　本件交差点で直進中の原告車に，古瀬運転の被告車が反対方向から右折進行してきて衝突した。

(2) 被告が被告車の運行供用車であり,古瀬が被告の従業員で,その業務の執行中に本件交通事故を惹き起こした。
　　原告が弁護士小田隆二に本件訴訟の追行を委任してその報酬の支払約束をした。
(3) 原告が負傷による損害の賠償として自賠責保険金20万円の支払を受けた。
3　争点
(1) 過失の有無及び過失割合
(2) 損害額
第3　当裁判所の判断
1　争点(1)(過失の有無,過失割合)について
　　本件交通事故の態様について,上記争いのない事実及び証拠(甲7の1から5まで,8,9,古瀬証言の一部,原告本人)を総合すると,以下の各事実を認めることができる。
(1) ○○街道は本件交差点付近では,片側1車線のアスファルト舗装の平坦な道路であって,当時本件交差点では信号機により交通整理が行われていた。
(2) 原告は,原告車を運転して,○○街道を東進してきて時速40kmの速度のまま本件交差点に進入した。
(3) 古瀬は,被告車を運転して○○街道を西進してきて本件交差点を右折しようとしたが,交差点の直前で○○m先の対向車線上を進行してくる原告車を発見したのに,その通過前に先に右折できるものと軽信して,漫然と右折を開始したために,別紙図面表示の◇◇地点で被告車の右前部を原告車の右側面に衝突させた。
(4) (以下中略)
　　以上認定の事実によると,古瀬には,本件交差点を右折するに際し,直進車の進行を妨害してはならない注意義務があったのにこれを怠った過失があったことは明らかで,その程度は大きいものというべきであり,他方,原告も,右折しようとしていた被告車を発見しえたのであるから,その動静を注視し速度を調節するなどして事故の発生を避けるべき注意義務があったものというべきで,これを怠った過失は免れない。そうすると,本件交通事故は双方の過失が競合して発生したものというべきであり,以上の諸事情を前提として判断すると,その過失割合は,原告が20%,古瀬が80%とみるのが相当である。
2　争点(2)(損害額)について
　　上記争いのない事実及び証拠によると,以下の各事実を認めることができる。
(1) 治療費　金30万円
　　本件交通事故により頸椎捻挫の傷害を受けた原告は,平成10年3月11日から同月25日までの14日間A病院に入院し,同月26日から同年6月25日までの3か月間のうち,15日間同病院に通院して治療を受け,以上の治療費として30万円を支払った(甲2,3,原告本人)。
(2) 入院雑費　金1万8200円

　　　　　上記14日間の入院雑費としては，1日あたり1300円を相当と認める。
　(3) 休業損害　金14万円
　　　原告は，平成8年4月1日から○○株式会社△△工場に日給1万円の約定で雇用されていたが，上記14日間の入院期間中労働に従事することができず，その間の賃金の支払を受けることができなかった（甲4の1から3まで，原告本人）。
　(4) 通院交通費　金6900円
　　　原告は，電車を利用して上記15日間同病院に通院し，その費用として6900円を支払った（原告本人）。
　(5) 慰謝料　金70万円
　　　原告の負傷の程度その他本件訴訟に現れた一切の諸事情を斟酌すると，70万円を相当と認める。
　(6) 原告車の修理費　金40万円
　　　原告は，原告車をB自動車修理工場で修理し，その代金として40万円を支払った（甲5，6，原告本人）。
　(7) 過失相殺
　　　本件交通事故については原告にも20％の過失があったことは前記のとおりであるから，以上の損害合計156万5100円から20％を減じた125万2080円が原告について生じた損害となる。
　(8) 弁護士費用　金12万円
　　　本件事案の難易度，認容額その他の事情を考慮すると，本件交通事故と相当因果関係のある弁護士費用相当の損害としては，12万円を相当を認める。
3　以上により，原告の損害は金137万2080円（125万2080円＋12万円）となるところ，原告が負傷による損害の賠償として，自賠責保険金20万円の支払を受けたのであるから，これを上記2の(1)から(5)までの損害の80％相当額から控除すると，被告が原告に対して賠償すべき損害額残額は金117万2080円となる。
4　（結論）
　　そうすると，本訴請求は，主文第1項の限度で理由があるから認容し，その余は理由がないから棄却する。

　　　　　　　　　　東京地方裁判所民事第50部
　　　　　　　　　　　　裁　判　官　　今　村　貴　二　㊞

別紙図面（省略）

4 訴状(手形訴訟)

訴　　　状 (手形訴訟)

約束手形金請求事件
　　　訴訟物の価額　　金220万円
　　　印　　　紙　　　金1万7000円

当事者の表示　　別紙当事者目録記載のとおり

請　求　の　趣　旨

1　被告らは,原告に対し,各自金220万円及びこれに対する平成11年9月25日から支払済みに至るまで年6分の割合による金員を支払え。
2　訴訟費用は,被告らの負担とする。
との判決及び仮執行の宣言を求める。
本件は,手形訴訟による審理・裁判を求める。

請　求　の　原　因

1　原告は,別紙約束手形目録記載の約束手形(本件手形)1通を所持している(甲第1号証の1から3)。
2　被告乙山衣料こと乙山次郎は,本件手形を振り出した。
3　被告丙野商事株式会社は,拒絶証書作成義務を免除のうえ,本件手形に裏書した。
4　原告は,本件手形を支払呈示期間内に支払場所に呈示したが,その支払いを拒絶された。
5　よって,原告は,被告ら各自に対し,金220万円及びこれに対する満期の日である平成11年9月25日から支払済みに至るまで手形法所定年6分の割合による利息金の支払を求める。

証　拠　方　法

甲第1号証の1から3まで　　本件約束手形(表,裏,付箋)

附　属　書　類

1　訴状副本	2通
2　約束手形(甲第1号証の1から3まで)の写し	2通
3　会社登記簿謄本	1通
4　訴訟委任状	1通

　　平成11年10月○○日
　　　　　　　　　　　　　訴訟代理人弁護士　　森　田　宗二郎　印
東京地方裁判所　御中

5 当事者目録

当 事 者 目 録

〒100-0000　東京都千代田区五番町一丁目2番3号
　　　　　　　　　原　　　　　告　春 岡 太 郎
〒100-0000　東京都千代田区丸の内五丁目6番7号○○ビル8F
　　　　　　　　森田法律事務所（送達場所）
　　　　　　　訴訟代理人弁護士　森 田 宗二郎
　　　　　　　　　　電話　○○-○○○○-○○○○
　　　　　　　　　　ＦＡＸ○○-○○○○-○○○○

〒106-0000　東京都港区麻布六丁目7番8号
　　　　　　　　　被　　　　　告　乙山衣料こと乙山次郎
〒210-0000　川崎市川崎区富士見二丁目15番3号
　　　　　　　　　被　　　　　告　丙野商事株式会社
　　　　　　　代表者代表取締役　丙 野 三 也

6 約束手形目録

約 束 手 形 目 録

約束手形
　(1)　金　　額　　金220万円
　(2)　満　　期　　平成11年9月25日
　(3)　支払地　　　東京都中央区
　(4)　振出地　　　東京都港区
　(5)　支払場所　　株式会社○○銀行銀座支店
　(6)　振出日　　　平成11年7月29日
　(7)　振出人　　　乙山衣料　乙山次郎
　(8)　受取人　　　丙野商事株式会社
　(9)　第一裏書人　同　右　（支払拒絶証書作成義務免除）
　(10)　被裏書人　　（白　地）

7　原告側証拠（約束手形（表）〈甲第1号証の1〉）

```
No.              約 束 手 形  No.A0000         支払期日 平成11年9月25日   東京 1301
                                              支払地 東京都中央区         0010-359
 印   丙野商事（株）殿                         支払場所
 紙   金額                                    株式会社○○銀行銀座支店
         ¥2,200,000※

 上記金額をあなたまたはあなたの指図人へこの約束手形と引替えにお支払いたします

   平成 11 年 7 月 29 日
   振出地
   住 所   東京都港区麻布6丁目7番8号
   振出人
               乙山衣科　乙　山　次　郎  印
```

8　原告側証拠（約束手形（裏及び付箋）〈甲第1号証の2及び3〉）

甲第1号証の2　約束手形（裏）　　　　甲第1号証の3　約束手形（付箋）

```
表記金額を下記被裏書人またはその指図人へお支払いください
平成　年　月　日                     拒絶証書不要
住所
     川崎市川崎区富士見2-15-3
        丙野商事株式会社
      代表取締役 丙野三也 印
(目的)
被裏
書人                                     殿

表記金額を下記被裏書人またはその指図人へお支払いください
平成　年　月　日                     拒絶証書不要
住所


(目的)
被裏
書人                                     殿

表記金額を受取りました
平成　年　月　日
住所
```

この手形は本日呈示されましたが につき支払いたしかねます。

契約不履行

平成11年9月25日

株式会社○○銀行銀座支店 印

9　手形判決

判決言渡の日　平成11年12月○日　同日交付　裁判所書記官印
平成11年(手ワ)第○○○○号　　約束手形金請求事件
口頭弁論終結の日　平成11年11月○○日

手　形　判　決

　　当事者の表示　　　別紙当事者目録記載のとおり

1　主　文
 (1) 被告らは，原告に対し，各自金220万円及びこれに対する平成11年9月25日から支払済みまで年6分の割合による金員を支払え。
 (2) 訴訟費用は，被告らの負担とする。
 (3) この判決は，仮に執行することができる。
2　事案の概要
 (1) 本件は，振出人である被告乙山衣料こと乙山次郎及び裏書人である被告丙野商事株式会社に対し，別紙手形目録記載の手形金と利息の支払を求めた事案である。
 (2) ①原告は，別紙手形目録記載の約束手形（本件手形）を所持し，②被告らは，同目録記載の手形行為をし，③本件手形は，支払呈示期間内に呈示された。
 (3) 争点　被告ら主張の別紙抗弁事実が認められるか。
3　当裁判所の判断
 (1) 原告主張の請求原因事実については争いがない。
 (2) 争点である被告ら主張の抗弁事実については証拠がない。
 (3) 以上によれば，原告の請求は理由がある。
　　東京地方裁判所民事第○部
　　　　　裁　判　官　　　日 比 谷　一　郎　　　　㊞

　(別紙省略)
　　当事者目録　　(省略)
　　手形目録　　(省略)
　　被告ら主張の抗弁事実　　(省略)

書式資料10

10 訴状（売買代金請求事件 —— 少額訴訟手続）

訴　　状

事件名　　　　　　　　　　売買代金 請求事件

☑少額訴訟による審理及び裁判を求めます。本年、この裁判所において少額訴訟による審理及び裁判を求めるのは　1　回目です。

東京 簡易裁判所　御中　　　平成 11 年 ○○月 ○○日

原告（申立人）

〒 114 - 0000
住　所（所在地）　東京都北区○○一丁目2番3号

氏　名（会社名・代表者名）　有限会社　北の台電気店
　　　　　　　　　　　　　　取締役　高田　浩一　㊞

TEL　03-○○○○-○○○○　FAX　03-○○○○-○○○○

送達場所等の届出

原告（申立人）に対する書類の送達は、次の場所に宛てて行ってください。
☑上記住所等
□勤務先　名　称
　　　　　〒
　　　　　住　所
　　　　　　　　　　　　　　TEL　　　-　　-
□その他の場所（原告等との関係　　　　　　　　　　　　　）
　〒
　住　所
　　　　　　　　　　　　　TEL　　　-　　-
□原告（申立人）に対する書類の送達は、次の人に宛てて行ってください。
　氏　名

被告（相手方）

〒 114 - 0000
住　所（所在地）　東京都北区○○三丁目4番5号
　　　　　　　　　　　　　　　○○荘206号

氏　名（会社名・代表者名）　北條　次郎

TEL　03-○○○○-○○○○　FAX　　-　-
勤務先の名称及び住所
　東京都足立区○○七丁目8番9号△△鈑金工業㈱
　　　　　　　TEL　　-　-

訴訟物の価額	140,000 円	取扱者
貼用印紙額	1,500 円	
予納郵便切手	○○○○ 円	
貼用印紙	裏面貼付のとおり	

11 請求の趣旨及び原因(少額訴訟手続)

売買代金

<table>
<tr><td rowspan="2">請求の趣旨</td><td>

1 被告は、原告に対して、次の金員を支払え。

　　金　　　140,000　　　円

☑上記金額に対する { □平成　　年　　月　　日 / ☑訴状送達の日の翌日 } から

支払済みまで 年6分　　　　　　　の割合による金員

2 訴訟費用は、被告の負担とする。

との判決(□及び仮執行の宣言)を求めます。

</td></tr>
</table>

<table>
<tr><td rowspan="3">紛争の要点(請求の原因)</td><td>

原告(　電気機具小売　業を営む者)が被告に売り渡した物件

契約日　平成11年 5月〇〇日(から平成　年　月　日まで)

品　目　テレビ(〇〇社製　15インチ壁掛テレビ)

数　量　1台

代　金　金　　153,000　　円

支払期日　平成 11年 7月 〇〇日

</td></tr>
<tr><td>

代金支払状況

{ □全額未払い / ☑代金のうち金　140,000　円未払い }

</td></tr>
<tr><td>

その他の参考事項

　商品は、契約の日に引渡した。同日内金13,000円の支払を受け、残額140,000円は、ボーナスが出たあとの7月〇〇日に支払うとの約束であった。

</td></tr>
</table>

<table>
<tr><td>添付書類</td><td>

□契約書　□受領証　□請求書(控)　☑納品書(控)

☑商業登記簿謄本(登記事項証明書)

□

</td></tr>
</table>

12 少額訴訟判決

判決言渡の日　平成11年〇〇年〇〇日　原本同日交付　裁判所書記官 ㊞
平成１１年（少コ）第〇〇〇号　　売買代金請求事件
口頭弁論終結の日　平成１１年〇〇月〇〇日

少　額　訴　訟　判　決

当事者の表示　　別紙当事者目録記載のとおり

主　　　文

1　被告は，原告に対し，金１４万円及びこれに対する平成１１年〇〇月〇日から支払済みに至るまで年6分の割合による金員を支払え。
2　訴訟費用は，被告の負担とする。
3　この判決は，仮に執行することができる

理　由　の　要　旨

1　請求の趣旨　　主文と同旨
2　請求の原因
　㈠　原告は，被告に対し，平成１１年５月〇〇日，〇〇社製１５インチ型壁掛けテレビ１台を代金１５万３０００円で売り渡した。
　㈡　右の残代金１４万円及びこれに対する訴状送達の日の翌日である平成１１年〇〇月〇日から支払済みまで年6分の割合による遅延損害金の支払を求める。
3　理由
　　被告は，本件口頭弁論期日に出頭しないので，請求原因事実を認めたものとみなす。原告の請求は理由がある。

　東京簡易裁判所
　　　裁　判　官　　新　橋　太　郎　㊞

（省略　当事者目録）

13 支払督促申立書(貸金請求事件)

支 払 督 促 申 立 書

貸金請求事件

当 事 者 の 表 示　　別紙当事者目録記載のとおり
請求の趣旨及び原因　　別紙請求の趣旨及び原因記載のとおり

債務者は,債権者に対し,請求の趣旨の金額を支払えとの支払督促を求める。

申立手続費用　　金〇,〇〇〇円
　内　訳　　申立手数料　　　　　　2,300円
　　　　　　支払督促正本送達費用　〇,〇〇〇円
　　　　　　申立書書記料　　　　　　〇〇〇円
　　　　　　申立書提出費用　　　　　〇〇〇円

　　　平成11年〇月〇日
　　　　　申立人(債権者)　　神　田　太　郎　㊞

〇〇簡易裁判所　裁判所書記官　殿

　　　価　　額　　金50万円
　　　印　　紙　　金2,300円
　　　郵　　券　　〇,〇〇〇円

14 当事者目録（支払督促手続）

当 事 者 目 録

〒000-0000　東京都○○区○○一丁目2番3号
　　　　　　　債　権　者　　神　田　太　郎
〒000-0000　○○県○○市○○四丁目5番6号
　　　　　　　債　務　者　　秋　葉　二　朗

15 請求の趣旨及び原因（支払督促手続）

請求の趣旨及び原因

請求の趣旨
1　金500,000円
2　上記金額に対する平成10年10月1日から同年10月31日まで年1割の割合による利息，同年11月1日から支払済みに至るまで年2割の割合による遅延損害金
3　金○，○○○円（申立手続費用）

請求の原因
1　貸　付　日　　平成10年9月1日
　　貸　付　額　　金70万円
　　弁　済　期　　平成10年10月31日
　　約 定 利 息　　年1割
　　約定遅延損害金　年2割
2　弁済を受けた額
　　平成10年9月30日，金20万円の支払を受けたので，債権者は，これを元本の一部に充当した。
　　なお，同日までの利息については請求しない。

16 支払督促

平成11（ロ）第○○○号

支　払　督　促

当事者の表示ならびに請求の趣旨及び原因は，別紙記載のとおり

　　債務者は，債権者に対し，請求の趣旨記載の金額を支払え。

　債務者がこの支払督促の送達を受けた日から2週間以内に督促異議の申立てをしないときは，債権者の申立てによって仮執行の宣言をする。

　　　　平成11年3月4日
　　　　　　○○簡易裁判所
　　　　　　　　裁判所書記官　　○　○　○　○　㊞

（省略　　別紙）

　前記の金額及び本手続の費用金○○○○円について，仮に執行することができる。

　　　　平成11年4月12日
　　　　　　○○簡易裁判所
　　　　　　　　裁判所書記官　　○　○　○　○　㊞

17　仮執行宣言申立書

仮 執 行 宣 言 申 立 書

債権者　神　田　太　郎
債務者　秋　葉　二　朗

　平成11（ロ）第○○○号について，次の費用を加えて仮執行の宣言を求める。
　　　仮執行宣言の手続費用　金○，○○○円
　　　　内訳　支払督促正本送達費用　　　　　○，○○○円
　　　　　　　申立書書記料　　　　　　　　　　○○○円
　　　　　　　申立書提出費用　　　　　　　　　○○○円

　　平成11年4月12日
　　　　　申立人（債権者）　　神　田　太　郎　㊞

○○簡易裁判所　裁判所書記官　殿

18　執行文

執　行　文

債権者（原告）
債務者（被告）
この債務名義により強制執行をすることができる。

平成　年　月　日

　　簡易裁判所
　　裁判所書記官

　　　　　　に対し、　　　は、

編集代表

林屋 礼二　（はやしや　れいじ）

東北大学名誉教授

主要著書

『民事訴訟法概要』（有斐閣），『民事訴訟の比較統計的考察』（有斐閣），『データムック・民事訴訟』〈ジュリスト増刊〉（有斐閣），『憲法訴訟の手続理論』（信山社），『破産法講話』（信山社），『あたらしい民事訴訟法』（信山社），『公的オンブズマン』（共編，信山社）ほか。

小野寺規夫　（おのでら　のりお）

山梨学院大学教授・弁護士，前東京高等裁判所判事

主要著書

『不動産執行の実務』（共編，きんざい），『債権執行の実務』（共編，きんざい），『民事手続法事典［上・中・下］』（共編，ぎょうせい），『労働訴訟法』［裁判実務体系5巻］（共編，青林書院）ほか。

民事訴訟法辞典

2000年3月20日　初版第1刷発行

編集代表　林屋礼二
　　　　　小野寺規夫

発行者　今井 貴＝村岡倫衛

発行所　信山社出版株式会社
113-0033　東京都文京区本郷6-2-9-102
TEL 03-3818-1019　FAX 03-3818-0344

印刷・勝美印刷　製本・渋谷文泉閣
PRINTED IN JAPAN　©信山社出版　2000
ISBN 4-7972-5140-9 C 3532

信山社

林屋礼二 著
憲法訴訟の手続理論　四六判　本体 3400円
破産法講話　A5判　本体 1800円
あたらしい民事訴訟法　A5判　本体 1000円

林屋礼二・石井紫郎・青山善充 編
図説 判決原本の遺産　A5判カラー　本体 1600円

遠藤浩・林屋礼二・北沢豪・遠藤曜子 著
わかりやすい市民法律ガイド　A5判　本体 1700円

中野哲弘 著
わかりやすい民事訴訟法概説　A5判　本体 2200円
わかりやすい民事証拠法概説　A5判　本体 1700円

水谷英夫＝小島妙子 編
夫婦法の世界　四六判　本体 2524円

伊藤博義 編
雇用形態の多様化と労働法　A5判　本体 11000円

三木義一 著
受益者負担制度の法的研究　A5判　本体 5800円
＊日本不動産学会著作賞受賞／藤田賞受賞＊

松尾浩也＝塩野宏 編
立法の平易化　A5判　本体 3000円

小田中聰樹 著
人身の自由の存在構造　A5判　本体 10000円

外尾健一著作集

第1巻　団結権保障の法理Ⅰ	第5巻　日本の労使関係と法
第2巻　団結権保障の法理Ⅱ	第6巻　フランスの労働協約
第3巻　労働権保障の法理Ⅰ	第7巻　フランスの労働組合と法
第4巻　労働権保障の法理Ⅱ	第8巻　アメリカ労働法の諸問題